Deutsche Literatur

Eine Sozialgeschichte

Herausgegeben von
Horst Albert Glaser

Jahrhundertwende: Vom Naturalismus zum Expressionismus

1880–1918 Band **8**

Herausgegeben von
Frank Trommler

rororo
Rowohlt

Der Herausgeber dankt der Universität Essen für die finanzielle Förderung des Projekts.

Einige Artikel mußten leider gekürzt werden, um Überschneidungen zu vermeiden und um den vorgesehenen Umfang des Bandes einhalten zu können.

Zitate werden durch die in Klammern gesetzten Ziffern nachgewiesen. Hierbei bezieht sich die erste Ziffer auf die Titelnummer der Bibliographie, die der Anhang enthält, während die zweite, *kursiv* gesetzte Ziffer die Seite im zitierten Titel angibt.

Originalausgabe
Redaktion Burghard König
Typographie Edith Lackmann
Umschlagentwurf Werner Rebhuhn
Veröffentlicht im Rowohlt Taschenbuch Verlag GmbH,
Reinbek bei Hamburg, September 1982

Satz Times (Linotron 404)
Gesamtherstellung Clausen & Bosse, Leck
Printed in Germany
1480-ISBN 3 499 16257 1

Inhalt

Frank Trommler

Einleitung

Fin de siècle oder Aufbruch ins 20. Jahrhundert? In der Debatte um die Einordnung der Periode der Jahrhundertwende hat man seit langem das ‹oder› durch ein ‹und› ersetzt. Die Verflechtung von Abschieds- und Aufbruchsstimmung ließ sich schon um 1900 kaum aufknoten. Wenn nun diese Periode heute stark mit dem Aufstieg der modernen Kunst und Literatur assoziiert wird, so sei nicht vergessen, daß man sie in der ersten Hälfte des 20. Jahrhunderts eher als letzte Erscheinungsform der guten alten Zeit ansah. Erst mit dem Ersten Weltkrieg, sagte man, sei das 19. Jahrhundert zu Ende gegangen. Was vorher kam, die Belle Époque, wie die Zeit zwischen 1885 und 1914 in Frankreich genannt wurde, fesselte die Phantasie der Zeitgenossen wegen der altmodischen, noch vom 19. Jahrhundert geprägten Lebenskultur, nicht wegen der Modernisierung. Abschied und Aufbruch gehören zueinander. In diesem Zusammenhang stellt die zunehmende Verwendung des Terminus ‹Wilhelminisches Zeitalter› für Deutschland ein brauchbares, politisch konturiertes Gegengewicht gegen die Etikettierung als ‹Aufbruch der Moderne› dar. Allerdings engt er die Perspektive allzusehr auf eine – erst entstehende – Konzentration auf die Kulturmetropole Berlin ein, während doch gerade zu dieser Zeit im deutschen Sprachraum die beiden nicht-wilhelminischen Städte Wien und München eine zentrale Rolle spielten, wobei auch an die Sonderstellung von Prag und – seit dem Ersten Weltkrieg – Zürich gedacht werden muß.

Freilich ist, wenn man an den Aufstieg der großen literarischen Namen dieser Zeit denkt, von Ibsen, Strindberg, Hofmannsthal und Hauptmann bis zu Heinrich und Thomas Mann, George, Rilke, Kafka, Proust, Joyce, Wedekind, Kraus und Schnitzler, die historische Fixierung dieser Periode auf die Moderne verständlich, deren Durchsetzung im 20. Jahrhundert so viel Tinte, Druckerschwärze, Verfolgung und Ungemach gekostet hat. Mehr noch: Nachdem sich seit Ende der zwanziger Jahre, spätestens seit den fünfziger Jahren das Gefühl durchgesetzt hat, der Moderne sei die

Luft ausgegangen, sie produziere nun ihre Epigonen und mache einer Nach-Moderne Platz, zeichnet man für die Zeit der Jahrhundertwende besonders diejenigen Konturen nach, die sie als Aufstiegsphase dieser Moderne ausweisen. Im Bild vom Auf- und Abstieg dieses Phänomens gelangt man nicht nur zur Projektion einer neuartigen Klassik des 20. Jahrhunderts, sondern auch zur Rechtfertigung des eigenen Tuns als das einer neuen Phase.

Während das deutsche Wort ‹Die Moderne›, das seine literarische Inthronisation 1886 dem Schriftsteller Eugen Wolff verdankt, eine gewisse poetische Würde bewahrt hat, da es eben als Epochenbegriff, ja Epochensubstanz und nicht als bloßer Ismus definiert wurde, haben sich auf internationaler Ebene in neuerer Zeit immer mehr die Begriffe ‹Modernism› oder ‹Modernismo› durchgesetzt, die – mit der ungefähren Begrenzung zwischen 1890 und 1930 – die übergreifenden ästhetischen Entwicklungen in verschiedenen Ländern zu einem Ismus zusammenziehen. War es doch nur ein Ismus? Hierüber ist die Diskussion in Deutschland, wo man nach dem Zusammenbruch des Dritten Reiches ohnehin erst die einzelnen Formen der Moderne aufzuarbeiten hatte, noch nicht allzuweit gediehen. Die langdauernde Gleichsetzung der modernen Kunst und Literatur mit dem Expressionismus – so ist die Debatte der Exilanten in den dreißiger Jahren über die moderne Literatur als Expressionismusdebatte in die Literaturgeschichte eingegangen – hat hier die Öffnung der kritischen Kategorien, besonders hinsichtlich realistischer Formen, stark behindert. Die Ausrichtung an historischen Daten wie 1871, 1914, 1918 und 1933 wirkte korrigierend auf das Konzept der autonomen Entwicklung der Moderne, ohne zur Definition viel beizutragen. Deutlich wurde nur, daß man in Deutschland die Reichsgründung von 1871 nicht außer acht lassen darf, wenn man den Umbruch mit Recht in die achtziger Jahre verlegt, und daß der Erste Weltkrieg als Epocheneinschnitt sichtbar bleiben muß, selbst wenn die Zäsuren für die Formentwicklungen im einzelnen nicht damit übereingehen.

Es herrscht weitgehendes Einverständnis darüber, daß der Krieg weniger die künstlerischen Formen als die Bedeutung des Phänomens Kunst in der Gesellschaft insgesamt verändert hat. Jedoch ist es nach wie vor umstritten, ob und wie dieses Faktum in die Periodisierung eingebracht werden soll. Wenn dieser Band mit dem Dadaismus als Künstlerprotest gegen die Institution Kunst schließt, so entspricht das der geläufigen Einordnung, mit der man die ästhetische Innovationsphase seit den achtziger Jahren zugleich als Phase einer Hochschätzung des Ästhetischen kategorisiert. Das höhnische Gelächter der Dadaisten über das illusionäre «Als ob» der Kunst, wie es Wilhelm Worringer 1921 nannte, ist nur der provokanteste Ausdruck einer Versachlichung im ästhetischen Bereich, die nach 1900 besonders in Architektur und Design einsetzt und nach der deutschen Niederlage 1918 in der kaiserlosen, demokratischen Weimarer Republik mit einer generellen Ernüchterung einhergeht. Insofern sich im respektlosen Umgang der Dadaisten und Expressionisten mit Montage und Groteske bereits wichtige Züge einer antitraditionellen Gebrauchskultur herausbilden, verwischt sich diese Periodengrenze wieder. Die Ambivalenz von Abschluß und Aufbruch gilt auch hierfür.

Nähert man sich einer inhaltlichen Definition der Moderne und verfolgt die Abkehr von historistischem Epigonentum und verklärendem Realismus am Ende des 19. Jahrhunderts, so drängt sich von vornherein die Feststellung auf, daß sich die Literatur wie kaum zuvor mit den Entwicklungen im Bereich der visuellen Künste verändert, ja daß sie teilweise in deren Schlepptau gesehen werden muß. Die Hinwendung zum Visuellen, die über die enormen Fortschritte der Reproduktions-, Druck- und Bühnentechnik um 1900 hinausgreift, ist selbst schon ein epochenspezifischer Zug, dessen Bedeutung lange vernachlässigt wurde. Darauf kann der vorliegende Band nur hinweisen; immerhin ist ein spezielles Kapitel der Theatermoderne gewidmet, mit der die Tendenz zur räumlich-visuellen Darstellung, zum plastisch-spielerischen Vollzug besonderes Gewicht für das literarische Selbstverständnis gewann. Andere Elemente werden in den Kapiteln über Jugendstil und Expressionismus genannt, und natürlich finden sich in den zumeist von der Malerei bestimmten Ismen-Definitionen, insbesondere dem nach 1910 prominenten Gegensatz Expressionismus – Impressionismus, zentrale Argumente.

Nicht weniger Gewicht besitzt die Bezugnahme auf die Wissenschaft, mit der sich der erste Vorstoß der literarischen Moderne seine Legitimation gegenüber den ästhetischen Traditionen verschaffte. Dieser Vorstoß ist, wie die Kapitel zum Naturalismus zeigen, spezifisch sprachgebunden und für die Theorieneigung der achtziger Jahre von besonderer Bedeutung. Erst mit ihm bekommen die sprachreflektorischen Tendenzen eine bis dahin unbekannte Dringlichkeit, verlagert sich doch nun die Legitimation des Schriftstellers von den epigonal entleerten Genres und Formen zum wissenschaftlichen Erkennen der Wirklichkeit und setzt sich damit der Frage aus, die Nietzsche dem Positivismus entgegenhielt: ob die Annahme, in der Sprache die Erkenntnis der Welt zu haben, nicht einen Riesenirrtum darstelle. In der Sprachskepsis, die sich um 1900 sprunghaft ausbreitet, manifestiert sich schließlich die spezifisch literarische Wendung gegen das Wissenschaftsdenken des 19. Jahrhunderts – ein zentraler Bestandteil moderner Poesie, Prosa, Dramatik und dichterischer Selbstlegitimierung. Dieser Entwicklung ist ein eigenes Kapitel gewidmet, in dem gleichermaßen die Verschiebung der literarischen Sprache zum Journalismus, die Karl Kraus zum Thema seiner Gesellschaftskritik machte, wie die neue Tendenz zum Mystischen um 1900 zum Ausdruck kommt.

Beide Impulse, der wissenschaftliche und der visuell-ästhetische, prägten

– in dieser Abfolge – die beiden wichtigsten künstlerischen Durchbrüche dieser Periode entscheidend mit. Während die Naturalisten nach 1880 zunächst noch eine Versöhnung von klassischer Literaturtradition und moderner Lebenswirklichkeit anzielten und, wie ihre Gegner und Nachfolger, in einen bald zu absorbierenden Sezessionismus mündeten, setzten um 1910 Schriftsteller, die man dann dem Expressionismus zurechnete, zum Schlag gegen die Literaturtradition selbst an und kündigten das klassische Persönlichkeitsbild auf. Der dafür gebrauchte Terminus Literaturrevolution stellt wie die anderen Aktivitätsvokabeln dieser Zeit eine Stilisierung dar. In ihm gipfelt die Gleichsetzung der ästhetischen Neuerung mit gesellschaftspolitischer Neuerung, für welche Nietzsches Lebensbegriff Bezugspunkt und Rechtfertigung bildete. Nicht zufällig gewann um 1900 der aus der Militärsprache stammende Terminus Avantgarde an Gewicht. Mit dem Vorauseilen einer kleinen Elite signalisiert er zugleich die Begrenztheit des Vorstoßes, die Möglichkeit des Überholtwerdens von anderen Eliten und Stilen (die nicht ohne die jeweiligen Kunsthändler und Verleger gedacht werden dürfen). In jedem Falle äußert sich von nun an bereits in der Bewegung, im selbsternannten Vorangehen, ein wesentlicher Teil der künstlerischen Botschaft. Modernität als ästhetische Qualität bedeutet dementsprechend immer auch Kunst über Kunst, Literatur über Literatur, nicht nur l'art pour l'art, wie bereits der Pauschalvorwurf von Futuristen und Expressionisten an die Repräsentanten der Jahrhundertwende lautete.
Mit dieser Selbstabsorbierung der Autoren im Karussell der Neuerungen ergibt sich schließlich ein wichtiger Zugang zu der seltsamen, noch wenig kommentierten Tatsache, daß man im Hinblick auf die ästhetische Moderne einerseits und die gewaltige Modernisierung der europäischen Gesellschaft in Industrie, Landwirtschaft und Technik zwischen 1880 und 1914 andererseits keineswegs von Gleichlauf, geschweige von Identifikation sprechen kann. Gewiß schaffte die Modernisierung im Medien- und Kommunikationswesen neue Publikationsformen und änderte Stellung und Bewußtsein des Schriftstellers. Doch läßt sich bis heute die Kluft zwischen ‹Moderne› als ästhetisch-kulturellem Konzept und ‹Modernisierung› als Sammelbegriff für die Neuerungen im industriellen, sozialen und technischen Bereich deutlich erkennen. Die enormen Kräfte von Rationalismus, Materialismus, Verstädterung, Mechanisierung und Verwissenschaftlichung, mit denen Deutschland als neuer Industriegigant vor England rückte, repräsentierten um 1900 sowohl das Alte, das längst durchschaute 19. Jahrhundert als auch das Neue, Moderne, das 20. Jahrhundert, und weckten in beiden Fällen Gefühle stärkster Distanzierung unter der künstlerischen Intelligenz. Die ästhetischen Innovationen wurden oft genug als Gegenentwürfe konzipiert, als Bemühungen um eine Autonomie, die eher eine Flucht vor der Modernisierung darstellte als

deren Bewältigung. Schon hier ist die politisch-ideologische Ambivalenz unübersehbar: Die Gewohnheit, die progressiven Böcke von den reaktionären Schafen zu scheiden, verliert angesichts dieser Distanzierung viel von ihrer Überzeugungskraft. Ohne das Verdienst von Autoren wie Heinrich Mann, Karl Kraus, Frank Wedekind oder Arthur Schnitzler um die Fortsetzung der Aufklärung in dieser Zeit zu schmälern, muß herausgehoben werden, daß der eigentümlichste Beitrag der Periode der zwischen Neuerungs- und Fluchtbestreben schwankende Geist der fortschrittlichen Reaktion geworden ist. Diese Form von Dialektik der Moderne, die über die Grenzen Deutschlands und Österreichs hinaus gültig war, läßt sich mit Thomas Manns Wort von der «machtgeschützten Innerlichkeit» allein nicht erfassen. In den Kapiteln über die literarische Öffentlichkeit und die Zeitschriften sind dafür die sozial- und kommunikationsgeschichtlichen Voraussetzungen im einzelnen benannt.

Klarer erscheint die Haltung der künstlerisch führenden Intelligenz zu Kaiser und Reich. Wer den Anstrengungen Wilhelms II. nachgeht, mit der Pflege einer ‹idealistischen› Kunst die Vorstöße der Naturalisten, Impressionisten und Sezessionisten aufzuhalten, kommt schnell zu einem Urteil. Tatsächlich ließ der Kaiser an seinen Intentionen keinen Zweifel. So rief er in einer seiner berühmt-berüchtigten Reden – zur Einweihung der Berliner Siegesallee – 1901 aus: «Wenn nun die Kunst, wie es jetzt vielfach geschieht, weiter nichts tut, als das Elend noch scheußlicher hinzustellen, wie es schon ist, dann versündigt sie sich damit am deutschen Volke. Die Pflege der Ideale ist zugleich die größte Kulturarbeit, und wenn wir hierin den anderen Völkern ein Muster sein und bleiben wollen, so muß das ganze Volk daran mitarbeiten, und soll die Kultur ihre Aufgabe voll erfüllen, dann muß sie bis in die untersten Schichten des Volkes hindurchgedrungen sein. Das kann sie nur, wenn die Kunst die Hand dazu bietet, wenn sie *erhebt, statt daß sie in den Rinnstein niedersteigt.*» (*Die wahre Kunst*) Das ließ nicht viel Spielraum. Da wurden auch die politisch Uninteressierten hellhörig. Die Enttäuschung über die Distanz zwischen der Kunst und dem neuen Reich, die sich schon in den siebziger Jahren unter Bismarck artikulierte, fand ihre Bestätigung. Dennoch dürfte die pauschale Gegenüberstellung von zwei Literaturen, der wilhelminischen Heimatdichtung und der antiwilhelminischen Moderne, die einst Hans Schwerte als Orientierungsmöglichkeit vorschlug, zu kurz greifen. Diese Gegenüberstellung überspielt die nationalen und volksgemeinschaftlichen Tendenzen, die sich nach 1900 allgemein, auch im Ausland, etwa in Frankreich, als moderne Kraft verstanden, und verschleiert die politischen Ambivalenzen, die dem Bekenntnis zur ästhetischen Opposition innewohnten. Diese Opposition bezeugte nur in wenigen Fällen demokratisches oder politisch progressives Denken. Schließlich brachte die Begeisterung der künstlerischen Intelligenz über den Kriegsausbruch

1914, die mit einer ungeheuren Bekenntnisflut für ein neues Deutschland einherging, die politischen Ambivalenzen ans helle Tageslicht. Hatten sich nicht selbst die Sozialdemokraten, die sogenannten ‹Reichsgegner› und ‹vaterlandslosen Gesellen›, über den tiefsitzenden Nationalismus und die Stärke des Volksgemeinschaftsdenkens in der Arbeiterklasse verhängnisvolle Illusionen gemacht?

Wenn schon im Gebäude des wilhelminischen Staates unter der Oberfläche von Ruhe und Ordnung 1914 starke Risse aufbrachen und die Integration der gesellschaftlichen Gruppen immer schwerer fiel, um wieviel fragwürdiger war dann die Ruhe in der österreichisch-ungarischen Monarchie, deren Integrationsfähigkeit schließlich nur noch von Kaiser Franz Joseph I., seinem Heer und seiner Beamtenschaft verkörpert wurde. Modernisierung bekam hier einen anderen, politisch wesentlich bedenklicheren Oberton, während die ästhetischen Welten der Moderne noch stärker zu Auffangstationen einer verunsicherten Intelligenz wurden, die ihren eigenen ‹Durchbruch› begehrte. Das hat Robert Musil in der Parallelaktion seines Romans *Der Mann ohne Eigenschaften* mit satirischer Brillanz analysiert. Sucht man nach Antworten auf die Frage, ob die Zeit zwischen 1880 und 1918 eine eigene Periode darstellte, so finden sich in Musils Auseinandersetzung mit der Brüchigkeit der gesellschaftlichen Oberfläche, überhaupt der Wirklichkeit, wichtige Hinweise. Nicht von ungefähr hat dieser Schriftsteller das Österreich-Ungarn der Vorkriegszeit als Modellfall der modernen Welt behandelt.

Bildet diese Zeit tatsächlich eine eigene literarisch-künstlerische Periode? Die Feststellung, daß hier unter den politischen Verhältnissen des 19. Jahrhunderts das 20. Jahrhundert ästhetisch vorausgenommen wurde, dürfte einige Anhaltspunkte liefern. Da findet sich auf der einen Seite die äußerlich eingehaltene Ruhe der politischen Systeme, die von den Expansionstendenzen der Modernisierung jedoch schon aufs äußerste herausgefordert wurde, auf der anderen Seite die Radikalisierung der künstlerischen Intelligenz zu einer provozierenden ästhetischen Revolution, die ganze Weltuntergänge und Menschheitserlösungen in Sichtweite rückte, sich aber auf Salons, Cafés, Zeitschriften und Kabaretts beschränkte. Die Entsprechung erscheint nur auf den ersten Blick grotesk. War mit den achtziger Jahren ein neues literarisches Leben in Deutschland und Österreich erwacht, so wurde es mit dieser Radikalisierung beim Ausbleiben konkreter politischer Umwälzungen zum Seismographen des kommenden Bebens. Abschied und Aufbruch liegen in der Tat nahe beieinander.

Da hat das Spätwerk Theodor Fontanes, der den Übergang von der ständisch-aristokratischen Welt Preußens zu der national-liberalen des neuen Reiches zeichnete und seine zunehmende Skepsis nicht verhehlte, ebenso seinen Platz wie die Prosa von Franz Kafka, die Stücke von Arthur Schnitzler und die Gedichte von Georg Heym. Der vorliegende Band kann der Fülle der literarischen Leistungen nur durch das Setzen gewisser Schwerpunkte gerecht werden – ein vornehmes Wort für Auslassungen, die in dem begrenzten Rahmen des Unternehmens unvermeidbar sind. Darüber hinaus werden der Unterhaltungsliteratur, der Heimatkunst und der Arbeiterliteratur Einzelkapitel gewidmet, die aus der enormen Menge der Popularliteratur einen gewichtigen Ausschnitt liefern. Es bleibt das Bedauern darüber, daß über der Vielfalt der Formen und Leistungen in dieser Periode die großen Gestalten nur kursorisch behandelt werden können. Andererseits brauchen sie am wenigsten die Vermittlung einer Literaturgeschichte. Sie werden selbst gelesen.

Manfred Rauh

Epoche – sozialgeschichtlicher Abriß

In dem globalen, welthistorischen Transformationsprozeß, den man gemeinhin Modernisierung nennt, stellten die Dezennien um die letzte Jahrhundertwende für Deutschland eine Umbruchsphase von herausragender Bedeutung dar. Jener Modernisierungsvorgang, der nach einer verbreiteten Anschauung vor rund zweihundert Jahren begann und seitdem alle Länder der Erde erfaßt oder mindestens berührt hat, beinhaltet den Übergang von der sogenannten traditionalen Agrargesellschaft zu einer hypertechnisierten, hochkomplexen und hochdifferenzierten Gesellschaft der Zukunft, deren Konturen sich in der unmittelbaren Gegenwart abzuzeichnen beginnen (‹nachindustrielle Gesellschaft›). Auf dem Weg dorthin wurde in Deutschland um 1900 das wichtige Stadium der industriellen Massengesellschaft erreicht. In dieser Kennzeichnung ‹industrielle Massengesellschaft› ist das erste Wort ‹industriell› insofern relativ unproblematisch, als sich ziemlich eindeutig der empirische Sachverhalt angeben läßt, der sich dahinter verbirgt. Hingegen ist der andere Ausdruck ‹Massengesellschaft› von vornherein weltanschaulich belastet. Indem er nämlich gewisse Wertungen und ideologische Positionen beinhaltet, die in der fraglichen Zeit selbst ausgeformt wurden, verweist er zugleich auf Probleme, Spannungen und Brüche jener Epoche. Um diesen Dingen auf die Spur zu kommen, sollen zunächst der wirtschaftliche Hintergrund des betreffenden Zeitabschnitts ausgeleuchtet werden, sodann die gesellschaftlichen Verhältnisse; ferner ist das politische System zu betrachten, und endlich wäre ein Blick auf die Soziologie der geistigen Eliten zu werfen.

Modernisierung und Industrialisierung

Die Zeit zwischen der Mitte des 19. Jahrhunderts und der Weltkriegsära, in der Hauptsache also die Phase des Zweiten Kaiserreiches (1871 bis 1918), gilt als die Epoche der deutschen Hochindustrialisierung. Sie ist eingebettet zwischen die Frühindustrialisierung einerseits, welche die erste Hälfte des 19. Jahrhunderts beansprucht und die Überwindung der alten, ökonomisch hauptsächlich auf der Landwirtschaft beruhenden Ständegesellschaft mit sich brachte. Auf der anderen Seite wird die Epoche der Hochindustrialisierung – nach der Krisenzeit der beiden Weltkriege, die allerdings die generellen Entwicklungstrends nicht nachhaltig gestört hat – seit der Mitte des 20. Jahrhunderts abgelöst durch eine allmählich entstehende «Dienstleistungswirtschaft», welche verbunden ist mit der Heraufkunft einer «Wissensgesellschaft». In dieser strukturgeschichtlichen Epocheneinteilung spiegeln sich charakteristische Verschiebungen zwischen den bekannten drei Wirtschaftsbereichen wider, nämlich dem primären Sektor (Landwirtschaft, Forstwirtschaft, Fischerei), dem sekundären (produzierendes und verarbeitendes Gewerbe in Handwerk, Bergbau und später vor allem Industrie) sowie dem tertiären (Dienstleistungen privater und öffentlicher Natur, also Handel, Banken, Versicherungen, Gaststätten, Verkehr, Bildungs- und Erziehungswesen, Gesundheitswesen, Verwaltung, Militär usw.). Was hierbei sofort ins Auge fällt, ist die Verschiebung der Erwerbsbevölkerung, die anfänglich – in der traditionalen Agrargesellschaft – zu einem mehr oder weniger stark überwiegenden Teil in der Landwirtschaft tätig ist, die sich sodann im Zuge der Industrialisierung mehrheitlich im sekundären Sektor sammelt, während schließlich der Übergang zur Dienstleistungswirtschaft durch die Abnahme der Beschäftigtenzahl im primären Sektor bis auf einen geringen prozentualen Restbestand sowie durch die Umschichtung der Arbeitsbevölkerung in den tertiären Sektor gekennzeichnet ist, bis dieser die beiden anderen übertrifft. Als in Deutschland im ersten Jahrzehnt nach 1900 die Zahl der Erwerbspersonen in der gewerblichen Güterproduktion und -verarbeitung diejenige der in der Landwirtschaft Tätigen zu übersteigen begann (bei einem beiderseitigen Anteil von circa 37 bis 38 Prozent), da war auch hier der Übergang von der vorwiegenden Agrarwirtschaft zur vorwiegenden Industriewirtschaft besiegelt. [vgl. 28 und 26] Österreich (als Teil der österreichisch-ungarischen Doppelmonarchie) hatte zur selben Zeit ein vergleichbares Entwicklungsniveau noch nicht erreicht; noch 1910 waren dort 53 Prozent der Beschäftigten in der Landwirtschaft eingesetzt und 23 Prozent im sekundären Sektor. Wesentlich günstiger war die Situation in der Schweiz, einer sehr früh industrialisierten Region; dort waren bereits 1888 nur noch 37 Prozent der Berufstätigen in der Landwirtschaft beschäftigt.

Die Epoche der deutschen Hochindustrialisierung war eine Phase schnellen und nachhaltigen, wenn auch nicht ganz gleichmäßigen Wirtschaftswachstums. Die früher öfters vertretene und von manchen Sozialhistorikern über Gebühr aufgebauschte Theorie von einer angeblichen «großen Depression» zwischen den 1870er und 1890er Jahren darf heute als obsolet gelten. Richtig ist, daß in der zweiten Hälfte der 1870er Jahre das (reale) Wirtschaftswachstum stagnierte und es auch später gelegentlich kurzfristige Einbrüche gab. Langfristig jedoch haben durchweg die expansiven Impulse vorgeherrscht, schon vollends nach 1880. Verglichen mit den Wachstumsraten, wie sie nach dem Zweiten Weltkrieg namentlich in der Bundesrepublik erzielt worden sind, wirken die Ziffern für das Kaiserreich zwar nicht mehr sonderlich erregend; gegenüber dem Zeitabschnitt der Frühindustrialisierung stellten sie aber doch einen gewaltigen Fortschritt dar.

Ging die Wirtschaftswissenschaft traditionellerweise von den drei Produktionsfaktoren Boden, Arbeit und Kapital aus, so zeigt vor allem die historisch ausgerichtete Betrachtungsweise, daß für ein zureichendes Verständnis der Wirtschaftsentwicklung ein weiterer Faktor hinzutreten muß, der in seiner Bedeutung die anderen weit überragt. In der Tat ist dieser Faktor, der oft «technischer Fortschritt» und gelegentlich auch schon «Wissen» genannt wird, die wichtigste Ursache für das Wirtschaftswachstum mindestens der jüngeren Vergangenheit. [9; *S. 67*, vgl. 69]

Mit seinen verschiedenen Aspekten (wissenschaftlich-technischer Fortschritt, organisatorische Rationalisierung, Veredelung des Faktors Arbeit) zeigt der Faktor Wissen jedenfalls in der Epoche der Modernisierung eine progressive Zunahme, die sich in jedem Wirtschaftssektor auswirkte, wenn auch nicht immer überall in derselben Weise. Soweit die steigende Bedeutung dieses Faktors im Einsatz technischer Kapitalgüter (Maschinen, Ausrüstungen, Anlagen) ihren Niederschlag fand, konnte während des Kaiserreichs das Gewerbe (sekundärer und tertiärer Sektor) die Landwirtschaft weit überflügeln und dadurch zugleich den primären Sektor hinsichtlich der (absoluten und relativen) Produktionsziffern unwiderruflich in den Schatten stellen.

Innerhalb des Gewerbes hatten wiederum diejenigen Industriebranchen das rascheste Wachstum aufzuweisen, in deren Gütererzeugung der wissenschaftlich-technische Fortschritt die größte Rolle spielte. Ein Prunkstück der deutschen Industrie war schon im Kaiserreich die Chemie, und gerade sie ist mit Recht die erste wirklich ‹moderne› Produktionssparte genannt worden, weil die Herstellung ihrer in jeder Hinsicht ‹künstlichen› Erzeugnisse voll und ganz auf theoretischen Kenntnissen aufbaut. Nicht zufällig war die chemische Industrie durch ihre Forschungsintensität und ihre engen Verbindungen zu den Hochschulchemikern gekennzeichnet.

Generell fanden sich die bedeutendsten Zuwachsraten hinsichtlich der Beschäftigtenzahl, des Güterausstoßes und der Arbeitsproduktivität bei denjenigen Gewerbezweigen, die man unter den Bezeichnungen Produktionsgüter- und Investitionsgüterindustrien zusammenfaßt und den Konsumgüterindustrien gegenüberstellt, das heißt insbesondere Bergbau (hauptsächlich Kohle, die seit der Jahrhundertmitte zum wichtigsten Energieträger wurde), Metallerzeugung (Eisen und Stahl vor allem), Metallverarbeitung (wozu so unterschiedliche Sparten gehörten wie Maschinenbau, Feinmechanik und Optik, Elektroindustrie, Fahrzeugbau u. a.), Gas-, Wasser- und Elektrizitätsversorgung sowie Chemie. Stellt man eine Reihenfolge der Gewerbebranchen nach der Beschäftigtenzahl auf, so rangierte vor dem Ersten Weltkrieg die Metallverarbeitung an erster Stelle, gefolgt vom Baugewerbe, dem bekleidungs- und lederverarbeitenden Gewerbe, der Nahrungs- und Genußmittelherstellung sowie dem Textilgewerbe. Alle diese Branchen beschäftigten 1913 zwischen einer und zwei Millionen Erwerbstätige. Die Konsumgütererzeugung und die älteren Gewerbe, die der Frühindustrialisierung das Gepräge gegeben hatten (Textilherstellung!), waren also trotz ihres langsameren Fortschritts keineswegs bedeutungslos geworden.

Die Leistungen vornehmlich der gewerblichen Wirtschaft führten Deutschland zu einem bisher nicht gekannten Wohlstand. Wenngleich das Pro-Kopf-Einkommen in den älteren westlichen Industriestaaten immer noch höher war als in Deutschland, so rückte nach der Gesamtproduktion das Reich kurz vor dem Ersten Weltkrieg doch an die zweite Stelle der entwickelten Länder (hinter den USA). Hierfür sind neben dem wissenschaftlich-technischen Fortschritt auch die anderen Erscheinungsformen des Faktors Wissen maßgeblich gewesen, namentlich die organisatorische Rationalisierung. Nachdem infolge der Verkehrsrevolution seit der Jahrhundertmitte sowie infolge des technischen Fortschritts umfangreiche Märkte für teilweise ganz neue (Massen-)Güter entstanden waren, mußten nun auch die geeigneten Organisationsformen entwickelt und ausgebaut werden, um sich mittels kostengünstiger Produktion an diesen Märkten durchzusetzen oder zu behaupten. Dementsprechend ist die Hochindustrialisierung gekennzeichnet durch eine voranschreitende Konzentrationsbewegung, die, soweit sie bis heute wissenschaftlich exakt erfaßt werden kann, in mehreren genau zu unterscheidenden Prozessen vonstatten ging, nämlich einmal der Betriebskonzentration, zum anderen der Unternehmenskonzentration und zum dritten der Bildung anderweitiger Zusammenschlüsse zur Verbesserung der Marktposition. [vgl. 55 und 40] Statt, wie es im Zuge der Unternehmenskonzentration («funktionale Integration») häufig geschah, den Vertrieb mit der Produktion unter einem Firmendach zu vereinigen, konnte man im Kaiserreich auch entweder einem Kartell beitreten, das heißt einer Vereinbarung von ansonsten selbständigen Unternehmen über das Absatzverhalten (z. B. Preisabsprachen, Marktaufteilungen usw.), oder einem Syndikat, das heißt einem Kartell mit gemeinsamer Verkaufsorganisation. 1910/11 soll es 500 bis 700 Kartelle gegeben haben; von den Syndikaten ist das wohl bekannteste das Rheinisch-Westfälische Kohlensyndikat, das 1893 gegründet wurde. Es kann angenommen werden, daß die Kartellierung und Syndizierung ein (vorläufiger) Ersatz für die weitere Unternehmenskonzentra-

tion war. Eine vollständige Marktbeherrschung haben die Kartelle nicht erreicht; 1907 kontrollierten sie 25 Prozent des Bruttoproduktionswerts der Industrie, im Bergbau gewannen sie einen Anteil von 74 Prozent.
Die Großunternehmen, die vornehmlich in den Wachstumsbranchen Bergbau, Eisen- und Metallerzeugung, Maschinenbau, Chemie und Elektroindustrie zu finden waren, exerzierten etwas vor, was für eine moderne Gesellschaft schlechterdings fundamental ist und was allein die großen Leistungssteigerungen zuläßt: die immer weiter voranschreitende Zergliederung von Aufgaben und Tätigkeiten sowie die Erstellung von Organisationsformen, welche die Arbeitszerlegung und die Ausschöpfung spezieller Fähigkeiten auf allen Ebenen zulassen. Abgesehen vom sogenannten Taylor-System der Zerlegung manueller Arbeit (später: Fließbandsystem), das seit den Jahren vor dem Krieg in Deutschland eingebürgert wurde, betraf dies vor allem die Aufteilung all jener Tätigkeiten, welche der frühindustrielle oder kleine Unternehmer allein oder mit wenigen Hilfskräften vorgenommen hatte bzw. noch vornahm. Es entstanden verzweigte Funktionshierarchien in den Großunternehmen und namentlich eine eigene Firmenverwaltung, also etwas, das Max Weber zu der allgemein sich ausbreitenden Erscheinung der Bürokratisierung gezählt hat.
An die Spitze dieser Verwaltungen traten in den Konzernen und Großunternehmen jetzt angestellte Direktoren, während die ehemaligen Unternehmer in die Position (herausragender) Anteilseigner zurücksanken, die auf gewisse strategische Entscheidungen beschränkt wurden. Dieser Umstand fällt zusammen mit der Ausbreitung der Kapitalgesellschaften (vornehmlich auf Aktienbasis). Von den hundert größten deutschen Industrieunternehmen waren um die Jahrhundertwende fast alle Kapitalgesellschaften, beinahe vier Fünftel waren als Aktiengesellschaften verfaßt.
Ein dritter Aspekt des Faktors Wissen besteht schließlich darin, daß Kapital nicht bloß in technische Ausrüstungen investiert wird, sondern auch in die Ausbildung von Menschen. Die öffentlichen Ausgaben für das gesamte Erziehungswesen stiegen in Deutschland zwischen 1870 und 1913 zu laufenden Preisen von 143 Millionen auf 1378 Millionen, also fast auf das Zehnfache. Der Anteil der Bildungskosten an den öffentlichen Ausgaben wuchs (gleichfalls zu laufenden Preisen) von 1871/74 bis 1910/13 von 5,6 Prozent auf 17,9 Prozent. Die Alphabetismusrate, der Prozentsatz an Einwohnern, der lesen und schreiben konnte, lag in der gesamten deutschen Bevölkerung um 1910 bei 95 Prozent bis 99 Prozent. Unter den jungen Menschen gab es seit den 1890er Jahren so gut wie keine Analphabeten mehr; in den deutschsprachigen Teilen Österreichs werden die Verhältnisse vergleichbar gewesen sein. Mitteleuropa lag damit international an der Spitze. Ähnlich war es bei der Sekundär- und Hochschulbildung, wo Deutschland den Anteil der höheren Schüler und der Studenten an

der Bevölkerung zwischen 1870 und 1913 ungefähr verdreifachen bzw. (bei den Studenten) verdoppeln konnte. [vgl. 84 und 21]

Die soziale Schichtung

Das Schichtungsmodell der Gesellschaft des Kaiserreichs zeigt, je nach Einteilung, eine mehr oder weniger ausgeprägte pyramidenförmige Gestalt. Auf der obersten Ebene der deutschen Gesellschaftspyramide (und um einiges stärker hervortretend bei der österreichischen) stand noch der Adel, zusammen allerdings mit den Spitzen der sich entfaltenden Wirtschaftswelt (großen Unternehmensführern und Grundbesitzern, erfolgreichen Angehörigen der freien Berufe wie Ärzten, Künstlern und dergl.) sowie hohen staatlichen Amtsinhabern – soweit sie nicht ihrerseits adlig waren. Es folgte eine Schicht, die von besonderem Interesse gerade für die kulturhistorische Betrachtungsweise ist. In Gemeinschaft mit der freilich zahlenmäßig ziemlich unbedeutenden Oberschicht (ungefähr zwei Prozent) repräsentierte sie nämlich jene vielberufenen Gruppen von ‹Besitz und Bildung›, aus deren Reihen sich zum anfänglich überwiegenden, später freilich abnehmenden Teil die Träger und Konsumenten der zeitgenössischen (Hoch-)Kultur rekrutierten. Hierzu gehörten namentlich die Inhaber akademischer oder wenigstens höherer schulischer Bildung, die entweder als Juristen, Hochschul- und Sekundarschullehrer, Pfarrer, Offiziere usw. im öffentlichen Dienst tätig waren, oder die als Mediziner, Apotheker, Rechtsanwälte, Architekten, Journalisten u. ä. freiberuflich arbeiteten und ein entsprechendes Einkommen aufweisen konnten, sodann die wohlhabenden, wenn auch nicht gerade reichen Selbständigen, die über eigene bedeutendere Unternehmen in Gewerbe und Landwirtschaft verfügten, schließlich die unselbständigen Inhaber leitender oder sonstwie herausgehobener Positionen in wirtschaftlichen Unternehmen, also höhere Angestellte und Gutsverwalter. Den zahlenmäßigen Umfang der beiden oberen Schichten bezifferte der bekannte Ökonom und Historiker Gustav von Schmoller im Jahr 1897 auf rund ein Viertel der Bevölkerung, was jedoch um einiges zu hoch gegriffen sein dürfte. [vgl. 67] Darunter rangierten zunächst die kleineren Selbständigen: Bauern, Handwerker, Gastwirte, kleinere Einzelhändler, ferner die mittleren Beamten sowie fachlich geschulte, kaufmännische und technische Funktionäre, das heißt mittlere Angestellte, endlich höher qualifizierte Kräfte der manuellen Arbeitswelt wie Werkmeister und gutbezahlte Facharbeiter. Die breite Basis der sozialen Pyramide bildeten die abhängig Beschäftigten der untersten Stufe und mit der geringsten Qualifikation, hauptsächlich Lohnarbeiter, und hier wiederum vor allem die landwirtschaftlichen und ungelernten, dazu Angestellte in einfachen Tätigkeiten. Ergänzt wurde diese Gruppe durch Beamte der untersten Stufe und Selbständige derselben Rangordnung wie Kleinbauern und arme Handwerker, ferner durch häusliches Dienstpersonal (Dienstmädchen und dergl.), das 1900 noch mit circa sechs Prozent an der Gesamtbeschäftigtenzahl beteiligt war. Im Grunde sind von dieser letzten Schicht noch einmal die sozial Verachteten abzusondern, also das sogenannte Lumpenproletariat der Bettler und Obdachlosen sowie die Prostituierten.

Das Gesicht der Gesellschaft, wie sie in der Hochindustrialisierung entstand, ist durch die Bevölkerungszunahme und vor allem die Verstädterung geprägt. In der größten friedlichen Wanderungsbewegung der deutschen Geschichte, an der zwischen 1860 und 1914 ungefähr jeder zweite Deutsche teilgenommen hat, sank der Anteil an Menschen, die in Orten unter 2000 Einwohner lebten, von circa 64 Prozent im Jahr 1871 auf 40 Prozent im Jahr 1910. In Gemeinden mit 10000 bis 100000 Seelen dagegen wohnten 1871 erst 12,6 Prozent, 1910 rund 20 Prozent; und die großen Städte über 100000 Köpfe verbesserten sich in derselben Zeit sogar von 4,8 Prozent auf 21,3 Prozent. Hatte es 1871 in Deutschland erst vier Großstädte über 100000 Einwohner gegeben, so waren es 1910 bereits 48. Die Ursache hierfür lag einfach darin, daß mit der Neuansiedlung oder Erweiterung gewerblicher Betriebe, mit dem Anwachsen aller Arten industrieller Produktion und moderner Dienstleistung bestehende Städte sich vergrößerten und kleinere Orte zu Städten wurden. In Österreich ging die Urbanisierung erheblich langsamer voran; neben der Millionenstadt und kulturellen Metropole Wien waren größere Städte wie Graz oder das deutsch-tschechische Prag eher die Ausnahme.

Gespeist wurde die deutsche Urbanisierung von einer Bevölkerungsexplosion, welche die Einwohnerzahl des Reichsgebiets von rund 35 Millionen 1850 und circa 41 Millionen 1870 auf 67 Millionen 1913 anschwellen ließ. Diese Bevölkerungsvermehrung ist in der Hauptsache ein Unterschichtenphänomen, das eng mit bestimmten Auswirkungen der Modernisierung verbunden ist. Hatten die großen gesellschaftlichen Reformen zu Beginn des 19. Jahrhunderts einen ersten Höhepunkt beschleunigter Reproduktion zur Folge gehabt, so eröffnete sich, als ab der Jahrhundertmitte die Hochindustrialisierung einsetzte, für viele Arme die Möglichkeit, in der Industrie ein Auskommen zu finden, was alsbald in einen neuen Zyklus erhöhter Geburtlichkeit führte. Nach dem Zusammenbruch der Gründereuphorie Mitte der siebziger Jahre beruhigten sich die Geburtsziffern wieder, um dann nach der Jahrhundertwende steil abzufallen. Seit dieser Zeit änderte sich das generative Verhalten der Bevölkerung grundlegend, indem nunmehr auch für breite Massen nicht nur das bloße Fristen des Lebens in Verbindung mit dem Erzeugen von Nachwuchs im Vordergrund stand, sondern die Konsumsteigerung und die Aufzucht der Nachkommenschaft, das heißt immer mehr sowie von oben nach unten voranschreitend deren angemessene Ausbildung. Wenn trotzdem die jährlichen Wachstumsraten der Bevölkerung um 1900 ihre

Höchstwerte erreichten, so lag dies daran, daß gerade um diese Zeit die Schere zwischen Geburtlichkeit und Sterblichkeit am weitesten aufklaffte; denn etwa seit den 1880er Jahren begann ein deutlicher Rückgang der Sterbeziffern, insbesondere der Säuglings- und Kindersterblichkeit, von der die Armen immer am meisten betroffen worden waren. Die Ursachen hierfür liegen teils bei der erheblich verbesserten Ernährung, teils bei der Ausweitung der medizinischen Versorgung und der Erhöhung des hygienischen Standards (z. B. Kanalisation in den Städten). Hatte in der Mitte des 19. Jahrhunderts der Kalorienbedarf bei der Nahrungsaufnahme, auf den Durchschnitt der Bevölkerung gerechnet, nur zu 75 Prozent gedeckt werden können, so wurde etwa seit den 1880er Jahren die 100-Prozent-Deckung erreicht und in der Folge nicht unerheblich überschritten.
Ökonomisch gesehen brachte die Bevölkerungsvermehrung eine starke Zunahme der verfügbaren Menge des Faktors Arbeit mit sich. Freilich war die jährliche Wachstumsrate der Arbeitsmenge (Arbeitsstundenzahl) zwischen 1850 und 1913 niedriger als die Wachstumsrate der Beschäftigtenzahl, obwohl die Erwerbsquote (Prozentsatz der im Erwerbsprozeß Eingesetzten) vor 1913 geringfügig stieg. Das erklärt sich daraus, daß die durchschnittliche Arbeitszeit pro Woche im sekundären Sektor während des Vormärz etwa 80 bis 90 Stunden betrug und in den Jahren vor dem Ersten Weltkrieg auf rund 57 Stunden gefallen war. Wie sehr die Industrialisierung alle Lebensumstände verbessert hat, wird u. a. auch durch die Beschreibung der Schicksale von charakteristischen Unterschichtenangehörigen bestätigt. [14, *S. 264ff* u. *276ff*] In der Tat hat die aufstrebende gewerbliche Wirtschaft die überschüssige Bevölkerung absorbiert und namentlich ländliche Arbeitskräfte sozusagen abgesaugt. Sie konnte das, weil die Löhne des Gewerbes seit der Jahrhundertmitte erheblich stärker stiegen als diejenigen der Landwirtschaft (bei vergleichbarem Ausgangsniveau) und daher die Arbeit in der Industrie nicht nur eine Überlebensmöglichkeit, sondern – je länger, desto mehr – eine positive Alternative darstellte.
Den obersten Bezugspunkt der sozialen Rangordnung bildeten in Deutschland ebenso wie in Österreich (anders natürlich in der Schweiz) die Monarchen und ihre Höfe, und die größte Nähe zum Hof hatte traditionellerweise der Adel. Obwohl die politischen Machtpositionen des Adels in den einzelnen deutschen Bundesstaaten unterschiedlich waren, konnte er sich doch im allgemeinen Bewußtsein als führende gesellschaftliche Klasse erhalten, deren Lebensformen zwar keine allgemein verbindliche Richtschnur bildeten und oft genug kritisiert wurden, die aber trotzdem insofern stilbildend wurden, als sie eine Möglichkeit darstellten, das Innehaben einer bevorzugten gesellschaftlichen Stellung sichtbar zu dokumentieren und soziales Ansehen zu gewinnen oder zu erhöhen. Das nach wie vor überragende und von oben bewußt geförderte Prestige des

Adels erwies sich auch darin, daß hohe Beamte und Offiziere, die sich im Monarchendienst ausgezeichnet hatten, häufig geadelt wurden, aber ebenso herausragende Wirtschaftsführer dieser besonderen Ehrung teilhaftig wurden. Freilich ergibt sich daraus zugleich, daß der Adel keine abgeschlossene Kaste darstellte. Das galt gleichermaßen ökonomisch. Namentlich die Güter des ostelbischen Adels, also der sogenannten Junker, gingen im 19. Jahrhundert immer stärker in die Hände von aufgestiegenen Nichtadligen über, die dann, obgleich sie ihrerseits öfters geadelt wurden, bereits in den ersten Jahrzehnten des Kaiserreichs die Mehrheit erlangten. Lediglich die ganz großen Güter, die Latifundien, konnten mehrheitlich vom alten Adel, insbesondere dem Hochadel, gehalten werden. Manche Magnaten, vor allem aus Oberschlesien, schafften auch den Anschluß an die gewerbliche Wirtschaft und arrondierten ihren Besitz durch die Errichtung von Bergbau- und Industrieunternehmen.

Was die reich gewordenen Unternehmer, die Fabrikanten, Großkaufleute, bedeutenden Bankiers, aber auch großen Agrarunternehmer betrifft, so lehnten zwar manche von ihnen die Nobilitierung in altem Bürgerstolz ab, viele andere jedoch und augenscheinlich immer mehr erstrebten sie heiß. Man hat in diesem Zusammenhang öfters von einer «Feudalisierung» des Großbürgertums gesprochen und dies damit begründet, daß das emporgekommene Wirtschaftsbürgertum seit dem späten 19. Jahrhundert adligen Lebensstil übernommen habe, indem es teils prächtige Villen errichtete, teils Landbesitz erwarb, indem es seine Söhne den Offiziersberuf ergreifen oder wenigstens Reserveoffizier werden ließ, indem es nach Orden, Ehrungen und schließlich der Nobilitierung trachtete, indem es Eheverbindungen mit dem alten Adel einging und gewisse Besonderheiten des adligen Ehrenkodex (etwa das Duellunwesen) kritiklos akzeptierte. Innerhalb gewisser Grenzen ist dieser Befund durchaus zutreffend. Wo in traditionsreichen, lange vor der Industrialisierung bereits bedeutenden Städten Nord- und Süddeutschlands der gesellschaftliche Umgangston eines alten Patriziertums sich erhielt, da war man zwar von ‹junkerlichen› Attitüden weit entfernt. Für weite Kreise des mit der Industrialisierung hochgekommenen Unternehmertums indes wurden – in dem Wunsch, das höchste vorstellbare gesellschaftliche Prestige zu erlangen – die Ideale adliger Lebensgestaltung vorbildhaft. Gerade diese Erscheinung und viele daraus resultierende parvenühafte Übertreibungen und durch Bombast überdeckte Stilunsicherheiten machen ein gut Teil des vielberufenen «Wilhelminismus» aus. Kurz vor dem Ersten Weltkrieg waren von 747 preußischen Steuerpflichtigen mit einem Vermögen über 5 Millionen 319 adlig, davon 126 hochadlig.

Während des Kaiserreichs ist die Frage viel erörtert worden, ob der sogenannte Mittelstand, worunter man die mittleren und kleineren Selbständigen in Landwirtschaft und Gewerbe verstand, zwischen den beiden übermächtigen Gruppen der wenigen ganz reichen Unternehmer (‹Kapi-

talisten›) und der vielen ganz armen (Lohn-)Abhängigen zerrieben würde und endlich ganz verschwände. Bereits im Kaiserreich wurde jedoch erkennbar, daß dies nicht der Fall war. Was sich tatsächlich ereignete und seitdem fortgesetzt hat, waren charakteristische Veränderungen der Verhältniszahlen von selbständig und unselbständig Beschäftigten in den einzelnen Wirtschaftssektoren. Zwischen 1882 und 1907 (den Jahren einschlägiger Berufs- und Gewerbezählungen) stieg die absolute Zahl der Selbständigen leicht an (und erreichte 1907 die Marke von 5,7 Millionen). Relativ zur Zahl der Erwerbspersonen überhaupt sank sie dagegen von circa 28 auf 20 Prozent. Im primären Sektor ist im selben Zeitraum ein leichtes Abfallen der absoluten Zahlen der Selbständigen zu beobachten (2,5 Mio., 1907), im sekundären bis in die 1870er Jahre ein kräftiger Anstieg, danach ein allmählicher Rückgang (1,9 Mio., 1907).
Einen leichten Abfall zeigt auch die Selbständigenzahl des Verkehrssektors, wohingegen die absolute Zahl der Selbständigen in den anderen Sparten des tertiären Bereichs vor dem Krieg deutlich zunahm (1,2 Mio., 1907) und in Hinblick auf Freiberufler (Ärzte, Rechtsanwälte, Künstler usw.) sogar die relative Selbständigenquote – eine Entwicklung, die sich bis heute nicht nachhaltig geändert hat. Relativ zur Anzahl der Beschäftigten sank die Rate der Selbständigen zwischen 1882 und 1907 im primären und tertiären Sektor nur geringfügig, nämlich von rund 27 auf 25 Prozent im primären und von circa 20 auf 19 Prozent im tertiären Bereich (letzterer ohne Verteidigung). Dramatisch war indes der Rückgang von 37 auf 18 Prozent, der im Sektor von Industrie und Handwerk erreicht wurde. [vgl. 28; *S. 204ff* u. *209* und 76; *S. 66ff*]
Der Siegeszug des Großbetriebs in der gewerblichen Güterproduktion ist offenkundig und wird durch die Abnahme der Selbständigenzahl bestätigt; aber die Grenzen dieses Siegeszuges wurden durch das aufgewiesen, was die großgewerbliche Produktion nicht leisten konnte. Überall da, wo Produkte oder Leistungen durch einen Großanbieter entweder gar nicht oder nicht marktgerecht bereitgestellt werden konnten, war – in einer nach unten voranschreitenden Abstufung – Platz für mittlere und kleinere Anbieter, bis man am Ende zum kleinsten, zum Handwerker, gelangte, der einen sehr kleinen, regelmäßig lokalen Markt belieferte oder sich besonders spezialisierte, zum Beispiel auf Reparaturen. Wie sehr das Kaiserreich gerade für das alte Handwerk eine Übergangszeit war, zeigt sich daran, daß auf der einen Seite ein sich modernisierendes Kleingewerbe stand, das die eigenen Betriebsgrößen ausbaute, das sich mit Kapitalgütern aus der Industrie ausrüstete (wie Elektromotoren), während auf der anderen Seite noch eine absterbende Form existierte, die aus der vormodernen Zeit überkommen war: das Heimgewerbe (Verlagswesen), das in der Produktion von Konsumgütern (Weberei, Konfektionskleidung) noch mehrere hunderttausend Menschen beschäftigte.

Den selbständig Beschäftigten stehen die unselbständigen Erwerbspersonen gegenüber. Deren Zahl zeigte seit der Hochindustrialisierung eine steile Aufwärtsentwicklung auf rund 25 Millionen vor dem Krieg; aber nichts wäre verkehrter, als in den Unselbständigen eine einheitliche Masse zu sehen. Die Gesamtzahl der Beamten und Angestellten, die sich in den zeitgenössischen Statistiken nicht trennen lassen, wuchs zwischen 1882 und 1907 von 7 Prozent der Beschäftigten (= 1,2 Mio.) auf 13,2 Prozent (= 3,3 Mio.), wovon 1907 ungefähr gleiche Anteile auf beide Gruppen entfielen. Die weitaus größte Gruppe der Unselbständigen stellten im Kaiserreich die Lohnarbeiter dar, die 1907 eine Gesamtzahl von rund 17 bis 18 Millionen erreichten, wovon 7,3 Millionen Landarbeiter waren, 8,6 Millionen Arbeiter im sekundären Sektor und 1,5 Millionen in Handel und Verkehr. Sondert man aus dem sekundären Sektor die Industrie im eigentlichen Sinne aus, also die nicht handwerklichen Groß- und Mittelbetriebe, so ergibt sich, daß die Zahl der Industriearbeiter zwischen 1882 und 1907 von 1,6 auf 5,8 Millionen stieg. Noch beeindruckender allerdings war, soweit die Statistiken hierüber klare Aussagen zulassen, das relative Wachstum der Angestelltenziffern, die sich sowohl in der Industrie als auch im tertiären Sektor noch rasanter erhöhten als diejenigen der Arbeiter. [vgl. 70; *S. 229*; 64; *S. 145* und 76; *S. 59* u. *67ff*]
Ebenso wie die Beamten waren die Angestellten, deren rechtlicher Status allerdings im Kaiserreich noch nicht abschließend geklärt wurde, auf allen Stufen der sozialen Leiter anzutreffen. Waren die Beamten in denjenigen Aufgabenfeldern eingesetzt, die von der öffentlichen Hand betreut wurden (öffentliche Verwaltung, Justiz, Bildungswesen, staatliches Verkehrswesen, Post), so deckten die Angestellten den Bedarf der Wirtschaft und nichtwirtschaftlicher Organisationen an Beschäftigten für alle Arten ausschließlich oder vorwiegend nichtmanueller Arbeit. Mit der steigenden Bedeutung von Wissenschaft und Technik in der Produktion wurden wissenschaftlich-technische Fachleute (Forscher, Ingenieure, technische Zeichner) in den Unternehmen unentbehrlich; aber im Zuge der Funktionsdifferenzierung und Spezialisierung innerhalb der Unternehmen wie der Wirtschaft überhaupt faserte sich auch das Erscheinungsbild des kaufmännischen Personals auf. So, wie seit der Entstehung der Konzerne und großen Kapitalgesellschaften der angestellte Manager an die Spitze der Angestelltenhierarchie getreten war, drängten seit der Verbreitung von Schreibmaschine und Telefon nach der Jahrhundertwende die billigen, üblicherweise weiblichen Schreibkräfte in die Büros, und die Ausweitung des Handelsgewerbes brachte große Zahlen an einfachem Verkaufspersonal hervor. Hatten die alten Handlungsgehilfen regelmäßig in großer persönlicher Nähe zu ihrem Brotherrn gestanden und damit gerechnet, eines Tages selbständig zu werden, so wurde nun die Ange-

stelltentätigkeit immer stärker zu einer gesichtslosen, austauschbaren Massentätigkeit. Die an sich durchaus vorhandenen Unterschiede gegenüber den Arbeitern (durchschnittlicherweise bessere Bezahlung in Gehaltsform, vorteilhaftere Arbeitsbedingungen, günstigere Karrierechancen) dienten nun als Argumentationshilfen einer gesteigerten Abwehrhaltung gegenüber einer Ineinssetzung mit dem sog. Proletariat.

Die Arbeiterschaft ihrerseits war in sich deutlich gegliedert. Läßt man die Landarbeiter einmal beiseite, so war die wichtigste Unterscheidung im sekundären Sektor die zwischen gelernten und ungelernten Arbeitern. Die Facharbeiterschaft stammte ursprünglich vorzugsweise aus dem Handwerk (Gesellen, die anderweitig nicht unterkamen; Meister, die sich nicht halten konnten) und ergänzte sich später teils aus der schon vorhandenen Arbeiterschaft, teils aber wieder aus dem Handwerk. Dafür sorgten die nachströmenden ländlichen Unterschichten und zu einem geringeren Prozentsatz auch weibliche Arbeitskräfte für immer neuen Nachschub an ungelernten Arbeitern, deren Anteil zwischen 1895 und 1907 von ungefähr 33 Prozent auf circa 42 Prozent anstieg. Die Industrie ging zunehmend dazu über, ihre Arbeiter selbst auszubilden, weil die handwerkliche Ausbildung nicht mehr ausreichte für gestiegene technische Anforderungen oder um ungelernte Arbeiter für einfachere Verrichtungen anzulernen. Im Maschinenbau, einer Wachstumsindustrie mit besonders hohen Qualifikationsanforderungen, waren 1914 über die Hälfte aller Arbeiter Facharbeiter. Den Endpunkt einer Arbeiterkarriere markierte die Position eines Werkmeisters; diese waren Respektspersonen und galten als ‹Feldwebel› des Betriebs.

Eine statistische Zusammenstellung aus den Jahren 1907/08 vergleicht die Familieneinkommen von Unselbständigen aus mittleren und unteren Einkommensklassen. [76; *S. 112ff*] Demnach betrug der durchschnittliche Jahresverdienst eines gelernten Arbeiters kaum weniger als derjenige eines Unterbeamten (ca. 1600 Mark bei ersterem, 1700 bei letzterem). Günstiger stellten sich mittlere Beamte und (Volksschul-)Lehrer (ca. 2400 Mark für ersteren, 2800 für letzteren), während Privatangestellte etwa in der Mitte zwischen beiden Gruppen lagen (durchschnittlich 2000 Mark), aber große Unterschiede im einzelnen zeigten, da die Einkommen der unteren Teile der Angestelltenschaft (Verkäufer, untere Büroangestellte u. a.) sich von den Arbeitereinkommen nicht sonderlich unterschieden, während mittlere kaufmännische und technische Angestellte in der Einkommenshöhe mit den mittleren Beamten konkurrieren konnten und sie häufig auch übertrafen. Am ungünstigsten war die Situation der ungelernten Arbeiter (Durchschnittsverdienst 1300 Mark), bei denen, soweit sie verheiratet waren, die Mitarbeit der Frauen sowie die Untervermietung zur Erzielung weiterer Einnahmen am häufigsten auftraten. Die Situation der gewerblichen Unterschichten hat sich in der Zeit

des Kaiserreichs stetig verbessert. Während der Index der Lebenshaltungskosten zwischen 1871 und 1913 fortwährend zwischen rund 80 und 100 Punkten schwankte und insgesamt nur geringfügig kletterte, stieg der Index der durchschnittlichen Reallöhne in derselben Zeit konstant von 52 auf 100 Punkte. [vgl. 52]
Im Rahmen der gegebenen Gesellschaftsordnung war auch sozialer Aufstieg durchaus möglich: Angehörige der Unterschichten stiegen zu etwa 11 Prozent in die Mittelschichten auf; Akademiker rekrutierten sich, je nach Beruf, zu rund ein Drittel bis zwei Drittel aus den Mittelschichten. [vgl. 33 und 34]

Staat und Politik
Die Modernisierung des Staates vollzog sich auf einer zweifachen Grundlage: der Erringung des Monopols öffentlicher Gewalt und der Positivierung des Rechts. Sie bestand primär in zweierlei: einerseits in der Ausdehnung voller politischer Partizipation auf jeden Gewaltunterworfenen, andererseits in der Ausweitung staatlichen Handelns teils infolge der zunehmenden Komplexität der zu steuernden Gesellschaft, teils infolge des Eintritts neuer Bevölkerungsschichten in den staatlichen Willensbildungsprozeß, die eine Vermehrung der Staatsleistungen durchsetzten oder indirekt veranlaßten. Seit den 1880er Jahren ging das Deutsche Reich dazu über, Sozialpolitik in Gestalt der Daseinsvorsorge für die weniger Bemittelten zu betreiben und insofern stärker als je zuvor und im gesamtstaatlichen Maßstab eine Politik der Umverteilung zugunsten der Unvermögenden und Armen ins Werk zu setzen. Auf der Grundlage eher konservativer Zielsetzungen – Otto Fürst von Bismarck (1815 bis 1898) beabsichtigte, mittels sozialpolitischen Entgegenkommens die anwachsende Arbeiterbewegung von ihren umstürzlerischen Zielsetzungen abzubringen – wurden die großen Sozialversicherungsgesetze der späten Bismarck-Ära beschlossen (Kranken-, Unfall-, Alters- und Invaliditätsversicherung 1883, 1884 und 1889), und mit ihnen übernahm das Reich eine Spitzenposition in derjenigen Entwicklung, die für den modernen Staat immer charakteristischer wurde: die Alimentierung der verschiedensten, vor allem aber unterer Bevölkerungsgruppen aus dem gemeinsamen Sozialprodukt, das der Staat in zunehmendem Ausmaß für seine eigene Verfügungsgewalt beanspruchte. Dieser Trend, in Gemeinschaft mit den generell zunehmenden Steuerungsaufgaben für die ständig verzweigter, gegliederter und arbeitsteiliger werdende Gesellschaft führte erstens zu einem fortwährend steigenden Ausstoß an staatlichen Normierungen (in Gestalt einschlägiger Rechts- und Verwaltungsbestimmungen); beide Faktoren führten zweitens zu einer unablässigen Ausdehnung öffentlicher Verwaltungen bei den einzelnen Gebietskörperschaften (Reich, Einzelstaaten bzw. Länder, Gemeinden); und sie führten drittens

zu einer fortgesetzten Aufblähung der öffentlichen Haushalte. Im Kaiserreich ist zwar nicht die Anzahl der jährlich beschlossenen Gesetze, sehr wohl jedoch die entsprechende Zahl an Rechts- und Verwaltungsverordnungen angeschwollen. Die öffentlichen Administrationen (des Reiches, der Bundesstaaten, der Gemeinden) beschäftigten 1882 circa 213000 Personen, 1907 bereits 390000 Menschen, was umgerechnet auf den Kopf der Bevölkerung einem Zuwachs von rund 35 Prozent entspricht. Die öffentlichen Ausgaben schließlich, das heißt die Aufwendungen von Reich, Bundesstaaten, Gemeinden und Parafisci (Sozialversicherungen), wuchsen während des Kaiserreichs mit einer jährlichen Rate von 3,4 Prozent zu laufenden Preisen und lagen damit spürbar über der entsprechenden Ziffer von 2,6 Prozent für das Nettosozialprodukt. Die Transferzahlungen, das heißt insbesondere soziale Geldleistungen aller Art, erreichten sogar eine Zuwachsrate von 5,5 Prozent. [vgl. 58; *S. 23f*; 12; *S. 202* und 84; *S. 569*]
Was den anderen Aspekt staatlicher Modernisierung betrifft, die Ausdehnung politischer Teilhabe, so beruht er auf einem Vorgang sozialer Mobilisierung, der seinerseits wieder eng verknüpft ist mit der Verkehrsrevolution, der Kommunikationsrevolution und der Ausbreitung von Bildung. Wenn gegen Ende des 19. Jahrhunderts rund drei Fünftel der Deutschen in Deutschland und Österreich eine Zeitung lasen, wenn die Zahl der Briefe und Postsendungen zwischen 1840 (Preußen) und 1912 (Deutsches Reich) pro Kopf der Bevölkerung auf das Sechzigfache stieg [90; *S. 120* und 20; *S. 176ff*], so ist dies ein Hinweis darauf, daß immer weitere Bevölkerungskreise über ihren lokalen Horizont hinausblickten. Hierdurch war es auch bedingt, daß nach der Jahrhundertmitte die Gesellschaft sich nicht mehr nur wie vorher in einer Vielzahl von örtlichen und bloß gelegentlich überörtlichen Vereinen organisierte, sondern daß nun im wirtschaftlichen wie im politischen Bereich die großen Zusammenschlüsse, später regelmäßig gesamtstaatlich, erfolgten – es entstanden die Interessenverbände bestimmter Berufsgruppen zur Wahrung ihrer Belange im wirtschaftlichen und politischen Bereich; und es sammelten sich politische Gesinnungsgenossen entweder in den Parteien zum Zweck parlamentarischer Mitsprache oder auch nur in politischen Interessenzusammenschlüssen zum Zweck der Propagierung ihrer Ideen (z. B. der Deutsche Nationalverein oder später der Flottenverein). Während das deutsche Parteiensystem seit der Zeit der Reichsgründung sich nicht mehr grundlegend veränderte, riß die Kette der Gründung neuer Interessenverbände nicht ab; die bedeutendsten unter den letzteren waren die Freien (sozialdemokratischen) Gewerkschaften, die 1913 circa 2,5 Millionen Mitglieder hatten. Die soziale Mobilisierung brachte schließlich auch einen Wandel der politischen Anteilnahme mit sich: Die Beteiligung an den Wahlen zum

Deutschen Reichstag stieg zwischen 1867 und 1912 von circa 30 Prozent auf rund 85 Prozent. [49; *S. 273f*]
Das Verfassungssystem des deutschen Kaiserreichs (und ebenso Österreichs) war die konstitutionelle Monarchie, also ein Rechtsstaat, freilich in Form des deutschen Konstitutionalismus, der den Fürsten nicht zu einem ‹pouvoir neutre› machte, sondern ihm erhebliche Anteile an der Staatsgewalt beließ. Eine vollständige Demokratisierung dieses Systems war von seinen inneren Voraussetzungen her möglich, indem (1.) das Wahlrecht gänzlich demokratisch gestaltet und (2.) die parlamentarische Regierungsform eingeführt wurde. Das allgemeine, gleiche, direkte und geheime Wahlrecht für Männer existierte im Norddeutschen Bund und dann im Deutschen Reich seit 1867, in Österreich wurde es 1907 eingeführt. Eine Parlamentarisierung jedoch war in Österreich aufgrund der Nationalitätenkämpfe praktisch ausgeschlossen; in Deutschland war sie aufgrund der Verfassungskonstruktion und dann der Parteiverhältnisse sehr erschwert. Alle Ansätze für eine mögliche Parlamentarisierung Preußens und des Reiches von seiten der liberalen Bewegung waren in den 1860er und 1870er Jahren durch Bismarck vereitelt worden. Im Zuge der sozialen und politischen Mobilisierung der Volksmassen verlor die liberale Bewegung ihre Mehrheit in den Parlamenten, die sie bis dahin fast unangefochten innegehabt hatte. Im Reichstag hatten alle Liberalen zusammen bis 1877 die absolute Mehrheit besessen; aber bis 1912 waren sie auf nicht viel mehr als ein Fünftel der Mandate zusammengeschmolzen. Vom Eintritt der Massen in die Politik profitierte hauptsächlich die Partei der Arbeiterbewegung, die Sozialdemokratie, die 1871 gut drei Prozent der Wähler anzog, 1912 aber fast 35 Prozent. Die Sozialdemokratie war unzweifelhaft diejenige Kraft, welche am nachdrücklichsten den Willen der Unterschichten und Benachteiligten zu politischer Emanzipation und Mitwirkung an der staatlichen Willensbildung artikulierte. Das drückte sich unter anderem darin aus, daß die Partei seit ihren Anfängen ein vollständig demokratisches Wahlrecht für alle Vertretungskörperschaften öffentlicher Institutionen forderte und seit 1875 auch das Frauenwahlrecht in ihre Programme einfügte. Ansonsten richtete sich der Kampf um das allgemeine, gleiche Wahlrecht hauptsächlich gegen Preußen; denn während in dem bei den Bundesstaaten verbreiteten parlamentarischen Zwei-Kammer-System die auf Volkswahl beruhenden Abgeordnetenhäuser immer wichtiger wurden und die süddeutschen Staaten deren Wahlrecht auch allmählich demokratisierten, beharrte Preußen für sein Abgeordnetenhaus ohne durchgreifende Veränderung auf dem in der Revolutionszeit oktroyierten Drei-Klassen-Wahlrecht, das die begüterten Schichten weit bevorzugte und erstmals 1908 einige Sozialdemokraten in den preußischen Landtag einziehen ließ. Trotz der offenkundigen Diskrepanz zwischen dem Wahlrecht Preußens und des Reiches und obwohl die Parteien

der Mitte teils ein demokratisches Wahlrecht direkt forderten (so die Linksliberalen), teils sich für die Bewahrung des Reichstagswahlrechts stark machten (so die katholische Partei: das Zentrum, sowie die Nationalliberalen), blieb die Sozialdemokratie in ihrem Kampf für eine Demokratisierung lange isoliert.
Wenn es für die genannten Parteien lange Zeit keine Möglichkeit der Zusammenarbeit mit der Sozialdemokratie gab, so lag dies hauptsächlich an der ideologischen Radikalität der Arbeiterbewegung. Erst als im Zuge der Durchsetzung von Revisionismus und Reformismus die Sozialdemokratie sich mehrheitlich zu praktischer Reformpolitik bekannte, wurde die Annäherung zwischen ihr und den Mittelparteien möglich. Der endgültige Bruch zwischen der Mehrheitssozialdemokratie (MSPD) und der radikalen Linken machte dann 1917 den Weg frei für eine gemeinsame Verfassungspolitik der MSPD, der Linksliberalen und des Zentrums, die bis zu der unerwarteten und unerwünschten Revolution von 1918 die Parlamentarisierung und Demokratisierung (unter der Staatsform der Monarchie) zum Ziel hatte.

Die Bildungselite

Die Modernisierung hat die gesellschaftlichen Trägerschichten der deutschen Hochkultur, wie sie sich im 18. Jahrhundert herausgebildet hatte, von Grund auf verändert; und sie hat, damit gleichlaufend, durch die Veränderung der Lebenswelt einen Wandel der Inhalte und Ausdrucksweisen der Hochkultur bewirkt. Das gebildete Publikum, die Erzeuger, sachkundigen Beurteiler und Liebhaber oder auch nur gelegentlichen Konsumenten der literarischen Kultur, machte um 1800, auf dem Höhepunkt der deutschen Klassik, nicht mehr als höchstens einige hunderttausend Menschen aus, also vielleicht ein Prozent der Bevölkerung. Gegen das Ende des 19. Jahrhunderts jedoch könnten nach einer sicher etwas schematischen, aber doch nicht ganz unglaubwürdigen zeitgenössischen Schätzung von der deutschsprachigen Bevölkerung Deutschlands und Österreichs circa 10 Millionen sich mit anspruchsvollerer Lektüre (oberhalb von Zeitungen, Kalendern und dergl.), rund zwei Millionen mit den deutschen Klassikern und etwa eine Million mit der zeitgenössischen literarischen Entwicklung beschäftigt haben, so daß also die Schicht derjenigen, die von der literarischen Kultur berührt werden konnten, auf ungefähr 20 Prozent der Bevölkerung angewachsen wäre. [17; *S. 141* und 90; *S. 119f*] Die Grundlage für diesen Vorgang war natürlich die Verbreitung von Bildung, und wie deren Zunahme die Produzenten und potentiellen Konsumenten von Literatur (aller Art) vermehrte, so ließ sie auch die Menge des erzeugten Schrifttums anschwellen. Entscheidend bei der Ausweitung des Bildungswesens war nicht so sehr die Alphabetisierung, denn diese betrug um 1800 in Preußen schon über 50 Prozent und wird in anderen deutschen Gegenden, etwa in Österreich, sich nicht stark davon unterschieden haben. Überdies ist potentielle Lesefähigkeit keine hinreichende Bedingung für Interesse an gehobener Literatur, wie in Deutschland die Bauern und die Arbeiterschaft bewiesen. Wichtiger war vielmehr die Ausdehnung der Sekundärbildung und der Hochschulbildung, und dieser Prozeß erfaßte im Kaiserreich die deutsche Gesellschaft bis weit hinein in die Mittelschichten.

Die dünne gebildete Oberschicht umfaßte am Beginn des 19. Jahrhunderts zunächst einmal den Adel, für den traditionellerweise der Erwerb höherer Bildung standesgemäß und, soweit er führende Stellen in Verwaltung und Justiz bekleidete, auch notwendig war. Sodann gehörten in bereits weit überwiegendem, immer noch wachsendem Ausmaß Nichtadlige dazu, die als Juristen, Professoren, Lehrer und Pfarrer im öffentlichen Dienst standen, ferner Ärzte, Apotheker, Gutsverwalter, Bibliothekare und andere Berufe mit einschlägiger Vorbildung, endlich vereinzelt große Kaufleute und Fabrikanten (Manufakturbesitzer). Die weitaus wichtigste und zahlenmäßig konkurrenzlos stärkste Gruppe waren die Akademiker im öffentlichen Dienst; sie stellten den Kern und zugleich die Masse des nachmals so genannten Bildungsbürgertums dar. Dieser Kern blieb, wiewohl er sich seinerseits ausdehnte, bis ins Kaiserreich erhalten und in seinem Selbstverständnis intakt. Was sich hingegen während des Kaiserreichs grundlegend änderte, war der Elitestatus jener Gruppe, die einstens nicht nur ein nahezu unangefochtenes Monopol höherer Bildung besessen hatte, sondern die auch tatsächlich das Gemeinwesen gelenkt, die Politik bestimmt hatte, sei es als Verwaltungsbeamte auf den oberen Stufen der Bürokratie, sei es als Volksvertreter in den Parlamenten, wie noch die ‹bürgerliche› Revolution von 1848 so schlagend bewiesen hatte, wo die Mehrzahl der Nationalversammlung eben von Beamten und Staatsdienern der oberen Ränge gestellt worden war. Im Kaiserreich, unter den Zwängen der Hochindustrialisierung, wurde all das ganz anders: Der Elitestatus des alten Bildungsbürgertums verschwamm in den Formen einer pluralistischen Massengesellschaft; nicht mehr der Gewaltmonopolist Staat war die einzige große Organisationsform einer noch relativ undifferenzierten Gesellschaft, sondern die riesigen Bevölkerungsmassen, die früher gar nicht erfaßbar gewesen waren, weil man sie auf dem Land und in Kleinstädten, bei wenig entwickelten Verkehrsverbindungen, kaum sinnlich hatte erfahren können, diese gewaltigen Bevölkerungsmassen ballten sich jetzt nicht nur in unübersehbaren Städten, sie waren zudem vielfältig gegliedert in Unternehmen, Interessenverbände, Parteien und mannigfachen anderen Organisationen, die ihrerseits wiederum neue Eliten hervorbrachten – Eliten, die überdies mit dem Bildungsanspruch des alten Bildungsbürgertums in einen ungewohnten Konkurrenzkampf eintraten.

War zu Beginn des 19. Jahrhunderts jedenfalls in Preußen das Bildungsbürgertum nach seiner rechtlichen Position wirklich der «allgemeine Stand» gewesen, um das bekannte Hegel-Wort zu zitieren, der Staatsstand, der die Einheit des Gemeinwesens vorstellte und dem die Gesamtheit der Führungsaufgaben zufiel, so löste nun die durchgängig differenzierte und arbeitsteilige Industriegesellschaft die Einheit des Bildungsbürgertums auf und stellte dessen einzelne Untergruppen in eine Reihe mit all den verschiedenartigen Funktionären der zahlreichen Organisationen und gesellschaftlichen Subsysteme. Im Zuge der Technisierung und Bürokratisierung wurden nun die Träger älterer geisteswissenschaftlicher (theologischer, juristischer, philologischer) Ausbildung von naturwissenschaftlichen, technischen und ökonomischen Fachleuten überrundet. [34; *S. 48ff*]

So, wie die Modernisierung die Bildungsschichten umwandelte, veränderte sie auch die Inhalte der Bildung. Die Beamtenschaft, jener alte Kern des Bildungsbürgertums, sah bis ins Kaiserreich ihre sittliche Verpflichtung im treuen, fleißigen und notfalls auch entsagungsvollen Dienst am Gemeinwohl. Sie gründete ihre Ethik der Arbeit für Krone und Volk lange Zeit auf eine persönlich verstandene, religiöse Verantwortung und ergänzte oder ersetzte sie später häufig auch durch eine Hinwendung zum Nationalismus, der unter dem Eindruck der nunmehr errungenen Großmachtstellung Deutschlands zum Imperialismus fortentwickelt wurde: zu dem Bestreben nämlich, die Geltung des Vaterlandes im Konzert der Mächte durch Aufrechterhaltung oder Ausweitung seiner politischen Stellung, durch ökonomische und kulturelle Expansion zu befestigen. In der pluralistischen Massengesellschaft jedoch konnten die Beamten nicht mehr die einzige Elite sein, und so ließe sich wohl auch öfters eine Beziehung herstellen zwischen einem nachdrücklichen Bekenntnis zum Imperialismus (mit oder ohne Aufgabe einer religiös fundierten Weltanschauung) und dem Bestreben, das alte Bildungsbürgertum noch einmal zum Wortführer der politischen Öffentlichkeit zu machen.

Auf der anderen Seite war jene ehemals alleinige Oberschicht seit dem Beginn des 19. Jahrhunderts zum Träger der Idee gebildeter und souveräner Humanität geworden, wie sie in der großen Zeit der deutschen Klassik und des Idealismus ausgeformt worden war. In der zugleich wissenschaftlichen, moralischen und künstlerischen Heranbildung des freien Individuums, in der Erziehung sowohl der Verstandes- als auch der Gemütskräfte war dort die Gewähr gesehen worden für die Erzeugung eines geläuterten, allem Edlen aufgeschlossenen, aus der Fülle eines reichen und entfalteten Seelenlebens schöpfenden Menschen, der imstande war, die gemeinschaftlichen Angelegenheiten zu besorgen und an herausgehobener Stelle als Vorbild und Richtunggeber zu wirken. Doch gerade dieses Ideal eines edlen, empfindungsreichen, aus der Substanz einer schönen

Seele lebenden Menschentums wurde von der kalten Wirklichkeit der aufsteigenden technischen Massenzivilisation aufs stärkste gefährdet. Ein Unbehagen an der Modernisierung hat es in vielen Ländern gegeben, wie beispielsweise die Schrift des französischen Arztes und Anthropologen Gustave Le Bon (1841 bis 1931) über die *Psychologie der Massen* von 1895. Aber offenbar ist dieses Unbehagen nirgendwo so tief und radikal empfunden worden wie im deutschen Kulturkreis, hat es nirgendwo die Gemüter so sehr aufgewühlt und zu solch weitausgreifenden Theorien über die vorgebliche Gefährlichkeit und Unzuträglichkeit jenes Vorgangs geführt. Einzelne herausragende Geister haben seit der Jahrhundertmitte das Wesen und die Probleme der heraufziehenden Industriegesellschaft zu deuten gesucht; doch gegen Ende des Jahrhunderts und immer stärker nach der Jahrhundertwende begann das Bewußtsein einer geistigen Krise weite Kreise zu erfassen. Beklagt wurden insbesondere die nicht so sehr quantitative als vielmehr qualitative ‹Vermassung›, der Verlust an humaner Substanz, das Vordringen sezierend-wissenschaftlicher, spezialisierter, ‹positivistischer› Analyse zu Lasten einer schöpferischen, kultivierten Sinnstiftung, die Technisierung, Mechanisierung und das Einbüßen der geistigen Führerschaft durch die vormals allein ‹Gebildeten›. Man erkennt unschwer, daß hier – neben vielerlei durchaus richtig Erkanntem – einfach die moderne Wirtschaftswelt mit ihrer Differenzierung und Arbeitsteilung, die übergewichtige Rolle von Naturwissenschaft und Technik, der Verlust des ehemaligen Elitestatus und das Zerbrechen der früheren Verknüpfung von Bildungsmonopol und politisch-gesellschaftlicher Führerschaft beschworen und bedauert wurden.

Als der Krieg ausbrach, hat das alte Bildungsbürgertum noch einmal die Chance gesehen, im Kampf gegen ‹Materialismus›, ‹Mammonismus› und überhaupt alles Ausländische, für eine Heilung der Welt aus dem Geist, besonders dem deutschen, zurückzufinden zu einem Zustand, in welchem ihr alter Vorrang neu begründet werden konnte. In Wirklichkeit wurde damit nur ein wichtiger Schritt auf der Bahn in den Irrationalismus getan; es wurde der Fluchtweg eröffnet in das bloße Sezieren von Befindlichkeiten, in einen ungewissen Messianismus und eine Entbindung von methodischer Realitätsbewältigung.

Henry Pachter
Theorien und Ideologien

Die Generationswende

Als Michael Georg Conrad (1846 bis 1927) 1885 die Zeitschrift *Die Gesellschaft* zu veröffentlichen begann, erklärte er es als ihr Ziel, «die schöne Literatur von der Diktatur der höheren Töchter und alten Damen beiderlei Geschlechts zu befreien». Bismarcks Reich war konsolidiert, und nun kam es im Bürgertum, dessen politische Revolution gescheitert war, doch noch zu einer Art kultureller Revolution. Überall gärte es in den Künsten, den Wissenschaften: Soziologie, Psychologie und Philosophie eröffneten Neuland; in der Baukunst befreite man sich von den barocken Vorbildern und entwickelte in den großen Städten einen funktionellen, bürgerlichen Stil; die geistige Avantgarde begriff sich als Vertretung einer städtischen Kultur und behandelte die Probleme ihrer eigenen Welt, im Guten wie im Bösen, aber in jedem Falle offen und in der Überzeugung, daß vor ihrem jugendlichen Eifer alles Alte, Überkommene zu weichen habe. So schreibt Gerhart Hauptmann (1862 bis 1946) in seinen Erinnerungen von jener Epoche der großen Hoffnungen und neuen Einsichten, die neue Quellen der Lebensenergie und der Lebenslust erschloß, neue Gemeinschaftsträume erweckte – fast eine Gegenkultur.

Noch stärker trat diese Suche nach dem Neuen im folgenden Jahrzehnt hervor, von dem Stefan Zweig sagt: «Wir fanden das Neue, weil wir das Neue wollten, weil wir hungerten nach etwas, das uns gehörte, nicht unseren Vätern. (...) So spürte unsere Generation, noch ehe unsere Lehrer es wußten, daß eine Revolution im Anzug war, mindestens eine Umwertung der Werte. Die guten alten soliden Meister – Ibsen, Leibl, Brahms, Keller – hatten für unser Gefühl die ganze Bedächtigkeit jener Welt der Sicherheit in sich. (...)» (*Die Welt von gestern*).

Damit sind die Themen einer Generationswende genannt, die zunächst nur literarisch-ästhetisch sein mochte. Doch standen hinter der neuen Sensibilität neue Weltbilder: ein neues Bild vom Menschen, von seinen Beziehungen zu anderen, zu sich, zu Gott, eine neue Einstellung zum

Kind, zum anderen Geschlecht, ja zum Geschlechtlichen überhaupt: ‹Lebensreform›. Selbst diejenigen, die sich gegen all das Neue wehrten, konnten ihre Sache nur vorbringen, indem sie ältere Werte neu entdeckten oder etwas Neues in ihnen fanden. Während die einen nach den fernen Ufern sozialer und menschlicher Befreiung schauten, gruben die anderen tief in die Seele, die Urwelt. Entdeckerfreude hier wie dort; der Fortschritt explodierte in alle Richtungen.

Dabei gab es zwei Arten von Fortschritt. Man konnte ihn als geradlinige Fortsetzung bisheriger Errungenschaften ansehen, sozusagen als schließliche Begehung einer Landschaft, die zwar auf dem Globus weiß geblieben war, aber kaum Überraschungen versprach. Oder man war bereit, völlig neue Welten zu erschließen, ja, wenn nötig, zu schaffen. Dieser Fortschritt geschah in Sprüngen, von denen manche so kühn waren, daß sie bisher unerschütterte Axiome in Frage stellten.

Nietzsche

Die Umwertung der Werte, die Friedrich Nietzsche (1844 bis 1900) forderte, setzte sich natürlich nur allmählich durch; was Nietzsche selbst darunter verstand, war dabei weniger wichtig, als was der Bürger davon begriff. Zum ersten ging es darum, die christlich-bürgerliche durch eine heidnisch-aristokratische Moral zu ersetzen. Doch führte dies schnell zum Problem der Moral überhaupt: Die neuen Werte konnten ja nicht mehr als absolut ‹höher› gepriesen werden, sondern nur noch als ästhetisch befriedigender, einem bestimmten Lebensstil gemäßer, vor allem dem Klassen- oder Rasseninteresse besser dienend. In England hieß das Pragmatismus; der Deutsche hüllte die neue Wahrheit in Poesie und Prophetie.

Zum zweiten konnte nicht mehr angenommen werden, daß das Gute, das Schöne und das Wahre stets in idealer Harmonie stehen. Das Wertsystem wurde als Äußerung des jeweiligen Bios entlarvt, als relativ, den Lebensinteressen untergeordnet, ja von ihnen geschaffen. Aber wo Karl Marx (1818 bis 1883) das Interesse als wesentlich vernünftig faßte, da postulierte nun drittens Nietzsche den «Willen zur Macht», der sich vor keiner Vernunft mehr zu rechtfertigen braucht. Poetisch verknüpfte Nietzsche die Herrschaft der Ideale mit dem Apollinischen, das Drängen der Triebe, das er auch die Vernunft des Leibes nannte, mit dem Dionysischen. Was mit seiner Rehabilitierung des Dämonischen gemeint war, zeigte sich in der Streitschrift gegen David Friedrich Strauß (1808 bis 1874), den humanistischen Verfasser von *Der alte und der neue Glaube* (1872), den er als «Bildungsphilister» abqualifizierte (*Unzeitgemäße Betrachtungen*, I, 1873). Nietzsche ärgerte Strauß selbstzufriedene Annahme, die christliche Moral bleibe auch weiter gültig, selbst wenn «Gott tot» war. Die Bildungsgüter, die Strauß von den Klassikern ererbt zu haben glaubte, mochten im Bücherschrank modern oder sterilen Philologen als Themen für unschuldige Exerzitien dienen – kraftvolle Persönlichkeiten bildeten sie nicht aus. Ganz im Sinne Nietzsches konnte daher der Epigone Alfred Bäumler erklären, es gehe um die «Überwindung von Weimar», und Kaiser Wilhelm II. rief einer Konferenz für deutsche Schulreform zu, es komme nicht darauf an, griechische Jungen zu erziehen, sondern deutsche Männer. 1914 rühmten sich deutsche Offiziere, sie trügen Nietzsches *Also sprach Zarathustra* (1883 bis 1885) im Tornister.

Bemerkenswert an dieser durchaus konservativen Haltung ist, daß sie dennoch methodisch überaus modern, ja erneuernd wirkte. Sie war Abwehr des neuen ‹Zeitalters der Masse› und ihres kommerziell-militaristischen ‹Reiches›, stellte zugleich aber dessen höchsteigene Ideologie dar. Denn nichts war diesem Denken so eigentümlich wie das Verfolgen jedes Impulses um seiner selbst willen, das Losreißen jedes Zwecks von dem Vernunftrahmen einer höheren Verantwortung: «Deutsch sein heißt, jede Sache um ihrer selbst willen tun» (Richard Wagner), eben «jenseits von Gut und Böse», wie der Titel von Nietzsches Werk lautet. Georg Lukács hat die von Nietzsche ausgehende Bewegung als «Zerstörung der Vernunft» gebrandmarkt; aber diese Zerstörung hat Kräfte befreit, die dem deutschen Geist zu unerhörten ‹Durchbrüchen› verhalfen – ein Ausdruck, den man damals oft hörte. Sie bewirkten die vollständige Säkularisierung aller Geistesgüter, machten die Wissenschaft (nach Max Webers Wort) «wertfrei», das heißt für Zwecke der verschiedensten Art verwendbar, und stellten alle Motivierungen im Prinzip auf gleiche Stufe. Im Imperialismus wird Wertpluralismus zum Wert.

Philosophie der Macht

Bereits der Philosoph Wilhelm Windelband (1848 bis 1915) bemerkte, daß Nietzsches antiplebejische Philosophie ihn gerade bei denen populär machte, die er verachtete. Schon vor Charles Robert Darwin (1809 bis 1882) hatte Herbert Spencer (1820 bis 1903) gelehrt, im sozialen Kampf würden die ‹Tüchtigsten› siegen, die er naiv mit den ‹Besten› gleichsetzte. Entwicklung war ihm gleich Fortschritt, und Fortschritt rechtfertigte manches Elend des Frühkapitalismus sowie natürlich den Kolonialismus, zu dem sich auch in Deutschland nun die Liberalen bekehrten. Diese Wirtschaftslehre des herrschenden Liberalismus, auch Sozial-Darwinismus genannt, wurde als streng wissenschaftliche Frucht der jungen Soziologie angesehen. Auf dem Kontinent vertrat sie kraftvoll Ludwig Gumplowicz (1838 bis 1909). Er zeigte wissenschaftlich, daß alle Menschheitsträume den Gesetzen des Gesellschaftslebens widersprechen. Das gleiche sagt Richard Wagner (1813 bis 1883) tief im «Entsagungs»-Motiv und Johann Strauß (1825 bis 1899) frivol mit «Glücklich ist, wer vergißt, was nicht mehr zu ändern ist». (*Die Fledermaus*, 1874) Gumplowicz glaubte nicht an den Kulturfortschritt und unterbaute seinen Geschichtspessimismus mit einer Anthropologie, die überall den Rassenkampf als Hebel des Handelns hinstellte.

In seiner *Politischen Anthropologie* (1903) schrieb Ludwig Woltmann (1871 bis 1907), die gesellschaftliche Arbeitsteilung beruhe auf rassischen Unterschieden und die nordische Rasse erstrebe die Herrschaft über andere Rassen kraft göttlichen Auftrags. Wohl beriefen sich Imperialisten überall auf eine Kulturmission der weißen Völker, doch faßten die Deutschen ihre Weltpolitik von vornherein als Entfaltung eines spezifisch deutschen «Willens zur Macht» auf. Heinrich Gotthard von Treitschke (1834 bis 1896) und Hans Delbrück (1848 bis 1929) meinten, Deutschland beweise damit seine Männlichkeit, und Joseph Alois Schumpeter (1883 bis 1950) entlarvte den Imperialismus als Äußerung eines atavistischen Instinkts, der seinen Zweck vergessen hat: Macht wurde hier um ihrer selbst willen gesucht, und mit größter Verachtung blickte man auf die Engländer, die sie um des Profits willen anwandten.

Um aber dem Verdacht des Utilitarismus zu entgehen, verfielen die deutschen Ideologen einem Schicksalsglauben, der in krassem Widerspruch zu ihrem sonst betonten ‹Idealismus› stand. Dieser Glaube hatte mit dem Determinismus alter Prägung nichts zu tun. Er stammte aus der Tendenz der deutschen Historiker, das Bestehende oder, wie sie lieber sagten, das Gewordene zu rechtfertigen. Wilhelm Diltheys (1833 bis 1911) Methode der «Einfühlung» und des «Verstehens» verbot von vornherein jede Kritik, die mehr als Details angriff, und Friedrich Meinecke (1862 bis 1954) schrieb in *Weltbürgertum und Nationalstaat* (1908) mit ausdrücklichem Bezug auf den preußischen Militärstaat: «Was aus dem innersten Wesen eines natürlichen Gebildes fließt, kann nicht verwerflich sein.» War der preußische Staat bestimmt, die deutsche Frage zu lösen, und war Bismarck der Schicksalsmann, diese Bestimmung zu erfüllen, so mußte das neue Reich nun, den Sachzwängen folgend, von der Realpolitik zur Machtpolitik schreiten. In der Sicht des deutschen Historismus bestimmt die Staatspersönlichkeit oder die Struktur des Volkes selbst letztlich das Schicksal. Im gleichen Geiste zeigte Otto von Gierke (1841 bis 1921) in seinem vielbändigen *Deutschen Genossenschaftsrecht* (1868 bis 1913), daß der Staat nicht aus einzelnen Personen zusammengesetzt, sondern ihnen vorgegeben sei. Mehr noch, die deutschen Historiker glaubten auch, daß diese Einsicht und die Sache, die sie bezeichnet, den Deutschen eigentümlich sei. Je mehr das Reich sich der Weltpolitik widmete, desto stärker wurde das Gefühl, daß der einzelne für den Staat da sei.

Rassenlehre

Dazu kam die (ebenfalls schicksalsorientierte) Rassenlehre und mit ihr der politische Antisemitismus (das Wort wurde 1879 durch Wilhelm Marr eingeführt). Seit 1873 veröffentlichte der Professor der semitischen Sprachen Bötticher unter dem Namen Paul Anton de Lagarde (1827 bis 1891) seine *Deutschen Schriften* (1886), in denen er Befreiung der Germanen von Rom und Juda, Gründung einer deutsch-heidnischen Kirche und Abschaffung der städtischen Kultur, des Kapitalismus, der Zeitungen, des Papiergeldes und der öffentlichen Schulen predigte: «Wir sollen nicht liberal sein, sondern frei; nicht konservativ, sondern deutsch.» Eugen Dühring (1833 bis 1921) sah in dem (von Marx angekündigten) Niedergang des Kleingewerbes den «Sieg des Judentums über das Germanentum». Constantin Frantz (1817 bis 1891), ein Nachzügler der katholischen Romantik, verlangte Ausschaltung der Juden aus dem öffentlichen Leben. Der Nationalökonom Werner Sombart (1863 bis 1941) zeigte, daß der jüdische Geist dem des Kapitalismus verwandt sei. Der Germanist Adolf Bartels (1862 bis 1945) zählte achthundert jüdische Schriftsteller auf, die Deutsche aus ihrer Kultur verdrängten. Der Hofprediger Adolf Stoecker (1835 bis 1909) gründete eine Christlich-Soziale Partei, und bis zu einem Dutzend Abgeordnete wurden jedesmal als ‹Antisemiten› in den Reichstag gewählt. Auch die Konservative Partei nahm in ihr Programm einen ‹christlichen› Paragraphen auf und unterstützte das alldeutsche Programm, das seine Weltherrschaftspläne ebenfalls rassisch begründete. 1899 veröffentlichte Richard Wagners Schwiegersohn Houston Stewart Chamberlain (1855 bis 1927) ein konfus-romantisches Inventarium aller Rassenmythen, *Die Grundlagen des neunzehnten Jahrhunderts*, das viel gelesen wurde und dem Verfasser eine Zuschrift des Kaisers brachte: «All das Ur-Arisch-Germanische, was in Mir mächtig geschichtet schlief, mußte sich in schweren Kämpfen emporarbeiten, kam in offene Gegnerschaft zum Althergebrachten, äußerte sich oft in bizarrer Form, als dunkle Ahnung.» So war auch das Buch.

Als Wissenschaft stand die Rassenlehre auf schwachen Füßen. Als politische Ideologie konnte der Antisemitismus nach der Gründerkrise Kleinbürger anziehen, die von der Geschwindigkeit der städtisch-kapitalistischen Entwicklung erschreckt waren. Als Mythos aber war die Deutschtümelei eine Oberlehrer-Phantasie, genährt durch die Romane Felix Dahns (1834 bis 1912) und Gustav Freytags (1816 bis 1895) und stets verbunden mit anderen Mythen, die namentlich um zwei Themen kreisten: das einzigartige Geisteswesen der deutschen Rasse und die Zerstörung der deutschen Gemeinschaftsidee durch die westlich-jüdische oder lateinische Aufklärungsidee. Wie manche Völker, denen andere in der Modernisierung vorangegangen sind, schreiben die Deutschen sich ‹Seele› und ‹Tiefe› zu. Man findet diesen Trost- und Trotzglauben besonders bei den Gebildeten, die am ehesten die Wirkung des kapitalistisch-städtischen Entfremdungseffekts an sich selbst verspüren. Walther Rathenau (1867 bis 1922), der jüdische Industrielle, der die Kriegswirtschaft organi-

sierte und später Außenminister wurde, empfand den Mechanisierungsprozeß als «Ent-Germanisierung» und klagte die Juden an, reine Zweckmenschen zu sein. «Nie zuvor ist die Menschheit so gründlich von den Verstandeskräften beherrscht worden. Noch ist diese Kraft fern von ihrem Zenith; aber schon trägt sie den Todeskeim. Im Grunde ihres Herzens fürchtet sie sich vor sich selbst und sehnt sich nach Befreiung von den Ketten der Zweckhaftigkeit.» (*Zur Mechanik des Geistes*, 1913).
Ähnliches findet man in Thomas Manns (1875 bis 1955) Kriegsschrift *Betrachtungen eines Unpolitischen* (1918), aber auch schon in Julius Langbehns (1851 bis 1907) *Rembrandt als Erzieher. Von einem Deutschen* (1890 anonym erschienen), das auf die folgenden Generationen großen Einfluß hatte.

Deutsche Soziologie

Ohne Zweifel hat die Soziologie wertvolle Anregung von der deutschen Ideologie erhalten. Ferdinand Tönnies' (1855 bis 1936) *Gemeinschaft und Gesellschaft* (1887) ist ein klassisches Werk der Weltliteratur; aber niemand wird seinen nostalgischen Ton überlesen. Der Verfasser fürchtet den Verlust der alten Gemeinschaftsbeziehungen: «Großstadt und Gesellschaft sind der Tod des Volkes.» Das Thema hat die deutsche Soziologie nicht mehr verlassen. Es findet sich in Georg Simmels (1858 bis 1918) *Philosophie des Geldes* (1900), in Max Webers Studien über den Geist des Kapitalismus, über die moderne Rechenhaftigkeit und die Bürokratie, vor allem in Webers hörbarem Seufzer über die «Entzauberung der Welt».
Die deutsche Soziologie hatte gegenüber dem Kapitalismus eine bedauernd-kritische Haltung. Deshalb sollte man nicht Max Webers (1864 bis 1920) berühmte Abhandlung *Die protestantische Ethik und der Geist des Kapitalismus* (1905) als Antwort auf die materialistische Geschichtsauffassung deuten: Es galt nicht festzustellen, ob die Reformation den Kapitalismus erzeugt hatte oder umgekehrt, sondern ob zwischen beiden eine «Wahlverwandtschaft» bestand. Weber wollte wissenschaftlich den Zusammenhang zwischen sozialen und wirtschaftlichen Vorgängen einerseits, Gefühlsabläufen und Ideen anderseits erforschen. Wie in der modernen Naturwissenschaft gilt die Frage nicht mehr dem Was, sondern dem Wie. Im gleichen Sinne begründete Max Scheler (1874 bis 1928) die Wissenssoziologie. Für all diese Gelehrten sind irrationale Motive Gegenstand der Untersuchung; aber die Untersuchung und ihr Zweck sind rational. Das unterscheidet sie von Scharlatanen, die vom Irrationalen schwärmten und darüber intuitives Wissen zu besitzen meinten.
Übrigens waren diese Pioniere der neuen Wissenschaft zumeist Liberale. Sie kritisierten gelegentlich die kaiserliche Politik, beteiligten sich später am Aufbau der Republik, und Tönnies und Meinecke wurden alt genug, um von den Nazis ihrer Posten beraubt zu werden. Demokraten aber

waren sie nicht, sondern eher elitistisch. Einige arbeiteten beim «Verein für Sozialpolitik» mit und ließen sich als ‹Kathedersozialisten› belächeln; aber mehr als ein ‹soziales Kaisertum› erstrebten sie nicht. Theodor Mommsen (1817 bis 1903), der 1902 den Literaturnobelpreis erhielt, war in seiner *Römischen Geschichte* (1854/56) ein Cäsarianer; Max Weber wußte sich aus dem Dilemma der Massendemokratie keinen Ausweg als den «charismatischen Führer» und glaubte, ihn in Pastor Friedrich Naumann (1860 bis 1919) gefunden zu haben. Naumann, der nach seiner Trennung von Stoecker Führer der Fortschrittspartei wurde und diese im sozialliberalen Sinne umformte, propagierte einen nichtmilitaristischen Sozialimperialismus.

So fortschrittlich diese Männer in mancher Beziehung waren, sie teilten doch die grundsätzlich antirevolutionären, antiaufklärerischen Anschauungen des deutschen Historismus, die im Ersten Weltkrieg so leicht apologetisch zu verwenden waren. Noch rückschauend nach dem Krieg, als Ernst Troeltsch (1865 bis 1923) diesen Gegensatz zu entschärfen dachte, geriet er ins Polemisieren gegen die westliche Bürgerlichkeit, ihre kosmopolitisch-egalitäre Ethik, den mechanistisch-utilitären Geist des Naturrechts, und setzte ihr den deutschen Gemeinschaftsgeist, der doch gerade die Persönlichkeit gedeihen lasse, entgegen: dort Vertrag, hier Bindung; dort Fortschritt, hier Entwicklung; dort das National-Allgemeine, hier das Individuell-Heroische. Werner Sombart (1863 bis 1941) faßte alles im Titel seines Kriegsbuches *Händler und Helden* (1915) lapidar zusammen. Der George-Schüler Ludwig Klages (1872 bis 1956) sprach von den tellurischen Mächten, die sich gegen die Fesseln der Vernunft aufbäumen. Alle waren mit dieser ‹konservativen Revolution› beschäftigt, die gegenüber den künstlichen Strukturen der Zivilisation das Ursprüngliche, Organische wieder zur Geltung bringen sollte.

Vitalismus

Diese Bestrebungen fanden in den Publikationen des Diederichs-Verlags und seiner Zeitschrift *Die Tat* (ab 1909) beredten Ausdruck. Die Lebensphilosophie Wilhelm Diltheys sowie die vitalistische Biologie Hans Drieschs (1867 bis 1941) lieferten wissenschaftliche Stützen. Über beide müssen wir kurz berichten. Dilthey – älter als Nietzsche, doch lange von dessen Brisanz überstrahlt – trennte die Wissenschaften in erklärende und verstehende. So wurde er Vater der modernen Hermeneutik und indirekt der Gestalttheorie. Denn er ersetzte die vorherrschende Psychologie, die den Menschen in einzelne ‹Züge› zerlegte, durch eine Gesamtschau seiner Charakterstruktur. Ideen und erst recht Weltanschauungen behandelte er als Niederschlag des Lebensgefühls und wies damit auf Karl Jaspers' (1883 bis 1969) *Psychologie der Weltanschauungen* (1919) voraus. Dilthey suchte die irrationale Erlebniswelt rationaler Analyse zu-

gänglich zu machen; aber sein wesentlich künstlerisches Arbeiten und seine unsichere Begriffsbildung verhinderten, daß aus seinen Anregungen eine Schule wurde. Größere Wirkung hatte der Franzose Henri Bergson (1859 bis 1941), der gleichzeitig ganz ähnliche Methoden der inneren Schau fruchtbar machte; er verdeutlichte die Lebens- und Erlebensbotschaft mit den Schlagworten «élan vital» und «évolution créatrice». Gleichzeitig schuf Edmund Husserl (1859 bis 1938) mit seiner phänomenologischen Wesensschau den methodologischen Raum für diese Art des Philosophierens.
Ob man es die Vernunft des Leibes (Nietzsche), Geist (Croce), élan vital (Bergson), das Es oder das Unbewußte (Freud), den Archetypus (Jung), Erlebnis (Dilthey), das Dämonische (Thomas Mann) nannte – überall war man sich einer Kraft bewußt, die nicht von der Vernunft zu regieren war, sondern sich ihrer bediente. Noch näher der neuen Dichtung verwandt war der Vitalismus, Drieschs Durchbruch in der Biologie. Aus der Beobachtung, daß ein teilweise zerstörtes Seeigelei trotzdem ein heiles Tier hervorbringt, schloß er, daß den Organismen eine Entelechie gegeben sei. In ähnlichen Versuchen kam Johann Jakob von Uexküll (1864 bis 1944) zu der Konzeption organischer «Strukturen», und im Verfolg dieser Gedanken ließ sich definieren, was man wissenschaftlich mit dem Wort ‹Seele› meinen könnte. All dieses war streng wissenschaftlich, wurde aber in der Popularphilosophie als Argument für antirationale oder religiöse Auffassungen verwendet.
Die Biologie war im Vormarsch und wurde häufig an Stelle der Physik als Modellwissenschaft verwendet; die Konzeption des ‹Organischen› trat dem ‹mechanischen› Materialismus entgegen. Dabei entging manchen, daß sie die vitalistischen Argumente lediglich benutzten, um einen kruden biologischen Materialismus mit pseudospiritualistischer Mystik zu verbrämen. In seinen drei Bänden *Liebesleben in der Natur* (1898 bis 1902) erotisierte Wilhelm Bölsche (1861 bis 1939) die Schöpfung. Selbst im Monismus des Biologen Ernst Haeckel (1834 bis 1919) und des Chemikers Wilhelm Ostwald (1853 bis 1932) war die Materie «beseelt», der Gegensatz von Leib und Seele «überwunden». Haeckels Schrift *Die Welträtsel* (1899), die in kurzer Zeit eine Auflage von 100000 erreichte, suchte die ganze Natur vom toten Stein bis zum fühlenden und denkenden Menschen als eine Kette immer komplexer werdender Wirkungen eines einheitlichen Lebensgesetzes zu verstehen – was freilich nur gelang, indem jedem Klümpchen Eiweiß Bewußtsein zugeschrieben wurde. Ostwald beanspruchte in seiner *Vorlesungen über Naturphilosophie* sogar «Weisheit» für sein «Energieprinzip», und so mündete der Wissenschaftsglaube fast in eine neue Mystik oder Naturreligion. Die Natur wurde poetisiert, die Wissenschaft ästhetisiert, und vielleicht war es kein Zufall, daß gerade in diesem Moment der Schöpfung zugeschrieben wurde, was der Mensch im Getriebe der Großstadt zu verlieren drohte – Seele.

Neukantianismus

Vergeblich hatte Eduard von Hartmann (1842 bis 1906) in seiner *Philosophie des Unbewußten* (1869) versucht, das Alogische wieder zu Ehren zu bringen. Obwohl höhere Kreise diesen Schopenhauer-Epigonen gern als Gegengift gegen den vordringenden Unglauben lasen, war doch klar, daß mit solch krassem Idealismus dem krassen Materialismus nicht beizukommen war. Besser geeignet schien die Philosophie des Neukantianismus, die nach der Jahrhundertwende bei den Gebildeten, besonders bei den Liberalen unter ihnen, beliebt war und einige hervorragende Leistungen inspirierte. Die Neukantianer räumten zunächst den Naturwissenschaften den Platz ein, der ihnen gebührte, aber wiesen zugleich die Schranken auf, wo deren Zuständigkeit endet, und retteten damit die Unabhängigkeit des Geistes vor dem erschreckenden Zugriff des Kausalgesetzes und der soziologischen Geschichtsbetrachtung, wie sie kurz zuvor in England und Frankreich entwickelt worden war.

Hippolyte Taine (1828 bis 1893) hatte die *Origines de la France Contemporaine* glanzvoll als große Bewegung von Massen dargestellt, worin die Handlungen einzelner verschwanden. In eigener Sicht bot darauf Karl Lamprecht (1856 bis 1915) eine Gesamtschau der *Deutschen Geschichte* in zwölf Bänden (1894ff). Auf Wilhelm Wundts (1832 bis 1920) *System der Psychologie* (1889) fußend, zeichnete er eine Entwicklungsfolge vom «symbolischen» zum «typisierenden», zum «konventionellen» und schließlich zum «individuellen» Zeitalter; für die Gegenwart hängte er daran die Stufen des «Sensualismus» und der «Reizsamkeit». Er meinte, jedes Volk und jede Kultur müsse diese Stufen durchlaufen. Lamprechts Einfluß war so groß, daß er 1897 beim Tode Treitschkes sich um dessen Nachfolge als Redakteur der angesehenen *Historischen Zeitschrift* bewerben konnte. Doch vereitelten die traditionalistischen Rankeaner diesen Einbruch des Materialismus in die deutsche Geschichtswissenschaft. Dabei kam Meinecke, der den Posten schließlich erhielt, seine Freundschaft mit den süddeutschen Kantianern geistig zu Hilfe. Es war Heinrich Rickert (1863 bis 1936), der in dem bedeutenden Werk *Die Grenzen der naturwissenschaftlichen Begriffsbildung* (1896) scharf die Grenzlinie zwischen den «nomothetischen» (gesetzfindenden) Naturwissenschaften und den «idiographischen» Geisteswissenschaften gezogen hatte: Letztere beschreiben das einmalige, nie zu wiederholende und daher durch kein Experiment zu prüfende, nicht vorhersagbare Ereignis oder Erlebnis. In ihnen herrscht die Freiheit. Gemeint ist geistige, innere Freiheit, die Freiheit der Persönlichkeit, nicht die staatsbürgerliche Freiheit.

Seit jeher umhegt der deutsche Liberalismus das bürgerliche Individuum und verachtet die Masse. Zunehmend finden wir das Problem der «Vermassung» oder auch der «Automatisierung» bei Neukantianern und ihren Freunden: Simmel, Scheler, Emil Lask, Meinecke, Weber. Sie alle gehörten zu jenem müden, resignierten Bürgertum, das zwar über die Ausgeburten des herrschenden Systems – beginnend mit dem unberechenbaren Kaiser – entsetzt war, aber nichts so fürchtete, als was nach ihm kommen könnte. Einige wie Hermann Cohen (1842 bis 1918) und Paul Natorp (1854 bis 1924) waren auch ethische Sozialisten. Wenn auch manche ihrer Studien wie die über Entfremdung auf heutige Probleme weisen, so blieb im ganzen diese Philosophie den Fragestellungen des 19. Jahrhunderts verpflichtet, und sie wahrte auch dem Vernunftideal der klassischen deutschen Philosophie die Treue. Das gleiche gilt für die von Husserl angeregten phänomenologischen Forschungen.

Der Angriff auf die naturwissenschaftliche Weltanschauung

Die umwälzenden Anstöße gingen einerseits von Nietzsche aus, dessen Schlagworte seit der Jahrhundertwende zu wirken begannen, anderseits von gewissen Entdeckungen der Wissenschaft, die mehr aus Irrtum denn mit Recht von Popularphilosophen als Bestätigung irrationalistischer und antirationalistischer Auffassungen gedeutet wurden. In der Biologie entdeckte Hugo de Vries (1848 bis 1935) um 1900 die Mendelschen Erbgesetze wieder, die im Widerspruch zu der alten Weisheit, die Natur mache keine Sprünge, zu stehen schienen oder mindestens dem Zufall einen Eingang in gesetzliche Regeln boten. Dann veröffentlichte Hans Driesch (1867 bis 1941) seine *Philosophie des Organischen* (1909) und fand Bestätigung in John Scott Haldanes (1860 bis 1936) Begriff des «Holismus». Ganz anders als in Haeckels «Beseelung» der Materie schien hier umgekehrt das Walten einer zweckbewußten Intelligenz sichtbar zu werden. Entgegen der Allgewalt des Kausalzusammenhangs, der die Naturwissenschaften bestimmte und auch die Sozialwissenschaften zu ergreifen drohte, leitete man nun aus Diltheys Lebensphilosophie teleologische Prinzipien ab. Sie finden sich, auf das Völkerleben übertragen, in Rudolf Kjelléns (1864 bis 1922) Begriff des Staates als «Lebensform», in Friedrich Meineckes Konzeption des Historismus und später in Oswald Spenglers (1880 bis 1936) Kulturmorphologie. Während der von J. J. von Uexküll angeregte Behaviorismus nie in Deutschland Fuß fassen konnte, hat Driesch selber durch seine dunkle Sprache dem Mißbrauch seiner Organismuslehre zu mystisch-reaktionären Staatstheorien Vorschub geleistet. Überall war die naturwissenschaftliche Weltanschauung nun in der Verteidigung. Die wiederbelebte romantische Tradition nutzte die neuen Erkenntnisse der Wissenschaft als Waffe gegen ihren Anspruch auf Vorherrschaft. Der Feind war immer noch die Aufklärung, die immer noch mit dem Ludergeruch der Demokratie behaftet war.

Noch härter trafen den mechanischen Materialismus die neuen Entwicklungen auf dem Gebiet, das sein Weltbild begründet hatte: in der Physik. Man hielt ja noch gewisse Axiome für unerschütterlich: daß hinter den

Erscheinungen ein «Ding an sich» steht; daß dieses körperhaft vorzustellen ist und seine Beziehungen zu anderen Körpern bestimmten Zahlenverhältnissen unterworfen sind, so daß man etwa die nächste Sonnenfinsternis genau vorausberechnen kann. So selbstverständlich waren diese Annahmen, daß Emil Du Bois-Reymond (1818 bis 1896) in seiner berühmten «Ignoramus – Ignorabimus»-Rede (1880) die Existenz des Unerkennbaren nur damit beweisen wollte, daß die mechanischen Naturgesetze nicht überall anwendbar sind; andere kannte er nicht.
Auch den Weltäther, der einst die Dichter inspiriert hatte, stellte man sich als eine feine Substanz vor, solide genug, um die Lichtwellen zu tragen, aber ätherisch genug, um gegen die Erdbewegung keinen Ätherwind zu erzeugen. Mit diesen Ungereimtheiten räumte James Clerk Maxwell (1831 bis 1879) auf, indem er den Äther durch das elektrische Feld ersetzte und vorschlug, künftig alle metaphysischen Annahmen und dinghaften Modelle nur noch als veranschaulichende Analogien zu betrachten; kein Forscher dürfe so tun, als kenne er bereits die Natur dessen, was zu untersuchen sei. Heinrich Rudolf Hertz (1857 bis 1894) zeigte dann 1889 die Identität von elektromagnetischen, Hitze- und Lichtwellen; er sah Vorgänge im elektromagnetischen Feld nicht mehr als mechanische Reaktion materieller Punkte an, sondern löste alle Materie in Energie auf. Die Entdeckung der Radioaktivität und die daran anknüpfende Atomphysik unterminierten das Vertrauen zur Unwandelbarkeit der Materie und zur Dinghaftigkeit der Welt.
Im Jahre 1900 forderte Max Planck (1858 bis 1947) die gewohnten Vorstellungen von der Kontinuität der physikalischen Welt, die Isaac Newton (1643 bis 1727) und der gemeine Mann teilten, mit dem Begriff des elementaren Wirkungsquantums heraus. Er bewies, daß Energie nicht in stetigem Fluß, sondern stoßweise ausgestrahlt wird. Später zeigte Albert Einstein (1879 bis 1955), daß diese Quantentheorie allgemeinere Anwendung hat und den Aufbau des Kosmos bestimmt. Danach konstruierte dann Niels Bohr (1885 bis 1962) sein Atommodell, in dem ebenfalls das minimale Quantum eine Rolle spielt. Für subatomische Vorgänge mußten daher die Physiker dem Kausalgesetz eine andere Formulierung geben: Es gab Sprünge in der Natur, und diese ließen sich nur noch als statistische Wahrscheinlichkeit voraussagen. Der bisher unbezweifelte Determinismus war erschüttert, und manche waren mit voreiligen Analogieschlüssen für die Philosophie zur Hand.
Noch aufregender war Albert Einsteins (1879 bis 1955) *Spezielle Relativitätstheorie* (1905). Bisher hatte man angenommen, daß, wenn zwei Experimente widersprechende Resultate ergäben, bessere Versuche schließlich eins davon (oder beide) als irrig erweisen, das andere (oder ein drittes) bestätigen würden. Einstein schlug vor, die mathematisch-physikalischen Axiome Euklids und Galileis so zu modifizieren, daß der

Widerspruch wegfällt. Zum Beispiel beobachtet man, daß – im Gegensatz etwa zum Sirenenton einer vorbeifahrenden Ambulanz – Licht stets die gleiche Geschwindigkeit hat, gleichgültig, ob der Beobachter sich von der Lichtquelle entfernt oder auf sie zueilt. Einstein erklärte das Phänomen, indem er Raum und Zeit nicht mehr als unabhängige Gegebenheiten ansah, sondern an ihre Stelle ein vierdimensionales Bezugssystem des Beobachters setzte. Ebenso sei die Schwerkraft nicht als Eigenschaft von Dingen anzusehen, sondern als ihre Beziehung zu diesem Kontinuum. Als Folgerung aus diesen revolutionären Gedanken ergab sich, daß Masse in Energie umzuwandeln ist – die berühmte Formel $E = mc^2$, die vierzig Jahre später Geschichte machen sollte.
Damals nahmen sicher noch wenig Laien von dieser Revolution Kenntnis, und selbst den Gelehrten fehlte die Bildungsgrundlage zu ihrer Auswertung. So konnte Ernst Cassirer (1874 bis 1945) in *Substanzbegriff und Funktionsbegriff* (1910) die neuen Prinzipien der Wissenschaft erklären, ohne Planck oder Einstein zu erwähnen. Trotzdem drang in die Popularphilosophie der Monatsschriften eine gewisse Unsicherheit über die erkenntniskritischen Folgen der neuen Wissenschaften ein – gelegentlich gar mit dem falschen Schluß, die Resultate der Forschung selbst seien zweifelhaft geworden, seien möglicherweise nur Postulate. Wenn sogar die Mathematik, die bisher sicherste aller Wissenschaften, für ‹subjektiv› erklärt wurde, kann man es Dunkel- und Wundermännern nicht verdenken, wenn sie die Gelegenheit nutzten, das im 19. Jahrhundert verlorene Terrain wieder zu besetzen. Spiritisten, Okkultisten, allerlei orientalische Kulte, Theosophie, Anthroposophie, Gesundbeter und Bibelforscher fanden Anhänger in Deutschland. Nur den großen Kirchen kam die Krise der Wissenschaft nicht zugute. Sie verloren Anhänger, als das Geheimnis gelüftet wurde, daß die Welt nicht so beschaffen ist, wie sie dem naiven Blick erscheint. Agnostizismus breitete sich aus und fand philosophischen Ausdruck in dem von Ernst Mach (1838 bis 1916) und Richard Avenarius (1843 bis 1896) begründeten Empiriokritizismus.
Mach und Avenarius verwarfen jede Metaphysik. Dinge, Körper, Bewußtsein erklärten sie für bloße Konventionen oder Notbehelfe, künstliche Begriffe, die wir brauchen, um die Welt zu erfassen, die aber selbst keine Realität besitzen. Sie wollten die Welt aus reinen Empfindungseindrücken konstruieren und damit der neuen Wissenschaft eine voraussetzungslose Methodik schaffen. 1912 veröffentlichte Mach sein Manifest *Für eine positive Erfahrungswissenschaft*, dem sich später unter anderen Freud und Einstein anschlossen. Seine Gedanken wurden später von Moritz Schlick (1882 bis 1936) und dem Wiener Kreis als Neo-Positivismus fortgeführt; sie stürzten den jungen Hofmannsthal in eine tiefe Identitätskrise und wirkten in ihrer Weise, ganz wie Nietzsche in seiner, auf eine Zersetzung des bürgerlichen Individuums, ein Infragestellen alles ‹Sinns›

im Leben. Der französische Mathematiker Henri Poincaré (1854 bis 1912) konnte sagen, Theorien beinhalteten keine Wahrheiten, sondern befriedigten den ästhetischen Sinn. Schlick betrachtete Philosophie nur als «Erlebnisbereicherung des Philosophen». Nach Bohr war die Relativitätstheorie «ein großes Kunstwerk und der tiefste Gedanke über die Natur, selbst wenn sie nicht zu belegen wäre».

Marxismus

Für die Masse waren allerdings diese Gedanken noch zu radikal, und leider wußte die Partei, die am entschiedensten den Fortschritt zu vertreten glaubte, am wenigsten mit der neuen Wissenschaft anzufangen. Statt deren Erkenntnisse als Bestätigung der Dialektik zu werten, betrachteten die marxistischen Theoretiker sie eher als dekadentes Auflösungsprodukt der bürgerlichen Vernunft. Genau wie in ihrer ablehnenden Haltung zur naturalistischen Literatur verfehlte die Vorkriegs-Sozialdemokratie den Anschluß an die fortschrittlichsten Ideen der Zeit und gebärdete sich als Erbin der bürgerlich-klassischen Ideen, die von der Bourgeoisie aufgegeben waren. Für marxistische Theoretiker wie Karl Kautsky (1854 bis 1938) und Heinrich Cunow (1862 bis 1936) (wie auch Lenin) war ‹materialistisch› gleich proletarisch, ‹idealistisch› gleich bürgerlich; ein Drittes gab es nicht.

Der Marxismus war die Weltanschauung der SPD, die nach dem Text ihres Kampfliedes «die stärkste der Parteien» geworden war. Ihr Erfurter Programm von 1891 galt immer noch, und es war durch bedeutende Schriften erläutert und ergänzt worden. Der akademischen Wissenschaft stellten Karl Kautsky in *Die soziale Revolution* (1903), Rudolf Hilferding (1877 bis 1941) in *Das Finanzkapital* (1910), Otto Bauer (1881 bis 1938) in *Die Nationalitätenfrage und die Sozialdemokratie* (1907), Franz Mehring (1846 bis 1919) in *Die Lessing-Legende* (1893) eine kritische Wissenschaft entgegen, die der Revolution diente. Man stellte sich diese Revolution damals noch als verhältnismäßig leicht vor: Das Gesetz des Fortschritts garantierte ja, daß die Arbeiter schließlich siegen würden. Die Festigkeit dieses Glaubens mußte aber damit bezahlt werden, daß die Partei sich ausschließlich auf die Arbeiterklasse orientierte. Die literarischen, lebensreformerischen und anderen Emanzipationsbewegungen wurden in «sozialistische» und «bürgerliche» gespalten.

Allerdings hielten nicht alle Führer diese Absonderung für nützlich. Eduard Bernstein (1850 bis 1932) ersetzte den Marxschen durch einen ethischen Sozialismus und entwarf eine «revisionistische» Theorie des allmählichen «Hineinwachsens» – wobei unklar blieb, ob die Arbeiter in den Kapitalismus oder der Kapitalismus in den Sozialismus hineinwachsen würde. Bei Ausbruch des Krieges stellte sich heraus, daß die Arbeiter dem Vaterlande intimer angehörten, als ihre Theoretiker geglaubt hatten.

Die Vorstellung von einer Arbeiterklasse, die nur darauf wartete, vom Staat anerkannt zu werden, war als Erbe Ferdinand Lassalles (1825 bis 1864) noch in der SPD lebendig, und sie traf sich mit Bestrebungen Naumanns in Richtung eines Sozialliberalismus sowie mit der Einsicht der ‹Kathedersozialisten›, daß eine moderne Industriewirtschaft den Staat braucht, um Ungerechtigkeiten auszugleichen, Konflikte zu schlichten, öffentliche Interessen gegen Privatinteressen durchzusetzen. Über diese Erfordernisse der Interessenpolitik hinaus aber verlangten weiterblickende Autoren wie Weber und Rathenau eine liberalere Auslese der Führungsschicht und eine Demokratisierung des gesamten Staatslebens.
Auf der Linken in der SPD, unter Anarchisten, expressionistischen Künstlern und in der neopathetischen Bewegung galt natürlich gerade diese Art von Anpassung als Verrat an der notwendigen Revolution, die nur total sein konnte. Franz Pfemfert (1879 bis 1954) und Herwarth Walden (d. i. Georg Levin, 1878 bis um 1941) betrieben in den expressionistischen Zeitschriften *Die Aktion* (ab 1911) bzw. *Der Sturm* (ab 1910) eine radikale Kulturkritik, die zugleich auf den politischen Umsturz abzielte. Gewiß waren die Emanzipationsbewegungen in Kunst und Literatur nicht ohne weiteres mit dem Sozialismus verbündet. Aber es gab Brücken. Obwohl die bürgerlichen Lebensreformer unpolitisch waren, sahen doch viele von ihnen ihre Zukunft auf der Linken. Hauptmann läßt 1910 einen Studenten aus den neunziger Jahren berichten: «Man rechnete damals mit einem allgemeinen, gewaltigen Zusammenbruch, der spätestens um das Jahr 1900 die Welt umwälzen sollte. (...)Was bei den einen diesen, bei den anderen jenen Namen hatte, war im Grunde aus der gleichen Kraft und Sehnsucht nach Erlösung, nach Reinheit, Befreiung und Glück hervorgegangen: das nannten die einen Sozialstaat, andere Freiheit, wieder andere tausendjähriges Reich.» (*Der Narr in Christo Emanuel Quint*, 1910) Wie wir gesehen haben, wich diese utopische Zuversichtlichkeit einer mehr skeptischen Stimmung. Die Einheit der kulturellen, politischen und sozialen Reformbestrebungen ging verloren. Neue Literatur, neue Erziehung, soziale Jugend- und Frauenbewegung gingen ihre eigenen Wege.

Jugendbewegung

Seit den neunziger Jahren gärte das Unbehagen der Kultur in der bürgerlichen Jugend. Einige Gelehrte wie Simmel und Lask, einige Dichter wie Rilke, Thomas Mann, Hauptmann und Arno Holz, einige Sozialforscher wie die Schwedin Ellen Key (1849 bis 1926) griffen die ‹bürgerlichen› Werte an oder klagten über die Entfremdung des einzelnen in der Gesellschaft. Nicht daß die Jugend sich unverstanden fühlte war neu, sondern daß ihre Pubertätsnot nun ernstgenommen wurde. Frank Wedekinds (1864 bis 1918) *Frühlings Erwachen* (1891), Ellen Keys *Das Jahrhundert*

des Kindes (1902), Hermann Hesses (1877 bis 1962) *Peter Camenzind* (1904), Leonhard Franks (1882 bis 1961) *Die Räuberbande* (1914) sind Wegmarken.
Anfang unseres Jahrhunderts begann in Berlin-Steglitz die Selbstemanzipation der Jugend – zunächst im Wandervogel, aus dem dann die Jugendbewegung im weiteren Sinne hervorging. Obwohl es schwer wäre, sie auf ein geschriebenes Programm festzulegen, weiß man doch, worauf ihre Opposition abzielte: Abkehr vom ‹Bürgerlichen›, von der Verstädterung, von der Bierkultur der Studenten, von der Lernschule, vom Bildungsphilister und sogar von seinen patriotischen Äußerungen. 1913 trafen sich verschiedene Bünde auf dem Hohen Meissner und schworen, abseits von den nationalistisch ausgerichteten Jahrhundertfeiern der Freiheitskriege, ihr Leben künftig «unter eigener Verantwortung» (Gustav Wyneken, 1875 bis 1964) zu gestalten. Nirgendwo sonst war so sehr das Gefühl der Erneuerung und des Idealismus lebendig wie in den Bünden, die nun entstanden. Und kaum eine andere Bewegung hat bei ihren Menschen so nachhaltige Erinnerungen hinterlassen. Viele der besten jungen Menschen sollten bald als Kriegsfreiwillige sterben.

Frauenbewegung

Die Frauenbewegung läßt sich viel weniger als organisierte Gruppe fassen, desto besser aber durch ihr Programm, das ebenfalls durch das Motto «unter eigener Verantwortung» gekennzeichnet werden kann. Das war Henrik Ibsens (1828 bis 1906) Schlagwort in *Die Frau vom Meer* (1888) und dem epochemachenden *Nora oder Ein Puppenheim* (1879). Im gleichen Jahr erschien auch August Bebels (1840 bis 1913) *Die Frau und der Sozialismus*, das die Frauenfrage noch ganz als soziale Frage behandelte. Lily Braun (1865 bis 1916), Lou Andreas-Salomé (1861 bis 1937) und Ricarda Huch (1864 bis 1947) schrieben vom Leben emanzipierter Frauen; andere sprachen offen auch von der sexuellen Freiheit der Frau – ‹freie Liebe› nannte man damals herabsetzend, was tatsächlich nur auf Abschaffung der doppelten Moral für Männer und Frauen zielte. Die Frauenbewegung aber hielt sich wohlweislich von so heiklen Themen entfernt, und auch die fortgeschrittensten Schriftsteller, die für ihre politischen Forderungen eintraten, behandelten den ‹weiblichen Charakter› weiter in konventionellem Sinne. Nur eine kleine Gruppe um Helene Stöcker (1869 bis 1943) wagte, sich für Geburtenkontrolle einzusetzen. Unter der Führung von Helene Lange (1848 bis 1930) blieb die Frauenbewegung ängstlich neutral in der Politik und puritanisch in der Moralität.
Das Thema Erotik, das unweigerlich mit dem der Frauenbewegung verbunden war, konnte nun aber nicht mehr tabu bleiben. Richard von Krafft-Ebing (1840 bis 1902) veröffentlichte schon 1886 seine *Psychopathia Sexualis*, zwölf Jahre später begann Havelock Ellis (1859 bis 1939)

seine *Studies in the Psychology of Sex*, und 1906 konnte nach fünfzehnjährigem Warten Wedekinds *Frühlings Erwachen* aufgeführt werden, nachdem bereits (1905) Richard Strauss' *Salome* vorangegangen war. Magnus Hirschfeld (1868 bis 1935) kämpfte seit den achtziger Jahren für eine humanere Einstellung gegenüber Homosexuellen und gründete die «Weltliga für Sexualreform».
Ellen Key forderte nicht nur eine freiere Erziehung und eine freiere Sexualmoral, sondern stellte überhaupt die patriarchalische Struktur der Familie in Frage: Die Kindheit sei nicht eine bloße Vorstufe zum Erwachsensein, sondern ein Lebensalter eigenen Rechts. Dies war auch die Ansicht Maria Montessoris (1870 bis 1952), die das Denken über das Kleinkind umwälzte.

Psychoanalyse und Irrationalismus

Angeregt von dem Franzosen Jean Martin Charcot (1825 bis 1893) hatten in den achtziger Jahren Josef Breuer (1842 bis 1925) und Sigmund Freud (1856 bis 1939) ihre Studien über Hysterie und Hypnose begonnen, die Freud dann in den neunziger Jahren zu einer Theorie des Unbewußten ausbaute. 1900 erschien seine *Traumdeutung*, und obwohl im folgenden Jahrzehnt nur einige hundert Exemplare davon verkauft wurden, zeigten sich bald in der Literatur parallele Meinungen, die das Zeitgemäße seiner Theorien bezeugen. Auch wenn man noch nicht bereit war, sich dem Irrationalen zu überlassen – das war ja auch nicht Freuds Absicht –, so war doch die Zeit gekommen, dessen Existenz anzuerkennen und sich damit auseinanderzusetzen. Mit der Sezession des Schweizers Carl Gustav Jung von der Freudschen Psychoanalyse und mit dem Auftreten des George-Schülers Ludwig Klages jedoch wurde das Unbewußte aus einem Gegenstand der Forschung zu einem Gegenstand der Verehrung.
Freud wollte noch dem Geist helfen, seine Herrschaft über die Triebe – das nannte er Kultur – zu sichern. Aber 1910 sprach Wilhelm Windelband in seiner Antrittsrede von der «Mystik unserer Zeit» und ihrem «Drang nach Verinnerlichung». Hermann Bahr (1863 bis 1934), der bereits 1895 den Naturalismus «überwunden» hatte, schrieb in einem Aufsatz über Bildung: «Aus Verstandeswesen Sinneswesen zu machen, das ist die Aufgabe unserer Zeit», und zog den Schluß, man müsse «es einmal mit der Barbarei versuchen». Die Saat Nietzsches war aufgegangen: Das Dionysische sollte nun den Vorrang vor dem Apollinischen haben. Das Heil vor den Verwirrungen des Geistes schien in der Hingabe an den Mythos zu liegen. Der europäische Geist gab sich auf; er taumelte vom sensibelsten Subjektivismus in die Sehnsucht nach dem Gemeinschaftserlebnis. «Sei's auch nur, daß man einen Krieg begänne, selbst einen ungerechten, dieser Friede ist so faul, ölig und schmierig», stöhnte der junge Dichter Georg Heym (1887 bis 1912) im Jahre 1910 (*Tagebücher*).

Kriegstaumel

Als der Krieg wirklich ausbrach, ergriff alle ein kollektiver Taumel. Unzählig sind die Zeugnisse bedeutender Männer – nicht ausgenommen so analytischer Köpfe wie Stefan Zweig – über das Glücksgefühl jener Tage, in denen das Ich völlig ausgelöscht war und alle in dem Rausch des Erlebnisses schwammen. Der junge sozialdemokratische Abgeordnete Ludwig Frank fiel als Freiwilliger, überzeugt, daß «in den Schützengräben die Fundamente einer neuen Gesellschaft gelegt werden». Aber Ernst Jünger (geb. 1895) fand eben dort jenes «Fronterlebnis», das eine Generation junger Barbaren formte: Mit dem eigenen Tode spielend, weihen sie die Welt, deren Bürgerlichkeit sie hassen, dem Untergang. Ihre Weltanschauung ist der ‹tragische Realismus›, die Bejahung des reinen Willens ohne Hoffnung. Was Thomas Mann in seinem Kriegsbuch noch mit «Kultur» verbrämt, das erscheint grausig im Futurismus und Expressionismus als Freude am Zerstören oder als Ahnung des Untergangs.

Schließlich setzte Oswald Spengler in *Der Untergang des Abendlandes* (1918 bis 1922) seiner Zeit ein brutal-nüchternes Denkmal: ein monumentales Geschichtsbild, Kulturen aufblühend und vergehend, einander ablösend, ohne doch voneinander zu lernen, hinter sich nur Grabstätten oder dämmernde Fossil-Imperien lassend. Aber zynisch widmete er das Buch den jungen Deutschen, die den Kulturanspruch aufgeben und sich dem reinen Machtstreben widmen wollen.

Gab es andere, optimistischere Perspektiven? Nicht innerhalb des Systems. Der relativistische Liberalismus hatte den bewaffneten Dämonen nicht viel entgegenzusetzen, ja wollte es kaum. Soweit er dem Sozial-Darwinismus huldigte, konnte er nicht am Lebensrecht dessen, was sich durchsetzte, zweifeln. Er konnte nur versuchen, aus dem Bankrott des Humanismus einige individuelle Werte in die Kultur-Oasen zu retten. ‹Kultur› wird nun Gegenkultur, Kritik der ‹Massengesellschaft›, einsame Stimme des Unendlichen in einer Welt, die das Endliche zum Selbstzweck macht. Verinnerlichung, Subjektivität, Psychologie treten daher (auch in der Dichtung) an die Stelle sozialer Themen, Irrationalismus an die Stelle der Intelligenz, Rebellion des Individuums an die Stelle des Allgemein-Menschlichen.

Zusammenfassung

Das Bildungsgut der neunziger Jahre besteht aus drei Schichten. Die älteste enthält die griechisch-christlichen und klassisch-romantischen Traditionen, die zum Lehrstoff der höheren Schulen gehören (denn vom Selbstbild der Nation sind die unteren Schichten noch so gut wie ganz ausgeschlossen). Die zweite birgt die Errungenschaften und Ideologien der jüngsten Vergangenheit: den Aufschwung der Wissenschaften und der Technik, die Revolution von 1848 und die Reichsgründung von 1871, den Liberalismus im Staat und in der Religion, die großenteils materialistische Philosophie und den damit einhergehenden Realismus in der Literatur.

Die dritte Schicht bringt eine Fülle von Gegenbewegungen: auf der Linken den Sozialismus, der theoretisch im Marxismus seinen Niederschlag findet, auf der Rechten nationalistische und neukonservative, völkische und christlich-soziale Ideologien; in den Künsten erst einen Naturalismus, der häufig auch mit Linksbewegungen identifiziert wird, dann aber in zunehmendem Maße eine spiritualistische Gegenbewegung, die mit gleichartigen Bestrebungen in Philosophie und Wissenschaft einhergeht.

Im neuen Jahrhundert kontrastierte dann dieser Zug zur Verinnerlichung und das Interesse an der Psychologie seltsam mit dem weltpolitischen Ehrgeiz, der neuen Technik, der neuen Wirtschaftsgesinnung von Großkonzernen und Kartellen auf der einen Seite, dem anschwellenden Chor kritischer und skeptischer Stimmen im Lager der Opposition.

Frank Trommler

Theorien und Programme der literarischen Bewegungen

Ästhetisierung als Epochenphänomen

Schon Levin Schücking (1878 bis 1964) hat 1923 in seiner *Soziologie der literarischen Geschmacksbildung* festgestellt, daß sich in der zweiten Hälfte des 19. Jahrhunderts eine Gewichtsverschiebung von der Literatur zugunsten der visuellen Künste vollzieht. In der Tat ist der Durchbruch der ästhetischen Moderne für einen überwiegenden Teil der Öffentlichkeit als ein Durchbruch der modernen Kunst erfahren worden, als eine Veränderung vor allem im Bereich von Malerei, Architektur, Ausstattung und Design. Literatur spielt mit den Proklamationen der Naturalisten nach 1880 und denen der Expressionisten nach 1910 eine wichtige Rolle für die Durchsetzung neuer ästhetischer Maßstäbe, bleibt jedoch begrifflich-analytisch stark von den Entwicklungen der visuellen Künste abhängig. Die Tatsache, daß die Kategorisierung der Bewegungen Impressionismus, Sezessionismus, Jugendstil, Expressionismus zunächst von den visuellen Künsten her geschah, ist dafür seit jeher als sprechender Beweis angesehen worden und hat die Literaturgeschichtsschreibung vor große Probleme gestellt. Dabei ist es bezeichnend, daß die Literaturwissenschaft nach 1900 selbst entscheidende Kategorien von der Kunstwissenschaft übernimmt, insbesondere bei der Bemühung, Periodenstile und das entsprechende «Kunstwollen» (A. Riegl), ja ganze Stiltypologien sichtbar zu machen. Heute ist die Faszination für das vielfältige Stilwollen der Periode zwischen 1880 und 1918 abgeklungen, und die literarischen Programme lassen sich im kultur- und sozialgeschichtlichen Kontext als Teil eines Avantgardestrebens ausmachen, das einerseits von der Isolierung der künstlerischen Intelligenz, andererseits von den Markt- und Moderegeln der damals stark expandierenden Künste entscheidende Impulse erhält.

Für eine Skizzierung von Programm und Intention der literarischen Bewegungen dieser Periode muß neben der Dominanz der Künste noch ein

weiterer Aspekt vorweg genannt werden: die Verschiebung von Begriffsinhalten über geographische Grenzen hinweg. Die Termini Impressionismus und Naturalismus weckten, auch wenn sie sehr direkt von Frankreich nach Deutschland herüberwirkten, diesseits des Rheins andere Assoziationen. Diesseits des Rheins wiederum stellte man sich in Wien sehr stark der Übernahme des Naturalismus entgegen, während zwischen den Schriftstellergruppen in München (Michael Georg Conrad, Karl Bleibtreu, Conrad Alberti) und Berlin (Julius und Heinrich Hart, Bruno Wille, Wilhelm Bölsche, Arno Holz) Debatten um das richtige Naturalismuskonzept entbrannten. Demgegenüber fand der Begriff Impressionismus in Wien wesentlich schneller Anwendung auf die Literatur als im Norden, wo lange Zeit der Terminus Neuromantik vor allem im Hinblick auf Hofmannsthal, Rilke, den frühen George, Hesse, Ricarda Huch im Vordergrund stand. Noch verwirrender ist die Überlappung der Termini Sezessionismus und Jugendstil, die sich nach 1895 gegen die akademisch und kommerziell etablierte Kunst herausbilden. In beiden hat man in neuerer Zeit das Potential für einen übergreifenden Epochenbegriff festzumachen versucht, allerdings, wie schon um 1900, mit ungenügendem Erfolg. Während bei beiden Begriffen die Bindung an Einzelphänomene (Absage an etablierte Kunstinstitutionen, Entwicklung einer neuartigen dekorativen Kunstsynthese) einer fruchtbaren Generalisierung im Wege steht, führt der Begriff Expressionismus von Anfang an zu breiten Verallgemeinerungen, mit denen im Rückblick wiederum der Begriff Impressionismus eine Schlüsselfunktion für die gesamte ästhetische Lebenskultur der Jahrhundertwende gewinnt. Aus der Gegenüberstellung ästhetischer Verfahrensweisen: Expression – Impression leiten Zeitgenossen einen ganzen Epochenkontrast ab, wobei sich die Perspektive auf Berlin konzentriert. Der 1916 von Zürich ausgehende Dadaismus ist dann eindeutig in Berlin und in geringerem Maße in Köln und Hannover zu lokalisieren, in Parallele zu ähnlichen Antikunstbewegungen in Paris und New York. Wiens Bedeutung und damit auch die des für die Ismen-Proklamation wichtigsten Schriftstellers Hermann Bahr geht nach 1910 zurück.
Bei alledem handelt es sich um mehr als um ein Fachgespräch unter Eingeweihten, wie es die literaturhistorische Auflistung der Begriffe bisweilen suggeriert. Wenn vom Herüberwirken des Impressionismus und Naturalismus aus Frankreich nach Deutschland die Rede ist, müssen die politischen Implikationen eines solchen Imports aus dem Lande des gerade geschlagenen Erbfeindes entsprechend berücksichtigt werden. Beide Termini signalisieren eine Internationalität, die viele Repräsentanten des neuen Reichs, seinen Kaiser eingeschlossen, als politische Provokation gegen den Versuch werten, zum Deutschen Reich eine Deutsche Kunst zu schaffen. Der Deutschen Kunst stehen solche Bewegungen im Wege, am stärksten der Naturalismus, mit dem man alle schlechten und häßlichen

Aspekte der Modernisierung assoziiert. In dem neuen Kraftfeld nationaler Ideologien wird der Begriff Naturalismus über seinen Gebrauch in der künstlerisch-literarischen Intelligenz hinaus von den politischen Repräsentanten semantisch so aufgeladen, daß die Vorstellung einer rein ästhetischen Begriffsbestimmung an dem Phänomen vorbeigeht. Im Falle des Naturalismus ist die Aufladung mit politischem und weltanschaulichem Gehalt – wie schon in Frankreich – so stark, daß der Terminus in der Folgezeit mehr im Negativen als im Positiven gebraucht wird, als ein Negativbegriff par excellence, gegen den man das eigene Kunstwollen artikuliert. Von dieser Last hat sich der Begriff bis heute nicht erholt.
Noch bedeutsamer als die positiven und negativen Wertungen, die sich seit der ambivalenten Namengebung des Impressionismus 1874 überraschend berühren können, ist allerdings die Tatsache, daß künstlerische Ereignisse dieser Periode einen neuen öffentlichen Stellenwert bekommen. Hierbei markiert die hoheitliche Aburteilung des Naturalismus als ästhetischer Opposition, die in der Kündigung der Loge im Deutschen Theater Berlin von seiten Wilhelms II. nach der Aufführung von Gerhart Hauptmanns (1862 bis 1946) *Die Weber* 1895 gipfelt, nur eine Zwischenstufe in dem Kampf um die Kunstpolitik, der vor allem im Bereich der Malerei, am härtesten im Streit um die Berliner Secession nach 1898, ausgetragen wird. Die Tatsache, daß die Durchsetzung der modernen Kunst als ein Anschlag auf den deutschen Idealismus und ein Zeugnis tiefen moralischen Verfalls gewertet wird, der zum Verlust der kulturellen Identität Deutschlands führe, verschafft den Auseinandersetzungen um die neuen ästhetischen Bewegungen so viel Bedeutung, wie sie sonst nur politische Konfrontationen beanspruchen können. Siege und Niederlagen auf dem Gebiet der Kunst als Politikum: Man kann die Empörung über die kaiserlichen Eingriffe auch umkehren und anführen, daß in dieser Periode des wachsenden Imperialismus das Ästhetische als Kampfplatz neu abgemessen wird, der dann im 20. Jahrhundert nicht mehr geräumt worden ist – eine zwiespältige Ehre, die Künstlern, Schriftstellern, Redakteuren, Verlegern und Kunsthändlern hier zuteil wird, jedoch nicht ohne Vorteile für deren Selbstgefühl und weitere Leistungen zu einer Zeit, da dieser Bereich angesichts Industrialisierung, Mechanisierung und Massenkonsum eigentlich an den Rand rücken sollte.
Damit bestätigt sich auf andere Weise, was der konservativ-völkische Publizist Julius Langbehn (1851 bis 1907) in seinem Buch *Rembrandt als Erzieher*, von dem schon im Erscheinungsjahr 1890 über 60000 Exemplare verkauft werden, als Feststellung und zugleich Postulat seinen Zeitgenossen vorhält: daß mit einer neuen Blüte des Ästhetischen gerechnet werden müsse, durch die das 19. Jahrhundert mitsamt Materialismus, Liberalismus und Sozialismus überwunden werde. Wie Nietzsche in der *Geburt der Tragödie aus dem Geiste der Musik* (1872) schöpft Langbehn,

dessen Wirkung auf weite Kreise intensiver und gefährlicher ist als die des Philosophen, aus Gedankengängen Richard Wagners (1813 bis 1883) über eine Erneuerung der Kultur aus dem Geiste der ästhetischen Gemeinschaft. Langbehn treibt die von Wagner angedeutete Ästhetisierung der Politik trotz (oder gerade wegen) seiner schwülstig-konfusen Sprache weiter voran und rückt die Notwendigkeit, den Alltag zu ästhetisieren, so nachdrücklich vor Augen, daß er von rechts bis links und besonders bei der Jugend zu einer zentralen Berufungsinstanz für das Konzept wird, das 19. Jahrhundert vermittels der Kunst zu ‹überwinden›. Noch im Deutschen Werkbund, der nach 1907 für die Entstehung moderner Architektur entscheidende Bedeutung gewinnt, beruft man sich auf Langbehn als wichtigen Anreger, trotz dessen «Herumfahrens mit der Stange im Nebel», wie es Cornelius Gurlitt nennt.

Langbehns großer Erfolg rührt vor allem daher, daß er es versteht, den bürgerlichen Leser in seinen privaten Ängsten vor der industriellen Modernisierung anzusprechen und ihm das Gefühl zu geben, aus eigener Kraft zu einer neuen, gemeinschaftlich begründeten Kultur seelischer Erhöhung und ästhetischer Befriedigung zu gelangen. Die Verbindung von Kulturpessimismus und ästhetischer Utopie findet sich um 1890 auch in programmatischen Äußerungen von Schriftstellern, die sich zum Naturalismus rechnen; jedoch reicht deren Ausstrahlung nur selten so weit. Sie verknüpfen die Erwartung einer großen Umwälzung mit der Hoffnung, die deutsche Literatur endlich aus ihrem Niedergang zu erlösen.

Bezeichnend für dieses globale Erweckungsdenken der literarischen Intelligenz ist die Tatsache, daß sie dem Begriff der ‹Moderne› als Kennwort für die anbrechende Epoche neues Leben verschafft. Das Wort ‹modern› wirkt als Katalysator des unklaren ästhetischen Erneuerungsstrebens, dem weder Eugen Wolff mit den 1887 veröffentlichten *Thesen zur literarischen Moderne* noch Hermann Bahr (1863 bis 1934) in seinen verschiedenen Essays ab 1890 zu einer generell akzeptierten Definition verhelfen. Bahr stellt vielmehr in seinen *Studien zur Kritik der Moderne* bereits 1894 fest, daß die Moderne «keine Formel, (...) kein Programm» zuwege gebracht habe. Endgültig heißt es dann 1909 bei Samuel Lublinski, der noch in der einsichtsvollen, literatursoziologisch angelegten *Bilanz der Moderne* (1904) die Periode 1890 bis 1904 als spezifisch modern hinstellt: «Die Moderne ist gescheitert» (*Der Ausgang der Moderne*, 1909).

Je mehr das Jahrhundert seinem Ende zugeht, desto ambivalenter wird die globale Programmatik. Schon kurz nach 1890 wenden sich die ersten vom Naturalismus als einer Erneuerungsbewegung ab, werfen seine soziale Thematik mit dem Historismus des ‹restlichen› 19. Jahrhunderts zum alten Eisen oder Blech und propagieren die Erneuerung im Privaten, Ästhetischen, Mystischen, Psychologischen oder einfach im ‹Weg zu sich selbst›. Das Wort vom Jahrhundertende, ‹Fin de siècle›, mit anderen Ten-

denzen der ‹Décadence› von Frankreich importiert, spricht vor allem in Wien an, wo die ästhetische Lebensstimmung nicht nur bei der künstlerisch-literarischen Intelligenz, sondern ganz allgemein im liberalen Bürgertum für den Verlust an politischem Einfluß kompensieren muß. In diesen Jahren, «die den Wirkungskreis des Wiener Liberalismus auf ein Premierenparkett beschränkten», wie Karl Kraus (1874 bis 1936) in der ersten Nummer der *Fackel* (April 1899) konstatiert, wird die Beschäftigung mit Kunst, Theater und Literatur zu einem resigniert-eleganten Ausstieg aus den politischen Problemen des Jahrhunderts. Autoren wie Arthur Schnitzler (1862 bis 1931) und Hugo von Hofmannsthal (1874 bis 1929) sehen im antisemitischen, völkischen, christlich-klerikalen Schmelztiegel Wien die zunehmende Auflösung des klassischen liberalen Menschenbildes. Hofmannsthals sensible, das Erschrecken an der Wirklichkeit überdeckenden Betrachtungen und Gedichte der neunziger Jahre sind als gültige Formulierungen dieses Fin de siècle-Gefühls verstanden worden.
Weiter im Norden, wo der Aufstieg des Deutschen Reiches zur neuen industriellen und imperialen Macht die Atmosphäre mit mehr Energie füllt, artikulieren sich Décadence und Fin de siècle deutlicher als intellektuell-künstlerische Haltung von einzelnen, in extremeren Ausdrucksformen, aber auch mit stärkerer Zielrichtung gegen die offizielle Kunstpolitik. In Heinrich Manns (1871 bis 1950) Weg vom konservativ-nationalistischen Herausgeber der Zeitschrift *Das Zwanzigste Jahrhundert* (1890 bis 1896) zum Décadence-Literaten und Verfasser der Trilogie *Die Göttinnen oder Die drei Romane der Herzogin von Assy* (1903) läßt die Faszinationskraft, aber auch, wenn man seinen gesellschaftskritischen Roman *Im Schlaraffenland* (1900) hinzunimmt, die Emanzipationskraft des Ästhetischen erkennen: Dekadenz und Ästhetizismus als schöner Schein, jedoch auch als elitäre Opposition und poetisch-theatralische Aufklärung zu einer Zeit, da der Sozialismus überall in Europa an Zugkraft verliert. Dafür wird die neue Kabarettkultur die stärkste Bastion in den großen Städten, vor allem in Berlin und München (wo der Antiprussianismus besonders hellhörig macht). Es sei nicht vergessen, wie sehr ein eigenes Fin de siècle-Denken unter Sozialisten der neunziger Jahre dominiert, natürlich unter dem Vorzeichen der Hoffnung auf den endgültigen Zusammenbruch des Kapitalismus am Jahrhundertende, und wie stark die Enttäuschung unter breiten Massen ist, als dieses Ereignis nicht eintritt. Die Entwürfe, die nach 1900 über die Endzeitstimmung hinaus einen neuen Aufbruch anzielen, tragen weithin erkennbar den Stempel des Ästhetischen, zumeist in einer Neuformulierung von Nietzsches Erlösungs-Vitalismus.

Ästhetisierung und völkische Erneuerung

Die Tatsache, daß die Programmatik der Ästhetisierung so wirkungsvoll von einem konservativen Autor wie Julius Langbehn popularisiert worden ist, hat als Symptom nicht immer die notwendige Aufmerksamkeit gefunden. Allzu eindimensional ist der ästhetische Aufbruch, den man unter dem Etikett der Moderne in der Periode der Jahrhundertwende lokalisiert, als Avantgardephänomen behandelt worden. Die Dialektik dieser Ästhetisierung begreift jedoch von vornherein die etablierte Bildungskultur mit ein, vor allem die von Nationalliberalen erhoffte Neugründung Deutschlands auch im kulturellen Sinne. Was um 1900 als Heimatkunst etikettiert und im Rückblick häufig als ‹rechte› Gegenströmung gegen die ästhetische Avantgarde herausgelöst wird, bildet Teil dieser größeren Entwicklung.

Friedrich Nietzsches (1844 bis 1900) in der ersten *Unzeitgemäßen Betrachtung* (1873 bis 1876) ausgesprochene Warnung, daß sich der Sieg über Frankreich 1871 «in die Niederlage, ja Exstirpation des deutschen Geistes zugunsten des ‹deutschen Reiches›» verwandeln könne, darf somit nicht dazu verführen, das Thema der Erneuerung der deutschen Kultur nach der Reichsgründung als erledigt zu betrachten. Es bleibt trotz, ja gerade wegen der Rückschläge unter Bismarck, der dafür nicht viel übrig hatte, im Zentrum der Aufmerksamkeit. Die Thronbesteigung Wilhelms II. 1888 weckt neue Hoffnungen, die der Monarch dann zum Ärger vieler Naturalisten und Intellektueller, die ihn zunächst begrüßen, in eine nationalistisch-bornierte Richtung lenkt. Auch hier darf Nietzsches Verachtung für das Bildungsbürgertum nicht den Blick dafür verstellen, daß für die literarisch-künstlerischen Bestrebungen bis hin zum Ersten Weltkrieg der Resonanzraum im zahlenden Bürgertum vom klassischen Bildungsdenken und ästhetischen Idealismus beherrscht wird, so fragwürdig diese Elemente auch sein mögen. Gerade das Fragwürdigwerden der idealistischen Bildungs- und Geschmackselemente ist es ja zudem, was die Erneuerungsbemühungen auf bürgerlicher Seite in Bewegung setzt und den «ethischen Idealisten im Mittelstand» das Gefühl gibt, mit der ‹Gebildetenreformbewegung› Entscheidendes zum Heil des Reiches beizutragen – womit sie nicht zuletzt ihre politische Entmündigung ästhetisieren. Jedenfalls vermag Ferdinand Avenarius (1856 bis 1923) mit der Zeitschrift *Der Kunstwart und Kulturwart* (ab 1887) und dem «Dürerbund» (ab 1902) das Bewußtsein zu vermitteln, daß die Ästhetisierung von jedem gebildeten Bürger mitverantwortet werde.

Mag der neue Idealismus häufig auch nur eine Übertragung der Sozialhierarchie dieser Gesellschaft auf den Geschmack darstellen – Faktum ist, daß er in den Provokationen der Avantgarde keineswegs abgetan, vielmehr aufgehoben wird. Literatur ist dabei besonders exponiert, da man ihr in Deutschland nachsagt, sie habe seit der Weimarer Klassik nicht allzuviel aufzuweisen und könne sich nur in einem Maßnehmen an den Klassikern erneuern. Dieses Maßnehmen läßt sich in den Proklamationen der ‹Jüngstdeutschen› zum Drama, von Heinrich und Julius Hart bis zu Karl Bleibtreu, Otto Brahm und Paul Schlenther verfolgen; ebensowenig fehlt bei den Naturalisten die Selbstermunterung, jene vielbeschworene deutsche Nationalliteratur endlich zu erneuern. Noch Wedekinds Dramatik wird von dem Maßnehmen an der Klassik Schillers entscheidend geprägt.

Sosehr nun der Naturalismus allgemein als Verrat am Idealismus gilt, sowenig kann sich selbst die Rechte dem politischen Wertwandel bestimmter ‹idealer› Vorstellungen entziehen. So trägt der Naturalismus mit seinen Darstellungen des industriellen und bäuerlichen Alltags, besonders der unteren Schichten, enorm dazu bei, die Definition der Nation von der Ausrichtung an Kaisertum und Reichsgeschichte zugunsten der an der Lebenswirklichkeit des Volkes zu verschieben. Gegenüber den Anstrengungen offizieller Kreise, das historische Stildenken in immer neuen Prunkbauten mit ‹Reichswirklichkeit› zu füllen, wirkt diese Botschaft schlicht, aber gerade damit am Ende des Jahrhunderts um so anziehender. Diese Form der Ästhetisierung basiert auf unmittelbarer Anschauung, auf Erfahrung und Gefühlsverinnerlichung, nicht auf den kaltgewordenen Reichsallegorien. Hier liegen die Gründe dafür, daß der spätere Propagandist der Blut-und-Boden-Literatur, Adolf Bartels (1862 bis 1945), um 1900 dem Naturalismus wichtige Verdienste für die Entstehung der Heimatkunst anrechnet, besonders dem «deutschen intimen» Naturalismus, nicht der Zola-Schule.

In der von Bartels und Fritz Lienhard (1865 bis 1929) nach 1895 propagierten Heimatkunst äußert sich das neue, teilweise in Opposition zum Protzentum des Kaisers stehende völkische Konzept von Nation, ein Konzept ‹von unten her›, zugleich in polemischer Frontstellung gegen das proletarische Klassendenken der Sozialdemokratie. Daß auch hierbei die Klassik als unabdingbarer Maßstab fungiert, wird Lienhard nicht müde zu betonen (*Wege nach Weimar*, 1905 bis 1908). Gegen Modernisierung, Großstadtleben und die Zerstörung des klassischen Menschenbildes stilisiert er die Klassiker zu treusorgenden Hausvätern des deutschen Volkes: «Wie haben Goethe und Schiller, auf der wohlausgebildeten Persönlichkeit fußend, stetig und einheitlich ihren Stil ausgebaut, ihre Erkenntnisse vertieft, ihre Sprache, ihre Formen verfeinert – immer vom Mittelpunkt der in sich beruhigten Persönlichkeit aus, so daß ‹Weimar› heute großgeistigen Klang hat. Dieses Verklärungswerk setzen wir zu wenig fort. Unsere Literatur und der Geist, den sie rundum ausstreut, ist in diesem feinsten und vornehmsten Sinne noch immer *heimatlos* – trotz Bismarck.» [45; *S. 102*] Hier ist nur angedeutet, was an anderer Stelle klar ausgesprochen wird: daß das ästhetische Verklärungswerk, in dem man den Platz der Heimatkunst sieht, zugleich die Heimatlosigkeit in diesem Deutschland überwinden soll. Heimatkunst also als Teil der am Jahrhundertende aktivierten Ästhetisierung, als eine verklärende Inbesitznahme des Landes im Gegenschlag zu dessen Entzauberung durch Rationalismus, Technik und proletarische Massenbewegung.

Nicht zufällig wirkt dann der Ausbruch des Ersten Weltkriegs weit über völkische Kreise hinaus als langerwartetes Signal für eine ‹wirkliche› Gründung Deutschlands von unten, vom Volk her. In Tausenden von Gedichten und Schriften – man hat die Anzahl der im August 1914 täglich in Deutschland geschriebenen Gedichte auf 50000 geschätzt – richtete sich ein literarisches ‹Verklärungswerk› ohnegleichen auf die durch den Krieg geschaffene Volksgemeinschaft. So stark verstand man den völkisch-gemeinschaftlichen Aufbruchsgeist als Sinngebung, daß man in seinem Namen sogar die Konfrontation mit der brutal entfremdenden technischen Maschinerie des Krieges schluckte, bis dann Materialschlachten, Hunger und Niederlagen eine Ernüchterung brachten. Daß es – nach ihrem eigenen Bekenntnis – Arbeiter waren, die diese Sinngebung prägnant mitformulierten, verschaffte der Auffassung, daß nun wirklich das Volk dichterisch aufgebrochen sei, weithin wahrgenommene Bestätigung. Worin Karl Bröger (1886 bis 1944) und Heinrich Lersch (1889 bis 1936) mit ihren gefühlsbetonten und teilweise sehr eingängigen Gedichten nach 1914 so große Resonanz fanden, war die Sensation, daß ausgerechnet Arbeiter, die man außerhalb des Reichsdenkens wähnte, Heimatfindung betrieben. In diesem Kapitel der Arbeiterdichtung – die zweifellos nicht darin aufgeht – manifestiert sich eine politisch besonders fragwürdige Ausprägung der Ästhetisierung in dieser Periode.

Zwischen diesem Phänomen und der Weigerung der Sozialdemokratie am Ende des 19. Jahrhunderts, an der Welle der Ästhetisierung zu partizipieren, liegt freilich eine große Distanz. Wilhelm Liebknecht (1826 bis 1900) und August Bebel (1840 bis 1913) machten – beispielhaft auf dem Parteitag 1896 in Gotha – aus ihrer Ablehnung des Naturalismus und ihrem Festhalten an der klassischen deutschen Literatur keinen Hehl. Anläßlich der erfolgreichen Heimatromane *Jörn Uhl* (1901) und *Hilligenlei* (1905) von Gustav Frenssen (1863 bis 1945) rechnete der SPD-Publizist Karl Korn (1895 bis 1942) mit der Heimatkunst als neuestem Beweis für den kulturellen Niedergang des Bürgertums ab. Das alles sei Romantik, sei «Flucht aus der Wirklichkeit auf dem Vehikel der Kunst». Einst sei die Romantik als Kinderkrankheit der Bourgeoisie aufgetreten. «Heute, wo die Bourgeoisie mit dem Feudalismus längst Kompanie gemacht und das Erbe ihrer Ideale bis auf den letzten Fetzen in die Masse geworfen, wo aber auch die Füße derer, die beide hinaustragen werden, ungeduldig vor der Tür stehen, haben wir die Romantik als Symptom der senilen Degeneration der Bourgeoisie.» [325; *S. 547*] Korn resümierte die von der SPD seit Ferdinand Lassalle vertretene Anschauung, daß das Bürgertum die Ideale, die die klassischen Philosophen und Dichter formulierten, längst nicht mehr verwirklichen könne, daß vielmehr nun das Proletariat deren

Erbe und Vollstrecker geworden sei. Unmißverständlich hatte Franz Mehring (1846 bis 1919) die Klassik vor der Inanspruchnahme durch den wilhelminischen Staat zu bewahren versucht (*Die Lessing-Legende*, 1893), hatte die moralisch-idealen Antriebe von Schillers Werken für den Kampf um den sozialistischen Zukunftsstaat herausgestellt. Die Klassik diente auch hier als Berufungsinstanz. Allerdings begab sich die Sozialdemokratie, indem sie sich von den modernen Kunstbewegungen so grundsätzlich distanzierte, weitgehend der Chance, eine aktivere Rolle der Gegenwartskunst für gesellschaftliche Veränderungen zu befördern.

Naturalismus, Impressionismus, Symbolismus

Der vor den Proklamationen der Expressionisten wichtigste theoretische Beitrag zur modernen deutschen Literatur stammt von den Naturalisten. Sie haben das entscheidende Verdienst an der Abkehr der Literatur von Epigonentum und Unzeitgemäßheit. Mit der Polemik von Heinrich (1855 bis 1906) und Julius Hart (1859 bis 1930) in den *Kritischen Waffengängen* (1882/84), Karl Bleibtreu (1859 bis 1928) in *Die Revolution der Literatur* (1886), Wilhelm Bölsche (1861 bis 1939) in *Die naturwissenschaftlichen Grundlagen der Poesie* (1887), Michael Georg Conrad (1846 bis 1927) in der Münchener Zeitschrift *Die Gesellschaft* (ab 1885) und Autoren wie Eugen Wolff und Leo Berg im Berliner literarischen Diskussionsverein «Durch» (ab 1886) bildet sich eine neue – wissenschaftliche – Legitimation der Literatur heraus, zugleich aber auch eine höchst praktische: im öffentlichen Gespräch einer sich neu profilierenden Intelligenz mit der Gesellschaft.
In diesem Gespräch erhalten Elemente der klassischen Ästhetik wie die Dramenauffassung Lessings und der Stürmer und Dränger erneute Beachtung, wie sich die literarische Bewegung ohnehin zunächst als eine Erneuerung deutscher Kultur versteht und den Rückgriff auf Vormärz und Junges Deutschland, der sich im Schlagwort Jüngstes Deutschland äußert, mit nationalem Pathos verpackt. Allerdings gehen die Naturalisten mit der Berufung auf die moderne Naturwissenschaft einen wichtigen Schritt über die alleinige Legitimation der Literatur aus den traditionellen Gattungs- und Wirkungskriterien hinaus. Der Maßstab für die Wahrheit des Textes rückt jenseits des Ästhetischen, womit sich die Abstufung zwischen Hohem und Niederem, die in der Epigonenpoetik eines Gustav Freytag noch zentral steht, zu verwischen beginnt. Arno Holz (1863 bis 1929), der Theoretiker des ‹konsequenten Naturalismus› und – mit Johannes Schlaf (1862 bis 1941) – Anreger Gerhart Hauptmanns, sucht dieser Auffassung in der Formel «Kunst = Natur – x» den Charakter des Gesetzmäßigen zu verschaffen, was sich in dem vielzitierten Satz in *Die Kunst. Ihr Wesen und ihre Gesetze* (1891/92) niederschlägt: «Die Kunst hat die Tendenz, wieder die Natur zu sein. Sie wird sie nach Maßga-

be ihrer jedweiligen Reproduktionsbedingungen und deren Handhabung.» Kunst soll die Wirklichkeit wiederholen, wobei dichterische Subjektivität und materialmäßige Bedingtheiten eine absolute Gleichung ausschließen.

Der radikalen Theorie kamen die Werke nur zögernd nach. Die stärkste Provokation lag in deren Zuwendung zu den unteren Gesellschaftsschichten. Damit wurden – zur Zeit des Sozialistengesetzes (1878 bis 1890) auch gesellschaftspolitisch – ‹niedere› Inhalte in unerhörter Weise erhöht. Der Affront war um so stärker, als Naturalisten wie Holz und Hauptmann, nicht anders als Émile Zola, im Niederen den gültigen Zugang zur Realität, zur Wahrheit des Lebens sahen. Käthe Kollwitz (1867 bis 1945), die den von Hauptmann literarisch verarbeiteten Stoff des Weberaufstandes von 1844 in mitreißenden Graphiken gestaltete, berief sich auf Zola, als sie sagte, das Schöne liege im Leid. Dort trete das Menschliche unmittelbar hervor.

Schon bei den Naturalisten gewinnt der Begriff des Lebens eine Bezugsfunktion, die trotz aller Ausrichtung am Kausalen und Naturgesetzlichen ans Weltanschauliche grenzt. Dem Abbau der ästhetischen Traditionen entspricht die Entstehung eines gefühlshaft-phänomenologischen Wertdenkens, das dann unter dem Vorzeichen der «Überwindung des Naturalismus» (Bahr) die Intensität der Vitalerfahrung zum zentralen literarischen Kriterium werden läßt. Die Zuwendung zum Proletariat, die zunächst als Schlüssel zur literarischen, weil gesellschaftlichen Wahrheit gedient hat, wird schließlich als Hindernis unmittelbarer Erfahrung des Lebens angesehen: Auf die faszinierte Darstellung von Großstadt und Unterschichten folgt in den neunziger Jahren in bezeichnender Korrespondenz zum wachsenden Anarchismus und Bohèmedenken die Beschäftigung mit gesellschaftlichen Außenseitern, Décadents, Abenteurern, Renaissanceheroen und Seelenvagabunden als eigentlichen Verkörperungen des Vitalen. Das Heraustreten aus dem Alltag der industriellen Gesellschaft wird nun zum Schlüssel der Weiterentwicklung der Literatur.

Ein Großteil dessen, was bereits zu dieser Zeit mit dem Begriff Impressionismus erfaßt wird, stammt von Autoren, die als Naturalisten begonnen haben und nun eine neue Stufe der Selbstbefreiung zu artikulieren suchen. Die Abkehr vom Naturalismus bedeutet für viele durchaus keine blanke Abkehr von wissenschaftlicher Reflexion. Mit der Kritik an der Wissenschaft geht vielmehr eine Ersetzung der Biologie, die im Naturalismus dominiert, durch die Psychologie einher. In Korrespondenz zum Empiriokritizismus Ernst Machs (1838 bis 1916) gewinnt die psychologische Beobachtung grundsätzliche Bedeutung für die ästhetisch-intellektuelle Wahrheitsfindung, womit sich Autoren des «Jungen Wien», besonders Bahr, eine Zeitlang Argumente zur Abgrenzung vom deutschen Naturalismus verschaffen. Für diese Entwicklung wird nach 1890 Nietzsches

Verknüpfung von Wissenschaftskritik und Psychologismus beispielgebend. Mit Nietzsche rückt man den Naturalismus, der an sich den Durchbruch zu modernen Denk- und Darstellungsformen gebracht hat, ins 19. Jahrhundert zurück.

Für den Übergang vom Naturalismus zu Impressionismus und Neuromantik besitzt ein weiterer Faktor – ebenfalls mit Nietzsche verbunden, der wiederum Anregungen von Paul Bourget (1852 bis 1935) aufnimmt – nicht weniger Bedeutung: die Rezeption der «Décadence». Sie läßt sich als eine besonders in Frankreich ausgeprägte Reaktion auf Industriezeitalter und offizielle Repräsentationskultur kennzeichnen, in der sich Kulturpessimismus und individuelle Entfremdung mit neuen Formen von Ästhetizismus, Exotismus, Künstlichkeit und Naturferne mischen. Wie schon in Joris-Karl Huysmans' (1848 bis 1907) Roman *À rebours* (1884), der Bibel der Dekadenzdichtung, zu sehen ist, bezeichnet der Begriff Décadence sowohl eine literarische Richtung als auch eine Einstellung zur Welt. Thomas Manns (1875 bis 1955) Postulat, im aufblühenden Leben den Verfall zu erkennen, steht in diesem Zusammenhang, doch ist es nicht nur bei diesem Autor problematisch geblieben, neben der Dekadenzhaltung – etwa in den *Buddenbrooks* (1901) oder im *Tod in Venedig* (1912) – einen spezifischen Dekadenzstil herauszudestillieren. In der Lyrik treten Stilgesichtspunkte zwingender hervor; allerdings okkupiert hier der französische Symbolismus mit Baudelaire, Mallarmé, Rimbaud, Verlaine für Eingeweihte wie Stefan George (1868 bis 1933) das poetologische Terrain.

Wer von der theoretischen Selbstverständigung der Autoren ausgeht, wird bei der Kontrastierung des Naturalismus mit dem Symbolismus zweifellos am meisten Funken herausschlagen können. Diese Gegenüberstellung liefert für die Analyse der verschiedenen Wege der modernen Literatur seit der französischen Entwicklung in der zweiten Hälfte des 19. Jahrhunderts die klarsten Anhaltspunkte. Da ist auf seiten des Naturalismus eine über den Realismus hinausgehende Zuspitzung des mimetischen Prinzips und auf seiten des Symbolismus eine radikale Abkehr von der Mimesis zugunsten der autonomen Sprachkunst («poésie pure») zu verzeichnen. Da suchen die Naturalisten lehrhaft und engagiert die Literatur gesellschaftspolitischen Zielen unterzuordnen, während die Symbolisten die Nichtigkeit der Stoffe und Ideen verkünden und die Verfertigung des Gedichts selbst schon zum entscheidenden dichterischen Akt erhöhen. Gemeinsam ‹modern› ist nur die Unterordnung der Literatur unter das Kalkül, mit unterschiedlichem Gebrauch der Genres (im Naturalismus Roman und Drama, im Symbolismus Lyrik).

All dies wirkt theoretisch stringent, literaturhistorisch allerdings forciert, zumindest was den deutschen Sprachraum angeht. Symbolismus bleibt hier literarisch ein Kontrastphänomen, eine auch später, vor allem im

Expressionismus (Heym, Trakl) wirksame Schule antimimetischer Gestaltung. Dabei drängt sich für die Zeitgenossen um 1900 wiederum die künstlerisch-visuelle Version in den Vordergrund: Symbolismus als dialektischer Umschlag des malerisch-‹oberflächlichen› Impressionismus in Verschlüsselung und symbolische Konstellationen. Die individuellen Mythologien der Maler Moreau, Böcklin, Khnopff, Ensor, Stuck haben ebenso wie die von Redon, Munch, Gauguin und Hodler dem Symbolismus um 1900 das Profil gegeben.
Angesichts dieser Tendenz zur ästhetisch-symbolischen Verfestigung wirkt der Versuch, die Periode unter den Generalnenner des Impressionismus zu stellen, wie es als erster Richard Hamann (1879 bis 1961) in seinem höchst kritischen Band *Der Impressionismus in Leben und Kunst* (1907) tat, ebenfalls forciert, obwohl der Begriff dem Lebensgefühl der Zeit insgesamt noch am ehesten gerecht werden dürfte.

Jugendstil

Die besondere Stellung, die man dem Jugendstil seit jeher – im Positiven wie im Negativen – unter den ästhetischen Bewegungen der Jahrhundertwende eingeräumt hat, dürfte vor allem der Entschlossenheit zuzuschreiben sein, mit der zwischen Wien, Brüssel, Darmstadt, München, Paris und anderen Städten die ästhetische Erneuerung unter voller Inanspruchnahme der Markt- und Modekonjunktur als synthetischer Stilversuch unternommen worden ist. Im Jugendstil, der über den Stil der Zeitschrift *Jugend. Münchner illustrierte Wochenschrift für Kunst und Leben* (ab 1896) von Anfang an hinausweist und dem internationalen Begriff ‹Art Nouveau› parallel läuft, läßt sich die Überwindung des historistischen 19. Jahrhunderts als visuelles, nicht nur programmatisches Faktum identifizieren, als bewußt stil-volle Verwandlung der Erscheinungswelt, wobei es weniger auf die Darstellung der Dinge als auf ihre Selbstrepräsentation als Dinge ankommt. Diese Selbstrepräsentation wird mit der floral-biologischen Wellenornamentik zugleich Repräsentation des gefeierten ‹Lebens› überhaupt, das heißt Träger jener Glücks-, Jugend-, Vital- und Harmonieutopien, die man sich im geheimen immer noch über die Kunst zu erfüllen hofft. Das Abgehobene dieser Ornament- und Stilkunst, die mit der Absicht nach breiter öffentlicher Partizipation antritt, ist durchaus kein Hindernis für die Popularität; im Gegenteil, der Hauch des Exklusiven, der auch bisweilen weit ins Groteske reicht, entspricht den Vorstellungen von der ästhetischen Erneuerung, die die industrielle Gegenwart nötig hat. Ein ‹Verklärungswerk› somit, dessen moderne Programmatik verständlich ist. Ein Stil, den man kaufen kann. Ein Stil, der trotz hohen Anspruchs die Stellung zwischen Kunst und Ware schockierend klar zugibt.
Die Literaturgeschichtsschreibung ist bisher kaum über die Darlegung

der literarischen Reflexe der im wesentlichen visuell begründeten Stilbemühungen hinausgekommen. Auch hier fehlen Programme, was allerdings nicht heißt, daß jene Selbstrepräsentation der Dinge zwischen Dekor und utopischem Glücksmoment nicht programmatisch wäre. Vor allem in der Lyrik läßt sich diese Programmatik motivlich herausheben. Festeren Grund findet der Literaturhistoriker am ehesten dort, wo Autoren um 1900 einen bewußten Sprung ins Visuelle und Gebrauchsmäßige unternehmen: im Kabarett, im Bänkelsang, im intimen Theater. Zweifellos läßt sich das Aufblühen des Kabaretts nicht ohne die Impulse des Jugendstils denken. Das Kabarett stellt sich dem offiziellen Repräsentationstheater als eine Sezession gegenüber, in gewisser Korrespondenz zur Sezession der Maler von den etablierten Akademien in den neunziger Jahren.

Expressionismus

Der Expressionismus, für den man im allgemeinen das Jahr 1910 als Stichdatum ansetzt (wobei der Begriff zunächst für die Malerei, ab 1913 auch für die Literatur gebraucht wird), gibt der Ästhetisierung der Periode eine entscheidende Wendung. Was sich in den Künstlergemeinschaften «Die Brücke» (ab 1905) in Dresden und «Der Blaue Reiter» (ab 1911) in München und in den literarischen Zirkeln um das «Neopathetische Cabaret» (ab 1910) in Berlin und die Zeitschriften *Der Sturm* (1910 bis 1932) und *Die Aktion* (ab 1911) entwickelt, ist die Absage an einen bloßen Sezessionismus, das heißt an jene Form ästhetischer Aufbereitung der Dingwelt, die dem Erstarren der Künste und Lebensformen entgegenwirken soll, jedoch ständig selbst in die Gefahr gerät, in der Gebärde der Ästhetisierung zu erstarren. Freilich hat die Warnung vor dem bloß ästhetischen Dasein die Werke und Diskussionen seit den neunziger Jahren begleitet. Hofmannsthal und Heinrich Mann, die sich kräftig an der Ästhetisierung beteiligten, sind dafür nicht die schlechtesten Zeugen. Da ist es erwähnenswert, daß für den Neuansatz um 1910 wichtige Anregungen von Schriftstellern und Künstlern kommen, die wie Heinrich Mann (*Geist und Tat*, 1910), Stefan Zweig (*Das neue Pathos*, 1909 bis 1913), Wassily Kandinsky (*Über das Geistige in der Kunst*, 1912, geschrieben 1910, im Jahr des ersten abstrakten Aquarells) einer bereits etablierten Künstlergeneration angehören. Zweifellos ist es Teil der Selbststilisierung der Expressionisten, wenn sie ihren Aufbruch mit dem der Jugend gleichsetzen. Der Jugendstil hat – wie auch in anderer Hinsicht, etwa im Gebrauch des Kabaretts – wichtige Elemente vorweggenommen.

Warum nun um 1910 die Kritik der Ästhetisierung zur Basis einer neuen, radikalen, bald als revolutionär eingestuften Bewegung wird, muß in seiner Internationalität im Lichte vieler Faktoren gesehen werden, wobei die enorme Beschleunigung von Industrialisierung und Verstädterung, die wachsenden politischen und sozialen Spannungen im Vorfeld des Krieges sowie die zunehmend prekäre und verunsicherte Selbsteinschätzung der jüngeren Intelligenz in der Gesellschaft eine wichtige Rolle spielen. Innerhalb der Bohèmegruppen in den Großstädten sucht sich die jüngere Generation durch Radikalisierung zu profilieren und trägt entscheidend zur Neuerungsbereitschaft in den Künsten bei. Die Kritik am sezessionistischen Denken schlägt in das Verlangen um, das ganze Verhältnis von Kunst und Leben von Grund auf zu ändern. Die im Jugendstil zwischen Schönheit und Groteske herausgestellte Selbstrepräsentation der Dinge, die dem Antimimetischen innerhalb eines umfassenden Lebensbegriffs ästhetischen Genußwert verschafft, ist bereits ein Schritt in die Richtung, die die Radikalen dieser Jahre gehen: dorthin, wo die Dinge auch in ihrem Auseinanderfall sichtbar werden, wo sie nicht in jeweils neuem Gewand ästhetisch wirken, sondern durch den künstlerischen, ja künstlichen Zugriff ihr Wesen enthüllen. ‹Wesen› und ‹wesentlich› stellen zu dieser Zeit keine neuen Begriffe dar, aber sie definieren sich nun bewußt antinaturalistisch und antimimentisch, aus der Notwendigkeit des geistigen Zugriffs, der Abstraktion und formalen Entstellung heraus, ohne die die Wirklichkeit unerkennbar und unveränderbar bleibt. Abstraktion ist Erkenntnisaktion, nicht Willkür oder Entartung, als die sie die Gegner bald bezeichnen.

Auch hier gehen die visuellen Künste voran. Übergreifende Definitionen der ästhetischen Veränderungen erfolgen zunächst für die Malerei. Bei ihr tritt das Neue jedermann vor Augen, bedarf jedoch der theoretischen Rechtfertigung, während es sich in der Literatur erst von der vertrauten Sprache losreißen muß. Die wichtigste Analyse, die die neuartige Abstraktion in einen historischen Kontext plaziert und damit salonfähig macht, stammt von Wilhelm Worringer (1881 bis 1965) und seiner 1906 geschriebenen, 1908 publizierten Dissertation *Abstraktion und Einfühlung*. Worringer grenzt sich von der am Ausgang des 19. Jahrhunderts von Theodor Lipps (1851 bis 1914) ausgearbeiteten Einfühlungslehre ab, mit der ein Großteil der Kunst nicht erfaßt werden könne. Ihr sei der «Urkunsttrieb» der Abstraktion gegenüberzustellen, der große Kunstperioden geprägt habe und sich in der antinaturalistischen Wendung der Gegenwart neu durchsetze. Auch wenn Worringer das Wort Expressionismus noch nicht gebraucht, wirkt seine Gegenüberstellung von Abstraktion und Einfühlung auf die zeitgenössischen Künstler befreiend. Immerhin definiert er die Abstraktionstendenz als menschlichen Urtrieb und verankert sie tief in der Kunstgeschichte. Groteske, Abstraktion und Primitivismus, die den Expressionismus bald zu einem Schock machen, erhalten theoretische Legitimation. In seiner revolutionierenden Schrift *Über das Geistige in der Kunst* bezieht dann Kandinsky Abstraktion und Primitivismus direkt aufeinander. Die Verbindung von Abstraktion und Primitivismus signalisiert entscheidende Umbrüche, auch in der Literatur. [vgl. 198] Sie wird zum wichtigen Katalysator für die Aggressivität der Expressionisten, Futuristen und Dadaisten. Sie macht die Brüche in der Wirklichkeit gnadenlos sichtbar, zwingt die disparaten Elemente jedoch in Simultangebilden zusammen und wird zur Quelle für die Montage- und Collagetechnik, die in der Ästhetik des 20. Jahrhunderts eine Schlüsselfunktion erhalten hat.

In der Literatur ist die neue Bewegung um 1910 zwar programmatisch hervorgetreten, hat aber erst nach und nach, großenteils erst nach 1918, die ausführlichen Programme und Definitionen geliefert, die Teil der Literaturgeschichtsschreibung geworden sind. In der Frühphase rückt eine Mischform von Dichtung und Manifest in den Vordergrund, die in sich bereits eine Provokation darstellt. Autoren wie Alfred Döblin, Georg Heym, Reinhard Johannes Sorge, Kurt Hiller, Ludwig Rubiner, Kasimir Edschmid nehmen die Genreerwartung des Publikums in Lyrik, Drama und Prosa auf, um durch Gedanklichkeit, Groteske, Metaphorik und Rhetorik das (scheinbar) geordnete Verstehen überhaupt umzustülpen. Literatur als Manifest: Das widerspricht, zumindest in der Initialphase, ihrem bloß kulinarischen Konsum. Ähnliches geschieht im Futurismus, dessen von Filippo Tommaso Marinetti (1876 bis 1944) verfaßtes Gründungsmanifest 1909 in Paris erscheint und der in Deutschland vor allem durch die Futurismus-Ausstellung, die der *Sturm*-Herausgeber Herwarth Walden (1878 bis 1941?) 1912 in Berlin veranstaltet, bekannt wird. Bevor Marinettis Anregungen der Zerstörung der Syntax und Befreiung der Worte in der *Sturm*-Gruppe um Walden, August Stramm (1874 bis 1915), Lothar Schreyer (1886 bis 1966), Rudolf Blümner (1873 bis 1945?) zur ‹Wortkunsttheorie› vereinseitigt werden, in der die Dinge «selbst sprechen», hat der Futurismus den Mut zur rhetorischen Selbststilisierung zweifellos stark gefördert. Als Stefan Zweig 1909 die Wendung zu einer vitalistischen, ekstatischen und tathaften Rhetorik unter dem Titel *Das neue Pathos* propagiert, nennt er außer Nietzsche als direkte Vorbilder Walt Whitman, Victor Hugo und Emile Verhaeren.

Unter den Schlüsselworten des Expressionismus steht in den literarischen Manifesten ‹Geist› an vorderster Stelle. Wo immer die verfremdende Abstraktion im poetisch-fiktionalen Werk beim Namen genannt wird, geschieht es mit diesem Begriff. Für sich gebraucht, nicht nur als Hebel künstlerischer Umwertung, sammelt sich in ihm das Selbstbewußtsein radikaler Intellektueller, die – ohne politische Partei – auf die Gegenwart einwirken wollen. Dabei sieht Heinrich Mann, dessen Essay *Geist und Tat* zum Manifest des Aktivismus wird, die Hochstellung des Geistes gegenüber der Macht nur gerechtfertigt, wenn sich die Geistigen wie in Frankreich mit dem Volk verbinden.

Hier wird Geist aus dem idealistischen Bildungszusammenhang, in dem er in Deutschland zur bloßen Bestätigung des Bestehenden verkümmert ist, herausgerissen und zum Oppositionsträger gemacht. Bei Ludwig Rubiner (1881 bis 1920) und dem Kreis um Franz Pfemferts (1879 bis 1954) *Aktion* sowie René Schickeles (1883 bis 1940) *Die weißen Blätter* (ab 1913) zielt das ins tatsächlich Politische, zumindest Radikaldemokratische. Nach Ausbruch des Ersten Weltkriegs bildet es eine wichtige Basis der Abwehr und Kriegsgegnerschaft, später auch des Wortengagements für die Revolution von 1918/19.

Der Bruch mit deutschen Traditionen, für den sich Heinrich Mann aus Frankreich Argumente holt, wenn er sich nicht an Heine orientiert, gilt nicht nur der politischen Verkümmerung der künstlerischen Intelligenz. Eine Welle von Stellungnahmen gegen Goethe und die Klassik zeigt auch den Bruch mit dem idealistisch-humanistischen Bild vom Menschen an. Das damit verbundene Modell des Bildungsromans müsse, wie es nach 1910 in den Deklarationen von Heinrich Mann, Alfred Döblin, Kurt Hiller und Carl Einstein zur Prosa heißt, endgültig begraben werden.

Freilich lassen es die Expressionisten nicht bei Verneinung, Abbruch, klärender Zerstörung bewenden. Hinter aller Ich-Zersplitterung und Helden-Zerstörung meldet sich die Hoffnung auf den ‹neuen Menschen›. Eine neue Idealität drängt sich nach vorn, in der die mystisch-religiösen Traditionen dieses Landes für den Protest gegen Materialismus und Massengesellschaft noch einmal fruchtbar gemacht werden. Daß der Ruf zur Religiosität keineswegs Harmonisierung bedeuten muß, bezeugen schon die Propheten des Alten Testaments. Ihre Strafreden und Messiasverkündigungen bilden einen Wegweiser für das, was Expressionisten, unter ihnen viele jüdischer Herkunft, für sich beanspruchen. Allem voran steht das Bewußtsein des Exemplarischen, für das sie Bestätigung suchen: der Anspruch einer Führerschaft durch geistiges Feuer, durch religiöse Energie. Damit verbindet sich das Missionsgefühl, mit dem Ganzen der Realität konfrontiert zu sein und auf ganzheitliche Lösungen, das heißt Erlösungen hinzuarbeiten. Ebenso gehören aber auch Zerknirschung, Verzweiflung und Angst hinzu, das Waschen der eigenen Wunden mit dem Essig der Groteske – alles mit der Gebärde der Stellvertretung, wie sie Nietzsche dem modernen Künstler vorgemacht hat.

Es sind solche religiösen Impulse, die den Expressionismus trotz aller Provokationen gewissen Teilen des deutschen Bürgertums nahebrachten. Zumindest in den Umbrüchen des Kriegs – und Nachkriegs – findet diese Bewegung als Ausdruck der chaotischen Gegenwart vorübergehend Interesse. Mit den heilshungrigen Gefühlsaufschwüngen ist ein Brückenschlag möglich, mögen die Metaphern eines Franz Werfel oder Johannes R. Becher vielen Lesern auch ziemlich ungenießbar bleiben. Haben die Dichter nicht schon oft verrückt gespielt und, wie sich hinterher herausstellt, gewichtige Wahrheiten gesagt?

Dadaismus

Unter allen Kritikern des Expressionismus haben die Dadaisten am härtesten und witzigsten mit ihm abgerechnet. Denn sie standen ihm am nächsten. Sie hatten bereits dessen Rebellion gegen die Bürgergesellschaft mitverfolgt und sie als eine Revolte innerhalb der Bürgergesellschaft konsumiert. In der Kritik des Ästhetizismus der Jahrhundertwende waren sie dem Expressionismus gefolgt, hatten im Futurismus allerdings bereits eine radikalere Kampfansage kennengelernt. Marinetti hatte 1912 im *Technischen Manifest der futuristischen Literatur* postuliert: «FÜHREN WIR MUTIG DAS ‹HÄSSLICHE› IN DIE LITERATUR EIN, UND TÖTEN WIR DIE FEIERLICHKEIT, WO IMMER WIR SIE FINDEN. Los! nehmt nicht die Allüren von Hohenpriestern an, wenn ihr mir zuhört! Man muß jeden Tag den *Altar der Kunst* anspeien! Wir betreten das grenzenlose Reich der freien Intuition. Nach dem freien Vers, nun endlich DIE BEFREITEN WORTE!» [161; *S. 170*] Den Altar der Kunst anspeien: Was ab 1916 von Zürich nach Berlin, Paris und anderen Städten unter dem Namen Dada ausstrahlte, hat mit dieser drastischen Tätigkeit Eingang in die Literaturgeschichte gefunden.

Dabei waren sich die Dadaisten Hugo Ball, Richard Huelsenbeck, Tristan Tzara, Emmy Hennings, Hans Arp, Marcel Janko, die 1916 im «Cabaret Voltaire» auftraten, über diese Konsequenz anfangs durchaus noch nicht im klaren. Hugo Ball (1886 bis 1927), der Gründer des Unternehmens, dachte zunächst daran, Künstler aller Richtungen zu einer Art Synthese zusammenzubringen, und die Anfänge des Kabaretts waren ein relativ harmloser Spaß. Bis dann das laute Rezitieren «zum Prüfstein der Güte eines Gedichts» wurde, wie Ball am 2. März 1916 im Tagebuch *Die Flucht aus der Zeit* (1927) notierte, und er vom Podium darüber belehrt wurde, «in welchem Ausmaße die heutige Literatur problematisch, das heißt am Schreibtische erklügelt und für die Brille des Sammlers, statt für die Ohren lebendiger Menschen gefertigt ist.» Wiederum, wie schon im Jugendstil und im Expressionismus, spielt das Kabarett als Katalysator neuer ästhetischer Positionen eine zentrale Rolle, nun allerdings in einem zunehmend radikalen Zerspielen vorhandener Literatur und ihres autonomen Anspruchs, einschließlich der Revolte- und Erlösungsgestik der Expressionisten. Kabarett als ästhetischer Vorgang, der über die Attacken gegen den Spießbürger hinaus die künstlerischen Formen und Ismen in den Mittelpunkt rückte, gelangte in Zürich an den Punkt, wo das Denouement selbst zum Inhalt wurde, das heißt der künstlerische ‹Erfolg› aus dem Zerstörungsakt und nicht einer Transzendierungsaktion kam. Die vielbeschworene symbolische Aggression der Dadaisten, in Berlin und Paris bald erweitert, ist eine Funktion des Zerspielens von etablierten Formen. Sie setzt Formen voraus, um die Nullreduzierung von Kunst selbst wieder ästhetisch verwerten zu können. Das bedarf der ständig neuen ‹Produktion›, ist aber gerade damit erneuerungsfähig und für die Kunst und Literatur des 20. Jahrhunderts, soweit sie sich als Aktion in einer desintegrierten Wirklichkeit verstehen, zu einem konstituierenden Element geworden.

In entsprechender Weise sind die Dada-Manifeste als Anti-Manifeste konzipiert, die das, was sie sein sollen, selbst unterlaufen müssen, um glaubwürdig zu bleiben. Sie desavouieren die Erwartung gegenüber einem ästhetischen Programm, nicht ohne dies doch wieder zu einer ästhetisch-programmatischen Haltung zu machen. Denn ihr Postulat ist nicht Kunst, sondern eine Haltung zur Kunst, die zugleich eine zur Realität darstellt. Oder wie es im *Dadaistischen Manifest* von 1918 heißt, das unter anderen Tristan Tzara, Franz Jung, George Grosz, Marcel Janko, Richard Huelsenbeck, Gerhard Preiß, Raoul Hausmann unterzeichneten: «Der Dadaismus steht zum erstenmal dem Leben nicht mehr ästhetisch gegenüber, indem er alle Schlagworte von Ethik, Kultur und Innerlichkeit, die nur Mäntel für schwache Muskeln sind, in seine Bestandteile zerfetzt.» [167, *S. 28*] Allerdings konnte auch das vom Publikum als ästhetische Haltung verdammt oder konsumiert werden, wenn nicht, wie im Berliner Dadaismus von 1918 an, die Politik durchschlug. Die Politisierung war in Deutschland zu dieser Zeit unausweichlich. Da fühlte sich dann der Zeitgenosse wirklich herausgefordert, wenn zur Zerstörung des Kaiserreichs auch noch die Zerstörung des ästhetischen Reichs kam, das heißt jenes Altars, den die Futuristen meinten. In Berlin, wohin Richard Huelsenbeck (1892 bis 1974) die Anregungen aus Zürich brachte, taten der Zeichner George Grosz (1893 bis 1959), der Verleger Wieland Herzfelde (geb. 1896) und der ‹Fotomonteur› John Heartfield (d. i. Helmut Herzfelde, 1891 bis 1968), die sich aktiv zum Kommunismus bekannten, alles dafür, diese Provokation als Element der revolutionären Politik auf der Linken ständig präsent zu halten.

Der historische Beitrag der Dadaisten besteht darin, daß sie die Destruktion von Kunst und Kunstideologie nicht allgemeinen Faktoren wie Markt, Krieg, Reproduktionsbedingungen, Geschmacks- und Gefühlswandlungen überließen, sondern selbst in die Hand nahmen und damit konstruktiv werden ließen. Sie zerstörten die Ismen und aktivierten die Formen. In dem Säurebad, mit dem sie allen Kunstfirlefanz wegzuätzen versuchten, sollten die Sachen wieder sichtbar werden. So viel Destruktion der Montage und Collage zugrunde liegt, so viel Konstruktion ist durch sie möglich geworden. Mit Recht hat man festgestellt, das Wort Dadaismus sei, genau genommen, Unsinn; denn Dada machte gegen die Ismen Front. Aber der Terminus Dadaismus hat doch seine Berechtigung gewonnen: in der Kennzeichnung des konstruktiven Beitrags dieser Bewegung.

Russell A. Berman
Literarische Öffentlichkeit

Historische Voraussetzungen

Während der 48 Jahre des Kaiserreichs vollzog sich der endgültige Übergang Deutschlands in das moderne Industriezeitalter. Aus dem rückständigen Agrarland, in dem 1871 noch zwei Drittel der Deutschen auf dem Land lebten, wurde eine wirtschaftliche Weltmacht, in deren Großstädten 1910 drei Fünftel der Bevölkerung arbeiteten und zu einer industriellen Gesamtproduktion beitrugen, die schon 1900 die englische überholte. Urbanisierung und Industrialisierung hatten allerdings nicht nur ökonomische und demographische Bedeutung; auch die politische Landschaft nahm eine neue Gestalt an. Die Niederlage demokratischer Kräfte im preußischen Verfassungskonflikt der sechziger Jahre und Bismarcks geschickte Besetzung nationalistischer Ziele führten zu einer entkräftenden Aushöhlung der bürgerlich-liberalen Opposition, wie 1866 Hermann Baumgarten (1825 bis 1893) registrieren konnte: «Der liberale Gedanke hatte sich in Preußen nicht fähig erwiesen, die Regierung zu behaupten.» Es kam statt dessen eine bonapartistische Herrschaftsform zustande, in der charismatische Figuren minimale Konzessionen wie etwa das Wahlrecht oder eine neuartige Sozialpolitik mit den repressiven Maßnahmen der Sozialistengesetze und der Knebelung der Presse verbinden konnten. Neben dem Pochen auf das innere Feindbild des Katholiken, Juden oder Sozialisten führte auch vor allem nach 1879 die Abkehr von den wirtschaftlichen Prinzipien des klassischen Liberalismus zu einer «Hemmung bürgerlichen Mündigwerdens» [80; *S. 68*], die parallel zu einer «Militarisierung des gesellschaftlichen Lebens» [87; *S. 1927*] lief. Die 1848 gescheiterte Demokratisierung schien am Ende der autoritätsgläubigen Bismarckzeit ferner als je zuvor, und der liberale Politiker Ludwig Bamberger (1823 bis 1899) klagte in bittersten Tönen: «Die Vernichtung alles selbständigen Wollens und Denkens hat nicht nur das Bekenntnis der unbeschränkten Unterwerfung unter einen Namen, sondern auch die unbeschränkte Unterwerfung unter jeden an die Spitze gestellten Namen zum

Dogma erhoben und zugleich diesem Staat eine Allmacht über das ganze Gebiet des Lebens bis in seine tiefsten Wurzeln überantwortet.» [1; *S. 192*]

Kommerzialisierung im Buch- und Theatergeschäft

Diese tiefgreifenden Verschiebungen im gesellschaftlichen Gefüge gingen am literarischen Leben natürlich nicht spurlos vorbei. Dank drucktechnischen Fortschritts und der ökonomischen Folgen der Reichsgründung stieg die Buchproduktion für die nun urbanisierte Leserschaft ins Astronomische. 1851 konnten 8326 neue Titel gezählt werden, 1875 waren es 12843, im Jahre 1910 allerdings schon 30317. [250; *S. 17*] Eine bedeutungsvolle Zäsur in dem Literaturbetrieb des 19. Jahrhunderts hatte das Klassikerjahr 1867 dargestellt, in dem die J. G. Cottasche Verlagshandlung ihre monopolartigen Rechte auf die Werke beinahe aller Autoren der deutschen Klassik verlor. Etliche belletristische Reihen, darunter die Reclamsche Universalbibliothek, wurden gegründet, um ein Publikum, das vorher vom Kauf der teureren Cottaschen Editionen ausgeschlossen worden war, zu erreichen. Aber die Nachfrage für die zeitgenössische Romanproduktion war noch gering; die Auflagen wurden zum größten Teil von Leihbibliotheken gekauft. In den sechziger Jahren betrug die durchschnittliche Auflagenhöhe 700 bis 800 Exemplare, eine Zahl, die nur langsam stieg. [107; *S. 62*] Erst nach der Jahrhundertwende mit dem Verfall des Leihbibliothekenwesens begann die Auflagenhöhe rapide zu steigen. 1905 erschien Heinrich Manns *Professor Unrat oder Das Ende eines Tyrannen* mit 10000 Exemplaren, 1917 *Die Armen* mit 50000. [329; *S. 45*] Dementsprechend änderte sich auch die Rolle des Buchhändlers, der Anfang des Jahrhunderts oft noch selber verlegerisch tätig gewesen war. Immer weniger war er Gesprächspartner einer kleinen, geistig interessierten Öffentlichkeit, immer mehr wurde er Geschäftsmann. Diese Entwicklung zur Kommerzialisierung bleibt der maßgebende Faktor im literarischen Leben der deutschen Jahrhundertwende.

Nirgends tritt diese Kommerzialisierung so klar zu Tage wie im Theatergeschäft, in dem eine marktwirtschaftliche Umbildung sich im Laufe des Jahrhunderts zunehmend durchsetzte. Zwar entwickelte sich der Stückvertrieb als selbständiger Erwerbszweig schon während des Vormärzes; doch die Ausbildung der Theateragenturen zu mächtigen Zwischenhändlern zwischen Autor und Theater erfolgte erst nach der Einführung der Tantieme und deren juristischer Sicherung durch Urheberrechtsschutzgesetze. Früher wurde in Deutschland ein Theaterstück gegen eine einmalige Summe an ein Theater verkauft, wonach dem Autor keinerlei finanzielle Ansprüche auf noch zu erzielende Einnahmen verblieben. Erst nachdem das Bundesgesetz vom 12. 3. 1857 und ein weiteres Gesetz vom 11. 6. 1870 den vollen Rechtsschutz für das dramatische Werk begründeten, gewann das Werk den Charakter geistigen Eigentums und konnte

nun vom Autor als sein Besitz betrachtet und behandelt werden. Mit der gleichzeitigen Ausdehnung des Rechtsschutzes auf ganz Deutschland und, durch internationale Abkommen, auch auf große Teile des Auslands sah der einzelne Autor sich gezwungen, Hilfe bei der Wahrung seiner finanziellen Interessen zu suchen, zumal das Liefern von Unterhaltungsstücken nach der neuen Gesetzgebung lukrativ zu werden versprach. In der Hoffnung, gründerzeitliche Summen von Tantiemen einziehen zu können, überließen die Autoren den Theateragenturen die Bestimmung über ihre Werke. Nach diesem Schritt jedoch konnten lediglich merkantile und nicht mehr literarische Maßstäbe entscheidend sein: Erklommen wurden nicht mehr geistige Höhen, der «Reisende in Theaterstücken» suchte nur den Kassenschlager. [95; *S. 187*]
Während finanzielle Ziele die Qualität der dramatischen Produktion verringerten, führte die industrielle Umstrukturierung der Verhältnisse zu einer Unterwanderung der erst kürzlich errungenen rechtlichen Stellung des Autors: Seine Tantiemenansprüche bestanden zwar immer noch, nachdem ein Theateragent die Vertretung eines Stückes übernahm, doch durch die dank der zunehmenden Überproduktion an Werken verstärkte Lage des Agenten verschlechterte sich schnell die Verhandlungsposition des Autors: Bald konnte ihm der Theatervertrieb die Vertragsbestimmungen einseitig diktieren, und jene Vorteile, die die Gesetzgebung dem Autor versprochen hatte, wurden durch die allgemeine ökonomische Entwicklung unterhöhlt.

Wandlungen im Selbstbild des Autors

Die Auswirkungen der Kommerzialisierung auf die literarische Produktion in anderen Bereichen glichen denen in der Theaterwelt. Quantitativer Erfolg, nicht Qualität wurde ausschlaggebend, während die rechtliche und ökonomische Lage des Produzenten sich verschlechterte. Seit Mitte der achtziger Jahre mehrten sich die Stimmen, die gegen diese Entwicklung protestierten. Daß dieser Protest am schärfsten bei den jungen, rebellisch sich gebärdenden Vertretern des literarischen Naturalismus formuliert wurde, liegt auf der Hand. Die Ablehnung der traditionellen Kunst des liberalen Bürgertums entsprach einer Ablehnung des bürgerlichen Literaturbetriebs, wobei die analytischen Begriffe der wachsenden sozialistischen Bewegung sich auf die Situation des Schriftstellers leicht übertragen ließen. 1892 schrieb Michael Georg Conrad (1846 bis 1927): «Eine Verlags-Aktiengesellschaft ist in allererster Linie eine Erwerbsgenossenschaft zur Ausbeutung der schriftstellerischen Arbeit behufs Erreichung höchstmöglichen Gewinnes für die Aktionäre. Der Schriftsteller ist proletarisiert, d. h. er ist Lieferant des Verlegers und wird nur in dem Maße beachtet und geschätzt, als sich aus seiner Arbeit kapitalistischer Nutzen herausschlagen läßt.» [224; *S. 642*] Conrad gelangte nun zur konsequenten Schlußfolgerung, daß in Anbetracht der Proletarisierung des Schriftstellers und der Übermacht der Konzerne der Literaturkritiker eine sinnvolle Aufgabe nur in der Auseinandersetzung mit dem jeweiligen Verlagsprogramm und nicht etwa mit den Arbeiten eines einzelnen Schriftstellers finden würde. Denn letzten Endes sei der Verlag und nicht der Schriftsteller die eigentlich leitende Kraft in der literarischen Produktion.

Belege für diese These lassen sich wenigstens im Fall Detlev von Liliencrons (1844 bis 1909) ohne Schwierigkeit finden. Liliencrons Lyrik und Novellen fanden wenig Anklang bei seinem Verleger Wilhelm Friedrich, der lieber Romane gesehen hätte und dessen Vorlieben nicht nur ästhetischer Art waren. «Buchhändlerisch», schrieb er seinem Klienten nach dem Konjunkturwechsel im Romanmarkt, «ist ein schlechter Roman besser als der schönste Band schöner Novellen!» Hier herrscht kein Zynismus, sondern ein Wirklichkeitssinn für die Beschaffenheit der literarischen Öffentlichkeit. Friedrich wird es mit dem ständig unter Geldmangel leidenden Liliencron gut gemeint haben, als er ihm ermutigend die Tatsachen auseinanderlegte: «Wer heute Geld verdienen will, der muß verkäufliche Ware auf Lager haben, aber mit Dramen und Gedichten ist als unverkäufliche Ware kein Geld zu verdienen. (...) In der unverkäuflichen Ware liegt auch Ihr pekuniäres Mißgeschick, das nur gehoben werden kann, wenn sie anstelle der unverkäuflichen – verkäufliche Ware setzen. Lachen Sie nicht über diese Prosa. In der Prosa liegt die Poesie des Gelds!» [250; *S. 21*] Gefordert wurde eine Umstellung auf Romanproduktion nur aufgrund einer angeblich höheren Rentabilität, genau wie der Bühnenverlag Stücke nur nach finanziellen und nicht literarischen Maßstäben selektierte.

In Anbetracht der schlechten Lage vieler Autoren jener Zeit ist die Entwicklung einer neuen Genie-Ideologie nur als Ersatzbefriedigung einzustufen. Je schlimmer die Tatsachen – in den zwei letzten Dekaden des Jahrhunderts sank vermutlich das Durchschnittshonorar um 50 Prozent – um so heroischer das Selbstverständnis des Schriftstellers. [250; *S. 20*] Bei den Frühnaturalisten Heinrich (1855 bis 1906) und Julius Hart (1859 bis 1930) setzte sich ein neues Autorenbild durch: Das Schriftstellerideal war nicht mehr der ordentliche, zurückgezogene, etwas muffige Bürger, sondern ein Held, der die Tiefe der «Seele des Volkes» entfesselte und die Bande einer entfremdeten Kultur durchbrach. [94; *S. 3*] Der gordische Knoten der literarischen Welt sollte mit einem Hieb durchstoßen werden, ein Wunschbild, das oft nationalistisch gefärbt wurde: Man liest von einem «Sedan des Geistes». [93; *S. 3*] Die Parallelisierung des Künstlers mit dem nationalen Helden Bismarck wurde dann in Conrads Münchener Zeitschrift *Die Gesellschaft* fortgesetzt: Der scheinbar Vernunft und Parlament verachtende Kanzler galt als Vorbild für den übermenschlichen

Künstler, der sich vom blutarmen krittelnden Rezensenten anschaulich abhob. Es ging ja um «starke, kernige, männliche Seelen, die eine tüchtige Portion gesunder Sinnlichkeit haben, denen nichts zimperlich Neutrales anhaftet, denen alles, was nach verkrüppelten Mittelweg Gefühlen riecht, gründlich verhaßt ist». Um die schriftstellerische Misere ideologisch zu verdecken, mußten der Kritiker herabgesetzt und das Selbstverständnis des Autors erhöht werden. Es würde ja kaum «eine blutreiche, muskulöse Vollnatur», wie Hermann Conradi sich den Schriftsteller gern vorstellte, «sich nach dem Geflöte hysterischer Halbmenschen richten.» [391; *S. 752*] Die kommerzielle Unterwanderung der sozialen Situation des Autors führte also zu einem kompensatorisch gesteigerten Selbstverständnis, was wiederum eine grundlegende Störung des Verhältnisses des Schriftstellers zum Kritiker herbeiführte.

Reformvorschläge und Organisierung

Die allgemeine schriftstellerische Misere rief eine Fülle von Reformvorschlägen hervor. Schon 1882 richteten die Brüder Hart einen «Offenen Brief an den Fürsten Bismarck», in dem sie ein besonderes «Reichsamt für Literatur, Theater, Wissenschaft und Künste» forderten. [250; *S. 24*] Der Appell blieb zwar wirkungslos; doch fand er immer wieder ein Echo bei denen, die sich die Lösung der literarischen Armut von einem staatlichen Eingriff erhofften. Der wichtigste Vertreter dieser Position war sicherlich Theodor Fontane (1819 bis 1898), der 1891 einen Aufsatz über «die gesellschaftliche Stellung des Schriftstellers» in Fritz Mauthners *Magazin für Literatur* veröffentlichte. Er ging davon aus, daß die Kommerzialisierung des literarischen Lebens den Schriftsteller in ein besorgniserregendes Abhängigkeitsverhältnis zu finanziellen Mächten gebracht hatte: «Die Stellung des Schriftstellers ist miserabel. (...) Die, die mit Literatur und Tagespolitik handeln, werden reich, die, die sie machen, hungern entweder oder schlagen sich durch. Aus diesem Geld-Elend resultiert dann das Schlimmere: der Tintensklave wird geboren. Die für ‹Freiheit› arbeiten, stehen in Unfreiheit und sind oft trauriger dran als der mittelalterliche Hörige.» (Th. Fontane: *Die gesellschaftliche Stellung des Schriftstellers*, 1891) Um dieser Unterwanderung der Stellung des freien Schriftstellers zu begegnen, wollte Fontane zu einer Lösung greifen, die offensichtlich dem Gedankengut der wilhelminischen Kathedersozialisten nahestand: «Unser Aschenbrödeltum ist unzweifelhaft, ist eine Tatsache. Und Änderung? Es gibt nur ein Mittel: Verstaatlichung, Eichung, aufgeklebter Zettel.» (a. a. O.) Der Schwerpunkt der Literaturpolitik sollte nicht etwa bei einer sozialen Unterstützung liegen, sondern bei einer staatlichen Organisation des Betriebs: Erst wenn die Schriftsteller beamtenähnlichen Status bekämen, würden sie, denkt der alte Fontane, gebührenden Respekt finden können.

Staatliche Kontrolle war jedoch nicht die einzige am Ende des 19. Jahrhunderts besprochene Strategie zur Besserung der Lage des Schriftstellers. Auch Fontane hatte eine Alternative bereit. Er schloß den Aufsatz von 1891 mit der verheißungsvollen Bemerkung: «Approbation ist das große Mittel, um dem Schriftstellerstand aufzuverhelfen. Versagt es, so müssen wir nach einem noch besseren Umschau halten. Auch ein solches ist da. Es heißt: größere Achtung vor uns selber.» (a. a. O.) Größere Achtung hieß aber nur eines für die finanziell schlecht bestellten Schriftsteller. Sie selber mußten ihre Rechte durchsetzen und eine entsprechende Modifizierung der verlegerischen Geschäftsmethoden erzwingen. Vor allem kam es darauf an, eine allgemeine Anerkennung des Rechts auf Honorarzahlungen zu erkämpfen. Das war keine kleine Aufgabe, da das im wilhelminischen Bildungsbürgertum vorherrschende Bild des Schriftstellers nur eine Schaffenslust und nicht die ökonomische Voraussetzung betonte.

Zwischen Fontanes Aufruf zu «größerer Achtung» und dem Ausbruch des Weltkriegs erfolgte eine wichtige Neuorganisierung schriftstellerischer Berufsverbände, die mit der Durchsetzung des Honorar- bzw. Tantiemenprinzips eng zusammenhing. Neugründungen häuften sich in den achtziger und neunziger Jahren, ein Ausdruck der bedrohten Lage des Berufs. Doch erst nach der Jahrhundertwende wurden drei Organisationen gegründet, die einzig und allein dem finanziellen und rechtlichen Schutz des Schriftstellers im literarischen Betrieb gewidmet waren: das Kartell lyrischer Autoren (1902), der Verein deutscher Bühnenschriftsteller (1908) und der Schutzverband deutscher Schriftsteller (1900). Die ersteren entsprachen den Interessen bestimmter Autorengruppen; allen aber war gemeinsam die Wahrung der wirtschaftlichen Rechte der literarischen Produzenten, die die prosaische Seite ihrer Arbeit endlich anzuerkennen bereit waren. Sowohl das KlA, das Figuren vom Range Richard Dehmels, Detlev von Liliencrons und Hugo von Hofmannsthals in seinem Vorstand zählen konnte, als auch der VdB gründeten Vertriebsstellen, die mit den Verhandlungen mit Verlegern bzw. Theatern und der Einziehung von Honoraren beauftragt waren. Das KlA gelangte schnell zur Stärke eines Kartells; bis 1914 hatten fast alle namhaften Verlage Verträge mit ihm abgeschlossen. Dem VdB gelang die Schaffung einer Zwangsorganisation erst 1919 durch einen Theaterboykott. Die Grundlage der literarischen Öffentlichkeit war von nun an ein industriell gegliederter Produktionsbereich, in dem Schriftstellerorganisationen und Verlegerverein sich auf breiter Basis konfrontierten und den Markt gestalteten.

Presse und Zensur

Während der Autor im belletristischen Sektor sich zunehmend einem industriell ausgebauten Betrieb ausgesetzt fand, wurde der Journalist des späten 19. Jahrhunderts allmählich der Angestellte eines kommerziellen Unternehmens. Die deutsche parteipolitische Presse, die eine Blütezeit nach der Abschaffung der Zensur 1848 erlebt hatte, wurde schnell durch die Entfaltung einer Massenpresse ersetzt, ein Vorgang, der eng mit technologischem Fortschritt, etwa der Einführung der Rotationsmaschine (1872) und der Erfindung der Setzmaschine (1884) zusammenhing. Die Abschaffung des Intelligenzzwangs und der Steuerstempel begünstigten weiter eine Presse, die sich nicht an Gleichgesinnte richtete, sondern «für alle» Lesergruppen da war und sich primär über den Anzeigenteil finanzierte. Je weniger die Zeitungen von Vertriebseinnahmen abhingen, desto schneller sank der gesellschaftliche Status des Journalisten, der ohnehin in Deutschland nie hohe Achtung gefunden hatte. Zugleich mußte er Einfluß innerhalb der Presse einbüßen. Sehr früh klagte Heinrich Wuttke: «Die Zeitungen sind den Händen der Schriftsteller entwunden. Ein ihrem Wesen fernstehendes Element hat sich dazwischen geschoben und ihrer bemeistert. Was Literatur sein müßte, ist zum bloßen Geschäfte verkehrt, und der Einzelne, der auf sich stehen sollte, ist nullificiert; ihm ist nur die Wahl gegeben, fremdem Antrieb gehorsam zu folgen oder auf den Hebel der periodischen Presse zu verzichten.» [108; *S. 186*] Mit dem Ausbau der Massenpresse, zunächst in der Form des Generalanzeigers, sah der Journalist sich gezwungen, eine andere Auffassung seines Berufs zu übernehmen: Anstatt der ernsten Auseinandersetzung mit öffentlichen Belangen sollte nun eine knappe Berichterstattung sich mit einer attraktiven Aufmachung verbinden; denn nur eine große Auflage garantierte den Anzeigenerfolg. Infolge dieser Umstellung der Presse waren die Verluste des Journalisten nicht nur qualitativer Art. Verglichen mit seinem Vorgänger im Vormärz verdiente er wesentlich weniger, was die Gestaltung seiner Arbeitsweise beeinflußte: «Je schlechtere Einnahmen den Schriftstellern zufallen, desto mehr Schriftsteller müssen ihre Arbeit schleuniger zu Ende führen, als sie sonst wohl täten, desto mehr Schriftsteller unterliegen der Versuchung, mit ihrem Geschäft, der Tagesschriftstellerei, Mißbrauch zu treiben, also von Gelderwerb sich leiten zu lassen, das heißt: von der Macht des Geldes sich abhängig zu machen.» [108; *S. 25*]

Die Korrumpierung der Geschäftspresse wurde auch von den höchsten Regierungsstellen betrieben, wobei Bismarck beispielgebend wirkte. Nach der durch die Revolution von 1848 erzwungenen Abschaffung der Pressezensur schlug die staatliche Einflußnahme auf die öffentliche Meinung einen anderen Weg ein, indem ein offiziöses Pressesystem aufgebaut wurde, das sich auch auf das Wolffsche Telegraphenbüro als wichtigsten Nachrichtendienst erstreckte. Nach der liberalen Episode der frühen sechziger Jahre wurde das Preußische Pressebüro gegründet, das Berichte im Sinne der Regierung vorbereitet, um sie in entsprechenden Zeitungen veröffentlichen zu lassen. Nach der 1866 erfolgten Beschlagnahme des Vermögens des Königs von Hannover, Georgs II., konnte mit Hilfe des sogenannten Welfenfonds das System weiter ausgedehnt und zugleich den legislativen Augen entrückt werden, da diese Gelder ohne parlamentarische Kontrolle dem Kanzler zur Verfügung standen. Es spricht zwar einiges dafür, daß diese Unterwanderung der Unabhängigkeit der Presse später, erst recht nach dem Sturz Bismarcks, gebremst wurde, auf jeden Fall steht fest, daß die Autonomie der liberalen Öffentlichkeit zutiefst beschädigt worden war. Die für die Zeit typischen Presseerscheinungen, wie der Skandal der *Daily Telegraph*-Affäre oder der politische Journalismus eines Maximilian Harden (d. i. Maximilian Felix Ernst Witkowski, 1861 bis 1927) müssen als Folgen dieser Politisierung der Presse, die von der Regierung eingeleitet worden war und sich dann später gegen seinen Urheber kehrte, verstanden werden.

Es war natürlich nicht allein die innere Pressefreiheit, die von der Regierung bedroht wurde. Obwohl es keine offizielle Pressezensur gab, sahen sich vor allem Journalisten der Gefahr einer Anklage wegen Majestätsbeleidigung ausgesetzt. Paragraph 95 des Reichsstrafgesetzbuches von 1871 setzte eine Freiheitsstrafe von mindestens zwei Monaten im Falle mündlicher oder schriftlicher Äußerungen fest, die als beleidigend für den Kaiser verstanden werden könnten. Dieser Gummiparagraph wurde vom Reichsgericht so weit ausgedehnt, daß jede Kritik an dem Kaiser, seiner Person oder seinen Handlungen, zum Teil auch an denen seiner Regierung kriminalisiert wurde. Infolge zweier versuchter Attentate und der Einführung der Sozialistengesetze kam es 1878 zu 1994 Verurteilungen wegen Majestätsbeleidigung. Dieser Höhepunkt wurde nie wieder erreicht, aber eine Angst vor Denunziation bestimmte weiter die öffentliche Atmosphäre: Zwischen 1882 und 1888 kam es zu durchschnittlich 439 Verurteilungen im Jahr, zwischen 1889 und 1895 zu 551. [25; *S. 102*] Die Lage der Presse wurde durch den Zeugniszwang für Journalisten und den sogenannten fliegenden Gerichtsstand der Presse zusätzlich erschwert; gegen einen Berliner Journalisten konnte in München wegen eines dort nachgedruckten Artikels Anklage erhoben werden.

Da die wilhelminische Presse ständig der Möglichkeit strafrechtlicher Verfolgung gegenüberstand, wurde ein Stil getarnter Kritik entwickelt, der sich nur knapp innerhalb der Grenzen des Erlaubten bewegte. Diese journalistische Strategie wurde vor allem in den satirischen Zeitschriften *Kladderadatsch* und *Simplicissimus*, auch in Maximilian Hardens *Zukunft* eingeschlagen, doch das wichtigste Beispiel, der *Caligula*-Artikel von Ludwig Quidde (1858 bis 1941), erschien im April 1894 in der Münchener *Gesellschaft*. Getarnt als eine rein historische «Studie über römischen Cäsarenwahnsinn» griff der Aufsatz die kaiserzeitlichen politischen Verhältnisse an, indem eine Parallele zwischen dem römischen Tyrannen und Wilhelm II. gezogen wurde. Quidde, dem später der Friedensnobelpreis verliehen wurde, konnte in diesem Fall strafrechtlicher Verfolgung entkommen; jedoch 1896 wurde er zu einer dreimonatigen Gefängnisstrafe wegen Majestätsbeleidigung verurteilt, da der sonst penible Stilist sich vor einer sozialdemokratischen Versammlung zu unvorsichtigen Formulierungen hinreißen ließ.

Trotz dieser inneren und äußeren Gefährdung darf man sicherlich von einer mehr als nur nominellen Pressefreiheit sprechen, da es im Gegensatz zum Vormärz keine offizielle Zensur gab. Bei dem Theater jedoch waren die Schwierigkeiten anders gestaltet. Die Präventivzensur wurde zwar durch eine Kabinettsorder Friedrich Wilhelms am 18. März 1848 abgeschafft; aber 1851 legte im Zuge der nachrevolutionären Reaktion der Berliner Polizeipräsident Hinckeldey mit einer Verordnung die gesetzliche Grundlage einer Theaterzensur, die bis 1918 wirksam bleiben sollte. Kaum ein Dramatiker der Jahrhundertwende, dessen Stücke politische oder soziale Fragen auch nur streiften, blieb von der Zensur unberührt. Gerhart Hauptmann (1862 bis 1946) und die Leiter der Freien Bühne hatten natürlich öfters mit ihr zu kämpfen; noch 1917 konnte Erich Ludendorff (1865 bis 1935) die Aufführung von René Schickeles (1834 bis 1940) *Hans im Schnakenloch* erschweren, da der Themenbereich Elsaß-Lothringen zuwenig deutschnational behandelt worden war. Daß neben der Theaterzensur auch eine staatliche Einflußnahme auf Prosaschriftsteller erzielt wurde, zeigt der Fall Konrad Albertis (d. i. Konrad Sittenfeld, 1862 bis 1918), dessen Roman *Die Alten und die Jungen* 1890 zu einer Anklage wegen Schilderungen, die «das Scham- und Sittlichkeitsgefühl in geschlechtlicher Hinsicht gröblichst verletzen» führte. [126; *Bd. 1, S. 12*]

Lex Heinze

Ein besonderes Kapitel in der Verteidigung künstlerischer Freiheit bildete die Geschichte eines Gesetzesentwurfs, der Lex Heinze, der verschärfenden Änderungen und Ergänzungen des Strafgesetzbuches einführen sollte. Die öffentliche Aufmerksamkeit wurde durch einen 1891 geführten Prozeß gegen einen Berliner Zuhälter Heinze auf die Schattenseite des Großstadtlebens gelenkt. Auf Wunsch des Kaisers wurde 1899 dem Reichstag ein Novellenentwurf vorgelegt, der, vom Zentrum und den Konservativen bejaht, zur Unterbindung aller Darstellungen, die «ohne unzüchtig zu sein, das Schamgefühl gröblich verletzen», führen sollte. Die Gefahr für die Kunst und die freie Meinungsäußerung lag zutage, und eine Protestbewegung organisierte sich im Goethe-Bund, dessen Massenversammlungen von Hermann Sudermann (1857 bis 1928) geleitet wurden. Theodor Mommsen (1817 bis 1903) und Adolph von Menzel (1815 bis 1905) saßen im Vorstand, während sogar der Reichskanzler von Hohenlohe mit dem Widerstand gegen «die ganze fromme Clique von Berlin» sympathisierte. [19; *S. 183*] Im Reichstag bildeten Liberale und Sozialdemokraten nur eine Minderheit, die zur parlamentarischen Obstruktion greifen mußte, um die Verabschiedung des Entwurfs zu verhindern. Unter dem Druck öffentlicher Aufregung und demokratischer Solidarität kam es zu einem relativ harmlosen Kompromiß: Die «Kunst- und Theaterparagraphen» fielen weg, und nur der Verkauf pornographischer Abbildungen an Jugendliche wurde verboten.

Strukturwandel der Öffentlichkeit

Die Kommerzialisierung des literarischen Lebens, die Industrialisierung des Pressewesens und der Ausbau der Zensur stellten verschiedene Seiten eines tiefgreifenden Strukturwandels der gesellschaftlichen Kommunikation dar. Bildete die Öffentlichkeit der ersten Jahrhunderthälfte noch einen zwischen Staat und Privatsphäre vermittelnden Raum, zu dem, wenigstens dem Anspruch nach, jeder Zugang haben sollte, wurde dieses labile Gleichgewicht durch die sozioökonomischen Entwicklungen, die die Entfaltung der modernen Massengesellschaft begleiteten, zutiefst erschüttert: «(...) der Resonanzboden einer zum öffentlichen Gebrauch des Verstandes erzogenen Bildungsschicht ist zersprungen; das Publikum in Minderheiten von nicht-öffentlich räsonierenden Spezialisten und in die große Masse von öffentlich rezipierenden Konsumenten gespalten. Damit hat es überhaupt die spezifische Kommunikationsform eines Publikums eingebüßt.» [92; *S. 210*] Der Niedergang einer liberal gefärbten politischen Kultur zeichnete sich schon Ende der siebziger Jahre nach Bismarcks Abkehr von seinen nationalliberalen Anhängern ab. Diese «große Wendung» [37; *S. 64*] in der Geschichte des Kaiserreichs führte zu einer geflissentlichen Aneignung aristokratischer und militärischer Werte vom Bürgertum und zugleich zu heftigen Angriffen gegen die ehemals geschätzte Autonomie im wirtschaftlichen, aber auch im geistigen Bereich. Diese Tendenzwende wurde 1880 mit der Berliner Antisemitismusdebatte eingeläutet. Der grelle Nationalismus nach der Reichsgründung war zwar nicht selten rassistisch verbrämt; doch erst infolge der antisemitischen Agitation des Hofpredigers Adolf Stoecker (1835 bis 1909) kam es Ende 1879 zu einer krisenhaften Lage, in der, wie Eduard Bernstein (1850 bis 1932) später beschrieb, «organisierte Banden» in Berlin «vor die besuchteren Cafes, brüllten (...) taktmäßig immer wieder ‹Juden raus›, verwehrten Juden oder jüdisch aussehenden Leuten den Eintritt und provozierten auf diese Weise Prügelszenen, Zertrümmerungen von Fensterscheiben und ähnliche Wüstheiten mehr. Alles natürlich unter der Parole der Verteidigung des deutschen Idealismus gegen den jüdischen Materialismus.» [80; *S. 111*] Für diese Haßwelle war der angesehene Historiker Heinrich von Treitschke (1834 bis 1896) nicht wenig verantwortlich, der in seinen *Preußischen Jahrbüchern* gegen das deutsche Judentum scharf Stellung bezogen hatte. Wichtiger als seine Preisgabe des Ideals der Toleranz, des Erbes aufklärerischen Gedankenguts, war jedoch die für die Zeit charakteristische Argumentation, die sich wider jegliche Partikularität richtete. Es ging gar nicht, wie Treitschke selber betonte, um konfessionelle Unterschiede; hier sollte alles auf einen Nenner gebracht werden: «Auf deutschem Boden ist für eine Doppel-Nationalität kein Raum.» [5; *S. 46*] Die Ängste eines unerbittlichen Nationalisten um die Festigkeit des jungen Reiches sind unüberhörbar; doch gefordert wurde vor allem die Ausbürgerung aller, die sich von einem angeblich deutschen Standpunkt abzuweichen erkühnten. So erging es bei Treitschke zum Beispiel einem jüdischen Historiker: «Herr Graetz ist ein Fremdling auf dem Boden ‹seines zufälligen Geburtslandes›, ein Orientale, der unser Volk weder versteht noch verstehen will.» [5; *S. 45*] Daß bald deutsche Sozialisten der Vaterlandslosigkeit geziehen und zur Auswanderung aufgefordert wurden, war nur eine Folge dieser Ausgrenzung aller von einer konservativen Norm divigierenden Ansichten. Für die Öffentlichkeit bedeutete diese Verschiebung eine Diffamierung oder Kriminalisierung unabhängigen Denkens, das sich der Lenkung durch Staat und Presse nicht anpaßte. Dieser ideologischen Konsolidierung entsprach in der literarischen Welt eine wachsende Kluft zwischen einer offiziellen Kultur der Hofbühnen und des Klassikerkults und andererseits oppositionellen Kräften, die bemüht waren, eine autonome Gegenöffentlichkeit zu verteidigen. Die beiden verfeindeten Lager wurden nicht müde, sich längs einer quer durch die wilhelminische Literaturgeschichte laufenden Front zu bekriegen.

Zentralisierung des literarischen Lebens

Dieser sich oft in bitterster Polemik niederschlagende Kampf entgegengesetzter Formen literarischen Lebens spielte sich nun in den deutschsprachigen Metropolen ab, vor allem in Berlin, München und Wien. Denn im Zuge der Konzentration der Leserschaft in den großen Ballungszentren gewann die deutsche Literatur endlich einen urbanen Charakter. Man sucht vergebens im früheren 19. Jahrhundert nach einem deutschen Gegenstück zur innigen Beziehung zwischen Autor und Großstadt, wie sie in Westeuropa, etwa im Fall Balzacs in Paris oder Dickens' in London, geradezu typisch geworden war. Statt dessen findet man Mörike in Cleversulzbach oder Gotthelf in Lützelflüh, und auch Fontane, der seine ersten Anhänger nicht mit seinen Berliner Romanen, sondern mit seinen Balladen und den Wanderungen durch die Mark an sich zog, beschwerte sich über den Provinzialismus Storms, den er spöttisch als «Husumerei» bezeichnete. (Th. Fontane: *Von Zwanzig bis Dreissig,* 1898) Erst mit dem endgültigen Übergang in die industrielle Zeit verlagerte sich der Schwerpunkt literarischen Schaffens in die Großstädte.

In jenen Zentren stellte der Widerstand gegen die Träger der offiziellen

Kultur das Hauptmotiv der ihre eigenen Organisationsformen fordernden literarischen Revolte der Jahrhundertwende dar. In und um die Großstädte entfaltete sich eine subkulturelle Gegenöffentlichkeit in Enklaven und kleinen Gruppen, die nicht selten ihre Zuflucht in Künstlerkolonien, Kaffeehäusern oder auch in den Kneipen der Bohème suchten. Wollten die Autorenverbände nach Vorbild der Gewerkschaften die ökonomische Lage des Schriftstellers verbessern, konnte er hier im kleinen Kreis seine Isolation in der oft antagonistischen Gesellschaft überwinden. Das Junge Wien etwa, eine lose Gruppe befreundeter Autoren, zu denen Arthur Schnitzler (1862 bis 1931), Hugo von Hofmannsthal (1874 bis 1929), Peter Altenberg (d. i. Richard Engländer, 1859 bis 1919), Richard Beer-Hofmann (1866 bis 1945) und Felix Salten (d. i. Siegmund Salzmann, 1869 bis 1947) gerechnet werden können, verkehrte gern im damaligen Café Griensteidl, das als organisatorisches Zentrum des Kreises fungierte. Obwohl eine kunsttheoretische Gemeinsamkeit nicht programmatisch formuliert wurde, stellten die Autoren eine einheitliche Angriffsfläche für ihre Gegner, etwa den Kritiker Karl Kraus (1874 bis 1936) dar. Kraus' ständiges Satirisieren des Jungen Wien gipfelte, als das Griensteidl abgerissen wurde, in einer höhnischen Persiflage der «demolierten Literatur».

Zweck und Ziel schriftstellerischer Zusammenarbeit war wesentlich klarer im Fall des Kreises, den Stefan George (1868 bis 1933) um sich bildete. Der Schüler der französischen Symbolisten wollte den in Deutschland herrschenden Geschmack in seinem Sinne ändern. Dazu bedurfte es allerdings Verbündeter. Sein Streben «zur Formung eines Kreises ist also weder zu erklären aus einem reinen Bedürfnis nach einer Gruppe von Bewunderern noch aus einer artistischen Zurückgezogenheit in den geschlossenen Turm der Kunst um die Kunst. Es war ein taktischer Schritt auf dem Wege der allgemeinen Durchsetzung seines poetischen Programms.» [101; *S. 341*] George durfte als Meister vor seinen Jüngern auftreten, die dann in den *Blättern für die Kunst* und den *Jahrbüchern für die geistige Bewegung* einen beträchtlichen Einfluß auf das deutsche geistige Leben ausüben konnten. Ähnliche, wenn auch weitergreifende Ansprüche stellte die Neue Gemeinschaft, eine Gruppe um die Brüder Hart und Gustav Landauer (1870 bis 1919), die sich auf dem Land außerhalb Berlins niederließ. «Die Neue Gemeinschaft», so schrieb 1901 Heinrich Hart, «ist ein Menschenbund, der über alle Trennungen von Stand, Volk, Rasse hinaus die idealstrebenden Glieder der Menschheit einander nahebringen und überall in der Menschheit Krystallisations-Zentren bilden will, um in immer weiterem Kreise, mit immer stärkerer Kraft alles Verwandte an sich zu ziehen.» [60; *S. 13*] Die Opposition zur etablierten Kultur wurde nachdrücklich betont, und es blieb dem Anarchisten Landauer übrig, die gesellschaftliche Bedeutung der Enklavenstrategie zu erklären. Seine

Losung hieß nun «durch Absonderung zur Gemeinschaft», ein Weg, der zur Überwindung des «Massenmenschen» und seiner entfremdeten Welt führen sollte. [60; *S. 45–68*] In der Neuen Gemeinschaft nahm der Angriff gegen die herrschende Kultur eine besonders utopische, bei Landauer sogar eine fast einzigartige revolutionäre Tendenz an. Hervorzuheben bleibt das allgemeine Phänomen: Die Ideologien der verschiedenen Gruppierungen der Gegenöffentlichkeit gingen sicherlich weit auseinander, alle jedoch waren bemüht, die tradierten Formen literarischen Lebens abzulehnen und die Beziehung zwischen Schriftsteller und Gesellschaft wenigstens versuchsweise neu zu regeln.

Akademische Literaturkritik

Auch in der akademischen Literaturkritik vollzog sich ein Bruch zwischen der etablierten konservativen Schule und einer neuen positivistischen Richtung. Trotz einer scheinbaren Ablehnung der klassischen und romantischen Kunsttheorien hatten die Literaturkonzepte des bürgerlichen Realismus nach der Jahrhundertmitte eine wenigstens implizite Kontinuität mit der an den Universitäten gepflegten Tradition des deutschen Idealismus aufgewiesen. Erst während der achtziger Jahre begannen Hochschullehrer wie Wilhelm Scherer (1841 bis 1886) und Erich Schmidt (1853 bis 1913), eine neue Kritikergeneration auszubilden, deren Interesse durch eine epigonale Philosophie nicht gefesselt werden konnte. Der spätere Theaterkritiker der *Vossischen Zeitung* Paul Schlenther (1854 bis 1916) wußte Scherers an den Naturwissenschaften orientierte Methodik folgendermaßen zu schätzen: es «fehlten [Scherer] die aufgekünstelten Konstruktionen, der Beweis *a priori* und *a superiori*, zu denen uns Kuno Fischer auf gut Hegelisch überredet hatte. Scherer ging von Tatsachen aus. Er sammelte Fälle und suchte daraus nach einer Einheit. Er deduzierte nicht, sondern er verglich, zählte und wog.» [106; *S. 64*] Kein Zweifel, daß der Sieg des Positivismus in der universitären Literaturkritik ein Echo der optimistischen Begeisterung für die Technologie darstellte, die noch Glück und Fortschritt versprechen zu können schien. Zugleich aber handelte es sich um eine Verschiebung des Schwerpunkts des deutschen Hochschulwesens zugunsten der naturwissenschaftlichen Fächer. Die Anpassung an die Bedürfnisse einer industriellen Gesellschaft rief allerdings auch eine Reaktion hervor, die der positivistischen ‹Tatsachenkrämerei› eine synthetische Weltanschauung vorzog. Die Wirkung Wilhelm Diltheys um die Jahrhundertwende führte zur Entfaltung der geistesgeschichtlichen Bewegung und zur entsprechenden Aufwertung der idealistischen Tradition, die in den zwanziger Jahren in den Werken etwa Rudolf Ungers oder Paul Kluckhohns, auch in den biographischen Studien der George-Schüler Friedrich Gundolf und Ernst Bertram ihren literaturwissenschaftlichen Ausdruck fand.

Wandlungen der Literaturkritik

Von größerer Bedeutung jedoch für das literarische Leben des Kaiserreichs war die im engen Zusammenhang mit der industriellen Entfaltung des Journalismus stehende Vielfalt einander bekämpfender kritischer Modelle in der Presse. Eine an ein homogenes Publikum gerichtete Form von Literatur- und Theaterbesprechungen, die eine gemeinsame Bildung voraussetzen konnte, setzte eine kritische Tradition fort, deren Wurzeln im Vormärz und in einer modifizierten Version der klassischen Ästhetik lagen. Die zu rezensierenden Werke wurden mit Hilfe tradierter Kategorien ausführlich abgehandelt, die erzielte Objektivität allerdings hatte im Gegensatz zur vormärzlichen Kritik jegliche Brisanz eingebüßt. In Karl Frenzels (1827 bis 1914) Aufsätze für die Berliner *Nationalzeitung* oder in der von Julius Rodenberg (d. i. Julius Levy, 1831 bis 1914) herausgegebenen *Deutschen Rundschau* hatten epigonale Kategorien nur noch einen normativen Charakter, der weder zum gesellschaftlichen noch zum ästhetischen Neuen Zugang verschaffte.

Die demographischen und ökonomischen Entwicklungen, die dazu führten, daß der immer mehr von einem kommerziellen Pressewesen abhängige Journalist einem heterogenen Massenpublikum gegenüberstand, bildeten die Voraussetzung eines neuen kritischen Modells. In Anbetracht der verspäteten Industrialisierung Deutschlands überrascht es nicht, daß ausländische Einflüsse maßgebend waren. Theodor Fontane, der 1870 bis 1890 für die *Vossische Zeitung* den Aufführungen des königlichen Schauspielhauses in Berlin beiwohnte, hatte schon während seiner Londoner Zeit in den fünfziger Jahren die Entfaltung eines nicht traditionellen, dem industriellen Zeitalter entsprechenden Journalismus beschrieben: «Der ‹Times›-Leitartikel ist der völlige Sieg des *Feuilletonstils* über die letzten Reste des Kanzleistils und ähnlicher mißgestaltener Söhne und Töchter lateinischer Klassizität. Lange Perioden sind verpönt; rasch hintereinander, wie Revolverschüsse, folgen die Sätze. (...) Er will nichts erschöpfen, er will nur anregen; er wendet sich an die bestechliche Einbildungskraft, nicht an den nüchternen Verstand. (...) Elegant, blendend, pointiert; kein Gericht, das nährt, aber eine Sauce, die schmeckt.» (Th. Fontane: *Politik und Gesellschaft*. München 1969) Die gut schmeckende Sauce des Fontaneschen Feuilletonismus fand wenig Anklang im Berliner Bildungsbürgertum, das dem subjektiven Impressionismus die ernste Systematik der Abhandlungen eines Karl Frenzel vorzog. Doch war es gerade die Subjektivität des neuen kritischen Modells, die Fontane erlaubte, Fragen zu stellen, die die etablierte Kritik ausschloß. Schon 1871 verriß er den *Gefangenen von Metz* des allgemein verehrten Karl Gutzkow nicht aufgrund von Maßstäben einer objektiven Ästhetik, sondern weil er, der Kritiker, mitten im Deutsch-Französischen Krieg, die nationalistische, antikatholische Tendenz des Stücks entschieden ablehnte. In den Augen

der Traditionalisten aber hatte sich Fontane dem dramatischen Werk mit kunstfremden Mitteln genähert, was ihm bald auch einen bedeutungsvollen Spitznamen eintrug: der Theaterfremdling.
Die Gegner der feuilletonistischen Kritik entstammten nicht nur der älteren Generation. Schon Mitte der achtziger Jahre, in den Anfängen der naturalistischen Bewegung, wurde das ‹oberflächliche Geplauder› verworfen. Nach den Gebrüdern Hart durfte der Kritiker, der nur seine eigenen Eindrücke unterhaltend wiedergab, kaum das Theater verbessern noch den Geschmack des Publikums erziehen oder gar eine tiefgreifende Regeneration der nationalen Kultur herbeiführen. Mit solchen hohen Ansprüchen kam ein scharfer polemischer Ton in die zeitgenössische literarische Diskussion. In der Nachfolge der Gebrüder Hart geißelten etwa Karl Bleibtreu (1859 bis 1928) und Konrad Alberti die Kulturmisere der Kaiserzeit, was bald als eine ‹Verrohung der Kritik› bezeichnet wurde.
Die Frühnaturalisten gingen von der Annahme eines «unter der Oberfläche verborgenen, tiefstruhenden, keiner Wandlung unterworfenen, sich stets gleichen Geistes der Nation» aus, um die Grundlage einer nicht subjektiven Kritik zu schaffen, die jedoch in eine immer bitterere Polemik ausartete. (H. u. J. Hart: «Paul Lindau als Kritiker». *Kritische Waffengänge 2*, 1882) Erst in den kritischen Aufsätzen Otto Brahms (1856 bis 1912) in der *Vossischen Zeitung*, der *Nation* und in der *Freien Bühne für modernes Leben* (später: *Die Neue Rundschau*) gewann die naturalistische Kritik ein historisches Moment. Nicht die Eindrücke des Kritikers standen im Vordergrund, sondern die Analyse des Kunstwerks, gemessen jetzt nicht mehr an einem übergeschichtlichen Volksgeist, sondern an der jeweiligen geschichtlichen Situation. Brahms erfolgreiche Verteidigung Ibsens und Hauptmanns entwarf keine starre Ästhetik: Im neuen Drama sah der Kritiker lediglich die vorläufig adäquate Darstellung des modernen Lebens. Die Möglichkeit neuer Kunstrichtungen war nicht auszuschließen, die Kunst sollte «von keinem Schlagbaum der Theorie gehemmt werden» [113; *S. 175*].
Die Antinomie eines von subjektiven Eindrücken ausgehenden Feuilletonismus und der objektiven Beurteilung des Kunstwerks bei den verschiedenen Naturalisten sollte im kritischen Schaffen Alfred Kerrs (d. i. Alfred Kempner, 1867 bis 1948) überwunden werden, in dem der Kritik selber ein den anderen Gattungen vergleichbarer ästhetischer Charakter verliehen wurde: «Fortan ist zu sagen: Dichtung zerfällt in Epik, Lyrik, Dramatik und Kritik.» [240; *S. VI*] Die Selbstbehauptung des Kritikers als Künstler bei Kerr zeugte natürlich von seiner Beschäftigung mit dem Gedankengut der Romantik. Wichtiger aber und für die Zeit um 1900 charakteristisch war der Versuch, zwischen Ethik und Ästhetik eine Brücke zu schlagen; denn eine rein ästhetische Kritik genügte Kerr nicht, sie mußte auch außerästhetische Bereiche thematisieren, um darin enga-

giert aufzutreten. Dieser Blick jenseits der Grenzen des literarischen Werkes verkümmerte zwar oft bei Kerr zur wiederholt apostrophierten «Seligkeit des Daseins», [240; *S. 15*] das heißt zu einer lebensphilosophischen Dimension der Sinnlichkeit, von der geistige Auseinandersetzung verbannt war; doch die Folge dieser Ausdehnung der kritischen Perspektive war die Herabsetzung des von konservativer Seite begeistert idealisierten Kunstwerks. Kerrs Wort von der «Belanglosigkeit der Kunst» [240; *S. 15*] war sowohl ein Angriff auf diese etablierte Kunstreligion als auch eine Anerkennung der verhältnismäßigen Irrelevanz ästhetischer Werke: Die Umwelt war wichtiger, wie Kerr sich 1910 in einem Brief an die Herausgeber der Zeitschrift *Pan* ausdrückte: «Arm erscheint mir noch die glänzendste Theaterkritik: wenn ein Kampfruf nicht hindurchschwillt – über das Theater hinaus.» [97; *S. 8*]

Kerrs Auffassung einer engagierten Kritik führte 1911 zu seiner journalistischen Fehde gegen den Berliner Polizeipräsidenten Traugott von Jagow, der unter dem Vorwand seiner Verantwortung für die Theaterzensur versucht hatte, eine Beziehung zu der Schauspielerin Tilla Durieux (1888 bis 1971) anzuknüpfen. Der intendierte Amtsmißbrauch des im demokratischen Kreise berüchtigten Jagow wurde von Kerr in der Presse breitgeschlagen. Jagow wurde bald nach Breslau versetzt; doch dieser Sieg Kerrs wurde dadurch verbittert, daß er sich nun mit einem anderen Gegner konfrontiert fand, der in den nächsten Jahrzehnten Kerr und «die letzten Zuckungen des sterbenden Feuilletonismus» wiederholt anprangern würde. Der Wiener Sprach- und Sozialkritiker Karl Kraus griff in den Seiten seiner Zeitschrift *Die Fackel* vor allem den zeitgenössischen Journalismus und dessen sensationalistische Methoden als Zeichen einer untergehenden Kultur mit der schärfsten Polemik an.

Die Angriffe von Kraus, die Ende der zwanziger Jahre sogar zu einem Prozeß führten, dürften Kerr manches vergällt haben; im allgemeinen ließ er sich jedoch auf seine Gegner nicht ein. An diesem modernen «Großkritiker», der von seiner «Wurstigkeit gegen Einwände» [240; *S. 15*] sprach, zeichnete sich der Zerfall der bürgerlich-liberalen Öffentlichkeit ab. Der Kritiker nahm nicht an dem Diskurs eines homogenen Publikums teil, sondern verkündete eine nicht hinterfragbare Meinung. Dieser Anspruch wurde von der jungen expressionistischen Generation allerdings nicht als autoritäre Zumutung verschrien. Im Gegenteil war Kerr, der kämpferisch zwischen Kunst und Leben vermittelte, der bewunderte «bessere Mitteleuropäer» [233; *Sp. 172*]. Erich Mühsam (1878 bis 1934) applaudierte, daß Kerr «das Urteil über Theater und Literatur den Dozenten abgenommen und den Künstlern zugeführt hatte» [233; *Sp. 300–301*], während Franz Blei (1871 bis 1942) die Bedeutung Kerrs im Obrigkeitsstaat unterstrich: «(...) eine starke sittliche Kraft und – dreimal zu sagen im preußischen Deutschland! – ein mutiges Herz!» [233; *Sp. 619*]

Dieses Bild des politischen Schriftstellers, der von der Kunst in die erlebte Wirklichkeit gelangte, schlug sich in den aktionistischen Aufsätzen Kurt Hillers (1885 bis 1972), dem auch Kerr als Vorbild diente, am Ende des Kaiserreichs nieder. Während der Erste Weltkrieg grausam tobte, rief Hiller zur Überwindung intellektueller Isolation auf. Ziel des geistig Tätigen sollte der ehemals verpönte Eingriff in die konkrete Lebenspraxis sein. In dieser Geburtsstunde der modernen Avantgarde wurde ein Literaturprogramm formuliert, das radikal mit dem in konservativen Kreisen noch herrschenden Kunstbegriff brach: «Wir wollen keine Literatur unter Glas. Wir wollen eine, die birst vor Tendenz, nicht Literatur zu bleiben. Verfasser von Gedrucktem ohne diese Tendenz – mit dem Ernstnehmen solcher Wundermacher ist es aus.» [234; *S. 46*] Die enthusiastische Sprache Hillers darf jedoch über eines nicht hinwegtäuschen: So abrupt die Trennung zwischen Tradiertem und Neuem hier auch scheinen mag, es handelt sich trotzdem um Entwicklungen, die lange im Gären waren und die erst im Krieg und in der Revolution ans Licht treten konnten. Neben dem offiziellen Literaturbetrieb des späten 19. Jahrhunderts hat sich eine aus einer Vielfalt von unabhängigen Enklaven bestehende Gegenöffentlichkeit entfaltet, die ununterbrochen mit der Zensur, dem epigonenhaften Geschmack und den Produktionsbedingungen einer kommerzialisierten Industrie zu kämpfen hatte. Am Ende der Epoche kippte diese Auseinandersetzung in einen politisierten Aktionismus um, der trotz seines unübersehbaren Radikalismus nur als die Folge einer langen Entwicklung einzustufen ist, die bald der Gestalt des literarischen Lebens der Weimarer Republik die Weichen stellen würde.

Alfred Estermann
Zeitschriften

Begriffliche und historische Eingrenzung

Innerhalb einer auf sozialgeschichtliche Aspekte angelegten Darstellung der deutschen Literaturgeschichte ist es speziell bei der Behandlung der Literaturzeitschriften notwendig, den Untersuchungszusammenhang durch die Verwendung eines möglichst umfassenden ‹Literatur›-Begriffs um jenes Feld zu erweitern, in dem die gesellschaftswissenschaftlich orientierte Literaturgeschichte-Forschung über die inhaltlich wie formal ‹geistesgeschichtlich› eingeschränkte Literatur-Historiographie hinausgeht. Im Gegensatz zur methodischen Verengung des Begriffs Literaturzeitschriften auf solche Blätter, die ausschließlich Primärtexte enthalten – womöglich ‹hochstehende Werke› –, muß hier das gesamte Spektrum des Zeitschriftenmarktes, soweit er für die Literaturforschung relevant ist, berücksichtigt werden; erst dadurch ist eine genügende Materialabsicherung zur Ermittlung der komplizierten Produktions-, Distributions- und Konsumptions/Rezeptions-Mechanismen gewährleistet. Jenseits der – auch zahlenmäßig begrenzten – ‹reinen› literarischen Zeitschriften wird das Aufgabengebiet fast unübersehbar, wenn man alle Formen von Publikumszeitschriften einbezieht. Auch hier erweist sich, daß es unter sozialgeschichtlichen Gesichtspunkten unzulässig ist, mit ‹Qualitäts›-Kategorien zu arbeiten, etwa ‹Dichtung› und ‹Gebrauchsliteratur› zu differenzieren.

Unter Literaturzeitschriften sollen deshalb hier nicht nur Periodika verstanden werden, die durch den überwiegenden Abdruck von Originalbeiträgen gekennzeichnet sind, sondern ebenso Zeitschriften, die Lesetexte aller Art und Materialien jeder Sorte zur ‹Literatur› enthalten, aber auch Periodika, die neben dem Druck literarischer Texte die Bereiche Politik, Weltanschauung, Kunst thematisieren – umgekehrt gesagt: alle Zeitschriften, die mindestens in nennenswertem Umfang Material für die Literaturforschung bereitstellen.

Über die sozialgeschichtlichen Umrisse des hier darzustellenden Zeit-

raums, über seine theoretischen und ideologischen Hintergründe ist in den Eingangskapiteln die Rede gewesen. Von dem dort Gesagten muß ausgegangen werden, wenn hier – immer im Blick auf die Maschinerie des Zeitschriftenmarktes – in wenigen Stichworten einige politische Konturen angedeutet werden, die für das Verständnis des folgenden unerläßlich sind. Dieser Zeitschriftenmarkt eines Zeitraums, der etwa der Regierungszeit Wilhelms II. entspricht, ist gesellschaftlich eingebunden in die Formierung und Strukturierung eines großpreußischen Imperiums mit dem Namen Deutsches Reich, in prosperierenden Wilhelminismus und wilhelminische Prosperität, wirtschaftlichen und kulturellen Kolonialismus und Imperialismus: ideologische «Germania germanicissima» (Jost Hermand) in der Hypertrophie eines zentraleuropäischen Mittelstaates zu scheinbarer ‹Großmacht›-Stellung mit der brutalen Folge des Ersten Weltkriegs. Vor allem in der Urbanisierung der Literatur mit prononcierten Zügen einer Großstadtkultur (die meisten Zeitschriften erscheinen in München, Berlin oder Wien) entwickelt sich die zeittypische Dialektik des Kräftefeldes zwischen sentimentaler Hinwendung zur Vergangenheit, Fin de siècle-Bewußtsein, ‹konservativer Revolution› und vielfältiger, oft sozialistisch programmierter Progressivität und Prophetie.
Die nötigen Produktionsvoraussetzungen sind gegeben: Die explosionsartigen Fortschritte der Druckverfahren, die immer schneller die Herstellung immer höherer Auflagen erlauben, die verbesserte Ausstattung bis hin zum Vielfarbendruck, die vehemente Zunahme des modernen Anzeigenwesens als eines wirtschaftlichen Faktors und die exaktere, kalkülisiertere Nutzbarmachung der Marktmechanismen indizieren eine fortschreitende Industrialisierung des Literaturbetriebs, die auch die Literaturpresse zunehmend bestimmt. Die Entwicklungsgeschichte der Redaktionsarbeiten tritt ebenfalls in ein neues Stadium: Während die Blätter der Vormärz-Zeit und noch lange danach meist im Einmannbetrieb gestaltet wurden, später gelegentlich von zwei oder drei Mitarbeitern, erscheinen jetzt auch Zeitschriften, die von einem halben Dutzend und mehr Namen verantwortet werden.
Zwei Bemerkungen noch, die zur Sozialgeschichte der deutschen Literatur gehören, genauer: zur Sozialgeschichte der Sozialgeschichte. Erstens: Daß Zeitschriften zentrale Funktionsträger literarischer und politischer Entwicklungen sind, Medien der neuen Trends und Tendenzen, Indikatoren der Veränderungen im Publikumsgeschmack ebenso wie Überlieferungsträger der Sozialisationsprozesse, damit aber wesentliche Materialbasen für die Erforschung ihrer Zeit (viele Texte sind nur in Zeitschriften zu finden, die Veröffentlichung von wichtigen programmatischen Entwürfen und Experimenten erfolgte speziell in ihnen) – dies alles ist seit längerem bekannt, wurde aber erst in jüngerer Zeit ernsthafter in die wissenschaftliche Arbeit einbezogen. So blieb die zusammenhängende

Behandlung periodischer Produkte gegenüber den Arbeiten zu monographischen Formen bislang defizitär; es fehlt eine Gesamtdarstellung der deutschen Literaturzeitschriften, ebenso wie es auch über viele zentrale Titel noch keine Abhandlung gibt. Der tradierte Qualitäts-Eklektizismus wirkt noch immer: Gerade die Bereiche der Literaturversorgung der einkommensschwachen Teile der Bevölkerung – deren einziger Zugang zu Texten zumeist die Billigblätter waren – sind noch unerforscht. Sogar die nötigste Grundlage, eine zusammenfassende bibliographische Übersicht für diesen Zeitraum, liegt noch nicht vor. Und zweitens: Die materielle Überlieferung der Zeitschriften in den Bibliotheken ist sehr mangelhaft, viele Titel sind weit verstreut und inkomplett, einige ganz verschollen, die meisten in schlechtem Erhaltungszustand, oft lückenhaft (wenn Datenträger wie Umschläge oder Annoncenbeilagen nicht magaziniert wurden); Neudrucke, von denen es eine Reihe gibt, sind häufig kein Ersatz, da auch sie keineswegs immer vollständig sind.

Versuch einer Typologie

In den Jahren zwischen 1880 und 1918 läßt sich zum drittenmal in der Geschichte der deutschen Literatur ein Zeitraum besonderer publizistischer Vielfalt konstatieren, zum drittenmal (nach den Aufklärungs-Jahrzehnten der fünfziger bis siebziger Jahre des 18. Jahrhunderts und dem Vormärz-Zeitraum der dreißiger und vierziger Jahre des 19. Jahrhunderts) ein deutliches Ansteigen der Titelzahlen, ein offensichtliches Ausfächern des Angebots, der progressiven wie der regressiven Tendenzen, der Experimente und der Polemiken. Eine Fülle von Blättern kommt auf den Markt, wie sie weder vorher noch nachher zu verzeichnen ist. Der *Deutsche Journal-Katalog*, der Titel aller Inhalte erfaßt, nennt in seiner Ausgabe von 1903 unter etwa 2800 aufgeführten Titeln (von schätzungsweise 4000 tatsächlich erschienenen) in den Rubriken «Bibliographische, litterarische und kritische Zeitschriften», «Kunst und Theater» und «Blätter zur Unterhaltung» knapp 300 Titel, in seiner Ausgabe von 1918 unter circa 3600 Titeln fast 350 Titel, die hier in Betracht kommen. Dieser hohe Prozentsatz an Literatur-Presse wird noch höher, wenn man die Zahlen der Billig- und Gratisblätter, der kirchlich gelenkten Zeitschriften und der Fachorgane einbezieht. Zusammenfassend gesehen läßt sich diese Menge in sieben Typen – mit Übergängen und Mischformen, versteht sich – einteilen, von denen die meisten Sorten heute nicht mehr erscheinen, sondern spätestens in den gesellschaftspolitisch-kulturellen und wirtschaftlichen Umbruchsituationen des deutschen Faschismus und des Zweiten Weltkriegs untergegangen sind.

Typ 1: *die großen Familienzeitschriften und Massenblätter*, die, zumeist in der Zeit vorher gegründet, in diesen Zeitraum hineinreichen und oft noch darüber hinaus erscheinen. Mit ihren hohen Auflagen, ihrer nicht selten durch jahrzehntelange Abonnements-Tradition gesicherten Verbreitung, ihrer oft üppigen Ausstattung und ihren umfänglichen Anzeigenteilen sind sie die zentralen Materiallieferanten und Meinungsbildner der breiten Schicht des mittleren Bürgertums. Obwohl sie grundsätzlich über alle Gebiete der kulturellen – und oft auch der politischen – Entwicklungen berichten, haben sie durchweg einen sehr hohen Anteil an Literatur, vor allem an narrativen Texten; ihr großes Gebiet ist der Fortsetzungsroman. Unübertroffener Klassiker dieses Typs ist *Die Gartenlaube*, 1853 von Ernst Keil in Leipzig begonnen und erst 1943/44 eingegangen. In Nr. 52 des Jahrgangs 1893 heißt es:

«Zum einundvierzigsten Male ist es nun, daß die ‹Gartenlaube› am Abschluß eines Jahrgangs steht und sich anschickt, mit ihren zahlreichen, allüberall im deutschen Vaterland und in der ganzen Welt verbreiteten Lesern in ein neues Jahr einzutreten. Das ist die Zeit, wo jedermann – und sei es auch nur in flüchtigem Gedanken – zurückblickt auf das hinter ihm Liegende, auf das von ihm Vollbrachte, und wo er vorwärts schaut in die Zukunft, auf die neuen Aufgaben, die seiner harren. Um wie viel ernster aber ist ein solcher Rück- und Ausblick für ein Blatt, welches jahraus jahrein zu Hunderttausenden redet, welches sich das Ziel gesteckt hat, Männern und Frauen nicht minder wie der erwachsenen Jugend aller Lebenskreise gemüthliche Anregung und geistige Nahrung nach den Mühen der Tagesarbeit zu bieten! Die ‹Gartenlaube› ist sich der verantwortungsvollen Bedeutung dieser ihrer Aufgabe immer bewußt gewesen. Sie wird es auch ferner bleiben. Unverrückt wird sie ihr seit vier Jahrzehnten verfolgtes Ziel im Auge behalten: ‹ein Vereinigungspunkt zu sein für die besten, volksthümlichsten Erzähler, Dichter und Denker Deutschlands, ein frischer, reiner Quell nützlicher Belehrung und edler Unterhaltung für das deutsche Haus, ein treuer Spiegel des geistigen Lebens unseres Volkes, ein warmer verständnisvoller Freund desselben in Freud und Leid!›»

Und in der Nr. 52 des Jahrgangs 1900 wird im Blick auf das seit 1853 Erschienene gesagt:

«Ein treues Bild dieser langen Zeit spiegeln diese Bände wider, denn kaum eine Frage von tieferer Bedeutung für das deutsche Volk ist aufgeworfen, kaum eine Errungenschaft auf einem Felde gemeinnützigen Wissens gemacht worden, ohne dass die ‹Gartenlaube› durch geeignete Männer ihren Hunderttausenden von Lesern im deutschen Vaterlande und in aller Welt Aufklärung und anregende Belehrung hierzu geboten hätte. So ist die ‹Gartenlaube› im stets engen Zusammenhange mit den bewegenden Fragen des Tages und als Uebermittlerin von wahrhaft wertvollen Werken der Erzählungskunst unserer besten Dichter und Dichterinnen trotz all der anderen im Laufe der jüngsten Jahre aufstrebenden Journale das Lieblingsblatt des deutschen Bürgerhauses, die weitaus verbreitetste Familienzeitschrift der Erde geworden.»

Andere, damals nicht weniger bekannte Titel dieses Typs sind *Ueber Land und Meer* (Stuttgart, Berlin 1858 bis 1925), «im eminenten Sinne ein Unterhaltungsblatt: die Unterhaltung steht für uns obenan, und selbst wo wir belehren, soll es unterhaltend sein» (Nr. 52/1882), und *Daheim* (Berlin, Leipzig, Bielefeld 1864 bis 1944), das seinen Jahrgang 1888/89 mit der früher vielfach üblichen Form eines Programm-Gedichts eröffnet:

‹Daheim, Daheim!› das waren gute Worte, / Mit denen einst sich uns dies Heim erschloß: / Die Klingel klang, aufging des Hauses Pforte, / Mann, Weib und Kind, Platz fand man klein und groß; / Da saß man warm beim trauten Lampenlichte, / Der Vater las, es lauschte jung und alt / Manch schönem Lied, manch reizender Geschichte; / Die Zeit verflog, fast ward das Essen kalt ...

Schon aus einer Zusammenstellung von weiteren Titeln geht die allgemeine Intention solcher Blätter hervor: *Bibliothek der Unterhaltung und des Wissens, Das Buch für Alle, Vom Fels zum Meer, Nord und Süd, Aus fremden Zungen, Feierstunden, Deutscher Hausschatz in Wort und Bild.* Zu diesem Typ sind auch die frühen Versuche großer Illustrierter zu rechnen, etwa die *Illustrirte Zeitung*, die trotz ihres Namens und des Folioformats eine Zeitschrift mit vielen literarischen Texten ist, oder *Die Woche*.

Typ 2: *die allgemeinen ‹Kultur›-Zeitschriften,* die innerhalb ihres meist anspruchsvoller redigierten, häufig bürgerlichen Liberalismus vertretenden Programms betont auf Literatur und Literaturpolitik eingehen, Blätter des Rundschau-Typus, die anhand sowohl primärer als auch sekundärer Texte – umfangreiche Essays, viele Notizen – dem ‹gebildet› gedachten Leser eine tunlichst fundierte Basis der orientierenden Meinungsbildung zu geben suchen; sie sind zumeist gepflegt aufgemacht und haben mittlere Auflagen zwischen 10000 und 50000 Exemplaren. Prototypen sind die *Deutsche Rundschau* (Julius Rodenberg, Bruno Halle, Rudolf Pechel; Berlin 1874 bis 1963), bewußtes Gegenstück zu internationalen Erfolgen wie der französischen *Revue des deux mondes* und der englischen *Quarterly Review*, ferner *Die Grenzboten. Zeitschrift für Politik, Literatur und Kunst* (Leipzig 1841 bis 1922), «die vornehmste deutsche Wochenschrift, in den höchsten Kreisen gelesen» (Werbetext 1903), und die *Deutsche Revue über das gesamte nationale Leben der Gegenwart* (Richard Fleischer; Breslau, Stuttgart 1877 bis 1922). Im «Vorwort» der *Deutschen Revue* zum Jahrgang 1900 heißt es:

«Die Begründung des Deutschen Reiches brachte auch neues Leben in die periodische Litteratur. Nicht nur die Tagespresse hat einen weiteren Horizont und eine größere Ausdehnung gewonnen, sondern auch die Zeitschriftenlitteratur ist mächtig angewachsen. Das deutsche Volk wollte andern großen Nationen nicht nachstehen und Organe besitzen, in welchen, wie in den großen englischen und französischen Revuen, hervorragende Männer das Wort ergreifen, um aufzuklären, zu belehren und für das Wohl der Gesamtheit zu wirken. Die Zeit des gelehrten und bureaukratischen Schweigens und des Abschließens von der Oeffentlichkeit ist vorüber. Die Feder regiert mit in der Welt, und man kann jetzt weit eher von einem

Bacillus scriptorum als von großen Schweigern reden. Es ist ein Glück, daß das Licht der Oeffentlichkeit selbst in die geheimsten Kabinette und in alle Werkstätten der Arbeit und des Geistes dringt, um den Frieden zu erhalten und um die Forschungen und Entdeckungen in den Wissenschaften zum Gemeingut aller Kulturvölker zu machen. Die Bücher der Weisheit haben ihre sieben Siegel verloren; offen liegt alles, was unsre Zeit bewegt, was erstrebt und geschaffen wird, vor unsern Augen da.»

Aus der Fülle der hier einschlägigen Titel können nur einige genannt werden: *Die Gegenwart. Wochenschrift für Literatur, Kultur und öffentliches Leben* (Theophil Zolling, Richard Nordhausen; Berlin 1872 bis 1931); *Moderne Dichtung/Moderne Rundschau. Monatsschrift für Literatur und Kritik* (Eduard Michael Kafka; Wien 1890 bis 1891); *Wiener Rundschau. Zeitschrift für Kultur und Kunst* (Rudolf Strauß; Wien 1896 bis 1901). *Das Forum* (Wilhelm Herzog; Berlin 1914 bis 1915, 1918 bis 1924); *Wissen und Leben* (Zürich 1908 bis 1931); *Berner Rundschau* (Franz O. Schmidt; Bern 1906 bis 1913); *Der neue Merkur. Monatsschrift für geistiges Leben* (Efraim Frisch, Wilhelm Hausenstein; München 1914 bis 1916, 1919 bis 1925). Im Prospekt des *Neuen Merkur* heißt es:

«Lebendig, persönlich und in steter Beziehung zur Gegenwart, doch gediegen und geistig gerichtet – damit ist der Charakter der neuen Zeitschrift und ihr Willen gekennzeichnet. Die neue Zeitschrift hat es sich zu ihrer vornehmsten Aufgabe gesetzt, aus der richtungslosen Mannigfaltigkeit der literarischen Produktion, die heute den Markt überschwemmt und zu einer völligen Desorientierung des Lesepublikums geführt hat, das mit Sorgfalt auszuwählen und herauszustellen, was natürlich gewachsen und aus künstlerischer Notwendigkeit geschaffen ist. Sie wird ferner auf geistigem Gebiete nur das berücksichtigen, was wirklich neuen Ideengehalt in sich birgt und dem Leser innerlich erlebte Erkenntnis vermittelt. Sie will damit sowohl zur Klärung der heutigen Verworrenheit beitragen, als auch dem neuen Geiste dienen, der entgegen den mechanistischen Tendenzen der technischen Kultur eine lebendige Erneuerung erstrebt. Kritisch wird ‹Der neue Merkur› sich nur mit Erscheinungen auseinanderzusetzen haben, welche in irgendeiner Beziehung wirkliche Ereignisse in der geistigen Welt bedeuten. Über politische und soziale Fragen will die neue Zeitschrift in gleicher Weise nur diejenigen zu Worte kommen lassen, die über den kleinlichen Kämpfen des Tages und der Parteien stehend, von großen Gesichtspunkten aus die Zusammenhänge sehen und lebendige Verantwortung für die Zukunft fühlen. ‹Der neue Merkur› will mit dem Begriff ‹Weltliteratur›, der heute berechtigter als je ist, insofern Ernst machen, als er auch Werke fremder Literaturen nach Maßgabe ihrer vorbildlichen Bedeutung veröffentlichen wird.»

Zu diesem Typus gehören auch die illustrierten Kultur-Rundschauen wie *Velhagen und Klasings Hefte* (Bielefeld 1886 bis 1953) oder *Westermanns illustrierte deutsche Monats-Hefte* (Braunschweig 1856 bis 1944, 1953 ff), die erfolg- und einflußreichen weltanschaulich enger gebundenen Blätter, etwa die Vertreter der ‹Heimat›-Ideologie wie *Heimgarten* (Peter Rosegger; Graz 1876 bis 1935) oder *Der Bote für deutsche Literatur/Die Hei-*

mat. Blätter für Literatur und Volkstum (Georg Heinrich Meyer; Leipzig 1897 bis 1904), konfessionell engagierte Periodika wie *Hochland. Monatsschrift für alle Gebiete des Wissens, der Literatur und Kunst* (Karl Muth; München 1903 bis 1941, 1946 ff) und *Der Türmer. Monatsschrift für Gemüt und Geist* (Jeannot Emil von Grotthuß; Stuttgart 1898 bis 1943: «Wie Schiller einst und sein Geschlecht, / Gelobten wir dem Werke, / Auf Wahrheit, Schönheit, Freiheit, Recht / Zu gründen unsre Stärke» – aus Heft 1 des Jahrgangs 1907), vor allem *Der Kunstwart. Rundschau über alle Gebiete des Schönen*, ab 1912 *Der Kunstwart und Kulturwart* (Ferdinand Avenarius; München 1887 bis 1932). Aus dem Prospekt des *Kunstwart*:

«Was wollen wir? Ein Blatt schaffen, das dem Gebildeten vom dichterischen, musikalischen, bildnerischen und sonstigen Kunstleben die Kenntnis all' dessen vermittelt, was er eben als Gebildeter kennen muß. Das ist weniger und mehr, als ihm gar häufig geboten wird. Weniger! Zunächst: wir wollen keinen Kunstklatsch bringen, der am Privaten der Menschen kleben bleibt, die uns nur als Künstler was angehen. Dann: wir streben weder nach dem Ruhm, über möglichst viele Erscheinungen, die irgendwo auftauchen, etwas zu sagen, noch überhaupt nach dem, einen möglichst großen Haufen kleiner Kenntnisse vor unsern Lesern auszuschütten. Mehr! Wir wollen denen zu Hilfe kommen, die, von der Fülle der Einzelerscheinungen verwirrt, nach dem Allgemeineren suchen, das sie die Teile verstehen und das Ganze zu sehen lehre. Wir wollen ferner im höheren Sinne eine Rundschau gewinnen: eine Rundschau nicht nur über das, was von wirklich Bedeutungsvollem geschaffen wird, sondern auch über das, was über solches Schaffen Gescheites und Eigenartiges gedacht und empfunden wird. (...) Der ‹Kunstwart› kommt in einem anständigen Rock, wie's einem Diener so hoher Herrin geziemt, er macht seine Sache kurz, denn wer hat heutzutage viel Zeit, und er läßt sich nicht teuer bezahlen, denn wer giebt heutzutage gern Geld?»

Für viele andere Blätter dieses Typs mögen einige Sätze aus dem Programm der Zeitschrift *Der Lotse. Hamburgische Wochenschrift für deutsche Kultur* (Carl Mönckeberg; Hamburg 1900 bis 1902) stehen:

«Der ‹Lotse› bezieht in Lob und Tadel alles auf sein Ideal einer echten, schöpferischen, deutschen Kultur und erkennt kein anderes Kriterium an, als sein lebhaftes Empfinden für das, was seinem Ideal günstig oder feindlich ist. Unter deutscher Kultur versteht der ‹Lotse› die Entfaltung aller Stammescharaktere zu ihrer besondern Tüchtigkeit; als geschmackloses Barbarentum bekämpft er jede über den technischen Apparat der Verwaltung hinausgreifende Gleichmacherei auf künstlerischem, wissenschaftlichem, erzieherischem und volkswirtschaftlichem Gebiete. Der ‹Lotse› will das wirkliche Geschehen beobachten und auf das Leben der Gegenwart Einfluß gewinnen. Er betrachtet deshalb Schlagworte, Modebegriffe, Parteiprogramme und Dogmen jeder Art mit gründlichem Mißtrauen und rechnet mit ihnen nur als mit einer Macht, von der die einzelnen Menschen verschieden stark bewegt werden.»

Typ 3: *politisch-literarische Zeitschriften.* Damit sind weniger Blätter gemeint, die expressis verbis ein politisches Programm vertreten, vielmehr Zeitschriften, deren reflektorische Aufmerksamkeit sich gleichermaßen auf die Berichterstattung politischer wie kultureller (und hier häufig literarischer) Entwicklungen konzentriert, zumeist aus dem Impetus, alle gesellschaftlichen Zusammenhänge letztlich ‹kulturell› erklären zu können; der Typ der sozialanalytischen Zeitschrift somit, der politischen Fragen einen gravierenden Platz in seinen Spalten einräumt. Ein Prototyp ist *Die Fackel* (Karl Kraus; Wien 1899 bis 1936), zu deren «politischem Programm» das Vorwort in Heft 1/1899 sagt:

«Kein tönendes ‹Was wir bringen›, aber ein ehrliches ‹Was wir umbringen› hat sie sich als Leitwort gewählt. Was hier geplant wird, ist nichts als eine Trockenlegung des weiten Phrasensumpfes, den andere immerzu national abgrenzen möchten. Mit Feuerzungen – und wäre es auch ein Dutzend verschiedensprachiger – predigen die Verhältnisse das Erkennen socialer Nothwendigkeiten, aber Regierende und Parteien wünschen vorerst – mit hinhaltender Berechnung die einen, in leidenschaftlicher Verblendung die anderen – die Kappenfrage der Prager Studenten erledigt zu wissen. Diese Erscheinung schmerzlichsten Contrastes, die sich durch unser öffentliches Leben zieht, wird hier den Gesichtspunkt für die Beurtheilung aller politischen Ereignisse bestimmen, und es mag zuweilen glücken, dem dumpfen Ernst des Phrasenthums, wo immer er sein Zerstörungswerk verübe, durch die ihm so unbequeme Heiterkeit rechtzeitig den Credit zu schmälern.»

Ein anderer Prototyp ist *Die Nation. Wochenschrift für Politik, Volkswirtschaft und Literatur* (Theodor Barth; Berlin 1883 bis 1907); aus dem «Finale» in Nr. 26/1907:

«Während so ‹der Wechsel der Zeiten immer neuen Trank eingoß in unsern Kelch›, hielt die ‹Nation› stets als oberste Aufgabe das Ziel im Auge, einer einheitlich liberalen Weltanschauung auf den verschiedensten Gebieten des geistigen Strebens Ausdruck zu verleihen. Freiheit und Humanität sind während der ganzen Dauer der Existenz dieser Zeitschrift ihre Leitsterne gewesen. Von lärmenden Ausbrüchen des Nationalgefühls hat sich die ‹Nation› immer ferngehalten. Die nationalen Hurraschreier und Tamtamschläger haben sie deshalb oft angegriffen. Wir glauben, patriotischer gehandelt zu haben, indem wir nationalen Vorurteilen und nationalen Phrasen keinen Einfluß auf uns einräumten; auch bei der Beurteilung anderer Völker suchten wir Gerechtigkeit und Billigkeit walten zu lassen.»

Auch hier können aus der großen Fülle einschlägiger Titel nur einige als Beispiele herausgegriffen werden: Die *Preussischen Jahrbücher* (Berlin 1858 bis 1935) oder die *Süddeutschen Monatshefte* (Wilhelm Weigand, Paul Nicolaus Cossmann, Josef Hofmiller; München 1904 bis 1936), *Deutschland. Wochenschrift für Kunst, Literatur, Wissenschaft und soziales Leben* (Fritz Mauthner; Glogau 1889 bis 1890), *Das 20. Jahrhundert. Deutschnationale Monatshefte für soziales Leben, Politik, Wissenschaft, Kunst und Literatur* (Friedrich Lienhard, Heinrich Mann; Berlin 1890 bis

1896) oder *Die Zukunft* (Maximilian Harden; Berlin 1892 bis 1922), *Das Blaubuch. Wochenschrift für öffentliches Leben, Literatur und Kunst* (H. Ilgenstein; Berlin 1906 bis 1910), *März. Halbmonatsschrift für deutsche Kultur* (Albert Langen, Hermann Hesse, Ludwig Thoma, Theodor Heuss; München 1907 bis 1917) oder *Morgen. Wochenschrift für deutsche Kultur* (Werner Sombart, Georg Brandes; Berlin 1907 bis 1909). Eigens erwähnt werden müssen die einflußreichen Titel *Die Hilfe. Wochenschrift für Politik, Literatur und Kunst* (Friedrich Naumann; Frankfurt, Berlin 1895 bis 1943) und *Die Tat. Wege zu freiem Menschentum/Monatsschrift für die Zukunft der deutschen Kultur* (Eugen Diederichs; Jena 1909 bis 1938).

Typ 4: *die künstlerisch-literarischen Zeitschriften,* deren oft extensive, häufig graphisch glänzende Ausstattung an Layout, Illustrationen, Buchschmuck und Beigaben – der Farbdruck setzt sich hier immer mehr durch – einen hohen Anteil an ihrer Spekulation und an ihrer Wirkung haben. Ihre meist umfangreichen und großformatigen Hefte stellen heute ein eminentes Quellenmaterial zur Erforschung der zeitgenössischen Geschmackssoziologie dar. Bekanntester Titel dieses Genres ist die *Jugend. Münchner illustrierte Wochenschrift für Kunst und Leben* (Georg Hirth; München 1896 bis 1940). Im Gedicht «An unsere Freunde» heißt es zum Abschluß des Bandes 1/1896:

Hat uns auch an Feinden nicht gefehlt. / Was haben sie alles geklagt und geschmält, / In ihren Reden und Blättchen und Schriften! / Wir sollten das Herz der ‹Jugend› vergiften, / Wir hätten von idealer Kunst / Keinen blassen Schein, keinen blauen Dunst, / Und namentlich sei's ein Skandal / Bezüglich der sogenannten Moral, / Wie nackt und bloß in unseren Spalten / Gar mancherlei verruchte Gestalten / Umtrieben ganz ohne Feigenblätter. / Es krachte so manches Donnerwetter / Von hoher Kanzel auf uns her, / Wir hatten ja allen Respekt vergessen, / Manch wackerem Schwarzrock was aufgemessen, / Und manchen politischen Kampfhahn schwer / Geärgert, verhöhnt und im Bild geschildert. / Es hieß: Die ‹Jugend› sei falsch und schlecht / Frivol und frech und total verwildert – – – / Nun – dafür machten wir's Andern recht / Und zwar den Bessern in deutschen Landen, / Und haben die Bessern uns wohl verstanden, / Wir nehmen recht gerne die Schreier in Kauf!

Ähnliche Zeitschriften sind *Pan* (Genossenschaft Pan/Otto Julius Bierbaum, Julius Meier-Graefe; Berlin 1895 bis 1900), *Ver sacrum* (Leipzig 1898 bis 1900), *Die Insel* (Otto Julius Bierbaum; Leipzig 1899 bis 1902), *Hyperion* (Franz Blei, Carl Sternheim; München 1908 bis 1910) oder *Die Rheinlande/Düsseldorfer Monatshefte für deutsche Art und Kunst* (Wilhelm Schäfer; Düsseldorf 1900 bis 1922).
Eine zweite zu diesem Typ gehörende Gruppe bilden die illustrierten Satire-Zeitschriften und Oppositionsblätter jener Jahre: allen voran der *Simplicissimus* (Albert Langen; München 1896 bis 1944), «das einzige

illustrierte Kunst- und Kampfblatt Deutschlands ohne politische Tendenz, geschaffen für alle Freunde und Feinde einer freien Denkungsart» (Reklametext 1896), in dessen Nr. 1/1896 «Simplicissimus spricht»:

«Du träges Volk, du hast zu lang gerastet. / Wach auf, wach auf, die Morgenstunde naht! / Wenn stumm und scheu die Nacht von dannen hastet, / Vernichten wir der Knechtschaft bittre Saat. / Wer Durst gelitten, trinke, – wer gefastet, / Empfange neues Brot; – der Zeiten Rad / Läuft über Parlament und Pickelhelmen / Zum dunkeln Pförtchen eines armen Schelmen.»

Daneben erscheinen noch immer traditionsreiche, aus dem Vormärz herübergekommene Titel wie die *Fliegenden Blätter* (seit 1844) oder der *Kladderadatsch* (seit 1848), und es werden neue, in hohen Auflagen verbreitete Blätter gegründet wie *Der wahre Jakob* oder der Berliner *Ulk*.

Typ 5: *Rezensions- und Informationsblätter,* Zeitschriften, deren wesentliche Strukturelemente literaturkritische Beiträge – häufig ausführliche Besprechungen, ‹Trend›-Aufsätze – sind, meist verbunden mit Nachrichten und Kurzmeldungen «aus dem literarischen Leben», unerschöpfliche Fundgruben materiellen Wissens über jene Jahre. Daß diese Zeit eine Epoche ‹großer Kritikerpäpste› war, besagt wenig; daneben dokumentiert eine unbekannte Zahl ‹kleinerer› Rezensenten die gesamte Literaturproduktion in einer Fülle und in einer Differenzierung, daß sich heutige Rezeptionsforschung vor immer neue und immer schwierigere Aufgaben gestellt sieht. Noch erscheint (bis 1898) das älteste hier zu erwähnende Blatt, die 1818 von August von Kotzebue als *Literarisches Wochenblatt* begonnenen *Blätter für literarische Unterhaltung* (Leipzig), daneben, ebenfalls sehr weit zurückreichend, das *Magazin für die Literatur des In- und Auslandes* (Karl Bleibtreu, Fritz Mauthner, Otto Erich Hartleben, René Schickele; Leipzig 1832 bis 1915); in einem Gedicht zum fünfzigjährigen Jubiläum heißt es 1882 programmatisch:

Viel dunkle Wolken sind zerstreut, / Seit sich das alte Reich erneut; / Und aus den Wolken hat's gewittert, / Dass, was Aeonen lag zersplittert, / Durch Blitzesglut zur Einheit schmolz. / Nun klingt der deutsche Name stolz / Durch alle Welt, und höheres Streben / Muss jeden deutschen Mann beleben, / Der, wo der Geist im Riesenschritt / Einhergeht, sagt: ‹Ich gehe mit!›

Vergleichbare Titel sind *Die schöne Literatur/Die neue Literatur* (Eduard Zarncke; Leipzig 1900 bis 1943), die *Wiener Literaturzeitung/Neue Revue* (Leipzig 1900 bis 1943); *Eckart. Ein deutsches Literaturblatt* (Berlin 1906 bis 1916) und *Das litterarische Echo. Halbmonatsschrift für Literaturfreunde* (Josef Ettlinger, Ernst Heilborn; Berlin 1898 bis 1943), dessen Programm in Heft 1/1898 vorgestellt wird:

«Den Vielen, die in dem weitläufigen Reiche der modernen Litteratur nur von Zufalls wegen einzelne Streifen und Strecken kennen und danach Verlangen tragen, ihrem Wissen einen weiteren Horizont und ihrem Urteil festeren Boden zu geben, will dieses Blatt die Möglichkeit bieten, das rege Treiben und Schaffen auf litterarischem Gebiet aus größerer Nähe zu beobachten. Daß ein Mensch, der seine Zeit verstehen und mit ihr gehen will, alles selber liest, was geschrieben und gedruckt wird, ist weder denkbar noch nötig: bei der ungeheuren Menge der Produktionen kann er heutzutage kaum noch das Wichtigste von dem Wichtigeren mit eigenen Augen kennen lernen, was alljährlich die Hochflut des Büchermarktes heranträgt. Aber sich unterrichten lassen über das was vorgeht, das kann er, und das sollte er, wenn er die einflussreiche Rolle nicht ganz verkennt, die der lebendigen Litteratur im geistigen Haushalte eines Kulturvolkes zufällt. Von der dichten Fülle der Erscheinungen daheim und draußen den Querschnitt zu geben, soll der Zweck dieser Zeitschrift sein. Sie wendet sich damit nicht nur an die engeren Kreise der Kenner und Fachleute, die ihre eigenen Wegweiser sind. Sie will versuchen, das Interesse aller Gebildeten oder Bildungsuchenden zu gewinnen, eine ständige Verbindung zwischen Schaffenden und Genießenden herzustellen und der oft beklagten litterarischen Appetitlosigkeit des großen Publikums zu steuern.»

Typ 6: *die Theater-Zeitschriften.* In einer Zeit, in der die Bühne eine viel gravierendere bürgerlich-gesellschaftliche Rolle spielt als heute, haben Blätter mit Theaterkritiken aus Metropolen und Provinzen, mit Aufsätzen über Schauspieler und Schauspielkunst, mit Dramen-Abdrucken und mit der Wiedergabe zahlloser kleiner Meldungen eine besondere literaturpolitische Stellung. Zu nennen sind *Die Volksbühne* (Franz Mehring; Berlin 1892 bis 1895), *Die freie Volksbühne* (Conrad Schmidt; Berlin 1897 bis 1914), *Bühne und Welt* (Leipzig 1898 bis 1916) und *Das Theater* (Christian Morgenstern; Berlin 1903 bis 1905); zu erwähnen ist besonders *Die Schaubühne* (Siegfried Jacobsohn; Berlin 1905 bis 1918, deren Fortsetzung *Die Weltbühne* nicht mehr in den Zusammenhang dieses Kapitels gehört); sie beginnt – Nr. 1/1905 – mit den Sätzen:

«So lange das Gefühl nicht ganz erstorben ist, daß der Geist eines Volkes und einer bestimmten Zeit eindringlicher als in der übrigen Literatur im Drama zum Ausdruck kommt, so lange wird immer von neuem der Wunsch lebendig werden, daß der Schaubühne ein Strom künstlerischer und geistiger Neuwerte entquelle, da jetzt zumeist Geschäftsleute bemüht sind, dem Theater mit dem geringsten Einsatz an Geist den größten Gewinn zu entlocken. Der Wunsch wird zur Aufgabe – zu der Aufgabe, das Theater wieder zur Würde eines Kunstinstituts zu erheben. An dieser Aufgabe mitzuarbeiten, führend und unterrichtend, ist die vornehmste Pflicht dieser Wochenschrift: im engsten Zusammenhange mit dem Leben unsrer Zeit, soweit die Kunst des Dramas in Wort und Ton es gestaltet, in ständiger Fühlung auch mit den mannigfaltigen praktischen Fragen der dramatischen Kunst wollen wir hier die Probleme und die Erzeugnisse des zeitlos Großen und Schönen würdigen und fördern.»

Typ 7: *die ‹literarischen› Zeitschriften*, die Produktionsblätter für neue (und neuentdeckte) Texte. Während die oben genannten Familien-Zeitschriften sich auf etwa ein Dutzend ‹großer› und bekannter Titel beschränken, fällt unter diesen Typ eine kaum übersehbare Menge kleiner und winziger Blätter mit teilweise minimalen Auflagen und geringer, sporadischer Verbreitung, Geheimtips für Kenner, Titel auch, bei denen Mitarbeiterstab und Leserschaft nahezu identisch sind. Diese ‹Poetenblätter›, oft exklusiv und esoterisch, drucken zumeist Gedichte und kurze Prosa, fast immer Originalbeiträge, oft in experimenteller Aufmachung. Die meisten von ihnen kann man, aus dem historischen Abstand, hinsichtlich ihrer zeitgenössischen Wirkung als Randerscheinungen der Literaturvermarktung klassifizieren, etwa gegenüber dem Einfluß der Massenblätter und Tageszeitungsfeuilletons. Die Literatur verlagert in jenen Jahren ihr politisches Gewicht; in der Zeit der wirtschaftlichen Prosperität kommt ihr nicht mehr die Rolle zu, die sie im Vormärz und noch vor der Reichsgründung hatte. Insofern indizieren auch die ‹literarischen› Zeitschriften der Jahrhundertwende den Beginn ‹sezessionistischer› Tendenzen in der deutschen Literatur, wie sie nachmals für das 20. Jahrhundert symptomatisch sein würden. Typische Titel dieses Zusammenhangs sind etwa *Deutsche Dichtung* (Karl Emil Franzos; Stuttgart 1886 bis 1904), *Pan* (Wilhelm Herzog, Paul Cassirer, Alfred Kerr; Berlin 1910 bis 1915) oder *Wieland. Deutsche Wochenschrift für Kunst und Literatur* (Bruno Frank, Cäsar Flaischlen; München 1915 bis 1920). Weitere Blätter werden in den folgenden Abschnitten genannt, wo es um Zeitschriften geht, die in engerer Verbindung mit den damaligen literarischen Bewegungen stehen, ein Vorgang, der gerade bei Original-Produktionsblättern deutlich ist.

Zeitschriften und literarische Bewegungen

Bestimmte Zeitschriften einer literarischen Bewegung zuordnen zu wollen, ist bis auf wenige Ausnahmen müßig und oft sinnentstellend wegen der notwendigen inhaltlichen Vielfalt, auf die Periodika verwiesen sind, ebenso wie wegen der Schwierigkeit, die damit postulierte ‹Einheit› einer literarischen Bewegung überhaupt zu ermitteln. Der publizistisch-strategischen Vielfalt des gesamten literarischen Lebens ist mit Schlagworten und Sammelbegriffen, auch wenn sie differenzierter auf Intentionen eingehen, nicht beizukommen. Wenn es schon Blätter gibt, die das Programm (oder die Programme) einer Richtung mehr oder weniger vertreten, so spiegeln sich doch diese ‹Bewegungen› ebenso in anderen Zeitschriften wider, wird die Diskussion um Positionen an sehr vielen Orten geführt. Innerhalb dieser generellen Einschränkung folgt hier ein kurzer Überblick zu solchen Blättern.

Am Beginn des deutschen Naturalismus stehen die Zeitschriften der Brüder Heinrich und Julius Hart: *Deutsche Dichtung. Organ für Dichtung und Kritik* (Münster 1877), *Deutsche Monatsblätter. Zentralorgan für das literarische Leben der Gegenwart* (Bremen 1882 bis 1884) und vor allem *Kritische Waffengänge* (Leipzig 1892 bis 1894). Ihnen folgt das große Blatt des süddeutschen Naturalismus, *Die Gesellschaft. Realistische Wochenschrift (Monatsschrift) für Literatur, Kunst und öffentliches Leben* (Michael Georg Conrad; München 1885 bis 1902), in deren Heft 1/1889 es heißt:

«Vier Jahre des Kampfes liegen hinter uns. Oft war er uns so schwer geworden, daß wir mit einem Fluch auf alle deutsche Litteratur und Kunst hätten unsere Feder zerbrechen mögen. Nie hätten wir geglaubt, daß alles Leben rings um uns so tief in Unreinlichkeit des Denkens, in Unwahrhaftigkeit des Empfindens hätte getaucht sein können; nie hätten wir jenes Maß von Bosheit, Feigheit und Niedertracht für möglich gehalten, das wir bei jedem neuen Schritt entdecken mußten. (...) Aber es giebt ein Gefühl über alle Gefühle: Du hast Deine Kraft, Dein Leben nicht umsonst vergeudet; Du hast einer großen, ewigen Sache gedient! Das hat unseren Mut gefestet, unsere Seele froh gestimmt. (...) Mit jedem neuen Tag wuchs unser Vertrauen auf unsere Kraft, auf die Ausdauer unserer Kampfgenossen, auf immer regeren Zuzug von Freunden und Förderern. Der Vorwurf, daß wir nur zu zerstören, nicht zu bauen wüßten, wurde sinnloser und schwächer, je mehr auf die sichtbaren Ergebnisse unserer Arbeiten verwiesen werden konnte. In einer Reihe von Werken auf dem Gebiete des Romans, der Novelle, des Dramas u. s. w. haben wir und unsere Kampfgenossen die positive Leistungsfähigkeit des modernen deutschen Realismus erwiesen. Diese Zeitschrift ist unser Sammelplatz. Sie hat nach und nach sämtliche Zeitschriften des Reiches an Tüchtigkeit und Mannichfaltigkeit des Inhalts überholt, wie sie von Anfang an in der Reinheit der Absichten, in der Höhe der Ziele allen überlegen war.»

Norddeutsches Gegenstück dazu ist die *Freie Bühne für modernes Leben*, später *Freie Bühne für den Entwicklungskampf der Zeit*, noch später *Die neue Rundschau* (Otto Brahm, Wilhelm Bölsche, Otto Julius Bierbaum; Berlin 1890 ff). Ihre vielzitierte Eröffnung lautet:

«Eine freie Bühne für das moderne Leben schlagen wir auf. Im Mittelpunkt unserer Bestrebungen soll die Kunst stehen; die neue Kunst, die die Wirklichkeit anschaut und das gegenwärtige Dasein. Einst gab es eine Kunst, die vor dem Tage auswich, die nur im Dämmerschein der Vergangenheit Poesie suchte und mit scheuer Wirklichkeitsflucht zu jenen idealen Fernen strebte, wo in ewiger Jugend blüht, was sich nie und nirgends hat begeben. Die Kunst der Heutigen umfaßt mit klammernden Organen alles was lebt, Natur und Gesellschaft; darum knüpfen die engsten und die feinsten Wechselwirkungen moderne Kunst und modernes Leben aneinander, und wer jene ergreifen will, muß streben, auch dieses zu durchdringen in seinen tausend verfließenden Linien, seinen sich kreuzenden und bekämpfenden Daseinstrieben. Der Bannerspruch der neuen Kunst, mit goldenen Lettern von den führenden Geistern aufgezeichnet, ist das eine Wort: Wahrheit; und Wahrheit, Wahrheit auf jedem Lebenspfade ist es, die auch wir erstreben und fordern. Nicht die objective Wahrheit, die dem Kämpfenden entgeht, sondern die individuelle Wahrheit, welche aus der innersten Ueberzeugung frei geschöpft und frei ausgesprochen: die Wahrheit des unabhängigen Geistes, der nichts zu beschönigen und nicht zu vertuschen hat. Und der darum nur einen Gegner kennt, seinen Erbfeind und Todfeind: die Lüge in jeglicher Gestalt. (...) Die moderne Kunst, wo sie ihre lebensvollsten Triebe ansetzt, hat auf dem Boden des Naturalismus Wurzel geschlagen. Sie hat, einem tiefinnern Zuge dieser Zeit gehorchend, sich auf die Erkenntniß der natürlichen Daseinsmächte gerichtet und zeigt uns mit rücksichtslosem Wahrheitstriebe die Welt wie sie ist» (Heft 1/1890).

Von den Zeitschriften, die die diversen nicht- und gegennaturalistischen Stilrichtungen der Jahrhundertwende vertreten, sind vor allem Stefan Georges *Blätter für die Kunst* (Berlin 1892 bis 1919) zu nennen; in Heft 1/1892 steht als Programm dieses Blattes, das anfänglich keine Abonnenten, sondern nur «einen geschlossenen von den mitgliedern geladenen leserkreis» duldete:

«Der name dieser veröffentlichung sagt schon zum teil was sie soll: der kunst besonders der dichtung und dem schrifttum dienen, alles staatliche und gesellschaftliche ausscheidend. Sie will die GEISTIGE KUNST auf grund der neuen fühlweise und mache – eine kunst für die kunst – und steht deshalb im gegensatz zu jener verbrauchten und minderwertigen schule die einer falschen auffassung der wirklichkeit entsprang, sie kann sich auch nicht beschäftigen mit weltverbesserungen und allbeglückungsträumen in denen man gegenwärtig bei uns den keim zu allem neuen sieht, die ja sehr schön sein mögen aber in ein andres gebiet gehören als das der dichtung. Wir halten es für einen vorteil, dass wir nicht mit lehrsätzen beginnen sondern mit werken die unser wollen behellen und an denen man später die regeln ableite. (...) Es sei hervorgehoben dass wir jeder fehde abgeneigt sind: wenn wir diese blätter verbreiten so geschieht es um zerstreute noch unbekannte ähnlichgesinnte zu entdecken und anzuwerben. (...) In der kunst glauben wir an eine glänzende wiedergeburt.»

In diesen Zusammenhang gehören *Neue litterarische Blätter. Zeitschrift für Freunde zeitgenössischer Literatur und Monatsblatt der «Literarischen Gesellschaft Psychodrama»* (Franziskus Hähnel; Bremen, Berlin 1892 bis 1897), *Jung-Deutschland/Stimmen der Gegenwart* (Max Beyer; Eberswalde 1900 bis 1902), *Charon. Dichtung, Philosophie, Darstellung* (Rudolf Pannwitz, Otto Zur Linde; Leipzig, Berlin 1904 bis 1914 – «Charonleute sind Sucher») und *Jahrbuch für die geistige Bewegung* (Friedrich Gundolf, Friedrich Wolters; Berlin 1910 bis 1911).

Die weitaus meisten Zeitschriften, die im engeren Sinne einer ‹Bewegung› zugeordnet werden können, hat der literarische Expressionismus hervorgerufen. Im Umfeld der sich abzeichnenden und dann doch noch schlimmer als geahnt eintretenden politischen und wirtschaftlichen Katastrophe des ‹Welt-Kriegs› erschien eine Vielzahl von ‹programmatischen› Blättern, die die Aspekte des deutschen Expressionismus von gesellschaftskritisch-spielerischen bis zu sozialrevolutionär-anarchistischen Tendenzen aufzeigen. An ihnen wird besonders deutlich, daß der Expressionismus eine der wenigen ‹innovatorischen› Abschnitte der deutschen Literaturgeschichte ist, im Unterschied zu anderen Abschnitten, die zumeist vorgegebene europäische Entwicklungen aufnehmen oder nachahmen. Vor allem die Titel der ersten Generation, bis zum Beginn des Ersten Weltkriegs, gehören hier in den Darstellungszusammenhang, speziell die ‹großen› Unternehmungen *Der Sturm* (Herwarth Walden; Berlin 1910 bis 1932), *Der Brenner* (Ludwig von Ficker; Innsbruck 1910 bis 1954), *Die Aktion* (Franz Pfemfert; Berlin 1911 bis 1932) und *Die weissen Blätter* (René Schickele; Leipzig, Zürich 1913 bis 1921). «Die gesamten Jahrgänge des ‹Sturm› umfassen den bedeutsamsten Abschnitt des deutschen und europäischen Geisteslebens», steht in einem Werbetext von 1918.

«‹Der Sturm› hat auf dem Gebiete der Dichtung, der Literatur, der Musik, der Zeichnung und des Holzschnittes stets nur die Arbeiten jener Jüngeren und Neuen veröffentlicht, die eine Entwicklung zu größerer Bedeutung erwarten ließen. (...) So geben die Jahrgänge des ‹Sturm› einen Überblick über die gesamte künstlerische Entwicklung der neuen Zeit. Wer die Entstehung des Expressionismus, sein Wesen und seine Bedeutung begreifen will, ist auf Material, das der ‹Sturm› bietet, angewiesen. (...) ‹Der Sturm› ist das führende Organ der Expressionisten.»

Ähnlich beschreibt Franz Pfemfert sein Blatt in der Nummer 21/1914:

«Was in den drei vergangenen Jahren in meiner Zeitschrift gedruckt worden ist, es ist so wertereich, so voll heißen Lebens, so (Gott, ein populäres Wort noch!) pyramidal, daß kommende Historiker der Literatur, der Kunst, der Politik die Geschichte des heutigen Deutschlands nicht schreiben werden, ohne *die Aktion* studiert zu haben. Der Literarhistoriker z. B. wird dann feststellen: Das wichtigste, temperamentvollste, mutigste, moralischste Wochenblatt der jungen Literatur um 1910 war die Berliner *Aktion*. Hier (wird der Geschichtsschreiber sagen) haben die besten Köpfe des Jungen Deutschland ihre ersten Schlachten geschlagen ...»

Aus der Fülle der Blätter, die zwischen 1910 und 1914 gegründet wurden, einige Beispiele: *Kain* (Erich Mühsam; München 1911 bis 1919); *Saturn* (Hermann Meister, Herbert Grossberger; Heidelberg 1911 bis 1920); *Der lose Vogel* (Franz Blei; Leipzig 1912 bis 1913); *Neue Blätter* (Carl Einstein; Berlin 1912 bis 1914); *Das neue Pathos* (Ludwig Meidner, Paul Zech; Berlin 1913 bis 1919); *Die neue Kunst* (Hans Ammon, Heinrich F. S. Bachmair; München 1913 – «Wer jung ist, soll es bis zur Katastrophe sein, und Unreife ist das triebkräftigste Ferment der Weltgeschichte», Einleitung in Heft 1/1913); *Revolution* (Hans Leybold; München 1913/14); *Neue Jugend* (Friedrich Hollaender; Berlin 1916/17); *Das Forum* (Wilhelm Herzog; München 1914 bis 1924); *Der Orkan* (Rolf C. Cunz; Hanau, Bremen 1914, 1917 bis 1919).

Aus Titeln von Zeitschriften, die während des Krieges und nach Kriegsende herauskamen, läßt sich eine Art Programm des Expressionismus zusammenstellen: *Der Anbruch, Der Mensch, Das junge Deutschland, Revolution, Das Tribunal, Die Rettung, Die Erde, Neue Erde, Das hohe Ufer, Aufschwung, Der Revolutionär, Der Weg, Die Pleite, Der Gegner,*

Genius, Die junge Kunst, Die rote Erde. Typisch für viele dieser Blätter sind einige Sätze aus einem Anzeigentext zu *Der Sturmreiter* von 1919:

«Zeitschrift junger und jüngster Generation. Vereinigt, pflegt, fördert alle Kräfte, die mit letzter Hingabe Eigenwertiges zu schaffen sich mühen. Jüngste expressionistische Dichtung und Graphik: Erleuchtung, Offenbarung – der innere Mensch, Hingabe, Wille zur Tat – der ekstatische Mensch.»

Bleibt zum Schluß ein Hinweis auf die Zeitschriften des Dadaismus. Sie sind zumeist erst nach der hier abgegrenzten Berichtszeit erschienen und haben ihre literarische Wirkung in den zwanziger Jahren gehabt: *Sirius* (Walter Serner; Zürich 1915 bis 1916), *Cabaret Voltaire* (Hugo Ball; Zürich 1916), *Dada* (Tristan Tzara; Zürich 1919 bis 1920), *Das Hirngeschwür* (Walter Serner; Zürich 1919), *Der blutige Ernst* (Carl Einstein, George Grosz; Berlin 1919) oder *Jedermann sein eigner Fußball* (Wieland Herzfelde; Berlin 1919).

Verhältnis zur Presse insgesamt

In dieser knappen, auswählenden Übersicht der Literaturzeitschriften zwischen 1880 und 1918 wurden, der Formulierung des Themas entsprechend, nur selbständige Publikumsperiodika behandelt, nicht die germanistische Fachpresse, die ebenfalls zum Gesamtkomplex «Literaturzeitschriften» gehört und in dieser Zeit einen großen Aufschwung erlebt, und auch nicht die eigentlichen Massendistributoren primärer wie sekundärer Literaturtexte, die vielen Feuilletons der Tages- und Wochenzeitungen bzw. die oft umfangreichen Literaturbeilagen der Tagespresse.

Würde man gerade letztere einbeziehen, so entstünde ein noch plastischeres, für die Sozialgeschichte der Rezeption aufschlußreicheres Bild vom Auseinanderklaffen der für die deutsche Literaturgeschichte so bezeichnenden ‹zwei Literaturen›: hier die kleinen, häufig auf fortschrittliche Programme bezogenen, engagiert redigierten, oft experimentellen, zumeist erst im historischen Rückblick faßbaren literarischen Zeitschriften, dort die auflagestarken, weit verbreiteten, meist eher etabliert-konservativen großen Produzenten von Lesestoff aller Art – eine Differenz der Positionen, die geeignet ist, Definitionen von der gesellschaftlichen Wirksamkeit der Literatur wenigstens zu modifizieren. So gesehen sind auch die Literaturzeitschriften zwischen 1880 und 1918, zumal in ihrer oft geringen Effizienz für die Menge der Literatur-Konsumenten, ein wichtiges Stück in der brüchigen und widersprüchlichen Geschichte der deutschen Intellektuellen.

Ralph-Rainer Wuthenow
Erzählprosa

Eduard von Keyserling

Es ist überraschend, daß einer der unverwechselbaren Erzähler der Epoche, der für uns den Übergang von Theodor Fontane zu den Brüdern Mann darstellt, als beinahe vergessen gelten muß. Es liegt dies auch an seiner Haltung: Keyserling scheute die Öffentlichkeit, den Ruhm wie die programmatische Äußerung. Den Nachlaß überantwortete er der Vernichtung; Notizen, Briefe, Tagebücher, kritische Arbeiten liegen nicht vor, sowenig wie autobiographische Texte, nur die Erzählungen, eine lokkere, diskrete, fontanisierende Prosa, ein im ganzen nicht umfangreiches Werk, geprägt von der Behutsamkeit eines Mannes, der sich nicht wichtig nimmt – und der auch das noch zu verbergen trachtet. Dahinter steht die Selbstzucht des Artisten, das Bewußtsein des beobachtenden Außenseiters; seine Figuren hat er bei verschwimmendem Umriß doch überaus genau gezeichnet und wie mit amüsiertem Wohlwollen; selten fällt auf sie noch der Schatten des Erzählers; nur in Nebenfiguren scheint dieser zuweilen sichtbar zu werden, die das nicht eben aufregende Geschehen, seine Banalität, aber zuweilen auch die sich öffnenden Abgründe höflich kommentieren. Sie leben nicht, sie schauen lediglich zu.

Auch Eduard von Keyserling (1855 bis 1918) scheint der Wirklichkeit feindselig gegenüberzustehen. Der Abstand wird durch Ironie eher gekennzeichnet als überbrückt. Er besitzt die Gelassenheit des erkennenden Pessimisten, dem die Dinge so schön zu sehen wie fürchterlich zu erfahren sind. Seine Figuren leiden an ihrer sozialen und schon als anachronistisch erfahrenen Besonderheit und ohne Wehleidigkeit. Was sonst in jenen Jahrzehnten als die Besonderheit des Künstlers erscheint, ist hier das Stigma einer untergehenden Gesellschaft. Befestigt in Stand und Herkommen, Ansehen und Besitz, behütet und wohlerzogen, werden Keyserlings Gestalten aus ostpreußischem oder baltischem Adel überraschend mit Begebenheiten konfrontiert, denen sie, obschon es sich oft nur um Alltäglichkeiten handelt, erstaunlicherweise nicht gewachsen sind – sowenig wie dem Leben überhaupt, dem sie sich in stilvoller Verwahrung ferngehalten haben und das sie nun anfällt wie ein böses Tier. Hier, in den Schlössern ist Ordnung, Anstand, das Korsett der Konvention, doch jenseits des Schloßgartens wartet das Leid, die Schuld, der Schmutz und der fiebrige Reichtum des Lebens.

In der vornehmen, stilvoll geregelten Welt des grundbesitzenden Adels ist etwas nicht mehr ‹in Ordnung›; ein Vakuum wird spürbar, in das Unheil einzuströmen beginnt. Leidenschaften werden wach, Fassaden bröckeln ab, die gepflegten Parkanlagen beginnen zu verwildern, das so lange gebändigte blaue Blut will rebellieren – aber doch nur, um meist sehr rasch zu spüren, daß es zur Rebellion nicht stark genug ist. Die verwöhnten, dabei doch eigentlich anspruchslosen Menschen erkennen sich als wehrlos. Die Frauen, Garantinnen der Sitte, die Hüterinnen der Ordnung, Eigentum zugleich und schöne Zierfiguren, brechen aus der Gewalt der freudlos gewordenen Konvention aus, laufen den ihrer kaum würdigen Liebhabern nach, also anders gearteten Männern und in das eher bedrohlich als beglückend erfahrene Ungewisse. Die Leidenschaft ist aber nicht das Glück, das wäre die Vorstellung ‹primitiver› Menschen, eher schon wird sie hier zur Verzweiflung, vor allem aber ist sie ein Element des gefürchteten Lebens, brutal, unsittlich, roh und wesentlich stillos. Auf der anderen Seite allerdings dient die Erkenntnis dem Leben sowenig wie dem Glück.

Auffallend ist die durchgehende Familienähnlichkeit der Keyserlingschen Figuren, die Analogie der Themen und Probleme, die hochentwikkelte Kunst der Dialogführung mit einer ausgebildeten Technik des Verschweigens und der kunstvollen Andeutung der erotischen Temperaturen. Der Intensität mancher kurzen Landschaftsdurchblicke oder zwischenmenschlicher Spannungen unerachtet, könnte man versucht sein, das alles für ein wenig ‹dünn› zu halten. Dahinter aber steht eine Erfahrung der Spätromantik und des Ästhetizismus: Schwermut und ennui. «Was wir an Langeweile ertragen können, ist ungeheuer und nur durch jahrhundertelange Erziehung zur Langeweile möglich», gesteht einer dieser so kunstvoll konversierenden Aristokraten. Das ist der Ton der Resignation (*Dumala*, 1908).

Andere, die nicht mehr ganz ‹dazugehören›, begehren auf; ihnen erscheint diese sogenannte Kultiviertheit als widernatürlich, gar als häßlich. Man wagt doch in diesem Klima überhaupt nicht mehr, sich dem Haß, dem Abscheu zu überlassen, weil man nicht allein sich zusammennimmt und lächelt, sondern weil man nur noch heuchelt. Die Menschen sind überfein geworden, die Instinkte, das Ungezügelte, Leidenschaften und Triebe sind über Generationen hinweg domestiziert worden und daher verkümmert. Die Menschen erkennen dies als den Preis der ‹Kultur› und sprechen davon wie von einem kostbaren Wein; Haltung ist wichtiger als

Instinkt und Lebensdurst. Die Leidenschaften und Irrtümer des Herzens, die Verwirrungen des Eros, Versagen, Selbstmord, das erscheint nur noch als ein Mangel an Haltung, als fatale Störung in schwülen Sommernächten, als ‹ordinär› wie Dienstbotengespräche. Man erschrickt, aber der Alltag geht weiter. Schließlich sieht die so bedeutungsvolle Haltung ganz wie der Alltag aus.
Die Abwesenheit von Pathos und falschen Gefühlstönen wie von frivoler Witzigkeit fällt auf, in die beide doch umschlagen könnten. Auch das gehört zu den Vorzügen dieser reinen und verhaltenen Prosa. Sie ist statt dessen im Konversationsstil lässig, jedoch von kultivierter Lässigkeit wie bei Fontane, skeptisch, trocken im perlenden Parlando, lakonisch im richtigen Moment und in der Andeutung noch präzise. Auch wo den Keyserlingschen Figuren die Energie abgeht, sich des Lebens in der objektiven und lähmenden Ordnung zu entziehen, ist doch die Einsicht in die Verhältnisse da und wird zum Aperçu; so sagt die Fürstin in Erinnerung an nicht eben glänzende und weit zurückliegende Tage bei Hofe, «mir kommen diese Leute alle vor wie kostbare Dinge, die immer in einem Etui stecken. Ich war auch einmal solch ein Wesen, das nie aus seinem Etui herauskam. Nun, jetzt bin ich aus dem Etui herausgenommen worden, das ist vielleicht unrecht, aber es tut wohl» (*Fürstinnen*, 1917).
Manche Figuren Keyserlings sind in der Tat nur noch Zuschauer ihrer selbst, befangen, distanziert und bewußt; sie erscheinen als die gescheiten Schauspieler der eigenen Standeskultur, deren Zeit bereits abgelaufen ist; sie agieren ohne Selbstzufriedenheit, eher aus einem nie ernsthaft in Frage gestellten Pflichtgefühl heraus, das sie zuweilen ihren Nachkommen schon nicht mehr ‹vererben› können. Denn deren Lebensgefühl ist im Erwachen bereits überschattet, gebrochen, aufflackernd schon getrübt. Standesbewußtsein und gesellschaftliche Kultur aber sind bei den Alten im Lauf von Generationen schon fast Natur geworden; würdevoll bei den Älteren, erlischt sie in ‹entartenden›, schwächlichen Kindern und Enkeln, die sich als Subjekte wichtig nehmen wollen und nicht mehr in der durch Familie und Stand objektivierten Überlieferung wurzeln.
Nicht der eigene Zweifel, sondern Nachkommen und Erben, das was ringsumher vor sich geht, stellt die Welt der alten Aristokraten in Frage: Maßstäbe werden ungültig, der Sinn für das ‹Schickliche› verändert sich und der für die nicht allein bloß persönliche Verantwortung. Die junge Generation versagt oder verzagt, kann sich nicht mehr einordnen, denkt gar an individuelles Glück, an die Geschmacklosigkeit von ‹Abenteuern›, hat Gefühle, hat Nerven, schlimmer noch: Sie nimmt sich persönlich wichtig. Der Behauptungswille der älteren Generation ist freilich nicht immer ganz frei von Skepsis; auch zeigt sich zuweilen ein Nihilismus des Durchhaltens à tout prix, ein Zugleich von Härte, Toleranz und Resignation, das die Charaktere tiefer erscheinen läßt. Klage und Revolte ist die-

sen Menschen gleich fremd. Sie vermögen stumm zu ertragen, es ist, als habe sie das Schicksal gar nicht angerührt. Aber hinter dieser Haltung werden die Wandlungen der Epoche spürbar, Abschiedsschwermut und ein heimliches Erbeben.

Heinrich Mann

Die Brüder Mann, so sagte Gottfried Benn (1886 bis 1956) in seiner Rede auf Heinrich Mann (1871 bis 1950; 1931), lehrten eine ganze Generation «das Gefährliche, das Rauschnahe, den Verfall, der notorisch zu den Dingen der Kunst gehört», und sie «brachten die Kunst als die hohe geistige Korruption, zu fühlen, was keiner fühlte, die erst zu erfindenden Verfeinerungen, brachten die Artistik, ein für Deutschland nie wieder zum Erlöschen zu bringendes Phänomen. Ahnen hatten sie hierzulande nur einen, der aber geistig geschlagen war und nichts galt: Nietzsche.»

Das traf auf den Heinrich Mann der Weimarer Republik zwar nicht mehr zu, jedoch als Rückblick auf die Anfänge, auf *Flöten und Dolche* (1905) wie die *Drei Romane der Herzogin von Assy* (*Die Göttinnen*, 1903) waren diese Worte berechtigt. Artistik erscheint nun als Gegensatz zur Erlebniskunst, Sentimentalität und künstlerischer Halbheit, zu Weltanschauung und Verschwommenheit in der Zeit des Naturalismus, der Bodenstedt, Geibel und Wildenbruch. Hier geschah der Aufstand des Schönen gegen die bürgerlichen Wertvorstellungen, der in Frankreich und England schon stattgefunden hatte, den Gabriele d'Annunzio (1863 bis 1938) in Italien und Stefan George (1868 bis 1933) in Deutschland organisierten. Arnold Hauser demonstriert an Gustave Flaubert (1821 bis 1880), was für Henry James (1843 bis 1916) nicht minder als für Heinrich Mann gelten dürfte: «Er weiß, daß in jedem Künstlertum ein Element der Zersetzung enthalten ist, eine gesellschaftsfeindliche, desintegrierende Kraft. Er weiß, daß die künstlerische Lebensweise zu Anarchie und zum Chaos neigt und daß das künstlerische Schaffen sich, schon infolge seiner irrationalen Momente, jeder Disziplin und Ordnung, jeder Beharrlichkeit und Stetigkeit zu entziehen trachtet.» [125; *S. 823*]

Dies aber macht nicht allein Thomas Mann zum Problem, indem er daraus eine Psychologie der künstlerischen Lebensform entwickelt und immer wieder neu behandelt. Beunruhigend erscheint nicht nur ihm der Hang zum Pathologischen, zur Selbstentblößung und zum Komödiantischen – Nietzsche hatte das alles schon beschrieben.

Die Stellung des Künstlers in der sozialen Welt, damit auch der utopische Ort, die Gefahr und Gefährdung der Kunst, das sind zentrale Probleme nicht allein der Brüder Heinrich und Thomas; nur sehen die Lösungen sehr verschieden aus, auch hier. Die Radikalität der Erprobung und Überprüfung ästhetizistischer Positionen wird bei dem jüngeren Bruder nur im *Tod in Venedig* (1912) und noch einmal angesichts jenes späten

Rückblicks auf Deutschland erreicht, der mit der Biographie des Tonsetzers Adrian Leverkühn verwoben ist. Der Künstler entwickelt die Reaktionsformen auf bedrohlich wirkende künstlerische Gewalt aus sich selbst heraus. Wenn Thomas Mann die bürgerlich-protestantische Haltung, das Durchhalten noch im selbstbewußten Repräsentieren kultiviert, so wendet sich der ältere Bruder gegen den Künstlerkomödianten und den Bourgeois zugleich und findet den Gegensatz zu beiden in der pathetischen Haltung und Gesinnung des Citoyen. Für die deutschen Verhältnisse bedeutet die erste Haltung eine Form der Anpassung, die zweite jedoch die des Widerstandes – als welche auch der ‹ruchlose Ästhetizismus› zu verstehen ist.

Den Ruhm, den Thomas Mann mit den *Buddenbrooks. Verfall einer Familie* (1901) und den frühen Novellen erreicht, hat Heinrich Mann erst nach 1918 erlangt: mit dem Roman *Der Untertan*, der das Ergebnis einer Entwicklung vom ästhetizistischen Frühwerk fort zu einer immer schärferen Zeitkritik war, die sich auf der Basis einer neugewonnenen oder erst bewußt gewordenen Verantwortung des Künstlers und Schriftstellers seit *Zwischen den Rassen* (1907) und *Die kleine Stadt* (1909) ausgebildet hatte. Seit er die künstlerische Leistung auch als politisches, soziales Handeln – nicht bloß als dessen Analogie – verstand, geriet er in den Jahren vor dem Ersten Weltkrieg in Gegensatz zu weiten Kreisen des Bürgertums, dem er entstammte, geriet in Gegensatz zur Führungsschicht und auch zu seinem Bruder. So ist denn auch in die Literaturgeschichte selbst unserer Jahre noch ein verfälschtes Bild von ihm eingegangen: das des einseitigen, rücksichtslosen und künstlerisch wenig sorgfältigen Erzählers, der zur Karikatur als Inhalt, formal aber zum Journalismus tendierte. [vgl. 130; *S. 191ff* und 150; *S. 750*]

Handelnde und erkennende Menschen stehen sich wohl auch hier gegenüber, doch nicht, wie man behauptet hat, als tierisch oder komödiantisch. Starke Menschen stehen gegen Schwäche und Melancholie, minder versöhnlich und eher also verletzend als bei Thomas Mann. Der Vorwurf der Kolportage freilich blieb an Heinrich Mann haften, der der falschen Versöhnlichkeit und des ‹Gefälligen› ist Thomas Mann gegenüber nur selten erhoben worden. So steht für deutsche Leser ein Werk wie *Königliche Hoheit* (1909) noch immer vorteilhaft im Gegensatz zu *Die kleine Stadt*. Nun zielt Heinrich Mann allerdings nach 1903 bewußt auf den ‹sozialen Zeitroman› als einem Medium der kritischen Erkenntnis der Gesellschaft und des in ihr schlummernden Unheils; daß der Spiegel zum Zerrspiegel wurde, lag an seiner vernunftgeprägten Leidenschaft und daran, daß die Gegenstände Abscheu, Besorgnis, ja auch Ekel in Heinrich Mann weckten. Das läßt sich zum Teil sogar für seine erste Werkphase schon behaupten, also von *Im Schlaraffenland. Ein Roman unter feinen Leuten* (1900) bis dann zum *Untertan* (1918).

Antibürgerlichkeit und damit Feindschaft gegen die herrschende Klasse zeigen aber auch die nicht schon vordergründig gesellschaftskritischen Romane wie *Zwischen den Rassen* und *Die Göttinnen oder Die drei Romane der Herzogin von Assy* wie auch die meisten der frühen Novellen. Hier ist der euphorisch und selbstgenüßlich inszenierte, dann wieder kritisch reflektierte Ästhetizismus auch nur ein Ausdruck utopisch gefärbter Rebellion gegen die Verherrlichung des Nützlichen und Banalen, das die bürgerliche Gesellschaft kennzeichnet.

Ein deutlicher kritisch geprägter Impetus wird dort erkennbar, wo Heinrich Mann die Folgen widervernünftiger und berauschender, allesverzehrender Kunstleidenschaft darstellt, die in Hysterie und Unmenschlichkeit endet: Die Branzilla etwa, die gefeierte Sängerin, ist von ihrer Stimme besessen, eher als daß sie diese besitzt; so dient sie einzig ihrer Kunst, die aber dient wiederum ihrer Größe, ihrem eigenen Ruhm. Nichts gönnt sie sich und ihren Mitmenschen, sie genießt noch ihre Entbehrungen, sie erzieht und quält und züchtigt sich. Noch was sie sich nicht und auch was sie sich gönnt, das mißgönnt sie den anderen. So geht ihr Weg über Verrat, Betrug und über Leichen in immer eisigere Höhen, bis der letzte artistische Triumph auch als ihre tiefste menschliche Erniedrigung erscheint. Aber sie erkennt es nicht, sie ist doch ‹käuflich›, wiewohl allein um ihrer Kunst willen. Diese Kunst ist eine Art von Macht, so daß sie vor keiner Gewalttat zurückschreckt – auch wenn sie sie selbst nicht notwendig ausführt. «Ich habe alle Leidenschaften, und ich mache Kunst daraus. Nichts bleibt übrig, für euch alle nichts. Wer von euch wäre das Herz der Branzilla wert?» (*Die Bösen*, 1908).

In *Pippo Spano* (in: *Flöten und Dolche*, 1905) wird das Verdikt des Erzählers nicht minder deutlich, aber auch diese Abrechnung ist das Ergebnis eines Prozesses, den der Erzähler mit sich selbst führt. Er zeigt nicht allein den eitlen, von Größe träumenden, in der Kunst das ungelebte Dasein hysterisch kompensierenden Dichter, er zeigt, anders als Thomas Mann, auch die Opfer, nicht allein die Besonderheit des Artisten, sondern auch den Preis, den dieser – und andere dazu – für solche ‹Leistung› zu entrichten haben. Die Ausbeutung des Lebens durch den Künstler im Dienste seines Werks endet hier schließlich, nachdem sich die Frau eher in den Dichter als in den Menschen verliebt hat, in der Bloßstellung des Dichters, der, als die Geliebte stirbt, um dem Skandal zu entgehen, als schäbiger Komödiant zurückbleibt. Das Renaissance-Ideal des großen Condottiere wird dem Dichter zur Maske. Rückzug in den Ästhetizismus zeigt sich hier als Gebärde der Ohnmacht; Ästhetizismus und Barbarei sind bei Heinrich Mann in ihrer wechselweisen Verschränkung durchschaut und entwickelt.

Eben von hierher gewinnt Heinrich Mann vertiefte Einblicke in die Triebstruktur und die Mechanismen der Gewalt, die es ihm ermöglichen, nicht allein durch übertreibende satirische Darstellung, sondern durch präzises Herauspräparieren der Motive und Zusammenhänge die Wahrheit der Gesellschaft zu erfassen (vgl. *Abdankung*, 1906).

So erscheint die Geschichte von *Professor Unrat oder das Ende eines Tyrannen* (1905) als Gewaltmär des Mannes, der seine partielle Macht als Lehrer aufgibt und sie – nach Jahren der Verdrängung – als Ohnmacht in den Armen und in der Abhängigkeit von einer zweifelhaften ‹Künstlerin› wiedergenießt und sich darin für die von ihm geübte Härte rächt, in selbstzerstörerische Ausschweifungen flüchtet und dabei vorübergehend auf seltsame Weise sogar im Negativen wieder menschliche Züge gewinnt. Der deformierte Charakter ist hier schon vorgebildet, der dann im *Untertan* unvergeßliche Gestalt gewinnen sollte.

Doch drängte sich erst eine andere Arbeit vor, die nach der Triologie *Die Göttinnen* dem Autor die größte Anerkennung eingetragen hat, *Die kleine Stadt*, dies nicht zuletzt wegen ihrer künstlerischen und kompositorischen Strenge und wegen ihrer erzählerischen Genauigkeit, ihres Tempos, ihrer dramatischen Momente. Aber es handelt sich auch um ein politisches Buch. Von ihm her läßt sich die Konzeption einiger der später in *Geist und Tat* (1931) gesammelten Essays mit der Gegenüberstellung von Voltaire und Goethe und der autobiographisch zu lesenden Zola-Charakteristik unschwer erklären.

Man kann das ‹zersetzend› nennen: Zersetzend ist die Entlarvung des Künstlers wie die des deutschen Bourgeois, sei dies nun der Streber, der Schultyrann oder der Untertan, Ich-schwache, neurotische und wesentlich feige Gestalten, die stark werden – und brutal – durch die Identifikation mit der Macht, die aus Schwäche roh sind und zu abhängig, um Verantwortung zu tragen. Als Gegentypus erscheint nicht der Mächtige, auf den sie dankbar bezogen sind, sondern der Citoyen.

Der Wahrheitsgehalt des Frühwerks von Heinrich Mann liegt nicht zuletzt in der Freilegung, Nachzeichnung und Verdichtung von psychischen Strukturen und einer sozialen Entwicklung, in der selbst der Eros zur Funktion wird und dem Herstellen von Beziehungen, der Statusbestätigung, der Profitmehrung dient (*Im Schlaraffenland*, 1900). Er stellt als solcher wiederum Abhängigkeiten her, in denen sich das Selbst-Sein-Wollen auf eine falsche Weise bestätigt; er befreit nun nicht mehr. Angesichts der Tatsache, daß in solchen Erzählwerken das Modell schon fertiggestellt worden ist, das auch für die Entwicklung sozialpsychologischer Kategorien von Bedeutung sein mußte, erhebt sich auch die Frage nach dem möglichen Erkenntnischarakter literarischer Werke, die Wirklichkeit nicht etwa widerspiegeln, sondern aufdecken und die ihr zugrundeliegenden Prozesse symbolisch behandeln, weitertreiben und neu modellieren. Wie Thomas Mann im *Doktor Faustus. Das Leben des deutschen Tonsetzers Adrian Leverkühn, erzählt von einem Freunde* (1947) versucht hat, so hat es auch der Bruder, vorwegnehmend, gewagt, in der Überpointierung und erhellenden Verzeichnung ein psychologisches Modell zu entwickeln. Die Eingangsseiten des *Untertan* bezeugen dies auf eine schon klassisch zu nennende Weise.

Doch war, was vorausging, notwendig für eine solche Entwicklung und läßt sich nicht darauf reduzieren, daß es allein als Dokument einer solchen Entwicklung bedeutend sein soll. Nicht selten sind diese Erzählwerke Experimente des Autors, in denen er die Preisgabe der Positionen der Frühzeit vollzieht und die den Schritt von Flaubert zu Zola plausibel machen. Das Frühwerk ist gekennzeichnet von Zusammenbrüchen, die Novellen wie die Romane; sie zeigen die Unmöglichkeit, das erträumte, rein ästhetizistische Dasein zu verwirklichen – im Leben nicht und auch nicht neben ihm. Die Konsequenz daraus ist die Wandlung, die sich in *Zwischen den Rassen* ankündigt, in *Die kleine Stadt* voll erkennbar und im *Untertan* zur Herausforderung wird.

Thomas Mann

Heinrich Mann bleibt mit seiner gewissermaßen französisch-republikanischen, nach konservativen Anfängen aufgenommenen Tradition eine Ausnahme, gerade hierin freilich wieder an die Technik Nietzsches erinnernd, sich eigene Überlieferungen zu konstruieren, und zugleich gewillt, gleichsam selbst schon vorwegnehmend zu existieren, indes der jüngere Bruder bei aller Bewunderung für skandinavische und russische Erzähler mehr der deutschen Tradition verhaftet blieb und sich dann auch als der unpolitische Betrachtende nachdrücklich zu ihr bekannte. Anders ordnen sich bei den so unterschiedlichen Schriftstellern die Werke in Gegensatz und Parallelisierung zueinander. Wenn man *Die kleine Stadt* und *Königliche Hoheit* in Beziehung setzen will, so muß man den Brief dazu lesen, den Thomas Mann (1875 bis 1955) an den Bruder schrieb und in dem es heißt: «Du nennst mich gewiß einen feigen Bürger. Aber Du hast leicht reden – Du bist absolut. Ich dagegen habe geruht, mir eine Verfassung zu geben.» (17.1.1906) Der Adressat muß es als Herausforderung empfunden haben, daß der Bruder *Die kleine Stadt* und *Königliche Hoheit* später als «demokratische Bücher» auf einen Nenner bringen wollte. So wird der entschiedene Republikaner als Einzelgänger denunziert, wohingegen sich der erfolgreichere Großbürger, in der Hoheit gespiegelt, leutselig als ‹konstitutionell› verstehen möchte. Die *Betrachtungen eines Unpolitischen*, die (1918) nicht nur gleichzeitig mit dem Nietzsche-Buch Ernst Bertrams erscheinen, sondern auch mit dem *Untertan*, sind immer noch von diesem Brief her zu deuten.

Allerdings wird Thomas Mann in Parallelisierung zu seinem Bruder, positiv wie negativ, deutlicher faßbar, zumal im Hinblick auf die frühen Novellen und den großen Wurf, der ihm in den *Buddenbrooks* (1901) gelungen ist, in dem er, erstaunlich in der frühen artistischen Reife, die novellistischen Anfänge weit hinter sich läßt und sich als reich an gestalterischen Mitteln und als überaus vielseitig erweist, fähig auch, ein reiches Personal ohne Zentralfigur in mehreren Generationen auftreten zu lassen, kunstvoll noch in der Groteske, bewundernswert in seiner epischen Gelassenheit und Strenge.

Die Novellen hingegen scheinen zunächst noch weitgehend den dramatisch schärfer zugespitzten Arbeiten des Bruders zu folgen, der *Tristan* (1903) sowohl als auch *Tonio Kröger* (1903), Novelle, die schließlich als lyrisierende Konfession endet. Aber auch darüber gelangt er dann schließlich in *Der Tod in Venedig* (1912) weit hinaus. Die Haltung, das Ethos des Protagonisten, der als Künstler vom Leben abgesondert, in scheinbarer Sicherheit seinen Ruhm genießt, erweist sich schließlich als Schein und Selbsttäuschung; Pflichtbewußtsein war dann nur die Fassade, hinter der das Chaos wartet und der Untergang.

Die Themen erinnern zuweilen an die Keyserlings: Die Lebensunfähigkeit der Figuren erscheint als stärker denn das äußere ‹Schicksal›, dem sie anheimzufallen drohen. Für die Brutalität des sogenannten ‹Lebens› sind sie viel zu fein organisiert, sie weisen überdies eine starke Familienverwandtschaft auf und stammen fast alle aus dem Buddenbrookschen Haus, in welchem alles, finanziell, physisch wie auch psychisch, dem Untergang entgegentreibt. Wenn dieser Roman mit den fast dazugehörigen Novellen ein ‹Schlüsselroman› ist, dann der der Epoche und nicht nur des Lübeckschen Patriziats. Hier gerade versteht es der Erzähler, das Schwelgen in Empfindungen zu vermeiden; er verzichtet sogar auf das Ineinander von Natur und Seelenstimmung. Was epische Steigerung heißen kann, vollzieht sich hier in der unerbittlichen Darstellung des Verfalls. Ironisch wendet sich die Form gegen den Inhalt: die äußeren Glanzpunkte, so das Jubiläum der Firma, verbergen nur vorübergehend die schweren wirtschaftlichen Fehlschläge. Hier hat Thomas Mann ein für allemal gezeigt, wessen er fähig ist; der Ausdruck des Künstlers erscheint hier in der Tat als die «Rache an seinem Erlebnis» (*Bilse und ich*, 1906). Er hat auch hier anstelle der sonst produzierten geschickt verkleideten Monologe den *Verfall einer Familie* beschrieben und nicht die Leiden und Besonderheiten des Künstlers, der sich von der Realität des Daseins traurig und genüßlich exiliert weiß.

Was Tonio Kröger als Figur seines Erzählers im Schwebezustand zu halten vermochte, das führte dazu, daß Gustav Aschenbach am Lido von Venedig zerbricht, weil er die Kraft nicht mehr besitzt, die so lang geübte Selbstdisziplin durchzuhalten. Der Knabe, den er zu lieben beginnt, ist plötzlich mehr als ein schöner Knabe, ist eine Gestalt des proteischen, seelengeleitenden Hermes. Die im Weltruhm äußerlich gewordene Sicherheit des Künstlers wird von innen her ausgehöhlt, und in äußeren

Signalen, die der Betroffene nicht mehr zu deuten vermag, wiederholt und spiegelt sich dieser Vorgang. Die Garantie seiner Leistung, Haltung, Selbstzucht, Pflichtbewußtsein angesichts einer als objektiv erkannten Aufgabe geht verloren, der Boden wird grundlos. Am Ende steht Verführbarkeit, zügelloses Begehren, Tod. Was vorausging war, von hier aus gesehen, nur eine großartig gespielte Komödie – die des modernen Künstlers. Kunst und Künstlertum erscheinen als stellvertretend für moralische und gesellschaftliche Probleme der Epoche.

Der von Nietzsche erlernte Verdacht gegen den Künstler und seine innere Zuchtlosigkeit, seine Selbsttäuschung, sein Komödiantentum wird von Thomas Mann programmatisch in Erzählform und die in dieser zu arrangierenden Konflikte umgesetzt; zugleich wird der heimliche Romantizismus des Künstlers durch Stilisierung und Selbstkontrolle wiederum gebändigt. Das Ethos des Bürgers triumphiert so noch in der Arbeit des Artisten, der seine Ab- und Andersartigkeit mit schlechtem Gewissen betrachtet, einem Gewissen, das er zugleich genießen und als Alibi vorweisen kann, wenn er dieser Welt, der er doch selbst entstammt, den Nekrolog schreibt.

Nicht immer ohne Wehleidigkeit erzählt Thomas Mann vom beschädigten Künstler. Bei Heinrich Mann ist der Künstler sich nicht wirklich im klaren über den Grad dieser seiner Beschädigung, doch berichtet er auch von jenen, die durch diesen Schaden genommen haben, die dieser im ‹Dienst am Werk› zu verzehren wagte. Dann gibt Heinrich Mann die Thematik preis, an der Thomas Mann so lange wie erfolgreich festhält, während Keyserling von vornherein darauf verzichtet hatte, dieses Außenskriterium und alle Lebensschwäche nur als Künstlerproblematik zu sehen, zu behandeln. Die Parodie darauf hat Frank Wedekind (1864 bis 1918), vielleicht mit dem Blick auf Henrik Ibsens (1828 bis 1906) «dramatischen Epilog» *Wenn wir Toten erwachen* (1899), in seiner grotesken Komödie *Der Kammersänger* (1899) geliefert.

Das Gericht über den Künstler und den Ästheten ist eines der beherrschenden Themen in der Literatur des Fin de siècle. Aber der dem Leben wie der Wirklichkeit entfremdete Künstler ist selbst wiederum nur ein Symptom für die entfremdeten Lebensverhältnisse in einer ihrem Untergang immer schneller entgegentaumelnden Welt.

Jost Schillemeit
Der späte Fontane

Stellung in der Zeit

Der späte Fontane nimmt unter den deutschen Erzählern des 19. Jahrhunderts eine merkwürdige Sonderstellung ein, die sich am besten an seinem Verhältnis zur gesamten – deutschen und nichtdeutschen – Romanliteratur seiner Zeit ablesen läßt. Anders als Keller, Meyer oder Raabe war er ein interessierter – wenn auch nicht immer zustimmender – Leser Zolas und Turgenevs. In einem Brief von 1885 nennt er Turgenev und Menzel, den führenden Maler des Berliner Realismus, nebeneinander und beide als Künstler, zu denen er als seinen «Meistern und Vorbildern» aufblicke. Balzac und Flaubert scheinen ihn nicht unmittelbar oder doch nicht nachhaltig beeindruckt zu haben; immerhin aber gibt es aus dem Jahr 1886 eine Aufzeichnung über ein gerade gelesenes Buch des Berliner Kolportageromanschreibers Max Kretzer (1854 bis 1941), in der es heißt: «Das ist die neueste Leistung dieses furchtbaren Menschen, der aufgestellt scheint, um Flaubert, Zola und den echten Realismus zu diskreditieren.» Zeitlebens begleitet haben ihn Scott, CharlesDickens und Thackeray, den er 1852, während seines ersten längeren Englandaufenthalts und im englischen Original, gelesen hat und den er zunächst, unter dem starken Eindruck des breiten, humoristisch-satirischen Gesellschaftsbildes von *Vanity Fair*, höher stellte als Dickens. Noch 1886 schreibt er, anläßlich eines Berlin-Romans des damals viel gelesenen und heute vergessenen Paul Lindau (1839 bis 1919): «Es fehlt uns noch ein großer Berliner Roman, der die Gesamtheit unseres Lebens schildert, etwa wie Thackeray in dem besten seiner Romane *Vanity Fair* in einer alle Klassen umfassenden Weise das Londoner Leben geschildert hat.» All dies deutet auf eine Auffassung von den Möglichkeiten und Aufgaben der Literatur im allgemeinen und des modernen Romans im besonderen, die der Gesamtströmung des modernen europäischen Realismus, wie sie vor allem Erich Auerbach in seinem «Mimesis»-Buch herausgearbeitet hat, näher steht als der spezifisch deutschen Literaturtradition. Es ist denn auch kein Zufall, daß Fontane in Auerbachs Buch, in einem kurzen Blick auf die deutsche Romanliteratur des 19. Jahrhunderts, als «der einzige» genannt wird, «dessen Name sich eben doch aufdrängt, wenn man im Sinne des ernsten Realismus von seiner Generation spricht».

Freilich, den «großen Berliner Roman», der «in einer alle Klassen umfassenden Weise» die Gesamtheit des damaligen Berliner Gesellschaftslebens darstellen würde, so wie es Thackerays *Vanity Fair* (1847/48) für das London seiner Epoche getan hatte – diesen Roman hat auch Fontane nicht geschrieben, auch nicht eigentlich schreiben wollen, und man kann sich fragen, wieweit überhaupt die Gesamtheit seiner Romane von dieser Kategorie des Zeit- und Gesellschaftsbildes her zu begreifen ist. Es gibt, wenn man sein Gesamtwerk daraufhin durchgeht, eigentümliche Schwankungen, Differenzen und – wirkliche oder scheinbare – Inkonsequenzen, und was man schließlich erhält, ist alles andere als ein einheitliches Gesamtbild. Auch dort, wo man von Zeit- und Gesellschaftsbildern sprechen könnte – oder genauer: von Romanen, die ein Bild der Berliner oder der märkisch-preußischen Gesellschaft von 1880/1890 vermitteln –, ist doch die Rolle des ‹Zeitbildlichen› im Gesamtkontext des Romans sehr verschieden: Es kann hervortreten und für die Wirkung des Buches bestimmend sein – wie etwa in *Frau Jenny Treibel* (1892) und in gewissem Grade auch in *Irrungen, Wirrungen* und *Stine* (1888 bzw. 1890) – und es kann im Hintergrund bleiben, als ein vom Leser kaum wahrgenommener Horizont aller erzählten Geschehnisse, wie etwa in *Effi Briest* (1894/95).

Überdies aber sind keineswegs alle Fontaneschen Romane Zeitromane im eben angedeuteten Sinne. Am Anfang seiner Karriere als Romanschriftsteller steht der historische Roman *Vor dem Sturm* (1878), auf den zunächst eine Reihe weiterer historischer Erzählungen folgt: *Grete Minde* (1880), *Ellernklipp* (1881) und *Schach von Wuthenow* (1882), und auch damit hat Fontane vom Genre des historischen Romans keineswegs endgültig Abschied genommen. Noch in den letzten Jahren seines Lebens beschäftigte ihn der Plan eines großen historischen Romans um die Gestalt des Klaus Störtebeker, *Die Likedeeler* – ein Plan, zu dem sich umfangreiche Vorarbeiten im Nachlaß gefunden haben und der erst sehr spät (1895) zugunsten des *Stechlin* aufgegeben wurde, der dann Fontanes letztes Buch wurde. (Die Buchausgabe des *Stechlin* erschien 1898, im Todesjahr des Dichters.) Höchst bezeichnend auch die ersten Erwähnungen des *Likedeeler*-Plans in den Briefen Fontanes:

«Ich schließe mit dieser Geschichte den Zyklus meiner Berliner Romane ab», schreibt er 1888, mitten in der Arbeit an *Frau Jenny Treibel*. «Es sind 6 im ganzen, und ich habe vor, wenn mir noch ein paar Jahre vergönnt sind, mit einem ganz balladesken historischen Roman, der um 1400 spielt, abzuschließen. Die Leute mögen dann sehn, daß ich auf Zoologischen Garten und Hankels Ablage nicht eingeschworen bin und daß ich imstande bin, meine Personen ebensogut eine Simplizitätssprache wie die Bummel- oder Geistreichigkeitssprache des Berliner Salons sprechen zu lassen. Ich sage: ‹Die Leute mögen dann sehn›, ja, ‹sie mögen›, aber sie werden nicht, denn das Quantum von Gleichgültigkeit, das die Menschen allem entgegentragen, was nicht Modesache ist, ist kolossal.»

Und sieben Jahre später, am 16. März 1895 – inzwischen fünfundsiebzigjährig – schreibt er an den Verleger Hans Hertz, wieder mit Bezug auf den *Likedeeler*-Plan:

«Ich will einen neuen Roman schreiben (ob er fertig wird, ist gleichgültig), einen ganz famosen Roman, der von allem abweicht, was ich bisher geschrieben habe, und der überhaupt von allem Dagewesenen abweicht, obschon manche geneigt sein werden, ihn unter die Rubrik ‹Ekkehard› oder ‹Ahnen› zu bringen. Er weicht aber doch ganz davon ab, indem er eine Aussöhnung sein soll zwischen meinem ältesten romantischsten Balladenstil und meiner modernsten und realistischsten Romanschreiberei. Den ‹Hosen des Herrn von Bredow› käme diese Mischung am nächsten, bloß mit dem Unterschiede, daß die ‹Hosen›, wie es ihnen zukommt, was Humoristisches haben, während mein Roman als phantastische und groteske Tragödie gedacht ist.»

Äußerungen wie diese zeigen den Spielraum formaler, sprachlicher und stilistischer Möglichkeiten, innerhalb dessen seine Phantasie und seine literarische Produktivität sich bewegten – zwischen ‹romantischstem Balladenstil› und ‹realistischster Romanschreiberei› – und sie zeigen zugleich seine Abneigung dagegen, sich auf irgendeine bestimmte Gattung, etwa die des Berliner Zeit- und Sittenbildes, festlegen zu lassen, sein Vergnügen am Wechsel der Formen und an dem, was man auch hier ‹Weite und Vielfalt der realistischen Schreibweise› nennen könnte, überhaupt seine Abneigung gegen festgelegte literarische Programme. («Sie kennen mich zu gut» – schreibt er einmal um dieselbe Zeit, 1894, an einen Bekannten – «als daß Sie nicht wissen sollten, daß der ganze streitsuchende Krimskrams von Klassizität und Romantik, von Idealismus und Realismus, beinahe möchte ich auch sagen, von Tendenz und Nichttendenz – denn einige der allergrößten Sachen sind doch Tendenzdichtungen – weit hinter mir liegt. *Alles* ist gut, wenn es gut ist.») Sie zeigen aber auch die Bedeutung des Gegenstandes oder dessen, was er den «Stoff» zu nennen pflegte, für Konzeption und Ausführung der einzelnen Werke. Der Gegenstand oder der «Stoff» regelt die Form, nicht umgekehrt die Form den Stoff. «Der Stoff in seiner mittelalterlichen Seeromantik und seiner sozialdemokratischen Modernität – ‹alles schon dagewesen› – reizt mich ganz ungeheuer», schrieb er über den *Likedeeler*-Plan in einem mit dem eben zitierten gleichzeitigen Brief – hatte aber damit, zugleich mit dem Stoff, auch schon die entsprechende Form vor Augen: die einer «phantastischen und grotesken Tragödie» oder auch einer «Phantasmagorie». Ähnlich hatte er schon bei der Arbeit an *Vor dem Sturm* das Ganze entsprechend dem

Gegenstand und nicht etwa nach irgendwelchen vorgegebenen Formgesetzen konzipiert: er habe sich nie die Frage vorgelegt – schrieb er damals (1866) an seinen Verleger –, ob dies ein Roman werden solle, und wenn es ein Roman werden solle, welche «Regeln und Gesetze» einzuhalten seien: «Mir selbst und meinem Stoffe möchte ich gerecht werden.» Und nicht wesentlich anders verfuhr er dann später in den größeren und kleineren Romanen und Erzählungen, die er danach vorlegte, von *Grete Minde* und *L'Adultera*, seinem ersten Zeitroman, bis zum *Stechlin*. Daß er sich dieses Verfahrens auch durchaus bewußt war, zeigt unter anderem die Definition des Begriffs ‹Stil›, die er einmal in einer Kritik der Gottfried-Kellerschen Erzählweise gegeben hat: «Ein Werk ist um so stilvoller, je *objektiver* es ist», so sagt er dort, um dann erläuternd fortzufahren: «d. h., je mehr nur der Gegenstand selbst spricht, je freier es ist von zufälligen oder wohl gar der darzustellenden Idee widersprechenden Eigenheiten und Angewöhnungen des Künstlers.»

Der Testfall *L'Adultera*

Hiermit hängt nun auch, außer manchen anderen Unterschieden zwischen den einzelnen Romanen, die eigentümliche ‹Inkonsequenz› in der Behandlung des gesellschaftlich-zeitgeschichtlichen Hintergrundes zusammen, von der bereits die Rede war. Man kann das genauer sehen, wenn man zum Beispiel den eben genannten ersten Berliner Gesellschaftsroman Fontanes, *L'Adultera*, der 1880 zuerst erschien, zwei Jahre nach *Vor dem Sturm*, auf das Verhältnis von ‹Stoff› und ‹Gesellschaft› hin betrachtet und ihn einerseits mit *Vor dem Sturm*, andererseits mit den nachfolgenden modernen Gesellschaftsromanen vergleicht – ein Vergleich, der sich gerade bei *L'Adultera* besonders anbietet, weil gerade dieser (nicht durchweg geglückte) Roman eine eigenartige und aufschlußreiche Zwischenstellung zwischen dem historischen Erstlingsroman und den späteren Werken einnimmt. Der ‹Stoff› ist hier, auf eine knappe Formel gebracht, eine Ehebruchs- und Scheidungsgeschichte mit versöhnlichem Ausgang, eine Geschichte, die auf einen wirklichen Vorfall zurückgeht, der sich wenige Jahre vor Entstehung des Romans in Kreisen der großbürgerlichen Berliner Gesellschaft abgespielt und viel Aufsehen erregt hatte. (Entsprechende Materialien, Zeitungsartikel und -notizen und dergleichen, mit einer Sorgfalt gesammelt, die auch für Fontanes spätere Arbeitsweise charakteristisch bleibt, haben sich im Nachlaß erhalten, darunter ein Zeitungsartikel über Haus und Geschichte des Geheimrats und Großkaufmanns Louis Ravené – Urbild des Kommerzienrats van der Straaten bei Fontane –, der im Juni 1879, kurz nach seinem Tode und offenbar unmittelbar vor der Konzeption des Romans, erschienen war.) Aber der Stoff ist hier gleichzeitig auch als Mittel zum Zweck einer Darstellung zeitgenössischer gesellschaftlicher Zustände gedacht: es ging

Fontane darum, wie er später in einem Brief an den schon erwähnten Paul Lindau schrieb, «ein Berliner Lebens- und Gesellschaftsbild zu geben»; «das Zuständliche, die Szenerie» – so fügt er hinzu – «war mir Hauptsache». Damit aber weist dieser Roman zurück auf den historischen Erstlingsroman, für den Fontane vorübergehend den Untertitel «Zeit- und Sittenbild aus dem Winter 12 auf 13» erwogen hatte, und zugleich auf einen anderen großen Romanplan, den er schon vor Abschluß von *Vor dem Sturm* begonnen hatte zu konzipieren und der, obwohl unfertig geblieben, für das Verständnis seiner gesamten Romanproduktion überaus aufschlußreich ist: den Romanplan *Allerlei Glück* (um 1879), zu dem ebenfalls beträchtliche Vorarbeiten und Studien aus dem Nachlaß bekannt wurden. In einem Brief an den Redakteur von *Westermanns Monats-Heften* vom April 1879 wird er stichwortartig folgendermaßen charakterisiert: «Zeitroman. Mitte der siebziger Jahre; Berlin und seine Gesellschaft, besonders die Mittelklassen, aber nicht satirisch, sondern wohlwollend behandelt. Das Heitere vorherrschend, alles Genrebild. Tendenz: es führen viele Wege nach Rom, oder noch bestimmter: es gibt *vielerlei Glück* (...). Das Ganze: der Roman meines Lebens oder richtiger die Ausbeute desselben.» Fontane hat diesen Roman dann nicht geschrieben, aber zahlreiche Entsprechungen in den späteren ausgeführten Romanen zeigen, wie er immer wieder auf die Ideen und Motive dieses Plans zurückgriff, und man könnte sagen, daß die ganze Reihe seiner Berliner Romane schließlich doch so etwas wie eine stückweise zustande gekommene Verwirklichung dieses Romanplans darstellt.

Macht man sich diese Zusammenhänge klar, so wird ein typisches Formproblem erkennbar, das sich für Fontane – ähnlich wie für andere Romanschriftsteller seiner Generation – seit dem Übergang vom Genre des historischen Romans zu dem des Zeitromans immer wieder stellte, zum erstenmal in *Allerlei Glück*, dann in *L'Adultera* und ähnlich in allen folgenden Zeitromanen: das Problem der Einheit des einzelnen Werks, der Verknüpfung aller Teile zu einem zwingenden, überzeugenden Ganzen oder, wie Fontane selbst gelegentlich sagt, der «Rundung» des Ganzen oder kurz: das Problem der epischen Integration. Der *Allerlei Glück*-Plan war offenbar daran gescheitert, daß dieses Problem sich als nicht lösbar erwies: das schon im Titel genannte Leitmotiv langte offenbar nicht aus, die Fülle der nebeneinanderstehenden, disparaten Motive zusammenzubinden, ebensowenig wie die etwas schematische, an *Vor dem Sturm* erinnernde Haupthandlung des geplanten Romans. In *L'Adultera* wird nun eine neue Lösung versucht, die man die novellistische nennen könnte: Erzählung einer ‹dramatischen›, aus sich selbst heraus weitertreibenden Handlung, die an sich nicht zeittypisch ist, vielmehr eher aus dem Rahmen des Üblichen herausfällt, aber die Möglichkeit gibt, Zeittypisches darzustellen, im Verhalten der Figuren gegeneinander, in Gesprächen oder auch in den Reaktionen der betroffenen Personen auf die Haupterеignisse der Geschichte. Es ist im Grunde das gleiche Verfahren, wie Fontane es, fast gleichzeitig, in *Schach von Wuthenow* geübt hat: auch dort die Novellenhandlung als Rückgrat, mit dem eklatanten, dort freilich tragisch ausgehenden Vorfall aus der ‹chronique scandaleuse als Hauptmotiv, auch dort gleichzeitig, als ungefähr gleichrangiges und gleichgewichtiges Motiv des Erzählens, die Schilderung der Zeitverhältnisse, die ja dort schon im Untertitel der Geschichte angekündigt wird: «Erzählung aus der Zeit des Regiments Gensdarmes».

So lassen sich hier, in Fontanes erstem Berliner Gesellschaftsroman, zwei Tendenzen oder Erzählprinzipien ablesen, die in wechselnden Kombinationen durch sein ganzes weiteres Werk hindurchgehen, aber hier besonders deutlich sichtbar werden, weil ihre Integration nicht vollständig geglückt ist: das Zeittypische stört das Novellistische, und das Novellistische, das überdies seine eigenen Schwächen hat, läßt das Zeittypische nicht voll zur Geltung kommen. Geglückt sind vor allem gewisse Gespräche der beiden Eheleute van der Straaten, die Figur van der Straatens selbst und, wie oft bei Fontane – eine Eigenart, die ihm selbst wohl bewußt war – die Gruppe der Nebenfiguren, in der man eine Reihe von glänzend gezeichneten gesellschaftlichen Typen der Zeit vorgeführt bekommt, vom «Streber» und Karrieremacher, der sein Verhalten nach Maßgabe dessen ausrichtet, was «nach oben hin empfiehlt», bis zum ultrakonservativen altmärkischen Adligen, für den Bismarck ein mit Abneigung und Mißtrauen betrachteter Emporkömmling ist. Als Verkörperung bestimmter gesellschaftlicher Typen sind aber auch van der Straaten und Rubehn, die beiden männlichen Hauptfiguren des Romans, angelegt, vor allem Rubehn (worin zugleich eine der Hauptursachen für das Scheitern des ganzen Romans liegt). Beide verkörpern Typen des neuen großstädtischen Handelsbürgertums, des «Bourgeois», und sind zugleich mit deutlicher Antithetik einander gegenübergestellt: van der Straaten jovial, Humorist mit Anflügen von Zynismus, an der Börse «bedingungslos» geltend, nicht aber in der Gesellschaft, da er zuwenig «draußen» war und es versäumt hat, sich den seiner Lebensstellung entsprechenden «Weltschliff» anzueignen, und Rubehn, der Mann der geschliffenen Formen, der «Weltmann», Verkörperung eines neuen Gentlemantypus, dem man auch sonst gelegentlich bei Fontane begegnet, etwa in der Figur des «Zivilingenieurs» und gewesenen Offiziers Gordon in *Cécile* (1887) oder in den Plänen zu *Allerlei Glück*, wo es ein Gespräch über die «vielgereisten, sprachensprechenden, kosmopolitisch geschulten Menschen» und ihre «Superiorität», ihre «gesellschaftsbeherrschende» Stellung gibt.

«Novellistische» und «gesellschaftsbildliche» Tendenz

Überblickt man von hier aus die Reihe der weiteren Romane, so bemerkt man, wie Fontane offenbar immer mehr lernt, die beiden eben skizzierten Tendenzen, die zum «Lebens- und Gesellschaftsbild» und die «novellistische», in eine weniger konfliktreiche Beziehung zu bringen. Dabei gibt es, wie schon angedeutet, verschiedene Möglichkeiten der Kombination. Es gibt den Fall der eindeutig führenden Tendenz zum Gesellschaftsbild: den Fall, der am deutlichsten in *Frau Jenny Treibel* vorliegt, wo die Handlung ebenso deutlich nur Mittel zum Zweck ist, nur Stützfunktion hat, und es gibt den Fall, in dem die Novelle oder besser: das Geschehen die Oberhand hat und das Gesellschaftsbild nur die (freilich unbedingt nötige) Bedingung der Möglichkeit ist, wofür *Unwiederbringlich* (1891) und *Effi Briest* die wohl überzeugendsten und deutlichsten Beispiele sind. Und es gibt den Fall, der in *Irrungen, Wirrungen* und in *Stine* vorliegt, wo beides vorhanden ist, das Gesellschaftsbild und das Novellistische, aber das eine im andern versteckt scheint. Eine Sonderstellung nimmt der *Stechlin* ein, der ein Gegenwartsroman, aber nicht eigentlich ein Gesellschaftsbild ist und in mehr als einer Hinsicht ein Pendant zu *Vor dem Sturm* darstellt: wieder ein ‹Vielheitsroman›, wieder eine Reihe von Schauplätzen und Personenkreisen in höchst lockerer Komposition nebeneinandergestellt, wieder ein märkischer Adelssitz als Zentrum, wieder eine Folge von Gesprächen als das Medium, in dem der historische Augenblick, die Themen und die Situation der Zeit gespiegelt erscheinen, die diesmal die Zeit des Autors selber ist – der Moment der Grenzscheide zwischen «Altem» und «Neuem». «Einerseits auf einem altmodischen märkischen Gut, andrerseits in einem neumodischen gräflichen Hause (Berlin) treffen sich verschiedene Personen und sprechen da Gott und die Welt durch», wie Fontane in einem Brief aus der Entstehungszeit des *Stechlin* sagt. «Alles Plauderei, Dialog, in dem sich die Charaktere geben, und mit ihnen die Geschichte. Natürlich halte ich dies nicht nur für die richtige, sondern sogar für die gebotene Art, einen Zeitroman zu schreiben (...).»

Wie ist nun das Bild der Zeit und der Gesellschaft in diesen Romanen? Was wird in ihnen gespiegelt vom gesamten Gesellschaftszustand und von den geschichtlichen Veränderungen der Epoche, und wie wird es gespiegelt? Nach dem eben Gesagten wird man die Frage in mehrfacher Hinsicht begrenzen und zugleich differenzieren müssen. Begrenzen muß man sie vor allem nach der Seite des Umfangs der dargestellten gesellschaftlichen Wirklichkeit selbst: es sind nicht europäische oder deutsche, sondern im wesentlichen märkisch-preußisch-berlinische Gesellschaftszustände, die man in Fontanes Romanen, den historischen wie den Zeitromanen, dargestellt findet, von einigen wenigen Ausnahmen abgesehen, von denen nur eine – *Unwiederbringlich* – zu den bedeutenderen Romanen Fontanes gehört. (Die beiden anderen Ausnahmen sind *Graf Petöfy* (1883) und *Quitt* (1890), beides typische, nur aus der Situation des Berufsschriftstellers zu erklärende Nebenwerke, das erste eine in Wiener Adelskreisen spielende Ehebruchsgeschichte, das andere eine Kriminalgeschichte, die zuerst in Schlesien, zuletzt in Amerika spielt.) Differenzieren aber muß man die Frage vor allem nach den beiden eben skizzierten Entwicklungslinien und den entsprechenden erzählerisch-formalen Typen: die Gesellschaftsdarstellung, ihre Verfahrensweisen und ihre Thematik – all dies sieht in den Romanen des ‹novellistischen› Typus (um bei diesem Ausdruck zu bleiben, der übrigens auch durch Fontanes eigenen Sprachgebrauch nahegelegt wird) anders aus als in den eigentlichen ‹Gesellschaftsbildern› und wieder anders im *Stechlin*.

Charakteristisch für den ‹novellistischen› Typus ist durchweg eine gewisse Begrenzung des Schauplatzes oder besser: der Schauplätze, die immer nur einen bestimmten, engumschriebenen Teil der gesamten zeitgenössisch-gesellschaftlichen Realität in die Romansphäre eindringen läßt, eben soviel, wie für die Entwicklung der zu erzählenden Geschichte notwendig ist. So bekommt man in *Effi Briest* zunächst ein Bild der Lebensverhältnisse, in denen Effi aufgewachsen ist – Gut Hohen-Cremmen irgendwo in der Mark –, sodann ein Bild der Kessiner Kleinstadtgesellschaft, in die sie durch ihre Heirat hineinverschlagen wird – «Diese Gesellschaft durchführen», heißt es an dieser Stelle im ersten Entwurf des Romans – und schließlich ein weniger ausführliches, skizzenhaftes Bild der Berliner Gesellschaftssphäre, in die sie durch die Ministeriallaufbahn ihres Mannes hineinkommt, wobei jedesmal eine genaue Korrespondenz zwischen der gesellschaftlichen Sphäre und der Station des Geschehens besteht, jeder der Schauplätze seine Funktion für den Ablauf des ganzen Geschehens hat – bis hin zur Rückkehr nach Hohen-Cremmen am Schluß des Romans. Jeder dieser Schauplätze ist in gewisser Weise typisch, in jedem von ihnen kann man bestimmte Phänomene der zeitgenössischen Gesellschaft dargestellt finden – das Leben auf einem «altmodischen märkischen Gut», die Honoratiorengesellschaft einer kleinen preußischen Provinzstadt, die Sphäre der «regierenden Klassen» in Berlin – aber alle zusammen ergeben doch nur einen sehr schmalen Ausschnitt aus der gesamten gesellschaftlichen Realität, die man hier darstellen könnte, und vor allem ist die Gesellschaft als solche hier nicht eigentlich thematisch. ‹Thematisch› ist vielmehr – sofern das Wort hier überhaupt noch paßt – die zu erzählende Geschichte, die im wesentlichen die Geschichte einer Ehe, als einer Beziehung zwischen zwei Menschen, und zugleich eine Tragödie ist, im alten, klassischen Sinne des Unschuldig-Schuldigwerdens durch ein Zusammenspiel von inneren und äußeren Ursachen, deren genaue Analyse ein «zu weites Feld» wäre. (In gewissem Sinne ist Fontane, neben Henrik Ibsen und kurz vor Gerhart Hauptmann, einer der letzten, ‹verspäteten› Tragiker gewesen.) Nicht anders und in mancher Beziehung noch aufschlußreicher für diesen Typus innerhalb des Fontaneschen Gesamtwerks liegen die Dinge in *Unwiederbringlich*, wo die Handlung sich weitab von Preußen und Berlin in einem schleswig-holsteinisch-dänischen Hof- und Adelsmilieu abspielt und überdies noch durch eine gewisse zeitliche Kluft von der Gegenwartssituation des Autors und seiner Leser abgerückt ist: zu Beginn der Handlung befindet man sich, wie ausdrücklich vermerkt wird, im «September 1859». Auch hier hat man die strengste Korrespondenz zwischen dem Handlungsablauf und der Abfolge der Schauplätze und der entsprechenden gesellschaftlichen Sphären, auch hier hat jeder der Schauplätze seine genau bestimmte Funktion für den Ablauf der Handlung – man sehe den Kontrast zwischen der norddeutsch-protestantischen Welt von Schloß Holkenäs, die in den Eingangskapiteln entfaltet wird, und der freigeistig-aufgeklärten Kopenhagener Hofwelt, in der Graf Holk sich dann in sein Liebesabenteuer mit der geistreichen Hofdame Ebba verstrickt – und auch hier hat der Handlungsverlauf im ganzen in wesentlichen Stücken die Form einer Tragödie, deren Hauptmotiv die Geschichte einer Ehe ist. All dies wie in *Effi Briest* – nur mit dem Unterschied, daß das Ehethema hier sehr viel deutlicher als in der drei Jahre späteren *Effi* moralisch gefaßt und auf die allgemeine Diskussion um Recht und Grenzen der Institution Ehe bezogen erscheint, die seit Goethes *Wahlverwandtschaften* (1809) durch das ganze 19. Jahrhundert geht und gerade durch Ibsens Dramen und ihr Pathos der «freien Herzensbestimmung» neu entfacht worden war. Fontane stand hier gegen Ibsen, mit Leidenschaft, wie man nicht nur aus seiner *Gespenster*-Rezension von 1887, sondern auch aus seinen Briefen entnehmen kann – und auch in *Unwiederbringlich* läßt er in den entscheidenden letzten Dialog zwischen Holk und Ebba ein Stück Ibsenkritik einfließen, indem er Ebba ihrem unglücklichen Liebhaber, der Spiel für Ernst genommen hatte, einen höchst aufgeklärten und zugleich höchst moralischen Vortrag über den Unterschied zwischen dem Gebiet des Erotischen, in dem das Gesetz des Augenblicks gilt, und dem des Moralischen und der «wirklichen Rechte», der «eigentlichen Legitimitäten», halten läßt.

Man kann von hier aus übergehen zur Gruppe der ‹Gesellschaftsbilder›; denn mit dem eben Gesagten ist bereits ein Thema oder eigentlich ein ganzer Bereich von Themen berührt, dem man auch dort in den mannigfachsten Variationen begegnet, zum erstenmal in *Allerlei Glück*, in dem dort vorgesehenen Nebenmotiv eines «freien» Liebesverhältnisses und den entsprechenden, bereits skizzierten Dialogen über «Liebelei und Libertinage», «allerlei Glück» und «allerlei Moral», wo bereits die typisch Fontaneschen Unterscheidungen auftreten, die sich von hier aus durch sein ganzes Romanwerk hindurchziehen: die Unterscheidung zwischen «öffentlicher Moral» und «persönlich ins Herz geschriebener», und die zwischen «Handeln» und «Urteilen»: «Ich *handle* nach der öffentlichen Moral», sagt dort eine der Hauptfiguren, ziemlich genau im Sinne ihres Autors, «weil ich nicht Lust habe, mich in unbequeme Kämpfe einzulassen, aber ich *urteile* nicht danach, wenn andre es für gut befunden haben, die gewöhnliche Vorstellung von Sitte etc. zu durchbrechen.» Und weiter, mit Bezug auf den konkreten Fall des erwähnten «freien» Verhältnisses: «Du hast hier einen Musterfall. Ich ziehe das Keusche dem Unkeuschen vor und es ist kein leerer Wahn: selig sind, die reinen Herzens sind. Ich will dich nicht mit Bibelsprüchen aufhalten. Aber ich bin außerstande, in dem Verhältnis dieser beiden Leute etwas besonders Anstößiges zu erblicken. Es werden keine Pflichten verletzt, es wird kein Anstoß gegeben; eine nicht aus lautersten Quellen stammende Neigung sucht ihre Befriedigung und findet sie» – Worte, in denen zugleich eine dritte, für Fontanes Stellung in diesen Fragen typische Unterscheidung zum Ausdruck kommt, die auch für die Gesellschafts- und Moralkritik in seinen späteren Zeitromanen kennzeichnend ist: die Unterscheidung zwischen den «lässigen», tolerierbaren Sünden und dem Fall, in dem ein «höheres Sittengesetz» verletzt wird oder – was für Fontane (gut kantisch) auf das gleiche hinauskommt – in dem «Pflichten verletzt» werden. Ebendies ist die Position, von der aus Fontane dann wenige Jahre später die beiden kleinen Romane oder (wie man damals sagte) «Sittenbilder» geschrieben hat, die in der zeitgenössischen Rezeption die umstrittensten und aufsehenerregendsten unter allen Fontaneschen Publikationen waren, die ihm das «sittliche Hallo» weiter Kreise des Publikums und die begeisterte Anerkennung der avantgardistischen Berliner Kritik eintrugen: *Irrungen, Wirrungen* und *Stine*.

Ein (Teil-)Bild des Berliner Lebens

Beide Erzählungen, vor allem *Irrungen, Wirrungen*, sind immer wieder schon von der zeitgenössischen Kritik als Werke des «Durchbruchs» innerhalb der Fontaneschen Gesamtentwicklung bezeichnet worden, und sie sind es in der Tat, wie man genauer sieht, wenn man sie mit ihren Vorformen innerhalb des unausgeführten großen Berliner Romanplans vergleicht. Beide Erzählungen, besonders *Stine*, die früher konzipiert wurde (schon 1881), aber zwei Jahre später erschien als *Irrungen, Wirrungen*, greifen das eben erwähnte Nebenmotiv des alten Romanplans auf; aber sie tun es auf eine Weise, die in mehrfacher, entscheidender Hinsicht über die alte Konzeption hinausgeht: zunächst, indem sie das Motiv selbst gleichsam verdoppeln: neben Stine und dem jungen Grafen Haldern steht das fragwürdigere Paar der Witwe Pittelkow, ihrer Schwester, und des alten Grafen, neben Botho und Lene die Gruppe der Halbwelt-Figuren und -Paare aus Bothos Freundeskreis – wodurch sich Möglichkeiten der inneren, auch der moralischen Kontrastierung ergeben, an die im ursprünglichen Plan noch gar nicht gedacht war. Dazu aber kommt ein zweites: die jeweils erzählte ‹Novelle› als solche, durch die sie überhaupt erst zu Erzählungen werden und zugleich zu ‹Gesellschaftsbildern› in einem Sinn, der dort ebenfalls noch nicht vorgesehen war: ‹Gesellschaftsbildern›, in denen die beiden entgegengesetzten Sphären der damaligen Berliner Gesellschaft (soweit sie Fontane sichtbar war) miteinander in Berührung gebracht und gleichzeitig miteinander kontrastiert werden: Aristokratie oder genauer: märkisch-preußischer Offiziersadel und Kleinbürgertum, auf das dabei sichtlich der Akzent des stärkeren Rechts und einer überzeugenderen Menschlichkeit fällt.

Was auf diese Weise entstand, ist zwar ebenfalls kein Gesamtbild, das in einer «alle Klassen umfassenden Weise» das damalige Berliner Leben schilderte, aber doch etwas, was diesem Ziel sehr nahe kam, so nahe, wie es innerhalb der ‹kleinen Form› der Novelle überhaupt möglich war, und näher als alle anderen Berliner Romane Fontanes, von *L'Adultera* bis zu *Frau Jenny Treibel* und den *Poggenpuhls*, ganz zu schweigen von der unvollendeten und unerfreulichen *Mathilde Möhring* – die ja alle nur ein bestimmtes Milieu innerhalb einer bestimmten Gesellschaftsklasse schildern: *Mathilde Möhring* (1891 entworfen und dann liegengelassen, gedruckt posthum 1906) ein bestimmtes, von gesellschaftlichem Aufstiegswillen besessenes Kleinbürgertum, *L'Adultera* und *Frau Jenny Treibel* Sphären der Bourgeoisie und des Bildungsbürgertums, mit dem besonderen Nachdruck auf dem Parvenütum (in seiner weiblichen Form) in *Frau Jenny Treibel*, und die *Poggenpuhls* die Schicht des verarmten, sich dem Bürgertum annähernden Adels. Freilich wird in allen diesen Romanen, zugleich mit den typischen Lebensformen der dargestellten Klassen, auch etwas von den zwischen ihnen sich abspielenden Ausgleichsprozessen sichtbar gemacht – in den *Poggenpuhls* zum Beispiel die Verschmelzung von niedrigem Adel und bürgerlicher Oberschicht (schon die Majorin von Poggenpuhl ist eine geborene Bürgerliche), in *Frau Jenny Treibel* die Attraktivität des bourgeoisen Lebensstils für das Kleinbürgertum, aber auch für das Bildungsbürgertum – und es wäre wohl überhaupt unfair, einen der Berliner Romane Fontanes gegen den andern auszuspielen, und sachgemäßer, sie alle zusammen als eine Art Zyklus aufzufassen, der als solcher, in seiner Summe, ein Gesamtbild der damaligen Berliner Gesellschaft gibt.

Freilich sind die Grenzen dieses Bildes leicht zu erkennen. Es fehlt der vierte Stand, und bei der Darstellung der höheren Stände bleiben die Bereiche der Arbeit und des Wirtschaftlichen so gut wie ganz ausgespart. Die politischen und sozialen Probleme der Zeit, namentlich die mit dem vierten Stand zusammenhängenden, kommen, wenn überhaupt, nur in einer eigentümlich begrenzten und überdies durch das Medium des Fontaneschen Gesellschaftsgesprächs gedämpften und gebrochenen Form zur Sprache, und auch *die* die Zeitfragen, die ihn am stärksten beschäftigten – die fragwürdig gewordene, ja, anachronistische Stellung des Adels im Gesamtsystem, das Eindringen des Bourgeois und vor allem der «Bourgeoisgesinnung» in den Bereich der «regierenden Klassen» – findet man in seinen Briefen sehr viel schärfer und heftiger besprochen als in den Romanen. Trotz allem und trotz aller Differenzen unter den Kritikern und Interpreten wird es wohl bei dem bleiben, was Auerbach (der vom literarischen Rang Fontanes keine übertriebenen Vorstellungen hatte) auf den vorhin schon erwähnten Seiten seines «Mimesis»-Buchs über Fontanes Kunst im ganzen schrieb: sie gebe uns «das beste Bild der Gesellschaft seiner Zeit, das wir besitzen».

Günter Waldmann

Trivial- und Unterhaltungsromane

Die drei wichtigsten Vertreter des Trivial- und Unterhaltungsromans in der Zeit der Jahrhundertwende, Karl May, Ludwig Ganghofer und Hedwig Courths-Mahler, sind bis heute die meistgelesenen deutschsprachigen Romanautoren. Der Gesamtabsatz ihrer Werke, bei May über 50 Millionen Exemplare [358; *S. 1*], reicht zwar nicht an den heutiger Heftromanserien heran (die Science Fiction-Serie *Perry Rhodan* zum Beispiel kam 1979 auf einen wöchentlichen Umsatz von einer halben Million Hefte und Taschenbücher und hatte zu dieser Zeit im deutschsprachigen Raum einen Gesamtabsatz von 450 Millionen Exemplaren), zeigt aber doch an, daß hier wie dort Massenbedürfnisse befriedigt wurden beziehungsweise werden. Und wenn die Werke der genannten Autoren sowohl um die Jahrhundertwende wie gegenwärtig millionenfach gelesen werden, so weist das darauf hin, daß man mit ähnlichen Massenbedürfnissen und daher mit einer vergleichbaren Bedürfnissituation des damaligen wie des heutigen Lesepublikums dieser Literatur rechnen kann.

Um die Jahrhundertwende hatte sich nach einem vehementen Schub der – verspäteten – industriellen Entwicklung in Deutschland die kapitalistische Wirtschafts- und Lebensform voll etabliert, und es hatten sich gleichzeitig die Irritation und die Verunsicherung der nicht von ihr profitierenden Mehrheiten ausgewirkt. Die traditionellen Werte und Wertsysteme waren für immer mehr Menschen fragwürdig geworden, weil sie sich zunehmend als unfähig erwiesen, Fremdbestimmung, Bedrohtheit, Entfremdung, Existenzangst, materielle und mentale Verelendung immer weiterer Bevölkerungskreise zu interpretieren und in übergeordneten Sinnsetzungen aufzufangen. Friedrich Nietzsche (1844 bis 1900) hatte diesen Vorgang als «Nihilismus» so beschrieben: «*Daß die obersten Werte sich entwerten.* Es fehlt das Ziel. Es fehlt die Antwort auf das ‹Wozu?›.» Und eben dieser Vorgang, nur teilweise entschärft durch Gewöhnung und verschleiert durch scheinbaren Wohlstand und vermeintliche soziale Si-

cherheit, prägt ja noch die Lebenserfahrung und die Problemsituation des heutigen Spätkapitalismus.
In einer solchen Problemlage hat die massenhaft konsumierte Trivial- und Unterhaltungsliteratur unter anderem darin ihre Funktion, daß sie einen der Wege der Problemverarbeitung bildet. Sie ‹unterhält› also nicht nur (hat damit allerdings schon eine sehr wichtige gesellschaftliche Funktion etwa für die Regeneration der Arbeitskraft), sondern befriedigt darüber hinaus wichtige sozialpsychologische Bedürfnisse. Welche Bedürfnis- und Problemlage der Massen um die Zeit der Jahrhundertwende bestand, ist so im wesentlichen erkennbar an dem Medium Trivial- und Unterhaltungsliteratur, nämlich an den Bedürfnisbefriedigungen und Problemverarbeitungen, die es anbietet.
Will man diese gesellschaftliche Funktion und Leistung der Trivial- und Unterhaltungsliteratur um die Jahrhundertwende erfassen, genügt es allerdings nicht, nur auf ihre Textinhalte und -strukturen zu sehen, sondern die Leser mit ihren (insbesondere gesellschaftlich bedingten) Bedürfnissen und Erwartungen, aber auch der Autor mit seinen (u. a. gesellschaftlich geprägten) Absichten und Interessen müssen berücksichtigt werden, und zwar in der Weise, daß man die kommunikationsästhetischen Homologien, die Gleichartigkeiten, aufzufassen sucht zwischen den Publikumsbedürfnissen und -erwartungen, den Autorinteressen und -absichten sowie den Texten, die mit bestimmten Inhalten und Strukturen in eins die Autorabsichten realisieren und die Publikumsbedürfnisse befriedigen. [vgl. 422] Das soll zunächst exemplarisch und etwas ausführlicher an Karl May als dem deutschsprachigen Autor mit der größten Verbreitung geschehen.

May

Karl Friedrich May (Ps. Karl Hohenthal u. a.) wird am 25. Februar 1842 in dem erzgebirgischen Weberstädtchen Ernstthal in äußerster Armut geboren. Von dreizehn Geschwistern sterben neun in früher Kindheit; May selbst erblindet, wohl infolge extremer Unterernährung, kurz nach der Geburt und erhält erst im fünften Lebensjahr das Augenlicht wieder. Während dieser Zeit flüchtet er in Phantasiewelten und versucht, von ihnen her die Realität zu erfassen. Dieses Verfahren, Einschränkungen gegenüber der Umwelt durch Vorgänge der Phantasie auszugleichen bzw. von ihr her zu verarbeiten, wird für Mays ganzes Leben und Schaffen bestimmend bleiben. May absolviert eine Lehrerausbildung und wird Lehrer, aber bald wegen eines Bagatelldiebstahls mit sechs Wochen Gefängnis bestraft und aus dem Schuldienst entlassen. Die danach ausgeführten zahlreichen Diebstähle, Betrügereien und Hochstapeleien bringen ihm Verurteilungen zu über acht Jahren Arbeitshaus und Zuchthaus ein. Häufig handelt es sich dabei jedoch um Straftaten, bei denen es gar nicht vorwiegend um materielle Bereicherung geht, sondern May sich nur in Rollen Privilegierter oder Einflußreicher bewegen will, um so seine eigene Unterprivilegiertheit wenigstens zeitweise aufzuheben. In der Haft beginnt May zu schreiben und findet dadurch auf den Weg, seine Probleme im Raum der Literatur auszutragen, um so im fiktionalen Bereich in den Rollen und Positionen zu leben, die er im wirklichen Leben nicht einzunehmen vermag.

Hier liegt eine erste und allgemeine, doch fundamentale Entsprechung vor zwischen dem Autor und seinem Publikum, die den Massenabsatz gerade dieses Autors erklären hilft: Wie May schreibt, um durch die Erschaffung eines fiktionalen Ersatzlebens seine persönlichen Probleme auszuleben, so liest ein Massenpublikum, um sich im Lesen mit imaginativen Helden zu identifizieren, in ihre fiktionalen Welten versetzen zu lassen und so seine Bedürfnisse fiktional zu befriedigen.

Aus der Haft entlassen, findet May eine Anstellung bei dem Dresdner Verleger H. G. Münchmeyer, dessen vor allem auf die untersten sozialen Schichten gezielten Wochenblätter er redigiert und mit eigenen Beiträgen füllt, und für den er schließlich 1882 bis 1887 fünf Kolportageromane im Gesamtumfang von 12400 Seiten schreibt: *Das Waldröschen, Die Liebe des Ulanen, Der verlorene Sohn, Deutsche Herzen und Helden, Der Weg zum Glück*. Der wichtigste dieser wöchentlich durch Hausierer vertriebenen Lieferungsromane ist *Der verlorene Sohn oder Der Fürst des Elends*, von 1883 bis 1885 in 101 Heften (das Heft zu zehn Pfennigen) mit 2411 Seiten Umfang in sehr hoher Auflage veröffentlicht: Der junge Förstersohn und Kriminalist Gustav Brandt wird wegen eines Doppelmordes, den er nicht begangen hat, verdächtigt und verurteilt, kann aber fliehen und kommt nach zwanzig Jahren aus Amerika, wo er es zu Reichtum und Ansehen gebracht hat, nach Deutschland zurück. Der wirkliche Mörder, Baron Franz von Helfenstein, ist hier das Haupt zweier großer Verbrecherorganisationen geworden, die das Land in Schrecken versetzen und die Armen ausbeuten. Gegen ihn tritt Brandt als «Fürst des Elends» an und besiegt ihn schließlich.

Das Kernstück dieses Romans ist der zweite Teil, *Die Sklaven der Arbeit*. Er schildert, wie im Erzgebirge die Unternehmerfamilie Seidelmann die hungernden Weber bis aufs äußerste ausbeutet und drangsaliert, bis der Fürst des Elends eingreift und Vater und Sohn Seidelmann als die «Waldkönige», die lokalen Anführer einer großen Schmugglerorganisation des Barons Helfenstein, entlarvt, wobei der Sohn durch eine Explosion getötet und der Vater von dem Baron erschossen wird. Das Verlegergeschäft der Seidelmanns übernimmt ein junger tüchtiger Weber, dem der Fürst des Elends zu dem nötigen Geld und Kredit verhilft.

Natürlich liefert dieser Roman keine Analyse der behandelten gesellschaftlichen Verhältnisse: Ursache des Elends der Weber ist allein das

Komplott verbrecherischer Individuen, vor allem der Verleger, und es kann nur beseitigt werden durch das Eingreifen des guten und mächtigen einzelnen, des Fürsten des Elends als einer Art Mischung von Graf von Monte Christo, Weihnachtsmann und Jesus. Soziale Probleme werden auf Personenduelle reduziert; ihre Ursachen im Verlagswesen bzw. in der auch dieses schon überholenden ökonomischen Entwicklung werden auch nicht andeutungsweise gesehen: Beseitigung der Not und Besserung der Verhältnisse werden einfach von der Ersetzung der bösen Unternehmer durch gute Unternehmer erhofft. Und die literarische Darstellung ist in manchen Hinsichten problematisch. Sie ist stilistisch grell und grob; die Charaktere sind phantastisch zum Bösen und Guten hin überzeichnet, ihre Motivationen sind simpel, ihre Aktionen ins Sensationelle oder Sentimentale überdreht. Weit wichtiger ist aber anderes: Die ebenso brutale wie zynische Ausbeutung der Weber, ihre Not und ihr Elend, die ausweglose Verzweiflung der Ärmsten eines Volkes sind hier so vehement und intensiv geschildert, daß man diese Darstellung durchaus mit den – wenigen – großen sozialkritischen Texten der deutschen Literatur vergleichen kann. Und die diese Not überwindenden Wunschphantasien (mit Bloch: «der Wunschtraum nach Weltgericht für die Bösen, nach Glanz für die Guten» [7; *S. 179*]) haben eine solche Eindringlichkeit und Stärke, daß in dem «wilden Märchen» dieses Kolportageromans bei aller Unzulänglichkeit der gesellschaftlichen Analyse und der literarischen Form doch deutlich der antizipatorische Impuls und die utopische Kraft verändernder Hoffnung spürbar werden: «Hier ist unreifer, doch ehrlicher Revolutionsersatz.» [8; *Bd. 1, S. 427*] Und spezieller von der Person des Autors her gesehen wird deutlich, wie hier in der Gestalt des zu Unrecht kriminalisierten Gustav Brandt, der als Fürst des Elends das Elend besiegt, das Interesse Mays an der Verarbeitung seiner eigenen Vergangenheit und Situation wie das Bedürfnis des Publikums an wunschtraumhafter Verarbeitung seiner problematischen sozialen Lage kongruieren.

1887 löst sich May von Münchmeyer und schreibt vor allem seine Reiseromane (von denen größere Teile bereits zuvor erschienen waren). Mit ihnen wendet sich May nicht mehr vorwiegend wie im Falle der Kolportageromane an die untersten sozialen Schichten, sondern an ein breiteres, insbesondere bürgerliches Publikum (das auch nicht wie heute vor allem aus Jugendlichen besteht). Sie spielen wie *Winnetou I bis III* (1876 bis 1893), *Old Shurehand* (1894), *Der Schatz im Silbersee* (1894) vorzugsweise in den Indianergebieten Nordamerikas und wie die sechsteilige Folge mit *Durch die Wüste* als Anfangs- und *Der Shut* als Schlußband (1892) im Vorderen Orient. Sie haben zum Inhalt die Abenteuer, die Old Shatterhand bzw. Kara Ben Nemsi, der meist als Ich-Erzähler auftritt, mit seinem großen indianischen Freund Winnetou bzw. mit seinem Vertrauten

Hadschi Halef Omar und anderen Begleitern auf seinen Reisen durch diese Länder erlebt, wenn er – wobei meist mehrere Handlungsstränge nebeneinanderlaufen – Verbrechen verhindert und sühnt, Bedrängten hilft, vor allem Verbrecher verfolgt und schließlich stellt. Grundvorgang der allermeisten Romane Mays ist so die Verfolgungsjagd mit all den Bestandteilen, die dieser literarische Typ der Menschenjagd üblicherweise (etwa auch im Kriminal- und Detektivroman) hat: mit seinem zuverlässigen Spannungsmuster, mit seinem einfachen und doch wirksamen Modell aktionsstarker und durch stetige Ortsveränderung interessanter Handlung, mit seinem nie versagenden Appell an primitive Jagdinstinkte, mit seiner übersichtlichen und befreienden Einteilung der Welt in gute Verfolger und böse Verfolgte, mit seinem ganz auf die Herstellung von guter heiler Welt gerichteten Handlungsprogramm. Einige kommunikationsästhetische Aspekte seien etwas genauer betrachtet:

Zentralfigur des ganzen Romangeschehens ist Old Shatterhand/Kara Ben Nemsi, eine Heldenfigur, in der als einer Art Summe abendländischer Heldentradition so ziemlich alles zusammenkommt, was ein Mensch an Vortrefflichkeiten aufweisen kann. Er ragt in allen sportlichen Disziplinen hervor, ist ein exzellenter Schütze, ein Meister im Fährtenlesen und Anschleichen, er spricht alle nur möglichen Sprachen und Dialekte, besitzt ein umfassendes Wissen aller Wissensgebiete, dazu großen Scharfsinn und eine ungewöhnliche Kombinationsgabe sowie überragende Menschenkenntnis; er ist sehr tapfer und stets besonnen, völlig unbestechlich und unerbittlich gerecht, er ist engagiert ethisch und tief religiös, außerdem besitzt er besonders schnelle und begabte Pferde (Hatahtitlah und Rih) sowie den ungewöhnlichen Bärentöter und die Wunderwaffe des Henrystutzens. Diese potenzierte Heldenqualifikation befähigt Old Shatterhand/Kara Ben Nemsi zu unaufhörlichen großen Taten, die ihn zum Mittelpunkt jeder Gruppe, in der er auftritt, machen und in ihr ständig ein großes Erstaunen darüber hervorrufen, daß ein Mensch so bedeutend sein kann.

Die Bedeutung dieser Figur für Mays Verarbeitung der Minderprivilegiertheit seiner frühen Jahre liegt auf der Hand. Wie wichtig dieser Zusammenhang in der Tat ist, zeigt sich daran, daß May seit der Mitte der neunziger Jahre ohne jede äußere Veranlassung oder Not mit zunehmender Hartnäckigkeit in zahllosen Briefen wie auch öffentlich behauptet, er sei wirklich Old Shatterhand bzw. Kara Ben Nemsi und habe alles erlebt, was er in seinen Büchern beschreibt, besitze den Bärentöter und den Henrystutzen, habe promoviert und spreche und schreibe Dutzende, ja Hunderte von Sprachen und Dialekten. – Die Bedeutung Old Shatterhands/Kara Ben Nemsis für ein Massenpublikum liegt zunächst darin, daß hier in traditioneller Weise ein heldisches Idol und so eine insbesondere für Jugendliche faszinative Nachfolgegestalt angeboten wird. Doch gibt

es weiterreichende soziologische und politische Gründe für die große Popularität von Mays Superhelden:
Die rapide Entwicklung des Kapitalismus in Deutschland seit der Jahrhundertmitte, unter anderem mit den fünf Milliarden Franken französischer Kriegsschuld nach 1871, sowie dann in der zweiten Hälfte des letzten Jahrzehnts hatte eine tiefe ökonomische und ideelle Verunsicherung des Mittelstandes mit sich gebracht, dessen wirtschaftliche Existenz sich oft tiefgreifend wandelte und dessen ideologische Orientierungsmuster sich als unzureichend und brüchig erwiesen. Da boten die Romane Mays mit ihrer ganz am Helden ausgerichteten, von ihm aus überschaubar in Gute und Böse geordneten Welt eine befreiend übersichtliche Ordnungswelt, die Erholung von der bedrohlichen Unüberschaubarkeit der eigenen Wirklichkeit lieferte. Hinzu kommt: Wer das Bewußtsein der Kümmerlichkeit oder Gefährdetheit der eigenen Existenz mit dem nationalen Stolz kompensieren wollte, Angehöriger einer besonders bedeutenden Nation zu sein, fand dafür im Kaiserdeutschland zwar manchen Anlaß, aber wenig substantielle Nahrung. Die viel zu lange aufgeschobene nationale Einigung hatte (zum Schaden aller demokratischen und sozialen Belange) sehr viel mehr völkische Energien in das nationale Anliegen konzentriert, als daß diese durch die Reichsgründung schon aufgebraucht worden wären. Sie waren weiterhin lebendig, etwa als pangermanische Phantasien, und fanden Niederschlag in chauvinistischen und imperialistischen Tendenzen, und das um so heftiger, als ihnen kaum eine wirkliche politische wie kulturelle Weltgeltung des ‹deutschen Wesens›, an dem man die Welt hätte genesen lassen können, entsprach. Hier gewinnt Old Shatterhand/Kara Ben Nemsi Bedeutung, der nicht nur einfach ein großer Held ist, sondern als großer deutscher Held Deutschtum vertritt. Kara Ben Nemsi ist ‹Karl der Deutsche›, und auch als Old Shatterhand repräsentiert er stets sein Deutschtum: Es sind fast ausschließlich Deutsche, die den harten Kern der Westmänner von Belang bilden, die an seiner Seite kämpfen, und er selbst tritt unverhohlen und penetrant als Verkünder und Vollstrecker deutscher Art und Gesinnung auf. In der Identifikation mit ihm kann sich der deutsche Leser nicht nur zeitweilig als großer Held fühlen, sondern er kann grundsätzlich erfahren, daß er als Deutscher bedeutsam und groß ist.
Ein anderer Aspekt: Die Großverfolgungen in Mays Romanen, bei denen Old Shatterhand/Kara Ben Nemsi seine Größe zu beweisen Gelegenheit findet, spielen insbesondere in den unzivilisierten Gegenden von Nord- und auch Südamerika sowie im Nahen Osten und damit in Ländern, die May selbst, als er diese Erzählungen schrieb, nie gesehen hatte, und die für seine deutschen Leser fernste und exotischste Fremde und Wildnis waren. Ein entscheidendes Handlungsmuster ist dabei meistens das eines Schatzes, der den ‹Guten› irgendwie zusteht – die Helden begehren ihn aber nie für sich – und den die ‹Bösen› für sich haben wollen. Das

Ergebnis ist in der Regel, daß der Schatz am Schluß den Beteiligten durch eigene Schuld oder ein pünktlich eintreffendes Naturereignis entzogen wird und nur den ‹Guten› ein kleiner, vernünftigen Zwecken dienender Teil bleibt. Was können diese konstanten Merkmale seiner Romanhandlungen dem Autor May selbst gebracht haben?
Daß die Abenteuer des Super-Ich in der Wildnis und nicht in der Zivilisation einer modernen Gesellschaft (etwa in einer Großstadt) stattfinden, erlaubt zunächst eine ungehemmte Stilisierung des Helden, ermöglicht es aber vor allem, den Helden zum großen Einzelgänger außerhalb und im Grunde gegen die bestehende Gesellschaft, als der May sich selbst stets empfunden hat, zu machen. Und die eigentümliche Jagd nach dem Gold, das dann doch nicht in Besitz genommen bzw. von dem Helden verschmäht und verachtet wird, verarbeitet offenbar Mays Makel der Eigentums- und Bereicherungskriminalität. Was aber leisteten diese Merkmale für Mays Massenpublikum? Die in Deutschland von der Mitte des 19. Jahrhunderts ab verspätet, doch um so vehementer einsetzende industrielle Revolution brachte zwar dem Groß- und Finanzbürgertum bedeutenden Gewinn, nicht aber den Landwirten, den Handwerkern, den Besitzern mittelständischer Betriebe, den Kleinhändlern, die durch die ökonomische Entwicklung gefährdet und ruiniert wurden oder sich doch zusammen mit den Angestellten und unteren sowie mittleren Beamten durch sie und das entstehende Industrieproletariat mit seinen sozialistischen Forderungen fundamental verunsichert und bedroht fühlten. Mays Romane boten hier (parallel zur realen Massenemigration dieser Zeit: über zweieinhalb Millionen Deutsche wanderten im letzten Drittel des Jahrhunderts aus) eine Gelegenheit zur fiktionalen Auswanderung, zur Flucht vor den Bedrohungen und Zwängen der deutschen Industriegesellschaft in das Traumreich einer ‹natürlichen› Welt, in der der einzelne allein kraft der Macht seiner Individualität lebt und siegt. Doch Mays Romanwelt war nicht nur eine kontrastive Fluchtwelt, sie war auch direkt eine Gegenwelt und artikulierte so in gewisser Weise einen Protest gegen die deutsche Wirklichkeit:
Die nach der Reichsgründung unter anderem durch die französischen Milliardenzahlungen getragenen ‹Gründerjahre› endeten 1873 mit dem großen Börsenkrach und mündeten in eine tiefgreifende Wirtschaftskrise. Diese hatte eine langanhaltende Wirkung und bestimmte den ganzen von Rosenberg das Zeitalter der ‹Großen Depression› genannten Zeitabschnitt von 1873 bis 1896 [63]: Die kapitalistische Wirtschaftsgesinnung und ihr ungehemmtes Streben nach Profit und Kapitalvermehrung wurden für die bestehenden Probleme verantwortlich gemacht, und es griffen entschieden antikapitalistische und antiindustrielle Einstellungen Platz, die die Rückkehr zu vorindustriellen Verhältnissen forderten. Ebendiese, vor allem vom Mittelstand und von der konservativen bürgerlichen Intel-

ligenz getragene Krisenstimmung konnte sich optimal in Mays Romanen dargestellt finden: in Handlungsvorgängen, die in vorindustrielle Umwelten zurückführen und bei denen sich unentwegt Reichtum und die Jagd nach ihm als problematisch, ja als verachtenswert erweisen, in Handlungsvorgängen, durch sie sich ständig als bewunderns- und nachahmenswert die große, konservativ nach den traditionellen christlichen Idealen lebende Individualität herausstellt. [vgl. 361]

1899/1900 reist May – zum erstenmal – in den Orient. Er vermag nicht, dessen Realität mit der Gestaltung in der Phantasiewelt seiner Romane zusammenzubringen, und erleidet im November 1899 einen tiefgehenden psychischen Schock. Er verzichtet von jetzt ab auf die Gleichsetzung mit seinem Romanhelden und versucht, die nun wieder unbewältigten persönlichen Probleme – statt wie bisher nur im Bereich ausfabelnder Phantasien – auch und vor allem durch ein religiös-mythisches Verständnis zu verarbeiten. Es erscheinen u. a. *Ardistan und Dschinnistan* (1907 bis 1909), *Winnetou IV* (1910) sowie das religiöse Drama *Babel und Bibel* (1906) und die Autobiographie *Mein Leben und Streben* (1910). Die Hauptpersonen der Romane stammen meist aus den früheren Reiseerzählungen, auch die Handlungsvorgänge wie Verfolgung, Belauschen, Befreiung usw. sind die alten. Doch Personen wie Handlung haben eine zusätzliche symbolische Bedeutung, die die eigentliche Aussage des Romans ausmacht. *Ardistan und Dschinnistan* beispielsweise spielt auf dem Planeten Sitara, der die auf ihr Grundmuster zurückgeführte Erde symbolisiert. Auf Sitara gibt es nur einen Kontinent mit dem Tiefland Ardistan, dem Land der «Gewalt- und Egoismusmenschen», und dem Hochland Dschinnistan, dem Land der Humanität und Nächstenliebe übenden «Edelmenschen». Die Herrscherin von Sitara, Marah Durimeh, als die «Menschheitsseele» der Inbegriff aller ethischen Vollkommenheiten des Menschen, sendet den Erzähler Kara Ben Nemsi, der als «Menschheitsfrage» die geistige Suche des Menschen symbolisiert, zum Mir von Ardistan, dem «Gewaltmenschen» schlechthin, um einen Krieg zwischen Ardistan und Dschinnistan, der beide Länder zu vernichten droht, zu verhindern, was schließlich nach vielen abenteuerlich-symbolischen Taten und Vorgängen gelingt.

So sind die Auseinandersetzungen, sind Verfolgung und Kampf, die die Reiseromane prägen, völlig nach innen genommen. Was jetzt in dem Romanhelden Kara Ben Nemsi von der Person Mays dargestellt ist, ist die innere Überwindung von «Ardistan» («Ich bin im niedrigsten, tiefsten Ardistan geboren», beginnt Mays Autobiographie) und der seelische Aufstieg (wie er ihn z. B. im *Märchen von Sitara* schildert, das er seiner Autobiographie voranstellt) ins Edelmenschentum von «Dschinnistan». Offenbar versucht May, seine soziale Herkunft und kriminelle Vergangenheit als überwindbare Phase einer allgemeinmenschlichen seelischen

Entwicklung zu interpretieren und so seine Probleme zu verarbeiten. Doch wird auf diese Weise von der Realität, ihren gesellschaftlichen und ökonomischen Zwängen, die diese Probleme entscheidend bedingt haben, völlig abstrahiert, wird Mays Kampf in seiner Gesellschaft und mit ihr zu einem rein innerseelischen Vorgang. Die letzte Strophe des 1901 in dem Gedichtband *Himmelsgedanken* erschienenen Gedichts *Von Kampf zu Kampf* lautet:

> Geh nicht, geh nicht zurück zur Welt,
> nachdem du glücklich ihr entstiegen!
> Auch noch auf einem andern Feld
> hast du zu kämpfen und zu siegen.
> Steig nun auch in dich selbst hinein
> wo deine stärksten Gegner wohnen.
> Willst du befreit von ihnen sein,
> so darfst du sie und – dich nicht schonen!

Mays bürgerliche Leser sind ihm auf diesem Wege allermeist nicht gefolgt, doch auch so ist er hoch symptomatisch für diejenige bürgerliche Kultur, die Marcuse als «affirmative» Kultur beschrieben hat; sie neigt sich nun ihrem Ende zu, und May repräsentiert ihre sowohl konzentrierte als auch vergröberte Spätform:

«Unter affirmativer Kultur sei jene der bürgerlichen Epoche angehörige Kultur verstanden, welche im Laufe ihrer eigenen Entwicklung dazu geführt hat, die geistig-seelische Welt als ein selbständiges Wertreich von der Zivilisation abzulösen und über sie zu erhöhen. (...) Auf die Not des isolierten Individuums antwortet sie mit der allgemeinen Menschlichkeit, auf das leibliche Elend mit der Schönheit der Seele, auf die äußere Knechtschaft mit der inneren Freiheit. (...) Die Kultur meint nicht so sehr eine bessere wie eine edlere Welt: eine Welt, die nicht durch einen Umsturz der materiellen Lebensordnung, sondern durch ein Geschehen in der Seele des Individuums herbeigeführt werden soll. (...) Die Kultur soll das Gegebene veredelnd durchdringen, nicht ein Neues an seine Stelle setzen. So erhebt sie das Individuum, ohne es aus seiner tatsächlichen Erniedrigung zu befreien.» [407; *S. 63, 66, 71*]

Mays Spätzeit ist bestimmt und überschattet durch heftige Auseinandersetzungen mit literarischen Gegnern, die seine inzwischen bekanntgewordenen Kolportageromane attackieren und seine Selbstidentifikation mit seinen Helden zum Anlaß nehmen, seine wirkliche Existenz aufzuklären und seine Vergangenheit ans Licht zu ziehen. Kurz vor seinem Tode hat er noch die Genugtuung, für seinen Vortrag *Auf ins Reich der Edelmenschen!* große Zustimmung zu erfahren. Er stirbt 1912.

Andere Autoren der Jahrhundertwende

Sehen wir auf weitere Unterhaltungsliteratur, die um die Jahrhundertwende in Deutschland von Belang war, so gibt es da beispielsweise nach der breiteren Rezeption Jules Vernes (1828 bis 1905) einige Titel und Autoren im Bereich des technisch-utopischen Unterhaltungsromans. Viel gelesen wurden die naiv fortschrittsgläubigen Schriften des Ingenieurs Max Eyth (1836 bis 1906) wie *Hinter Pflug und Schraubstock* (1899) und der technische Roman *Der Kampf um die Cheopspyramide* (1902). Das erste bedeutendere Beispiel anspruchsvoller Science Fiction in Deutschland ist *Auf zwei Planeten* (1897) von Kurd Laßwitz (1848 bis 1910); hier wird auf der Basis solider naturwissenschaftlicher Kenntnisse mit teilweise anspruchsvollen philosophischen und pädagogischen Absichten und in fesselnder literarischer Darstellung die Begegnung zwischen Erdenmenschen und ihnen ethisch überlegenen Marsbewohnern geschildert. Der erste deutsche Weltbestseller wurde Bernhard Kellermanns (1879 bis 1951) in 23 Sprachen übersetzter Zukunftsroman *Der Tunnel* (1913); er handelt über den Bau eines unterseeischen Tunnels zwischen Amerika und Europa und ist durch starke Tendenzen bestimmt, die Technik pathetisch sowohl zu verherrlichen als auch zu dämonisieren. – Wenn Zukunftsliteratur dieser Art so teilweise auch fragwürdige Merkmale aufweist, so setzt sie sich doch im allgemeinen mit Problemen der Zeit, etwa denen der Technik, auseinander. Der überwiegende Teil der massenhaft gelesenen Unterhaltungsliteratur um die Jahrhundertwende ist jedoch völlig anderer Art, nämlich hingebungsvoll auf heile Welten, naturhafte Idyllen und Fluchträume und dabei teilweise engagiert rückwärts gerichtet.

Großen Belang hat hier die landschaftsgebundene Unterhaltungsliteratur. Im schleswig-holsteinischen Raum spielen die heimatverbundenen und später stark germanisch-völkisch orientierten Werke von Gustav Frenssen (1863 bis 1945), die sehr große Verbreitung gewannen; der Roman *Jörn Uhl* (1901) war mit 130000 verkauften Exemplaren im ersten Jahr der erste Bestseller in Deutschland (die im gleichen Jahr erschienenen *Buddenbrooks* Thomas Manns brachten es zunächst auf 1000 Exemplare). Der Dichter der Lüneburger Heide ist Hermann Löns (1866 bis 1914); er erfreute sein Publikum vor allem mit stimmungsstarken Tier- und Naturschilderungen. Ebenfalls in der Lüneburger Heide handeln meist die volkstümlichen Heimatromane Dietrich Speckmanns (1872 bis 1938). Einer der populärsten Autoren der Zeit war Rudolf Herzog (1869 bis 1943), der in Romanen aus dem rheinischen Raum wie *Die vom Niederrhein* (1903) das volksverbundene und nationalistisch gesinnte Großbürgertum der wilhelminischen Zeit feiert. In Schlesien spielen die gefühlvollen Romane Paul Kellers (1873 bis 1932); am bekanntesten von ihnen wurde *Waldwinter* (1902), von dem bis heute über 700000 Exemplare erschienen sind.

Besondere Bedeutung innerhalb der landschaftsgebundenen Unterhaltungsliteratur hat der bäuerliche Bergroman. Wichtig als Vorgänger war hier – nach Karl Immermanns (1796 bis 1840) *Oberhof*-Episode – Berthold Auerbach (1812 bis 1882) mit seinen idealisierenden Darstellungen lebensgesunden Bauerntums. Auch literarisch belangvolle Beispiele lieferten Peter Rosegger (1843 bis 1918) und Wilhelm von Polenz (1861 bis 1903), dieser mit seinem Roman *Der Büttnerbauer* (1895). Im Bereich des massenhaft verbreiteten Unterhaltungsromans waren besonders erfolgreich Konrad Telmann (1854 bis 1897) mit seinem Bergroman *Unter den Dolomiten* (1893), Jakob Christoph Heer (1859 bis 1925) mit gefühlsstarken Schweizer Bergromanen wie *Der Wetterwart* (1905) sowie Rudolf Stratz (1864 bis 1936), der neben Bergromanen, ein Beispiel ist *Der weiße Tod* (1897), auch entschieden nationalistische Offiziersromane schrieb.

Ganghofer

Der wichtigste Vertreter des Bergromans ist Ludwig Ganghofer (1855 bis 1920). Mit einer 1968 auf über 32 Millionen geschätzten Gesamtauflage seiner Bücher [362; *S. 164*] und dreißig Verfilmungen ist er nach May und der Courths-Mahler der verbreitetste deutschsprachige Romanautor. Seine Romane wie *Der Klosterjäger* (1892), *Die Martinsklause* (1894), *Schloß Hubertus* (1895), *Das Schweigen im Walde* (1899), um nur die Titel zu nennen, die die Millionengrenze erreicht (*Der Klosterjäger*) oder zum Teil weit überschritten haben, wurden zu seiner Zeit und werden noch heute viel gelesen und gehören zu dem besonders ertragbringenden Bestand der Buchgemeinschaften. Was Ganghofer in seinen oft sentimental-romantisierenden Romanen aus den bayerischen Alpen – viele von ihnen spielen in der Landschaft des Königssees – darstellt, ist das «Hochland», das Hochgebirge mit Hochtälern und Hochwäldern als die natürliche Heimat eines höheren Menschtums. Es bildet als das Gesunde, Heile und Lichte die optimistische volkhafte Alternative zu Rationalität und Intellektualität, zu Wissenschaft und Technik, zu Industrie und Großstadt; es weist einem frustrierten, verunsicherten Kleinbürgertum den Weg einer an Natur, Volk, Blut und Boden orientierten allgemeinen nationalen Gesundung bzw. bietet eine Möglichkeit idealisierend-illusionierender Verklärung der eigenen Misere in der nationalen Utopie gesunden und natürlichen Volkstums. In welchem Maße diese Ideologie der bestehenden Herrschaftsordnung des Wilhelminismus entgegenkam und ihre nationalistische Orientierung stützte, ist gut daran zu erkennen, daß Wilhelm II. Ganghofer sehr hoch schätzte, wohl alle seine Bücher besaß und gelesen hatte und markante Stellen daraus separat drucken und verbreiten ließ. Bei dem bekannten Gespräch mit Ganghofer am 12. November 1906 in München versicherte ihm der Kaiser, daß das, was er in seinen Werken darstellt, «durchaus seinen Lebensanschauungen entspreche». Im Ersten Weltkrieg war Ganghofer dann auch vom Kaiser bestellter und ausgezeichneter Kriegsberichterstatter. [362; *S. 160f*]

Courths-Mahler

Den dritten großen Bereich der Unterhaltungsliteratur um die Jahrhundertwende neben dem Abenteuerroman und dem landschaftsgebundenen Roman bildet der Frauenroman, wie ihn in Deutschland nach dem Vorbild der Eugenie Marlitt (d. i. Eugenie John, 1825 bis 1887) Wilhelmine Heimburg (d. i. Bertha Berens, 1850 bis 1912) oder auch Ida Boy-Ed (1852 bis 1928) und mehr in der Richtung des Salonromans etwa Eufemia Gräfin Adlersfeld-Ballestrem (1854 bis 1941) oder Nataly von Eschstruth (1860 bis 1939) vertraten. Hier soll nur die eine, nach Volkstümlichkeit wie Wirkung überragende Gestalt behandelt werden, deren Wirken um die Jahrhundertwende begann.

Hedwig Courths-Mahler (1867 bis 1950) ist mit May und vor Ganghofer die auflagenstärkste deutschsprachige Autorin. (Der Gesamtabsatz des Rothbarth-Verlags in Leipzig, der etwa vier Fünftel ihres Werks verlegte, betrug nach einer – nicht alle Werke und Ausgaben des Verlags umfassenden – Honorarabrechnung schon im Juli 1941 fast 14 Millionen Exemplare. [245; *S. 14*] (Nach dem Krieg wurden ihre Werke mehrfach, u. a. in zwei, den größten Teil der Romane umfassenden Heftromanpublikationen, wiederaufgelegt. Allein der Bastei-Verlag erreichte mit seiner in zwei Auflagen erschienenen und 140 Romane umfassenden Heftreihe bis April 1980 einen Gesamtabsatz von 21,6 Millionen Exemplaren, wozu bis Augustz 1980 noch etwa zwei Millionen verkaufte Taschenbücher kamen.) Sie schrieb in der Zeit von 1905 bis 1948 208 Romane, in den 35 Jahren ihrer Hauptschaffenszeit (bis 1939) im Durchschnitt fast sechs Romane im Jahr. In manchen Jahren erschienen zwar nur drei oder vier, in anderen Jahren dafür um so mehr: 1919 zehn und 1920 sogar vierzehn Romane – eine gewaltige Produktion, mit der sich die Autorin jedoch durchaus noch nicht ausgeschrieben hatte; sie hinterließ ein umfangreiches Notizheft mit Stoffen für 200 weitere Romane.

Wie bei May besteht bei der Courths-Mahler eine deutliche Entsprechung (eine kommunikationsästhetische Homologie) zwischen der Biographie der Autorin und den darin gründenden Absichten und Interessen ihrer Produktion sowie den Erwartungen und Bedürfnissen ihres Massenpublikums, die mit diesen Produktionen befriedigt werden. Zu ihrer Biographie: Am 18. Februar 1867 wird Ernestine Friedericke Elisabeth Mahler in Nebra an der Unstrut geboren. Der Vater, ein Saaleschiffer, war vor der Geburt und der Eheschließung gestorben, die Mutter heiratet kurz darauf einen anderen, der aber im Deutsch-Französischen Krieg fällt. Sie verdingt sich als Krankenpflegerin und gibt die Tochter bei einem Flickschuster in Pflege. Später vermietet sie in Leipzig Zimmer oder arbeitet als Kochfrau bei Familienfesten. Die Tochter wird aus der Schule genommen, um der Mutter im Hause zu helfen. Dann tritt sie als Dienstmädchen in einen Haushalt ein und erhält unter anderem die Aufgabe, der alten

Mutter des Hausherrn vorzulesen: Gustav Freytag, Felix Dahn, die Heimburg und vor allem die Marlitt, nach deren Vorbild sie mit siebzehn Jahren die ersten rührseligen, stets traurig endenden Erzählungen schreibt. Sie ist danach (u. a.) noch als Verkäuferin tätig und schreibt nachts ihre Geschichten, die sie an die Zeitungen schickt und stets wieder zurückbekommt; eine wird aber schließlich einmal gedruckt. Sie heiratet den Zeichenlehrer, Dekorationsmaler und Gebrauchsgraphiker Fritz Courths. Nach schweren Jahren, in denen sie unverdrossen weiter schreibt, konsolidieren sich die Familienverhältnisse; zwei Töchter (die später als Margarethe Elzer und Friede Birkner ebenfalls bekannte Unterhaltungsschriftstellerinnen werden) werden geboren, und 1905 wird der erste Roman im *Chemnitzer Tageblatt* in Fortsetzungen veröffentlicht; die Autorin nimmt den Schriftstellernamen Hedwig Courths-Mahler an. 1905 zieht die Familie nach Berlin. Nach zunächst schwierigen Anfängen setzt sich die Courths-Mahler mit ihrem immensen Fleiß und ihrer erstaunlichen Produktivität literarisch durch, wird bekannt, wohlhabend, gesellschaftlich anerkannt. Nach 1933 lehnt sie es ab, in ihren Romanen als Helden NS-Chargen auftreten zu lassen, und schickt den Fragebogen der Reichsschrifttumskammer unausgefüllt zurück. 1935 zieht sie sich auf ihr Landgut am Tegernsee zurück, wo sie 1950 stirbt.
Die entscheidende Erfahrung, die im literarischen Werk der Courths-Mahler Gestalt wird, ist die Enge und Not proletarischer und kleinbürgerlicher Existenz, der die Literatur als Mittel dient, die Bedrückungen dieses Lebens zu verarbeiten, sodann der glänzende Aufstieg zu bürgerlichem Ruhm und Reichtum durch unerhörten Fleiß und ständige Leistung.
Sehen wir, um genauer ausmachen zu können, was eine von solchen Autorerfahrungen und -absichten getragene Produktion für die Leser leistet, einen Roman etwas genauer an, ihren sechsten Roman *Es irrt der Mensch* von 1910, der mit 115687 verkauften Exemplaren 1941 zwar nicht zur Spitzengruppe, aber doch zu den 46 erfolgreicheren Romanen mit einem Absatz von über 100000 Exemplaren zählte und auch nach dem Krieg mehrfach wiederaufgelegt wurde. Er kann als repräsentativ für das Gesamtwerk gelten: Renate v. Trachwitz, die junge und schöne Erbin des reichen Fabrikanten Johann Werkentin, ist nach dem Ruin und dem Tode ihres Vaters von ihrem Mann, einem besonders schneidigen und schönen Offizier, schmählich verlassen worden, weil er nun kein Geld, das er zuvor mit vollen Händen ausgegeben hatte, mehr von ihr erwarten kann. Sie muß sich selbst ihren Lebensunterhalt verdienen und geht als Gesellschafterin zu der alten Freifrau v. Tornau, der Witwe eines Gutsbesitzers. Da man hier eine Dame ohne Anhang sucht, verschweigt sie jedoch, daß sie verheiratet ist: Der Sohn des Hauses, der junge und stattliche Rolf v. Tornau, verwaltet geschickt, aber einsam das schöne Gut. Er hat eine große Enttäuschung erlebt. Die bildschöne Melanie v. Birkfeld, um die er

leidenschaftlich geworben hatte, hat ihm den bejahrten und verlebten, doch schwerreichen Baron Berkow vorgezogen. Sie interessiert sich allerdings immer noch sehr für ihn und sieht mit großem Mißvergnügen Renate auf Schloß Tornau. Renate und Tornau kommen sich bald näher; da stirbt Berkow, und seine Witwe macht sich daran, Rolf für sich zu erobern. Sie hat zufällig, ohne jedoch Genaueres zu wissen, von der Verbindung Renates mit Trachwitz erfahren und holt diesen nun als Stallmeister auf ihr nahegelegenes Gut. Verdächtigungen, die sie Tornau gegenüber äußert, vergiften sein Verhältnis zu Renate. Bei einer Aussprache mit Trachwitz, der Renate plötzlich wiedergewinnen will, bekennt Renate ihre Liebe zu Tornau; Trachwitz reitet in höchster Wut davon und stürzt so schwer, daß er fürs Leben ein Krüppel bleiben wird. Renate verläßt Tornau, um für ihren hilflosen, gelähmten Mann zu sorgen und seine Not mit ihm zu teilen. Der aber erfährt durch so viel Selbstlosigkeit eine seelische Läuterung und erschießt sich, um Renate den Weg zu Tornau freizugeben. Melanie hat jetzt endgültig ihr Spiel verloren. Tornau und Renate heiraten und werden sehr glücklich.

Was bringt ein solcher Roman der bürgerlichen und kleinbürgerlichen Leserin? – Zunächst erlebt sie hier den Wunschtraum einer Adelswelt, in der in reicher Umgebung schöne Adelsmenschen bedeutend und edel handeln; und sie kann sich aus ihrer Misere zeitweise in diese schöne Traumwelt flüchten. Eben das ist es auch, was die Courths-Mahler ihren Lesern liefern will: «(...) harmlose Märchen, mit denen ich meinem Publikum einige sorglose Stunden zu schaffen suche». Aber die Welt dieser Romane ist nicht einfach eine phantastische Traumwelt, sondern hängt auf vielfache Weise mit der konkreten Lebenswirklichkeit der Leserin zusammen: Der vorliegende Roman hat wie alle anderen Romane ein bestimmtes Geschehen zum Inhalt: den Aufstieg der Heldin aus Leid und Not zum Glück. Damit stellt er die entscheidende eigene Lebenserfahrung der Autorin dar, wie sie programmatisch in dem Titel des autobiographischen Romans *Unser Weg ging hinauf* (1914) formuliert ist. Ihr entspricht eine wichtige Lebenshoffnung der Leserin auf Überwindung der eigenen Misere und Not bzw. auf Aufstieg in gehobenere Lebensumstände: Glücksversprechen ist die entscheidende Leistung der Romane der Courths-Mahler.

Doch ist dieses Glücksversprechen eben nicht allgemein und abstrakt, sondern erfolgt innerhalb eines konkreten gesellschaftlichen Bezugsrahmens: Melanie, die mit Energie und List um Tornau kämpft, verliert ihn. Renate dagegen gewinnt ihn, gewinnt ihn vor allem deshalb, weil sie ihm entsagt; denn erst durch ihr Opfer wird Trachwitz geläutert und bringt sich endlich um. Die Gegenspielerin erscheint so als verächtlich und wird dafür bestraft, daß sie aktiv und emanzipiert handelt und zielstrebig selbst um einen Mann wirbt. Die Heldin dagegen wird belohnt und glücklich, weil sie liebevoll, demütig, entsagungswillig und opferbereit handelt und dem Mann gegenüber völlig passiv bzw. dienend bleibt, also rein die traditionelle passive Rolle der Frau in der bürgerlichen Gesellschaft verkörpert.

Ein anderer Aspekt greift noch weiter: Die Wunschwelt des Romans ist eine schöne Adelswelt, doch bildet der Adel (Melanie, Trachwitz, auch Berkow) nicht als solcher schon eine Idealwelt, sondern vor allem dann, wenn er die moralischen Ideale verkörpert, die das Bürgertum in ihn hineinsieht: Adel nicht aufgrund adliger Abkunft, sondern adliger Gesinnung, wie sie prinzipiell auch der Bürger haben kann und dann dem Adel gleichsteht. So gilt für Renate, «die arm und bürgerlich ist», nach dem Urteil von Tornaus Mutter: «Sie hat den rechten Adel, den der Seele, und den unvergänglichen Reichtum, den des Herzens.» Und so ist allein sie die rechte Frau für den Freiherrn von Tornau.

Der Adel der Seele als der «rechte Adel» ist eine alte Ideologie: Seit dem 18. Jahrhundert wird in Deutschland die Sozialutopie einer Veredlung und damit Verbürgerlichung des Adels diskutiert (und kritisiert: etwa von Lessing [vgl. 418]) als eine Möglichkeit, die ethischen und gesellschaftlichen Ideale des Bürgertums gleichsam missionarisch durch moralische Bekehrung der herrschenden Adelsschicht durchzusetzen und so eine revolutionäre Veränderung der Verhältnisse zu erübrigen. Nachdem die deutsche Einheit durch das preußische Militär eingerichtet worden war und das Bürgertum sich ihm mehrheitlich gebeugt und so darauf verzichtet hatte, seine Ideale in einer eigenen demokratischen Gesellschaftsform zu realisieren, war diese Utopie eine der Möglichkeiten, sich mit dem feudal-militaristischen Obrigkeitsstaat des Wilhelminismus zu versöhnen, ja aus ihm seine Leitbilder zu beziehen. Doch verbindet sich diese verbürgerlicht-idealisierte Adelsideologie bei der Courths-Mahler mit einer spezifisch bürgerlichen Ideologie, nämlich mit der Ideologie des individuellen äußeren wie inneren Aufstiegs durch eigene Leistung: Trachwitz schafft es nicht, «sich im Kampfe mit dem Leben (zu) bewähren und ein besserer Mensch (zu) werden»; Renates menschliche Qualität liegt dagegen darin, daß sie sich dem Lebenskampf stellt und sich in ihm durch Fleiß und Leistung behauptet: Sie war «gewillt, den Kampf mit dem Leben aufzunehmen, mochte er auch noch so schwer sein». Darin erweist sie ihre spezifisch bürgerliche Geartung: «Das Blut fleißiger, tüchtiger Kaufleute, die ihre Vorfahren gewesen waren, regte sich in ihr.» Und so gewinnt sie die Liebe der Tornaus und wird Renate Freifrau von Tornau: Aufstieg durch Bürgertugend. Das bürgerliche Leistungsprinzip führt «hinauf ins Reich der Edelmenschen» (May).

Es ist also keine ferne, phantastische Märchenwelt, in die der Roman der Courths-Mahler seine Leserin führt, sondern ihre eigene bürgerlich-wilhelminische Welt, nur ideologisch erhöht und verklärt und so befestigt.

Und die traditionelle Art solcher Erhöhung, Verklärung und Befestigung wird dabei nicht ausgelassen; alles Geschehen erscheint als schicksalhaft notwendig: «Wie es das Schicksal will, so müssen wir es tragen», sagt Tornau, als Renate ihm entsagt, und weiß noch nicht (aber der Leser ahnt es), wie nobel so viel Schicksalsergebenheit vom Schicksal honoriert wird.

So vermochte der Roman der Courths-Mahler wesentliche Bedürfnisse eines bürgerlich-kleinbürgerlichen Massenpublikums intensiv zu befriedigen (und vermag es in einer bürgerlich-kapitalistischen Gesellschaft bis heute): Er erlaubte die Flucht aus einer materiell und mental bedrückenden oder bedrohlichen Wirklichkeit in eine ideale Wunschwelt, prägte in dieser Wunschwelt aber entschieden die Notwendigkeit und Unvermeidlichkeit der bestehenden gesellschaftlichen Strukturen und Zwänge ein und half so zweifach, sie zu ertragen – half aber gar nicht, sondern verhinderte nachdrücklich, sie zu erkennen oder gar zu verändern.

Daher ist es insgesamt auch nicht so ganz verwunderlich, daß heute noch dieselbe Literatur, sogar dieselben Autoren wie zur Zeit der Jahrhundertwende gleich massenhaft gelesen werden. Denn diese Literatur, sei sie nun offen regressiv wie die Bergromane Ganghofers, sei sie entschieden evasiv wie die «harmlosen Märchen» der Courths-Mahler oder sei sie auch teilweise kritisch gegen die bestehende Gesellschaft wie die Abenteuerromane Mays, hat faktisch doch unaufhörlich in der Weise gewirkt und so zu ihrem Teil dazu beigetragen, daß eben die gesellschaftlichen und ökonomischen Verhältnisse und mit ihnen gerade die Bedürfnisse, die Entfremdungen, Nöte und Ängste bestehen blieben, welche vielen Lesern den Konsum dieser Literatur so unentbehrlich machen.

Martin H. Ludwig
Arbeiterliteratur

Arbeiterliteratur unter dem Sozialistengesetz

Die 1878 ergangenen Sozialistengesetze verboten sozialdemokratische Agitation und Öffentlichkeitsarbeit. Auf dem Gebiet der Arbeiterliteratur betrafen die Verbote vor allem das Arbeitertheater. Die Lehr- und Agitationsstücke der frühen Arbeiterbewegung konnten nicht mehr aufgeführt werden. Sehr bald wurden jedoch Ersatzformen geschaffen, die die affirmativen Gemeinschaftsbedürfnisse der Arbeiterbewegung befriedigten. In Leipzig, einem Zentrum der Arbeiterbewegung, gründete man schon vier Monate nach Erlaß der Sozialistengesetze einen «Fortbildungsverein für Arbeiter», dessen Vorsitzender der Malermeister Friedrich Bosse (1848 bis 1909) wurde. Im Programm des Vereins standen ‹unpolitische› Vorträge, Redekurse und Festivitäten, aber auch eine Theatergruppe, die Stücke von Molière, Anzengruber, Otto Ludwig und Ibsen spielte. In diesem geselligen Rahmen entwickelten die Vereinsmitglieder Formen des politischen Theaters, die den Polizeiblicken unverdächtig erscheinen konnten. Der Germanist und sozialdemokratische Journalist Manfred Wittich (1851 bis 1902) schrieb zum Reformationsfest 1887 das Stück *Ulrich von Hutten*. In dem historischen Kontext des Stücks konnten die Eingeweihten sehr wohl das politische Ziel ihrer Bewegung wiedererkennen, wenn nämlich Hutten die Befreiung des Volks als größte Tat des Reformators Luther pries. Bosse selbst ließ sich von historischen Gestalten anregen und gab in seinem Stück *Die Alten und die Neuen* (1888) Idealfiguren von Hans Sachs und Hutten Gelegenheit, mit den Worten der Vergangenheit den ‹Neuen›, nämlich den Arbeitern des Vereins, Orientierungshilfe zu geben. Wird hier zwischen Historisierung und Allegorese eine Brücke geschlagen, so verzichtet Josef Schiller (1846 bis 1897) vollkommen auf realistische Bezüge und versammelt in dem Festspiel *Selbstbefreiung* (1883) rein allegorische Figuren auf der Bühne. Der «Volksgeist» (das Proletariat) wird durch die «Damen» «Arbeit», «Kunst» und «Wissenschaft» zu Emanzipation angeleitet.

Zur politischen und organisatorischen Lage der Arbeiterbewegung

Die Sozialistengesetze, 1878 und in den folgenden Jahren von Bismarck im Reichstag stets durchgebracht, wurden 1890 nicht mehr erneuert. Die Sozialdemokratische Partei als gewichtigster politischer Ausdruck und Zusammenschluß der Arbeiterbewegung, ohnehin durch die Sozialistengesetze eher schikaniert als unterdrückt, nahm nach ihrer ‹Märtyrerzeit› nunmehr einen gewaltigen Aufschwung. Im Jahr der erstmaligen Verkündung der Sozialistengesetze, 1878, hatten 437000 Bürger sozialdemokratisch gewählt, 1890 waren es eine Million Wähler mehr. Bis 1914 erreichte die Partei 110 Reichstagsmandate bei 4250000 Wählerstimmen und wurde stärkste Fraktion im Reichstag. Die Partei zählte zu diesem Zeitpunkt fast eine Million Mitglieder.

In der großen Öffentlichkeit nicht so auffällig, zahlenmäßig aber weitaus bedeutender war die Mitarbeit der Sozialdemokraten in nachgeordneten Institutionen des wilhelminischen Reichs. In den Landtagen und Kommunalparlamenten zählte man 1913 13000 sozialdemokratische Abgeordnete, und in den Vertretungskörperschaften der Sozialversicherung, in den kommunalen Arbeitsnachweisstellen und Erwerbslosen-Unterstützungskassen sowie in den Gewerbegerichten leisteten an die 100000 Sozialdemokraten Dienste innerhalb des herrschenden politischen und sozialen Systems. Anders als im Reichstag, wo hehre revolutionäre Gesinnung die eigene praktische Mitarbeit an den Gesetzen verhinderte, übernahmen die Sozialdemokraten in den weniger publikumswirksamen Institutionen einen konstruktiven Part.

Zu den organisatorischen Bemühungen der Arbeiterbewegung sind die Gewerkschaftsvereinigungen zu zählen. Sie beschränkten ihr Betätigungsfeld von vornherein auf die praktische Arbeit in den Betrieben. Die Bindungen zwischen den Freien Gewerkschaften und der Sozialdemokratie wurden zunehmend enger. Wenn auch eine Weisungsbefugnis der politischen Instanzen abgelehnt wurde, so bestand doch ein gleichartiges geistiges Klima. Nach einer Schwächeperiode infolge einer Wirtschaftskrise zu Beginn der neunziger Jahre erreichten die Freien Gewerkschaften bis zum Weltkriegsbeginn mehr als zwei Millionen Mitglieder.

Zu den Selbsthilfeanstrengungen, die in besonderem Maße Arbeitern Möglichkeiten boten, gehörten als gewichtige Organisation die Konsumgenossenschaften. In ihnen wurden bis zum Weltkrieg circa eineinhalb Millionen Arbeiter Mitglied.

Wenn auch im Reichstag aus prinzipiellen Gründen eine praktische Mitarbeit weitgehend unterblieb, so wirkte die Arbeiterbewegung auf taktisch handlungsfähige Sozialreformer und -politiker aus kirchlichem und bürgerlichem Lager doch allein schon durch ihre zahlenmäßige Größe. Und so wurden in der Zeit der Jahrhundertwende zum erstenmal gesetzliche oder doch vertragliche Absicherungen des Arbeitnehmerstatus erreicht. Die Bismarcksche Sozialversicherung wurde novelliert, auf dem Gebiet des Arbeitsschutzes wurden Maßnahmen zum Kinder-, Jugend- und Frauenschutz eingeleitet, und in der Industrie wurde erstmalig der arbeitsfreie Sonntag gesetzlich vorgeschrieben. In Arbeitskampffragen breitete sich langsam, aber stetig die Gepflogenheit von tariflichen Verhandlungen und Vereinbarungen aus. Die Gesetzgebung machte einen Anfang bei dem Verbot der Verwendung besonders gesundheitsgefährdender Arbeitsstoffe, und schließlich kam über kommunale Arbeitslosenunterstützung eine reichsweite Lösung zur Bearbeitung des Arbeitslosenproblems in Sicht.

So bescheiden diese Anfänge der Sozial- und Arbeitspolitik aus heutiger Sicht auch sind, sie gaben der Arbeiterbewegung dennoch das Gefühl, in den letzten zweieinhalb Jahrzehnten des wilhelminischen Reichs so etwas wie gesellschaftlichen Boden unter den Füßen erlangt zu haben. Auch wenn es Rückschläge durch massiven Einfluß von Unternehmern bei Hofe (Freiherr von Stumm) gab und wenn auch an der Neige des Kaiserreichs – wie heute wieder – eine regelrechte ‹Sozialhysterie› einsetzte, die den Staat durch das Anwachsen der Soziallasten unterhöhlt glaubte (!), zu groß war inzwischen die Zahl der am sozialen und politischen Leben beteiligten Arbeitervertreter geworden, als daß die Dazugehörigkeit zum Staate geleugnet werden konnte.

Allerdings hatten es die Vertreter der Arbeiter in Hinsicht auf allgemeine gesellschaftliche Anerkennung schwer. Die ‹Roten› galten als unpatriotisch und damit als unzuverlässige Elemente. Die große Zahl der in den Arbeiterorganisationen Zusammengeschlossenen bedeutete nicht das Aufgehen der Arbeiter in der Gesellschaft. Vielmehr umschreibt die Zahl der Organisierten einen mehr oder weniger geschlossenen Kreis eigener Öffentlichkeit. Den Zusammenhalt dieser Öffentlichkeit förderte ein mannigfaltiges Pressewesen, das von der Tagespostille über die Unterhaltungsschrift und satirische Zeitschrift bis zur wissenschaftlichen Monatsschrift alles enthielt, was man verlegerisch betreiben konnte. Buchverlage rundeten die Mittel der publizistischen Arbeit ab. Einerseits entsprechend den ideologischen Erfordernissen einer revolutionären Propaganda, andererseits mit Rücksicht auf die lebenspraktischen Interessen der einfachen Mitglieder und Funktionäre, baute die Sozialdemokratie einen enormen Bildungsapparat auf, der über örtliche Bibliotheken, spezielles Lernmaterial, Wanderlehrer und Zentralschulen sowohl Lesen und Schreiben lehrte als auch die Grundsätze marxistischer Weltanschauung vermittelte. Die von Wilhelm Liebknecht ausgegebene Parole «Wissen ist Macht!» bezog sich auf lebenspraktisches und politisches Wissen. Ging man über diesen Horizont hinaus, so kamen historische und populär-naturwissenschaftliche Kenntnisse in Betracht, die eine moderne, den Wissenschaften gemäße Weltanschauung begründen konnten. Literatur rangierte in diesem Verständnis unter ‹ferner liefen›, das Schöngeistige galt angesichts der politischen Aufgaben der Bewegung als absolut nachrangig. Bewertet man die Position der Arbeiterbewegung im ausgehenden Kaiserreich insgesamt, so ist aufgrund der Verwobenheit in den wilhelminischen Staat und aufgrund der eigenen Stärke ein Status der Repräsentation unverkennbar. Auf der anderen Seite blieb aus der eigenen Organisationsgeschichte wie aus der ideologischen Tradition eine Haltung der Agitation. Die Aporie zwischen Agitation und Repräsentation zeigte sich in der allgemeinen historischen Entwicklung dadurch, daß im Unterschied zur zentralen offiziellen Kampf- und Revolutionsversicherung in der praktischen Arbeit mehr und mehr Verhandlungen traten, und sie zeigte sich für viele Vertreter der Arbeiterschaft ganz persönlich dadurch, daß die verschiedenen Organisationen einen breiten Spielraum für einen persönlichen Aufstieg bereithielten, der von der Lebensführung eines Arbeiters fort zur besitzhaltenden Lebensführung eines Bürgerlichen führte. Dabei war die materielle Lage der Arbeiter noch keineswegs in einem vor Existenznot gesicherten Bereich.

Die materielle Lage der Arbeiter

Die materielle Lage der Arbeiter besserte sich insgesamt. Dennoch stieg das Einkommen eines Arbeiterhaushalts nicht in dem Maße, daß wenigstens die materielle Existenz allzeit gesichert war. Überdies bedeutete der statistische Anstieg des Lohnindex wenig für das Einzelschicksal. Globale, regionale oder auch nur lokale Schwankungen im Wirtschaftsgefüge trafen den Arbeiterhaushalt sofort am Existenznerv. Dieselben gravierenden Folgen hatten – trotz inzwischen eingerichteter gewerkschaftlicher Unterstützungskassen – Arbeitskämpfe. Zudem waren die anlaufenden Leistungen der Sozialversicherung noch derart gering, daß Krankheit oder Schwinden der Arbeitskraft infolge Alters materielle Not nach sich zog. Sofern keine Krankheiten oder Unfälle eintraten, zeigte die Kurve des Lebensstandards in einem Arbeiterhaushalt folgenden Verlauf: Ein Ehepaar erwarb zu Beginn der Ehe eine Haushaltsgrundausstattung, zu der die Bettwäschc und einige Möbel gehörten. Im Laufe der Zeit konnten einige ‹Luxusgüter› wie ein Buch, ein Bild, eine silberne Taschenuhr und Geschirr angeschafft werden. Die Haushaltsgegenstände wurden keineswegs einfach als Gebrauchsgüter angesehen, sondern sie galten als Vermögensanlage. Nach Eintritt der Altersarbeitsunfähigkeit mußten sie Stück für Stück versetzt werden, um den Lebensunterhalt aufrechtzuerhalten. Infolge dieser Altersarmut war beim Tode der Eheleute meist nur der notwendigste Hausrat (Bett, Tisch, Truhe) übriggeblieben. Glücklich schätzte sich der Haushalt, der in den neuen Arbeitersiedlungen Gelegenheit erhielt, durch Kleintierhaltung die Lebensgrundlage zu vergrößern.

Lyrik

Vorerst noch aus der Gründungszeit und der ‹heroischen› Zeit der Sozialistengesetze stammend, pendelte die Lyrik der Arbeiterbewegung deutlich zwischen den Polen Agitation und Repräsentation. In den Gedichten spiegelte sich auch die persönliche Situation der Autoren, die nämlich als Redakteure, Lehrer und Schriftsteller mit ihrem eigenen Lebensweg die Geschichte der Bewegung und ihren Auftrag repräsentierten. Nach 1890 ging man zunächst daran, die oft zu besonderen Anlässen in die Presseorgane miteingerückten Texte zu sammeln. Sammlung, Sichtung und Repräsentation bestimmten somit die Anthologien, die mehr oder weniger offiziösen Charakter trugen. 1893 erschienen unter dem Titel *Deutsche Arbeiterdichtung* fünf Bändchen mit ausgewählter Lyrik von Wilhelm Hasenclever (1834 bis 1889), Karl Frohme (1850 bis 1933), Adolf Lepp (1847 bis 1906), Rudolf Lavant (1844 bis 1915), Max Kegel (1850 bis 1902) und Andreas Scheu (1844 bis 1923). Im selben Jahr gab Karl Henckell (1864 bis 1929) das *Buch der Freiheit* heraus. Henckell zog den Rahmen der lyrischen Variationen zum Thema Freiheit so weit, daß auch Goethe und Felix Dahn einbegriffen wurden. Auch Konrad Beißwangers Sammlung *Stimmen der Freiheit* (1900) stellte sozialistische und fortschrittliche bürgerliche Autoren gleichberechtigt nebeneinander. Die Schau der Gedichte repräsentierte die Arbeiterbewegung als fortschrittliche politische Kraft und Kampfpartei ebenso, wie sie den Anspruch reklamierte, die tatsächliche und eigentliche Wahrerin des aufklärerischen bürgerlichen Erbes zu sein. Diese Tradition des Weltgeistes führte man formal in klassischen und romantischen Repliken fort, seinsmäßig erhob man die Kunst in die Höhe eines in verklärerischer Freiheit schwebenden Ideals, stilistisch bewegte man sich in den durch die Vormärzdichter und den während der Zeit der Verfolgung 1878 bis 1890 benutzten pathetischen Kampfmetaphern und Camouflage-Allegorien. Frühlingsbilder und Siegesmetaphern verbürgten die Gewißheit des Sieges der Arbeiterbewegung, historische und mythologische Anspielungen boten ein weiteres Feld der Selbstvergewisserung. Die ideale Gesinnung und das Pathos des Kampfes, die die Lyrik ihren Lesern vor-proklamierte, fand sich in noch verstärktem Maße in den massenhaft nachgefragten Prologen und lebenden Bildern, die auf Parteiveranstaltungen von den zentralen Parteitagen bis hinab zu den örtlichen Gliederungen deklamiert und aufgeführt wurden.

Die Vielfalt der literarischen Adaption und des Erbeverständnisses zeigt abschließend für die Epoche die zweibändige Sammlung *Von unten auf*, die der sozialdemokratische Politiker und Redakteur Franz Diederichs (1865 bis 1921) 1911 herausgab:

Die hier vorgestellte Lyrik, die der bildungsbürgerlichen Tradition einen breiten Raum gewährt, repräsentiert in weiten Teilen einen ausgedehnten

Bildungsfundus, der nur mehr durch systematische Bildung zu überblikken ist. Die historischen und mythologischen Anspielungen müssen daher eigens erläutert werden.

Die Lyrik der hohen Gesinnung und des Solidaritätspathos, der Bildungsgewißheit und der festtäglichen Selbstversicherung war häufig nicht von den Vergewisserungsformen des nationalen Bildungsbürgertums zu unterscheiden. Zuwenig entwickelte man eigene und neue Ausdrucksformen. Das revolutionäre Pathos begann hohl zu wirken angesichts der dominierenden Praxis von Organisation, Verhandlung und der Anwendung der Sozialgesetzgebung in täglicher Kleinarbeit. Und so beschränkte sich die Lyrik mehr und mehr auf die Funktion des Festtagsschmucks für Parteifeiern. Neue Formen, die sich den geänderten Seinsbedingungen der Arbeiterbewegung anpaßten, waren gerade erst in Ansätzen zu erkennen. Noch keinen Nachfolger in der Arbeiterbewegung fand Leopold Jacobi (1840 bis 1895), der formal schon früh den freien Rhythmus probierte. Neue Wege beging dann der Ruhrkumpel Heinrich Kämpchen (1847 bis 1912). Kämpchen wurde von seiner Zeche wegen Streikführerschaft beim großen Bergarbeiterstreik von 1889 entlassen, blieb aber dem sozialen Milieu durch die Mitarbeit im neugegründeten Verband der Bergarbeiter verbunden. Wenn sich in seinen Gedichten auch formal klassische und vormärzliche Vorbilder nachweisen lassen, so verklären seine Gedichte nicht die ideale Arbeitergesinnung, sondern beschreiben die alltägliche Lebens- und Arbeitssituation des Kumpels und begleiten kommentierend in der Presse die politische Lage und die laufenden Arbeitskämpfe. Neben Kommentar, Appell und realistischen Milieuschilderungen schimmert der Stolz auf die außergewöhnliche Leistung durch, die der Bergmann mit seiner Arbeitserfüllung erbrachte. Die ‹Arbeiterdichtung› kündigte sich an.

Drama

Das Drama, das in der Zeit der Sozialistengesetze auf allegorische Darstellungen und historische Stoffe ausgewichen war, konnte ab 1890 wieder offen politische Stoffe aufgreifen. Wie schon in den achtziger Jahren verfaßte auch jetzt der Vorsitzende des Leipziger «Fortbildungsvereins für Arbeiter», Friedrich Bosse, eine Reihe von Stücken, in denen er agitatorische Gehalte dramatisierte (*Im Kampf*, 1892) und das Verhältnis von Kunst und Arbeiterbewegung diskutierte (*Die Arbeiter und die Kunst*, 1897). Bosse forderte, der politischen Agitation mehr Raum bei der Gestaltung dramatischer Stoffe zu gewähren. Dieser Forderung kam eine Agitationsgruppe nach, die von Boleslav Strzelewicz gegründet wurde. Die Gruppe spielte Straßentheater und kombinierte politische Lehrspiele mit amüsanten Unterhaltungsstücken.

Bosses Forderung nach dem Agitationstheater setzte sich aber insgesamt nicht durch. Der neue Weg, Arbeiter und Theater zusammenzubringen, wurde in den neunziger Jahren unter der Leitung von Bruno Wille (1860 bis 1928) die Volksbühnenbewegung. Man verpflichtete Theater, exklusive Aufführungen für ‹das Volk› zu spielen. Es gelang jedoch nicht, auch sozialdemokratische Stücke in den Spielplan aufnehmen zu lassen. Man mußte mit den Stücken vorlieb nehmen, die der übliche Spielplan bot. Dabei avancierten Schiller und Lessing zu den meistgesehenen Autoren. Daneben wurden Stücke des naturalistischen Theaters abonniert. Für viele wurde eine Aufführung von Gerhart Hauptmanns Drama *Die Weber* (1892) zu einem Schlüsselerlebnis.

Dem in der Volksbühnenbewegung durchschlagenden Trend mußten sich auch sozialdemokratische Bühnenschriftsteller beugen. Mit seinen ‹Tendenzstücken› *Sein Jubiläum. Ein Bild aus dem Handwerkerleben* (1896), *Töchter der Arbeit* (1897), *Der verlorene Sohn* (1900) und *Im Hinterhause* (1903) erreichte Ernst Preczang (1870 bis 1949) lediglich wenige Aufführungen auf Dilettantenbühnen. Nur mit dem unpolitischen Stück *Gabriello der Fischer* (1910) fand Preczang sowohl den Beifall der bürgerlichen Theaterkritiker als auch den Weg auf den Spielplan der Theater. Das gleiche Schicksal erlitten die Stücke von Emil Rosenow (1871 bis 1904), der einzig mit der an Gerhart Hauptmanns *Biberpelz. Eine Diebskomödie in 4 Akten* (1893) angelehnten Komödie *Kater Lampe* (1902) eine gewisse Verbreitung erreichte. Weitere Autoren waren Paul Bader (1865 bis 1945; *Das Gesetz*, 1914), Lu Märten (1879 bis 1970; *Bergarbeiter*, 1907) und die im Team schreibenden Robert Nespital (1881 bis 1961) und Franz Starosson (1874 bis 1919; *Verflucht sei der Acker!*, 1913, *Häusler Grothmann*, 1914). Dramaturgische Anregungen holten sich die Autoren bei Schiller (*Kabale und Liebe*) und in den dumpfen, tragischen Konstellationen des naturalistischen Dramas.

Bei der Kennzeichnung der Charaktere schwand zunehmend die Kennzeichnung durch agitatorische Haltung und Bekenntnis. Die Psychologisierung der Personen gewann an Boden. Ziel war nicht mehr die Präsentation einer politischen Lehre oder einer idealen Gesinnung, sondern in Anlehnung an bürgerliche Vorstellungen zur Dramenästhetik die Einfühlung des Zuschauers in die Charaktere und deren soziale Konfliktsituation. Wie im Bereich der Lyrik begann auch für das Drama, das Pathos der Gesinnungsversicherung obsolet zu werden. Eine neue Begeisterung richtete sich nicht mehr auf die Organisation der Arbeiterbewegung, sondern auf den individuellen Proletarier. Auch der Proletarier – und nicht nur Menschen höherer Gesellschaftsklassen – zeigte menschliche Größe und menschlichen Reichtum. Einmal geweckt, konnten die Empfindungskraft und die Charakterstärke der namenlosen Proletarier als Garant für die zukünftige gesellschaftliche Entwicklung gelten.

Auch beim Drama zeigte sich wie in der Lyrik eine Adaption bürgerlicher literarischer Formen und Rezeptionshaltungen. Anders als in der Lyrik freilich, wo die Adaption früher einsetzte und dann gewissermaßen ein offizielles Bewußtsein umriß, bedeutete die Aneignung bürgerlicher Dramenästhetik den Versuch, das bei geänderter gesellschaftlicher Lage sich vom Alltäglichen entfernende offizielle Bewußtsein als einzige gängige Ausdrucksweise der Arbeiterklasse durch eine realistischere Art des Ausdrucks zu ergänzen.

Über die von der bürgerlichen Dramenästhetik bereitgehaltenen Mittel hinaus gab lediglich Lu Märten in einigen Reflexionen Ausblicke auf Formen eines zukünftigen, neuartigen proletarischen Theaters. Ihre Gedanken nahmen spätere Erscheinungen des Proletkults und der Massenaufführungen der Sprechchorwerke der Weimarer Zeit vorweg.

Spezifische neue Formen erreichte also das Drama der Arbeiterliteratur nicht. Hier trat auch keine Änderung ein, als sich in dem 1908 gegründeten «Bund der Arbeiter-Theater-Vereine Deutschlands» Tausende von Theaterliebhabern organisierten. Den Mitgliedern ging es kaum um das Drama und das Theater, sondern um gesellige Veranstaltungen im Bereich der Freizeitvergnügen. Die Laienspieler und Dilettanten zeigten daher weniger Interesse an politischen Stücken als an Schwänken und Komödien, zumal sie ihre politische Orientierung sowieso schon durch den Charakter des Bundes festgelegt hatten. Der «Bund der Arbeiter-Theater-Vereine Deutschlands» reihte sich in die oft ausschließlichen und platten Aktivitäten für Freizeitgestaltung ein, die im Rahmen der Arbeiterbewegung auch ein Sängerbund, ein Turnerbund, ein Radfahrerbund usw. boten.

Prosa

Die Prosa war diejenige Gattung, in der sich die materielle Lage der Arbeiter literarisch niederschlug. Sie schwankte zwischen Elendsdokument und kämpferischem Bekennertum, wobei sich freilich das Bekenntnis zur politischen Bewegung nur schwer in die Gestaltung einbeziehen ließ und so oftmals als nur äußerlich und aufgesetzt erschien. In diesem literarischen Problem spiegelte sich auch wieder die Distanz zwischen einer kampfbetonenden und ihre Mächtigkeit repräsentierenden Organisation und den nunmehr alltäglichen Lebensumständen der Arbeiter. Und das zunehmend in gewissermaßen prosaischere Aktivitäten einmündende Verhalten der Mitglieder an der Basis schlägt wieder auf die Entwicklung der Prosa zurück.

Robert Schweichel (1821 bis 1907; *Der Axtschwinger*, 1868, *Der Falkner von St. Vigil*, 1881) und Minna Kautsky (1837 bis 1912; *Stefan vom Grillenhof*, 1879, *Herrschen oder Dienen*, 1882, *Die Alten und die Neuen*, 1885, *Victoria* 1889), die bis 1890 ein umfangreiches erzählerisches Werk für den Abdruck in der Parteipresse oder als Einzelveröffentlichung vorgelegt hatten, waren nach der Epoche der Sozialistengesetze nicht mehr annähernd so produktiv (Romane von M. Kautsky: *Helene*, 1894; von Schweichel: *Um die Freiheit. Geschichtlicher Roman aus dem deutschen Bauernkriege* 1899). Und so beachtete die Parteiöffentlichkeit viele bürgerliche Autoren, die sich der sozialen Frage angenommen hatten wie Marie von Ebner-Eschenbach (1830 bis 1916; *Das Gemeindekind*, 1887), Karl Emil Franzos (1848 bis 1904; *Der Pojaz. Eine Geschichte aus dem Osten,* 1905), Ludwig Anzengruber (1839 bis 1889; *Der Pfarrer von Kirchfeld*, 1870, *Das vierte Gebot*, 1878) und Max Kretzer (1854 bis 1941; *Die Betrogenen*, 1881, *Die Verkommenen*, 1883, *Meister Timpe*, 1888). In diesem Zusammenhang vermittelte Émile Zolas (1840 bis 1902) Bergarbeiterroman und Revue sozialistischer Bewegungen und Haltungen, *Germinal* (1885), ein ähnliches literarisches und politisches Schlüsselerlebnis wie die Aufführung von Gerhart Hauptmanns Schauspiel *Die Weber*. Die Presseorgane *Die Neue Welt. Illustriertes Unterhaltungsblatt für das Volk* – seit 1892 als Wochenbeilage zu den Parteizeitungen – und *In freien Stunden. Romane und Erzählungen für das arbeitende Volk* – von 1904 bis 1919 von Ernst Preczang herausgegeben – hielten sich gleichfalls an bürgerliche Autoren des In- und Auslandes oder druckten Prosa ab, bei der die Absicht der Unterhaltung eindeutig vor möglichen erzieherischen Zielen rangierte. Die Mischung von Milieuschilderung und Stil- und Gestaltungsmustern der Trivialliteratur war schon durch das Schaffen Minna Kautskys vorgegeben, wobei der rezeptionsästhetische Blick auf die Arbeiterfrauen als Zielgruppe ebenfalls eine Rolle spielte.

Bei der Rezeption belletristischer Prosa schlug wieder die Geringfügigkeit der Rolle durch, die man der Literatur überhaupt bei der politischen Arbeit und Agitation zumaß. Wie Ausleihlisten von Bibliotheken zeigen, konnten diejenigen Schriften ein gesteigertes Interesse hervorrufen, die man als populäre Sachbücher bezeichnen kann. Im naturwissenschaftlichen Bereich griff man zu den Autoren Wilhelm Bölsche (1861 bis 1939) und Ernst Haeckel (1834 bis 1919); auf gesellschaftspolitischer Ebene waren Bestseller die Zukunftsentwürfe wie August Bebels (1840 bis 1913) Buch *Die Frau und der Sozialismus* (ab 1879 viele Auflagen) und Edward Bellamys (1850 bis 1898) *Im Jahre 2000. Ein Rückblick auf das Jahr 1887* – eine (‹realistische›) Zukunftsvision, die in fast allen sozialdemokratischen Presseorganen Eingang fand.

Es entsprach einem wesentlich auf abstrahierende politische Argumentation zielenden Interesse an Prosalektüre, daß von anderer Seite nunmehr der Arbeiter literarisch gewissermaßen wiederentdeckt werden konnte. Der protestantische Pastor Paul Göhre (1864 bis 1928) arbeitete – wie in den frühen sechziger Jahren dieses Jahrhunderts erneut protestantische Geistliche und später Günter Wallraff – *Drei Monate (als) Fabrikarbeiter und Handwerksbursche* (1891). Sein dokumentarischer Bericht erregte

einiges Aufsehen und wurde im Ausland mehrfach übersetzt. Die Rezeption notierte erstaunt ‹exotische› Verhältnisse im eigenen Industrie-Land und wertete Göhres Erfahrungen als eine Art ‹Spähtruppberichte›.
1900 zur Sozialdemokratie gestoßen, edierte Göhre im bürgerlichen Verlag von Eugen Diederichs drei Arbeiterautobiographien – Moritz William Theodor Bromme (1873 bis ?), *Lebensgeschichte eines modernen Fabrikarbeiters*, 1905; Wenzel Holek (1864 bis ?), *Lebensgang eines deutschtschechischen Handarbeiters*, 1909; Franz Rehbein (1867 bis 1909) *Das Leben eines Landarbeiters*, 1911. In diesen Lebensläufen standen das Alltägliche und das Persönliche im Vordergrund; es zeigte sich, daß das Bewußtsein des einfachen Handarbeiters die Bekenntnisse der hohen Politik in der repräsentativen Organisation nicht mitvollzog. Das offizielle Bewußtsein der Arbeiterbewegung und das Arbeiterbewußtsein fielen auseinander. Nicht zuletzt dieser Umstand war ein Grund dafür, daß der Proletarier zum Thema gelehrter Abhandlungen bei Vertretern der zweiten Generation der Kathedersozialisten wie Max und Adolf Weber, Heinrich Herkner, Werner Sombart wurde oder aufgrund desselben Forschungsinteresses mit seinen Selbstzeugnissen Eingang in die Dokumentationen des finnischen Psychologie-Autodidakten Adolf Levenstein fand (*Aus der Tiefe*, 1908; *Proletariers Jugendjahre*, 1909; *Die Arbeiterfrage*, 1912).
Die Sozialdemokratie reagierte auf das bürgerliche Interesse am ‹objektiven› Proletarier durch die Herausgabe repräsentativer Autobiographien: In Bebels dreibändigem Memoirenwerk *Aus meinem Leben* (1910 bis 1914) erkannten viele Sozialdemokraten Stationen des eigenen Lebensweges wieder. Die von Bebel mit einem Vorwort versehenen Erinnerungen der Österreicherin Adelheid Popp (1869 bis 1939) brachten die Erlebnisse vieler sozialdemokratischer Frauen in der Kindheit, in der Familie, bei der Arbeit und in der nicht immer frauenfreundlichen Organisation zum Ausdruck (*Lebensgeschichte einer Arbeiterin von ihr selbst erzählt*, 1909; eine Fortsetzung erschien 1915: *Erinnerungen aus meinen Kindheits- und Mädchenjahren aus der Agitation und anderes*). In dieselbe Zeit fallen noch weitere Autobiographien, die den sozialen Aufstieg vom Arbeiter zum Funktionär nachzeichnen. Bei Otto Krille (1878 bis 1954) wird dieser Aufstieg als vergeistigte innere Entwicklung geschildert, bei der man den Zustand des Arbeiters mittels sozialistischer Bildung hinter sich läßt (*Unter dem Joch. Die Geschichte einer Jugend*, 1914).

Der Versuch neuer Ausdrucksformen – auf dem Weg zur «Arbeiterdichtung»

‹Arbeiterdichtung› ist fast zum Schimpfwort geworden, weil es in späterer Zeit einige personelle Verflechtungen mit nationalsozialistischer Kulturarbeit gab (Lersch, Barthel) und weil vor allem ein Teil der Kriegsempfindungen der Arbeiterdichter Gelegenheit bot, nationalsozialistische Deutungen und Umformungen zuzulassen. Diese Verwendung von interessierter Seite sollte aber nicht den Blick dafür verstellen, daß die Arbeiterdichtung in einer Zeit, in der die organisierte Arbeiterbewegung keine neuen literarischen Impulse gab, ein ernst zu nehmender Versuch war, neue und modernere künstlerische Ausdrucksformen für die Schilderung des Welterlebens des Arbeiters fruchtbar zu machen. Wie bürgerliche und sozialreformerische Kreise ein wissenschaftliches Interesse am Proletarier fanden, so auch bürgerliche Künstler an der Welt der Arbeit. Der belgische Symbolist Émile Verhaeren (1855 bis 1916), der amerikanische Schöpfer freier Rhythmen Walt Whitman (1819 bis 1892) und der deutsche Lyriker Richard Dehmel (1863 bis 1920), der auch vor Arbeitern vortrug, werteten die Arbeitswelt nicht nur wie die Naturalisten als Elendsquelle, sondern gewannen ihr auch menschliche und ästhetische Werte ab. Sie sahen menschliches und technisches Schöpfertum am Werk und verliehen dem arbeitenden Menschen individuelle Gefühlsgröße, Stolz auf die Arbeitsleistung, Selbstwertgefühle und die charakterliche Fähigkeit zum weitschauenden und allumspannenden Umbau der Welt. Diese Denkrichtung korrespondierte mit gleichgerichteten Versuchen in der bildenden Kunst (Constantin Meunier, 1831 bis 1905) und im (Architektur-) Ingenieurwesen, wo man sich im 1907 gegründeten Deutschen Werkbund um künstlerische und zugleich funktionale Gestaltung industrieller Produkte und Produktionsanlagen bemühte – eine Bemühung, die später im weltbekannten Staatlichen Bauhaus in Weimar und Dessau ihren Höhepunkt fand. Allen diesen Bestrebungen ging es um die Überwindung des Auseinanderfallens von klassischer Bildung und Technik. Das neue Lebensgefühl der Jahrhundertwende, das einen soziologischen Grund in der wachsenden Zahl der im technischen Bereich Gebildeten hatte, verstand die Technik der neuen Zeit nicht mehr überwiegend als Bedrohung des Menschen, sondern als Chance der Selbstverwirklichung.

Literarisch versuchten Jakop Kneip (1881 bis 1958), Josef Winckler (1881 bis 1966) und Wilhelm Vershofen (1878 bis 1960) die Inspirationen, die ihnen die Industrielandschaft des Ruhrgebiets vermittelte, in neuen Rhythmen und neuen Gedankenverbindungen auszudrücken. Sie bildeten den Kern der «Werkleute auf Haus Nyland», die sich 1912 zusammenschlossen, die Zeitschrift *Quadriga* herausgaben und die Bedingung aufrechterhielten, daß jeder Autor noch einem Brotberuf nachzugehen hätte. In den expressionistischen und klassizistischen Ausdrucksweisen wie in den kosmogonischen Naturassoziationen liefen die Autoren allerdings Gefahr, ein harmonistisches Bild der technischen Schöpfungen zu dichten.

Waren es im Bürgertum vor allem fortschrittsoptimistische Töne, die angeschlagen wurden, so vergaßen die von dieser Bewegung erfaßten Arbeiter nicht die Elendsseite der industriellen und technischen Entwicklung. Freilich konnten sie den Widerspruch zwischen Zukunftsglauben, sozialem Elendsdruck und persönlichem Freiheitsdrang nicht auflösen. Anders als es frühere Autoren der Arbeiterlyrik formulierten und mit ihrem Lebensweg repräsentierten, fanden diese Autoren nicht den Weg zur Partei oder zum Appell an die parteigeführte Gesinnung. Ihnen öffnete sich nur ein individueller Weg in die Freiheit, und zwar die den alten Handwerksgesellen nachempfundene Wanderschaft, die «Walze». Vagabondage, Bohème und Landstraßenromantik als individueller Protest war ein gemeinsamer Erfahrungsweg vieler Autoren, auch solcher, die erst in den zwanziger Jahren zu schreiben begannen (z. B. Theodor Plievier, 1892 bis 1955; Adam Scharrer, 1889 bis 1948; Kurt Kläber, 1897 bis 1959; Bruno Schönlank, 1891 bis 1965). Anarchistische Züge bleiben in ihren Werken lange nachweisbar, wenngleich ihre parteipolitische Option differierte.

In diesem Klima und in dieser Szene, in denen sich der gesellschaftliche Protest nicht in die Partei- oder Gewerkschaftsarbeit kanalisieren ließ, veröffentlichte eine Reihe von Dichtern, die zum großen Teil die Handarbeit noch selbst ausübten und denen man vom Weltkrieg an das Attribut ‹Arbeiterdichter› zusprach, ihre ersten Gedichte: Max Barthel (1893 bis 1975), Karl Bröger (1886 bis 1944; *Gedichte* 1912), Gerrit Engelke (1890 bis 1918), Heinrich Lersch (1889 bis 1936; *Abglanz des Lebens*, 1914), Alfons Petzold (1882 bis 1923, *Trotz alledem*, 1910; *Heimat Welt*, 1913), Otto Wohlgemuth (1884 bis 1965). Sie galten als eine Stimme des Volkes. Volk wurde nicht mehr als politisch-organisatorischer Begriff gedacht, und die Stimme der Arbeiterdichter galt bei aller Sozialkritik und trotz vereinzelter politischer Bindungen (Bröger war SPD-Mitglied geworden) als Aussage jenseits von Parteien. Die Problematik dieses Verständnisses und der in diesem Rahmen ausgedrückten Empfindungen wurde erst später während der ersten Weltkriegseuphorie (Lersch, Bröger) erkennbar.

Auch diejenigen Lyriker, die im Bildungsapparat und im Pressewesen der Arbeiterbewegung tätig waren, machten mehr oder weniger auffällige Anleihen bei den durch die gewandelte Betrachtungsweise der Industrie-‹Kultur› entstandenen Ausdrucksformen, so Otto Krille (*Sonnensehnsucht*, 1903; *Aus engen Gassen*, 1904; *Aus Welt und Einsamkeit*, 1905), Ludwig Lessen (d. i. Louis Salomon, 1873 bis 1943; *Kosmische Kränze*, 1896; *Fackeln der Zeit*, 1904; *Aus Tag und Tiefe*, 1911), Ernst Preczang (*Im Strome der Zeit*, 1908 u. ö.).

Theoretische Literaturdiskussion in der Arbeiterbewegung

Es wäre angesichts der Rolle, die theoretische Reflexion in der sozialdemokratischen Arbeiterbewegung gespielt hat, nicht berechtigt gewesen, die Überlegungen zur Literaturtheorie gewissermaßen als Deduktions-

vorlage der Darstellung der Arbeiterliteratur um die Jahrhundertwende voranzustellen. Im nachhinein allerdings erklären die metaliterarischen Dispute der Partei, weshalb sich die Versuche zu einer zeitgemäßen Gestaltung der Arbeiterliteratur außerhalb ihres zahlenmäßig doch so mächtigen Einflußbereiches vollzogen. Zwei gewichtige Stationen der Literaturkritik lassen sich in der Epochengeschichte markieren.
1896 ging es auf dem Parteitag in Siebleben bei Gotha um die Einschätzung naturalistischer Literatur, die pointiert den Elendscharakter proletarischen Daseins zum Mittelpunkt der Darstellung machte. Anhand zweier naturalistischer Romane, die im Unterhaltungsblatt *Neue Welt* (Auflage 200000) abgedruckt worden waren, forderten vor allem Hamburger Sozialdemokraten die Absetzung der naturalistischen Elendsbilder und reklamierten ein Recht auf Unterhaltung und Freizeitentspannung, die das sowieso triste Proletarierdasein durch eine literarische Abspiegelung nicht auch noch verdoppele. Wenn man den Lesern noch etwas zumuten wolle, dann eine erbauliche Belehrung im Sinne der Bewegung. Der verantwortliche Redakteur der *Neuen Welt*, Edgar Steiger (1858 bis 1919), verteidigte sich vergeblich mit dem Hinweis, man müsse die Welt so schildern, wie sie eben sei. Es setzte sich die Haltung durch, die im Naturalismus eine Verletzung des guten Geschmacks sah und in seinem Elendspessimismus die optimistische Perspektive der Arbeiterbewegung vermißte.
Diese Betrachtungsweise konnte sich auf die Auffassung des wichtigsten sozialdemokratischen Literaturbetrachters stützen, nämlich Franz Mehrings (1846 bis 1919). Mehring stellte zwar naturalistische Milieuschilderungen über Literatur, die das kapitalistische System verschleierte, empfahl aber doch eher die Literatur des aufklärerischen und kämpferischen Bürgertums und nannte Lessing, Schiller, Heine, ja auch eine Auswahl von Goethe. Als Kampfgebiet des Proletariats galt jedoch im Gegensatz zum politisch früher eingeengten Bürgertum nicht die Belletristik, sondern die gesellschaftlichen Bereiche von Politik und Ökonomie. Mehring warnte vor einer Überschätzung der Literatur im Kampf gegen die gesellschaftliche Unterdrückung. Er untermauerte Wilhelm Liebknechts (1826 bis 1900) Ausspruch «Und das kämpfende Deutschland hat keine Zeit zum Dichten» dadurch, daß er in der Kunst neben ökonomischen und historischen Einflüssen auch nach Kant ein ursprüngliches Vermögen der Menschheit sah, das seinen Grund in einem interesselosen Wohlgefallen habe. So verkündete Mehring schließlich, daß die wahre proletarische Kunst nicht in einer Phase der Klassenkämpfe entstehen könne, da die Zeit andere Aufgaben vorschreibe, sondern sich erst nach einer sozialistischen Revolution entwickeln könne. Mehrings Position wurde zwar 1910 von Heinz Sperber (d. i. der sozialistische holländische Dramatiker Herman Heijermans, 1864 bis 1924) noch einmal heftig angegriffen; doch

zeigte die zwei Jahre währende Diskussion, daß die Anhänger einer neuen ‹Tendenz›-Kunst weitaus in der Minderzahl waren.

Die herrschende Literaturauffassung spiegelte im kulturellen Bereich die schrittweise Erlangung von Besitzanteilen im institutionellen Bereich der herrschenden Gesellschaft und entsprach dem organisatorisch-bürokratischen Standard der Bewegung, die nämlich die Arbeitskraft und das Aufmerksamkeitspotential ihrer Mitglieder durch die organisatorischen und politischen Aufgaben voll absorbierte.

So verfügte die Arbeiterbewegung schließlich über ein – allerdings diffuses – literarisches Erbeverständnis, ging aber ohne eigene programmatische und theoretische Vorgaben für eine sozialistische und Arbeiterliteratur in das zwanzigste Jahrhundert – eine Situation, die noch in den folgenden Jahrzehnten eine verbreitete Orientierungslosigkeit und begriffliche Verwirrung in den verschiedenen parteipolitischen Richtungen der Arbeiterbewegung bewirkte.

Peter Zimmermann
Heimatkunst

Die Entwicklung der Heimatkunstbewegung: von der agrarischen Interessenpolitik zur Sammlung aller nationalen Kräfte

Mit dem Wandel Deutschlands vom Agrar- zum Industriestaat, dem Anwachsen des Industrieproletariats und der damit verbundenen Vertiefung der Klassengegensätze nahm nicht nur die Auseinandersetzung zwischen der Sozialdemokratie und den bürgerlich-junkerlichen Parteien immer schärfere Formen an, sondern auch die traditionelle Allianz der großgrundbesitzenden Oligarchie, die die Schlüsselpositionen im Staat besetzt hielt, mit der Großbourgeoisie, die den industriellen Aufschwung garantierte, geriet ins Wanken. Interessengegensätze entwickelten sich vor allem auf finanz- und zollpolitischem Gebiet: Während die großagrarisch orientierte Deutsch-Konservative Partei für die Subventionierung der Landwirtschaft und hohe Getreidezölle eintrat, um die überseeische und südosteuropäische Konkurrenz auszuschalten, lehnte die an industrielle Interessen gebundene Nationalliberale Partei solche Stützungsmaßnahmen ab und plädierte für billige Importe von Nahrungsmitteln, um die Lebenshaltungskosten und damit das Lohnniveau der Arbeiter niedrig halten zu können. Auch die ständige Klage der Agrarier über die Landflucht, die allmählich zu einer Entvölkerung der ostelbischen Provinzen führte, kümmerte die Industriellen nicht. Ihnen wurde auf diese Weise ein Heer billiger Arbeitskräfte zugeführt. Als es Anfang der neunziger Jahre unter Reichskanzler Leo v. Caprivi zu einer Senkung der Schutzzölle auf landwirtschaftliche Produkte kam, holten die Agrarier zum Gegenschlag aus. Mit dem 1893 gegründeten Bund der Landwirte (BdL) schufen sie sich eine Organisation, die der Masse der kleinbäuerlichen Mitglieder zu suggerieren versuchte, nicht der Großgrundbesitz gefährde die Existenz der kleinen landwirtschaftlichen Betriebe, sondern die gesamte Landwirtschaft – geeint unter der Devise «Das ganze Landvolk in einen Bund» – sei von der «Goldenen» wie von der «Roten Internationale», von Großkapital und Sozialismus also, bedroht.

«Diese politische Agrarbewegung», so stellte ein zeitgenössischer Literaturkritiker fest, «ist das Erdreich, in welches das Schlagwort ‹Heimatkunst› seine ersten Wurzeln geschlagen hat» (Jacobowoski *Heimatkunst*, in: Bänsch *Literarische Manifeste*, S. 349f). Die frühe Heimatkunstbewegung bildete sich in der Tat in engem Zusammenhang mit jener agrarischen Agitation heraus, der es – getragen vom BdL wie von den verschiedensten Heimat- und Bauernverbänden – in den neunziger Jahren vor allem darum zu tun war, der Landflucht und dem Vordringen der Industrie ebenso entgegenzuwirken wie der «roten Gefahr»; denn in den Städten, so die stereotype Warnung, «verfielen die Abwanderer rettungslos der Sozialdemokratie». Schriftsteller wie Heinrich Sohnrey, Wilhelm von Polenz und Peter Rosegger, deren Werke für die Frühphase der Heimatkunstbewegung charakteristisch sind, stellten ihre Arbeit bewußt in den Dienst dieser agrarischen Restaurationsbestrebungen.

Heinrich Sohnrey (1859 bis 1948), der in verschiedenen landwirtschaftlichen Interessenorganisationen wie dem Deutschen Verein für ländliche Wohlfahrts- und Heimatpflege mit führenden Vertretern des BdL zusammenarbeitete, gab seit 1893, dem Gründungsjahr des BdL, seine Zeitschrift *Das Land* heraus. Um den Landarbeitern ihr Los erträglich zu machen, widmete er sich der ländlichen Wohlfahrtspflege und propagierte über das Medium der Heimatkunst Wertvorstellungen wie Bodenständigkeit, Heimatliebe und «Treue zu der wenn auch noch so kleinen Scholle» – ein Heimatbegriff, der noch nicht jene chauvinistischen Implikationen enthielt, wie sie ihm später von Adolf Bartels beigelegt wurden: Er diente der Stabilisierung der traditionellen landwirtschaftlichen Verhältnisse. Verschiedene Aufsätze in Sohnreys *Das Land*, Roseggers *Heimgarten* und Zeitschriften wie dem *Kunstwart* und den *Grenzboten* gehören neben Julius Langbehns *Rembrandt als Erzieher* (1890) und Ernst Wachlers *Heimat und Volksschauspiel* (1893) zu den frühesten Äußerungen einer allmählich sich profilierenden Heimatkunstbewegung. Dabei orientierte sich die literaturtheoretische Kategorienbildung vielfach an den grundlegenden Positionen der agrarisch-konservativen Ideologie: So spiegelten sich Antiliberalismus und Antisozialismus der Agrarier in der doppelten Wendung gegen die Literatur der *Dekadenz* und des *Naturalismus* – ein ideologisches Syndrom, das im Begriff der *Großstadtliteratur*, der fortan der Kampf zu gelten habe, metaphorisch zusammengezogen wurde.

Begründet in der agrarischen Politik der neunziger Jahre, zum großen Teil aus Bauernliteratur bestehend und in der Frühphase noch weitgehend geprägt durch Schriftsteller wie Sohnrey, von Polenz oder Rosegger, ging die Heimatkunstbewegung doch bald über den agrarisch-konservativen Interessenstandpunkt hinaus. Denn das Gros der Leser, dem sie ihre Breitenwirkung verdankte, wurde nicht von der Landbevölkerung, sondern vom städtischen Kleinbürgertum gestellt, dem auch die Autoren, meist Journalisten, Lehrer oder andere höhere Beamte und Angestellte, angehörten. Diese Schicht jedoch – weitgehend repräsentiert durch die liberalen Parteien – unterstützte jene Sammlungspolitik, der es unter der Ägide des Reichskanzlers Bernhard von Bülow (1900 bis 1909) um die Jahrhundertwende gelang, das in die Krise geratene Bündnis zwischen «Rittergut und Hochofen» im Zeichen des deutschen Weltmachtanspruchs auf der Grundlage eines Interessenkompromisses erneut auszubalancieren und zu festigen: Agrarier und Industrielle bewilligten sich im Reichstag wechselseitig, was sie allein nicht durchbringen konnten – Getreidezölle und Rüstungsvorlagen. Der Masse der ärmeren Bevölkerung wurde diese Politik, die die Lebenshaltungskosten verteuerte und die Staatsverschuldung erhöhte, durch eine verstärkte imperialistische Demagogie schmackhaft gemacht: Durch Vergrößerung und intensivere Nutzung des deutschen Kolonialbesitzes sowie der kolonialen Einflußsphären sollte der Industrie ein weltweites Aktionsfeld erschlossen, der nationale Wohlstand angehoben und die ‹soziale Frage› gelöst werden – ein Konzept, das von der Sozialdemokratie als «Sozialchauvinismus» abqualifiziert und bekämpft wurde.

Unter dem Eindruck dieser Politik verlor auch die Heimatkunstbewegung ihren spezifisch agrarischen Charakter. Mit der Gründung der von Adolf Bartels und Friedrich Lienhard geleiteten Zeitschrift *Die Heimat* im Jahre 1900 traten neben Sohnrey zwei Männer als Wortführer der Heimatkunstbewegung auf, denen es weniger um die Wahrnehmung landwirtschaftlicher Interessen als vielmehr um die Sammlung aller nationalen Kräfte ging. Dabei vermochte Friedrich Lienhard (1865 bis 1929), der im Kampf gegen die «dekadente Großstadtliteratur» (*Die Vorherrschaft Berlins*, 1900) eine idealistisch gesonnene, an der Klassik orientierte «Höhenkunst» anstrebte, vor allem das konservative Bildungsbürgertum anzusprechen, das seine politische Subordination im Ressentiment gegen den «Materialismus des Zeitalters» – in dem sich die Angst vor der Sozialdemokratie mit dem Neid auf die Herrschaft der ‹Geldaristokratie› verband – kompensierte.

Ähnlich wie die bürgerliche Jugendbewegung der Wandervögel und Volkstümler, die den sozialen Spannungen der ‹Großstadt› durch die Flucht in die Natur zu entkommen hoffte, eröffneten Lienhards Naturschwärmerei und Klassikkult (*Neue Ideale*, 1901; *Wege nach Weimar*, 1905/08) dem gebildeten Bürgertum scheinbar jenseits der Klassenkämpfe die höhere Sphäre allgemein menschlicher idealer Kulturwerte – ein Phantom, das sich bald als Produkt der Internalisierung der imperialistischen Weltmachtpolitik erwies. Denn das «innere Reich», das die Deutschen orientiert an der Klassik in der eigenen Seele erbauen sollten, war Lienhards Auffassung zufolge gleichzeitig auch *Deutschlands europäische*

Sendung (1913). Nicht mit Waffengewalt, sondern kraft seiner kulturellen Überlegenheit sollte Deutschland die geistige und damit auch politische Hegemonie über Europa errichten.
Weniger verklausuliert erschienen solche Tendenzen im Werk des antisemitischen Literaturhistorikers und Schriftstellers Adolf Bartels (1862 bis 1945), der – im Dritten Reich als «deutscher Vorkämpfer für völkische Kulturerneuerung» verehrt – die Heimatkunstbewegung bruchlos in den Faschismus überführte. Orientiert an konservativen und rassistischen Ideologen wie Paul de Lagarde (*Deutsche Schriften*, 1888), Julius Langbehn (*Rembrandt als Erzieher*, 1890) und Houston Stewart Chamberlain (*Grundlagen des 19. Jahrhunderts*, 1899) war er der erste, der die konservativen und deutschnationalen Werke in seinen diversen Literaturgeschichten und Handbüchern unter der Rubrik ‹Heimatkunst› zusammenstellte und als politischen Block begriff, den er der «zersetzenden naturalistischen Elendsmalerei» wie der «ästhetisierenden» und «psychologisierenden» Literatur der «Dekadenz» – repräsentiert durch Schnitzler, Hofmannsthal, Rilke, George u. a. – als positives Korrektiv entgegensetzte. Die Heimatkunst, von Bartels aus «wesentlich nationalen Gründen auf den Schild erhoben», sollte «das Nationalgefühl auf ein starkes Heimatgefühl gründen» und dem deutschen Volk auf diese Weise eine Literatur schaffen, «die die Wurzeln seiner Existenz befruchtet und stärkt, die sein Leben schön, reich, groß macht, die seine nationale Widerstands- und Expansionskraft hebt» (*Heimatkunst*, 1904).
Auf der Grundlage einer in diesem Sinne umfunktionierten Heimatideologie, die nun nicht mehr dazu diente, die Landwirtschaft zu konsolidieren, sondern das Nationalgefühl zu wecken und zu stärken und in *Rasse und Volkstum* (Bartels, Aufsatzsammlung, 1920) zu verankern, ließen sich auch Werke in die Heimatkunst integrieren, die nicht agrarisch-restaurativen Interessen dienten, sondern – wie etwa die Werke von Bestsellerautoren wie Frenssen oder Herzog – den industriellen oder imperialistischen Aufschwung thematisierten, also eher nationalliberalen als agrarisch-konservativen Tendenzen nahestanden. Bartels' Antiliberalismus, der seinen Haß auf die Sozialdemokratie ergänzte, äußerte sich daher hauptsächlich in Gestalt eines fanatischen Antisemitismus. Den Juden lastete er alles das an, was ihm am Kapitalismus mißfiel – die «Dekadenz» eines kommerzialisierten Literaturbetriebes ebenso wie die « Raffgier des mobilen Kapitals».
Die imperialistische Weltmachtpolitik erwies sich somit als eine Basis, auf der nicht nur das Bündnis zwischen Industrie und Landwirtschaft erneut konsolidiert, sondern noch das latente Ressentiment des Mittelstandes gegen die industrielle Großbourgeoisie für die politischen Ziele eben dieser Fraktion in Dienst genommen werden konnte. Ein zweiter Integrationsfaktor war die Angst vor dem Sozialismus; denn trotz der Divergen-

zen innerhalb des bürgerlich-junkerlichen Lagers blieb der Kampf gegen die ‹vaterlandslose Sozialdemokratie› die Konstante, die die konkurrierenden Parteien einte, sobald eine Gefahr von links zu drohen schien. Neben Wertsetzungen wie Heimat, Volkstum und Nation war daher auch der Antisozialismus integrierender Bestandteil jener Ideologie, die bei allen Widersprüchen zwischen agrarisch-konservativen, mittelständischen und nationalliberalen Tendenzen die Einheitlichkeit der im Umkreis der Heimatkunstbewegung sich entfaltenden Literatur begründete.

Heimatkunst im Einflußbereich des agrarischen Konservatismus: Untergang der Landwirtschaft oder Rückkehr zum ländlichen Leben

Die sozialen Spannungen auf dem Land haben in einem der wenigen Werke der sozialistischen Landliteratur des Kaiserreichs, in Franz Rehbeins (1867 bis 1909) autobiographischem Bericht *Das Leben eines Landarbeiters* (1911), ihren authentischen und für die Interessenlage des ländlichen Proletariats charakteristischen Ausdruck gefunden:

«Trotz all unserer schweren Arbeit von früh bis spät war es uns nicht möglich, so viel zu verdienen, um mit unserer Familie auch nur ein einigermaßen menschenwürdiges Dasein zu fristen. (...) Wir waren und werden immer mehr eine Art Untermenschen, Heloten; zwar persönlich frei, aber dennoch halb versklavt und künstlich auf der niedrigsten Kulturstufe gehalten. Wie elend, wie unendlich tiefstehend kamen wir uns vor, wenn wir uns mit unseren fetten behäbigen Marschbauern in Vergleich stellten, gar nicht zu gedenken an die herrschaftlichen, freiherrlichen, gräflichen oder fürstlichen Ritterguts- und Latifundienbesitzer, die wie kleine Könige auf ihren Kauf- und Stammgütern hausten.»

Daß die von Rehbein geschilderte ländliche Misere den Tatsachen entsprach, war auch auf konservativer Seite bekannt. In Preußen standen etwa 12000 meist adligen Rittergutsbesitzern Millionen nahezu rechtloser Landarbeiter gegenüber, die sich ihrem Los durch die Flucht in die Industriezentren zu entziehen versuchten.

Diese Entwicklung jedoch galt es zu verhindern. Konservative Schriftsteller und Sozialpädagogen wie Heinrich Sohnrey machten es sich daher zur Aufgabe, die soziale Lage der besitzlosen Landbevölkerung durch «ländliche Wohlfahrtpflege» zu verbessern, um auf diese Weise «alle Klassen in eine harmonische Gemeinschaft aufzulösen» (*Zwischen Dorn und Korn*, 1934). In *Hütte und Schloß* (1887, auch unter dem Titel *Die Leute aus der Lindenhütte*), seinem erfolgreichsten Roman, entwarf er das konservative Gegenbild zu Rehbeins Autobiographie. Während sich Rehbein unter dem Eindruck seiner Erfahrungen als ländlicher Wanderarbeiter der Sozialdemokratie anschließt, widersteht Sohnreys von einem tyrannischen Großgrundbesitzer drangsalierter Tagelöhner Lindemann den Verführungskünsten eines sozialdemokratischen Agitators; denn als die Not am größten ist, reicht ihm der Baron von Volkerswalde, ein sozialreformerisch gesonnener Junker, die helfende Hand. Die soziale Verpflichtung des Großgrundbesitzers erschien denn auch in Wilhelm von Polenz' Roman *Der Grabenhäger* (1897) als einzig realitätsgerechte Strategie, die es möglich machte, dem Vordringen der Sozialdemokratie auf dem ‹platten Lande› einen Riegel vorzuschieben und einen Stamm zufriedener, seßhafter und qualifizierter Landarbeiter zu erhalten, der allein die Rentabilität der ostelbischen Großlandwirtschaft zu garantieren vermochte.

Bekanntgeworden ist der märkische Großgrundbesitzer und Jurist Wilhelm von Polenz (1861 bis 1903) jedoch vor allem durch seinen Roman *Der Büttnerbauer* (1895), der – von Plechanow und Lenin gleichermaßen geschätzt wie von Bartels – eine über weite Strecken realistische Beschreibung des Untergangs des mittelständischen Bauerntums auf eine Weise motiviert, die ihre Herkunft aus der agrarisch-konservativen Ideologie der neunziger Jahre weder verleugnen kann noch will. Denn nicht mangelnde Konkurrenzfähigkeit treibt den Büttnerbauer in den Bankrott, sondern das im Bürgerlichen Gesetzbuch verankerte ‹römische Recht›, «das den Urgrund aller menschlichen Verhältnisse, die Scholle, einem Handelsartikel gleichstellte» (*Büttnerbauer*).

Einmal zur Ursache des ‹Bauernsterbens› uminterpretiert, liefern die Rechtsnormen, selbst nur Ausdruck der zunehmenden Kapitalisierung der Landwirtschaft, nun auch den Angelpunkt der Motivationsstruktur des Romans. Denn um seine Geschwister in dem vom BGB vorgeschriebenen Umfang finanziell abfinden zu können, muß Traugott Büttner, der Hoferbe, bei einem städtischen Getreidehändler Kredite aufnehmen. Und dieser «Agent des mobilen Kapitals», der ihn durch Wucherzinsen ruiniert, seinen Hof aufkauft und auf dessen Gelände eine Fabrik errichtet, ist ein Jude. An der Gerechtigkeit der Welt verzweifelnd nimmt sich der Büttnerbauer das Leben. Einer seiner Söhne geht als Arbeiter in die Industriestadt und schließt sich dem organisierten Proletariat an. Die Warnung vor der Sozialdemokratie, die durch die Proletarisierung mittelständischer Bauern an Macht gewinnt, verbindet sich hier mit einem neuen Feindbild – dem der Handels- und Industriebourgeoisie, wobei der Antikapitalismus durch die Verbindung mit dem Antisemitismus bereits eine charakteristische Einschränkung erfährt. Indem den Juden die Schuld am Ruin des mittleren Bauerntums zugeschoben wird, wird der Eindruck erweckt, ein verstärkter Antisemitismus sei das geeignete Mittel, um die für den gewerbetreibenden Mittelstand verhängnisvollen Folgen der ‹kapitalistischen Geldwirtschaft› aus der Welt zu schaffen.

Unter dem Zugriff der «kalten Hand des Kapitals» (*Büttnerbauer*) zerbrach auch in anderen zeitgenössischen Bauernromanen wie Clara Viebigs *Die vor den Toren* (1910), Felix Moeschlins *Der Amerika-Johann* (1912) oder Peter Roseggers *Jakob der Letzte* (1888) die ländliche Idylle.

Dabei wurde der Kapitalisierungsprozeß der Landwirtschaft nicht als Verschärfung der Konkurrenz zwischen Klein- und Großbetrieben beschrieben, sondern vollzog sich als Einbruch von außen. Personalisiert in Figuren wie jüdischen Händlern, Bodenmaklern oder reichen Industriellen, verwandelte eine mythische ‹Macht des Geldes› die bäuerliche Welt allmählich in Touristenzentren, Fabriklandschaften oder die trostlosen Wohnquartiere des städtischen Proletariats.

Die Zauberformel, die diese Macht bannen sollte, hieß Reagrarisierung. «Seit nahezu einem halben Jahrhundert», so umschrieb der Österreicher Peter Rosegger (1843 bis 1918) seine schriftstellerische Aufgabe, «predige ich in allen Tonarten, lockend, bittend und drohend, die Rückkehr zum Bauerntum» (*Heim zur Scholle*, 1914). Bis heute bekannt durch seine sentimentalen Geschichten aus der ‹Waldheimat› (*Als ich noch der Waldbauernbub war*, 1902) hat er diese Rückkehr in seinen Werken immer wieder beschworen. Dabei bezeichnen bereits die Titel seiner Romane *Weltgift* (1903) und *Erdsegen* (1900) die Pole, zwischen denen sich die Wandlung von ‹kranken› zu ‹gesunden› gesellschaftlichen Verhältnissen zu vollziehen hatte.

Diese der Landflucht direkt gegenläufige Bewegung ist auch für eine ganze Reihe anderer Romane und Dramen konstitutiv: In Hermann Löns' *Dahinten in der Heide* (1910), Max Geißlers *Moordorf* (1905) und Max Halbes *Mutter Erde* (1897) kehren die Hauptfiguren aus Übersee und den Industriestädten aufs Land zurück, um die Schäden der Zivilisation in der ‹heilen Welt› des ländlichen Lebens auszukurieren. In Karl Schönherrs Drama *Erde* (1908) und Ernst Zahns Roman *Lukas Hochstrassers Haus* (1907) gelingt es den ins Heroische stilisierten patriarchalischen Altbauern noch einmal, die zerfallende bäuerliche Welt zu retten: Als ihre Söhne aus der Art schlagen, in die Städte abwandern oder sich mit Zigeunerinnen, Mägden und sogar der Sozialdemokratie einlassen, übernehmen die Alten wieder das Regiment und stellen kraft ihrer wirtschaftlichen Macht zumindest unter dem eigenen Dach die ‹alte Ordnung› wieder her.

Im verzweifelten Optimismus und in der erzwungenen Harmonisierung solcher und ähnlicher literarischer Konstruktionen schlugen kollektive mittelständische Ängste durch. Angesichts des drohenden Untergangs der kleinen Warenwirtschaft wurden die patriarchalischen und kleinbäuerlichen Verhältnisse zum gesellschaftlichen Ideal verklärt. Der bäuerliche Familienbetrieb als Grundlage der Landwirtschaft, das Handwerk zünftlerisch gegliedert, Gesinde und Gesellen in die Familie des Bauern oder des Meisters integriert, das Volk ständisch gestaffelt und wie eine große Familie von fürsorglichen Landesvätern geleitet – ein solches Gesellschaftsideal, orientiert am vorkapitalistischen Sozialmodell des ‹ganzen Hauses›, in dem nicht das Gesetz der Profitmaximierung, sondern das hausväterliche Prinzip der Versorgung aller Angehörigen zu gelten hatte, fand sich in der Bauernliteratur bereits bei Gotthelf, der von Bartels programmatisch zum «Vater der Heimatkunst» erklärt worden ist (Bartels *Heimatkunst*), und bestimmte auch das Denken vieler Schriftsteller der Heimatkunstbewegung. Es erfüllte eine politische Funktion, die bereits im *Manifest der kommunistischen Partei* (1848) kritisch analysiert worden ist:

«Die Mittelstände, der kleine Industrielle, der kleine Kaufmann, der Handwerker, der Bauer, sie alle bekämpfen die Bourgeoisie, um ihre Existenz als Mittelstände vor dem Untergang zu sichern. Sie sind also nicht revolutionär, sondern konservativ. Noch mehr, sie sind reaktionär, sie suchen das Rad der Geschichte zurückzudrehen.»

In dieser Sicht lassen sich Werke, die die Rückkehr zum ländlichen Leben schildern, als regressive Utopien charakterisieren, denen es vornehmlich darum ging, den Industrialisierungs- und Kapitalisierungsprozeß und damit auch den Wandel vom Agrar- zum Industriestaat rückgängig zu machen.

Doch nicht nur die Lage des Bauerntums, sondern auch die traditionelle Position der mittelständischen Intelligenz wurde im Zuge des Industrialisierungsprozesses in Frage gestellt. Einst als akademische Elite in Dorf und Kleinstadt ein stabilisierender Faktor ländlich-provinzieller Verhältnisse wurde sie zunehmend als Techniker, Verwalter und Manager des industriellen Aufschwungs in Dienst genommen, was sich bis in die reichsdeutschen Schulreformen hinein als Abbau des klassisch-humanistischen Bildungsideals zugunsten einer wirtschaftlich effektiveren naturwissenschaftlichen Ausbildung äußerte. Das literarische Medium, in dem sich die Auseinandersetzung der bürgerlichen Intelligenz mit ihrer gewandelten gesellschaftlichen Position vorzugsweise vollzog, war der um die Jahrhundertwende überaus beliebte Bildungs- und Entwicklungsroman.

Das Frühwerk Hermann Hesses (1877 bis 1962) ist dabei charakteristisch für jene Schriftsteller, die dazu neigten, den Konflikt in konservativ-regressivem Sinne zu lösen. In *Unterm Rad* (1906) zerbricht ähnlich wie in Emil Strauß' Roman *Freund Hein* (1902) ein Schüler an den rigiden Leistungsnormen von Elternhaus und Schule, die nicht der vielseitigen Entfaltung, sondern der Unterdrückung der Persönlichkeit dienen. Die Schärfe der Zeitkritik, die sich im Freitod der Schüler äußert, ist in Hesses *Peter Camenzind* (1904) in einer affirmativen Wendung zurückgenommen: Camenzind kehrt, nachdem er Schule und Universität durchlaufen und sich als Künstler durch die Welt geschlagen hat, in sein Heimatdorf zurück. Prototyp der ‹Stillen im Lande› erkennt er, daß wahre Menschlichkeit sich nur im begrenzten heimatlichen Kreis entfalten kann und daß aus einem «Camenzind trotz aller Künste kein Stadt- und Weltmensch zu machen ist»: «Ich gewöhne mich daran, das in der Ordnung zu finden, und ich bin froh, daß meine ungeschickte Jagd um das Glück der Welt mich wider Willen in den alten Winkel zwischen See und Bergen zurückgeführt hat, wo ich hingehöre.» (*Peter Camenzind*) Ähnlich wie bei Hermann Hesse, Peter Rosegger (*Erdsegen*), Wilhelm Holzamer (*Peter Nockler*, 1902), Timm Kröger (*Ges. Novellen*, 1914) und anderen endet das Streben nach Lebenserfüllung auch in Paul Ernsts Roman *Der schmale Weg zum Glück* (1904) in der heimatlichen Idylle, wobei die sozialen Gegensätze auf dem Lande ignoriert oder in der Allianz des Kleinbürgertums mit dem ländlichen Großgrundbesitz aufgehoben werden: Der Held seines Romans ehelicht, nachdem er sein sozialistisches Engagement als irregeleiteten Idealismus erkannt hat, die Tochter jenes Grafen, in dessen Waldgebieten sein Vater einst Dienst tat.

Die Ehe von Adel und Bürgertum gehörte auch zu den Lieblingsvorstellungen Ludwig Ganghofers (1855 bis 1920), des bis heute beliebtesten Heimatschriftstellers, die er immer wieder nutzte, um den verwickelten Fabeln seiner Hochlandsromane einen harmonischen Abschluß zu verleihen (*Schloß Hubertus*, 1895; *Das Schweigen im Walde*, 1899, u. a.). Dabei unterlief es ihm jedoch nicht selten, daß die aus der glatten Konstruktion der Fabel verbannten Widersprüche in den breit ausgemalten Naturbildern wieder zum Vorschein kamen. In *Das Schweigen im Walde* sinniert der im Hochland gesundende Fürst Heinrich Ettingen-Bernegg: «Wer das so könnte wie der Wald: alles Schwächliche und Niedrige von sich abstoßen, nur bestehen lassen, was stark ist und gesund!» Der Fürst merkt so wenig wie sein Autor, daß er in der Natur lediglich diejenigen gesellschaftlichen Prinzipien bewundert, denen er durch die Flucht ins Hochland zu entkommen meinte. Der für die Heimatliteratur überaus charakteristische *romantische Antikapitalismus*, der dem industriellen Entwicklungsprozeß mit der Idealvorstellung vom ‹einfachen Leben›, von der ‹Rückkehr zur Natur› oder der ‹Gesundung im Hochland› entgegenzuwirken versucht, zeigt seine ganze Hilflosigkeit dort, wo das ländliche Leben mit Kategorien, Bildern und Metaphern beschrieben wird, die selber von der Ideologie des Konkurrenzkapitalismus durchdrungen sind. Die ländliche Idylle erweist sich dann als Abklatsch jener Welt, deren Gegenbild zu sein sie vorgibt.

Die nationalliberale Wendung der Heimatkunst: der industrielle Aufschwung als Garant nationaler Größe

Die Rückkehr aufs Land erwies sich bei aller propagandistischen Unterstützung durch die Agrarier mit fortschreitender Industrialisierung mehr und mehr als ein realitätsfremdes konservatives Wunschbild, das dem Mittelstand keine ernsthaften wirtschaftlichen und politischen Perspektiven zu eröffnen vermochte. Im Zeichen der Bülowschen Sammlungspolitik setzten sich seit der Jahrhundertwende in der Heimatkunstbewegung neben der konservativen Literatur daher immer mehr Werke durch, die nationalliberale Tendenzen aufgriffen und den industriellen Aufschwung als Voraussetzung nationaler Weltgeltung akzeptierten.

Es ist bezeichnend für die Widersprüche innerhalb dieser literarischen Bewegung, daß der erfolgreichste Heimatroman jener Zeit, der der Heimatkunstdiskussion überhaupt erst zu breiter Popularität verholfen hat, eine ganz andersartige Lösung der ‹Agrarkrise› anvisierte, als sie agrarisch-konservativen Schriftstellern wie Sohnrey, von Polenz oder Rosegger vorschwebte. Gustav Frenssens (1863 bis 1945) *Jörn Uhl* (1901) – orientiert an Hermann Sudermanns *Frau Sorge* (1887) als bäuerlicher Entwicklungsroman konzipiert und von Paul Keller nachgeahmt (*Die Heimat* 1903) – gehört ähnlich wie sein Vor- und Nachläufer zu den auflagenstärksten deutschen Romanen (circa eine halbe Million Aufl.): Indiz für das Interesse, das die hier angeschlagene Thematik beim Publikum fand.

Ähnlich wie Sudermann und Keller erzählt auch Frenssen im *Jörn Uhl* die Geschichte eines Bauernsohns, der sich vergeblich um die Erhaltung des verschuldeten väterlichen Besitzes – der «Uhl» – bemüht. Der Verlust des Hofes wird anders als etwa in von Polenz' *Der Büttnerbauer* jedoch nicht als Verlust jeglichen Lebenssinnes hingestellt, sondern erscheint als Moment der Befreiung: «Ich meinte, meine Lebensaufgabe wäre, die Uhl festzuhalten. Die Uhl (...) was ist die Uhl? Was ist die Uhl gegen meine Seele? (...). Und wenn einer die ganze Welt gewönne! Und nimmt Schaden an seiner Seele? Wer heilt ihm wieder seine Seele?» (*Jörn Uhl*) Auf der Suche nach seinem Seelenheil wendet er sich vom Bauerntum ab und erlernt einen bürgerlichen Beruf. In seiner neuen Tätigkeit sind private Sinnerfüllung und nationale Wirksamkeit aufs glücklichste miteinander verbunden. Als Ingenieur trägt er nicht nur dazu bei, die industrielle Expansion zu beschleunigen, sondern er hilft auch beim Bau des Nord-Ostsee-Kanals, des Symbols der kaiserlichen Flottenpolitik und des deutschen Weltmachtanspruchs.

Frenssen hat diese Linie konsequent weiterverfolgt. In seinem Roman *Klaus Hinrich Baas* (1909) steht nicht mehr der Zerfall des mittleren Bauerntums, sondern der Aufstieg eines Bauernsohnes zum Hamburger Großkaufmann im Mittelpunkt der Darstellung. Mit *Peter Moors Fahrt nach Südwest* (1906), dem beliebtesten Kolonialroman des Kaiserreichs (Aufl. circa eine halbe Mill.), griff er nach Übersee aus: Die Unterdrükkung des afrikanischen Befreiungskampfes der Hereros und Hottentotten durch deutsche Kolonialtruppen, über die es zu heftigen Auseinandersetzungen mit der Sozialdemokratie, Reichstagsauflösung und den berüchtigten ‹Hottentottenwahlen› des Jahres 1907 gekommen ist, wird hier als nationale Notwendigkeit und deutsche Heldentat gefeiert.

Die Popularität dieses Buches wirft ein bezeichnendes Licht auf die Breitenwirkung kolonialer Demagogie, die – vom Alldeutschen Verband, der Deutschen Kolonialgesellschaft und dem Deutschen Flottenverein nach Kräften unterstützt – eine Fülle kolonialer Belletristik ins Leben rief.

Noch ist die Welt nicht ganz verteilt,
Noch manche Flur auf Erden
Harrt gleich der Braut. Die Hochzeit eilt;
Des Starken will sie werden.

Diese Verse Felix Dahns, die Emil Sembritzkis *Kolonial-Gedicht- und Liederbuch* (1911) einleiten, sind bezeichnend für die aggressive Tendenz der deutschen Kolonialliteratur, die von Sembritzki im *Kolonialfreund* (1912) zusammengestellt und dokumentiert worden ist. Den Kolonialismus erklärte sie in der Regel nicht als Ausdruck industrieller Interessen, sondern erhob ihn gemäß der Überzeugung von der rassischen und kulturellen Überlegenheit des ‹weißen Mannes› zur Kulturmission. Fiel den deutschen Farmern dabei die Rolle zu, die Eingeborenen zu brauchbaren Arbeitern zu erziehen, so übernahm die deutsche Flotte die Aufgabe, Recht und Ordnung – unter der britischen Herrschaft angeblich bedenkenlos dem Handelsprofit geopfert – in der Welt wiederherzustellen. Mit dem Bild vom ‹edlen Deutschen›, der auszieht, um der Gerechtigkeit in der Welt zum Sieg zu verhelfen, war ein nationales Stereotyp gefunden, das noch die Heldenklischees und Handlungsmuster der Jugend- und Unterhaltungsliteratur maßgeblich geprägt hat. Der gewaltige Erfolg der Werke Karl Mays (Ps.: Karl Hohenthal u. a., 1842 bis 1912), deren Helden als Kara Ben Nemsi oder Old Shatterhand in Orient und Okzident nach dem Rechten sehen, zeigt die Virulenz dieses Stereotyps, das nicht zuletzt über solche Art von Abenteuerliteratur massenwirksam geworden ist.

‹Dem Tüchtigen gehört die Welt› – unter dieser Devise begnügte sich die Heimatliteratur nicht länger mit dem Lob kleinbäuerlichen und handwerklichen Gewerbefleißes. In Frenssenscher Manier gingen Dutzende von Schriftstellern dazu über, den Abgesang auf das Bauerntum mit der Verherrlichung der industriellen und nationalen Expansion zu koppeln: Im Werk eines dieser Unbekannten entfaltet sich der Fächer nationaler Themen in einer Deutlichkeit, die nichts zu wünschen übrigläßt: Der Pfarrer Nathanael Jünger (d. i. Johann Rump) begann mit dem Bauernroman *Hof Bokels Ende* (1907), beschrieb dann in den Burschenschafts- und Kaufmannsromanen *Tubingia sei's Panier* (1922) und *J. C. Rathmann & Sohn* (1922) die Repräsentanten nationaler Stärke, lieferte mit *Revanche* (1916) und *Rodenkampp Söhne* (1924) seinen Beitrag zur Kriegs- und Kolonialliteratur, warnte in *Volk in Gefahr* (1922) vor dem Weltjudentum und entwarf in seinem Christusroman *Das göttliche Ich* (1927) schließlich die auch von den Nationalsozialisten propagierte Idee eines «artgemäßen Christentums».

Über diese nationale Wendung ließen sich auch Erfolgsschriftsteller wie Walter Bloem (1868 bis 1951; *Das eiserne Jahr*, 1911; *Volk wider Volk*, 1912; *Die Schmiede der Zukunft*, 1913) und Rudolf Herzog (1869 bis 1943), der in seinen Romanen *Hanseaten* (1909) und *Die Stoltenkamps und ihre Frauen* (1917) – einem Schlüsselroman über den Aufstieg des Hauses Krupp – die hanseatische und rheinische Handels- und Industriebourgeoisie bedichtete, unschwer in die Heimatkunstbewegung integrieren. In Herzogs Roman *Die Wiskottens* (1905), von Bartels als bester Unterhaltungsroman der wilhelminischen Ära gerühmt, gibt es nichts mehr, was sich dem Rentabilitätskalkül des Wiskottenschen Familienbetriebes, einer Barmer Färberei, zu entziehen vermöchte. Ehe, Wissenschaft und Kunst – in der Heimatliteratur ähnlich wie Natur und Dorfheimat vielfach als Refugien idealisiert, die sich gegen den ‹Materialismus der Zeit› sperren – geben der Unternehmenspolitik der Brüder Wiskotten erst den unwiderstehlichen Schwung: Einer der Brüder heiratet die Tochter des besten Kunden und sichert damit die nötigen Aufträge, ein anderer verbessert durch chemische Studien das Produktionsverfahren und ein weiterer, der auf der Düsseldorfer Kunstakademie studiert, entwirft neuartige Designs, mit denen die Firma einen so hohen Absatz erzielt, daß sie Konkurrenten mühelos ausstechen kann. Noch Arbeiterstreiks dienen dem Firmengewinn: Die Wiskottens zahlen freiwillig höhere Löhne, setzen die Produktion fort und jagen auf diese Weise den weiterhin bestreikten Konkurrenzunternehmen Marktanteile ab.

Im gemeinsamen Dienst am wirtschaftlichen Fortschritt, dessen Richtung und Tempo bestimmt wurde durch die Wachstumsraten der Industrie, fanden sie alle zusammen – ehemalige Bauernsöhne (*Jörn Uhl*) und Kolonialkämpfer (*Peter Moors Fahrt nach Südwest*), Techniker, Künstler, Arbeiter und Fabrikanten (*Die Wiskottens*). Ein forcierter Nationalismus übernahm dabei die Funktion, die lediglich in der literarischen Fiktion, nicht aber in der Realität überwundenen Widersprüche zwischen den Fraktionen mehr und mehr zu verwischen.

Heimatkunst im Zeichen der wilhelminischen Weltmachtpolitik: Heimat- und Innerlichkeitskult im Dienste imperialistischer Machtentfaltung

Vaterlandsbegeisterung und Deutschtümelei, unter deren Banner die Massen geeint und für die wirtschaftlichen Interessen und politischen Ziele der nationalen Großbourgeoisie und Aristokratie mobilisiert werden sollten, wurden durch die nationalliberal-industrielle Kraftmeierei ebenso genährt wie durch den Heimat- und Innerlichkeitskult der Konservativen. Angesichts der imperialen Machtentfaltung fanden die diver-

gierenden Strömungen der Heimatliteratur daher auch in der ‹großen gemeinsamen Aufgabe› zueinander, die Lienhard schon 1895 in den *Wasgaufahrten* umrissen hatte: «An uns Söhnen des Reiches ist es nun, das neue, starke, aber vorwiegend waffenstarrende Deutschland zu durchseelen. Hier sind edle Pflichten für den zähen Idealisten.»
Zähe Idealisten wie Friedrich Lienhard oder Hermann Burte (d. i. Hermann Strübe, 1879 bis 1960) machten es sich daher zur Aufgabe, die Mehrheit der Bevölkerung jenseits aller niederen wirtschaftlichen Beweggründe im Dienst «reiner Ideale» auf die «Idee nationaler Größe» und auf «Deutschlands europäische Sendung» zu verpflichten. Dabei legitimierten sie sich durch eine scheinbar radikale Kritik am «oberflächlichen Materialismus» ihrer Zeit, die für Lienhards Klassikkult (*Wege nach Weimar*) ähnlich konstitutiv ist wie für Burtes Roman *Wiltfeber der ewige Deutsche. Die Geschichte eines Heimatsuchers* (1912). Nach Jahren der Wanderschaft kehrt Wiltfeber in sein Heimatdorf zurück und hält Gerichtstag: Er findet den Adel durch die Herrschaft der Menge entmachtet, die führenden Positionen von behäbigen Spießbürgern besetzt, den stattlichsten Hof im Dorfe von sozialdemokratisch verhetztem Gesinde okkupiert und heruntergewirtschaftet, Geist und Religion in Amt und Würden verfault und also «nichts, was der Verehrung würdig gewesen wäre».
Einen Ausweg aus diesem Dilemma weist Wiltfebers Lehre vom «Reinen Krist» – einer Kontamination aus Nietzsches Zarathustra und einem nordischen Christus:

«Denn Wegweiser tun not und Befehler tun not: Feinde drohen an allen Ecken und Enden und Feinde drohen in unseren Adern; gefallen scheinen die Vorgesetzten, denn man hört sie nicht; da ist es Zeit, daß einer aus der Reihe vorprescht und selbstsicher ruft: Auf meinen Befehl hören!»

Im Sinne eines solchen religiös verklärten Führermythos soll das Reich geistig geläutert und auf zukünftige Aufgaben vorbereitet werden. «Mehret den inneren Schatz (...). Dann werden wir die Welt erobern als Schenkende und mit dem Stabe des Lebens die Wunden heilen, welche wir schlugen» (*Wiltfeber*) – dieser Satz bezeichnet ziemlich genau den Zusammenhang von Innerlichkeit und imperialistischem Expansionsdrang, der in solchen und ähnlichen – bereits *präfaschistischen* – Werken vorherrscht.
So ist es kein Zufall, daß der Läuterungsprozeß der deutschen Seele ebenso zu den Lieblingsthemen jener Zeit gehörte wie die Darstellung ungebändigter Kraftnaturen oder Erlösergestalten, die an der Mediokrität einer verspießerten Gesellschaft zerbrechen. In sublimierter Form finden sich solche Tendenzen noch in dem rigorosen Selbstbehauptungswillen Johannes Arlets, des Helden von Fanz Nabls Roman *Ödhof. Bilder aus den Kreisen der Familie Arlet* (1911), oder in der scheinbar ganz unpolitischen Gottsucher-Thematik der Romane Hermann Stehrs (1864 bis

1940; *Der begrabene Gott*, 1905; *Der Heiligenhof*, 1918). Stehrs Weg ins Dritte Reich ließ deren faschistische Implikationen noch schärfer hervortreten.

Literarisch wurde die nationalistische ‹Durchseelung› jedoch vor allem über eine historisierende Literatur virulent, die sich ähnlich wie Burtes *Wiltfeber* oder die Werke Nabls und Stehrs weder auf konservative noch auf nationalliberale Positionen eindeutig festlegen ließ: Scheinbar jenseits aller Parteien präsentierte sie sich als ein deutsch-nationaler Verschnitt aus Preußengeist, Germanenkult und bäuerlich-kriegerischer Heroik, wobei soziale Prozesse meist nicht auf gesellschaftspolitische Ursachen, sondern auf dunkel waltende Schicksalsmächte zurückgeführt wurden. Daraus resultierte jene oft berufene Hintergründigkeit der um die Jahrhundertwende erneut einsetzenden ‹nordischen› Balladenproduktion, in der sich Schriftsteller wie Börries v. Münchhausen (1874 bis 1945; *Balladen*, 1900; *Das Balladenbuch*, 1924) Lulu v. Strauß und Torney (1873 bis 1956; *Balladen und Lieder*, 1902; *Reif steht die Saat*, 1919) und Agnes Miegel (1879 bis 1964; *Balladen und Lieder*, 1907) darum bemühten, der Gattung «ihren einstigen tödlichen Ernst» (Hartung) zurückzugewinnen. Selbst in scheinbar so unpolitischen und bis heute in Lesebüchern und Gedichtsammlungen weit verbreiteten Balladen wie Miegels *Nibelungen* oder *Die Frauen von Nidden* ist in den Kampf- und Untergangsvisionen die nationale Demagogie jener Zeit spürbar. Denn die aus den Tiefen hervorbrechende Zwergenbrut, die die dunkelnde Halle der *Nibelungen* zu überfluten droht, stellt ähnlich wie die Pest, die – über Nacht mit den Elchen über das Haff geschwommen – in das ostpreußische Dorf Nidden einfällt, eine geschickte Spekulation auf die Ängste eines Publikums dar, das es gelernt hatte, die Furcht vor der ‹roten Gefahr› mit dem Schreckbild eines umzingelten und von Feinden bedrohten Reiches zu verbinden. Nach den Weltkriegen lieferten *Die Frauen von Nidden*, die in der Schlußstrophe von der wandernden Düne begraben werden, völkischen Kreisen noch ein brauchbares Sinnbild für den Verlust der preußischen Ostgebiete.

Gegen das düster drohende Verhängnis wurde die bäuerlich-germanische ‹Urkraft› des Volkes aufgeboten, die sich im Kampf auf Leben und Tod zu bewähren hatte. In der Balladendichtung Börries v. Münchhausens dienen nicht nur Edda-Gesänge und Landsknechtslieder, sondern selbst revolutionäre Ereignisse wie Bauernkrieg und antifeudale bäuerliche Freiheitskämpfe der Verherrlichung völkischer Wehrhaftigkeit: Da wirft Wodan die ‹Zwist-Rune›, gellt des ‹Urhorns Blasen› oder ist in schaurigschönen Bildern aus dem Dreißigjährigen Krieg «der Heerlager-Feuer breitqualmendes Band / blutig zerfetzt über Deutschland gespannt» (*Ruf* 1913). Ob nun unter dem Eindruck des sich zuspitzenden Konflikts mit Frankreich in historischen Dramen der Kampf der Sachsen gegen die

Franken (Ernst Wachler *Widukind*, 1904) oder der Widerstand Andreas Hofers gegen die napoleonische Besatzung verherrlicht wurde (Karl Schönherr *Volk in Not*, 1916) – stets war das historische Sujet so gewählt, daß sich der germanisch-bäuerliche Freiheitskampf als identisch mit den Interessen des ganzen Volkes hinstellen und auf die aktuelle politische Situation übertragen ließ. In ähnlichem Sinne wurde in der umfangreichen Preußendramatik die preußische Staatsidee erneut aktiviert (z. B. Hermann Burte *Katte*, 1914, Paul Ernst *Preußengeist*, 1915).

Diese Aktualisierung historischer Stoffe kennzeichnet auch das Werk des bis heute als Heidedichter bekannten Hermann Löns (1866 bis 1914), dessen Gedichte und Lieder (*Der kleine Rosengarten*, 1911) ähnlich wie die Balladen Münchhausens vor allem durch die Jugendbewegung breite Resonanz gefunden haben. In Löns' *Der Wehrwolf* (1910), mit einer Auflage von 800000 Exemplaren der erfolgreichste deutsche Bauernroman, geht es denn auch ähnlich wie in Adolf Bartels' Roman *Die Dithmarscher* (1898) nicht mehr um eine spezifisch agrarische Krisensituation, sondern um eine nationale: Heidebauern liegen zur Zeit des Dreißigjährigen Krieges im Kampf gegen plündernde Kriegsscharen jedweder Couleur. Am historischen Modell simuliert der Roman die von nationalen Verbänden geschürten Einkreisungsphantasien und liefert auch gleich das Rezept, wie einer solchen Gefahrensituation wirksam zu begegnen ist: Alle Interessengegensätze haben zurückzutreten, und Großbauer wie Kleinbauer, Herr wie Knecht haben zur Verteidigung von «Gut und Blut» zu den Waffen zu greifen, um sich gegen eine Welt von Feinden zur Wehr zu setzen. «Einer für alle und alle für einen muß es heißen, sonst gehen wir allesamt vor die Hunde.» (*Der Wehrwolf*)

So fanden sich die Burgfriedensappelle der kaiserlichen Regierung, denen zufolge es seit Kriegsausbruch keine Parteien mehr zu geben hatte, sondern ‹nur noch Deutsche›, in historischen Analogien bereits vorgeformt. Divergierende Interessen zwischen konservativen und nationalliberalen Kräften, von denen auch die Heimatkunstbewegung geprägt war, wurden auf der Basis eines militanten Nationalismus aufgehoben. Dem Faschismus lieferte die Heimatkunstbewegung nicht nur brauchbare literaturtheoretische Kategorien und literarische Modelle, sondern auch eine Fülle von Werken und Autoren, die als Vorläufer der faschistischen Dichtung in die nationalsozialistischen Literaturgeschichten integriert werden konnten.

Keith Bullivant
Naturalistische Prosa und Lyrik

Im Vergleich zu anderen Ländern setzte der deutsche Naturalismus spät ein; erst in der zweiten Hälfte der achtziger Jahre kann von einer naturalistischen Dichtung an sich gesprochen werden. Unter den verschiedenen Ursachen dieser Verspätung müßten genannt werden: die späte Industrialisierung Deutschlands, die historisierende Literatur eines Dahn, Freytag, Scheffel und anderer sowie das Vorherrschen einer Literaturtradition, die eher idealistisch als realistisch zu nennen war. Angesichts der etablierten Literatur der Zeit stellte das Plädieren der ‹Jüngstdeutschen› für eine soziale Literatur Revolutionäres dar, das auf heftige Kritik des literarischen Establishments stieß.

Ausländische Ideen von Evolution (Darwins *Über den Ursprung der Arten* von 1859 wurde schon 1862 ins Deutsche übersetzt) und Determinismus (Spencer, Comte und Taine) waren es, die dem literarischen Bewußtsein der jungen Naturalisten häufig zugrunde lagen – nicht zu vergessen das französische Musterbild der Integration solcher Ideen in die literarische Praxis: Émile Zola (1840 bis 1902). In den literarischen Zeitschriften der Zeit – *Magazin für die Literatur des In- und Auslands*, *Nord und Süd*, *Die Gegenwart* und *Blätter für literarische Unterhaltung* – wurde meist negative Kritik an Zola geübt; er sei einer, der «als Pessimist nur das Häßliche im Leben sah und mit Vorliebe im Kot wühlte» [417; *S. 8*; vgl. 355]. *Die Gartenlaube* nannte ihn schlichtweg einen «Schmutzfink», während Fontane, der von «Unsittlichkeit (...) keine Spur» in seinen Werken fand, sein Talent für «groß aber unerfreulich» hielt. Von 1878 an, in erster Linie in den Berichten Michael Georg Conrads aus Paris an die *Frankfurter Zeitung*, läßt sich aber eine positive Rezeption Zolas verspüren, und in den ersten Jahrgängen der ab 1885 in München von Michael Georg Conrad herausgegebenen Zeitschrift *Die Gesellschaft* erschien eine ganze Reihe von befürwortenden Artikeln. Betont wurden vor allem Zolas Objektivität und seine Auffassung von der Rolle des Autors als eines wissenschaftlichen Experimentators. In Berlin war die Zola-Rezeption der er-

sten Phase des deutschen Naturalismus etwas differenzierter. Heinrich Hart (1855 bis 1906), dessen Haltung für ein breites Spektrum naturalistischer Theoretiker nicht unrepräsentativ war, teilte mit den Münchnern vor allem die zurückweisende Haltung gegenüber der Abqualifizierung Zolas [309], warf ihm aber vor, er beginge Fehler am Geist der Poesie durch «Anhäufung schildernder Details, die Armuth an Erfindung und die Überwucherung des Nebensächlichen». Der Hervorhebung solcher Fehler liegt eine weitgehende Infragestellung der Zolaschen Theorie zugrunde; für Hart muß «die Poesie der Gegenwart nicht selbst zur Wissenschaft werden, sondern blos an deren Geiste teilhaben».
Ein weiteres Merkmal der literaturtheoretischen Auseinandersetzungen – vor allem der Berliner Naturalisten – mit Zola ist die Propagierung eines neuen idealistischen Realismus im Gegensatz zu seinem Determinismus. Heinrich Hart lobt zwar Zolas «Betonung der Wahrheit», aber orientiert sich letzten Endes an dem jungen Goethe des Sturm und Drang; «denn da ist nicht nur Wahrheit wie bei Zola, da ist poesiegetränkte Wahrheit». Durch dieses Wiederanknüpfen an Goethe

«wird unsre Poesie die rechte Mitte finden zwischen erdfrischem Realismus und hoher Idealität, zwischen kosmopolitischer Humanität und selbstbewußtem Nationalismus, zwischen gedankenreicher Männlichkeit und tiefquellender Empfindung, nur dann wird sie das Höchste erreichen, nämlich aus dem vollen Born der Gegenwart schöpfend ursprüngliche, individuell gefärbte Natur zum Ideal verklären.»

Einem solchen rhetorisch-vagen Traumbild sind die konkreten Vorstellungen Harts schwer zu entnehmen; sie finden aber an verschiedenen Stellen innerhalb der naturalistischen Theorie ihren Widerhall. Irma von Troll-Borostyáni (1849 bis 1912) wehrt sich in einem gegen die Zola-Apologeten gerichteten Aufsatz gegen «jene Sudler», die ohne idealen Zweck Kot und Fäulnis aufwühlen», während Wilhelm Bölsche (1861 bis 1939) trotz der scheinbaren Nähe zu Zola in seinen *Naturwissenschaftlichen Grundlagen der Poesie* (1887) in ähnlichem Ton vor dem Sturz «in die Detailmasse des exacten Fachwissens» warnt. Der von ihm geforderte «gesunde Realismus» würde zur Versöhnung von Ideal und Wirklichkeit führen und «das Ideale in der natürlichen Entwickelung» darlegen. [387; *S. 11, S. 51*] Auch die von Hart gemachte Verbindung zwischen der neuen Literatur und dem Nationalismus wird von anderen Verfechtern des Naturalismus wie M. G. Conrad geteilt. In Hermann Conradis (1862 bis 1890) Vorwort zu den *Modernen Dichter-Charakteren* (1885) wird der Geist der von ihm proklamierten Literatur in schroffem Gegensatz zum Internationalismus Zolas als «der Geist wiedererwachter Nationalität» verstanden. [288; *S. III*]
In den späten achtziger Jahren, hauptsächlich unter dem Einfluß Georg

Brandes' (d. i. Morris Cohen, 1842 bis 1927) und Hermann Bahrs (1863 bis 1934), gilt Zola wegen seines Hangs zum Symbolisieren und seiner Betonung des Temperaments des Autors in zunehmendem Maße nicht so sehr als objektiver Schriftsteller, sondern eher als Romantiker. [vgl. 281 und 160] In den neunziger Jahren gab es erneut scharfe Kritik an Zola; Arno Holz (1863 bis 1929) zum Beispiel, der ihn noch 1887 den «Shakespeare des Romans» genannt hatte, griff ihn 1890 wegen seiner positiven Einschätzung des Temperaments an, und Holz' «konsequenter Naturalismus» ist der bewußte Versuch, es soweit wie möglich auszuschließen. [vgl. 314]

Mit der eigentlichen Hochblüte des Naturalismus, die mit dem Aufstieg des Dramas identisch ist, wird Zola durch den zunehmenden Einfluß Henrik Ibsens (1828 bis 1906) aus dem Brennpunkt des Gesprächs gedrängt. Während der skandinavische Schriftsteller für die Entwicklung der naturalistischen Bühnendichtung eindeutig von großer Wirkung war, ist es irreführend, mit vielen Literaturhistorikern die erste Phase des Naturalismus bzw. deren Prosaschaffen als nur im Banne Zolas entstanden betrachten zu wollen. Nicht nur kommen vielfach Bedenken oder Kritik zum Ausdruck, es müssen auch andere außer- und innerdeutsche Einflüsse auf die naturalistische Prosa mit in Betracht gezogen werden. Bei Max Kretzer, dem sogenannten deutschen Zola, scheinen vor allem in seinen ersten Romanen Dickens und die deutschen sozialen Romane der vierziger und fünfziger Jahre die wesentlichsten Einflüsse gewesen zu sein. Ferner sollten wichtige Impulse von den Brüdern Goncourt nicht ignoriert werden; nicht nur ist die Welt ihrer Romane wie in vielen deutschen naturalistischen Romanen eine bürgerliche, sondern die Untersuchung nervös-empfindsamer Gemütsstörungen – etwa in ihrem *La Faustin* (1881) – ist auch der Stoff mehrerer deutscher Romane wie von Karl Bleibtreu, Helene Böhlau und Gabriele Reuter und nicht zuletzt von Heinrich Manns Novelle *Pippo Spano* (1905) und Thomas Manns *Buddenbrooks* (1901), die zum ausgehenden Naturalismus gerechnet werden dürften. Gleichermaßen nicht geleugnet werden darf der innerdeutsche Einfluß der Dorferzählung zum Beispiel auf Polenz, Clara Viebig und Anna Croissant-Rust sowie das Fortleben der eigenartigen deutschen Novellenform, die von Bleibtreu, Hauptmann, Kretzer, Helene Böhlau, Gabriele Reuter und anderen führenden naturalistischen Prosaschriftstellern weiter praktiziert wurde und dem Prosaschaffen dieser Stilrichtung einen besonders deutschen Charakter verleiht.

Kretzer

Auffallend ist an Max Kretzers (1854 bis 1941) erstem Roman *Die beiden Genossen* (1880) die Trivialisierung wichtiger Probleme, obwohl der Stoff des Romans – wie es in anderen Werken Kretzers auch der Fall ist – litera-

risches Neuland für Deutschland bildet. Als besondere Schwächen müßten hervorgehoben werden: die Schwarzweißmalerei, die unglaubwürdige Handlung, die primitive Kritik am sozialistischen Aktivismus des Parteiagitators Raßmann – im Gegensatz zum eher christlichen Sozialismus Schorns – als mit moralischer Verkommenheit identisch sowie die Reduzierung der grundlegenden Prinzipien der Frauenfrage auf sexuelle Zügellosigkeit, ohne daß der Autor zu diesen Fragen eindeutig Stellung nimmt. Während in den *Beiden Genossen* der Ruin Schorns keineswegs auf gesellschaftliche oder wirtschaftliche Faktoren zurückgeführt wird, sondern auf das unheilstiftende Individuum Raßmann, weist Kretzers nächster Roman *Die Betrogenen* (1881) eindeutig Kenntnisse deterministischer Ideen auf. Obwohl das Buch in erster Linie ein bürgerliches Liebesabenteuer ist, bemüht sich Kretzer in seinen Darstellungen des proletarischen Lebens, den schädlichen Einfluß dieses Milieus vor allem auf die Mädchen und Frauen darzulegen. Eine ähnlich kritische Schilderung der menschlichen Korrumpierung durch die Lebens- und Arbeitsbedingungen bieten die an die Pariser Romane Zolas – etwa *L'Assommoir* (1877) – erinnernden *Verkommenen* (1883), die vor allem die Probleme der Prostitution, des Alkoholismus und der Arbeitslosigkeit bearbeiten.
Zweifelsohne ist Kretzers bekanntestes Werk sein «lange ersehnte(r) Berliner Roman» (Albert von Hanstein) *Meister Timpe* (1888). Das Buch schildert die Zerstörung des selbständigen Handwerks durch das Vordringen der Mechanisierung und der neuen Fabriken. Durch die rücksichtslose Konkurrenz des ihm benachbarten Fabrikanten Urban, der maschinenmäßig billigere Waren als Timpe herstellen kann, wird Timpe unaufhaltsam ruiniert und letzten Endes in den Tod getrieben. Die Vernichtung seiner Existenz ist eine totale: Sein Haus wird durch den Bau der Berliner Stadtbahn entwertet; der Sieg Urbans wird dadurch befördert, daß Timpes Sohn seinem Vater neue, wichtige Muster aus der Werkstatt stiehlt und sie Urban überreicht; und der Tod von Großvater Timpe erfolgt, weil er seinen Enkel als Dieb entdeckt. Weder in einer Änderung der Produktionsverhältnisse noch in der Arbeiterbewegung sieht Timpe einen Ausweg. Kretzer schildert den Untergang des Handwerks als unvermeidlich, hat aber, obwohl er offensichtlich den maschinenstürmerischen Wahn Timpes nicht teilt, viel Sympathie für die untergehende Welt. Das Handwerk, Meister wie Geselle, ist solide, integer, bieder, die Neuzeit unerfreulich. Nicht nur sind die Produkte der Urbanschen Fabrik schlecht und billig verarbeitet, sondern Urban und der junge Franz Timpe als Vertreter der neuen Ära werden als völlig amoralisch dargestellt. Statt daß die Ursachen des Untergangs Timpes gründlich systemimmanent untersucht werden, wird sozialer Wandel einem moralischen Verfall der Gesellschaft gleichgesetzt. Am deutlichsten kommt dies im Kapitel «Drei Generationen» zum Ausdruck. Großvater Gottfried Timpe vertritt «jene Zeit nach

den Befreiungskriegen, wo nach langer Schmach das Handwerk wieder zu Ehren gekommen war und die deutsche Sitte aufs neue zu herrschen begann». Sein Sohn Meister Timpe

«hatte in den Märztagen Barrikaden bauen helfen. Er war gleichsam das revoltierende Element, das den Bürger als vornehmste Stütze des Staates direkt hinter den Thron stellte und die Privilegien des Handwerks gewahrt wissen wollte.»

Franz Timpe verkörpert aber ein neues Bewußtsein; er

«vertrat die neue Generation der beginnenden Gründerjahre, welche nur darnach trachtete, auf leichte Art Geld zu erwerben und die Gewohnheiten des schlichten Bürgertums dem Moloch des Genusses zu opfern (...). (Er verkörperte) die große Lüge unserer Zeit, welche die Geistesbildung über die Herzensbildung und den Schein über das Sein stellt.»

Meister Timpe ist also in einem gewissen Sinne als das Grablied des vorindustriellen Mittelstands zu verstehen; es bietet eine retrogressive Veranschaulichung der Auswirkungen der Technik, die den programmatischen Äußerungen der naturalistischen Theoretiker widerspricht, für ein breites Spektrum des deutschen Naturalismus aber nicht untypisch ist. Wegen des besonders raschen Tempos der industriellen Umwälzungen in Deutschland ist ein solcher Pessimismus sogar verständlich; die Ratlosigkeit Timpes und seine Unfähigkeit, die neue Zeit zu verstehen – die sicherlich zum Teil auch diejenigen Kretzers sind – waren weitgehend repräsentativ. Das Realistische an dieser Hoffnungslosigkeit steht in starkem Kontrast zum letzten Berliner Roman Max Kretzers, *Das Gesicht Christi* (1897). Vor allem im Schluß des Romans, wo die in der Christus-Figur verkörperte Hoffnung dadurch konkretisiert wird, daß Andorf Arbeit bekommt, die die Rettung der Familie aus der Not impliziert, finden wir nicht nur ein weiteres Beispiel der Tendenz Kretzers, vor den wahren Ursachen des Elends auszuweichen, sondern zugleich einen Hang zur religiösen Mystik, der auch bei anderen naturalistischen Autoren sich entwickelt (vgl. Hauptmanns *Hanneles Himmelfahrt*, 1893).

Polenz

Der naturalistische Roman wird zu oft nur als der Roman der industriellen Gesellschaft verstanden. Nicht nur gibt es Beiträge in naturalistischen Zeitschriften von Autoren wie Fritz Lienhard, die der sogenannten Heimatkunstbewegung nahestanden, sondern es gibt auch – und darauf hat Roy C. Cowen mit Recht hingewiesen – «eine wichtige Strömung des Naturalismus, die (...) das Werk von Clara Viebig, Anna Croissant-Rust und vielen Lokaldichtern im Norden umfaßt» [166; *S. 215*]. Man könnte sogar behaupten, daß diese Werke, von denen das bekannteste zweifelsohne Wilhelm von Polenz' (1861 bis 1903) *Der Büttnerbauer* (1895) ist, in mancher Hinsicht in ihrem Naturalismus konsequenter sind als viele Industrie- und Großstadtromane. Vor allem fallen auf die ständige Betonung der das Leben der Charaktere beeinflussenden deterministischen Faktoren. Im *Büttnerbauer*, der «überragenden Romanleistung des deutschen Naturalismus» (Münchow), der unter anderen von Franz Mehring, Tolstoj und Lenin hochgepriesen wurde, wird die durch den Wandel im Wirtschaftsleben des späten 19. Jahrhunderts verursachte Not des freien Bauernstandes verdeutlicht. Mit größerer Sachlichkeit als etwa bei Kretzer werden die Gründe für den Verfall des Büttnerbauerngeschlechts dargelegt: Traugott Büttners Probleme stammen ursprünglich von Erbschaftsschwierigkeiten, zum Teil aber von seinem hartnäckigen Familienstolz, seiner altmodischen Bewirtschaftung des Gutes, andererseits auch von den Intrigen seines Schwagers Kaschelernst und den Spekulationen des jüdischen Güterschlächters Sam Harrassowitz. Traugott sieht außerdem ein, daß die späte Befreiung der Bauern ihnen ein besonderes Bewußtseinsproblem vermacht hat.

Die Mythologisierung der Freiheit des früheren Bauernstandes und die Hervorhebung volksfremder Einflüsse sowie der Rolle des Juden Harrassowitz ermöglichten die Integration des Romans in die Blut-und-Boden-Literatur; obwohl eine völkische Färbung dieser Aspekte nicht zu leugnen ist, wäre aber die plumpe Klassifizierung des Romans als prä-faschistisch ungerecht. Zum einen ignoriert eine solche Interpretation die differenzierte Darstellung der verschiedenen Ursachen des Untergangs der Büttnerbauern, zum andern wird dadurch der thematisch wichtige Werdegang der Kinder Traugotts außer acht gelassen. Karl, der älteste Sohn, verfällt dem Alkoholismus, Toni gebiert ein uneheliches Kind und wird ein käufliches Mädchen, während Gustav, sozusagen der Gegenspieler zu Traugott, die Unmöglichkeit einsieht, das Gut zu behalten und zuerst Wanderarbeiter im Westen wird, bevor er in die Großstadt zieht und die neue Welt der Industrie und des Proletariats kennenlernt. Zwar hindert ihn sein Bauernbewußtsein am Übertritt zum Sozialismus; ihm wird aber klar, daß er sein zukünftiges Leben in der Großstadt führen muß. Diese Motive sowie die Schilderung der auf die Charaktere wirkenden deterministischen Faktoren und die realistische Sprechweise der Hauptfiguren machen den Naturalismus des Romans aus.

Kritik an Großstadt und Industrialisierung

Das Unbehagen der neuen Zeit gegenüber, das wir bei Kretzer und Polenz finden, wird geteilt vom Großteil einer Autorengeneration, die den Wandel Deutschlands selbst miterlebt und sogar oft begrüßt hat, dann aber mit den keineswegs abzuleugnenden negativen Begleiterscheinungen der Industrialisierung – Pauperismus, Verfall der alten Gewerbe, städtebauliche Probleme usw. – konfrontiert wurde. Mehrere von ihnen mußten mit Wilhelm Bölsche feststellen, das 19. Jahrhundert sei zwar «ein Jahrhundert des Triumphs – aber die Räder dieses Triumphs gehen über unsere Leichen» [386; *S. 12*]. Eine ähnliche Ambivalenz gegenüber der Großstadt, dem Symbol der Moderne, läßt sich bei vielen Naturalisten feststellen. Dieselben Leute, die Anfang der achtziger Jahre die Weltstadt enthusiastisch betreten hatten, zogen sich schon Ende der Dekade nach Friedrichshagen zurück. Wilhelm Bölsche bekannte, er sei «heute nicht nur der Weltstadt entfremdet, sondern ich meine auch, daß sie ein wahrer Kraken ist, der an unserem geistigen Leben saugt» [386; *S. VII*]. Literarische Begleiterscheinung war die zunehmende Gegenüberstellung von Industrie bzw. Großstadt und Natur, wie wir sie bei Polenz finden. Es gibt unzählige Naturschilderungen, die mit der Sterilität der Großstadt kontrastieren, oder Evokationen der positiven Werte der Natur, die als Protest gegen die moderne Zivilisation dienen. [vgl. 127; *S. 48–56*]

Solche Haltungen sind im naturalistischen Roman vielfach vertreten; bezeichnenderweise wurden sie schon in dem als Gegenstück zum Schaffen Zolas konzipierten Münchener Roman Michael Georg Conrads (1846 bis 1927), *Was die Isar rauscht* (1887), antizipiert. Abgesehen von dem aus zahlreichen detaillierten Milieuschilderungen, eingestreuten längeren Diskussionen und konfusen Handlungsfäden bestehenden formlosen Nebeneinander des Ganzen, das wir auch bei Konrad Alberti (d. i. Konrad Sittenfeld, 1862 bis 1918) finden, bildet der Roman den Ausdruck einer ängstlichen und retrogressiven Haltung dem Fortschritt gegenüber. Die industrielle Verstädterung Münchens stellt für Conrad die Gefährdung der ewigen Werte der alten Kulturstadt dar; vor allem die spekulative Bebauung der reizvollen Isarauen und die Notlager der «Schiffbrüchigen des kleinen Gewerbestandes» an den Ufern des Flusses, des Symbols der ewigen Reichsstadt, verdeutlichen den bevorstehenden Verfall des traditionellen, naturverbundenen Lebens.

Im naturalistischen Roman wird weder die moderne Industriegesellschaft optimistisch durchleuchtet, noch kommen die existentiellen Probleme des Kleinbürgertums und des Proletariats zum Ausdruck. Während theoretisch sich der Naturalismus vielfach als «das literarische Pendant des Sozialismus» (Julius Röhr) verstand, müßten einem solchen Selbstverständnis entgegengehalten werden: elitäres Mittelstandsbewußtsein und auch nationalistische Gesinnung in den theoretischen Schriften (vgl. die Spalten der *Gesellschaft*) sowie Unschärfe und Sentimentalität in der Beschreibung sozialer Mißstände in der Romanproduktion. Nie kommt eine der Sozialdemokratie nahestehende Kritik des modernen Kapitalismus zum Vorschein. Auch bei der feuilletonistischen und literarischen Behandlung der Frauenemanzipation sind die Naturalisten genauso inkonsequent in ihrer Progressivität. [vgl. 158]

Frauenfrage

Obwohl die Frauenbewegung von der Gründung des «Allgemeinen Deutschen Frauenvereins» 1865 zu datieren ist, sind als reale Impulse für die Behandlung der Frauenfrage im Naturalismus zu nennen: John Stuart Mills *The subjection of women*, Friedrich Engels' *Ursprung der Familie, des Privateigentums und des Staats*, Clara Zetkins *Die Arbeiterinnen- und Frauenfrage der Gegenwart* und August Bebels *Die Frau und der Sozialismus* sowie die Werke von Tolstoi, Zola, Ibsen und anderen. Vor allem Bebels Buch löste in der *Gesellschaft* und der *Freien Bühne* eine heftige und kritische Diskussion aus. Julius Hart zum Beispiel widmete einer Replik auf Bebel eine Reihe von Aufsätzen. Auffallend ist, daß die meisten Artikel zur Frauenfrage von Männern stammen. Kurt Prölls «Sozialismus im Boudoir» und «Emanzipations-Sport», ein Auszug aus dem Lustspiel *Die Emanzipirten* (1887) von M. G. Conrad und L. Willfried, machen sich sogar über diese Problematik lustig. Die meisten anderen sind vorwiegend konservativen Sinnes. Conrad Alberti meint: «Durch den Ehevertrag erklärt (...) die Frau, daß sie ihre Existenz ganz der Sorge des Mannes anvertraut» [109; *S. 1028*], während Paul Kirstein, mit derselben Logik, die auch in Wilhelm von Riehls früher Studie *Die Familie* zu finden ist, die Frauenemanzipation als «Lossagen von ihrer Nichtigkeit» versteht, das heißt, es sei notwendig,

«den Mädchen, solange sie auf der Schulbank sitzen, klar(zumachen), zu welcher Aufgabe sie eigentlich berufen sind – und das ist die höchste. Sie sind nicht nur die Fortpflanzer der Menschheit, sie sind auch die Erhalter. Sie sollen dem Manne Kraft und Mut verleihen.» [39; *S. 1041*]

Nur bei den Sozialisten, die sich in den Spalten naturalistischer Blätter zu Wort melden, läßt sich eine konsequent progressive Haltung aufweisen. Während Paul Ernst die Frauenbewegung als eine Arbeiterinnenbewegung begreift, die aus der Sozialdemokratie hervorgegangen ist [18; *S. 425*], haben wir es ansonsten mit berufstätigen bürgerlichen Frauen oder mit dem Streben bürgerlicher Frauen, sich zu emanzipieren, zu tun. Nur in Clara Viebigs (1860 bis 1952) Dienstbotenroman *Das tägliche Brot* (1902) werden die existentiellen Probleme einer Proletarierin behandelt.

Die Frauenfrage und die bürgerliche (männliche) Stellungnahme dazu wurden schon sehr früh, in Max Kretzers erstem Roman, artikuliert. In den *Beiden Genossen* wird die Frauenemanzipation als Bestandteil des sozialdemokratischen Programms präsentiert, Kretzers eigene Haltung antizipiert aber die jüngerer Naturalisten wie Kirstein:

«Das Weib, das sich bisher an der Brust des Mannes glücklich fühlte in der Erfüllung seiner Mission, die Leiden und Entsagen verbotener Genüsse heißt, und deshalb ewig Weib bleibt, deshalb geliebt wurde, soll aufhören Achtung zu haben vor dem Heiligthum der Ehe, soll anfangen den Gesetzen der Sitte zu spotten, soll dann erst zum erklärten Objekt kalter Berechnung werden!»

In einem anderen frühen Roman, *Die Buchhalterin* (1882), hat Kretzer als erster die Figur der berufstätigen gebildeten Frau dargestellt. Seine Lucie von Werner ist eine deklassierte Adlige, sozusagen eine Zwangsemanzipierte, die jetzt «in die Reihe aller jener armseligen weiblichen Kreaturen» treten muß, «die sich gründlich emanzipieren wollen und in der Regel dabei sitzen bleiben». Sie gebärdet sich zwar revolutionär ihren Kollegen gegenüber; ihr Lohn wird aber dazu gebraucht, das Kasinoleben ihres Bruders zu finanzieren, und im Unterbewußtsein hat sie ihre selbständige Arbeit nicht gern; sie beneidet sogar die Mutter ihres Arbeitgebers, «die unter bescheidenen Verhältnissen ihrer Wirthschaft vorstand und es nicht nötig hatte, ihrem Erwerbe außerhalb des Hauses nachzugehen.» Durch eine Reihe von glücklichen Zufällen und ihre Verlobung mit ihrem Arbeitgeber braucht Lucie am Schluß des Romans nicht mehr zu arbeiten. Wir haben es letzten Endes mit einer herkömmlichen Liebesgeschichte zu tun, die durch das neue Motiv der Frauenemanzipation gewürzt wird. Das eheliche Glück, das auf Lucie wartet, können wir als Ausdruck der Skepsis Kretzers gegenüber der Frauenfrage verstehen.

In der Hoch- und Nachblüte des Naturalismus nehmen frauenemanzipatorische Themen einen wichtigen Platz ein. Untersucht werden die sozialen Zwänge, die das Leben der Frau einschränken, wie Geldheirat (beim jungen Max Halbe und in Hartlebens Zyklus *Die Befreiten*, 1899), Mangel an persönlicher Freiheit (die Figur von Helene in *Vor Sonnenaufgang*, 1889, und von Lotte Burwig in Halbes *Die Heimatlosen,* 1899) und Mangel an Befriedigung in der Ehe (Käthe Vockerat in Hauptmanns *Einsame Menschen*, 1881; Leopoldine in *Was die Isar rauscht*; für Trude in Max Dreyers *Winterschlaf*, 1895, sind die Fesseln der Verlobung genauso unerträglich). Die Möglichkeiten einer besseren, gemeinschaftlicheren Existenz von Mann und Frau sind der Stoff von Max Halbes *Freie Liebe* (1890) und Mackays *Menschen der Ehe* (1892), während Anna Mahr in *Einsame Menschen* eine Figur verkörpert, die «bei aller Weiblichkeit und Tiefe des Empfindens (...) dem schöpferischen Manne eine geistig ebenbürtige und charakterstarke Gefährtin zu sein vermag». [199; *S. 97*]. Andererseits wird bei einigen Autoren Frauenemanzipation nur im Sinne der Entfesselung unaufhaltsamen Geschlechtstriebs verstanden, wie in Hartlebens *Hanna Jagert* (1893), M. Dreyers *Frauenwille* (1894) und Hermann Bahrs Novellensammlung *Dora* (1893).

Auf dem Gebiet der Frauenfrage ist die Haltung der männlichen Naturalisten ebenso ambivalent wie in der sozialen Frage. Der neue Feminismus findet seinen bedeutendsten literarischen Ausdruck in den Romanen der weiblichen Naturalisten.

In den Romanen von Gabriele Reuter (1859 bis 1941), vor allem in *Von guter Familie* (1895), *Ellen von der Weiden* (1900) und *Das Tränenhaus* (1909), tritt die moderne bürgerliche Frau als «eine Gestalt der Sehnsucht» auf, eine Figur, die durch gesellschaftliche Zwänge daran gehindert wird, sie selbst zu werden. In *Von guter Familie* wehrt sich Agathe Heidling halb instinktiv gegen die konventionelle, einengende Auffassung der Frauenrolle, wie wir sie auch bei Conrad Alberti finden:

«Das Mädchen, das im elterlichen Hause weilt, das seine ganze Existenz, Nahrung und Kleidung vom Vater erhält, ist auch diesem unterworfen, und die Eltern haben das Recht, von ihm diejenige Lebensweise zu verlangen, welche die konventionelle Sitte einem Mädchen anweist.» [109; *S. 1027*]

Agathes Vater erwartet von einem Mädchen, daß es sich als «Mutter künftiger Generationen, als die Gründerin der Familie» versteht. Diese Haltung wird auch von Familienfreunden geteilt; zur Konfirmation bekommt sie ein Buch mit dem Titel «Des Weibes Wirken als Jungfrau, Gattin und Mutter» geschenkt. Agathe will aber ihr Leben «sich ganz nach eigenem Sinne gestalten». Sie wird in ihrem gesellschaftlichen Kreis immer mehr eine Außenseiterfigur, bis sie sich gezwungen fühlt, sich aus ihrer Isolation zu retten und zu heiraten; dabei weiß sie: was «sie in der Seele trug von Keimen zu köstlichen seltenen Blüten, das würde da wohl verborgen bleiben». Im Kuhhandel über ihre Mitgift kommen ihr Vater und der Verlobte zu keinem Arrangement; der Druck der Unzufriedenheit und der Vereinsamung wird allmählich zu groß, und sie verfällt dem Wahnsinn.

Ähnliche Probleme der Selbstwerdung, diesmal innerhalb der Ehe, behandelt Helene Böhlau (1856 bis 1940) in *Der Rangierbahnhof* (1895). Unter familiärem Druck heiraten Olly und Friedel; Olly, eine ehrgeizige Künstlerin, willigt aber keineswegs in einen Verlust ihrer persönlichen Freiheit ein: «(...) keine Eingriffe in mein Recht (...) wir heiraten einander – du weißt doch, unter welcher Bedingung? (...) Daß ich bei dir arbeiten darf?» Im Gegensatz zu seiner Frau will Friedel «ein Heim haben (...) so ganz nach seinem Sinn». Während sie «ihr eigen» sein will, fühlt sie sich jetzt «als sein Eigentum». Die Haltung der Autorin diesem Emanzipationsdrang des «modernen Weibes» Olly gegenüber ist aber unklar: Friedel «wollte eine gute Frau und die hatte er nicht», lesen wir, und an anderer Stelle wird er als «der arme, geprüfte Ehemann» beschrieben. Nicht nur ist die Darstellung der Problematik ambivalent, sondern durch das mit der Emanzipation konkurrierende Motiv des frühen Todes der begabten Künstlerin Olly wird die Spannung zwischen den konventionellen Erwartungen des Mannes und dem Freiheitsbedürfnis der Frau nie auf die Spitze getrieben.

In dem späteren *Halbtier!* (1899) ist diese Vagheit Böhlaus verschwunden; das Buch ist ein eindeutiges Plädoyer für die Befreiung einer Frau. Isolde Frey wird demselben konventionellen Druck ausgesetzt wie Agathe Heidling: Für ihren Vater hat ihr Leben nur eine Richtung – sie «soll heiraten, Weib sein!» Von ihrer Mutter weiß sie aber, daß eine Ehe «seelenertötend» sein und zum Verlust des Menschseins, bis zur Degradierung in eine Haustierrolle, führen kann, weil Männer wie ihr Vater und ihr Schwager Frauen nur als Geschlechtswesen betrachten, als «ein Wesen zweiter Ordnung», «ein Wesen, das nicht Mensch, sondern Weib ist, ein Wesen, das nicht wie ein Mensch fühlen und handeln kann, das nur geschlechtlich ist». Für Männer, die den konventionellen Mann/Frau-Rollenerwartungen verhaftet bleiben, haben Frauen nur «die tierischen Funktionen im Leben zu erfüllen». Isolde wehrt sich aber gegen das ihr gebotene Halbtierdasein; ihr geht es eher darum, ein «geistiges Geschöpf» zu werden. Für Helene Böhlau ist ein solcher Traum noch nicht realisierbar, Hoffnung liegt nicht in der bestehenden Gesellschaft, sondern in der Wiederkehr, das heißt in der Zukunft. Außerdem kann in diesem Roman von der erwünschten Emanzipation aller Frauen kaum die Rede sein. Dem Vater Isoldes wird vorgeworfen, er wisse nicht,

«daß unter den Frauen auch freie Geschöpfe leben, freier als je ein Mann frei ist, mächtige Seelen, Seelen (...), die der Natur zum Trotz sind, wie sie sind, lieben, wie sie lieben – und sich grenzenlos opfern, als stammten sie aus einer Welt mit anderen Gesetzen.»

Der deutliche Wunsch der Autorin ist die Befreiung des Potentials weiblicher Übermenschen im Sinne Nietzsches, unter dessen Einfluß sie stand, nicht die Emanzipation der Frau schlechthin.

Novellistik

Nicht nur muß von der Ambivalenz naturalistischer Romanciers gegenüber sozialen Fragen die Rede sein; viele Romane sind auch stilistisch inkonsequent, so daß meistens nur von einem naturalistischen Ansatz im Inhaltlichen gesprochen werden kann. Die eigentliche literarische Leistung der naturalistischen Prosa liegt nicht im Roman, sondern in der Kurzform, in welcher bei einigen Autoren ein psychologisierter Naturalismus sich entwickelt, der dem wissenschaftlichen Anliegen der Bewegung entspricht und der außerdem erzählerische Tendenzen des 20. Jahrhunderts vorwegnimmt.

Die von vielen zweitrangigen Autoren unbenutzten, der naturalistischen Erzählweise aber inhärenten innovatorischen Möglichkeiten lassen sich besonders an Gerhart Hauptmanns (1862 bis 1946) «novellistischer Studie» *Bahnwärter Thiel* (1888) identifizieren. Während viele angeblich naturalistische Kollegen Hauptmanns der herkömmlichen Novellenform verhaftet blieben, deuten vor allem die Schwierigkeiten, *Bahnwärter Thiel* in die konventionelle Novellentheorie zu integrieren, auf den Übergangscharakter des Werks. Eine novellentheoretische Interpretation konzediert zwar die mehr oder weniger naturalistische Darstellungsweise des Milieus, der sexuellen Abhängigkeit Thiels von seiner zweiten Frau, der eigentlichen Tragödie und des Wahnsinnsanfalls, behauptet aber eine für die Novelle typische Verschmelzung von Realismus und Symbolik. Die Blutsymbolik antizipiere die Tragödie; das Motiv des Netzes symbolisiere die beiden Drohungen Thiels; in Lene und der Bahnstrecke als zentralem Dingsymbol sollen die Seelenvorgänge Thiels, die mehr dämonische als idyllische Natur und die Katastrophe gespiegelt werden. [vgl. 263; *S. 269–283*] Obwohl Hauptmann seine Studie im Rahmen der Novellenform präsentiert und zweifelsohne gewissen Motiven eine Symbolik zumißt, ignoriert eine solche Analyse wichtige Aspekte des Werks: die Darstellung dieser Symbole im «normalen» Geisteszustand des schizophren werdenden Thiels. Bahnstrecke, Züge und Natur werden da nur flüchtig erwähnt, weil sie zum tagtäglichen Ablauf seiner Arbeit gehören. Nur im Zustand der Fixierung oder der Halluzination werden sie als Veräußerlichung der Wahnanfälle anders und ausführlich geschildert. Durch das, was gemeinhin als Symbolik gilt, scheint Hauptmann bemüht zu sein, den Prozeß der Penetration Lenes in seine heile, der ersten Frau gewidmete Welt an der Bahnstrecke zu verbildlichen. Durch die perspektivische Erzählweise nehmen wir an der geistigen Desintegration Thiels teil, die wegen des katalysierenden Unfalls in den Wahnsinn führt. Die subjektivierende Tendenz, die literarische Repräsentation eines psychologischen Verfahrens, läßt sich am Beispiel einer oft zitierten Zugbeschreibung verdeutlichen, die öfters als der Ausdruck der Immanenz dämonischer Kräfte verstanden wird. Wir lernen, daß Thiel, «durch die Gewalt roher Triebe» in die Gewalt seiner zweiten Frau geraten, in der strikten Trennung dieser beiden Welten ein mehr oder weniger psychologisches Gleichgewicht hält. Eines Tages vergißt er sein Butterbrot, und als er nach Hause kommt, ist Lene dabei, Tobias, den geliebten Sohn aus seiner ersten Ehe, zu schlagen. Der beängstigte Vater ist aber vor der sexuellen Kraft seiner Frau machtlos:

«Ihre vollen, halbnackten Brüste blähten sich vor Erregung und drohten das Mieder zu sprengen, und ihre aufgerafften Röcke ließen die breiten Hüften noch breiter erscheinen. Eine Kraft schien von dem Weibe auszugehen, unbezwingbar, unentrinnbar, der Thiel sich nicht gewachsen fühlte.
Leicht, gleich einem feinen Spinngewebe und doch fest wie ein Netz von Eisen legte es sich um ihn, fesselnd, überwindend, erschlaffend.»

An seinem Bahnübergang angelangt, leistet Thiel seine Arbeit nur mechanisch, «während sein Geist mit dem Eindruck der letzten Stunden beschäftigt war». Durch zwei Bilder wird die Fixierung auf die Konfrontation mit Lene veräußerlicht: Zum einen gleichen die Geleise für ihn «einer ungeheuren, eisernen Netzmasche», zum andern beobachtet er, wie die Drähte «sich wie das Gewebe einer Riesenspinne fortrankten (...).»

Durch das Fortleben der mit der sexuellen Kraft Lenes assoziierten Bilder des Netzes und des Spinngewebes wird Thiels Verfangensein in der Sexualität seiner Frau bzw. dessen Projektion auf die Außenwelt und die erste Penetration Lenes in die Welt der Bahnstrecke verdeutlicht. Im Denken an die frühere Szene wird er so erregt, daß er das Annähern und Vorbeirauschen des Zuges als einen Geschlechtsakt empfindet. Sowohl rhythmisch als auch sinnbildlich und sprachlich kommt diese späterhin zum Klischee gewordene Evokation des imaginierten Koitus zum erstenmal zum Ausdruck. Wichtig ist aber nicht diese Prägung eines literarischen Motivs, sondern die Rolle der Szene innerhalb der Schilderung einer präzis beobachteten psychischen Desintegration.

Am Beispiel *Bahnwärter Thiels* wird klar, daß Hauptmann – wenn auch unbewußt – erkannte, daß das Problematische am Naturalismus für die deutsche Literatur darin lag, einen adäquaten literarischen Ausdruck der neuen naturwissenschaftlichen Erkenntnisse zu finden. Vor allem Arno Holz (1863 bis 1929) war es aber, der konsequent den Begriff des Naturalismus als ein formales – und nicht ein inhaltliches – Problem propagiert hat. Als Lösung dieses Problems hat er zwei entgegengesetzte Möglichkeiten vorgeschlagen und ausprobiert. In seinem *Die Kunst. Ihr Wesen und ihre Gesetze* (1891/92) formuliert er, ausgehend von seiner Kritik an Zolas Hervorhebung des Temperaments des Autors, sein bekanntes Kunstgesetz: «Die Kunst hat die Tendenz, wieder die Natur zu sein. Sie wird sie nach Maßgabe ihrer jedweiligen Reproduktionsbedingungen und deren Handhabung.» Das Kunstgesetz scheint das größtmögliche Ausschließen der erzählerischen Subjektivität zu implizieren, suggeriert einen «Naturalismus, der mit den Mitteln des Sekundenstils und einer phonophotographischen Reproduktion von Realität ‹konsequent› geheißen werden konnte als Versuch einer auf Totalität abzielenden Mimesis» [195; *S. 169*]. In der *Papiernen Passion*, einer dramatischen Wohnküchenskizze, bietet Holz mit seinem Mitarbeiter Johannes Schlaf das wohl extremste Beispiel des Sekundenstils in der Prosa; sie erzielen einen Grad an Objektivismus, der nur im Drama (vgl. *Die Familie Selicke*, 1890) oder noch besser im Dokumentarfilm zu übertreffen wäre. In zwei anderen Prosastücken, die auch gemeinhin zum Sekundenstil gerechnet werden, fällt eine subjektivierende Tendenz auf, die von vielen Kritikern als Inkonsequenz des sonst konsequentesten Naturalisten verstanden wird. Ignoriert wird aber oft, daß Holz sein Kunstgesetz nur als ein Provisorium verstanden und die Formulierung später geändert und durch andere Aussagen qualifiziert hat. In der späteren Formulierung – «Die Kunst hat die Tendenz, die Natur zu sein; sie wird sie nach Maßgabe ihrer Mittel und deren Handhabung» – wird kein Anspruch auf die exakte Reproduktion der Natur durch die Kunst erhoben; Holz hat sie sogar als eine Unmöglichkeit beschrieben. Nicht nur sei es unmöglich, das Temperament des

Erzählers gänzlich auszuschließen, er hat auch erwogen, wie Johannes Schlaf berichtet, ob das Kunstwerk das Temperament aller Beteiligten nicht reflektieren sollte. In *Der erste Schultag* (1892) und *Papa Hamlet* (1889), die als die Umsetzung dieser Überlegungen in die Praxis betrachtet werden können, haben wir es nicht mehr «mit der Darstellung einer einzigen, objektiven Wirklichkeit (zu tun), sondern eher mit einer Vielfalt von Wirklichkeiten, d. h. mit einer Wirklichkeit, die aus verschiedenen Perspektiven betrachtet wird» [285; *S. 86*].

Der erste Schultag wird zum Teil aus der Perspektive des Erzählers, zum Teil aus der Perspektive des kleinen Jonathan erzählt, dessen erster Schultag es ist; an einigen Stellen wird sogar gleichzeitig aus der Perspektive mehrerer Beteiligter erzählt. Anders als Hauptmann erzielt Holz diesen Effekt durch die Technik der erlebten Rede. Die im *Ersten Schultag* mehrfach vorhandenen Beispiele solcher Perspektivierung des Erzählens kommen auch in *Papa Hamlet* vor, die Erzählweise ist aber hier noch differenzierter. Auf der einen Seite gibt es in dieser Skizze viele Stellen, die eindeutig dem Sekundenstil und dem Objektivismus Holz' zuzuordnen sind, wie die minuziöse Beschreibung von Szenen und die fast phonographische Reproduktion der Sprache, auf der anderen Seite die subjektivierende Tendenz, die durch erlebte Rede die Perspektive der Beteiligten gibt, wobei hier der Erzähler selbst hie und da zu den Geschehnissen seinen Kommentar – in Gegensatz zu seinem Protokollieren – durch Ironie gibt. Die Hauptfigur wird als «der große Thienwiebel» und seine verkommene Frau als «die reizende Ophelia» bezeichnet; vor allem wird durch direkte Zitate und sonstige Shakespeare-Einschiebsel vom Erzähler die Diskrepanz zwischen der Misere der Familie und Thienwiebels Verständnis seiner selbst als des großen Hamlet ironisch durchleuchtet. Wir können in den sogenannten «Stilleben» und auch an anderen Stellen ein Verschmelzen der objektiven und der subjektiven Erzählweise feststellen:

«Noch um eine Nuance verdüsterter hatte sich jetzt der große Thienwiebel wieder rücklings über das kleine, niedrige, mit blauem Kattun überspannte Sofa geworfen und starrte nun über die Spitzen seiner grünen, ausgetretenen Pantoffeln weg melancholisch zu Amalien hinüber.

Ihre dünnen, lehmfarbenen Haare waren noch nicht gemacht, ihre Nachtjacke schien heute noch schmutziger als sonst und stand vorn natürlich wieder offen; der kleine kirschrote Spießbürger, den sie, auf ihr Fußbänkchen gekauert, nachlässig aus einem Gummischlauch säugte, sah auf einmal häßlich aus wie ein kleiner Frosch.»

Was beim ersten, oberflächlichen Blick wie konsequente Objektivität wirken mag, verrät bei näherer Analyse unverkennbare Zeichen der Perspektivierung: Daß Amalies Nachtjacke «heute noch schmutziger als sonst» und «vorn natürlich wieder offen» ist, kann nur Thienwiebel wissen, und «der kleine kirschrote Spießbürger» ist einer von mehreren ironischen Titeln für den armen Kleinen, die der Erzähler in seiner ironischen Diktion benutzt. Die hier durch das Zusammenmischen verschiedener Perspektiven erzielte Gleichzeitigkeit des Erzählens sowie das Montieren verschiedener Sprachelemente und der Gebrauch von Zitaten und erlebter Rede antizipieren wichtige Tendenzen der Literatur des 20. Jahrhunderts, wie den Bewußtseinsstrom, das Literaturexperiment *Berlin Alexanderplatz. Die Geschichte vom Franz Biberkopf* (1929) und die avantgardistische Literatur der sechziger und siebziger Jahre (Heißenbüttel, Wondratschek und das ‹Neue Hörspiel› zum Beispiel).

Lyrik

Wohl das Überraschendste am deutschen Naturalismus – gemeinhin mit dem sozialen Roman und dem sozialen Drama identifiziert – ist, daß in seiner ersten Phase die Lyrik am stärksten vertreten ist. Eine nähere Betrachtung literaturtheoretischer Aufsätze der Zeit läßt dies nicht so erstaunlich erscheinen. Für die Brüder Hart (Heinrich, 1855 bis 1905 und Julius, 1859 bis 1930) sollte die moderne Literatur nicht nur die neue Zeit widerspiegeln, es war auch nötig, «das ästhetische Bedürfniß voll und ganz (zu) befriedigen»; der zeitgenössische Roman erfüllte die «Forderungen weder im engeren noch im weiteren Sinne (...)». [308; *S. 15*] Durch den «Schriftstellerroman» seien die Ideale der «Poesie» nie zu erfüllen. Das Vorbild ihrer «neuen» Literatur ist der junge Goethe des Sturm und Drang, und als Beispiel eines nicht einseitigen Naturalismus à la Zola führen sie Goethes Jugendgedichte vor, «die so naturalistisch sind, wie die Natur selbst!» [309; *S. 51*]. Es dürfte also nicht überraschen, daß ein wichtiger Meilenstein im deutschen Naturalismus die Veröffentlichung der Lyrikanthologie *Moderne Dichter-Charaktere* (1885) war, in der unter anderen Gedichte von den Brüdern Hart erschienen.

Diesem Band (Motto: Wir rufen dem kommenden Jahrhundert!) sind zwei Einführungsessays beigefügt, die ein mehr oder weniger getreues Bild der etwas konfusen Ziele der «Jüngstdeutschen» wiedergeben. Hermann Conradi (*Unser Credo*) betont zwar die soziale Rolle dieser neuen Dichtung – die jungen Dichter werden den «Flügelmantel der Poeten» anlegen, «der uns aufwärts trägt auf die Bergzinnen, wo das Licht und die Freiheit wohnen, und hinab in die Abgründe, wo die Armen und Heimathlosen kargend und duldend hausen, um sie zu trösten und Balsam auf ihre bluttriefenden Wunden zu legen (...)» [288; *S. III*] – gleichzeitig soll sie vom «Geist wiedererwachter Nationalität» getragen werden. Andererseits ist die «Lebensparole dieser Rebellen und Neuerer» «schrankenlose, unbedingte Ausbildung ihrer künstlerischen Individualität»; die neue Richtung «will die Zeit der ‹großen Seelen und tiefen Gefühle› wieder begründen».

Ähnliche Widersprüche weist der Inhalt des Bandes auf: Obwohl mit «den alten überlieferten Motiven» gebrochen werden soll, herrschen in den meisten Beiträgen konventionelles Metrum, Form und Reim; nur gelegentlich sind freiere Rhythmen und ist stofflich Innovatorisches zu finden. Liebesgedichte, Neubearbeitungen mythologischer und biblischer Motive sowie Naturlyrik kontrastieren mit Großstadtlyrik und Elendsschilderungen. Julius Hart bietet zum Beispiel in *Abschied* und in *In der Osternacht* – «Süß duftet und leise athmet / Draußen die Osternacht, / Ruhig träumen die Gassen, / Vom blauen Monde bewacht.» – abgenutzte Lyrik, während er in *Auf der Fahrt nach Berlin* trotz des konventionellen Reims den Rhythmus der Fahrt und die Aufregung des Reisenden lyrisch zum Ausdruck bringt:

> Vorbei, vorüber! und ein geller Pfiff!
> Weiß fliegt der Dampf, (...) ein Knirschen auf den Schienen!
> Die Bremse stöhnt laut unter starkem Griff (...)
> Langsamer nun! Es glänzt in allen Mienen!
> Glashallen über uns, rings Menschenwirr'n, (...)
> Halt! Und ‹Berlin!› Hinaus aus dem Wagen!
> ‹Berlin!› ‹Berlin!› Nun hoch die junge Stirn,
> Ins wilde Leben laß dich mächtig tragen!

Genauso ambivalent wie Hart verhält sich Oskar Jerschke (1861 bis 1928), der in seinem *Forsthaus in den Vogesen* eine ländliche Idylle beschwört, in *An die oberen Zehntausend* die zeitgemäße Thematik des Vorstadtelends behandelt. Thematisch neu an dem Band sind vor allem die lyrischen Evokationen der Armut – etwa bei Friedrich Adler (1857 bis 1938) in *Nach dem Strike*, bei Hermann Conradi in *Licht den Lebendigen* und *Frühling* und bei Arno Holz in *Ein Andres* und *Meine Nachbarschaft* – und der Monotonie des proletarischen Alltags in Karl Henckells (1864 bis 1929) *Das Lied vom Eisenarbeiter*:

> Es summt und dröhnt mit dumpfem Ton
> Und qualmt und raucht ringsum,
> Und Mann an Mann in schwerer Frohn
> An seinem Platze stumm.
> Der Hammer sinkt, die Esse sprüht,
> Das Eisen in der Flamme glüht.

Das dritte neue und für die Entwicklung der deutschen Lyrik wohl wichtigste Moment in dieser Anthologie bilden die Großstadtgedichte von Arno Holz und Karl Henckell. Von diesem bietet das *Berliner Abendbild* ein kaleidoskopisches Bild der Vielseitigkeit der Metropole, die neuen Motive der Armut und der Prostitution und vor allem die innovatorische Montage von Gesprächsschnipseln:

> Werkmann bebt vor des Winters Noth:
> ‹Fänd ich, ach fänd ich mein täglich Brod!›

Hungernd wartet die Kinderschaar,
‹'s ist ein böses, ein böses Jahr.›
Bruder Studio zum Freunde spricht:
‹Warte, das Mädel entkommt uns nicht!
Siehst du, sie guckt; brillant, famos!
Walter, nun sieh doch – die Taille bloß!›
Steht der Gardist in Positur,
Weil der Hauptmann vorüber fuhr,
Ließ seine Donna im Stich – allein:
‹Ja, liebste Rosa, Respekt muß sein.›
‹Blumen, Blumen, o kauft ein Bouquet,
Rosen und Veilchen, duftend und nett!
Bitte, mein Herr, ach so sei'n Sie so gut!›
‹Scher dich zum Teufel, du Gassenbrut!›

Das Schwanken zwischen Tradition und Innovation, das den *Modernen Dichter-Charakteren* zugrunde liegt, ist für die naturalistische Lyrik weitgehend typisch. Während Maurice Reinhold von Stern (1860 bis 1938) (*Proletarier-Lieder*, 1885) in *Der Zukunft Tag* und *Per aspera ad astra* eine an Herwegh und Freiligrath anknüpfende agitatorische Lyrik schreibt, besteht der Großteil seines lyrischen Schaffens aus epigonalen Liebes- und Naturgedichten. Ähnliches gilt für den Exilschotten und späteren Anarchisten John Henry Mackay (1864 bis 1933). Auf der einen Seite steht die Lyrik des *Sturm* (1888: *Kampfweise*, *Vorkämpfer*, *Herrn und Knechte*, *Communismus* usw.) und seines *Arma parata fero!* (1887), das auch an die Gedichte der 1840er Jahre erinnert:

Auf, stelle dich in der Kämpfenden Reihn,
Eines Todten Wort laß Richtschnur dir sein,
Nimm selber die schärfsten Waffen zur Hand,
Wirf selbst in die Herzen den lodernden Brand,
Und glaube mir: Jeder ist Kind seiner Zeit,
Mit ihr dem Verderben unrettbar geweiht!
Den Nachgeborenen erkämpfe den Frieden (...)

Auf der anderen Seite sind die meisten seiner Gedichte in den *Dichtungen* (1886) und im *Fortgang* (1893) thematisch äußerst konventionell. Auch Karl Henckell, dessen Lyrik zur Zeit des Sozialistengesetzes als «gemeingefährlich» verboten wurde, mußte später zugeben, daß die Hauptelemente seiner Lyrik sowohl «leichter Liebesfrühling» als auch «schwere soziale Gewitterstimmung» waren. Anders als bei von Stern und Mackay müßte aber bei Henckell von echter Innovation gesprochen werden. Zum einen bringt er in *Die Engelmacherin*, *Die Dirne*, *Die kranke Proletarierin* und *Christnacht* Schilderungen vom Elend in der industriellen Großstadt, zum andern stehen *Ausgebaggert* und *Dampfernte* mit der späteren Dichtung der Werkleute auf Haus Nyland in einer Reihe, zum dritten nehmen *Das Lied vom Eisenarbeiter*, *Arbeiterlied* und *An das Proletariat* die Arbeiterlyrik des 20. Jahrhunderts vorweg. *Streik*, die epische Dokumentation einer Aktion im Ruhrgebiet, deutet thematisch und sprachlich sogar auf Arbeitersongs der zwanziger und sechziger Jahre hin:

> In Gelsenkirchen
> Im schwarzen Ruhrkohlenland,
> Streiken die Grubenleute,
> Und ist ein gewaltiges Wesen im Gange (...)
> Bei den Werken
> Um Dortmund, Bochum und Essen
> Scharen die Männer sich zur Beratung
> Fest und gemessen.

Buch der Zeit. Lieder eines Modernen (1884), der Erstlingsband des wichtigsten naturalistischen Lyrikers Arno Holz, stellt sozusagen eine Agglomeration aller schon hervorgehobenen Charakteristika naturalistischer Lyrik dar. In *Zum Eingang* erklärt er der konventionellen lyrischen Geschmacksrichtung den Krieg: «Rückt an! Mit offenem Visier / und harter Faust will ich euch weisen: / Ich und mein Lied, wir sind von Eisen – / ihr oder ich, ich oder ihr!» Er zeigt sich aber in *Zwischen Alt und Neu* seines dieser Haltung widersprechenden Hangs zum Epigonentum bewußt: «Zwar mein Kopf hat sich schon längst / radikal emanzipiert; / doch in meinem Herzen blühn noch / alle Blumen der Romantik!» Trotz seiner Inkonsequenz sowohl in thematischer als auch in formaler Hinsicht zeigt Holz mit dem *Buch der Zeit* mehr Modernität als jeder andere naturalistische Lyriker. Seine Großstadtgedichte dürfen als ein bedeutender Beitrag zur Entwicklung der Großstadtdichtung betrachtet werden.
In *Paysage intime* bringt er die Schilderung einer Nacht mit einer Prostituierten, in *Auf der Straße*, *Ninon*, *Betty*, *Lotti* und *Zu den drei Nymphen* Portraits und Szenen des Berliner Alltags, die in ihrer Sachlichkeit auf Aspekte der Lyrik der zwanziger Jahre, etwa bei Kästner oder Mehring, hindeuten, während *Ein Andres*, *Armenhilfsarzt* und *Meine Nachbarschaft* eher in der Reihe der Elendsschilderungen stehen. In *Samstagsidyll* und *Berliner Frühling* zeigt er, seinen programmatischen Äußerungen gemäß, daß auch in der Großstadt die Natur ihren Reiz haben kann:

> Du bist nicht scheu wie deine Waldgespenster,
> du setzt auch in die Großstadt deinen Fuß
> und wehst tagtäglich durch das offne Fenster
> mir in das Stübchen deinen Morgengruß.

Das Gegenbild als Ausdruck der Ambivalenz der Naturalisten gegenüber der Großstadt finden wir in *Großstadtmorgen*, wo die unverdorbene Landnatur mit der fröstelnden Banalität der Großstadt kontrastiert wird. Die «Widmungsepistel an meine Freunde» der *Phantasus*-Gedichte drückt am deutlichsten diese ambivalente Haltung aus:

Weit hinter mir liegt die Millionenstadt,
ihr wildes Leben hielt mich wild umkettet,
nun aber hab ich, ihrer Wüste satt,
in meine grüne Heimat mich gerettet!

Während die Elendsschilderungen das Gefühl der Hilflosigkeit vor der Armut der Proletarier artikulieren, ist in anderen Gedichten eine eher aktivistische Stellungnahme für die Unterdrückten zu spüren. In *An unser Volk!*, *Das Volk an die Fürsten*, *An die «Obern Zehntausend»* und *Mein Herz schlägt laut* kommt Holz wie von Stern und Mackay zwar über Aufrufe im Stil der Lyrik der 48er Revolution nicht hinaus; in einer Reihe von anderen Gedichten hat er aber – wie Ursula Münchow und Rob Burns gezeigt haben – einen Beitrag zur Entwicklung der sozialistischen Lyrik des 20. Jahrhunderts geleistet. Nicht nur wird wie in *Noch eins!* und *Die deutschen Denker an die deutschen Dichter* («auf, auf! und greift zur Wehr») offen zur Revolution aufgerufen. In *Ecce Homo* wird der Dichter als ein zur Revolution beitragender Mann der Tat geschildert; er wird Herausgeber eines Parteiblattes und sogar Abgeordneter, der sich für «das Los von Millionen» einsetzt in der Hoffnung, zur Befreiung der Massen beitragen zu können:

Ich will ins Morgenrot
der nahen Zukunft sehn,
und euer Schrei nach Brot
will in Erfüllung gehn.
Der Knechtschaft Dorngesträuch,
mein Schwert soll es zerkrachen,
ich will aus Sklaven euch
zu freien Menschen machen!

Mehrere Gedichte aus dem *Buch der Zeit*, zusammen mit einigen von Henckell, wurden in das 1893 von Henckell für die SPD edierte *Buch der Freiheit* sowie in die Arbeiteranthologien *Stimmen der Freiheit* (1899) und *Von unten auf* (1911) aufgenommen. Dennoch wäre es falsch, Holz als einen konsequent sozialistischen Dichter einstufen zu wollen. Den aktivistischen Gedichten müssen andere entgegengehalten werden, in denen soziale Kritik sich mit Resignation verbindet: *Phantasus*, *Meine Nachbarschaft* und *Rückblick*. In *Ein für allemal!* kommt sogar Angst vor dem Sozialismus als Massenbewegung zum Ausdruck: «doch zehnmal lieber schwarzweißrot / als mit dem Mob fraternisieren». Solche Zeilen deuten darauf hin, daß Holz sich nach Abschaffung des Sozialistengesetzes von der Sozialdemokratie distanzieren wird. In seiner und in der naturalistischen Lyrik überhaupt klingt das gefühlssozialistische Moment nach 1890 rasch ab.

Horst Albert Glaser
Naturalistisches Drama

Als Autoren des Naturalismus die Bühne betreten wollten, fanden sie diese vorerst einmal verschlossen. An den Hof- und Stadttheatern wurden die neuen Stücke von Hauptmann, Holz und Schlaf nicht angenommen – wohl hingegen diejenigen Sudermanns. Außerdem begannen sich rasch die Polizeipräsidenten für eine Dramatik zu interessieren, die verdächtig war, den Interessen von Parteien zu dienen, die das Sozialistengesetz verboten hatte. Infolge der Präventivzensur mußten alle Stücke, die öffentlich aufgeführt werden sollten, der Zensurbehörde zur Genehmigung vorgelegt werden. Dieses letzte, aus dem Ancien régime stammende Zensurreglement von 1820 war 1851 (durch die Hinckeldeysche Polizeiverordnung) erneuert worden und wurde erst 1918 mitsamt der Monarchie abgeschafft. Da die öffentlichen Bühnen Stücke nicht aufführen wollten und durften, die sich deutlich gegen Moral und Position der staatstragenden Schichten richteten, gründeten mehrere Naturalisten in Berlin den Verein der «Freien Bühne». Wenig später erfolgten ähnliche Gründungen in anderen Städten des Reichs. Deren Aufführungen konnten nur von Mitgliedern besucht werden. Es ist mithin das Paradox zu beobachten, daß die ersten Stücke, die Interessen der Arbeiterbewegung vertreten wollten, nur im Rahmen von Privatvorstellungen zugänglich waren. Selbst die 1890 von Wille gegründete «Freie Volksbühne» war als privater Besucherring organisiert. Sie sollte insbesondere Arbeitern die Möglichkeit eröffnen, an Sonntagnachmittagen und zu niedrigen Preisen Aufführungen anzusehen, die sie werktags und wegen der hohen Eintrittspreise der öffentlichen Theater (auch der «Freien Bühne») nicht besuchen konnten. Der erste Versuch, ein Theater für die Arbeiterbewegung zu organisieren, scheiterte alsbald: einerseits an Zwistigkeiten zwischen Schriftstellern und Arbeiterfunktionären und andererseits an den Auflagen der Polizeibehörde. Was die «Freie Volksbühne» politisch beabsichtigte, ergibt sich zweifelsfrei aus dem Urteil des Oberverwaltungsgerichts vom 6. 1. 1892:

«Während der Verein nach den Angaben des klagenden Dr. Wille nur die Ausbreitung der naturalistischen Richtung der Literatur unter der Arbeiterbevölkerung und eine ‹Revolution› nur auf dem Gebiete der Kunst anstreben soll, lassen nach der Feststellung des Gerichtshofs die politische Thätigkeit der Leiter und der meisten Mitglieder des Vereins, die tendenziöse Auswahl der vorgeführten Dramen (...) und insbesondere die zu diesen in den Vereinsversammlungen vorgetragenen Erläuterungen, worin auf die Unhaltbarkeit der dargestellten Verhältnisse im Gesellschafts- und Staatsorganismus und auf das Bevorstehen ähnlicher Kämpfe wie am Ausgange des vorigen Jahrhunderts hingewiesen wurde, keinen Zweifel über die wirkliche Tendenz des Vereins. Diese bestehe nicht lediglich in der Befriedung des Kunstbedürfnisses und Erläuterung des Kunstgeschmacks, sondern die Organe des Vereins hätten thatsächlich und bewußt die dramatische Kunst behufs Anregung von Gefühlen, Vorurtheilen und Leidenschaften weiter Schichten der Bevölkerung in den Dienst der Parteiagitation gestellt, um auf Änderung der bestehenden Gesellschaftsordnung hinzuwirken (...).» [163, *S. 38*]

1892 kam es zum Bruch zwischen den Schriftstellern um Wille und dem Sozialdemokraten Türk. Wille und andere «Unabhängige Sozialisten», die bereits ein Jahr zuvor aus der Sozialdemokratischen Partei ausgeschlossen worden waren bzw. diese verlassen hatten, gründeten im selben Jahr die «Neue Freie Volksbühne». Die Naturalisten konnten den provokatorischen Satz des Gewerkschafters Dupont nicht akzeptieren, demzufolge die Arbeiter die Schriftsteller bei der Leitung der Bühne nicht brauchten und «die Leitung auch allein übernehmen» könnten. [163, *S. 39*] Franz Mehring stand der «Freien Volksbühne» von nun an vor. 1896 lösten sich beide Bühnen auf, da weder die Polizeibehörde noch die Gerichte länger tolerieren wollten, daß durch sogenannte Privataufführungen vor Vereinsmitgliedern die allgemeine Präventivzensur für Theateraufführungen umgangen wurde. Bei der Wiedergründung 1897 übernahm die «Neue Freie Volksbühne» die Führung vor der «Freien Volksbühne», der Mehring nun kritisch gegenüberstand. 1913 erfolgte ihr Zusammenschluß in einem Kartell.
Bürgerliche Organisationsformen lagen Autoren nicht fern, die allesamt keine Arbeiter waren. Arno Holz hat in den *Sozialaristokraten* (1896) den Friedrichshagener Dichterkreis karikiert, in dem bürgerliche Literaten anarchosozialistische Utopien entwarfen, mit denen sie die Welt aus den Angeln heben wollten, vorerst aber nur ihre bürgerliche Existenz zerstörten, da die Publikation der Utopien ihr bescheidenes Vermögen verschlang, während sie selbst gefänglich eingezogen wurden.
1889 eröffnete die «Freie Bühne» mit Ibsens *Gespenstern* (1882). Daß Otto Brahm (1856 bis 1912), der Leiter der Bühne, dieses Stück als erstes inszenierte, war nicht ohne Bedeutung – in verschiedener Hinsicht. Neben Émile Zola (1840 bis 1902) war der Norweger Henrik Ibsen (1828 bis 1906) das verehrte Vorbild der deutschen Naturalisten. Ibsen hatte ein Jahrzehnt vor den Naturalisten begonnen, gesellschaftskritische Dramen

zu schreiben. Jedoch die Form des Familienstücks, die er wählte, und die analytische Technik, mit der er es ausstattete, verweisen sie formgeschichtlich eher an die Vergangenheit (etwa die sophokleische Tragödie) als an die Zukunft, in der Dramen Interessen der Werktätigen gestalten und befördern. Insbesondere die *Gespenster* schreiben am Muster des bürgerlichen Trauerspiels fort, dessen Themen allerdings weniger die bürgerliche Moral oder der Ständekonflikt, sondern Vererbung und Krankheit sind. Auch die «Freie Volksbühne» begann mit einem Ibsen-Stück, den *Stützen der Gesellschaft* (1877). Es denunzierte bürgerliche Wirtschaftskriminalität, während die vielgespielte *Nora oder ein Puppenheim* (1879) die Frauenemanzipation verkündete. All diese Stücke Ibsens, denen sich *Hedda Gabler* (1890) anschließen sollte, präludieren bereits die Themen, die von den deutschen Naturalisten im letzten Jahrzehnt des 19. Jahrhunderts auf die Bühne gebracht wurden.
Deutlicher als Ibsen hat August Strindberg (1849 bis 1912) dem Darwinismus Einlaß in die Produktion gegeben. Daß der Konkurrenzmechanismus der bürgerlichen Gesellschaft als naturwüchsiger verstanden werden sollte, in dem Starke und Schwache, Männer und Frauen um Macht oder nur ums Überleben kämpfen, demonstriert *Fräulein Julie* (1888) unübersehbar. Was den Autoren des 18. Jahrhunderts noch der Ständekonflikt war, in dem bürgerliche Mädchen um Unschuld und Leben kamen, hat sich bei Strindberg verwandelt in einen raubtierhaften Kampf, in dem die Grafentochter sich in den Kammerdiener verbissen hat. Die naturwissenschaftlichen Grundlagen der Poesie, über die Wilhelm Bölsche 1887 sein Buch gleichen Titels schrieb, waren offensichtlich andere als die Grundlagen der Politik und der Soziologie, wie sie die bürgerliche Dramatik des 18. und des 19. Jahrhunderts (von Lessing bis Hebbel) bestimmten. Mit Strindberg treten Zoologie und Pathologie als zentrale Kategorien von dramatischer Poesie auf den Plan.
Es kann unter solchen Prämissen nicht erstaunen, daß die Verbindung der Naturalisten mit der Sozialdemokratischen Partei nicht von langer Dauer war. Auf dem Gothaer Parteitag (1896) trennte sich die Sozialdemokratie von einer literarischen Bewegung, die sich bislang ihr verpflichtet wähnte. Das «Reich des Schönen» wurde nämlich in den Romanen nicht gesichtet, die in der sozialdemokratischen *Neuen Welt* von Edgar Steiger abgedruckt wurden. Wenn «Wahrheitsmut» nur zu den Darstellungen von «Plattem, Geschmacklosem und Häßlichem» führe, von denen Hauptmanns Werk wimmle, dann wolle die Partei mit solcher literarischen Avantgarde nichts zu tun haben. Trunksucht, Erbkrankheiten und Proletarierelend – die Themen der Naturalisten – nahmen die Delegierten des Parteitags als ästhetische Ideale, die ihnen angedient werden sollten. Franz Mehring (1846 bis 1919) rechtfertigte den Bannfluch der Partei mit Argumenten, die für lange Zeit die marxistische Ästhetik von der

modernen Literatur verabschieden sollten. «Wir können es nicht als zutreffend erachten, wenn auf dem Parteitag gesagt worden ist, die moderne Kunst lebe in einer Periode des Verfalls und könne deshalb auch nur den Verfall schildern. Die Periode des Verfalls, in der wir leben, ist zugleich eine Periode der Wiedergeburt. So ehrlich und wahr die moderne Kunst die Ruinen schildern mag, so wird sie doch unehrlich und unwahr, indem sie das neue Leben übersieht, das aus den Ruinen blüht.» Der Aufsatz *Kunst und Proletariat* (1896) umriß für die marxistische Ästhetik zum erstenmal die These von der «Dekadenz» der modernen Literatur, die Jahrzehnte später noch von Lukács in seiner Naturalismuskritik vertreten wurde. Wie die bürgerliche Ästhetik der klassischen Periode wollte die marxistische das Schöne und den Optimismus, nicht aber das Häßliche und den Pessimismus. So abonnierten die Arbeiter bei der «Freien Volksbühne» auf Schillersche Stücke, nicht aber auf Hauptmannsche.
Albern wäre es zu bestreiten, daß Hauptmanns frühe Stücke wie *Vor Sonnenaufgang* oder *Friedensfest* keinen Verfall und nichts Häßliches verkündeten. Es ist im Gegenteil festzuhalten, daß der Berliner Naturalismus sich hierin nicht vom Dekadentismus «Jung Wiens» unterschied. Der Unterschied lag nur im schreienden Ton und der grellen Farbe – nicht in der Sache, die von Hofmannsthal oder Schnitzler leise und verschattet gegeben wurde. Ein Rettendes ließ sich hier wie dort nicht blicken – und das war Anathema für eine Partei, die nicht Sachverhalten zum Ausdruck verhelfen, sondern jene verändern wollte.

Hauptmann

Der pathetische Titel *Vor Sonnenaufgang* (1889), den Arno Holz für Gerhart Hauptmanns (1862 bis 1946) erstes Drama sich ausdachte, weist deutlicher als das Drama selbst in die zwei Richtungen, die dem Naturalismus (seinen Theoretikern zufolge) eignen sollten: schonungslose Beschreibung bestehender Gesellschaftsstrukturen, die als überständig, ungerecht oder gar verkommen erscheinen; andererseits Eröffnung eines utopischen Horizonts, der menschenwürdigere und glücklichere Verhältnisse verheißt. Ausgeführt hat Hauptmann in seinem Drama allerdings nur eine Gesellschaft des Verfalls – eingezwängt in den traditionellen Rahmen eines Familienstücks. Die beengten Verhältnisse, in denen schon Lenzsche oder Hebbelsche Familientöchter sich abquälen, haben sich hier zur Groteske verformt. «Suff! Völlerei, Inzucht und infolge davon – Degeneration auf der ganzen Linie.» (V) – so charakterisiert sarkastisch Dr. Schimmelpfennig die schlesische Bauernfamilie, die durch Kohlengruben reich geworden, aber auch darin versumpft ist. Die Trunksucht des alten Bauern hat sogar den dreijährigen Enkel erfaßt: «Nach der Essigflasche hatte das dumme Kerlchen gelangt in der Meinung, sein geliebter Fusel sei darin. Die Flasche war herunter- und das Kind in die

Scherben gefallen. Hier unten, siehst du, die vena saphena, die hatte es sich vollständig durchschnitten.» (V)

Daß aus solchem Familienelend die einzige, noch nicht infizierte Tochter heraus möchte, verwundert nicht, wenn man hört, wie sie ihre Lage sieht: «Schlimmer kann's nicht kommen: – einen Trunkenbold von Vater hat man, ein Tier – vor dem die ... die eigene Tochter nicht sicher ist. – Eine ehebrecherische Stiefmutter, die mich an ihren Galan verkuppeln möchte». (III) Hinzu kommt ein Schwager, der sie zur Maitresse machen möchte: All das erklärt, daß sie sich dem Sozialisten und Weltverbesserer Loth in die Arme wirft, der ihr eine neue Zeit und ein neues Leben zu verheißen scheint. Doch der sonderbare Tugendheld, der sein Leben als einen Kampf versteht, den er «um das Glück aller» führt, und der erst glücklich sein kann, wenn alle anderen Menschen um ihn herum es auch seien – er versagt vor dem eigenen Anspruch, als ihm gesagt wird, welcher Trinkerfamilie jene Helene entstammt, mit der er sich gerade verlobt hat. Seine ideale Forderung, die er ans Leben stellt, erlaubt ihm leider nicht die Verbindung mit einer Frau, durch die (möglicherweise) der Alkoholismus sich auf seine Kinder vererbt. Rein wie seine Ideale, die gerade der Verbesserung der Lage der Bergbauarbeiter gelten, soll auch sein Erbgut bleiben. Er ist konsequenter Antialkoholiker, unser Sozialist. Im Namen seines Ideals läßt er die einzige sitzen, die bereit gewesen wäre, sich von ihm aus dem Sumpf verfaulender bürgerlicher Verhältnisse ziehen zu lassen.

Die Sonne, die hier aufgehen soll, glimmt recht trübe, und man fragt sich, ob es nicht schon dieselbe ist, die über dem späten Familienstück *Vor Sonnenuntergang* scheint, das Hauptmann 40 Jahre darauf (1932) publizierte. Hier wie dort geht es wieder einmal mit der sei's bäuerlichen, sei's bürgerlichen Familie zu Ende, nur läßt sich im späteren Stück der Fremde nicht mehr blicken, der die Hoffnung auf eine Welt außerhalb der bestehenden verkörpert. Seit er grußlos aus Hauptmanns erstem Stück verschwand, um seine Ideale vor der Wirklichkeit zu retten, ist er in keinem der naturalistischen mehr aufgetaucht.

Ohne utopischen Horizont präsentiert sich infolgedessen Hauptmanns zweites Drama *Das Friedensfest* (1890). Es wird im Untertitel «Eine Familienkatastrophe» genannt, als ob das «Soziale Drama», das noch *Vor Sonnenaufgang* darstellen soll, ein zu schwacher Begriff für das sei, was dem Autor vorschwebte. Die Szenerie ist von Ibsens Stücken her vertraut. Eine Familie findet sich an Weihnachten zusammen – nicht weil Eltern und Kinder sich liebten und das Fest der Liebe begehen wollten, sondern weil Ritual, Zufall und allerlei Familienpolitik es so fügen. Es geht, wie es zu gehen pflegt: Langsam entwickeln sich in Gesprächen die Strukturen eines lange zurückliegenden Konflikts. Doch statt ihn zu bewältigen, verfallen die Familienmitglieder erneut seiner Gewalt, die sie nicht feiern, sondern aufeinander losgehen läßt. Den Vater trifft der Schlag, einer der Söhne verläßt das Haus, und an dem zurückbleibenden zeigen sich Züge derselben Paranoia, die den Vater seine Familie ins Unglück stürzen ließ. Was im ersten Akt gesagt wird, gilt noch im dritten, dem letzten: «Man hat mir hier mein Leben gegeben, und hier hat man mir dasselbe Leben, zu dir gesagt, fast möchte ich sagen: systematisch verdorben; bis es mich anwiderte, bis ich daran trug, schleppte, darunter keuchte wie ein Lasttier; mich damit verkroch, vergrub, versteckte, was weiß ich. Aber man leidet namenlos – Haß, Wut, Reue, Verzweiflung – kein Stillstand! Tag und Nacht dieselben ätzenden, fressenden Schmerzen.» (I) – Weihnachten, so lautet die ebenso tiefsinnige wie platte Moral, ist «eine gequälte, plumpe Lüge, weiter nichts». (I) Die Feiern der christlichen Religion vermögen bei Menschen nichts mehr auszurichten, die «von Grund aus verpfuscht» sind: «Verpfuscht in der Anlage, vollends verpfuscht in der Erziehung.» (I)

Nicht in diesen Stücken, sondern erst in *Die Weber* (1892) betreten wir dramatisches Neuland. Gleichen die ersten in Handlung und Situation denjenigen Hebbels und Ibsens, als habe Hauptmann sie parodieren wollen, so erobert er mit den *Webern* eine neue Dramentechnik. Ohne daß Helden eine Handlung in Gang setzten, entwickelt sich aus einer Folge von Zustandsschilderungen nicht nur das Elend der schlesischen Weber, sondern es treibt dieses Elend wie von selbst in eine dramatische Handlung, die den Weberaufständen des Jahres 1844 nachgebildet ist. Wie epische Beschreibung sich in den reißenden Fluß einer dramatischen Handlung verwandelt, die nur Rebellion sein kann, ist Hauptmanns poetische Erfindung. Die Ubiquität des Geschehens, das in Kaschbach, Peterswaldau und Langenbielau abläuft, wird durch ein Kaleidoskop kurzer Szenen hergestellt, das es aber nicht zerstückelt, sondern seine Facetten bündig zusammenfügt. Gesichter tauchen auf und verschwinden. Es ist nicht mehr der Held, der handelt, sondern die Menge, die zuerst den Platz, sodann die Handlung beherrscht. Hier war der Boden eines wirklichen ‹sozialen› Dramas gefunden, das Nöte und Interessen von Arbeitern diese selbst aussprechen ließ. Keine dramatischen Stellvertreter handeln mehr für sie, sondern sie sind es selbst, die ihr Leben in die Hand nehmen.

Daß dies nicht nur auf der Bühne, sondern auch in einem Staat Furore machen mußte, dessen Regierung auf Kriegsfuß mit der Arbeiterbewegung stand, verwundert nicht. Kaiser Wilhelm II. kündigte aus Protest seine Loge; doch zuvor hatte Berlins Polizeipräsident schon eine öffentliche Aufführung abgelehnt. Die Verbotsbegründung gibt genauer als jede andere Analyse Aufschluß über das politische Potential des Stücks. Zwar spiele das Stück im Jahre 1844, doch seien die dort herrschenden Verhältnisse den heutigen noch in vielem vergleichbar. Der Polizeipräsident rechnete also mit ähnlichen Reaktionen der Arbeiter, sobald diese ein

Theater verlassen, auf dessen Bühne vorgeführt wird, wie ausgebeutete Kollegen sich eines hartherzigen Fabrikanten entledigen. In der Verbotsbegründung heißt es:

«Diese Züge zeigen klar, daß das Drama nicht etwa nur die Hartherzigkeit einzelner Besitzender und ihrer Werkzeuge schildert, vielmehr sind alle im Rahmen des Stücks auftretenden Besitzenden als die brutalen Ausbeuter der Arbeiterschaft hingestellt, und es ist, da doch nach der Darstellung des Stückes die Organe von Staat und Kirche die vollberechtigten Klagen der Ausgebeuteten abgewiesen haben, die ganze Staats- und Gesellschaftsordnung der Zeit, in welcher sich die Handlung abspielt, als des Bestehens unwerth geschildert. Darum erscheint die gewaffnete Erhebung der unterdrückten Arbeiterschaft hier als die unabweisbare Folge der socialen Mißstände, die Betheiligung am Aufstande ist als die Pflicht des tüchtigen Mannes hingestellt. (...) Daß ein Stück dieses Inhalts in der Gegenwart auf einen großen Theil des hauptstädtischen Publikums eine in hohem Grade aufreizende Wirkung hervorbringen müsse, ist der Censurbehörde zweifellos erschienen, und deshalb hat sie der öffentlichen Aufführung die Genehmigung versagt.» [163, *S. 54*]

Daß das Publikum sitzen blieb, nachdem der Vorhang über der Erstaufführung von Hauptmanns *Biberpelz* (1893) gefallen war, erklärt sich wohl nicht allein aus dem Umstand, daß die «Diebskomödie» vier Akte statt deren fünf umfaßte. Man schien auf einen moralischen Spruch gewartet zu haben; der offene Schluß ließ allzuviel in der Schwebe. Nicht nur waren die Staatsautorität ridikülisiert und der Eigentumsbegriff suspendiert worden, es wurde weder jene noch dieser letztlich wieder in Geltung versetzt. Der unfähige Amtsvorsteher und die diebische Waschfrau blieben das, was sie vier Akte lang waren. Und auch die Zustände sind – anders als bei den *Webern* – nachher dieselben wie vorher. Wenn so offensichtlich die poetische Gerechtigkeit ausbleibt, die noch Fontane überaus schätzte, dann gelten diesem Stück Staatsautorität und Eigentumsbegriff nicht sonderlich viel. Am gestohlenen Pelz und Holz des Rentiers Krüger entfaltet sich nicht allein eine Komödie des Versteckens und Verwirrens, sondern zugleich eine der Gesellschaft und des Staates, deren Begriffe und Normen in haltlose Schieflage gerutscht sind. Anders läßt sich der Hinweis des Autors nicht verstehen, daß das Geschehen zur Zeit des «Septennats-Kampfs gegen Ende der achtziger Jahre» in einem Vorort Berlins spielen solle. Wird nämlich Bismarcks Rüstungs- und Militärpolitik zum Hintergrund einer Komödie erhoben, in der man nach Holz- und Pelzdieben fahndet, so bedeutet der Amtsvorsteher von Wehrhahn mehr als ein bornierter Bürokrat, der die Falschen verdächtigt und die Schuldigen um Mitfahndung bittet. Wenn er Sozialisten jagt und Diebe laufen läßt, verfehlt er, was er erhalten wollte: Recht und Ordnung. Die Plebejerin Wolff, die ihn berät, weil sie bei ihm wäscht, hat nicht nur Holz und Pelz an sich gebracht, sondern zugleich sich spielend über alle Amtsautorität hinweggesetzt. Da er noch «mustern und säubern» will, denn «was hat sich im Schutze meines Herrn Vorgängers nicht alles für Kehrricht hier angesammelt», überlisten ihn diejenigen, deren Herrschaft er verhindern wollte, als er den harmlosen Dr. Fleischer bespitzeln ließ, da dieser sozialistische Zeitschriften hielt. Die «dunklen Existenzen, politisch verfemten, reichs- und königsfeindlichen Elemente» – sie arbeiten bereits in seinem Hause. Das ist der Grund, weshalb Staatsautorität und Eigentum suspendiert bleiben müssen in einer Komödie, die belächelt, was in den Sozialisten-Prozessen 1887 verteidigt werden sollte. Kleists Dorfrichter, dem der Amtsvorsteher ein wenig ähnelt, reichte nicht zur Höhe seines Amtes hinauf. In Hauptmanns Amtsvorsteher ist das Amt aufs Niveau seines verhetzten Inhabers herabgesunken.

Fern aller Politik, nämlich in einem schlesischen Badeort, ist das Schauspiel *Fuhrmann Henschel* (1899) angesiedelt. In gewisser Hinsicht könnte man es als Gegenstück zu den *Webern* bezeichnen, die gleichfalls in Schlesien spielen. Formiert sich dort naturalistische Milieuschilderung zur revolutionären Handlung, indem die Weber kollektiv aus ihrem Elend ausbrechen wollen, so versinkt das Individuum Henschel im aussichtslosen Milieu einer Kellerwohnung. Als sei der Held inmitten der langatmigen Szenenbeschreibungen lahm geworden, die seine Umgebung festhalten, so schleppt er, stets langsamer werdend, seine Schritte hinaus und herein. Wie unter einem Fatum stirbt ihm die erste Frau und betrügt ihn die zweite. Stets sagt er: «Herr Siebenhaar, ich kann nich dafier. Ich kann nich dafier, daß das aso kommt. Da meegen Se denken, was Se woll'n. Ich kann nich dafier, Herr Siebenhaar.» (IV) Dennoch wächst der Fuhrmann, den seine Umgebung zu erdrücken scheint, über sich hinaus. Ihm fehlen nicht die Körperkräfte, sich seiner Gegner zu erwehren. Häufig steht die Handlung auf dem Punkt, daß er «blaurot im Gesicht» ausbrechen könnte in «Wutraserei». Die Personen um ihn herum fürchten diesen Ausbruch; aber er kommt nicht. Langsam erstickt dieser Mann an sich selbst, der die anderen hätte totschlagen können. So ist denn der *Fuhrmann Henschel* eher eine Charakterstudie als ein Milieustück geworden. Die Modetheorie des Determinismus liegt ihr nur wie Firnis auf. Ein ohnmächtiger Charakter, der an gebrochene Versprechen glaubt, läßt die Macht seiner Umgebung zur Höhe eines Fatums aufsteigen. Mit der griechischen Tragödie ist das Drama eines schlesischen Pferdehalters oft verglichen worden.

Wie die Gretchentragödie des *Faust* angeregt wurde durch den Prozeß gegen die Kindsmörderin Susanna Margaretha Brandt, den der junge Goethe in Frankfurt beobachtete, so das Schauspiel der *Rose Bernd* (1903) von einem ähnlichen Prozeß gegen die fünfundzwanzigjährige Landarbeiterin und Kellnerin Hedwig Otte. Hauptmann nahm an diesem Prozeß als Geschworener teil und setzte sich (allerdings vergeblich) für einen Freispruch ein. Wie Goethe, Lenz und Wagner interessierten Hauptmann die Umstände, die ein rat- und hilfloses Mädchen dazu brachten, ihr Kind umzubringen. Ausführlicher als bei jenen (etwa Goethe), denen kurze Striche genügten, breitet sich bei Hauptmann ein umständliches Panorama aus, in dem ein feiger Liebhaber, ein brutaler Schurke und ein ewig verzeihender Verlobter wechselweis auf die Verzweifelnde eindringen. Der eine will ihr alleweil helfen, der andere sie mal wieder rumkriegen und der dritte halt ihre Gunst erpressen. Zwanghaft ausweglos wie nur Hebbel seine Klara in den Brunnen trieb, wird Hauptmanns Rose von den Männern gejagt: «Alle Männern warn hinter mir her! Ich hab mich versteckt! Ich hab mich gefircht! Ich hab solche Angst vor a Männern gehabt! 's half nischt, 's ward immer schlimmer dahier! Hernach bin ich von Schlinge zu Schlinge getreten, daß ich gar ni bin mehr zur Besinnung gekommen.» (V)

Sie erwürgt ihr Kind, da sie so allein gewesen sei und niemand sie geliebt habe. Keine emanzipatorische Phrase dringt über die Lippen einer, die doch allen Anlaß dazu hätte. Die Personen blicken nicht über den Rand ihrer Umgebung hinaus, sondern akzeptieren diese wie ihr Leben darin als Schicksal. Allenfalls wird ein Stöhnen laut: «Immer schlagt uff mir rum, ich verdien das nich besser! Immer putzt euch an mir eure Stiefeln ab, aber ...» (II)

Am Kindsmord-Motiv läßt sich ablesen, was naturalistische Schreibweise von anderer, der des Sturm und Drang und des Realismus, trennt. Es ist die genauere Zeichnung von Situation und Umgebung, die mundartlich gefärbte Alltagssprache mit ihrer eigenwilligen Grammatik und die Abwesenheit aller Reflexion. Je mikroskopischer die Außenseite der Wirklichkeit studiert und nachgeahmt wird, desto rascher schlägt solcher Naturalismus um in den Mythos einer geheimnisvollen Dingwelt. Während der 130 Jahre, die Goethes und Hauptmanns Kindsmörderinnen trennen, scheint sich weder an der deutschen Familie noch an der deutschen Gesellschaft Wesentliches geändert zu haben. Industrielle Revolution und konstitutionelle Monarchie – ihnen entsprach im Leben einer Magd, die ungewollt schwanger wurde, immer nur Aussichtslosigkeit. Der Stil des minuziösen Naturalismus dementiert die Kritik, die dieser üben will.

In der Berliner «Tragikomödie» *Die Ratten* (1911) ist die naturalistische Elendsschilderung mit einer Posse konterkariert. In der einen treten der fallite Theaterdirektor Hassenreuter und in der anderen die Maurersfrau John als Hauptpersonen auf. Sucht der Theaterdirektor nach einem neuen Engagement, so Frau John verzweifelt nach einem Kind, das ihr das eigene, tote, ersetzen kann. Das doch vergebliche Bemühn, dieses Kind zu finden und zu behalten, kontrastiert mit den pompösen Tiraden der Theaterleute, die darüber streiten, ob Tragik nur an Königshöfen oder auch in Mietskasernen sich ereignen könne. Wenn auf dem Dachboden Chorstellen aus Schillers *Braut von Messina* rezitiert werden, scheint plötzlich zweifelhaft, ob die natürliche Mutter, die auftaucht, um ihr Kind bei der falschen Mutter zu suchen, mehr ist als selbst eine Bühnenfigur. Das Theater auf dem Theater macht aus Wirklichkeit Theater. In die Rezitation der *Braut von Messina* dringt die Wirklichkeit nur eines anderen Stücks ein. Mit Toten endigen beide, worauf der Theaterdirektor zu neuen Engagements aufbricht. *Die Ratten* sind das letzte Sozialdrama, das Hauptmann (sieht man von der schwachen *Dorothea Angermann*, 1926, ab) geschrieben hat. So elend es darin auch zugehen mag, wenn Frau John am Ende auf der Straße «liecht lang uff Jesichte unten», es war trotz naturalistischer Doktrin vorerst einmal Theater. Die ironische Aufhebung dieser Dramenform erfolgt, indem sie kontrastiert wird mit der klassischen Tragödienform. Deren überlebte Form von Tragik scheint die moderne des Naturalismus fragwürdig machen zu wollen. Ist das Fatum Schillers zur Pathetik verkommen, die inmitten verstaubter Kostüme sich deklamiert, so will das andere, das Hauptmannsche, ein paar Stockwerke tiefer, das inmitten richtiger Möbel gelebt wird, auch nicht länger glaubhaft scheinen. Die ganze Wahrheit hat Hauptmann in den Dramen genauester Wirklichkeit wohl nicht mehr finden können. Schwerlich dürfte sich anders sein Aufbruch ins Märchendrama und eine wiederbelebte Antike erklären lassen.

Holz und Schlaf

Der Doktrin zufolge soll *Die Familie Selicke* (1890) das naturalistischste aller naturalistischen Dramen sein. Arno Holz (1863 bis 1929) und Johannes Schlaf (1862 bis 1941) schrieben gemeinsam dieses «Affentheater» aus der Mietskaserne, das 1890 im Druck erschien, aber nur wenige Aufführungen erlebte. Da allzu konsequent die naturalistische Methode angewendet wurde, geriet es eher zu einem Lesedrama als zu einem Bühnenstück. Insofern es die auf einen Weihnachtsabend folgende Nacht und den Morgen danach beschreibt, versucht es, den ersehnten Ausschnitt (Zolas «coin de la nature») aus der Wirklichkeit zu geben, in dem Spielzeit und gespielte Zeit sich asymptotisch annähern. Dennoch zeigen die drei Akte, daß die ‹Reproduktionsbedingungen› der dramatischen Kunst diese von Natur immer noch recht weit entfernt halten. Indem die Familienkatastrophe – wie in Hauptmanns *Friedensfest* – auf den Weihnachtsabend gelegt wird, gerät sie zum symbolischen Ereignis. Wie die Handlungsteile zudem über drei Akte verteilt werden, die sie auf eine bestimmte Intention hinspannen, ist vor allem Naturalismus erst einmal klassische Dramaturgie.

Trotzdem versucht der Dialog Alltagssprache täuschend nachzuahmen. Die Personen sprechen Dialekt – häufig auch jene regellose Syntax, die für freie Rede charakteristisch ist. Bis aufs «Hä!» und «Brr!» sind auch die Interjektionen vertreten. Die Szenenangaben sind ausführlich wie stets, und man erfährt, was fürs Geschehen ganz gleichgültig ist, daß «vor dem Sofa ein ovaler Tisch» und der Ofen «zwischen Kammer- und Küchentür» stehe. So präzise im ‹Sekundenstil› Szenerie beschrieben und Diktion hergeleiert wird, so langsam vermag die Handlung sich durch diese Einzelheiten nur hindurchzubewegen. Sie tritt weithin auf der Stelle und wird durch epische Zustandsschilderung abgelöst, in der die Personen die kleinen Ereignisse bejammern dürfen, aus denen die Autoren ihr Elend zusammensetzen. In der Enge der Wohnung, vollgestopft mit kümmerlichem Hausrat, vermögen die Personen sich nicht zu rühren, allenfalls im Gerede ihre Situation umzurühren. So überrascht es denn nicht, daß bald die eine, bald die andere sich oder jene für «tot» erklärt oder demnächst sterben möchte und wirklich auch das kleine Linchen stirbt. Dies ist das einzige Ereignis – wenn man als Ereignis nicht auch bezeichnen mag, daß der Familienvater in der Heiligen Nacht betrunken nach Hause kehrt und der junge Untermieter am nächsten Morgen die Wohnung verläßt, um Pfarrer zu werden. Vergeblich versucht der Kandidat der Theologie, die älteste Tochter zu bewegen, mit ihm zu gehen. Sie vermag – angesichts des Elends – kein Goethesches «Fort!» oder «Hinweg!» zu rufen, sondern weint still ihr «Ganz unmöglich» vor sich hin. Aus der lückenlosen Szenenbeschreibung gelingt es keiner Person zu entfliehen. Die Tochter meint, sich der Familie «opfern» zu müssen und verzichtet auf das eigene Leben. Es fällt allerdings den Autoren nichts Klügeres ein als ihrem werdenden Pastor, der solche Schwäche in sittliche Stärke umdeutet und «aufs tiefste erschüttert» der Familientochter sagt: «Du bist groß und mutig und stark und ich so klein, so feig und – so selbstsüchtig.» (III) Daß das Kleinbürgerelend eines versoffenen Buchhalters und seiner nörglerischen «Alten» in christlicher Demut bis auf weiteres zu ertragen sei, ist die überraschende Botschaft der konsequenten Naturalisten Holz und Schlaf. Die Rührstücke eines Iffland oder Kotzebue hätten nicht weniger verlangt.

Anderes wird im *Meister Oelze* (1892) verhandelt, den Johannes Schlaf ohne Holzens Mitarbeit schrieb. Dieses Werk, dessen technische Meisterschaft oft gerühmt worden ist, will wieder einen Ausschnitt von Wirklichkeit geben, der mit fotografischer Treue abgebildet wird. Die Aufgabe ist allerdings komplizierter gestellt als in der *Familie Selicke*. Es soll nämlich die Außenseite der Wirklichkeit sichtbar gemacht werden für ein dieser Wirklichkeit innewohnendes Geheimnis. Da es ein Verbrechen ist, darf es nicht ausgesprochen werden, bevor es der Verbrecher bekannt hat. Meister Oelze bleibt aber Meister der Situation und verrät der Stiefschwester nicht, daß er ihren Vater umgebracht hat, um das väterliche Erbe an sich zu bringen. Wie in Ibsens Dramen ragt in die Gegenwart eine Handlung aus grauer Vorzeit hinein, die jede Geste und jedes Wort lenkt. Anders als bei Ibsen wird das vergangene Geschehen aber nicht beim

Namen genannt, sondern soll sich abzeichnen in Gesten und Worten der beiden Stiefgeschwister, die stets von anderem oder Verwandtem sprechen. Schlaf versucht also das Kunststück, mit der Methode naturalistischer Außenschilderung ein ungesagtes Inneres deutlich werden zu lassen. Um aber Dinge und Worte durchlässig zu machen für ein anderes, das sie verbergen sollen, werden sie mit einer Bedeutung aufgeladen, unter der sie sich verändern. Die naturalistische Szene transformiert zum symbolistischen Spiel à la Maeterlinck. In der Gewitternacht, die mit dem Tode des Meisters endet, wird nicht nur von allerlei Okkultem erzählt, sondern ereignet sich auch Rätselhaftes: Türen fliegen auf und zu, Bibeln fallen, und ein Sturm fegt ums Haus, da Meister Oelze hereinstürzt und an einem Blutsturz zusammenbricht. Bis zum letzten Atemzug hält er es aber mit der Ratio und wehrt die Träume, Ahnungen und Beschwörungen der Stiefschwester ab, die ihm das Geheimnis entlocken möchte. «Unsinn! – Quatsch verrückter!» Der aufgeklärte Verbrecher sträubt sich gegen die Anmutungen der bäuerlichen Magie, mit der die Stiefschwester ihn bekämpft. Opfer muß er freilich des magischen Blutgerichts werden, da die ordentliche Gerichtsbarkeit seiner nicht habhaft wurde. Indem der unausgesprochene, aber verbissene Kampf der Stiefgeschwister mit dem Sieg der Magie endet, verabschiedet sich Schlaf vom Naturalismus. Wenn der Sohn von Meister Oelze Pfarrer werden soll, weil «die Pasters» das «mehrschte Geld alleweile» verdienen und das «allerwenigste zu tun» haben, mutet dies zugleich wie ein Abschied von der Arbeit mit Arno Holz an. Der Theologiekandidat der *Familie Selicke* wollte mit seinen sozialdarwinistischen Ansichten Pfarrer auch bloß werden, weil er sich ein Pfarrhaus vorstellte, das «von Weinlaub umrankt» in einem «großen Obstgarten mit einem Hühnerhof» steht. Schlaf soll es – wie Strindberg – in seinen künftigen Arbeiten um mehr als dergleichen Trivialitäten gehen.

Halbe

Couragierter als das Liebespaar der *Familie Selicke* wollen der junge Studiosus und die Pastorennichte sein, die Max Halbe (1865 bis 1944) in seinem Liebesdrama *Jugend* (1893) auftreten läßt. Sie möchten nicht warten, bis die Umstände glücklich stehen, Eltern und Pastor gar den Segen über sie gesprochen, sondern versuchen sich ohne das zu lieben. Nicht von ungefähr ist der leidenschaftliche Studiosus den jugendlichen Helden des Sturm und Drang nachgebildet. Wie Faust ruft er beständig «Bloß weg! Weg! Weg!! Lieber heut' wie morgen» (II), während er andererseits dazubleiben gezwungen ist, um das Annchen verführen zu können. Das ist aber auch schon alles, was ihn mit dem großen Vorbild verbindet; selbst Lenzens kranker Stolzius bringt mehr Energie als dieser Student eines naturalistischen Dramas auf. Auch was Milieuschilderung, Detailrealismus und Bürgersatire anbetrifft, bleibt das «zu Abend gehende» 19. hinter dem «sinkenden 18. Jahrhundert» zurück. Frank Wedekinds (1864 bis 1918) wenig früher entstandenes Drama *Frühlings Erwachen* (1891) steht seinen Vorbildern, Lenz und Büchner, näher als das berühmteste Stück Halbes, das gleichfalls in «ganz frühlingsmäßiger» Atmosphäre spielen soll. Jugendliche Lebenslust agiert dort ungebärdiger gegen eine in Konventionen erstarrte Welt des Bürgertums. Es bedarf bei Wedekind keines umständlich sich ausbreitenden Detailrealismus, um Realität vernichtend zu treffen. Auch sein junger Faust namens Melchior denkt nicht sogleich an Heirat und Seßhaftwerden wie Halbes Studiosus. Er jagt über den engen Kreis von Familie und Schule hinaus, während jener sich depressiv darin einzurichten anschickt. Überhaupt ist der Pastorenhaushalt im polnischen Rosenau von Halbe mit großer Behaglichkeit geschildert worden. Waffelbacken, Liedersingen und lustige Tanzereien lassen den Ort nicht gerade als ein Jammertal erscheinen, aus dem man sich nur wegwünschen kann. Weshalb das Liebespaar unglücklich ist und sich trennen soll, wird nicht recht plausibel. Ein Schuß aus dem Tesching, mit dem der verrückte Amandus herumfuchtelt, bringt denn auch erst die unwiderrufliche Trennung: Versehentlich getroffen, verscheidet Annchen. Der «*furchtbare Schrei:* Au-s!», mit dem der Studiosus sich über den entseelten Leichnam wirft, gibt dem Autor willkommene Gelegenheit, «*Vorhang*» zu sagen.

Sudermann

Wie bei Halbe ging es schon bei Hauptmann, Holz und Schlaf schlimm aus, wenn zwei sich liebten. Mußte nicht einer von beiden gar das Leben lassen, dann konnten sie sich doch nicht kriegen, da stets einer weg sollte, bereits verheiratet oder sonst verhindert war. Mit solchen Traurigkeiten, denen Hegel noch keine künstlerische Berechtigung zugebilligt hatte, mochte sich auch Hermann Sudermann (1857 bis 1928) nicht abfinden, als er an seinem Erstling arbeitete. Als *Ehre* 1889 auf der Bühne erschien, machte er seinen Autor mit einem Schlage berühmt. Was dem Publikum hier gefallen haben mochte, waren offensichtlich die sentimentalen Zutaten, mit denen Sudermann die krassen Milieuschilderungen milderte, die er gleich Hauptmann auf die Bühne brachte. Ohne solche Zutaten hätte das Stück eine ähnliche Brisanz wie Hauptmanns *Weber* erlangt. Es schildert gleichfalls in der Sache den Zusammenstoß vom dritten mit dem vierten Stand. Wie in Nestroys *Zu ebener Erde und erster Stock* (1835) die Familie von Goldfuchs oben und die Familie Schlucker unten wohnt, so residiert bei Sudermann das bürgerliche Handelshaus Mühlingk im vornehmen Vorderhaus, während im ärmlichen Hinterhaus die Plebejerfamilie Heinecke haust. Beide Häuser sind auf vielfältige, wenn auch ungute Weise miteinander verbunden. Moralisch verkommen sind sie allesamt, indem die Familie des Hinterhauses vom Geld und den Wohltaten leben, die aus dem Vorderhaus kommen. Hierfür muß sie allerdings Gesundheit und Ehre dransetzen. Wenn auch das Ausbeutungsverhältnis – rhetorisch betrachtet – von der ökonomischen auf die moralische Ebene verlagert worden ist, so bleibt es als solches unübersehbar. Dauerte die Situation an, wie sie im Grunde beschaffen ist, dann ließe sich der Aufstand im Hinterhaus schwerlich vermeiden. Deklamatorisch kündigt er sich bereits an:

«Dies ist der Tag der Abrechnung. Machen wir also das Konto klar ... Das Konto zwischen den Vorder- und den Hinterhäusern. Wir arbeiten für euch ... wir geben unsern Schweiß und unser Herzblut für euch hin ... Derweilen verführt ihr unsre Schwestern und unsre Töchter und bezahlt uns ihre Schande mit dem Gelde, das wir euch verdient haben ... Das nennt ihr Wohltaten erweisen! – Ich habe mit Nägeln und Zähnen um euern Gewinst gerungen und nach keinem Lohne gefragt. – Ich habe zu euch emporgeschaut, wie man zu Heiligen emporschaut ... Ihr wart mein Glaube und meine Religion ... Und was tatet ihr? – Ihr stahlt mir die Ehre meines Hauses, denn ehrlich war es, wenn's auch euer Hinterhaus war. – Ihr stahlt mir die Herzen der Meinigen, denn ob sie auch schmutzige Bettler sind, lieb hatt' ich sie doch, – ihr stahlt mir das Kissen, auf dem ich mein Haupt niederlegen wollte, um auszuruhn von der Arbeit für euch, – ihr stahlt mir den Heimatsboden – ihr stahlt mir die Liebe zu den Menschen und das Vertrauen zu Gott – ihr stahlt mir Frieden, Schamgefühl und gutes Gewissen – die Sonne vom Himmel habt ihr mir herabgestohlen – ihr seid die Diebe – ihr!» (IV, 12)

Die entehrte Plebejerfamilie des Hinterhauses stürmt das Vorderhaus nicht, da es ein Tugendheld ist, der die Anklagerede hält. Fremdartig wirkt er im Milieu allseitiger Korruption und Verkommenheit. Er vertrat das Handelshaus in Indien, kommt aber eigentlich aus dem 18. Jahrhundert zurück. Niemand versteht ihn, wenn er von Ehre und Tugend spricht, da alle nur an Geld und Leben denken. Selbst das Flittchen von Schwester, der er die Liaison mit dem Sohn aus dem Vorderhaus verbieten will, zieht die Schande einer Ehre vor, die sich ihr recht kümmerlich darstellt:

«Warum haste dich so? ... Ist das nicht ein Unsinn, daß man hier sitzen soll wegen jar nischt? – Kein' Sonn', kein Mond scheint 'rin in so 'nen Hof. – Und rings um einen klatschen se und schimpfen! (...) Und wegen's Heiraten! Ach, du lieber Gott, wen denn? – So einen Plebejer, wie sie da hinten in de Fabrik arbeiten, will ich jar nich ... Der versäuft doch bloß den Lohn und schlägt einen.» (III, 4)

Es antwortet aber der Stimme der Tugend eine andere aus dem Vorderhaus – diejenige der Tochter Lenore. Beide führen – zusammen mit dem Grafen Trast – das erhabene Gespräch, durch das die Welt der bürgerlichen Ideale gerettet wird vor dem Versinken in Elend und Schande, in denen zwei ehrlos gewordene Stände sich eingerichtet haben. Das naturalistische Milieustück wird in ein sentimentales Rührstück aufgeweicht, indem Sudermann den Tugendhelden aus dem Hinterhaus mit der Tugendheldin aus dem Vorderhaus verheiratet. Es ist das Rezept Kotzebues, der Ständekonflikte durch Heiraten zwischen dem ersten und dem dritten Stande zu lösen trachtete. Sudermann muß die nicht minder schwierige Brücke zwischen dem dritten und dem vierten Stand schlagen; es gelingt ihm – gewiß zur Freude des Publikums –, indem er Tugend mit Geld belohnt und den Plebejersohn in den Unternehmerstand erheben läßt. Das besorgt alles der vermögende Graf Trast – ein Deus ex machina, der einen Klassenkonflikt des 19. Jahrhunderts traktiert, als wäre er ein Ständekonflikt des 18. Jahrhunderts, den auch nicht Lessing, sondern nur ein Kotzebue aufheben konnte.

In gleicher Sache bewies Ernst von Wildenbruch (1845 bis 1909) größeren Realismus als Sudermann. Bekanntgeworden als Autor vaterländischer Geschichtsdramen (*Die Quitzows*, 1888), wollte er dennoch im naturalistischen Drama brillieren, um gegenüber den Jüngstdeutschen Flagge zu zeigen. In der *Haubenlerche* (1890) geht es zwar nicht eigentlich um soziale Konflikte, aber doch um eine Liebesgeschichte zwischen Fabrikbesitzer und Arbeiterkind. Wildenbruch läßt die Geschichte – wie es nicht anders sein kann – scheitern. Damit fallieren die illusionären Vorstellungen des alten Fabrikbesitzers, der die soziale Frage lösen zu können vermeinte, indem er sein Blut mit dem «frischen Blut» von jungen Barbaren vermengt. Den bürgerlichen Idealismus, der sich Klassenversöhnung so vorstellt, nennt sein realistischer Bruder Blödsinn:

«Wenn ein Mensch in solchen Jahren sich in ein Fabrikbalg verliebt, das seine Tochter sein könnte – na, meinetwegen – Menschen sind wir alle. Wenn aber solch ein Mensch, der aus allen Poren Weisheit schwitzt, wie ein dummer Junge, der von der Welt, vom Leben und von den Menschen nichts versteht, in die Geschichte hineinrennt und solch ein Frauenzimmer heiratet, dann gibt's dafür nur einen Ausdruck: Blödsinn! Blödsinn! Blödsinn!» (III, 6)

Mit *Heimat* (1893), seinem größten Erfolg, streifte Sudermann die sentimentale Neigung ab, Kontroverses um jeden Preis versöhnen zu wollen. Er konnte es, da es hier nur um die Frauenfrage, nicht aber um die soziale Frage ging. Die Offizierstochter, die als gefeierte Sängerin ins Haus der Eltern zurückkehrt, widersetzt sich der Zumutung, wieder unters Joch der «väterlichen Autorität» zu kriechen. Sie will lieber «Dirne» genannt werden, als «verstaubt und vertrocknet» zu Hause sitzen. Da der verabschiedete Oberstleutnant, ihr Vater, von den althergebrachten Moralvorstellungen nicht ablassen kann, wagt sie den Kampf:

«Ich mich ducken! Das bin ich nicht gewohnt. Denn in mir steckt ein Hang zum Morden – zum Niedersingen. – Ich singe so, oder ich lebe so, denn beides ist ein und dasselbe – daß jeder Mensch wollen muß wie ich. Ich zwing' ihn, ich kneble ihn, daß er liebt und leidet und jauchzt und schluchzt wie ich. Und wehe dem, der sich da wehren will! Niedersingen – in Grund und Boden singen, bis er ein Sklave, ein Spielzeug wird in meiner Hand.» (III, 6)

Solchen Tönen ist der Alte nicht gewachsen; ihn trifft der Schlag, da er mit der Suffragette auf Pistolen aneinandergerät. Von den zahmen Haustöchtern, wie sie von Iffland bis Hebbel die Bühne bevölkerten, nimmt Sudermann Abschied. Wohltuend kontrastiert seine Sängerin auch mit der entsagenden Toni in Holzens und Schlafs *Familie Selicke*. Herausfordernd fragt die dominierende Sängerin ihre Schwester Marie, die zu Hause blieb:

«*Magda:* (...) Ist dir nie der Gedanke gekommen, diesen ganzen Plunder von Rücksicht und Würde von dir abzuschütteln und mit dem geliebten Manne auf und davon zu gehen – irgend wohin – ganz egal – und wenn du dann still daliegst, an seine Brust geschmiegt, ein – Hohngelächter anzustimmen über die ganze Welt, die hinter dir versunken ist?
Marie: Nein, Magda, solche Gedanken kommen mir nicht.
Magda: Aber sterben würdest du für ihn?
Marie (aufstehend und die Arme ausbreitend): Tausend Tode würd' ich für ihn sterben.
Magda: Mein armer Liebling! *(vor sich hin)* Alles machen sie zunichte. Von der gewaltigsten aller Leidenschaften bleibt in ihrer Hand nichts übrig als so ein blasses, entsagendes bißchen Sterben-wollen.» (III, 4)

Rätselhaft bleibt am Charakter der Emanzipierten, die von Sarah Bernhardt und der Duse gespielt wurde, daß sie lange zwischen Unterwerfung und Behauptung hin- und herschwankt. Es gibt dieses Schwanken zwar Gelegenheit, allerlei Sentimentalitäten anzubringen, indem kindliches Mitleid beschworen und bittere Vergangenheit erinnert wird, doch verrät Sudermann sein Thema nicht erneut. Der geschmähte ‹Salonnaturalismus› verschwindet nicht ganz im Salon. Sudermann besteht auf der Emanzipation und damit auf einem der wesentlichen Themen des Naturalismus.

Hartleben

Weniger sentimental, statt dessen klarer und entschiedener, traktiert Otto Erich Hartleben (1864 bis 1905) das Problem der Frauenfrage. Seine *Hanna Jagert* (1893) avanciert von der Verlobten eines sozialdemokratischen Arbeiters zur Geliebten eines Fabrikbesitzers, um endlich Ehefrau eines Freiherrn zu werden. Das Thesenstück debattiert hierbei anfallende Fragen der Moral, verzichtet aber darauf, das Avancement dramatisch zu gestalten. Was gesagt werden soll, ist, daß eine Frau sich nicht verkaufen muß, wenn sie solche Karriere macht. Wedekind konnte es sich bei seiner Lulu-Tragödie (*Der Erdgeist*, 1895; *Die Büchse der Pandora*, 1902) noch nicht anders vorstellen, wenngleich er versuchte, der Prostitution den moralischen Makel zu nehmen. Hartlebens Hanna Jagert entscheidet sich frei für die Männer, die ihr weiterhelfen und andere Sphären eröffnen.

Weil sie dies tun, liebt sie die Männer. Erlischt die Liebe, bricht sie unsentimental die Beziehung ab. Daß solcher Egoismus, in den die Emanzipation mündet, mit der Idee des Sozialismus nicht zu vereinbaren ist, dem Hanna früher anhing, reflektieren die Dialoge. Nietzsches Philosophie war selbst in solcher Derivation für ein naturalistisches Stück schwer erträglich. So konterkariert der Autor das Thema der Frauenfrage mit dem des Sozialismus. Heraus springt eine Apologie der individuellen Freiheit, die von jener Partei, die die Befreiung aller aufs Panier geschrieben habe, gerade verhindert werde. Die «jämmerlichen Intrigen und lächerlichen Niedrigkeiten», aus denen das Parteileben zumeist bestehe, machten das Leben darin zur Hölle. Wo Leben organisatorisch vergewaltigt werde, könne Freiheit nicht entstehen.

«Ich sah, wie sie es trieben – diese Menschen, die vorgaben, eine bessere Zukunft gepachtet zu haben. Der Glaube, daß man die Welt erlösen könne, indem man eines Tages an die Stelle einer ... fertigen Gewalt ... diese noch unfertige setzt – der ist mir da freilich abhanden gekommen. – Und so hab ich mich denn auf eine Art von innerer Mission resigniert und mit der ... bei mir angefangen. Du magst das meinetwegen Egoismus nennen. Mir scheint ... die Menschheit würde schneller vorwärts kommen ... wenn es mehr solche – Egoisten gäbe.» (III)

Von Geld ist die Rede, von wem noch?

«Es ist mir zuträglicher …

... in freier Luft den Pflug zu ziehen, als angebunden im dunkeln Stall zu stehen, um bei möglichst viel Futter möglichst viel Milch zu produciren», schrieb der Mann mit den Vornamen Benjamin Franklin an seine Mutter. Und doch mußte er, um das Nötigste an Futter zu bekommen, sich immer wieder anbinden lassen. «Lohnsklavenarbeiten» nannte er solche verhaßten Tätigkeiten für Zeitschriften oder Cabarets. Aber: «Immerhin boten sie mir eine leichte Gelegenheit, den täglichen Unterhalt zu verdienen, ohne mich dabei allzusehr zu compromittiren.»

Eine dieser Arbeiten, unter dem Pseudonym Hieronymus Jobs veröffentlicht, brachte ihm allerdings eine Anklage wegen Beleidigung Seiner Majestät des Kaisers ein. Der Autor floh in die Schweiz, stellte sich aber später, wurde in Leipzig zu sieben Monaten Gefängnis verurteilt und zu Festungshaft begnadigt.

Auseinandersetzungen mit Autoritäten kannte er bereits. Mit dem Vater hatte er sich einst nach handgreiflichem Streit überworfen. Ohne finanzielle Unterstützung von den Eltern mußte er sein erstes Geld als Reklamechef bei Maggi verdienen. Später, als Dramatiker, hatte er dann abonnierten Ärger mit den Zensurbehörden, die mit unerfreulicher Regelmäßigkeit die Aufführungen seiner Stücke verboten (selbst eine von Karl Kraus geplante geschlossene Vorstellung!). Und was doch aufgeführt wurde, fiel meistens durch: «Meine Revenuen sind immer noch nicht der Art, daß ich mich frei bewegen kann. Man hofft und hofft und hofft von einem Durchfall zum andern.»

Er war in den Vierzigern, als er endlich mit seinen literarischen Arbeiten genug verdiente, um leben und heiraten zu können. Von wem war die Rede?

(Alphabetische Lösung: 23-5-4-5-11-9-14-4)

Frank Trommler
Theatermoderne

Zwischen Mysterium und Harlekinade

Die Tatsache, daß im Bereich des Theaters so viel von Revolution und Reform gesprochen wird, dürfte darin begründet sein, daß das Theater eine so konservative Institution darstellt. Auch der Terminus ‹Theatermoderne› kann nicht darüber hinwegtäuschen, daß das Theater die zentrale Rolle, die es bei der Modernisierung der Künste seit dem späten 19. Jahrhundert gespielt hat, nur widerwillig annahm und immer wieder abzustoßen versuchte. Die konservative Institution Theater – konservativ als öffentliche Anstalt bürgerlichen Repräsentations- und Unterhaltungsbedürfnisses – hat sich die Innovationen oder besser: die Revolutionen und Reformen abtrotzen lassen, ist aber wohl gerade deshalb bis heute für eine Vielzahl von Künstlern so attraktiv geblieben. Beim Versuch, die Neuerungen in Drama und Theater zu analysieren, darf die ständige Erneuerung der Widerstände in dieser Institution nicht übersehen werden. Wahrscheinlich liegt in der Erfahrung und Überwindung dieser Widerstände das Geheimnis der Regenerationsfähigkeit des Theaters auch im Zeitalter der Massenmedien.

In der Theatergeschichte gibt es kaum eine Zeit, in der das Gegeneinander von öffentlicher Funktion des Theaters als Ort gesellschaftlicher Repräsentation einerseits und ästhetischer Funktion des Theaters als Forum gesamtkünstlerischer Innovationen andererseits so kraß hervortritt wie zwischen 1880 und 1918. Wie kaum zuvor war das Theater in der zweiten Hälfte des 19. Jahrhunderts Repräsentationsstätte des Bürgertums geworden, das sich nach der verlorenen Revolution von 1848 ‹seine› deutsche Klassik zur öffentlichen Manifestation seines nationalen und sozialen Aufstiegs zurechtstilisierte und alles, was ihm daneben als Unterhaltung und Savoir-vivre gut und teuer schien, mit Ausstattungsopern und – zumeist aus Frankreich importierten – Salonkomödien abmachte. Und wie kaum zuvor entwickelte sich das Theater ab 1880 zu einem Ort öffentlicher Auseinandersetzung mit den vorhandenen ästhetischen Konzep-

ten, in deren Verlauf eine solch grundlegende Wandlung der darstellenden Künste erfolgte, daß von einer neuen Ära gesprochen werden kann. An Zeugnissen für die Intensität dieser widerstreitenden Funktionen besteht kein Mangel; sie reichen vom Premierenskandal von Hauptmanns *Vor Sonnenaufgang* bis zu der schneidenden Kritik der wilhelminischen Führungsschicht einschließlich des Kaisers an den kultur- und sittenwidrigen Machenschaften der Theaterleute. So sehr die Theatermoderne auch von der Theaterleidenschaft des Bürgertums profitierte, so wenig läßt sich übersehen, daß entscheidende Ereignisse außerhalb der etablierten Bühnen, zumal der Hoftheater, stattfanden und von der Gründung des Vereins «Freie Bühne» 1889 bis zur Kabarettkultur der Bohème vor 1914 in München, Wien und Berlin ein Terrain der Unabhängigkeit von Zensur und Staatsmoral voraussetzten.
Wenn hier speziell auf Deutschland eingegangen wird, so sollte doch der Begriff der Theatermoderne deutlich machen, daß es sich bei dieser Entwicklung um ein internationales Phänomen handelt. Erst dieser Aspekt erklärt die Eigenbewegung, ja Autonomie vieler Theaterexperimente in diesem Zeitraum: In den Verbindungen mit Frankreich, Rußland, Skandinavien, England und Italien manifestierten sich häufig die eigentlichen Loyalitäten, wozu die Kritiker der deutschen Szene anmerkten, daß die besten Regiebemühungen ohne den Import ausländischer Stücke ohnehin versandet wären. In der Tat, ohne Ibsen, Tolstoj, Zola, Maeterlinck, Strindberg, Čechov wäre die Mittelpunktsstellung des Theaters neben Malerei und Kunstgewerbe um 1900 nicht zu denken. Ohne den Austausch mit dem Ausland hätte der Optimismus, an der Entwicklung eines neuen, für Kunst und Gesellschaft relevanten Theaters mitzuarbeiten, nicht so viele Unternehmungen beflügelt, die, wie der englische Theaterhistoriker Huntly Carter bei einer Rundreise 1912 feststellte, nicht nur in Berlin, Wien und München, sondern auch in Dresden, Leipzig, Bayreuth, Nürnberg und anderen Städten vor sich gingen. Darüber hinaus wußten die Kritiker nur allzugut, daß dieses Aufblühen des Theaters vor dem Hintergrund der Klagen über den Niedergang von Drama und Tragödie gesehen werden mußte, die sich im Verlauf des 19. Jahrhunderts immer mehr verstärkt und bei Friedrich Hebbel, Gustav Freytag, Gottfried Keller, Otto Ludwig, Richard Wagner bewegenden Ausdruck gefunden hatte.
Vom Niedergang des Dramas war auch noch Ende des Jahrhunderts die Rede. Nach den aufsehenerregenden Erfolgen von Ibsen verband sich damit jedoch wieder die Hoffnung auf Erneuerung dieser Gattung. Es genügt nicht, mit Peter Szondi (*Theorie des modernen Dramas*, 1956) nur den unerbittlichen Auflösungsprozeß der einst geschlossenen dramatischen Konstellation herauszustellen; vielmehr muß die Entwicklung auch vom Bewußtsein der Miterlebenden und Mitgestaltenden her gesehen

werden, für welche die Vorstöße zur Gegenwartswirklichkeit provokativen Wert besaßen und dem Theater als lebendiger Aktion, nicht nur als Institution neue Glaubwürdigkeit verschafften. Wo das klassische Drama oder das, was Gustav Freytag in seiner *Technik des Dramas* (1863) epigonenhaft als solches kanonisiert hatte, nicht mehr als geeignetes Gefäß aktueller Lebensprobleme erschien, wuchs, wenn auch erst nach langem Zögern, die Bereitwilligkeit, eine aus anderen Quellen gespeiste Legitimation des Dramas anzuerkennen. Dabei begegneten sich Argumente für Realismus wie für Märchenwirklichkeit, für illusionistische wie für antiillusionistische Entwürfe; vor allem aber stellten asiatische, besonders japanische Theaterformen und mittelalterliche Mysterienspiele grundsätzlich andere Definitionen von Theater bereit und verhalfen den Dramatikern zu neuen Konzepten, bei denen die Aussagestruktur von vornherein auf die Aufführung hin angelegt war.

Es ist diese grundsätzliche Ausrichtung an der Aufführung, die den Umbruch signalisiert. In dieser Ausrichtung lag, auch wenn sie zunächst als innerästhetischer Vorgang erscheint, die eigentliche gesellschaftspolitische Sprengwirkung. Sie stellte sich quer zu der vom Bürgertum verinnerlichten Dramen- und Heldenstruktur und setzte damit vorgegebene kulturelle Ordnungsvorstellungen außer Kraft. Nach 1848 war der Anspruch der universalen Stellvertretung des Bürgertums noch einmal in der klassizistisch überhöhten Theorie des poetischen Realismus vorgebracht worden. Das Theater hatte in einem ‹klassisch› begründeten Regelsystem noch einmal die Geschlossenheit zwischenmenschlicher Konstellationen zu beweisen gehabt, die sich aus der Realität nicht mehr ablesen ließ. Die Aufführung stellte letztlich nur das Abbild dieser gesellschaftlichen Projektion dar und war so stark formalisiert, daß jede ästhetische Eigenwirkung schon als potentielle ideologische Bedrohung angesehen werden konnte. Und diese Bedrohung wurde wahrgenommen. Am Naturalismus provozierte zwar die Wendung zu den unteren Gesellschaftsschichten, doch lag eine nicht geringere Herausforderung – für welche die Gründung des Deutschen Theaters 1883 einen Markstein setzte – in der Eliminierung des Theaterrituals, bei dem das Schauspiel nur als Reproduktion eines kulturellen Textes gewertet wird, zugunsten der inszenierten Vorstellung als einer unvorgreiflichen Erfahrung. Der Schock wirkte um so mehr, je nachdrücklicher die Aufführung als sinnlich-seelisches Ereignis angelegt wurde, als ein Ereignis, bei dem sich das Publikum jeweils erst zu definieren hatte. Mit dieser Ausrichtung am aktuellen Mitvollzug der Aufführung verloren vorgegebene soziokulturelle Haltungen ihre Bedeutung, verwischte sich die etablierte gesellschaftliche Modellfunktion des Theaterstücks.

Zwar waren es nur wenige Dramatiker und Theaterleute, die diese Entwicklung vorantrieben; doch bestimmten sie die öffentliche Diskussion in erstaunlichem Maße. Ihre Bemühungen um eine neue Begründung des Dramas von der emotionalen Teilnahme her stellte die Regenerationsfähigkeit der Bühne unter Beweis, zumal sie mit einer unerhörten Ausweitung darstellerischer Mittel einherging, von der (elektrischen) ‹Revolution› in der Beleuchtung bis zur Erfindung der Drehbühne und des Rundhorizonts, die dann bei Max Reinhardt nach der Jahrhundertwende ihre geniale Anwendung fanden. In Ablösung der dramatisch-tragischen Legitimation des Theaters gewann die von einem absolut gesetzten subjektiven Entwurf gegebene Legitimation an Terrain, womit nicht nur Autoren wie Maurice Maeterlinck, August Strindberg und Hugo von Hofmannsthal ihren Durchbruch erlebten, sondern auch die moderne (Total-)Regie ihren Einzug hielt. Eng damit verbunden, aber gesellschaftlich noch stärker provozierend war die Wiederaufnahme der Konzeption vom Theater als Stätte neuer Gemeinschaftsbildung, etwas was mit den programmatischen Entwürfen von Peter Behrens, Georg Fuchs, Adolphe Appia, Edward Gordon Craig und anderen sehr schnell auch die Imagination der Kulturkritiker fesselte und dem Theater in den kulturrevolutionären Entwürfen bis hin zu den Revolutionen 1917/18 eine zentrale Funktion verschaffte.

Damit wurde Gemeingut, was Richard Wagner (1813 bis 1883) nach der Enttäuschung über die politische Revolution 1848/49 in seinen ästhetisch und kulturpolitisch revolutionären Schriften *Die Kunst und die Revolution* (1849), *Das Kunstwerk der Zukunft* (1850) und *Oper und Drama* (1852) formuliert und für die Konzeption seiner Musikdramen fruchtbar gemacht hatte. Wagner war bereits in eine fortgeschrittene Diskussion über den Niedergang der Tragödie eingetreten, für die er sogar in Goethes und Schillers Briefwechsel Anregungen für die notwendige Gattungsmischung finden konnte. Eduard Devrient hatte ihm klargemacht, wie stark er tatsächlich epische Elemente verwendete, eine Feststellung, mit der sich noch Thomas Mann berührte, als er schrieb, Wagners *Ring* verdanke seine Großartigkeit dem «epischen Kunstgeist», er sei «szenisches Epos». Für Wagner ging es zunächst – wie für alle Theaterschaffenden des 19. Jahrhunderts – um eine Regeneration des Dramas; aber er erkannte zunehmend, daß seine Forderung nach dem Musikdrama den Rahmen des bisherigen Theaters sprengen müsse. Mit der Abkehr vom geläufigen Historienstoff und der Hinwendung zum Mythos ersetzte er das dramatische Geschehen durch ein ewig gültiges Naturereignis und einen unentrinnbaren Schuldzusammenhang, wobei jedoch im Falle der *Ring*-Premiere 1876 weniger die fatalistischen als die befreiend-utopistischen Obertöne herausgehört wurden. Dieser Schritt zum mythisch verankerten Musikdrama stand in enger Entsprechung zur Aufwertung des mimisch-szenischen Elements, und Wagner lenkte alle Aufmerksamkeit auf den Prozeß der Aufführung als einzig gültiger Erfüllung des Ausgleichs zwischen Musik und Drama. In seinen Worten: «Wir wissen, daß nicht die Verse des Textdichters, und wären es die Goethes und Schillers, die Musik bestimmen können; dies vermag allein das *Drama*, und zwar nicht das dramatische Gedicht, sondern das wirklich vor unseren Augen sich bewegende Drama, als sichtbar gewordenes Gegenbild der Musik, wo dann das Wort und die Rede einzig der Handlung, nicht aber dem dichterischen Gedanken mehr angehören.»

Mit seinen szenisch-musikalischen Phantasmagorien, die die Entdramatisierung der Bühne in neuer emotionaler Partizipation auffingen, übte Wagner Ende des Jahrhunderts – nachdem sein Werk lange Zeit von den nationalbürgerlichen Kreisen okkupiert worden war – bestimmenden Einfluß aus. Das ging mit dem zunehmenden Widerstand gegen Sprache und Rationalität überein und verstärkte das Gewicht der musikalischen, mimischen und visuellen Artikulation als Zentrum des Bühnengeschehens. Daneben fanden Wagners Schriften über die Kunst der Zukunft größtes Interesse. Seine Propagierung einer neuen Volksgemeinschaft mit den Mitteln des Theatererlebnisses hat seine tiefen Spuren in den antibürgerlichen Massenbewegungen des 20. Jahrhunderts hinterlassen.

Mit Wagner waren allerdings auch schon die Grenzen dieser Retheatralisierung sichtbar geworden, deren Erkenntnis im Jahrzehnt nach 1900 zu einer ‹Los-von-Wagner›-Bewegung führte. Viele der Argumente hatte Friedrich Nietzsche (1844 bis 1900) in *Der Fall Wagner* 1888 formuliert, viele der neueren Kritiker hatten wie er zunächst ganz im Banne Wagners gestanden. Nietzsche, der Wagner in *Die Geburt der Tragödie aus dem Geiste der Musik* (1872) als den Künstler feierte, der mit der Musik das dionysische Prinzip wiederaufnahm, hatte die Elemente der theatralischen Mythenformung auf Kosten des Rationalen herausgehoben. Dieser Aspekt blieb auch nach Nietzsches Zurücknahme dieses Urteils im *Fall Wagner* haften; er selbst steuerte den Begriff bei, der Ende des Jahrhunderts für die Verankerung des Dramas im Irrational-Gefühlshaften ins Zentrum rückte: «das Leben». Andererseits fand die von Nietzsche beißend formulierte Feststellung Widerhall, daß Wagners Rettung des Dramas aus dem Geiste des Theatralischen in bloßer Theatralik erstarre. Mit dem Eifer des Renegaten machte er seine Desillusionierung über die «Gesamtverwandlung der Kunst ins Schauspielerische» kund und rehabilitierte sogar die aufklärende Haltung des Euripides, in der er die Kreativität des Kritikers einschloß. Was Nietzsche hinterließ, war somit ein prekäres Nebeneinander von mythischer Vision und Infragestellung des Theaters.

In diesem Nebeneinander, das zugleich als Mit- und Gegeneinander zu verstehen ist, liegt ein Schlüssel für die Erschließung des modernen Theaters seit dem späten 19. Jahrhundert. Nietzsche selbst beließ es bei der Kritik der epigonalen Dramentheorien. Anstelle einer eigenen Tragödientheorie visierte er die Theaterelemente in der Wirklichkeit der Gegenwart an. Wie immer er sich auch später zu der dionysischen Theaterutopie in der *Geburt der Tragödie* stellte, die Kritik an den Theaterelementen der Gegenwart ergab dazu im Kontext seiner weithin wirksamen Attacken auf die Grundlagen des Bürgertums eine fruchtbare Dialektik. In *Jenseits von Gut und Böse* (1886) faßte er seine Beobachtungen zusammen. Es heißt dort: «Wir sind das erste studierte Zeitalter *in puncto* der ‹Kostüme›, ich meine der Moralen, Glaubensartikel, Kunstgeschmäcker und Religionen, vorbereitet, wie noch keine Zeit es war, zum Karneval großen Stils, zum geistigen Faschings-Gelächter und Übermut, zur transzendentalen Höhe des höchsten Blödsinns und der aristophanischen Weltverspottung. Vielleicht, daß wir hier gerade das Reich unsrer *Erfindung* noch entdecken, jenes Reich, wo auch wir noch original sein können, etwa als Parodisten der Weltgeschichte und Hanswürste Gottes – vielleicht daß, wenn auch nichts von heute sonst Zukunft hat, doch gerade unser *Lachen* noch Zukunft hat!» (§ 223) Hier rückt die altüberlieferte Feststellung, die Welt sei Theater, in eine neue geschichtsphilosophische Beleuchtung. Nietzsche beläßt es nicht beim Durchschauen der theatralischen Substanz des Weltgeschehens, sondern zielt auf ihre aktive Nutzung für die Selbstdefinition des Zeitalters. Sein ‹Gegenschlag› gegen die Theatralisierung der Wirklichkeit ist die Verwirklichung des Theaters, eine Verwirklichung allerdings, die sich im Parodieeffekt zugleich selbst kritisiert. Die höhere Harlekinade als originaler Beitrag der Gegenwart zur Weltgeschichte: Es verwundert nicht, daß die Dadaisten diesen Satz Nietzsches herausgriffen und in ihrem Almanach 1920 abdruckten.

Doch schon um die Jahrhundertwende drängte eine solche parodistisch-kritische Nutzung des Theaters nach vorn, am aufsehenerregendsten bei der Skandalpremiere von Alfred Jarrys *Ubu Roi* 1896 in Paris und den Auftritten und Stücken von Frank Wedekind. Der von Frankreich ausgehende Aufstieg des Kabaretts wurde sehr bald in seiner Bedeutung für die Erneuerung des Theaters erkannt, wobei sich aus dem Kontrast zu den mystisch-mythischen Szenarien eines Hofmannsthal oder Maeterlinck neue Anregungen ergaben. Gegenüber dem hochgestimmten Teatrum mundi der szenischen Mystiker machte der Circus mundi der szenischen Parodisten die Dimension des Grotesken und ästhetisch Niedrigen mehr als bühnenwürdig, nämlich zu einem integralen Bestandteil neuer Theaterstücke. Auch hier manifestierte sich die Auflösung der traditionellen Konfliktstruktur und des etablierten Heldenbildes, auch hierbei wurde die Aufführung selbst zum Katalysator der dramatischen Aktivität.

Für diese Konstellation bieten sich die Stichworte an, die der russische Regisseur Aleksandr Tairov (1885 bis 1950) benutzt hat: Mysterium und Harlekinade. Tairov, der wie kaum ein anderer für das autonome («entfesselte») Theater eingetreten ist, ging in seiner Schrift *Das entfesselte*

Theater (1921) bis zu der Behauptung, die richtige theatralische Handlung bewege sich immer zwischen diesen Polen. Über das ‹immer› läßt sich debattieren, hingegen scheinen die Grundformen, was die Entwicklung seit dem 19. Jahrhundert angeht, adäquat benannt. Mysterium und Harlekinade: In vielerlei Ausprägungen bilden sie in der Tat die Pole moderner Dramatik und Theaterkunst. Sie lassen sich auch dort erkennen, wo die Expressionisten sie zusammenzuzwingen versuchten. Dafür liefern die Stücke von Sorge, Hasenclever, Kaiser, Kornfeld, Toller mit ihrem Schwanken zwischen grotesker Gesellschaftskritik und mystischem Aufschwung, ebenso aber auch die Inszenierungskultur dieser Periode eine überzeugende Illustration. In der Folgezeit ist die Verabsolutierung der seelisch-sinnlichen Aktion bis hin zur Verdrängung der Sprache – man denke nur an Antonin Artauds Programm vom Totaltheater – ebenso weiterverfolgt worden wie das von den Dadaisten bereicherte parodistische Verfremdungstheater, das in den zwanziger Jahren für die politische Aufklärung genutzt wurde und noch in Brechts epischem Theater seine Spuren hinterließ. Selbst im organisierten politischen Theater läßt sich diese Konstellation erkennen. Hier kontrastieren die Massenspiele, Sprech- und Bewegungschöre und Oratorien seit den Choreographien von Émile Jacques-Dalcroze und Rudolf von Laban mit den flexiblen Formen des politischen Kabaretts, die dann in den Agitproptruppen sowohl auf der Linken wie auf der Rechten ihre Ausprägung fanden.

An dieser Stelle ist es jedoch ratsam, die eingangs gemachten Feststellungen über den konservativen Charakter der Institution Theater ins Gedächtnis zurückzurufen. Auch im 20. Jahrhundert lebt ja das Theater von der Pflege klassischer Stücke und der Herausarbeitung tragisch-dramatischer Spannungen. Erst wenn man die Dialektik zwischen diesen institutionalisierten kulturellen Formen und den neuen Entwicklungen deutlich macht, lassen sich die Neuerungen adäquat bewerten. Denn wo die Institution Theater immer wieder einen Widerstand leistet, der Regisseure, Schauspieler und Bühnenausstatter und nicht zuletzt das Publikum zu grundsätzlichen Neubesinnungen herausfordert, muß der in Musik und Malerei gebräuchliche Grundsatz vom notwendigen Fortschreiten der Entwicklung relativiert werden. Allzu häufig sind progressive Inhalte an traditionellen Theaterformen gescheitert und umgekehrt. Angesichts der Vielzahl an Problemen, die die politischen, sozialen und technischen Umwälzungen in dem hier behandelten Zeitraum mit sich brachten, ist es unmöglich, die Innovationen ohne ihre gesellschaftlichen Implikationen zu werten. Gerade darauf zielten nicht nur die Naturalisten, sondern auch die Symbolisten, die sich von deren sozialer Botschaft distanzierten. Andererseits waren es gerade die sozial engagierten Naturalisten, welche die Neuentwicklung trotz ihrer noch relativ konventionellen Ausrichtung einleiteten.

Naturalismus und Trivialdramatik

Für eine Skizze der Theaterentwicklung zwischen 1880 und 1918 läßt sich der Beitrag der Naturalisten nicht ohne die bald erfolgende kritische Gegenreaktion umreißen. Keiner der Kritiker übersah die Initialzündung des Naturalismus für die Erneuerung des Theaters, keiner der Kritiker aber unterließ festzustellen, daß der Naturalismus natürlich überwunden werden müsse, um das Theater wirklich autonom zu machen. Wenn selbst ein Dramatiker wie Max Halbe, der dem Naturalismus zugerechnet wurde, schrieb, er suche einen Weg, der aus den Niederungen «eines derben, rein diesseitigen Materialismus und Naturalismus in eine höhere, metaphysisch erhellte Region des Denkens und Fühlens emporführen sollte», so war der Durchgangscharakter dieser Bewegung nicht zu übersehen.

Dennoch hält der Naturalismus mit dem Bemühen der Schriftsteller, realistische Wirklichkeitserfassung und ererbte Dramenformen in Einklang zu bringen, seinen eigenen Platz. Die Naturalisten haben den Widerstand des etablierten Theaters – das damals von den Boulevardkomödien und Historienschinken der Gründerzeit beherrscht wurde – für eine politisch nicht unwichtige Oppositionsstimmung fruchtbar gemacht. Sie haben das konventionelle Heldenbild und die geschlossene Handlung mit einer aus der sozialen Realität entwickelten Dramaturgie aufgebrochen und bewirkt, daß das Theater wieder zum Forum der Auseinandersetzung über Gegenwartsprobleme wurde. Spätere Zeitstücke knüpften an diese Position an und zogen sich gleichfalls den Vorwurf des ‹derben, rein diesseitigen Materialismus und Naturalismus› zu.

Die traditionelle Grundorientierung ist trotz aller Provokationen und Skandale nicht zu verkennen. Nicht Wagner und sein Konzept vom Gesamtkunstwerk bestimmt die Abkehr von der Epigonendramatik, sondern ein neues, auf Wissenschaft und genauer Beobachtung von Gegenwartssprache und -umwelt basierendes Verständnis des Dramatischen. Der Durchbruch zur Darstellung gegenwärtiger Probleme wird von der Rückwendung zu Lessing, besonders dessen Wirkungsästhetik, sowie zu Büchner und Hebbel begleitet. Als Kronzeuge für die Möglichkeit, die Analyse gegenwärtiger Probleme in den überlieferten Dramenstrukturen vorzubringen, dient Henrik Ibsen (1828 bis 1906), der ab 1887 die deutsche Theaterszene beherrscht. Dabei übersieht man angesichts der von ihm gemeisterten Kunst, die dramatische Krise in der Innerlichkeit des Bewußtseins austragen zu lassen, manche der ästhetischen Neuerungen, die eine solche ‹klassische› Bewertung fragwürdig machen. Bei deutschen Dramatikern wie Halbe, Sudermann, Holz, Schlaf und selbst Hauptmann rutscht die Verinnerlichung der Probleme häufig ins Melodramatisch-Sentimentale ab. Geradezu ängstlich halten die Autoren alles im Familienmilieu; ihr Mut zu Häßlichkeit und Psychologie entfaltet sich unter dem schirmenden Dach des altbekannten bürgerlichen Familienstückes. Neu ist hier vor allem die penible Demonstration einer alles überschattenden Schicksalhaftigkeit, aus der sich der einzelne nicht mehr erheben kann – im Gegensatz zu früheren ‹idealistischen› Dramen, im Gegensatz aber auch zu den Stücken von Ibsen, der auf eine moralische Regeneration des Bürgertums zielt. In der Darlegung der Determination gelangen die Naturalisten somit an eine Grenze des herkömmlichen Dramas. Es ist bezeichnend, daß *Die Familie Selicke* (1890) von Arno Holz (1863 bis 1929) und Johannes Schlaf (1862 bis 1941) von namhaften Naturalisten nicht nur als zu langweilig, sondern zu undramatisch abgelehnt wurde. Man wollte Vergegenwärtigung von Lebenssituationen, aber man wollte sie ‹dramatisch›. Hier schieden sich die Geister – und die Theaterperioden. Hauptmann wußte, warum er auch später immer wieder zu den etablierten dramatischen Strukturen zurückkehrte. Er hatte es weniger schwer, als seine Bewunderer glaubten, ein konservativer Dramatiker zu sein, konservativ als ein bisweilen genialer Manipulator der (konservativen) Institution Theater.

Für die Boulevardkomödien und Historienstücke dieser Periode ist in der Theatergeschichte nur die wenig schmeichelhafte Rubrik Trivialdramatik übriggeblieben. Das bezeichnet die Kluft zur überlieferungswürdigen Dramatik der Naturalisten, bringt aber auch ungerechtfertigte Vereinfachungen mit sich. Gewiß haben von den Lustspielen, Lokalpossen und Schwänken, die Autoren wie Gustav von Moser (1825 bis 1903), Adolf L'Arronge (1838 bis 1908), Paul Lindau (1839 bis 1919), Franz (1849 bis 1913) und Paul Schönthan (1853 bis 1905) im Stil der französischen Gesellschaftskomödie (Victorien Sardou, Alexandre Dumas fils, Guillaume Augier) verfertigten, nur *Der Raub der Sabinerinnen* (1884) der Brüder Schönthan überlebt. Und von den idealistisch gestimmten, mit Schuld und Leidenschaft überfrachteten Historiendramen der Martin Greif, Arthur Fitger, Wolfgang Kirchbach, Ernst von Wildenbruch, Heinrich Bulthaupt sind alle Spuren verwischt. Aber man wird der von diesen Stücken – im Gegenüber zum Klassikrepertoire der Hoftheater – repräsentierten Theaterkultur nicht gerecht, wenn man sie bloß dem schon damals überstrapazierten Verdikt vom Niedergang des deutschen Dramas überläßt. Mit dieser Klage traten ja keineswegs nur die (späteren) Naturalisten auf den Plan, sondern vor allem die Nationalisten, die nach Deutschlands Sieg über Frankreich 1871 die aufflammende Theaterleidenschaft des Bürgertums, das sich an den französischen Gesellschaftskomödien ergötzte, in die falsche Richtung gehen sahen und statt dessen eine Dramatik forderten, die die Gründung des Reiches auf ihre Weise nachvollziehen sollte. Sie bedauerten weniger die Schwäche des Dramas als die des deutschen Dramas und klagten, das Bürgertum trüge dazu bei, daß der auf dem Schlachtfeld siegreiche deutsche Idealismus nun auf der Bühne vom seichten, das Häßliche und ‹Naturalistische› streifenden Destruktionsgeist des Erbfeindes geschlagen werde.

In der Tat warf sich das in der Gründerzeit aufsteigende mittlere Bürgertum, das bis dahin vom repräsentativen Theaterbesuch finanziell weitgehend ausgeschlossen war, zunächst keineswegs einem Bühnennationalismus in die Arme. In der Theaterkonjunktur nach 1871, als die Gewerbefreiheit im gesamten Reichsgebiet in Kraft trat und bis 1885 über hundert neue Theaterbauten entstanden, gab dieses Bürgertum der Operette, dem Ausstattungsstück und der konventionell strukturierten, witzig unterhaltenden Gesellschaftskomödie, das heißt vor allem einem gesellschaftlich bestimmten Theatererlebnis und nicht dem Erschauern vor nationalen Mythen, den Vorzug. Diese Theaterkultur gipfelt in Oper und Operette und in den Ausstattungsstücken à la Adolf Wilbrandt, wo prunkvolle Festzüge, monumentale Greuel- und Wahnsinnsszenen dominierten. Makart und Meyerbeer waren die Vorbilder, Dekorationen wurden wichtiger als die Inhalte. Nicht von ungefähr basierte der sensationelle Erfolg der Theatergruppe der Meininger, die mit ihren Klassikerinszenierungen zwischen 1874 und 1890 ganz Europa hinrissen, vorwiegend auf einer Reform der Inszenierungsmittel, Kostüme und Kulissen. Ihr Beitrag zur Erneuerung des Theaters – ein positivistisch akkumulierter historischer Realismus, der sich zu einem grandiosen Gesamtbild verband – muß mit eben diesem repräsentationsversessenen und wissenschaftsgläubigen Bürgertum zusammen gesehen werden.

Die siebziger Jahre waren somit auch für die Entwicklung der Theatermoderne eine nicht zu unterschätzende Gründerzeit. Die Theater öffneten sich als Ort gesellschaftlicher, nicht nur bildungsmäßig-nationaler Repräsentation einem neuen, breiteren Publikum. Daß sich diese ‹liberale› Nutzung des Theaters mit dem immer noch vorhandenen Liberalismus berührte, sollte nicht unerwähnt bleiben. Jedenfalls brachten die achtziger Jahre mit der Konzentration auf das Bühnenereignis – bei der das Kommen und Gehen während der Vorstellung untersagt und das Licht im Zuschauerraum gelöscht wurde – eine neue Rigidität des Theatererlebnisses mit sich, die keineswegs nur progressiven Strömungen zugutekam. Bezeichnenderweise errangen einige ausgesprochen nationale Stücke von Autoren wie Fitger, Greif und Wildenbruch, die bereits vor 1880 entstanden, erst in den achtziger Jahren wirklichen Erfolg. Was die Naturalisten aus der ‹zwingenden› Milieuschilderung als unerbittliche Schicksalserfahrung hervorgehen ließen, konnte auch manchem nationalen Historienstoff ‹zwingende› Suggestionskraft verleihen. Neben der Gründung des Deutschen Theaters 1883 in Berlin, in dem L'Arronge, August Förster und andere den neuen Stil ausarbeiteten, übte Wagners Konzept des ‹Gesamterlebnisses› Bayreuth entsprechendes Verlangen nach Weihestimmung unter den Zuschauern aus.

Wie sehr sich die Aufführungspraxis veränderte, verdeutlichte Robert Arnold in einem Rückblick: «Das Beiseitesprechen, der Monolog, die Tirade, der Wortwitz, die Anspielungen und Aktualitäten, und was sonst im älteren Drama unsichtbare Brücken zwischen Schauspieler und Publikum geschlagen hatte, fiel dem erbarmungslosen Rotstift des Naturalismus zum Opfer. Was die Schauspieler hiebei als Schauspieler verloren, das mußte ihnen die große Erweiterung des Stoffkreises, die Fülle neuer, Belebung heischender Gestalten, neu zu lösender Aufgaben, vor allem das Bewußtsein, einer Reformation zu dienen, mehr als zur Genüge ersetzen.» [221; *S. 218f*] Für diese Reformation der Bühnenpraxis zugunsten des seelisch-innerlichen Vollzugs der Stücke gelang es Otto Brahm (1856 bis 1912), eine neue Generation von Schauspielern heranzubilden, für welche die Beseelung des Naturalistischen, die «individuelle Wahrheit» höchstes Ziel darstellte. Zu den berühmtesten gehören Josef Kainz, Agnes Sorma, Else Lehmann, Rudolf Rittner, Albert Bassermann, Oskar Sauer. Mit ihrem Kampf gegen das Hoftheaterpathos, ihrer Anempfindung der diffizilsten Stimmungen bis hin zu großen Pausen, zum Schweigen, stellten sie für viele Zeitgenossen die eigentliche Verkörperung des neuen Theaters dar.

In diesem Zusammenhang ist die Tatsache aufschlußreich, daß die Erneuerung des Theaters im wesentlichen von Kritikern getragen wurde, das heißt von Intellektuellen, die von einer weitreichenden Kenntnis der Theaterliteratur und -geschichte ausgingen und nun den entsprechenden Beitrag der Gegenwart formulierten. Otto Brahm, neben Paul Schlenther, Edgar Steiger, Leo Berg, Maximilian Harden und anderen für die neuen Konzepte verantwortlich, führte nicht unmittelbar selbst Regie, war vielmehr eine Art Großdramaturg, der das Regietheater gegen das geläufige Startheater durchsetzte. Daß demgegenüber die Dramatiker dieser Periode verhältnismäßig wenige theoretische Beiträge zum Drama lieferten, ist nur scheinbar paradox. Ihr Interesse war ohne Zweifel zunächst von eben jener Vergegenwärtigung sozialer Wirklichkeit absorbiert, in der sich das Moment der Realisierung, des Real-Werdens über die poetologische Kategorie hinaushebt. Die Vielzahl an theoretisch-programmatischen Schriften zum Naturalismus kann darüber nicht hinwegtäuschen. Das Wichtigste und Einflußreichste verfaßte Arno Holz. Aber er war kein guter Dramatiker. Der gute Dramatiker, Gerhart Hauptmann (1862 bis 1946), schrieb keine Theorie. Er lernte von Holz und widmete ihm und Schlaf sein erstes Drama *Vor Sonnenaufgang* (1889). Aber er nannte Holz' Theorie «Humbug».

Das Theater der Jahrhundertwende

Wie man schon für den Naturalismus Kontinuitäten zur traditionellen Dramenform heruntergespielt hat, so ist es auch für das Drama der Jahrhundertwende hinsichtlich des Naturalismus geschehen. Zweifellos erweiterten und korrigierten die Wissenschaften um 1900 die positivistisch determinierte Bestimmung des Menschen; doch führten sie in der Anerkennung bisher vernachlässigter Elemente im Unterbewußten, Irrationalen und Überpersönlichen keineswegs zu einer neuen Befreiung seiner in der modernen Industriegesellschaft so prekären Position. Auch in den Szenarien von Maurice Maeterlinck (1862 bis 1949) (*Les aveugles*, 1890; *Pelléas et Mélisande*, 1892; *L'Intérieur*, 1894; *La mort de Tintagiles*, 1894), August Strindberg (1842 bis 1912) (*Nach Damaskus*, 1898–1904; *Ein Traumspiel*, 1902) und Hugo von Hofmannsthal (1874 bis 1929) (*Gestern*, 1891; *Der Tod des Tizian*, 1892; *Der Tor und der Tod*, 1894; *Das kleine Welttheater, oder die Glücklichen*, 1903) geht es um die Determination des einzelnen durch ein überpersönliches Schicksal. Der Unterschied zum Naturalismus liegt vor allem darin, daß nun die soziale Bindung, das ‹Niedere› und ‹Materialistische›, zugunsten der Bindung an jene von Halbe apostrophierte «höhere, metaphysisch erhellte Region des Denkens und Fühlens» beiseite geschoben wird. Ein Großteil der Polemik gegen den Naturalismus entsprang dieser Wendung – als ob man nun plötzlich den richtigen Typus von Flügeln gefunden hätte, um sich über die Erdenschwere der miefigen Wohnküchen hinausschwingen zu können. Im mythisch-mystischen Schicksalsraum ließ sich, von Wagners Musik umflossen, die unbekannte Kraft ‹Leben› gewiß viel erhebender in Erfahrung bringen. Rudolf Kassner hat auf Hofmannsthals «Streben nach der Musik» hingewiesen. Es hänge «mit seinem Streben nach Mitte, nach Mythos, nach einem Allgemeinen und Bindenden» zusammen. Man könne direkt von einer Beeinflussung durch das Werk Wagners reden. [316; *S. 243*] Und der Wagnerianer Richard Strauss (1864 bis 1944), dem Hugo von Hofmannsthal (1874 bis 1929) seine Libretti zu *Elektra* (1903), *Der Rosenkavalier* (1911), *Ariadne auf Naxos* (1912), *Die Frau ohne Schatten* (1916) zur Vertonung gab, bemerkte voller Selbstbewußtsein im Hinblick auf Wagner: «Was die schönsten Verse der größten Dichter in seitenlangen Umschreibungen der Phantasie des Lesers oder Hörers allenfalls zu suggerieren vermögen, mit *einem* Akkord gelingt es der Musik; sie kann die Empfindung selbst aussprechen: Das Gefühl der Liebe, der Sehnsucht, der Bußfertigkeit, der Todesbereitschaft. – (...) Die (...) musikdramatischen Gebilde (...) sind von einer inneren Geistigkeit, die der Wortdichter (...) niemals zu voller Erscheinung zu bringen imstande (wäre).» [352; *S. 10*]

Das hat freilich nichts mehr mit Naturalismus zu tun, mit dessen Bindung an Sprache und Literatur. Hier bedeutet Schweigen einen Einbruch der Ewigkeit, während es im naturalistischen Drama die Unfähigkeit zur sprachlichen Bewußtwerdung signalisiert, die immerhin der Zuschauer noch reflektiert. Indem nun die Sprache entwirklicht, die Szene enthistorisiert, die Helden entpersönlicht und die Schranke der Reflexion zwischen Bühne und Publikum abgebaut wird, vollendet sich die Abkehr vom traditionellen Drama. Zugleich manifestiert sich darin aber auch die Möglichkeit, von der Innerlichkeit der Welt zur Welt als Innerlichkeit fortzuschreiten, das Theaterhafte an die Stelle der geschichtlichen Realität zu setzen und dem Zuschauer durch Spiel und höhere Illusion das Gefühl einer neuen Freiheit zu verschaffen. Im Rahmen dieser Autonomie sind die Theaterexperimente der Vorkriegszeit zwischen Paris, Berlin und Moskau zu sehen, die, wie erwähnt, Huntly Carter 1912 in dem Bericht über die Künstlertheater, *The New Spirit in Drama and Art*, beschrieb und dokumentierte. Als ihre Meister gelten mit Recht Max Reinhardt und Wsewolod Meyerhold sowie, mit der Verschmelzung von Tanz und visueller Kunst, Sergej Diaghilew und die Ballets Russes.

Der Umschwung entsprach einer Umorientierung des Zuschauergeschmacks, der Ende des 19. Jahrhunderts zu der Ernsthaftigkeit der naturalistischen Dramen und Inszenierungsformen Zugang gefunden hatte. Die Privattheater, die mit der seit 1869 auch auf das Theater ausgedehnten Gewerbefreiheit eine große Konjunktur erlebt hatten, suchten um die Jahrhundertwende mit Hilfe immer ausladenderer Inszenierungen das abbröckelnde Interesse aufzufangen. Vorreiter war Max Reinhardt in Berlin. «Reinhardt fand einen Ausweg», merkte Kurt Aram 1907 in der Zeitschrift *März* an. «Klassische Dramen in, sagen wir, sezessionistischer ‹Aufmachung›. Shakespeare als Inszenierungsdivertissement.» Aram fügte kritisch hinzu: «Gegen diesen Ausweg läßt sich vom Standpunkt des Privattheaters gar nichts einwenden. Was einst die Balletteinlagen bedeuteten, sind jetzt die Bühnenbilder à la Orlik. Das ist gewiß ein Fortschritt. Aber für die dramatische Kunst bedeutete er gar nichts.» (Nr. 1, 1907, S. 71)

Kritischer, im Sinne von Nietzsches Vorwurf an Wagner, hatte Arthur Eloesser schon 1900 in der *Neuen Rundschau* den jungen Dramatikern vorgehalten: «Statt der Symbole geben sie Masken, statt der Weisheit billigen Tiefsinn, verworrenen Klingklang, Singsang, innere Leere unter anspruchsvoller Verkleidung, Unklarheit, die sich als Phantastik ausgibt, gequälte Abstraktionen, die sich in bunte, karnevalistische Laune hineinlügt, Goldschaum und Flitterglanz. Ohnmächtige Versuche der Erhebung zu einer weitblickenden Höhenkunst, und wenn der Aufschwung mißlungen ist, meist ein bequemes Zurücksinken in die Märchenwelt, die aus ihren alten Schätzen dann bestreiten soll, was die Dämmerungszüchter und Halbdunkelmänner, die sich Mystiker nennen, uns schuldig bleiben. Von dieser Neuromantik wird eine Bühne nicht vier Wochen existieren können.» (Nr. 11, 1900, S. 543)

Der Vorwurf, daß mit bloßem Bühnenaufwand das Drama nicht zu erneuern sei, galt Dramatikern wie Theaterleitern. Er ging nach 1905 zunehmend mit Betrachtungen über den Tod der Tragödie sowie mit Forderun-

gen nach Rückkehr zum klassischen Drama einher. Am klarsten faßte Samuel Lublinski (1868 bis 1910) diese Forderungen zusammen, der, zunächst ein Befürworter der modernen Strömungen, 1909 in *Der Ausgang der Moderne* seinem Umdenken mit dem Satz Ausdruck gab: «Heute hat nur noch die strengste Form des Dramas, die Tragödie, eine Berechtigung, weil wir auch im Leben des Tages in einer Atmosphäre von ewig sich selbst setzenden Konflikten atmen und leben.» (S. 134) Lublinskis eigene Dramenversuche mußten allerdings hinter denen von Paul Ernst (1866 bis 1933) zurückstehen, der ebenfalls einst als Vertreter moderner Strömungen in Politik und Literatur begonnen hatte und nun neuklassische Tragödien wie *Brunhild* (1909) und *Ariadne auf Naxos* (1912) herausbrachte. *Brunhild* gewann unter den kunstvoll konstruierten, aber blutarmen Stükken die meiste Aufmerksamkeit, nicht zuletzt von seiten des jungen Georg Lukács (1885 bis 1971), der in seiner 1908/09 entstandenen Abhandlung *Zur Entwicklungsgeschichte des modernen Dramas* den Niedergang des Dramas mit der Zersetzung der bürgerlichen Gesellschaft korrelierte. Für Lukács war Ernst neben Stefan George einer der wenigen Großen der Gegenwart, die die Kraft fanden, über die «schöne, aber schmutzig schillernde Oberfläche» der meisten aktuellen Werke hinauszugelangen und die Form zur «höchsten Richterin des Lebens» werden zu lassen, wie es in seinem Essayband *Die Seele und die Formen* (1911) heißt.
Viele Zeitgenossen, die sich nicht mit Ernsts *Brunhild* befreunden konnten, teilten die Kritik am Impressionismus und das Interesse für die Stilisierung ins Monumentale. Wenn Lukács die Frage, «ob es ein modernes Drama gibt, ob es überhaupt eines geben kann», am Ende der *Entwicklungsgeschichte* zu der Frage ausweitete, ob es überhaupt eine moderne Kultur geben könne, so stand er nicht allein. Am Drama, an der Tragödie maß man die Erneuerungsmöglichkeit der gegenwärtigen Kultur. Es entstand eine Vielzahl von Programmen, mit denen das Theater zum Zentrum kultischer Regeneration werden sollte. Wie Adolphe Appia (1862 bis 1928) und Edward Gordon Craig (1871 bis 1966) in ihren wegweisenden Bühnen- und Ausstattungsentwürfen erstrebte Georg Fuchs (1868 bis 1949) die ‹Revolution› des Theaters von den Elementen Bewegung, Rhythmus, Linie, Farbe, Raum her, wobei er besonders Tanz und Pantomime als ursprüngliche Spielmöglichkeiten betonte. Fuchs' Schriften *Die Schauspielbühne der Zukunft* (1904) und *Die Revolution des Theaters* (1909) fanden in Europa breiten Widerhall, faßten sie doch die vom japanischen Theater empfangenen Impulse des visuell und mimisch orientierten Spiels und die Gegenwendung gegen das Literarische schlagkräftig zusammen. Allerdings hatte Fuchs, als er ab 1908 im Münchener Künstlertheater seine Ideen zu verwirklichen suchte, in der Praxis nicht allzu viel Glück. In der Tendenz zu Abstraktion und gemessenem Bewegungsstil (der ins Sakrale weisen sollte) und zu Einordnung und Entpersönli-

chung des Schauspielers (der zur Marionette werden sollte) kehrte die hohle Theatralik wieder, der er den Kampf angesagt hatte. Der Mangel an Inhalten, an kritischer Reflexion der geistigen und gesellschaftlichen Zustände ließ sich durch bloßen Stil- und Spielwillen nicht ersetzen.

Dagegen fand die Sakralisierung von Mimus und Bewegung bei anderen Künstlern erfolgreichere Verwirklichung. An erster Stelle ist die Herausbildung des modernen Tanzes in dieser Zeit zu nennen, als sich nach den Bahnbrechern Isadora Duncan und Ruth St. Denis Tänzer und Choreographen wie Grete Wiesenthal, Rudolf von Laban und Mary Wigman durchsetzten. Danach ist die wichtige Rolle der Bildungsanstalt (Dresden-)Hellerau anzuführen, in der Émile Jacques-Dalcroze vor dem Ersten Weltkrieg die von ihm entwickelte rhythmische Gymnastik in Bewegungschoreographien für Massen einbrachte und dem Gedanken chorischer Volks- und Gemeinschaftsspiele als Grundlage einer neuen Kultur wichtige Impulse verlieh. Hier liegen nicht nur Anregungen für die Massenspiele der Russischen Revolution und der deutschen Sozialisten nach 1918, sondern auch für spätere, von den Faschisten dirigierte Massenspektakel.

Alle diese Entwicklungen werden jedoch von dem Schaffen Max Reinhardts (1873 bis 1943) überstrahlt. Ihm gelang es, den skizzierten Vereinseitigungen mit einer einmaligen Verbindung von visuell-räumlicher Phantasie, Schauspielerführung, dramatischer Einfühlungsgabe und Sinn für jegliche Art von Spektakel zu entgehen. So stark er sich beispielsweise dem Massentheater zuwandte (mit bahnbrechenden Inszenierungen von Sophokles' *König Ödipus* 1910 in der Münchener Musikfesthalle, Hofmannsthals *Jedermann* 1911 im Berliner Zirkus Schumann, Karl Vollmöllers Pantomime *Das Mirakel* 1911 in der Londoner Olympia Hall), so stark behielt er doch auch die intimeren Theaterformen im Auge, mit denen er nach der Trennung von der naturalistischen Spielweise Stücke von Strindberg, Oscar Wilde (*Salomé*, 1893), Wedekind (*Der Erdgeist*, 1895; *Frühlings Erwachen*, 1891), Maksim Gor'kij (*Nachtasyl*, 1902), Ludwig Thoma (*Die Lokalbahn*, 1902), Hofmannsthal (*Elektra*, 1903) und anderen Autoren durchgesetzt hatte. Beispielhaft wie sonst nur noch Wsewolod Meyerhold (1874 bis 1940) verwirklichte Reinhardt jene Balance zwischen Mysterium und Harlekinade, in der das moderne Theater seine Formen ausgebildet hat. Ausschlaggebend war dafür seine Nutzung der visuellen Künste (mit Entwürfen bekannter Maler wie Lovis Corinth, Emil Orlik, Max Slevogt, Edvard Munch), der Pantomime und der Groteskformen des Kabaretts, und man kann hinzufügen, daß die Öffnung zum Spielerischen, mit der Reinhardt aus fast allem, was er in die Hand nahm (ab 1905 zunehmend auch Klassiker), mitreißendes Theater machte, stark auf dem letzteren Element beruhte: dem Kabarett, der Parodie, der Groteske. In der aus Paris kommenden, in München, Berlin und

Wien um 1900 schlagartig vordringenden Kabarettkultur fand Reinhardt die Elemente parodistischer Verfremdung, durch die der Regisseur nicht nur mit der Wirklichkeit, sondern mit dem Theater selbst zu spielen vermag, etwas, das Otto Brahm und andere Naturalisten gerade von sich gewiesen hatten. Reinhardts Angriff auf den Naturalismus manifestierte sich 1901 offiziell mit der Gründung des Kabaretts «Schall und Rauch», das er wenig später ins ‹Kleine Theater› überführte, in einem das Berliner Großstadtpublikum faszinierenden Nebeneinander von großem Theater und dessen spielerischer Parodie. Entscheidend für dieses bis in die einzelne Aufführung hineinreichende Spiel mit Theater war die Mitarbeit eines neuen, flexibleren Typus von Schauspielern, und Reinhardts Erfolg beruhte nicht zuletzt auf seiner Fähigkeit, diese Schauspieler zu finden und zu prägen (unter ihnen Gertrud Eysold, Harry Walden, Alexander Moissi, Lucie Höflich, Tilla Durieux, Paul Wegener).

Leistung und Grenze von Reinhardts Regiekunst sind in seinem Bemühen um die Balance der Spielelemente zu fassen. Mit dieser Balance war es ihm möglich, zugleich das repräsentationsbewußte Berliner und das seit jeher theaterbewußte Wiener Publikum zu fesseln, war es ihm möglich, den radikal gesellschaftskritischen Expressionisten ab 1917 mit Matineen am Deutschen Theater zum Durchbruch zu verhelfen und im selben Jahr mit der Salzburger Festspielhaus-Gemeinde die Schaffung der Salzburger Festspiele vorzubereiten, die 1920 mit Hofmannsthals *Jedermann* als Manifestation eines grundsätzlich konservativen Geistes geschah. Diese Balance verlor jedoch dann mit den Umwälzungen von Krieg und Revolution ihre Grundlage. In Bühne und Drama setzte sich eine härtere, exzentrischere Haltung durch, eine schärfere Herausforderung des bestehenden Theaters, ja der bestehenden Kultur überhaupt. Nun rückte die Groteske und Kabarettsatire, die nach 1900 noch ins gesellschaftlich Unverbindliche abgebogen worden war, ins Zentrum. Wedekinds pathetischer und zugleich parodistischer Stil, der den Zeitgenossen zunächst nur im Kabarett genießbar gewesen war, bestimmte die Stunde. Leopold Jessners Inszenierung von Wedekinds *Der Marquis von Keith* im Berliner Staatlichen Schauspielhaus wurde 1920 zu einem Markstein.

Auf die Tatsache, daß es nun mit der Autonomie des Theaters zu Ende sei, machte Siegfried Jacobsohn (1881 bis 1926) aufmerksam, als er 1918 die Zeitschrift *Die Schaubühne*, die er 1905 ausschließlich für die Theaterkunst gegründet hatte, in eine politische Zeitschrift umwandelte – neuer Titel: *Die Weltbühne*. Jacobsohn, eine zeitlang Reinhardts treuester Herold, zog im selben Jahr eine Art Schlußstrich, wenn er schrieb: «Das Theater als Selbstzweck ist für einige Jahrzehnte erledigt. An der schönen Leiche stellt sich heraus, daß Reinhardts Kunst ihre Aura doch auch von der Aura Wilhelms des Zweiten bezog, der wir sie deshalb feindlich glaubten, weil wir Geschmacksunterschiede mit ihrem Wesen verwechselten. Die beiden Gegenfüßler waren, jeder auf seine Weise, Exponenten des sattesten Bürgertums und dessen Niederlage war und ist naturnotwendig die ihre.» [96; *Bd. 8, S. 165*]

Von Wedekind zum Expressionismus

Ernüchterung über vergangene Theaterperioden gehören seit jeher zur Theatergeschichte. Das trifft auch auf die Ära des expressionistischen Theaters zu, die 1917 die Öffentlichkeit erreichte und 1919 bis 1921 ihren Höhepunkt erlebte. Dazu gehört auch Ernüchterung über die Qualität zuvor vielgepriesener Stücke. Weder aus der Zeit der Jahrhundertwende noch aus der des Expressionismus hat sich viel auf der Bühne erhalten. Natürlich stellt sich die Frage, ob man die Erneuerung des Dramas aus Geist und Wirklichkeit des Bühnengeschehens mit Maßstäben messen kann, die aus einer früheren Zeit des Dramas stammen. Doch stellt sich im Gegenzug ebenfalls die Frage, seit wann sich Theatertexte und -szenarien nicht mehr an der Bühne zu bewähren haben. Film- und Videoaufzeichnungen mögen hier die Perspektiven verschieben; jedoch dürfte ihr dokumentarischer Charakter kaum die kreative Auseinandersetzung mit der konservativen Institution Theater ersetzen.

Bezeichnend ist nun, daß aus der Zeit der Jahrhundertwende, abgesehen von Hauptmanns Dramen, vor allem Komödien überdauert haben, von Ludwig Thomas *Moral* (1908) bis zu Hofmannsthals Lustspielen, von Arthur Schnitzlers *Der grüne Kakadu* (1899) und *Reigen* (1900) bis zu Carl Sternheims Komödienreihe «Aus dem bürgerlichen Heldenleben» (u. a. *Die Hose*, 1911; *Der Snob*, 1914; *1913*, 1915; *Bürger Schippel*, 1913). Diese Komödien sind zumeist nicht mehr auf die vom Gattungsschema bestimmte Versöhnung angelegt. In der Öffnung der traditionellen Form manifestiert sich die Öffnung zur Gegenwart, zugleich aber auch zu der um diese Zeit so oft beschworenen Ursubstanz ‹Leben› – in Schnitzlers *Reigen* aus der nüchtern-weisen Überschau des Teatrum mundi, bei Wedekind und Sternheim aus dem Parforce-Galopp des Circus mundi. Die Frische und Überzeugungskraft dieser Komödien beruht auf eben dieser Durchbrechung der erstarrten Wirklichkeitskonzepte in dem Sinne, wie Henri Bergson zu dieser Zeit das Komische definierte: als einen unvorhersehbaren Bruch eines normalen ‹Rhythmus›, durch den das Verhältnis von physischer und moralischer Welt plötzlich in einem ganz neuen Licht erscheint.

Allerdings bedarf es nur weniger Abweichungen vom ‹Normalen›, um zugleich Angst, Schmerz, Abgründigkeit und Leere sichtbar zu machen, so daß die seit jeher vorhandene Ambivalenz zwischen Komischem und Tragischem eine unerhörte Zuspitzung erfährt. Hierbei verlieren schließlich die herkömmlichen Komödienkategorien überhaupt ihr Gewicht. Der Zuschauer kann sich nicht mehr zwischen Lachen und Erschrecken entscheiden – und soll es auch gar nicht. Er wird mit pathetischer Groteske konfrontiert, die aus Varieté und Kabarett wie aus dem hohen Drama schöpft, um die Gegenwart zu durchleuchten. Es verwundert nicht, daß Frank Wedekind (1864 bis 1918), der diesen Weg um die Jahrhundertwende in Deutschland am weitesten ausschritt, zwar große Resonanz fand, aber etwa mit dem *Marquis von Keith* (1900) vom Publikum kaum verstanden wurde. Man hielt sich im allgemeinen an den skandalumwitterten Kritiker der bürgerlichen Sexualmoral in *Frühlings Erwachen* (schon 1890/91 geschrieben) und der *Lulu*-Tragödie (*Erdgeist* und *Die Büchse der Pandora*, 1892 bis 1895 verfaßt) oder an den Boulevardier und Kabarettisten, ging jedoch damit an seinen Intentionen vorbei, die viel ‹höher›, viel grundsätzlicher waren. Wedekind warf dem Naturalismus nicht nur die Vernachlässigung des Spiels vor. Zu der Verlebendigung des herkömmlichen Dramas mit sogenannten naturalistischen Mitteln bezog er eine radikale Gegenposition. Er wollte gerade das Künstliche des klassischen Dramas, das längst nicht mehr zu leugnen war, als theatralischen Bezugsrahmen für eine gleichermaßen gewichtige Auseinandersetzung über die ‹Menschheit› der Gegenwart nutzen. Gegen den Zeitgeschmack erklärte er sich für Schiller und entnahm Goethes *Faust* bedeutsame Motive. Seine Nutzung der Klassik setzt die Parodie voraus, allerdings weniger, um über das Parodierte zu lachen, als um die Möglichkeit seiner Aufhebung von vornherein kenntlich zu machen. Der Anspruch, mit dem Wedekind die Bühne antiillusionistisch in den Dienst seiner intellektuell-vitalistischen Ideen stellte, fand bei den Expressionisten wie Georg Kaiser (1878 bis 1945), Reinhard Johannes Sorge (1892 bis 1916), Wilhelm Hasenclever (1834 bis 1889) und Paul Kornfeld (1889 bis 1942) Nachfolge und läßt sich bis in das Werk Brechts hinein verfolgen.

Die Tatsache, daß ein großer Teil der expressionistischen Stücke untergegangen ist, rührt aus dieser moralisch-intellektuellen Grundorientierung her, mit der viele jüngere Autoren dem Theater als Forum von Kulturkritik und Kulturerneuerung eher zuviel als zuwenig zumuteten. Wedekinds erratisches, aber wirksames Auftreten als Schauspieler seiner Stücke trug zu der Anschauung bei, daß bestimmte geistige Positionen, theatralisch verfremdet vorgebracht, durchaus ein Theaterstück tragen könnten. Wie der Theaterkritiker Herbert Ihering in den zwanziger Jahren feststellte, hatte die «Sprechform Wedekinds» großen Einfluß auf Regisseure und Schauspieler wie Leopold Jessner, Erich Engel, Albert Steinrück, Werner Krauss. Wedekind habe die Phantasie des Schauspielers aus den Fesseln des Illusionismus befreit und die Schauspielkunst auf harte Diktion und knappe Gestik konzentriert. Bereits 1917, im Durchbruchsjahr des Expressionismus auf der Bühne, beschrieb Walter von Hollander in prägnanter Form, wie sehr expressionistische Stücke von der gestisch verfremdenden Schauspielkunst abhingen:

«Ich brauche nur an Wedekind als Interpreten seiner Werke zu erinnern, um genau zu bezeichnen, wo die ersten Stufen der Entwicklung sind. Wedekinds Dramen werden verständlicher und menschlicher in der bewußten Verdrängung des Tatsächlichen durch den alltagsfremden Gestus. Immerhin ist Wedekind noch verständlich, wenn man ihn mit den Mitteln heutiger Kunst darstellt. Es sind aber jetzt Dramen entstanden, Kunstwerke von Rang und Bedeutung, die im Rahmen der jetzigen Bühnenkunst nicht dargestellt werden können, ohne lächerlich zu wirken. Als Typus nenne ich *Die Verführung* von Paul Kornfeld – eine Tragödie fern jeder Tatsache, aus einem Prinzip geboren, der Jagd nach dem Grund der Dinge. Diese Tragödie ist rein expressionistisch auf Körperlichkeit gestellte Seele, Seele, die sich im Körper zur Schau stellt. Hier ist eine Diktion, ein Pathos, dem man nicht ohne weiteres glaubt und das dennoch wahr ist, ein Pathos, für das noch die Zungen und Glieder geschult werden müssen. Dieses Drama ist zum Leben zu wecken nicht durch die Nachbildung der Wirklichkeit, sondern durch die Verkörperung.» [185; *S. 576*]

Dieser Text ruft geradezu nach einem dadaistischen Kommentar. Dennoch ließe sich auch der Dadaismus nicht aus dieser Konstellation ausnehmen, da er die Dialektik von Pathos und Groteske selbst für seine improvisierten Attacken gegen Bürgergesellschaft und ihre Literaten verwandte. Während die Expressionisten damit ihrer Projektion der Welterneuerung Gestalt verliehen, setzten die Dadaisten auf die Harlekinade. Es dürfte kein Zweifel daran bestehen, daß in dieser Periode das Nebeneinander von mythischer Vision und Infragestellung des Theaters, von Pathos und Groteske, von Mysterium und Harlekinade besonders stimulierend gewesen ist. Noch die Dramen und Theaterereignisse der zwanziger Jahre bauen darauf auf.

Claudio Magris/Anton Reininger

Jung Wien

Der Abbruch des Cafés Griensteidl, Treffpunkt der literarischen Welt Wiens, im Jahre 1897, war für Karl Kraus der Anlaß zu einer beißenden Satire auf das Treiben einer Gruppe von jungen Schriftstellern, als deren geistiger Mentor Hermann Bahr auftrat. Neben heute völlig vergessenen Namen zählten dazu Autoren wie Schnitzler, Beer-Hofmann und Hofmannsthal, deren heutiger Ruhm zum verklärenden Glanz eines untergegangenen Reiches beiträgt. Der Titel dieser Satire, *Die demolirte Litteratur* (1896), war von kalkulierter Doppeldeutigkeit und enthielt neben dem Bedauern über den Verlust eines altrenommierten Literatencafés zugleich die sinistre Prophezeiung, daß mit dem Ende des Cafés auch das Ende jener Literatur gekommen sei, die in der Betriebsamkeit des geselligen Caféhauslebens ihre soziologische und geistige Voraussetzung gehabt hatte. Der Clan der Literaturbeflissenen, der sich hier zuletzt zusammenfand, wird von Karl Kraus als Schwarm von Motten verspottet, dessen Tage mit dem Abbruch ihres Schlupfwinkels gezählt seien: «Aus dumpfer Ecke geholt, scheuen sie vor dem Tag, dessen Licht sie blendet, vor dem Leben, dessen Fülle sie blendet.»

Mit dieser nicht eben vornehm zurückhaltenden Charakterisierung griff Kraus jenen Zug der Jung Wiener heraus, der angesichts der realistischen und sozialkritischen Elemente der österreichischen Literatur des 19. Jahrhunderts am stärksten hervorstechen mußte: ihre Abwendung von Themen und Ausdrucksmitteln, die nach dem Modell einer kritischen Widerspiegelung der Wirklichkeit gedeutet werden konnten.

Selbst die Erzählungen Schnitzlers, die seit 1886 in regelmäßiger Folge erschienen und zweifelsohne manche Ähnlichkeit mit der entlarvenden psychologischen Analyse eines Maupassant aufwiesen, zeigten sich bei genauerer Lektüre doch als eine Art von kalkuliertem Experiment, mit dem extreme psychische Zustände greifbar gemacht werden sollten. Doch haftete diesen Erzählungen stets unverkennbar ein Rest realistischer Tradition an: Sie zielten darauf, das Ungewöhnliche er-

fahrbar zu machen, indem es einer psychologischen Erklärung unterworfen wurde.
Das Urteil, das Karl Kraus abschließend über die Besucher des Cafés Griensteidl fällt, ist in seiner polemischen Schärfe vernichtend und scheint keine Revision zuzulassen. «Mangel an Talent, verfrühte Abgeklärtheit, Posen, Grössenwahn, Vorstadtmädel, Cravatte, Manieriertheit, falsche Dative, Monocle und heimliche Nerven», in diese Bestandteile läßt sich ihre dichterische Existenz in einem kritischen Scheideverfahren zersetzen.
Manche dieser Vorwürfe, wie jener des Mangels an Talent, haben sich als polemische Fehlurteile von selbst erledigt, andere hingegen treffen, wenngleich in satirischer Zuspitzung, charakteristische Züge dieser Literatur, die einzig in der verklärenden Sicht der Späteren ins Positive umgedeutet wurden, da sie in den verdinglichten Mythos vom untergehenden Habsburgerstaat sich eingefügt haben und daraus ihre affirmative Kraft schöpfen.
Es ist bezeichnend, daß Karl Kraus das Ende des Jungen Wien und seines ästhetisierenden Impressionismus zu einem Zeitpunkt verkündet, als die bedeutendsten Werke dieser Literatur noch gar nicht erschienen sind. Diese durch die Negation vermittelte Beziehung zum literarischen Leben seiner Zeit mag ein charakteristischer Zug der mitteleuropäischen Kultur sein; so hat etwa in der großen Zeit der Triestiner Kultur, in den Jahren vor dem Ersten Weltkrieg, als Svevo, Saba und andere bedeutende Schriftsteller ihre wichtigsten Werke verfaßten, Scipio Slataper sich in einem berühmten Artikel aus dem Jahre 1909 darüber beklagt, daß Triest keine kulturelle Tradition besitze.
Die Vitalität einer Kultur läßt sich zu einem guten Teil eben an der Stärke des Protests ablesen, dessen negative Gewalt jedoch als Ausdruck der tiefen Bindung an die eigene Welt zu deuten ist. Es ist gute österreichische Tradition, von Grillparzer zu Nestroy, von Sealsfield zu Kürnberger, von Kraus zu Musil und zur Wiener Gruppe oder zur zeitgenössischen Grazer Schule, daß die Schriftsteller ihr Werk als ironische Entmystifizierung geltender gesellschaftlicher und kultureller Werte verstehen. Ihr Protest gegen die österreichische Wirklichkeit zeichnet sich von jeher durch seine analytische Schärfe und durch die Tendenz aus, die geschichtliche und politische Kritik in eine metaphysische oder existentielle Perspektive zu stellen.
Auch Karl Kraus schließt sich mit seinem Werk zum Teil an diese Tradition an. In den Augen des Erben erscheint die Tradition als eine bruchlose Kette, deren Zwang es sich zu entziehen gilt. Nicht eingedenk des eigenen Schicksals, einst selbst Teil jenes Ganzen zu werden, gilt alle Anstrengung des Erben dem Versuch, den ihm von der Vergangenheit vermittelten Themen ein anderes Vorzeichen aufzudrücken. Dies ist wohl der Sinn des

Werks von Karl Kraus, das sich der Zerstörung aller Mystifikationen verschrieben hat und doch zugleich dem Bann der Konservation nicht sich entziehen kann.

Das Österreich der Jahrhundertwende erschien Hermann Broch (1886 bis 1951) als «Wertvakuum», das sich unter einer ästhetisierenden Hülle verbarg, gleich den Fassaden der neugotischen, neubarocken und neuklassischen Bauten der Ringstraße, die das Fehlen einer einheitlichen Kultur verdeckten. Die österreichische Kunst zwischen dem Ende des 19. und den dreißiger Jahren dieses Jahrhunderts ist dadurch gekennzeichnet, daß zwei gegensätzliche Tendenzen nebeneinander bestehen: Einerseits geht es darum, diese Leere schonungslos aufzudecken; nicht minder stark ist jedoch die Versuchung, sie mit der idealisierenden Maske des ästhetischen Scheins hoffähig zu machen, was nicht zuletzt den Dichtern des Jungen Wien vorzuhalten wäre.

Im Kaiserreich der Habsburger, dessen Hymne in dreizehn Sprachen gesungen wurde, bestand die ideale Identität des Österreichers darin, das einigende Band zwischen den einzelnen, in Spannung sich gegenüberstehenden Nationalitäten zu sein und als jenes unsichtbare Element zu wirken, das allen gemeinsam, aber mit niemandem identisch ist. Der Österreicher war die abstrakte Idee der Einheit und mußte deshalb in einem immateriellen «hinternationalen» Raum leben, wie Johannes Urzidil (1896 bis 1970), ein jüdischer Prager Schriftsteller deutscher Sprache, es ausgedrückt hat.

Die widersprüchliche Vielfalt der Monarchie hatte in ihren Bürgern das Bewußtsein für eine der grundlegenden Erfahrungen der Moderne geschärft, daß nämlich jede anscheinend in sich geschlossene und einheitliche Wirklichkeit in Wahrheit aus einer Mehrzahl heterogener Elemente besteht, die sich in einem unversöhnlichen Gegensatz gegenüberstehen. Es ist kein Zufall, daß sich im Alten Österreich eben jene Wissenschaften besonders entwickelten, die wie die Mathematik die Unsicherheit der eigenen Grundlagen sichtbar gemacht und wie die Psychoanalyse die vielschichtige Struktur der Persönlichkeit erforscht haben. Kein anderer Mensch hat so eindringlich erleben müssen, aus mehreren zusammengesetzt zu sein, wie jener *Mann ohne Eigenschaften*, der ein Untertan Franz Josephs war: Er war eine Anzahl von Eigenschaften ohne Mann, wie Robert Musil (1880 bis 1942) sagte, oder ohne einen einigenden Mittelpunkt. Deshalb war er der modernste aller Menschen, schwankend zwischen der Treue gegenüber der Vergangenheit und der Bereitschaft zu allen Verwandlungen der Zukunft. Das wahre Österreich war die ganze Welt, wie Musil voller Ironie schrieb; denn an diesem Staat wurde die Krise der westlichen Zivilisation mit besonderer Eindringlichkeit sichtbar. Als im *Mann ohne Eigenschaften* (1930/33 und 1943) das Komitee der Parallelaktion, um das Jubiläum der Thronbesteigung des Kaisers zu feiern, nach der Idee, dem ersten Prinzip, sucht, auf dem Österreich (d. h. die europäische Welt) beruht, findet es keine Antwort. An der Habsburger Monarchie tritt die Leere der ganzen Wirklichkeit hervor, die sich als «auf Sand gebaut» erweist.

Österreich war für Hermann Broch die leere Kaiserloge, die in jedem Theater in allen Teilen der Monarchie für den möglichen Besuch des Kaisers bereit stand und immer oder nahezu immer leer blieb. Dieser fehlende Mittelpunkt ist vor allem gleichzusetzen mit dem mangelnden Bewußtsein einer greifbaren historischen Aufgabe. Das Scheitern der habsburgischen Ansprüche auf die Vorherrschaft in Deutschland drängt die Monarchie in ein politisches Rollenspiel ohne orientierenden Bezugspunkt, wobei sie der Versuchung unterliegt, diese Leere zu mythisieren, um dadurch dem Bewußtwerden des eigenen Abstiegs zu entgehen.

Die habsburgische Weisheit war im Grunde nur die Kunst, das Ende hinauszuschieben, sich im Untergang einzurichten und für Augenblicke selbstvergessen in seinen von der Geschichte gewährten Pausen jedes erreichbare Vergnügen zu genießen. Der Pessimismus gegenüber der als beständige Drohung erfahrenen Geschichte hatte gelehrt, jeder Totalität zu mißtrauen, die auf dem Opfer des einzelnen beruhte. Es galt, das Besondere gegen das Allgemeine, die flüchtige Erfahrung der Sinne gegen den triumphierenden und zerstörerischen Gang des Weltgeistes zu schützen. Die Kunst des Abschieds war auch eine Kunst der Liebe und der Lust, wie die Marschallin in Hofmannsthals *Rosenkavalier* (1911) lehrte. Der entzauberte Blick, unter dem sich jede Gewißheit als Schein enthüllt, ist von einem Lächeln begleitet, das die Versöhnung mit der Absurdität des Lebens annimmt. Eine kaum angedeutete Geste beschwichtigt die Sinnlosigkeit und entschärft die Tragödie. Den Menschen ist jenes Maß an banaler Alltäglichkeit zugestanden, deren auch der Geist bedarf, um zu leben.

Dem Niedergang des Subjekts und der Einheit des Individuums antwortet in einer Art verzweifelter Abwehr die Verklärung des Solipsismus, des ‹Nervenlebens›. Der Kult der eigenen Empfindsamkeit, der vom Subjekt verlangt, auf die unwägbarsten Reize mit heftigen Ausschlägen zu antworten, verwandelte das Bewußtsein in einen übersensiblen Seismographen und beraubte es virtuell jener sonst geschätzten bürgerlichen Tugend des ordnenden Überblicks über die Wirklichkeit. In der Bevorzugung der anarchischen und zur Exaltation neigenden inneren Erfahrung erkannte Karl Kraus eine stillschweigende Verachtung der gesellschaftlichen Wirklichkeit, mit der man sich überhaupt nicht erst einlassen wollte. Das mußte ihm, der eben in seiner unnachgiebigen Gegnerschaft gegenüber den Perversionen des modernen bürgerlichen Lebens an es gekettet war, als unverzeihliche Flucht in ein Reich des selbstgeschaffenen Scheins sich darstellen. Den eigenen Empfindungen nachzuhorchen und aus ihrer künstlichen Stimulierung womöglich die Grundlage der Kunst zu machen, erscheint als Verrat an der öffentlichen Verantwortung des Schriftstellers.

Hofmannsthal

Stefan George (1868 bis 1933), der um Hugo von Hofmannsthals (1874 bis 1929) Mitarbeit und Freundschaft wirbt, preist seinen Kreis damit an, daß er sich aus Menschen zusammensetze, «die nie mitthaten» und «sich nie öffentlich machten», sondern vornehm das Gewühl der Menge vermieden. Um deutlich zu machen, was er damit meine, verweist George auf ihren gemeinsamen Freund Andrian, den späteren Autor von *Der Garten der Erkenntnis*. Hofmannsthal verweigert sich der sterilen Exklusivität des Kreises, der vermeint, jenseits der Gesellschaft in einem rein spirituellen Raum sein Genügen finden zu können; denn er fühlt sich zutiefst von den Ansprüchen der Gesellschaft, in der er lebt, durchdrungen.

Vor allem in jüngeren Jahren war er geblendet von dem Wunsch, Teil jener aristokratisch-großbürgerlichen Schicht zu sein, die in Wien den Ton angab, und befleißigte sich deshalb betont einer Haltung nonchalanter Lässigkeit, die auch dem Uneingeweihten mühelos zu verstehen gab, daß er dazugehörte. Weltmännischer Ton geht mit ästhetischer Erlesenheit eine fragwürdige Verbindung ein. Hofmannsthal, der schon als siebzehnjähriger Gymnasiast eine literarische Berühmtheit in Wien war, stilisierte sein Leben zu dem eines feudalen Aristokraten, der sich durch seinen literarischen Ruhm eher geniert zeigt. «Mir aber», schreibt er in einem Brief an Hermann Bahr aus dem Jahre 1891, «geht es gut. Ich habe fast gar keine Nerven. Ich spiele jeden Tag Lawn-Tennis. Kein Mensch sagt Brackenburg zu mir, und keiner, gottlob, hat von Loris eine Ahnung. Ich sehe geschmackvolle Natur um mich, hübsche Pferde, kleine elegante bibelot-Kinder, englischen Schmuck und parfum sacré cœur. Ich gehe sonntags in die Kirche, lese die alte Revue und die Sportzeitung, verleugne Gerhard (!) Hauptmann und tu' gar nichts für die Literatur.» Hier sind selbstgefällig alle jene Elemente zum Bild montiert, durch die sich die Existenz eines «Herrn» bestätigt, der sich eins weiß mit dem Lebensstil seiner gesellschaftlichen Schicht.

Hofmannsthal, der sich mit vornehmer Bescheidenheit eines Freundeskreises rühmte, in dem literarische Interessen nicht eben vorherrschten, scheint alles getan zu haben, um dem Ruf eines Intellektuellen zu entgehen, für den in der selbstgenügsamen Wiener High-Society offenkundig kein Ehrenplatz reserviert war. Um hier Eindruck zu machen, mußte er so auftreten, als hätte er den Schlüssel zu Reichen, die neue und den höheren gesellschaftlichen Ansprüchen gemäße Genüsse versprachen. Die Esoterik des Fin de siècle, zu dessen Vermittler er wird, enthielt jenes

snobistische Flair, das wenigen Eingeweihten vorbehalten ist und dazu dient, die eigene Überlegenheit noch einmal zu bestätigen.
Die Zurückhaltung und vornehme Erlesenheit von Hofmannsthals Kunst ist nicht zuletzt von dem Wunsch bestimmt, die eigene Anpassung an die höhere Gesellschaft jederzeit durch besondere Raffinesse im Ausdruck unter Beweis stellen zu können. Diese Kunst ist fern jeder unmittelbaren Abbildung des gesellschaftlichen Lebens, dessen äußere Verhältnisse für den Dichter nichts Dichterisches enthalten. Die Erfahrungen, die es wert sind, in der Kunst dargestellt zu werden, ereignen sich an der Nahtstelle zwischen Welt und Bewußtsein. Hofmannsthal verschrieb sich nicht der Mystik der Innerlichkeit; denn er besaß ein klares Wissen davon, daß die Versenkung ins gestaltlose Innere in die Beliebigkeit führt: «Wollen wir uns finden, so dürfen wir nicht in unser Inneres hinabsteigen: draußen sind wir zu finden, draußen. Wie der wesenlose Regenbogen spannt sich unsere Seele über den unaufhaltsamen Sturz des Daseins. Wir besitzen unser Selbst nicht: von außen weht es uns an, es flieht uns für lange und kehrt uns in einem Hauch zurück.» Wenn etwas von dem flüchtigen Leben der Seele aufgefangen werden kann, dann nur im Material der Wirklichkeit. Doch nimmt Hofmannsthals Kunst nicht durchweg das Stoffliche als Symbole der Innerlichkeit in Gebrauch. In ihr lebt die Erfahrung auf, daß das Subjekt sich nicht ungestraft die Wirklichkeit unterwerfen darf, wenn es die Schönheit nicht vernichten will. Der ästhetische Schein hängt an der Welt der Dinge, an die sich die Innerlichkeit entäußert hat. Von ihnen verspricht sich das Subjekt jenen transzendierenden Glanz des Sinnes, in dessen Besitz es selbst nicht mehr ist, seit es in seiner Rolle als beseelter und beseelender Mittelpunkt der Wirklichkeit abgedankt hat. Indem er sich ans Außen überliefert, erwartet sich der Dichter die Beseelung des Inneren.
Für Hofmannsthal wie für Franz Blei (1871 bis 1942) oder für Albert Paris von Gütersloh (d. i. Conrad Kiehtreiber, 1887 bis 1973) liegt die Tiefe der Dinge an der Oberfläche und geht ganz im Glanz ihrer Erscheinung auf. Das Leben, schreibt Blei, ist nicht dankbar, es läßt sich nicht auf die Kategorien des Gedankens oder auf ein philosophisches System zurückführen; es entzieht sich den verdinglichenden Klassifikationen des Intellekts. Die bedeutendste Figur Hofmannsthals, Lord Chandos, ist ein Mystiker ohne Mystik. Mystisch ist seine Erfahrung von der Welt, die sich ihm zeigt, ohne begriffen werden zu können, da sie leer von höheren Bedeutungen ist. Mystisch ist schließlich die unsagbare Gegenwart des Seins. «Nicht ‹wie› die Welt ist, ist das Mystische, sondern ‹daß› sie ist», wird Wittgenstein sagen.
Dieses Denken verneint radikal die Vorstellung einer dialektischen Beziehung zwischen Erscheinung und Wesen: Hinter den Dingen verbirgt sich kein geheimer Sinn, kein wahres Gesicht tritt unter der Maske her-

vor. Der Held in der Erzählung *Prinz Hippolyt* (1903) von Franz Blei trägt im Gegensatz zu allen anderen keine Maske, und gerade deshalb scheint er der einzige Maskierte zu sein: Die Nacktheit des Existierens, die Oberfläche, hinter der nichts mehr ist, erscheint rätselhafter als alle die Schleier, mit denen die Gesellschaft und die Philosophie versucht haben, sie zu verbergen, so daß der Schein einer zu enthüllenden Tiefe entstand.
Doch auch das Gesicht des Fürsten Hippolyt ist eine Maske; denn es wandelt sich ständig im Fluß der Stunden und Jahre. Es gibt kein wahres und unveränderliches Gesicht unter all den täuschenden und kurzlebigen Masken eines Menschen. Sein Gesicht besteht aus eben jenen unablässig sich vollziehenden Übergängen von einer Maske zur anderen. – Und auch von Fürst Hippolyt heißt es, daß er ein «Mystiker» ist.
In einer anderen Erzählung Franz Bleis, *Helgabal* (1909), verweigert sich dieser mythische Ästhet auf dem Cäsarenthron der «Tyrannei» des Gedankens, jedem «Wert» und jedem «tieferen Sinn», da sie sich über das Leben erheben wollen, während dessen Wahrheit darin besteht, «sinnlos» zu sein. Die Verflüchtigung des Grundes führt geradewegs in die Krise des Subjekts, der Substanz und zuletzt zur Krise des sprachlichen Zeichens.
In einer Zeit der glanzvollsten literarischen Blüte Österreichs entsteht ein Werk, das ein Ende all jener Sicherheiten vorstellbar macht, die bisher stillschweigend der Tätigkeit des Schriftstellers zugrunde lagen. Hugo von Hofmannsthals Erzählung *Ein Brief* (1902) beschreibt eine Krise des sprachlichen Zeichens, die nicht nur die Kunst, sondern ganz allgemein die Beziehung des Menschen zur Wirklichkeit in Frage stellt. Der Verfasser dieses Briefes ist Lord Chandos, ein junger Schriftsteller, der sich bei seinem Freund, dem großen Staatsmann und Philosophen Francis Bacon, dafür entschuldigen will, daß er seit geraumer Zeit auf alle literarische Betätigung verzichtet hat. Die Ursache seines Schweigens – und diese Enthüllung ist von den Schauern einer tragischen Betroffenheit gestreift – liegt im Zerfall des bisher festgefügten Bandes zwischen sprachlichen Zeichen und Wirklichkeit. Von Anbeginn ein klassizistischer Literat, der die Regeln der Rhetorik im Einklang mit der Sprache seines Innern erfährt, war ihm die Nennung eines Wortes zugleich ein Zitat der Wirklichkeit. In der Klarheit der Form spiegelte sich die Eindeutigkeit einer vollends in Besitz genommenen Welt wider. Diese Sicherheit, die auf der fraglosen Hinlänglichkeit der Zeichen beruhte, ist Lord Chandos auf einmal verlorengegangen. Die bewährten Regeln der Rhetorik erweisen sich als unfähig, «ins Innere der Dinge zu dringen», und Lord Chandos sieht sich vor der uranfänglichen Aufgabe, die wahre Form der Wirklichkeit aufzusuchen, «die jenseits des Geheges der rhetorischen Kunststücke erst geahnt werden kann, die, von welcher man nicht mehr sagen kann, daß sie das Stoffliche anordne, denn sie durchdringt es, sie hebt es auf und schafft Dichtung und Wahrheit zugleich, ein Widerspiel ewiger Kräfte, ein Ding,

herrlich wie Musik und Algebra.» Das ist der Traum von einem Zeichen, das der Wirklichkeit nicht als eine äußere Ordnung auferlegt wäre, sondern als analogia entis – Heimito von Doderer wird später noch der Faszination dieser Vorstellung erliegen – ihr getreuer Spiegel ist. In ihrem jetzigen Zustand erscheint die Sprache freilich unzulänglich für den Versuch, den Fluß des Lebens nachzuvollziehen. Die Gegenwart eines Unsagbaren zerschlägt dem Dichter sein Instrument, mit dem er bisher von der Welt kündete. Er ist in eine Wortlosigkeit eingetreten, in der ihm nur die schweigende Offenbarung des Lebens selbst geblieben ist. Die geistige Starrnis, die Lord Chandos befallen hat und deren er sich schmerzlich bewußt ist, ist die Haltung eines Menschen, der sich anschickt, in den Strom der Dinge unterzutauchen und sich mit ihnen zu vermischen. In einer Art von vegetativer Regression saugt sich der Blick an den Dingen fest, bis der rettende Abgrund zwischen Ich und Welt zusammengewachsen ist.

Die Sehnsucht des Lord Chandos ist es, wieder eine Sprache zu finden, die der auf ihn einstürmenden Wirklichkeit mit der Vielfalt ihrer Stimmen Ausdruck verleihen kann. Er weiß nur noch nicht, was an die Stelle jener geordneten Menge von Zeichen treten soll, die bisher ihre Aufgabe, den Zugang zur Wirklichkeit zu vermitteln, so klaglos erfüllt hatte. Unter der Gewalt ihrer Epiphanien hat das Ich darauf verzichtet, sich weiterhin als ordnende und wertende Instanz aufzuspielen und erlebt nur noch Einzelheiten, bis zum Rand mit einem höheren Leben erfüllt, jedoch keine hierarchischen Strukturen, innerhalb deren die Dinge durch ihre Beziehungen zueinander einen übergreifenden Sinn erfahren. Lord Chandos wird überwältigt von den nicht enträtselbaren Bedeutungen, die aus den aus allen logischen Zusammenhängen entlassenen Dingen aufsteigen. Die Unmittelbarkeit der alltäglichen Erscheinungen des Lebens, «ein Hund, eine Ratte, ein Käfer, ein verkümmerter Apfelbaum, ein sich über den Hügel schlängelnder Karrenweg, ein moosbewachsener Stein», gewährt ihm nach dem Zerbrechen der großen logischen und moralischen Ordnungsstrukturen Halt. Die Bedeutsamkeit, die sich ihm an der reinen und absoluten Gegenwart gleich einer Erleuchtung mitteilt, ist die Frucht jenes Verzichts auf Klassifizierung und logische Ordnung der Wirklichkeit, der sich Lord Chandos in einer ihm unerklärlichen Notwendigkeit gleich einem Naturereignis aufdrängt. Was ihn hinreißt, sind nicht so sehr die Gegenstände als solche denn ihr «von niemand beachtetes Daliegen oder -lehnen». Sie sind so bestürzend nah und quellen über vor Bedeutsamkeit, weil sie aus jedem Gebrauch entlassen sind. Die neue Fülle des Daseins, die aus der Welt des Schweigens auftaucht, lebt in einem Jenseits aller gesellschaftlichen Sinnstrukturen.

Die Krise der Sprache, ihre Abdankung als Mittel, den Reichtum der Wirklichkeit zu erschließen, ist verbunden mit jener des psychologischen

Subjekts. Sein Untergang als apperzeptives Zentrum annulliert die geordnete Beziehung zwischen den Dingen, die perspektivische Tiefe ihres Bedeutungsgefüges, und rückt sie unterschiedslos in den Nullabstand. «Mein Geist zwang mich, alle Dinge (...) in einer unheimlichen Nähe zu sehen: so wie ich einmal in einem Vergrößerungsglas ein Stück Haut meines kleinen Fingers gesehen hatte, das einem Blachfeld mit Furchen und Höhlen glich.» Dieses Subjekt geht im Hier und Jetzt auf, der Verlust der Perspektive ist nur der sichtbare Ausdruck der Tatsache, daß es nicht länger an seinem Herrschaftsanspruch festhält. Der Zerfall seiner transzendentalen Einheit findet sein Gegenstück im Auflösungsprozeß der Wirklichkeit, der zu ihrer vollkommenen Atomisierung führt. «Es zerfiel mir alles in Teile, die Teile wieder in Teile.»

Machs Empiriokritizismus

Die überraschenden Analogien, die sich hier zur Philosophie Ernst Machs (1838 bis 1916) ergeben, werden durch biographische Belege erhärtet. Hofmannsthal geriet wie auch die meisten anderen Wiener Schriftsteller dieser Zeit – zu nennen wären vor allem Hermann Bahr und Robert Musil – unter den Einfluß von Machs Erkenntnistheorie. *Die Analyse der Empfindungen und das Verhältnis des Physischen zum Psychischen* (1886) lieferte einen dem spätbürgerlichen Skeptizismus entsprechenden Versuch, die Philosophie wissenschaftlichen Ansprüchen anzunähern. Das hieß für Mach vor allem, daß sich die Wirklichkeit in einen Strom von Empfindungen auflöste, der es nicht länger erlaubte, von Wesensverschiedenheiten zwischen Psychischem und Physischem, zwischen Ich und Welt, Innerem und Äußerem zu sprechen. Es liegt nur an den verschiedenen Gesichtspunkten der Forschungsdisziplinen, wenn ein und dieselbe Empfindung einmal als psychisches und das andere Mal als physisches Phänomen angesehen wird. Die Einheit der Gegenstände und die Einheit des Ichs sind Annahmen, die wir mehr aus Gründen der Bequemlichkeit und Gedankenlosigkeit machen. In der wissenschaftlichen Analyse hingegen erweisen sie sich als Ansammlung von Elementen, der keine objektiv bestehende Einheit zukommt. Wenn wir trotzdem weiterhin mit Vorstellung wie Körper und Ich umgehen, so geschieht dies aus praktischen Gründen, um uns die Orientierung in der Welt zu erleichtern. – Damit gerät aber auch die Sprache ins Zwielicht, die unmittelbarer Ausdruck jener Lebenszwecke ist. Ihre Zeichen sind eine ständige Mystifikation, die von der Erkenntnis der Wahrheit abhält. Der Anspruch auf Allgemeinheit, der dem Zeichen innewohnt, seine kategoriale Ausdehnung beruft sich nur auf ein Analogiegesetz. Die Worte decken keinen Begriff. Lord Chandos hat in einem bestimmten Moment seines Lebens die Erkenntnis, daß die hierarchischen und kategorialen Strukturen der Sprache ein Instrument der Verdinglichung des Lebens sind und eine unendli-

che Vielfalt von Erfahrungen in die abstrakte Universalität ihrer Klassifizierungen zwängen. Sein Gedächtnis hält dem Augenblick die Treue und weigert sich, die Erlebnisse der zentralen apperzeptiven Instanz zur Ordnung zu unterbreiten. Damit verflüchtigt sich aber auch die kritische Kraft, die dem Vergleich und dem Unterscheiden innewohnt.
Einige Prinzipien des extremen Empirismus wie die Zerlegbarkeit und Nichtigkeit des Ichs, die Leugnung eines wesenhaften Unterschieds zwischen Physischem und Psychischem und die Kritik an der klassischen Kategorienlehre enthalten die Möglichkeit, in einen vitalistischen Mystizismus abzugleiten. Der Strom des Lebens schwemmt den begreifenden Gedanken hinweg, und das in seiner Identität geschwächte Ich taucht in ein unterschiedsloses Kontinuum von Empfindungen ein, in dessen wechselndem und unvorhersehbarem Spiel es sich verliert. Dieses Ich verfällt in eine Passivität, in der die Konstituierung der Welt durch das Handlungsspiel nicht länger sichergestellt ist. Das Ich erfährt sein Leben als Maskenspiel, dem keine endgültige Wahrheit einen sicheren Bezug bieten kann. Die Wirklichkeit verwandelt sich in eine Abfolge von Vexierbildern, an der so grundlegende Erfahrungen wie jene der Identität zerbrechen.

Literatur und Psychiatrie

Das große Interesse, das die Wiener Literatur um die Jahrhundertwende den zeitgenössischen Studien zur Psychiatrie und klinischen Psychologie entgegenbringt, hat seine Ursache darin, daß die hier beschriebenen Tatbestände Zugang zu einer Wirklichkeit eröffnen, in der sich Tendenzen der eigenen Existenz, wenngleich ins Extrem zugespitzt, wiedererkennen lassen. So etwa im Falle der Persönlichkeitsspaltung, deren klinisches Bild durch das damals vielbeachtete Buch von Théodule Ribot (1839 bis 1916) *Les maladies de la personalité* (1885) bekanntgeworden ist. Es wurden darin psychiatrische Fälle geschildert, die eine Spaltung des Ichs in verschiedene einander unbekannte Persönlichkeiten erkennen ließen. Einige Jahre später beschreibt Pierre Janet (1859 bis 1947), ein Schüler Charcots, die Auflösung der Persönlichkeit in verschiedene miteinander nicht verbundene psychische Kerne. *The Dissociation of a personality* (1905) von Morton Prince (1854 bis 1929) wird Hofmannsthals Quelle für die Behandlung der Persönlichkeitsverdopplung, die in seinem unvollendeten Roman *Andreas oder die Vereinigten* (entstanden 1907 bis 1913, posthum 1930), das zentrale Thema werden sollte. Die Bildungsreise nach Venedig, auf die der junge Andreas von Ferschengelder von seinen Eltern geschickt worden ist, wird für ihn eine Entdeckungsfahrt in sein Inneres, dessen Widersprüchlichkeit ihn zu überwältigen droht. Die Gefährdung der eigenen Identität, der er sich ausgesetzt sieht, ist in dem Doppelwesen Maria – Mariquita zur unversöhnbaren Lebenswirklichkeit geworden.

Die Spaltung in eine sinnliche, vom Eros beherrschte und in eine vergeistigte, ethisch-religiöse Persönlichkeit ist so weit fortgeschritten, daß sie sich selbst körperlich äußert. – Doch geht es Hofmannsthal um weit mehr als um die Beschreibung eines klinischen Falls von Schizophrenie. Die ungeteilte Liebe Andreas' zu beiden Existenzformen seiner geheimnisvollen Freundin, in der er Möglichkeiten seines eigenen Ichs verwirklicht findet, sollte sowohl zu ihrer Erlösung als auch zu seiner endgültigen Selbstfindung führen. Im Sinne einer ethischen Aufhebung der bloß ästhetischen Existenz, die sich in Hofmannsthals Schriften seit der Jahrhundertwende immer deutlicher als ideologische Botschaft abzeichnet, wäre die Liebe jene Kraft, die dem in sich vom Zerfall bedrohten Menschen eine neue Einheit schenkt.

Sprachkritik und ästhetische Existenz bei Hofmannsthal, Musil, Andrian, Beer-Hofmann

Hofmannsthals *Ein Brief* hat eine Bedeutung, die über den persönlichen Bereich hinausgeht. Die Probleme, die darin skizziert werden, sind das ideale Manifest der österreichischen Literatur des zwanzigsten Jahrhunderts. Die hier beschworene Epiphanie der Dinge, die sich dem eingrenzenden Wort entzieht, läßt den Sinn für Augenblicke aufglänzen gleich dem Leuchten, das aus den Wiener Palästen im *Garten der Erkenntnis* von Leopold von Andrian hervorbricht. Und noch Heimito von Doderer (1896 bis 1966) wird in der *Strudlhofstiege oder Melzer und die Tiefe der Jahre* (1951) und in den *Erleuchteten Fenstern oder Die Menschwerdung des Amtsrates Julius Zihalersch* (1951) vom in sich gestillten Leben der Dinge künden, die in ihrer Verlassenheit von einem unnennbaren Sinn erstrahlen.

Die in *Ein Brief* gestalteten Erfahrungen sind so ferne nicht dem, was Hofmannsthal selbst bewegte. Adorno führt das Schauspielertum seiner Kunst – nicht wenige seiner Verse schlagen einen Ton an, als hörten sie sich selbst zu – auf die Einsicht zurück, «daß die Sprache nichts mehr zu sagen erlaubt, wie es erfahren ist», und erkennt den eigensten Zug von Hofmannsthals Theater in dem Versuch, «die Dichtung von der Sprache zu emanzipieren».

Das Künstliche und Veranstaltete an Hofmannsthals dichterischer Welt kommt insofern der Wahrheit näher, als es eben von der Entfremdung kündet, die das Leben in der zeitgenössischen Gesellschaft prägt. An seiner Haltung werden Erfahrungen sichtbar, die dem verborgen bleiben, der sich in den Bann der Unmittelbarkeit begibt und sich darauf beschränkt, die Wirklichkeit in ihrem erscheinenden Sosein widerzuspiegeln.

Was Anatol, Schnitzlers wohl berühmteste, weil typenbildende Figur vorlebt, das verkündet Andreas, die Hauptperson von Hofmannsthals erstem lyrischen Drama *Gestern* (1891) als reflektiertes Lebensprogramm, an dessen Verwirklichung er scheitert. Hofmannsthal hat von Anfang an ein gebrochenes Verhältnis zur ästhetischen Existenz. Daß seinen lyrischen Dramen jeder sichtbare Bezug zur gegenwärtigen Gesellschaft abgeht, ist ein Hinweis darauf, wie schwer es ihm fiel, die Faszination durch das Spiel der über ihre Empfindungen gebeugten Seele mit den gesellschaftlichen Ansprüchen seiner Lebenswirklichkeit zu vermitteln. Es brauchte die verklärende Ferne der Renaissancezeit, um den Erfahrungen seiner Gestalten einen historischen Hintergrund und damit Leben zu verschaffen, als fühlte sich Hofmannsthal nicht fähig, sie der prosaischen Luft der spätbürgerlichen Gesellschaft auszusetzen. Die Negation des triumphierenden Kapitalismus und der von ihm hervorgebrachten Zivilisation war nur durch die Flucht in eine als Spiegelbild der Seele geschaffene Vergangenheit auszudrücken. Der dadurch entstehende abstrakte Raum ermöglichte, daß sich die dem ästhetischen Weltbild immanente Dialektik frei entfaltete.

Die völlige Hingabe an den Augenblick, die jede Verantwortung für das Gestern ausschlägt und nur den immer neuen Reiz des Hier und Jetzt gelten läßt, enthüllt im Schicksal Andreas', des Helden von *Gestern*, ihre zerstörerische Widersprüchlichkeit. Der Einbruch des Schmerzes in sein Leben, als er die Untreue der Geliebten entdeckt, läßt ihn in Verleugnung des eben noch stolz verkündeten Lebensideals erkennen, daß die Vergangenheit untrennbar ist vom Selbstsein. Solange das Ich nicht bereit ist, auf sich selbst zu verzichten, bleibt es um der eigenen Identität willen an die Vergangenheit gefesselt.

Jene Erfahrung des Lord Chandos, daß die Worte nicht mehr ausreichen, um die erlebten Bedeutungen auszudrücken, ist auch in dem Satz Maeterlincks beschworen, den Musil als Epitaph für seinen Roman *Die Verwirrungen des Zöglings Törleß* (1906) wählte. Die glänzende Perle der Tiefe, die sich in eine gewöhnliche Glasperle verwandelt, sobald sie durch das Wort an die Oberfläche geholt worden ist, ist Metapher für jenen Zerstörungsprozeß, den die gesellschaftliche Konventionalität der Sprachzeichen am ursprünglichen und unwiederholbaren Sinn der an den Augenblick gebundenen Erfahrung anrichtet. Rainer Maria Rilke (1875 bis 1926) und in seinem Fahrwasser Doderer werden vom Papiergeld der Namen sprechen, das sich an die Stelle der Goldwährung der Dinge gesetzt hat. Das verlorengegangene Gewicht der Welt wiederherzustellen, wird zu der Aufgabe des Dichters, an der sich seine Berufung entscheidet. In Musils *Törleß* ist wie in Hofmannsthals *Ein Brief* noch das krisenhafte Zerbrechen des Vertrauens in die Welt der Zeichen die beherrschende Erfahrung. Die Bilder der Dinge glänzen für Törleß voller Bedeutsamkeit im Innern der Seele, aber verflüchtigen sich, sobald sie an die Oberfläche der Sprache geholt werden. Diese zerstörerische Wirkung des Ausdrucks hat ihre Ursache in der Spaltung, die sich notwendigerweise zwischen dem Ich und seinen Regungen ergibt, sobald das Subjekt versucht, seiner selbst habhaft zu werden. Je mehr es sein inneres Leben durch das Wort einzugrenzen versucht, um so weiter weicht es vor seinem Zugriff zurück. Der Umfang des Ichs deckt sich nicht mit seinen Empfindungen und Strebungen, es ist sehr viel weiter, ja geradezu unerschöpflich. Die Bedeutung seiner Totalität sprengt die Aussagemöglichkeiten einer Sprache, die abgrenzen muß, wenn sie ihre Aufgabe erfüllen will. Törleß, der versucht, die ihn überwältigende Erfahrung der erwachenden Sinnlichkeit sich selbst zu erklären, muß feststellen, daß die Sprache die Wirklichkeit verfälscht: Was er erlebt hat, wird durch die Worte unkenntlich. Unter dem vereinfachenden Zugriff der Sprache zerreißt das verschwebende Gespinst der Empfindungen, in dem Erfahrung als eine unteilbare Totalität gegenwärtig ist. Die Sprache erscheint deshalb Törleß als ein ständiger Verrat an der Einheit von Bewußtsein und Welt, die durch die sprachliche Artikulation zerbrochen wird, so daß dem Subjekt anstelle einer tiefempfundenen Wahrheit nur die spärlichen Scherben der durch die Worte stümperhaft segmentierten Wirklichkeit in den Händen bleiben.

An die zentrale Stelle des Romans hat Musil die Beschreibung der Erfahrung des Unendlichen gesetzt, die Törleß im Garten des Militärinstituts macht. An der plötzlichen Epiphanie einer Bedeutung, die ihn zutiefst ergreift und beunruhigt, bestätigt sich noch einmal das Versagen der Sprache. Das Blau des Himmels, das durch die Wolken bricht und dem Blick einen ungeheuer hohen Raum eröffnet, wird für Törleß ein Anzeichen im Husserlschen Sinn, das auf die Existenz eines anderen Phänomens verweist, ohne daß es ihm gelänge, es mit Worten auszudrücken und damit begreifbar zu machen. Auch die Beschwörungsformel, «das Unendliche», zu der sich Törleß flüchtet, prallt von der Intensität des erfahrenen Sinns als leichter Pfeil ab.

Die Entfremdung von der Wirklichkeit wird zu einer der grundlegenden Erfahrungen dieser die Welt als ästhetisches Phänomen erlebenden Generation. Die Struktur dieser gestörten Wirklichkeitsbeziehung stellt sich vielleicht in keinem anderen Werk so deutlich dar wie in der kurzen Erzählung *Der Garten der Erkenntnis* (1895) von Leopold von Andrian (1875 bis 1951), die sein Hauptwerk geblieben ist. Der aus dem Hochadel stammende Held der Geschichte, die auch als geraffter Entwicklungsroman angesprochen werden könnte, erfährt sein Leben als etwas Unverständliches, als eine Form des Daseins, «dessen Gesetz nicht mehr aus ihm kam». Es ist ihm wie eine «fremde Arbeit» auferlegt, und seine Sehnsucht geht dahin, die Identität der Welt mit sich selbst wiederherzustellen. Die Rettung erwartet sich Erwin von außen: Jener Schein der Fremdheit und Wesenlosigkeit, der über der Welt liegt, wird sich – dies ist seine unauslöschliche Hoffnung – eines Tages schlagartig auflösen und dann endlich die Wahrheit unverhüllt als blendende Erleuchtung hervortreten lassen. Sein kurzes Leben ist eine ununterbrochene Suche nach diesem Augenblick. Hatte er zunächst das Geheimnis des Lebens noch in einer ganz bestimmten Erfahrung zu finden gemeint, wird er sich schließlich darüber klar, daß die Totalität des Lebens selbst die Wahrheit birgt. Ihre Erkenntnis ist ihm jedoch bis zu seinem Tode versagt.

Die feudale Abkunft des Helden ist gleichsam das soziale Empfinden der Schranke, die ihn von der Wirklichkeit trennt. Seine Erfahrung der Entfremdung, die sich als Sehnsucht nach dem wahren Leben äußert, scheint ihre tiefere Ursache eben in seiner sozialen Rolle zu haben. Ihr mangelt jede Vermittlung der Wirklichkeit durch Arbeit und Herrschaft. Das Leben ist ihm einzig als ästhetischer Genuß zugänglich, weil er an den es bewegenden Kräften keinen Anteil hat. Die Dinge sind ihm deshalb fern, aber auf eine andere Art als dem Bürger, der sie zwanghaft in Waren verwandelt. Dessen triumphierendes Bewußtsein aus der Frühzeit des Kapitalismus, Herr der Wirklichkeit zu sein, ist in diesen Zeiten wohl vielfach dem Gefühl der Heteronomie gewichen, seitdem der Kampf ums wirtschaftliche Überleben durch den drohenden Sieg der monopolistischen Großunternehmen verzweifelte Züge angenommen hat. Andrians erlesene Welt des Feudalismus zeigt sich also letzlich von Widersprüchen zerrissen, die dem Bürgertum durchaus nicht fremd waren.

Das Leben, von dem im *Garten der Erkenntnis* erzählt wird, verkündete in seinem Scheitern unausgesprochen einen Zweifel an der Sinnerfülltheit einer rein ästhetischen Erfahrung der Wirklichkeit. Die ungestillte Hoffnung auf wahre Erkenntnis, die sich als passive Offenbarung dem Subjekt zusprechen soll, gibt die Ahnung des Dichters preis, daß in Wesenlosigkeit zu versinken droht, wer sich auf die Dialektik von Individuum und Gesellschaft nicht einläßt. Diese Selbstkritik des ästhetischen Lebens enthüllt explizit ihre moralische und gesellschaftliche Dimension in *Der Tor und der Tod* (1894), einer Szenenfolge, mit der Hofmannsthal an die allegorisierenden Mysterienspiele des Mittelalters und Barocks anschließt.

Es braucht nicht die Begegnung mit dem Tod, um Claudio davon zu überzeugen, daß er sein Leben versäumt hat. Er erkennt die Ursache seines Scheiterns in seiner Unfähigkeit, am Leben der anderen teilzuhaben. Nach der rauschhaft erfahrenen, aber ihrer selbst kaum bewußten Identität zwischen Ich und Welt, die seine Kindheit zu einer Zeit des Glücks gemacht hat, fühlt er sich von der Wirklichkeit getrennt. Claudios Klagen über sein Leben in der Spaltung zwischen Subjekt und Objekt künden von der Sehnsucht nach einem Leben, in dem das Gefühl jenen Abgrund, den das Bewußtsein aufgerissen hat, wieder zudeckt. – Daß sich das Subjekt in sich verschließt und gebannt auf die eigenen Regungen horcht, erscheint als schuldvolles Verhalten des einzelnen, der sich aus Anmaßung von der Sozialität des Lebens ausschließt.

Auch die Erzählung *Der Tod Georgs* (1900) von Richard Beer-Hofmann (1866 bis 1945), einem engen Freund Hofmannsthals, behandelt den Prozeß der kritischen Selbsterkenntnis des Ästheten. Die Erfahrung des Todes – sein Freund Georg stirbt während eines Besuches bei ihm, und im Traum erlebt er den Tod seiner Frau – löst in Paul, einem ästhetischen Solipsisten, eine tiefgreifende Erschütterung aus. Die Entfremdung von der Wirklichkeit, in der er, fern allen gesellschaftlichen Beziehungen, bisher gelebt hatte, beginnt sich zu lösen. Die Vorstellung von Glück hatte sich für ihn mit der ruhigen Schönheit der vom Gebrauch durch die Menschen verschonten Dinge verbunden. Dahin zu gelangen, war nur möglich gewesen um den Preis einer lückenlosen Ausschließung der widerspruchsvollen, vom Leben beschmutzten Wirklichkeit. Über diesem Reich der Seele liegt der sterile Glanz eines von der Ruhe des Todes ereilten Stillebens. Der Schein seiner unzerstörbaren Dauer zerbricht angesichts des wirklichen Todes als mühsam aufrechterhaltene Leistung der Innerlichkeit. Rettung bietet ihm die Zuflucht im Mythos mit seinen ewigen Gesetzen, die das Leben des einzelnen und das der Totalität durchwalten und zur Einheit vermitteln. Die Verbundenheit mit der jüdischen Tradition, die nun in Paul aufbricht, ist das erste Zeichen der Rückkehr aus seiner ästhetischen Wirklichkeitsflucht.

Die Dichtung Beer-Hofmanns ist vom Bewußtsein des Abgrunds gezeichnet, der sich zwischen Ich und Leben geöffnet hat, so daß dieses nicht mehr als das eigene erfahren wird, sondern als ein dem Ich unzugängliches Gebiet. Das Leben erscheint ihm als etwas, das sich vor ihm ständig zurückzieht und unerreichbar bleibt. Es ist nicht Teil des Ichs, aber dieses fühlt eine Sehnsucht danach, als wäre es ihm einmal verlorengegangen. Leben heißt für Beer-Hofmann, die Strömung hinabzutreiben, während uns das Leben, von dem wir scheiden, von den Ufern aus nachblickt. Auch für Hofmannsthal ist das Leben ein Abschied von ihm: «Ein namenloses Heimweh weinte lautlos / in meiner Seele nach dem Leben», heißt es in seinem Gedicht *Erlebnis*, das diese Trauer mit dem Gefühl vergleicht, das einer empfindet, wenn er des Abends auf einem Schiff an seiner Heimatstadt vorbeifährt, die Straßen und Gärten seiner Kindheit, schließlich den trauten Schein einer Lampe im Fenster seines Zimmers sieht, aber das Schiff nicht anhalten kann und von ihm weitergetragen wird, weg aus dem Land seiner Sehnsucht. Wenn die Existenz nur ein ununterbrochener Abschied von sich selbst ist, stellt sich unausgesprochen die Frage Rilkes «Wann ist Gegenwart?», in der jene Oblomows «Wann soll man leben? Wann leben?» widerhallt.

Die moderne Zeit scheint die Gegenwart nicht zu kennen, nur ein Vergehen und Werden, das nicht als Bereicherung, als Weg zu einem bedeutungsvollen Ziel erfahren wird, sondern als Sich-Verflüchtigen des Seins, als Abwesenheit jeden sicheren Werts.

In der österreichischen Literatur der Jahrhundertwende verstärkt sich mit der Flucht in eine ästhetisch verklärte Welt das Bewußtsein der Entfremdung und des Nihilismus als Kainszeichen der modernen Zivilisation.
Die sublimen geistigen und moralischen Erfahrungen, die Hofmannsthal in seinen lyrischen Dramen darstellt, scheinen, zumindest auf den ersten Blick, völlig losgelöst von den großen gesellschaftlichen Konflikten seiner Zeit. Sie schöpfen im Gegenteil wesentliche Antriebskräfte eben aus der Abwehr ihres als bedrohend erfahrenen Anspruchs. Die Spuren der Alltäglichkeit sind weitgehend getilgt: der Reifungsprozeß des Dichters Hofmannsthal wird darin bestehen, sich von seinem Anspruch auf das Sublime und damit, seiner Erfahrung nach, Humanere nichts abmarkten zu lassen, ohne die Bande zum gegenwärtigen Leben völlig zu durchschneiden. Die Beseelung, die seine letzten Komödien, vor allem den *Schwierigen* (1921), auszeichnet, ist das Ergebnis dieser schwierigen Vermittlung, die aus der feudalen Gesellschaft Altösterreichs eine idealisierte humane macht, ohne daß dies um den Preis einer gewalttätigen Stilisierung erkauft worden wäre. Es klingt, als wäre dies die wahre Menschheit, auch wenn es eine erträumte ist.
Kunst als der Inbegriff des Humanen flüchtet sich in eine Welt, die mit der bestehenden des bürgerlichen Alltags nichts mehr gemein haben will, da sie als Barbarei sich enthüllt hat. So kommt das Paradoxon zustande, daß die geläuterte Wirklichkeit von Hofmannsthals lyrischen Dramen in ihrer inhärenten Negation vom inhumanen Zustand der Welt kündet. Aber *Der Schwierige* ist auch eine eindrucksvolle, zugleich bittere und distanzierte Darstellung einer Sprachkrise. Das Wort erscheint der Hauptfigur Hans Karl Ausdruck einer «indezenten Überschätzung seiner selbst». *Der Schwierige* will nichts Endgültiges anerkennen, keine in sich erstarrte Totalität; er weigert sich, eine Wahl zu treffen, oder wählt vielmehr die Unentschlossenheit wie auch die untergegangene Habsburgermonarchie, die dem Prinzip statischer Beharrung gehuldigt und ihr Überleben mit der Erhaltung des Vorläufigen und der Verweigerung einer Synthese jenseits der eigenen Widersprüche identifiziert hatte. Doch diese habsburgische Angst vor der Synthese war der Ausdruck einer Krise, die das gesamte europäische Denken erfaßt hatte. *Der Turm* (1925) sprach die Unversöhnbarkeit der Gegensätze und die Unmöglichkeit einer Erlösung aus.

Schnitzler

Andere Schriftsteller haben sich vorbehaltloser als Hofmannsthal mit ihrer Zeit eingelassen. Arthur Schnitzler (1862 bis 1931), von Beruf Arzt und seit seinen literarischen Anfängen an der psychologischen Aufschließung der gesellschaftlichen Wirklichkeit interessiert, wäre nicht der Zeitgenosse und Bewunderer Freuds gewesen, wenn er seiner Zeit nichts hätte abgewinnen können. Der innere Monolog etwa, der in *Leutnant Gustl*

(1901) die Erzählung zur Gänze aufgezehrt hat, kann durchaus als Vollendung der künstlerischen Intentionen angesehen werden, die dem konsequenten Naturalismus eines Arno Holz und Johannes Schlaf vorgeschwebt haben mag. Die mimetische Deckung zwischen Literatur und Wirklichkeit war in keinem Augenblick größer. Und so kann die Fiktion entstehen, daß es die Wirklichkeit selbst ist, die sich hier entlarvt: Das klägliche Bewußtsein eines k. k. Leutnants, der meint, er müsse Selbstmord begehen, weil die Beleidigung eines Bäckermeisters nicht mit Blut abgewaschen werden könne. Schnitzler ist Freud nahe und doch auch fern, wie aus den Briefen der beiden hervorgeht, in denen sich gegenseitige Bewunderung, aber auch verdeckter Widerstand ausspricht. Jenseits der oberflächlichen Analogien und der tiefen Unterschiede steht Schnitzler freilich einem der wesentlichen Gedanken der Psychoanalyse nahe, dem der «unendlichen Analyse», die jedes Element, auch sich selbst, in den Prozeß einbringt. *Leutnant Gustl* ist ein bedeutendes dichterisches Zeugnis der Erforschung einer Psyche, die sich im Akt der Analyse erst konstituiert: Es gibt nichts ursprünglich, vom Anfang an Vorgegebenes, das dann von der Analyse ans Licht gebracht wird, keine absolute und verborgene Wahrheit. Die Analyse sprengt die Grenzen der klassischen Vernunft; in ihr meldet sich eine Rationalität zu Wort, die sich ständig neu ihren Weg sucht und in einen ununterbrochenen Prozeß der Selbstberichtigung eintritt. Das Subjekt ist identisch mit der Arbeit der Analyse, die auf es selbst gerichtet ist und es erst dadurch erschafft. Es gibt keine verborgene Wahrheit des Leutnants Gustl unter oder hinter seinen Fehlleistungen, seinen sprunghaften Assoziationen. Er ist zur Gänze jenes Gewebe aus Worten, Gedanken, Verdrängungen und Verdichtungen. Es gibt keinen Unterschied zwischen Wahrheit und Erscheinung: Die Fiktionen des Bewußtseins sind der Ort, an dem sich die Einheit der Person herstellt.

In seinem Drama *Der grüne Kakadu* (1899) hat Schnitzler jenen Mangel an Authentizität, der den zeitgenössischen Menschen kennzeichnet, thematisiert. Das Stück spielt in Paris am Tage des Sturmes auf die Bastille. In einer volkstümlichen Kaschemme findet vor adeligem Publikum ein seltsames Schauspiel statt, in dem sich Schein und Wirklichkeit paradox durchdringen. Ehemalige Schauspieler mimen die Rolle von Mördern, Dieben, Zuhältern und Dirnen, während die gute Gesellschaft mit wohligem Schauder den Schein genießt, einmal in der Welt der Verbrecher dabeisein zu dürfen. Die Schauspieler, die in ihrer Rolle echter wirken als ein wirklicher Verbrecher, unterliegen der ständigen Versuchung, das Spiel mit der Wirklichkeit ihres Lebens zu vermischen; die Zuschauer wiederum müssen sich dagegen wehren, der Suggestion des Spiels zu unterliegen und es als Wirklichkeit zu nehmen. Dem Schwebezustand zwischen Schein und Wirklichkeit, Spiel und Ernst machen zuletzt der Einbruch der Leidenschaft und die Gewalt der revoltierenden Volksmassen ein Ende.

Auch die offenkundige Vorliebe für den aristokratisch-feudalen Lebensstil, der sich aus den Dichtungen nicht weniger Mitglieder des Jungen Wien ohne Gewaltsamkeit herauslesen läßt, hat mit dem tiefen Unbehagen an der bürgerlichen Gegenwart zu tun. Die literarische Verklärung des durch den Lauf der Geschichte immer mehr beiseite geschobenen Standes versteht sich als Protest gegen die Prosaizität der bürgerlichen Lebensauffassung, die in ihrer heuchlerischen Sexualmoral – Gegenstand der ätzenden Satire eines Karl Kraus – ihren widersprüchlichsten Ausdruck gefunden hat. Die Emanzipation des Eros und der Sexualität in der Literatur hatte deshalb auch die Bedeutung einer Absage an den gegenwärtigen Zustand des gesellschaftlichen Lebens, das die Menschen in ihrer Psyche deformiert.

Arthur Schnitzlers Drama *Anatol* (1893), eine Reihe von locker gefügten Szenen aus dem Leben eines Playboys des Fin de siècle, stellt sich bewußt außerhalb der bürgerlichen Gesellschaft und zitiert mit jeder Geste melancholisch die Welt einer untergehenden Aristokratie, die sich noch unbefangen dem Genuß hingibt. Die Lust – das ist die gar nicht so verborgene Botschaft dieser leicht hingeplauderten Dialoge – ist antibürgerlich und nur gegen die Konventionen zu erreichen. Deshalb ist Anatol noch lange kein Rebell. Er umgeht die offizielle Moral, wo es ihm notwendig erscheint, und bewegt sich dabei auf gesichertem Terrain; denn wie jede repressive Sexualmoral hat sich auch die bürgerliche eine Freizone geschaffen und gesellschaftlich institutionalisiert, in der sich die zu kurz gekommenen Wünsche, der Männer vor allem, Befriedigung verschaffen. Anatol, der durchaus zu Kompromissen mit den gesellschaftlichen Institutionen bereit ist, wenn es sich nicht ohne größere Unannehmlichkeiten vermeiden läßt, ist jedoch fern von jeder Verachtung für die Frauen und Mädchen, die bereit sind zu gewähren, was sie nach der geltenden Moral nicht dürften. Abhold den großen Gesten, hat er etwas vom großen Herrn, der seiner selbst so sicher ist, daß er es verschmähen kann, aus schlechtem Gewissen die genossene Lust herabzusetzen.

Das «süße Mädel», das Schnitzler sich rühmen darf für die Literatur und das Theater entdeckt zu haben, war die sentimentale Projektion des Wunsches nach Spontaneität und Natürlichkeit in einen Bereich der Gesellschaft, der noch nicht vom bürgerlichen Denken befallen scheinen konnte. Die proletarische Welt der Vorstädte oder die außerbürgerliche des Kunsbetriebs verklären sich in den Augen des ästhetisierenden Aristokraten, der an beide von außen herantritt und deshalb nur ihre exotischen Züge wahrnimmt, als letzte Inseln eines sonst schon verwehrten Glücks, an dem er mit wenig Mühe teilhaben kann. Maliziös läßt der Dichter seinen Helden selbst schildern, wie er unschuldig sein eigenes Glück manipuliert. Er will an jene Gefühle glauben, die er selbst als Bote aus einer allem Daseinskampf enthobenen Welt erweckt hat, als gälten sie seiner Person und nicht der sozialen Rolle, die er verkörpert.

Mit dem «süßen Mädel» hat Schnitzler aber auch eine Gestalt des apologetischen Habsburgermythos geschaffen, der sich im Bewußtsein der Späteren an die Stelle der Wirklichkeit gesetzt hat. Das Fehlen jeder Perspektive, die zur Lebensform gewordene Unentschlossenheit und Willenlosigkeit, die Anatol und viele andere Helden Schnitzlers auszeichnet, breitet über das Stück einen Hauch von Melancholie, in dem sich das Bewußtsein von der Blindheit des Willens niederschlägt. Ihm führungslos folgen zu müssen, ist das Schicksal Anatols, dem das Leben in Episoden zerfällt, denen er keinen inneren Zusammenhang mehr geben kann und will. Die Augenblicke erschöpfen sich in ihrem Sosein, und seine Sehnsucht geht deshalb einzig dahin, daß keiner sich wiederholt, sondern der ständige Wechsel der Situation Langeweile und Banalität fernhält. Anatol bleibt sich selbst gleich, er entwickelt sich nicht. Seine Begegnungen mit mehr oder weniger unschuldigen Mädchen und reifen Frauen, in denen er einmal der Treulose ist und dann wieder selbst verlassen wird, sind die Variationen eines erotischen Spiels, das immer wieder von neuem beginnt und virtuell sein Ende kennt. Egoist im stendhalschen Sinne, besitzt er die versöhnenden Attribute seigneuraler Distanz und Großzügigkeit, in denen Schnitzler einen aristokratischen Lebensstil verklärt hat, dessen Schwächen er sich durchaus bewußt war.

Das vielleicht berühmteste Schnitzlersche Drama *Reigen* (1900), das durch sein bürgerliche Tabus in Frage stellendes Thema nicht weniger als durch seine konstruktive Neuheit schockierte, verbirgt hinter der plakativen naturalistischen Oberfläche eine gesellschaftliche Botschaft, als deren Träger die besondere Form des Dramas erscheint. Die Verknüpfung der strukturell gleichen Szenen, in denen immer eine Liebesbegegnung dargestellt wird, erfolgt nach rein mechanischen Gesetzen. Wie die Glieder einer Kette greifen die Konstellationen der handelnden Personen ineinander: A + B, B + C, C + D ..., um sich mit der letzten Szene X + A zum Ring zu schließen. Die Personen der Handlung gehören allen Schichten der späthabsburgischen Gesellschaft an, von der Prostituierten bis zum Adeligen. Doch aus den galanten Zusammenkünften ist jede Erinnerung an gesellschaftliche Konflikte verbannt. In dieser Welt aus Urbanität und distanzierter Glätte kann sich die Utopie eines von Repressionen freien Raumes verwirklichen, in dem Liebe ein heiteres Spiel jenseits des mythischen Gesetzes von Schuld und Sühne ist. Im Wechsel der Konstellationen baut sich das Bild einer Gesellschaft auf, die, beherrscht vom Eros, ihrer hart aneinanderstoßenden Widersprüche vergessen hätte. Das Ende von Schnitzlers Zugehörigkeit zu Jung Wien zeichnet sich im Eindringen eben dieser hier verleugneten Macht gesellschaftlicher Wirklichkeit ab, die als Quelle von Leid erfahren wird. Christine, die Heldin von *Liebelei* (1895), ein Mädchen kleinbürgerlicher Abkunft, das an der Erkenntnis zerbricht, daß sie für den Geliebten nur eine Liebelei war, eine Ablenkung von der tödlich endenden Affäre mit einer verheirateten Frau aus der guten Gesellschaft, lebt doch in eben jener Zeit und an eben dem Ort, die einem Anatol und der Libertinage des *Reigens* als Hintergrund dienen. Christines bürgerliche Wertvorstellungen lassen den Zusammenstoß mit der Welt der ästhetisierenden Unverbindlichkeit zu einer selbstzerstörerischen Tragödie werden.

Daß die Weigerung, mit der Wirklichkeit vollkommen zu brechen, ihre Risiken in sich barg, wird gerade an *Anatol* und dem *Reigen* einsichtig; denn beide Dramen mußten seit der Zeit ihrer Entstehung dafür herhalten, einen verklärenden Schein über die Wirklichkeit der Habsburgermonarchie zu werfen. Sie partizipierte an einer humanen Urbanität und Toleranz, die mit dem Bild, das uns aus Karl Kraus' Schriften entgegentritt, in schneidendem Widerspruch steht.

Kraus

Karl Kraus (1874 bis 1936) ist eine überaus typische Stimme des Wien der Jahrhundertwende und doch zugleich eine große Ausnahme in dieser Welt, die er unablässig denunziert. Wenn die «finis Austriae» die Kultur des Wertvakuums ist, so beurteilt sie Kraus in einer Art apokalyptischem Jüngsten Gericht im Namen absoluter Werte. Er erscheint deshalb, wie schon Walter Benjamin gesehen hatte, revolutionär und zugleich reaktionär. Er ist revolutionär, insofern er unermüdlich die konventionellen Lügen des Systems, die soziale Ungerechtigkeit, die Korruption der Macht, die Heuchelei der geltenden Sexualmoral und den Militarismus anprangert. Sein Genie besteht darin, begriffen zu haben, daß auch und vor allem die Sprache ein Mittel der Macht und der Unterdrückung ist. Die Manipulation der Sprache verfälscht die Tatsachen und die Werte, beeinflußt und schafft erst die öffentliche Meinung und verzerrt schließlich nicht nur die Wahrheit, sondern löscht sie aus, indem sie an ihre Stelle die Fälschung setzt. Kraus hat als einer der ersten den Mechanismus der kollektiven Beeinflussung erkannt, nach dem, wie er sagte, die Nachrichten über die Tatsachen die wahren Ereignisse werden und auf die Wirklichkeit einwirken. Kraus ist nie müde geworden, diese Fälschung anzugreifen und in ihrer zerstörerischen Wirkung zu enthüllen. Dies geschieht, indem er die Entstellungen und Gewalttätigkeiten, die der Sprache zugefügt werden, in einer leidenschaftlichen Analyse oder durch die Kunst des Zitierens demaskiert. In einem manischen und zugleich heiligen Zorn hat Kraus in seiner Zeitschrift *Die Fackel*, die er durch 37 Jahre hindurch (1899 bis 1936) nahezu allein geschrieben und herausgegeben hat, denunziert, wie die Maschine der Meinungsmache, der Terror und die Gewalt kollektiver Beeinflussung sich der Menschen bemächtigen (*Sittlichkeit und Kriminalität*, 1908). Er wollte die Verderbnis seiner Epoche an ihrer eigenen Sprache sichtbar machen, indem er sie wortwörtlich enthüllte. Sein Drama *Die letzten Tage der Menschheit* (1918/19), eine apokalyptische Darstellung des Ersten Weltkriegs, ist eine riesige Montage von Zitaten. Es gibt bei Karl Kraus eine gewollte Monstrosität, in der sich der monströse Charakter seiner Zeit widerspiegeln soll.

Karl Kraus ist jedoch auch ein großer Konservativer: nicht allein deshalb, weil er sich an aristokratischen Idealen orientiert, wenn es darum geht, der Vermassung das Urteil zu sprechen, sondern weil er sich dem Recht der Geschichte entgegenstellt. Kraus fordert die Bewahrung der Natur, des Eros, der Ursprünglichkeit und Authentizität des Denkens. Um der eines sicheren Grundes entbehrenden geschichtlichen Welt entgegentreten zu können, sucht er einen archimedischen Punkt außerhalb der Geschichte, eine absolute Perspektive, innerhalb derer sie zu be- und verurteilen wäre. Kraus behauptet die Überlegenheit der Sprache über den Menschen insofern, als sie Logos, Wort und Sitz der Wahrheit ist.

Die großen Wiener seiner Zeit waren auf allen Gebieten der Kultur auf die Grenzen der Sprache, auf eine Verfinsterung des Sinnes der Zeichen gestoßen: Die Sprache ist für sie ein Verzicht auf den Sinn, auf den Wert, ist Rückzug auf den Sprachgebrauch und auf die Regeln des Sprachspiels. Kraus besteht hingegen mit beinahe obsessiver Hartnäckigkeit auf dem Wert, dem Sinn und der Wahrheit. Er selbst sagt, er sei «einer von den Epigonen, die in dem alten Haus der Sprache wohnen». Priester des Wahren, isoliert er sich, zieht er sich in die Einsamkeit der Nacht zurück, spricht vom Podium zu seinen faszinierten Zuhörern und übt – im Dienste des Guten – jene tyrannische Autorität aus, die von Canetti so eindringlich beschrieben worden ist. Die Nachkriegszeit wird seinen Glauben an das Wort in eine schwere Krise stürzen, obwohl er ihm letztlich mit nahezu manischer Hartnäckigkeit die Treue bewahrt: Um das Leben zu schützen, errichtet Kraus, nach der wunderbaren Metapher Canettis, eine immer mächtigere chinesische Mauer, die am Ende das Leben erdrückt. Sein Werk wird gleich jenem Kafkas zu einem Beispiel der Selbstzerstörung einer Vernunft, die sich völlig in einen Mechanismus der Selbstverteidigung verwandelt hat. Sein Genie des Sarkasmus entgeht nicht der Gefahr, in Sterilität zu enden: «mein Grab ist leer», wird er selbst sagen.

Für Karl Kraus bezeichneten Männer wie Hermann Bahr und Peter Altenberg die zwei gegensätzlichen Extreme literarischer Existenz, an denen sich seine polemische Kritik maß.

Bahr und Altenberg

Hermann Bahr (1863 bis 1934) war der oberflächliche Organisator des literarischen Lebens, «der Majordomus des Neuen» (R. Calasso), der die

Zeichen der Zeit rechtzeitig zu deuten wußte und sich entschlossen zum Propagator der sich abzeichnenden Tendenzen machte. Zunächst Vorkämpfer der naturalistischen Bewegung in Deutschland, wird er mit seiner Schrift *Die Überwindung des Naturalismus* (1891) zu einem der ersten Propheten des Ästhetizismus, der im «Jungen Wien» seine lokale Spielart hatte. Bahr war der unumstrittene Mentor dieses Kreises und sorgte dafür, daß er im literarischen Leben die gebührende Aufmerksamkeit fand. Beseelt von einem unersättlichen Hunger nach Anempfindung, erschöpft er sich in einer Jagd nach dem jeweils «Modernen» und wird damit für Karl Kraus zum Inbegriff des journalistischen Opportunismus, dem die Erfahrung von Wahrheit unzugänglich ist.

Peter Altenbergs (d. i. Richard Engländer, 1859 bis 1919) kurze Prosaskizzen (*Wie ich es sehe*, 1896; *Was der Tag mir zuträgt*, 1901), Fragmente des Lebens und der Sehnsucht nach dem Leben im Sinne eines biologischen Vitalismus, setzen polemisch die Wahrheit des Augenblicks jener Totalität entgegen, deren Gewaltsamkeit vom Pulsieren des Lebens nichts mehr einfangen kann. Über diesen stenographischen Aufzeichnungen des Lebens liegt die leise Melancholie aller vitalistischen Lebensanschauungen, die, nicht mehr aus der Fülle des Lebens selbst gestaltend, der Flüchtigkeit des unvergleichlichen und unwiederholbaren Augenblicks bewußt sind. Nicht weniger als die Erfahrung der fliehenden Zeit ist es die Ahnung, einem nie einzuholenden Ideal von Glück nachzulaufen, die diesen hingetupften Szenen einen dunklen Unterton beimengt.

Der Zauber, der auf den Momentaufnahmen des Lebens liegt, ist in ihrem fragmentarischen Charakter beschlossen, der die Geschichte draußen läßt. Was hier und jetzt geschieht, ist das Ganze. Das Bewußtsein des Schreibenden läßt sich von der Besserwisserei des Späteren nichts abmarkten: Alle jene Gefühle, Worte und Handlungen des Augenblicks sind Äußerungen eines unendlichen Lebens, das weder Ziel noch Ursprung kennt.

Altenbergs Prosaskizzen, von ihm selbst als Extrakt des Lebens verstanden, künden von dem Willen, die Spuren der neuplatonisch-christlichen Moral zu löschen, die ins Fleisch des Abendlandes gleichsam eingebrannt sind. Wohl entzicht er sich beharrlich den Attributen der Bürgerlichkeit wie Familie, Haus und Beruf, weil sie durch die ihnen wesensgemäße Konventionalität die Unmittelbarkeit des Lebensgefühls ersticken; doch in Wahrheit bleibt er zutiefst an die bürgerliche Gesellschaft gebunden. Jene andere Art der Erfahrung, die aus der anarchischen Spontaneität hervorgeht, bezieht ihre wesentlichsten Gehalte eben aus der ständigen Sehnsucht, die Beschränktheit des bürgerlichen Lebens aufzubrechen. Die Freiheit erscheint nie so unendlich, das Glück der Liebe nie so berauschend wie in jenen Augenblicken, da die Fesseln sich lösen, die ihnen bisher ihre Verwirklichung verwehrt haben. Die Zersetzung der bürgerlichen Lebensformen, nicht die Utopie in einem Freiheitsraum jenseits der bestehenden Gesellschaft ist der Boden, auf dem Altenbergs Kunst sich entwickelt.

Altenberg hält unermüdlich den Augenblick fest, als fürchtete er, ihn für immer zu verlieren. So spiegelt sich in seinen Wiederholungszwängen der disartikulierte Fluß des Lebens wider, in dem sich keine Sinnstrukturen erkennen lassen. In der Flucht der Zeit blitzt der Sinn nur für Augenblikke auf, um sofort wieder zu verlöschen, so daß es vergeblich wäre, die Wirklichkeit in den epischen Großformen der Tradition festhalten zu wollen.

Kraus möchte seine Individualität übertrieben zur Geltung bringen, Altenberg hingegen sie auslöschen und unkenntlich machen. Kraus lebt in der Isolation, Altenberg vermischt sich mit der Menge. Kraus träumt vom feudalen Park der geliebten Frau, Altenberg liebt das Hotelzimmer und verzichtet auf das eigene Haus, auf jeden Traum, «dichterisch (zu) wohnen». Kraus feiert den Wert, Altenberg die Sammlung von Ansichtskarten. Beide möchten sie das Leben verteidigen: der eine wie ein General, der andere wie ein kleiner Partisan. Beide – und mit ihnen Jung Wien – geben zu verstehen, daß das Schicksal der Modernen darin besteht, Nachgeborene zu sein.

Helmut Arntzen
Sprachdenken und Sprachkritik

Geschichte des Sprachproblems

Zwischen 1760 und 1830 werden in Deutschland Problem und Bedeutung der Sprache für den Aufbau und die Erkenntnis der Wirklichkeit zum erstenmal intensiv begriffen: bei philosophischen Außenseitern wie Hamann, Herder und Humboldt. Wenn bis dahin die Sprache als Sprache nie ein zentrales Thema gewesen war, so hängt das damit zusammen, daß jenseits der Frage nach der Stellung und Bedeutung der Sprache im Dreieck Begriff-Phänomen-Sprache, jenseits der Frage von willkürlichen oder notwendigen Zeichen das semantische Substrat der Sprache als durchweg gesichert gelten konnte. Ob dieses semantische Substrat die Welt der Idee, die Welt als Schöpfung oder der Kosmos der Erscheinungen war, es gab ein solches vorweg gesichertes Substrat als das primär Wichtige, und es gab eine gesicherte Relation der Sprache zu diesem Substrat, wie immer die Qualität der Sprache in dieser Relation bestimmt wurde. Die Pole dieser Qualitätsbestimmung sind etwa zu sehen in der mittelalterlichen Variante des Gedankens einer engsten Relation von res und Gottessprache oder in dem einer bloß zufälligen Relation von «Sache» und Zeichen, wie sie seit dem Nominalismus zunehmend behauptet wird. Aber erst mit dem Beginn der modernen Erkenntniskritik, mit der sich durchsetzenden Dominanz des Subjektivitätsprinzips wird Sprache zum zentralen Problem, das freilich noch bei Immanuel Kant (1724 bis 1804) kaum geahnt wird. Denn noch Kant verhält sich so, als sei Sprache gesichert in ihrer Relation zu einem semantischen Substrat, obwohl er doch gerade dieses Substrat problematisiert und an die Bedingungen menschlichen Erkennens gebunden hatte. Er begreift nicht die Sprachlichkeit dieser Bedingungen: der reinen Anschauungsformen und der Kategorien.

Dieses Nichtbegreifen wird im Laufe des 19. Jahrhunderts mehr und mehr als ein Nichtbegreifenwollen verstanden werden müssen. Wissenschaft als Positivismus, welche Identifizierung bis heute dominiert, sucht

im schieren ‹Da› des Faktischen ein Unbezweifelbares zu retten, das als solches, also als ‹Bedeutungsloses› ein semantisches Substrat freilich nicht sein kann und durch das die Relation von Sprache und ‹Sache› so sekundär zu werden scheint, daß die positiven Wissenschaften lange Zeit geradezu ihre Unsprachlichkeit behaupteten. Erst Ludwig Wittgenstein (1889 bis 1951) sieht die Notwendigkeit, aber auch die Aporie dieser Relation und sucht sie in seinem *Tractatus logico-philosophicus* (1922) zu lösen.
Wir erkennen also nicht nur eine durch Tradition verursachte Blindheit der Philosophie um die Wende des 18. zum 19. Jahrhundert gegenüber dem Sprachproblem, sondern auch eine durch das Interesse an einem Unbezweifelbaren begreifliche Verdrängung des Sprachproblems in der Erkenntnistheorie und in den Wissenschaften des 19. Jahrhunderts. So ist es nicht verwunderlich, daß während des 19. Jahrhunderts eine auf das Wesentliche zielende Rezeption des deutschen Sprachdenkens in der akademischen Philosophie und in den positiven Wissenschaften kaum stattfindet. Denn dieses Sprachdenken hatte ja zu begreifen begonnen, daß Erkenntnistheorie und Wissenschaft zu denken seien von der Sprache als natürlicher Sprache und als konkretem Sprechen her, insofern alles Anschauen, Wahrnehmen, Erkennen und Begreifen durchaus sprachlich seien. Und diese Sicht läuft einer Erkenntnistheorie wie einer wissenschaftlichen Erkenntnis, die sich als metasprachlich behaupten wollen, stracks zuwider.
Offenkundig ist der Grund für die Verdrängung dieser Sicht die Furcht, auf der einen Seite die aus der philosophischen Tradition entwickelten Erkenntniskategorien, auf der anderen Seite die positiven Daten als ‹letzte Gewißheiten› zu verlieren. Und in der Tat kann die sich allmählich und gewissermaßen subkutan herausbildende Sprachreflexion des 19. Jahrhunderts gelesen werden als Sprachkritik, die die vom Idealismus etablierten Erkenntnistheorien und die positivistisch bestätigten Einzelwissenschaften mehr und mehr in ihren Grundbeständen tangiert. Dabei werden durchaus Vermittlungsversuche gemacht, die freilich von vornherein fragwürdig sind. Die radikalsten sprachkritischen Ansätze aber sind einig darin, daß sie die Abhängigkeit der Erkenntnistheorien wie der Wissenschaften von der Sprache sehen; doch sind sie uneinig in der Qualifizierung der Sprache selbst.
Wilhelm von Humboldt (1767 bis 1835) hatte in seiner Einleitung in das Kawi-Werk von Poesie und Prosa als den «Entwicklungsbahnen der Intellectualität selbst» [400; *S. CCXLI*] gesprochen. Poesie sah er als «in ihrem wahren Wesen von Musik unzertrennlich» an, Prosa habe sich dagegen «ausschließlich der Sprache anvertraut» [400; *S. CCXLIV*]. Und er postuliert «geistvolle Prosa» als das Erscheinen der Sprache, in dem sich «die ganze lebendige Entstehung des Gedanken, das Ringen des Geistes mit seinem Gegenstande» «zeichnet» [400; *S. CCXLIV*]. «Wo dieser es er-

laubt, gestaltet sich der Gedanke wie eine freie, unmittelbare Eingebung und ahmt auf dem Gebiete der Wahrheit die selbstständige Schönheit der Dichtung nach.» [400; *S. CCXLIV*] Dieses Postulat nach einer Synthesis von Erkenntnis und Dichtung in der Sprache als Prosa ist dem Zeitalter bereits weitgehend unverständlich, das sich am Ideal einer die Sachen als Tatsachen transportierenden Mitteilungssprache orientiert.

In der verdienstvollen Sammlung von H.-J. Cloeren und S. J. Schmidt *Philosophie als Sprachkritik im 19. Jahrhundert* [410] sind im ersten Band u. a. Texte von Otto Friedrich Gruppe (1804 bis 1876) abgedruckt, den der Herausgeber als Hegelgegner neben Karl Marx (1818 bis 1883) und Søren Kierkegaard (1813 bis 1855) stellt und dem er eine Initialbedeutung für den logischen Positivismus zuschreibt. [410; *Bd. 1, S. 16f*] Die Texte stammen zu einem Teil schon aus den dreißiger Jahren des vorigen Jahrhunderts, der Zeit also, in der auch Humboldts Einleitung in das Kawi-Werk *Über die Verschiedenheit des menschlichen Sprachbaues* erschien.

Es ist erstaunlich, daß Gruppes Philosophie offenbar ganz vergessen wurde. Denn Gruppe ist als konservativer Journalist und preußischer Ministerialbeamter alles andere als ein sozialer Außenseiter seiner Zeit, und er ist als Philosoph gerade um die Vermittlung von Sprache und positiven Wissenschaften bemüht. Allein daß diese Vermittlung in seiner Zeit noch nicht als ein erkenntnistheoretisches Desiderat begriffen wurde, mag das Vergessen Gruppes erklären. Gruppe sieht einerseits die Bindung des Denkens an die Sprache als notwendige, er begreift das Problematische der Kantschen Erkenntnisvermögen, die bei genauerer Analyse sämtlich im Sprachvermögen hätten konvergieren müssen. Andererseits postuliert er die Naturwissenschaften, die den Sprachgebrauch zu regulieren hätten, als quasi außersprachlich. So stellt er Sprache, in der sich «der Act des Denkens», neben die «empirische Naturwissenschaft», in der sich «das Resultat unseres Denkens» abspiegele. [410; *Bd. 1, S. 193*] Und wiewohl er sich auch gegen Auguste Comtes (1798 bis 1857) «philosophie positive» wendet [410; *Bd. 1, S. 199*], behauptet er doch selbst als positiv die «Erkenntniß von der Unerschütterlichkeit der Grundthatsache dessen was die natürliche Anschauung uns bietet: es giebt keine andere Wirklichkeit als die uns vorliegende» [410; *Bd. 1, S. 206*]. Damit nimmt Gruppe in der Tat Thesen vorweg, die dem Sprachskeptizismus Fritz Mauthners Halt verleihen und auch Grundlage eines logischen Empirismus werden sollten, der bis heute dominiert.

Nietzsche

In den späten siebziger Jahren meldet sich in Friedrich Nietzsches (1844 bis 1900) Philosophie eine Sprachkritik, die entschieden jeder Vermittlung von Sprache und Wissenschaft absagt. In einem der ersten Aphorismen von Nietzsches erstem Werk des Umbruchs *Menschliches, Allzu-*

menschliches (1878/79 in erster Auflage) wird die Sprache selbst als «vermeintliche Wissenschaft» disqualifiziert. Der Mensch habe geglaubt, «in der Sprache die Erkenntniss der Welt zu haben». Er fährt fort: «Sehr nachträglich – jetzt erst – dämmert es den Menschen auf, dass sie einen ungeheuren Irrthum in ihrem Glauben an die Sprache propagirt haben.» Aber es sei «zu spät», und zwar «glücklicherweise», «die Entwickelung der Vernunft, die auf jenem Glauben beruht, wieder rückgängig» zu machen. Von diesem Aphorismus sagt Fritz Mauthner (1849 bis 1923), daß er «fast» einen seiner «Grundgedanken» ausspreche. [408; *Bd. 1, S. 367*] Hier ist sicher einer der ersten Texte moderner Sprachkritik als Sprachskepsis. Aber in Nietzsches Desillusionsdenken ist die Sprache nur ein Scheinwert neben anderen, obwohl er die Umwertung aller Werte von der Einsicht des zitierten Aphorismus her auf Sprachkritik hätte gründen können. Die Umwertung der Sprache als eines illusionären Erkenntniswerts vollzieht sich im Lob der Rhetorik und des Stils, die nicht auf Wahrheit, sondern auf Wirkung zu befragen seien. So rühmt sich Nietzsche in der Epoche der Prosa als «Erfinder des Dithyrambus». Aber auch die Prosa selbst soll sich an der «Lehre vom besten Stile» orientieren, durch die der «Ausdruck zu finden (sei), vermöge dessen man jede Stimmung auf den Leser und Hörer überträgt». Nietzsches Plädoyer für Rhetorik unterbricht die Tendenz auf eine Prosa, in der sich Sachgehalt und individueller Ausdruck vermitteln, wie sich das in Humboldts Bemerkungen zur Prosa andeutete. Trotz Zarathustras Warnung vor den Dichtern, die «zuviel lügen» und schon damit auf Rhetorik festgelegt sind, wird Nietzsche zum Propagator eines selbstzweckhaft-artistischen Stils, dessen tägliches Erscheinen schon zu seiner Zeit die Produkte des gewandten Journalismus sind oder es doch wenig später sein werden. Daß er den trotz seines Lobs der Rhetorik als «permanente(n) blinde(n) Lärm, der die Ohren und Sinne nach einer falschen Richtung ablenkt», charakterisiert hatte, ist eines der Paradoxe, die für Nietzsches Denken geradezu konstituierend sind und die vielleicht in dem Paradox gipfeln, das in der Gleichzeitigkeit der Verwerfung aller Wahrheiten als Illusion und des Insistierens auf Wahrheit als Desillusionierung besteht.

Schon in dem Aufsatz von 1873 *Über Wahrheit und Lüge im außermoralischen Sinne* zeigt sich dieses Paradox, in dem eine Aporie steckt, im Zusammenhang mit dem Sprachproblem. In aller Radikalität entdeckt Nietzsche das Illusionäre aller Erkenntnis, alles Strebens nach Wahrheit, insofern sie aus ganz und gar anthropomorphen, nämlich sprachlichen Setzungen bestehe. Wenn er auch Sprache – in einer Anlehnung an Kant – auf die Zeit- und Raumvorstellung als Urformen menschlichen Vorstellens gründet und die Begriffsarbeit der Sprache von der der Wissenschaft ablösen läßt, so sind das nur leichte Inkonsequenzen innerhalb der Einsicht in die Sprachabhängigkeit allen Denkens, die für Nietzsche den von der skeptizistischen Sprachkritik der folgenden Zeit nachgesprochenen Satz impliziert, daß «wir nichts wissen können», weil nichts «‹wahr an sich›, wirklich und allgemeingültig, abgesehen von dem Menschen» sei. Nietzsche bietet «das zum Schein und zur Schönheit verstellte Leben», das «real» zu nehmen sei, schon hier als Ausweg an. Doch sollen seine Sätze vom Protoillusionären der Sprache in bezug auf Erkenntnis und Wahrheit ja selbst wahre Sätze sein. Die Aporie des Skeptizismus meldet sich, die für die Sprachkritik der kommenden Jahrzehnte grundlegend sein wird. Immerhin läßt Nietzsche an einer Stelle die Ahnung von dieser Aporie selbst zu, wenn er von einem bestimmten Anthropomorphismus als Ausweis unserer Unfähigkeit, das «Wesen der Dinge» zu erkennen, spricht, und dann fortfährt: «(...) wenn wir auch nicht zu sagen wagen, daß der (anthropomorphe ‹Gegensatz von Individuum und Gattung›) ihm (dem ‹Wesen der Dinge›) nicht entspricht: das wäre nämlich eine dogmatische Behauptung und als solche ebenso unerweislich wie ihr Gegenteil».

Mauthner

Nietzsches Winke und Andeutungen zur Sprachkritik wurden von Fritz Mauthner (1849 bis 1923) zu einem Kompendium erweitert, das er *Beiträge zu einer Kritik der Sprache* nannte und das 1901 und 1902 in drei Bänden erschien. Mauthners Buch ist eine der grundlegenden Arbeiten zur Sprachkritik in diesem Jahrhundert; sie hat nachweislich auf viele Autoren eingewirkt, aber sie ist dennoch eher verschwiegen worden, als sei es unangenehm, sich auf sie zu beziehen. Das hat wahrscheinlich nur zu einem geringen Teil etwas damit zu tun, daß Mauthner, wie er selbst sagt, «kein Fachmann» ist [408; *Bd. 1, S. XI*]. Wichtiger war wohl, daß man weder als Philosoph noch als Wissenschaftler bereit war, alle Konsequenzen des Mauthnerschen Ansatzes mitzuvollziehen, gerade weil Mauthner von der kommunen Erkenntnisvoraussetzung der Descarteschen Zweiteilung von res cogitans und res extensa ausgeht. In Lehrbuchbreite und mit enzyklopädischer Belesenheit, oft auch ins Plaudern gleitend, deutet Mauthner die wichtigsten zeitgenössischen Erkenntnistendenzen als lediglich undurchschaute immanente sprachliche Bewegungen und konstatiert gleich zu Anfang, «daß Welterkenntnis durch die Sprache unmöglich sei, daß eine Wissenschaft von der Welt nicht sei, daß Sprache ein untaugliches Werkzeug sei für die Erkenntnis» [408; *Bd. 1, S. XI*].

In der Tradition von Empirismus und Sensualismus stehend, erkennt Mauthner nur die menschlichen Sinne als mit der Außenwelt korrespondierend an; doch seien es «Zufallssinne» [408; *Bd. 1, S. 31 et passim*], insofern uns durch sie nur ein zufälliger Ausschnitt der ganzen Realität vermittelt werde. Die Sprache aber leiste nichts anderes, als die Wahrnehmung dieser «Zufallssinne» zu erinnern und diese Erinnerung metaphorisch auf alle Vorstellung zu übertragen. Dies zeige, daß Sprache keinerlei

Erkenntnisqualität, wohl aber künstlerische, poetische Qualität habe. Nur die Technik enthebt Mauthner als unsprachliche Verstandesleistung der Sprach- als Erkenntnisproblematik.

Niemand vor Mauthner hatte einen solchen kritischen Sprachuniversalismus vertreten und das Sprachproblem damit zum einzigen und generellen Erkenntnisproblem erklärt.

Die Funktion der Sprache sieht er außer in deren poetischen Möglichkeiten, die für ihn offenbar fern aller Erkenntnis, und zwar nicht nur methodischer Erkenntnis sind, in der Kommunikation, die aber ausdrücklich als bloßes «Geräusch» [408; *Bd. 1, S. 81*] qualifiziert wird und so die moderne Kommunikationstheorie auf das pessimistischste einleitet.

Mauthners Beobachtungen über die Wortkunstleistung der Sprache sind im wesentlichen orientiert an der Mehrdeutigkeit und vor allem an der Metaphorizität aller Sprachen als natürlicher Sprachen. Zum metaphorischen Charakter der Sprache überhaupt hat Mauthner sehr Perspektivenreiches im zweiten Band seiner Beiträge gesagt. Aber in diesem Zusammenhang kann ich nur auf die grundsätzliche Problematik Mauthners eingehen, die in den Aporien liegt, die aus einem erkenntnispraktischen Dualismus und aus einem erkenntnistheoretischen Skeptizismus hervorgehen. Denn trotz seines kritischen Sprachuniversalismus hält Mauthner an einer Subjekt-Objekt-Relation als Wirklichkeitskonstituens in einem noch vorkantischen Sinn fest. «Unser Weltbild» hätte «da draußen irgend eine ‹Ursache›» [408; *Bd. 1, S. 691*], die eben in den Sinneseindrücken experimentell erwiesen wäre. Daß aber ausgerechnet die Sinneseindrükke vor- oder außersprachlich sein sollen, daß wir ihrer gar außersprachlich versichert werden, ist eine Setzung, die mit Mauthners Sprachuniversalismus nicht korrespondiert. Diese Setzung problematisiert Mauthner selbst nicht; so als benötige er angesichts des behaupteten universellen Trugs der Sprache doch noch diese letzte Gewißheit eines von der Sprache nicht tangierten Sinnlichen, eines ‹unmittelbar› Gegebenen.

Wohl aber problematisiert Mauthner den eigenen Erkenntnisskeptizismus, und zwar von Anfang an. Er will «seine Welt von der Tyrannei der Sprache (...) erlösen» [408; *Bd. 1, S. 1*], weiß aber, daß der Gegenstand seiner Untersuchung mit dem Mittel der Untersuchung identisch ist, das doch Erkenntnis nicht zuläßt. Diese Aporie glaubt er einerseits auf naive Weise lösen zu können, nämlich durch größere Exaktheit, obwohl ja Sprache ‹als solche› erkenntnisuntauglich ist; andererseits sieht er die Lösung durchaus paradox bzw. literarisch, denn er stellt sie in einer Metapher vor, die sich übrigens bei Wittgenstein wiederfindet, der sie wahrscheinlich von Mauthner übernommen hat. Es ist die Metapher von der Leiter der Sprache, deren Sprossen vernichtet werden müssen, indem man sie betrete. [408; *Bd. 1, S. 17f*] Doch ist eben das Zertrümmern schon immer identisch mit einem neuen Zimmern von Sprossen. Denn

das Ergebnis des Buches ist ja nicht die Negation der Sprache als Erkenntnismodus, sondern die ‹Erkenntnis› aus und in Sprache von der erkenntnisunfähigen Sprache.
Trotz dieser Aporien ist Mauthners Sprachkritik, wie gesagt, von großer Wirkung, ja sie ist im logischen Positivismus und in der ihm verpflichteten Linguistik derart aufgehoben worden, daß diese die semantische Seite der Sprache zugunsten einer bedeutungsfreien Struktur gänzlich vernachlässigten oder lediglich als Moment des kommunikativen Akts noch zuließen. Doch wiederholte sich hier die Aporie des Skeptizismus in leichter Variante: die aus der Indolenz gegenüber der Wahrheitsfrage konstruierten Sprachbegriffe sollen selbst ja wiederum wahr sein.

Tendenz zur Mystik

Aber bezeichnender noch für die Epoche ist das an Mauthners Werk, worauf es zielt und worin es mit anderen, zum Teil gegensätzlichen Tendenzen des Sprachdenkens um die Jahrhundertwende konvergiert: nämlich Mystik. Mauthner zitiert gegen Ende seines Werks Meister Eckhart (um 1260 bis 1327) mit Apologien des Schweigens als der mystischen Antisprache.
Gustav Landauer (1870 bis 1919), der Mauthners Werk propagierte, schrieb in einem kleinen Buch *Skepsis und Mystik* (1903) ausdrücklich, Mauthners Buch sei «der Wegbereiter für neue Mystik und für neue starke Aktion». [405; *S. 6*].
Die «neue starke Aktion», gewendete Mystik sozusagen, begegnet in Landauers Leben dort, wo er als Repräsentant eines anarchosozialistischen Aktionismus gesehen werden kann.
«Neue Mystik» in Mauthners Sinn findet sich auf die Formel gebracht am Ende von Wittgensteins *Tractatus*, wenngleich das, worüber zu schweigen sei, da man nicht davon sprechen könne, für Mauthner im Gegensatz zu Wittgenstein alles wäre.
Landauer weist in seinem kleinen Buch, also 1903, bereits auf ein «Manifest» hin, das kurz vorher erschienen war und in dem Sprachskepsis und eine daraus resultierende Mystik des Schweigens geradezu populär gemacht wurde: auf Hugo von Hofmannsthals (1874 bis 1929) immer wieder zitierten sogenannten *Brief des Lord Chandos*, 1902. Daß Landauer annimmt, der *Brief* sei nicht ohne Kenntnis der Sprachkritik Mauthners geschrieben worden, ist durchaus gerechtfertigt. Die Wirkung des Briefes ist wohl vor allem daraus zu verstehen, daß Hofmannsthal das Thema der Sprachkritik durch die Form des fiktiven Briefs zu einem existentiellen machte. Er gab damit ein Identifizierungsmuster, das dem Bedürfnis der skeptizistischen Intelligenz um die Jahrhundertwende entgegenkam. Doch gab er es auf eine Weise, die gestattete, Thema und Problem der Sprachkritik sofort zu einem überhistorischen zu stilisieren und so von

ganz Offenkundigem abzulenken. Aber dieser sprachontologische Aspekt kann nicht verständlich machen, warum das Sprachthema gleichzeitig sowohl unter radikal skeptizistischen als auch unter erkenntnisutopischen Aspekten erscheint.

Müller

Der in Oxford lehrende Deutsche Friedrich Max Müller (1823 bis 1900) hatte 1888 in Leipzig ein Buch mit dem Titel *Das Denken im Lichte der Sprache* erscheinen lassen. Müller, wohl schon seit den späten zwanziger Jahren vergessen, wird von den Autoren der Jahrhundertwende, die sich mit unserem Thema beschäftigen, durchweg als bekannt eingeführt. Müller selbst allerdings sagt zu Anfang seines Buches, daß «die Gegenstände, von denen es (sein Buch) handelt, (...) gegenwärtig in der Oeffentlichkeit keine Sympathie (erregen), weder in England, noch auf dem Continente», und daß «die darin vertretenen Ansichten (...) der Strömung der öffentlichen Meinung entgegen» laufen. [410; *Bd. 2; S. 61*] Aber das bezieht sich wohl mehr auf die damals schon schwindende Problemblindheit bzw. Problemverdrängung des Positivismus und eines reflexionslosen Empirismus gegenüber der Sprache als auf den beginnenden Sprachskeptizismus. Müller geht von der Identität von Vernunft und Sprache und damit von Denken und Sprache aus, wie das schon Hamann getan hatte. Für ihn bedeutet das im Gegensatz zu Mauthner aber nicht die Hinfälligkeit aller denkerischen Bemühungen a priori, sondern vielmehr die Wiedergewinnung des Logos-Begriffs, den er ausdrücklich wieder in die Sprache der Philosophie eingeführt wissen will auf einem empirisch-induktiven Wege. Er postuliert konsequent die «Sprache (als) die wahrhafte Geschichte des menschlichen Geistes» [410; *Bd. 2, S. 96*], die er als «einen beständigen Protest neuer Gedanken und neuer Sprache gegen alte Gedanken und alte Sprache» sieht. [410; *Bd. 2, S. 108*] Damit wird schon deutlich, daß es Müller nicht um einen statischen Sprachmonismus, sondern um Sprachdialektik geht.
Wichtig ist auch, daß Müller bei seiner Gleichung Denken-Sprache nicht eine vorsprachliche sinnliche Wahrnehmung annimmt, wie das Mauthner tut, sondern in Aufnahme und Überwindung der berühmten Kleistschen Brillenmetapher, die er übrigens zitiert, ohne allerdings den Autor zu nennen, bemerkt: «(...) die Sprache bildet in Wahrheit unsere wirklichen Augen» [410; *Bd. 2, S. 32*].
Auch bei Müller haben wir, sehr deutlich im Rekurs auf den Logos-Begriff, einen mystischen Zug, aber im Sinne Hegels, der Mystik und Spekulation wesentlich ineins sieht. Das bedeutet, daß das Sprachproblem jenseits des Skeptizismus, der, mag man ihn noch so sehr sublimieren, immer wieder in Aporien führen muß, nur dann sinnvoll angegangen werden kann, wenn es nicht auf bloße linguistische Beschreibung reduziert wird.

Saussure

Daß wenige Jahrzehnte später Ferdinand de Saussures (1857 bis 1913) *Grundlagen der allgemeinen Sprachwissenschaft* (1916), die überdies ein rekonstruiertes Werk sind, eine solche Initialwirkung auf die moderne Linguistik bekamen, ist zwar aus der Erwartung nach praktikablen Modellen verständlich, nicht aber aus einer sprach- als erkenntnistheoretischen Bemühung. Hier begegnet eine eher schlichte Dichotomie, die sich zum Beispiel in der Bemerkung zeigt: «Der amerikanische Linguist» (nämlich Whitney) «scheint uns» «recht zu haben: die Sprache ist eine Übereinkunft, und die Natur des Zeichens, bezüglich dessen man übereingekommen ist, ist indifferent» [414; *S. 12*]. Saussure kommt damit ohne weiteres auf Ansichten zurück, deren erste etwa Herder schon an Condillac als evidente Aporie gerügt hatte: Wie sollte es vorsprachliche Übereinkünfte über Sprache geben? Und wie unbefriedigend in jeder Hinsicht ist die Auffassung vom arbiträren Zeichen, die in einer völlig veränderten geschichtlichen Situation die Position des vorkantischen Rationalismus wiederholt. Aber diese Ansichten sind die Voraussetzung für die Trennung der Sprache in «langue» und «parole» und des Verständnisses der «langue» als eines Zeichensystems, jenseits dessen das «Bezeichnete» als für den Linguisten Irrelevantes bleibt (soweit es anderes als ein Relationsbegriff ist). Damit ist ein Reduktionismus hinsichtlich eines fundamentalen Problems eingeführt, der die Sprachwissenschaft als Linguistik sowohl verengt als auch jeder Wissenschaftstendenz adaptierbar macht. Selbst ein so konventikelhaftes Denken wie das des Anthroposophen Rudolf Steiner (1861 bis 1925) begreift da mehr von der Fundamentalität des Sprachproblems. Er weist in seinen Vorträgen, in denen er übrigens Fritz Mauthner, Hugo von Hofmannsthal, Friedrich Max Müller und auch Karl Kraus nennt, wieder auf die Sprache als Organismus hin [420; *S. 134 et passim*], was zwar nicht das ganze Problem erfaßt, aber – in Rückbindung an Humboldt – bessere Voraussetzungen für das Verständnis des Sprachproblems schafft als die instrumentelle Interpretation. Denn die Sprache als Zeichensystem zu beschreiben und sie instrumentell zu verstehen, vermag den Sprachskeptizismus nicht aufzuheben, sondern ‹vertagt› die aus ihm resultierenden Folgen nur, indem das Semantische der Sprache auf sich beruhen bleibt bzw. nur als Strukturmoment berücksichtigt wird. Die Dissoziation von ‹Form› und ‹Inhalt› der Sprache läuft auf ein Ideal der «Wohlgeformtheit» von nichts hinaus.

Sprachskepsis und Journalismus

Der Sprachskeptizismus dagegen ist in der Tat eine authentische Gestalt des Sprachproblems als des fundamentalen Erkenntnis- und Wirklichkeitsproblems der Neuzeit. Der Anspruch des Sprachskeptizismus, prinzipielle skeptizistische Aussagen über die Sprache zu machen, ist andererseits nicht aufrechtzuerhalten, da er unauflösbare Aporien einschließt. Es muß daher die historische Qualität des Sprachskeptizismus, wie er an der Jahrhundertwende manifest wird, erfragt werden. Deutlich wird schnell, daß er als eine Reaktion auf den Positivismus und dessen Dichotomie von Faktum und Beschreibung zu sehen ist. Das Faktum als bloßes Faktum ist niemals durch sprachliche Zeichen bestimmbar. Aber gerade diese positivistische Annahme wird zu einer der beiden Grundvoraussetzungen der sich im 19. Jahrhundert endgültig herausbildenden Tagespresse als des ersten großen neuzeitlichen Nachrichtenmediums. Gleichzeitig begreift sich die Zeitung als Meinungsmedium, das heißt als Urteilsdarstellung der Subjektivität. Gerade aber in der Zeitung wird täglich die Problematik von Nachricht und Meinung als Konkretisierung des Sprachproblems sichtbar. Wie die Annahme von ‹vorsprachlichen› Tatsachen fragwürdig ist, so ist es die Annahme einer ‹Unmittelbarkeit› des Urteils, einer ganz persönlichen Meinung, unabhängig von der Sprache als Konvention.

Daß die Presse von Idealen der objektiven Nachricht und der subjektiven Meinung ausgeht, macht sie von vornherein blind gegenüber dem Sprachproblem, über das sie ständig gewissermaßen hinwegspricht. Indem sie die Sprache aber für die Zwecke von Nachricht und Meinung zu instrumentalisieren sucht, entsteht das Sprechen, das den Sprachkritikern der Jahrhundertwende vor allem anderen als konkrete und herrschende Sprache vor Augen und im Ohr ist und auf das sie sich beziehen, wenn sie von *der* Sprache handeln.

Hugo von Hofmannsthal (1874 bis 1929) kaschiert das zwar in seiner Fiktion eines englischen Briefschreibers aus dem frühen 17. Jahrhundert. Doch Lord Chandos nennt genau die Hauptthemenbereiche der Zeitungsnachrichten am Ende des 19. Jahrhunderts, an denen ihm die Unmöglichkeit weiter zu sprechen, der Zerfall der Worte erfahrbar wird: «Ich fand es innerlich unmöglich, über die Angelegenheiten des Hofes, die Vorkommnisse im Parlament, oder was Sie sonst wollen, ein Urteil herauszubringen.»

Mauthner ist viel direkter. Er, der seine Spracherfahrung jenseits der Alltagssprache zu einem großen Teil als Journalist gemacht hat, behandelt das journalistische Sprechen am Ende des Kapitels über die «Wortkunst», die ihm als der einzige sinnvolle Sprachgebrauch erscheint. Ihr konfrontiert er Rhetorik, als deren gegenwärtige Verwirklichung er den Journalismus sieht. Zwar akzeptiert er, der noch an den Positivismus der Tatsachen glaubt, «den ehrenhaften Nachrichtendienst» [408; *Bd. 1, S. 148*]. Aber alles, was darüber hinausgeht, qualifiziert er als «Worthandel» und «gedrucktes Geschwätz», das schlimmer sei als das «gesprochene Geschwätz der dummen Leute» [408; *Bd. 1, S. 148*]. Das journalistische Sprechen ist ihm ein «Schwatzvergnügen», [408; *Bd. 1, S. 149*], also kommunikatives Geräusch. Darin aber als dem Gegenteil des zu fordernden

Schweigens zeigt sich für Mauthner am stärksten die Nichtigkeit der Sprache.

Es hat viel Wahrscheinlichkeit, daß die Verbreitung der Sprachskepsis um die Jahrhundertwende nicht nur auf eine erkenntnisgeschichtliche Konsequenz deutet, sondern auch und in besonderer Weise die vielfach unbewußte Reaktion auf die Erfahrung des Journalismus als des herrschenden öffentlichen Sprachgebrauchs ist.

Das wird wiederum bei Hofmannsthal deutlich, der diese Reaktion zunächst – im *Brief* – in einer historisierenden Fiktion austrägt und später, nach seiner sozialen Wendung, zwar zu einer aktuellen Reaktion kommt, aber nun – seiner ganzen Tendenz entsprechend – das Problematische als Lösung behauptet. In dem wichtigen Vortrag *Der Dichter und diese Zeit* (1906) sieht er wie Mauthner einen Zusammenhang von «Wortkunst» (als Dichtung) und Journalismus. Aber anders als für Mauthner besteht für Hofmannsthal dieser Zusammenhang nicht als Opposition, sondern so, daß dem zeitgenössischen Leser der Journalist zur zeitgenössischen Inkarnation des Dichters wird. Auch auf den «elendsten» «Zeilenschreiber» falle «etwas vom Glanz der Dichterschaft (...), einfach dadurch, daß er sich (...) des wundervollsten Instrumentes bedient: einer lebendigen Sprache». Sprache wird also hier apostrophiert als journalistischer Sprachgebrauch, und in einem kühnen Zirkel wird dieser Sprachgebrauch wieder durch die Sprache gerechtfertigt, die nun – in völligem Gegensatz zum *Brief* – als ein höchster Wert gesetzt wird, der allerdings bezeichnenderweise nun als «Instrument» erscheint.

In Hofmannsthals Verfahren kulminiert die Verdrängung, die das Sprachdenken der Zeit, soweit es Sprachskeptizismus ist, kennzeichnet. Man redet skeptisch von der Sprache und verdrängt, daß es sich in Wahrheit um die Ontologisierung eines historischen Problems: nämlich des journalistischen Sprachgebrauchs handelt. Diese Verdrängung hat mehrere Gründe; der wichtigste aber ist wahrscheinlich in der Weigerung zu sehen, die Dominanz dieses Sprachgebrauchs und damit gleichzeitig anzuerkennen, daß ein bloßes Medium an die Stelle der universellen Vorstellungen früherer Epochen getreten ist: Mythos, theologisch fundierte Religion, Philosophie, Wissenschaft.

Kraus

Einzig Karl Kraus (1874 bis 1936) geht vom Bewußtsein dieser ‹Universalität› des Journalismus aus und gelangt allein aus der Reflexion dieses Sprachgebrauchs und des ihm entgegengesetzten der Dichtung zu seiner Vorstellung von Sprache.

Dieser Ansatz, obwohl so konkret wie erkenntnisgeschichtlich gerechtfertigt, macht aber bis heute das Mißverständnis möglich, Kraus sei ein normorientierter Sprachpfleger, dessen Normen überdies sprachwissenschaftlich ganz unzulänglich seien.

Wenn Kraus sagt, daß die Presse nicht der «Bote», sondern das «Ereignis» sei – 50 Jahre vor McLuhan und genauer als dieser, der vom Medium nur als der «Botschaft» spricht –, dann hebt das nicht nur auf den Zusammenhang von Sprache und Faktum, sondern auch auf den von Sprache und Sprachgebrauch (Sprechen) ab und schließlich darauf, daß dieser Zusammenhang ein völlig neu zu bestimmender in dem Augenblick wird, da der öffentliche Sprachgebrauch durchweg ‹medial› ist. Sprache als Vermittlung schlechthin, das heißt als die Weise, in der sich für Menschen Wirklichkeit konstituiert (was eben nur geschichtlich denkbar ist, indem Sprache als Sprachgebrauch, als Sprechen identifiziert wird) – Sprache als Vermittlung wird im 19. Jahrhundert zur Sprache als Medium, als Instrument aus Zeichen. In der wissenschaftlichen Phase ist das noch mit dem Anspruch verbunden, immerhin, wenn auch mit willkürlichen Zeichen, auf die Sache zu zeigen. Diesen Anspruch zersetzt Sprachskepsis. Mit der Durchsetzung des Journalismus wird dieser Anspruch zwar nicht aufgegeben, vielmehr noch mit der Demutsformel verknüpft, die Presse übermittle ja nur die Sache. Doch gerade indem die Presse sich und damit ihr Sprechen im ganzen als bloßes Mittel vorstellt, das als Medium keine ‹eigenen› Objekte nennen könne, fällt die scheinhafte Dichotomie von Sprache und ‹Sache›, Zeichen und Bezeichnetem in sich zusammen. Der journalistische Sprachgebrauch als völlig instrumentalisierte Sprache, die aber mangels einer eigenen Gegenständlichkeit nur an sich interessiert ist, produziert nun Faktum und Meinung so, wie es ihm entspricht: journalismusgemäß. Welt als Realität und Bewußtsein journalisieren sich. Davon spricht Karl Kraus, indem er Weltgeschichte als «Sprachgeschichte» und diese – seit dem Ende des 19. Jahrhunderts – als Geschichte journalistischen Sprachgebrauchs begreift. Wenn Kraus sich immer nur um den einzelnen Satz kümmert, so nicht, weil der diese geschichtliche Veränderung beweist, sondern weil jeder Satz faktisch zu einer durch und durch instrumentalisierten Weltsicht beiträgt und, da sprachliche Sicht und Welt ‹für uns› untrennbar sind, eine durch und durch instrumentalisierte Welt mit hervorbringt. Kraus nennt dieses instrumentalisierte und selbstzweckhafte Sprechen «Phrase». Und wenn er davon spricht, daß «die Phrase und die Sache» im Journalismus «eins» seien, dann heißt das explizit, daß die behauptete Differenz des Positivismus zwischen Zeichen und Bezeichnetem wieder eingezogen ist, nun aber zugunsten eines Sprachgebrauchs, für den Zeichen und Bezeichnetes gänzlich medial sind, insofern sie auf die Prinzipien des Journalismus hin reflektiert werden. ‹Tatsache› ist nun nicht mehr eine behauptete Gegenständlichkeit, sondern der (methodische) Ursprung von Nachricht als Text. So ist für den Journalismus alles nur noch Nachricht und Meinung und wird es für

den Rezipienten um so mehr, je mehr der journalistische Sprachgebrauch herrschend wird. Auch hier erscheint ein Sprachuniversalismus, ist alles Sprache, aber Sprache vermittelt nichts mehr, sie verwandelt alles – Geschehen, Denken, Fühlen – in Journalismus, macht es zur Phrase.
Diese journalistische Welt zerfällt in Phrase und in Gewalt als das Zersetzungsprodukt sprachlos gewordener Sache. Der Erste Weltkrieg ist für Kraus der Beginn der totalen Herrschaft von Phrase und Gewalt, da Krieg nun als das ständige Nebeneinander von Totschlag (als der Intention von Gewalt) und automatisiertem Gerede (als der Intention von Phrase) erscheint.
Aber wie für Kraus der journalistische Sprachgebrauch Sprache als Phrase und damit als Zerstörung humaner Welt, ja als Zerstörung selbst von deren Vorstellung ist, ist der Sprachgebrauch der Dichtung Sprache als Sinn und damit Aufbau humaner Welt als Aufbau ihrer Vorstellung. Dies nicht, weil Dichtung ‹schöne› oder ‹erhabene› Vorstellungen lieferte, vielmehr weil sie allein noch Sprache als Vermittlung begreift: Dichtung benutzt Sprache nicht, um anderer, sogenannter außersprachlicher, etwa gesellschaftlicher Zwecke willen, erst recht nicht um des journalistischen Zwecks willen, Welt medial zur Phrase zu machen; Dichtung denkt und fühlt in Sprache, sie stellt sprachlich die Welt als sprachliche dar, indem sie Figuren, Handlungen, Gedanken, Gefühle etc. als Sätze konstituiert, von denen jeder aber nicht ein syntaktisches Beispiel, sondern die Erscheinung von Sinn ist.
Die Kraussche Sprachauffassung ist die einzige, die – sicher auf der Grundlage des Sprachdenkens zwischen Hamann und Humboldt, aber ohne genaue Kenntnis dessen und in veränderter geschichtlicher Situation – die offenkundigen Aporien des Sprachskeptizismus und die versteckteren der neueren Linguistik überwindet, indem Kraus das Sprachproblem als ein Problem des geschichtlichen Augenblicks begreift und Sprachkritik daher als Kritik an bestimmten Sprachgebräuchen versteht. Deren Kriterien gewinnt er durch den ständigen ex- und impliziten Vergleich von Presse und Dichtung. In diesem Vergleich bildet sich allmählich das Sprachverständnis heraus, das hier nur sehr abstrakt skizziert wurde. Phrase der Presse und ‹Gedanke› der Dichtung sind bei Kraus nicht das Vorauszusetzende, das dann exemplifiziert wird, sie machen die Dialektik der Sprache als menschlicher Geschichte aus und damit die konkrete Verknüpfung von Katastrophe und Rettung.

Gert Mattenklott
Jugendstil

Wie am Beginn der Moderne, so heißt auch an ihrem Ausgang die Parole wieder: Zurück zur Natur! Diesmal ist sie gegen die geschichtsphilosophischen Interpretationen der Wirklichkeit durch Hegel und seine rechten wie linken Nachfolger gerichtet. Samt und sonders definieren sich die literarischen Avantgarden seit den letzten beiden Jahrzehnten des 19. Jahrhunderts naturalistisch, nicht nur, wo «Naturalismus» ausdrücklich zum Programm erklärt wird. Der «Gedankenübervölkerung» (Egon Friedell) begegnen sie mit dem emphatischen Vorzeigen des Lebendigen oder dessen, was vom Leben noch übrig ist. Was das 19. Jahrhundert über die Dinge und ihren Zusammenhang gedacht hat, soll wie alte Farbe abgebeizt werden, um alles frisch zum Vorschein zu bringen. Dabei werden die Konturen der Einzelheiten so hart wie die Ecken und Kanten der partikularen Phänomene in der Wirklichkeit. Was als homogen und zusammengehörig erschienen war, zerfällt in ein Gestöber von Dingen, Tatsachen und sich überkreuzenden Energien.

Wo der Firnis des geschichtsphilosophischen Gedankens keinen Zusammenhalt mehr bietet, versagen auch die Bindungskräfte der konventionellen Kunstformen. Gegen Nietzsche, der die überlieferten Formen dem Rhythmus des Lebens anverwandeln möchte – die philosophischen Aphorismen als Reisenotizen, die Erneuerung der Tragödie als einer Form der offenen Dissonanz aus dem heroisch gesteigerten Leben des 19. Jahrhunderts –, erhebt sich nur noch der Altphilologe Wilamowitz. Mit einem Schlag ist damit das Potential der Kunstformen des kommenden Jahrhunderts in Reichweite, wenn auch nicht schon erschlossen. Wie unterschiedlich deren Begründungen je nach kunsttheoretischer Konfession und Temperament auch ausfallen mögen, so geht das bestimmende Prinzip doch allemal auf eine *ästhetische* Neubegründung der dekomponierten Wirklichkeit.

Die Natur dieser Naturalisten ist in keinem Fall mehr durch harmloses Kopieren abzubilden, sondern nur noch durch Konstruktion. Darin kom-

men die vielen Schulen und Stilrichtungen vom Naturalismus und Impressionismus, Jugendstil und Symbolismus bis hin zum Surrealismus der zwanziger und dreißiger Jahre unseres Jahrhunderts überein. – Der Kopist hat einen festen Standpunkt – Kennzeichen der neuen naturalistischen Avantgarden ist dessen Neutralisierung: Anstelle der monarchischen Perspektive tritt Polarisierung, gar Polyperspektivismus. Der fixierte Fluchtpunkt des poetischen Realismus wird zerstäubt, die Fluchtlinien erscheinen ornamental multipliziert. Die programmatischen Erklärungen der Künstlerästhetiken der Zeit – meist auf Selbstprofilierung ihrer Autoren im Wettbewerb durch Abgrenzung bedacht – verdecken leicht das Gemeinsame. Täuschend sind die Selbstdeutungen der Künstler aber oft auch, weil sie in ihren Ansichten nicht selten den alten Idealen von widerspruchsfreier Identität, von ‹Wesensschau› und vereinheitlichender Weltanschauung verhaftet bleiben, über die sie in ihren Werken nolens volens hinaus sind, in denen gerade das Ungenügen an diesen Harmoniefiktionen zu neuen Formen führt. Unter den Voraussetzungen der politischen Philosophie des Realismus und in erklärter Feindschaft gegen die Geschichtsskepsis der ‹Modernisten› haben Georg Lukács und seine Schüler diese innere Zusammengehörigkeit der verschiedenen naturalistischen Avantgarden einschließlich der poetischen Schule dieses Namens deutlich erkannt (*Wider den mißverstandenen Realismus*, 1958).
Ist der Blick an den alten Formen geschult, so wird er an denen des Fin de siècle in erster Linie Verfall und Auflösung bemerken. Wie Literatur, Kunst und Musik ineinander zu verfließen scheinen, so sinken auch die Grenzen zwischen den Gattungen, zumeist zugunsten einer lyrischen Erweichung der epischen und dramatischen Formen. Beim Zerfall der Gattungen und Genres zeigt sich nun aber, daß diese getrost sich wie verhornte Hülsen ablösen können, ohne daß dies das Ende der Kunst bedeuten würde, weil die Gebilde im Innern eine der alten vergleichbare neue Konsistenz entwickelt haben. Sie ergibt sich aufgrund vorherrschender Strukturen und kollektiv geltender Mythen, die durch selbstanpreisende Exzentrik auszugleichen suchen, was ihnen an sozialer und ästhetischer Verbindlichkeit abgehen mag. Unter diesen beansprucht die Mythologie des *Jugendstils* einen besonderen Rang. Keine der kurzlebigen Kunstmoden des ausgehenden 19. und beginnenden 20. Jahrhunderts hat eine vergleichbare populäre zeitgenössische Resonanz gefunden, keine von ihnen hat auch so lebhafte Renaissancen bis in unsere Zeit erlebt. Ein wesentlicher Grund dieses Erfolgs dürfte damals wie heute in der Verbindung einer gesellschaftlich restaurativen Gesinnung mit kunstrevolutionären Impulsen liegen.
Der Formenapparat des Jugendstils ist aus der Opposition gegen die historischen Stilreprisen entstanden, denen er sezessionistisch entkommen möchte. In die Sezessionsbewegung der neunziger Jahre – München 1892,

Wien 1897, Berlin 1899 – ist auch die Literaturgeschichte des Jugendstils eingelagert, wie denn der Begriff selbst auf die Graphik einer literarisch-satirischen Zeitschrift (*Jugend, Münchener illustrierte Wochenschrift für Kunst und Leben*, ab 1896) gebildet worden ist, die ein Produkt der Sezession war – wie ihre in- und ausländischen Schwestern *La Revue Blanche* (ab 1891), *Blätter für die Kunst* (ab 1892), *The Studio* (ab 1893), *Pan* (ab 1895), *The Savoy* (ab 1896) und *Die Insel* (ab 1899). Als der Herausgeber der *Jugend* Georg Hirth (1841 bis 1916) in der ersten Nummer dieser Zeitschrift ein Graphik-Preisausschreiben bekanntgibt, schließt er «jede Anlehnung an einen bestimmten alten Stil» ausdrücklich aus. Bedingung sei statt dessen eine Orientierung auf das Thema Jugend: «Jugend ist Daseinsfreude, Genußfähigkeit, Hoffnung und Liebe, Glaube an die Menschen – Jugend ist Leben, Jugend ist Farbe, ist Form und Licht.» Jugendlichkeit gilt hier als die biologische Gewähr des Unverbrauchten, noch nicht Gedachten. Das ist – wenn überhaupt irgendeine reale – jedenfalls nicht die städtische Jugend. – Wie jede Anlehnung an die überkommenen künstlerischen, so ist auch die an die bewegenden politischen Ideale der Metropolen des 19. Jahrhunderts ausgeschlossen. ‹Jugend› im Sinn des neuen Stils ist synthetisch, jedenfalls geruchlos, wie Gustav Falke (1853 bis 1916) zeitweilig einer seiner Protagonisten, nahelegt: «Nicht dieser ekelhafte Stadtpöbel, keine öde Sozialdemokraterei, diese Weltanschauung aus Frechheit, Hunger, Halbbildung und Borniertheit zusammengeschweißt. Eine Weltanschauung, die riecht.» (*Der Mann im Nebel*, 1899)
Gegen die proletarische Bedrohung, die aus den Sümpfen der großen Städte aufzusteigen scheint, suchen die ‹kulturtragenden› Schichten der bürgerlichen Klasse das Bündnis mit einer phantasieerzeugten jungen Generation, mit der sie – anstelle dunkler Stadtquartiere – die weiten Räume des Alls bewohnen möchten. Im *Rückblick auf Stefan George* (1933) hat Walter Benjamin den Jugendstil als einen Stil bezeichnet, «in dem das alte Bürgertum das Vorgefühl der eignen Schwäche tarnt, indem es kosmisch in alle Sphären schwärmt und zukunftstrunken die ‹Jugend› als Beschwörungswort mißbraucht. Hier taucht, zunächst nur programmatisch, zum erstenmal die Regression aus der sozialen in die natürliche und biologische Realität auf, welche seitdem wachsend sich als Symptom der Krise bestätigt hat.»
Die Gewalt eines profanen Mythos erhält diese Beschwörung nicht zuletzt aufgrund der Suggestion, die vom Datum der Schwelle zwischen den Jahrhunderten ausgeht. Es verspricht die Chance eines Neubeginns. Wie noch jede, so mobilisiert auch diese Jahrhundertwende die reflexive Selbstvergewisserung der eigenen Wünsche und Vermögen. Die Ermannung zu einem neuen Stil traut der Kunst die Erneuerung des Lebens aus dem Geiste ihrer Formen zu. «Dichten, wie ich's verstehe, heißt nicht schöne Worte, heißt schönes Leben machen», so zitiert etwa Peter Hille

das Credo Oscar Wilde, der die Kunst als eigentliche Erfinderin, das Leben als bloße Imitation bezeichnet hatte. Der Atomisierung der Wirklichkeit, die in der naturalistischen Dramatik unmißverständlich zum Ausdruck gekommen war, möchten die Künstler des Jugendstils entgegenwirken, indem sie sich – statt auf das «Zuständliche» – auf das «Wesentliche» besinnen. Gegen den «Punkt für Punkt»-Naturalismus einer zerfahrenen Zufallswelt, den Richard Dehmel an Max Halbes Schauspiel *Jugend* (1893) kritisiert, möchte er selbst einen «Willen zur Macht über den Stoff», einen «Willen zur Form» zur Geltung bringen, betreibt er eine «Umwertung» der Natur durch einen «rhythmischen Ordnungstrieb».

Der Restauration verschreibt sich der Jugendstil, indem er die Rückbildung des Gesellschaftlichen und Politischen in biologische Naturformen zum Programm erhebt. Das kann indessen unter zwei durchaus verschiedenen Voraussetzungen geschehen, deren jeweiliges Überwiegen darüber entscheidet, inwieweit diese restaurative Gesinnung auch in die künstlerische Form durchschlägt. Die eine ist die Beschränkung auf Stoffe, die von sich aus einer biologisierenden Optik wenig Widerstand bieten: Liebe unter dem Gesichtspunkt von Sexualität (Frank Wedekind); Gesellschaft reduziert auf intime Geselligkeit (Stefan George); historische Konflikte, beschränkt auf die Auseinandersetzung mit scheinbar mythischen Gewalten (Carl Hauptmann). – Im anderen Fall gibt der Stil auch spröderen Stoffen nach, indem er sich auf Abstraktionen gewisser formaler Prinzipien des biologischen Lebens zurückzieht – einen Rhythmus, eine geometrische Figur –, die an beliebigen Dingen wie Erinnerungsspuren an Lebendiges zum Vorschein gebracht werden. In der bildenden Kunst hat sich nur die zweite, die abstraktive Tendenz als entwicklungsfähig erwiesen, wie die Ästhetik des Bauhauses erkennen läßt.

Daß die ‹Natur› des Jugendstils Neuschöpfung aus dem Geiste eines Kunstprogramms ist, verrät sie durch eine charakteristische Exklusivität: Fast durchweg wird ihr Bild durch vegetatives Leben bestimmt. Das hat mehrere Gründe: zum einen die biologische Regression auf einfache Urformen, als die sich – in Einklang etwa mit der Naturphilosophie des Darwin-Schülers Ernst Haeckel (1834 bis 1919; *Generelle Morphologie der Organismen*, 1866) – pflanzliche oder pflanzenähnliche Lebensformen anbieten; zum anderen die Attraktivität des Mythos vegetativer Unschuld und Unwillkürlichkeit, wo das Leben unbefleckt empfangen und reiner zu sein scheint als im Tier – ein Gegenbild zu der Vision vertierter großstädtischer Massen; schließlich die Anziehungskraft einer unindividuellen, diffusen, subjektfreien Natur, die keine geschichtliche oder moralische, meist nicht einmal eine sexuelle Identität kennt. Scheint die animalische Natur auf ihre Differenzierung zum einzelnen Individuum zu drängen, so die vegetabile auf ein ungeschiedenes allgemeines Wesen, wie es sich im regelmäßigen Rhythmus eines Ornaments veranschaulichen läßt. Die Ästhetik des Jugendstils bietet das vegetabile Ornament zur Entlastung von den Verantwortungen des Subjekt-Lebens an. Das einzelne erscheint hier als zurückgeholt ins immergleich Wiederholte. Die irreduzible Geschichtlichkeit ist ausgelöscht zugunsten des stets wiederkehrenden Versprechens der Knospe. Die Menschennatur verliert sich bei ihrer Projektion ins Geschlinge der Blätter und Ranken, büßt gar ihre soziale, sexuelle, moralische Identität ein und bleibt doch in ewiger Blüte. Stoffe, Motive, Rhetorik, alle Besonderheiten der literarischen Formgebung können zur Metapher dieses Phantasmas werden. Vielfältig sind dergestalt die Bilder für ein subjektfreies, gesellschaftsentrücktes Leben: Teppich und Flechtwerk aller Art – das Leben als Gewebe, in dem jeder Faden gleich wesentlich ist; Ring, Kreis und Kette – jedes Ende ist ein Anfang; Tanz, Taumel und Rausch – die Identitäten erlöschen im selbstvergessenen Kollektiv, in geometrischen Figurationen von Beziehungen; Androgyne, Centauren und Nymphen – ein pansexuelles Zwischenreich archaischer Träume; Hülle und Einband, Futteral und Interieur – das Wesentliche sitzt nicht in einem inneren Kern, sondern ist verteilt auf die flächige Außenhaut; Rhythmus, Arabeske und Ornament – die tätowierte Welt – eine bürgerliche Reprise auf Outlaw-Lüste.

Freilich hat die profane Mythologie nicht mehr die Durchsetzungskraft ihrer sakralen Vorgänger. Der Jugendstil floriert als eine Mode in der Spanne von etwa fünfzehn Jahren zwischen 1890 und 1905. Kein Dichter, der sich darin erschöpft hätte, ja kaum ein größeres Werk, das gänzlich von ihm bestimmt wäre. Ausdruckskraft und Massenwirkung gewinnen aber derartige Stilphänomene durch die zeitweilige Teilhabe von Künstlern der verschiedensten sozialen und künstlerischen Herkunft und Eigenart. So haben Autoren des gesamten literarischen Spektrums in all seinen qualitativen Abstufungen dem Stil zu seiner Ausprägung und Durchsetzung verholfen. Nietzsche setzte das Signal, indem er die Kunst von der Geschichte fort auf die polaren Trieb- und Formenergien des Lebens als die eigentlichen Gegenstände ihrer Nachahmung verwies (*Die Geburt der Tragödie aus dem Geiste der Musik*, 1872; *Also sprach Zarathustra*, 1883 bis 1885). Rainer Maria Rilke (1875 bis 1926) hat mit der Umsetzung von christlichen Themen und Motiven in eine sakral verklärte Erotologie Religion und Sexualität ineinandergewirkt (*Das Stunden-Buch*, entst. 1899 bis 1903, Druck 1905). George gab dem Stil die suggestivsten Bilder einer Unterwerfung des Subjekts unter kunstvoll stilisierte Arrangements einer zweiten Natur von Parks und Gärten (*Algabal*, 1892; *Die Bücher der Hirten- und Preisgedichte. Der Sagen und Sänge und der Hängenden Gärten*, 1895; *Das Jahr der Seele*, 1897; *Der Teppich des Lebens und die Lieder von Traum und Tod*, 1899). Hofmannsthal und Dehmel, Heym und Stadler entwickelten eine der Bildersprache der Malerei (Behrens und Van de Velde) analoge Sprache verhaltener Gebärden von erstarrter Bewegung und unbefriedigter Sehnsucht. Die Sprecher der antiautoritären Bohème steuern die heiteren Töne des Tändelns und Kokettierens bei (O. J. Bierbaum), des Spotts und der Ironie (P. Hille) oder poetische Interieurs aus Ansichtskartensprüchen und Chinoiserien (P. Altenberg). Zahlreich sind in der Jugendstil-Forschung schließlich die Hinweise auf die kunstgewerblich wirkende Ausstaffierung farbenprächtiger und blumenreicher Gegenwelten etwa im Frühwerk von Georg Heym (1887 bis 1912) und Alfred Mombert (1872 bis 1942); *Der Glühende*, 1896; *Die Blüte des Chaos*, 1905), Ernst Stadler (1883 bis 1914; *Präludien*, 1905) und Maximilian Dauthendey (1867 bis 1918; *Ultra-Violett*, 1893). Über Hofmannsthal, Rilke und Heym, von denen wichtige Werke auch in diesen Zusammenhang gehören, siehe die Kapitel über «Jung Wien», die Prager deutsche Literatur und den Expressionismus.

Nietzsche

Von der Entstehungszeit her liegen die Werke Friedrich Nietzsches (1844 bis 1900), mit denen er die Vorstellungswelt und Rhetorik des Fin de siècle wie kein anderer geprägt hat, an der Peripherie der hier kommentierten Stilperiode. Mit ihren Gehalten sind sie aber gleichbleibend zentral. *Die Geburt der Tragödie* steht unter dem Eindruck der Pariser Commune. Im Blick auf die drohende proletarische Revolution entwirft sie eine ästhetische Ordnung, in der die anarchischen Gewalten der dionysischen Natur durch die apollinischen Formkräfte verzögert und verhüllt, besänftigt und bewertet werden. Keine der beiden soll die jeweils andere unterwerfen, jede vielmehr die Bedingung der anderen sein, so daß das Ideal ihrer Darstellung ein ästhetisch hergestelltes Gleichgewicht ist: die symbolische Kultur der Gleichnisse und Parabeln, Metaphern und Mythen, in denen die wilden Triebmächte als ästhetische Energien auf das Leben wirken. Eine bürgerliche Kunstrevolution anstelle der realen proletarischen. Fasziniert von Wagners Musikdramen, entwickelt Nietzsche eine Theorie der Tragödie, der zufolge sich der Zuschauer im kollektiven Visionär des verzückten Chors wiederfinde, für den «der Staat und die Gesellschaft, überhaupt die Klüfte zwischen Mensch und Mensch einem übermächtigen Einheitsgefühl weichen, welches an das Herz der Natur zurückführt». Der dithyrambische Chor sei ein «Chor von Verwandelten», die «ihre bürgerliche Vergangenheit, ihre soziale Stellung» vergessen hätten zugunsten des Dionysos-Dienstes, über den sie in apollinischen Traumgebilden Mitteilung machen. Die Bildprojektionen des Dionysischen auf die Wände der apollinischen Künste schaffen das Fluidum eines neuen Kollektivgefühls. Die hier ästhetisch produzierte Gemeinschaft soll nicht bloß antibürgerlich sein – wie Nietzsche es der proletarischen vorwirft –, sondern jenseits aller Klassen. – Die orgiastische Wildheit der von Nietzsche konzipierten Dithyramben will einerseits die Radikalität der proletarischen Revolution in der Verneinung überbieten, andererseits ihre brandstiftende Wut in mythenbildende Phantasien ableiten. Auf welchem Niveau später diese Balance von chthonischen, «dionysischen» Naturenergien und Bildkräften hergestellt wird – hier ist sie am komplexesten vorgeprägt. Mit seiner Philosophie der dichterischen Bilder als von Projektionsflächen für die zentrifugalen Triebenergien hat Nietzsche die Ästhetik des Jugendstils avant la lettre bedeutungsreicher formuliert, als dessen Kunstproduktion in den Jahren danach sie je eingelöst hat. Das gilt in ähnlicher Weise für seine Kritik des Historismus, die er gegen Burckhardts machiavellistischen Plan propagiert, die Massen auf historische Leitbilder auszurichten.

Formuliert die Tragödienschrift das philosophische Ideal des Jugendstils, so enthält der *Zarathustra* fast das gesamte Arsenal seiner poetischen Formen und Traumgesichte. Zarathustras Zeit ist die mittägliche Panstunde, in der der Mensch keinen Schatten wirft, nicht in die Vergangenheit und nicht in die Zukunft. Die Sonne im Zenit schafft die Beleuchtung, in der die Dinge in ihren reinen Umrissen und leuchtenden Farben erscheinen. Zarathustra ist ein trunkener Tänzer, Wahrsager und Traumdeuter. Sein Reden ist Lallen und Singen oder ein Ritt zur Wahrheit «auf dem Rücken der Gleichnisse». Seine Heimat ist die stadtferne Natur der Gebirgswelt, in die er zurückkehrt wie in eine ekstatische Trance und begeisterte Entrückung. Die Gesellschaft der Städte ist Versuchung und Prüfung. Der Inhalt seiner Reden ist die Ewigkeit von Lust und Tod, ein Abgrund von Immergleichem, über den die hymnische Rhetorik einen leuchtenden Regenbogen spannt. Nietzsche hat der Folgegeneration auch dadurch neue Ausdrucksformen erschlossen, daß er die Kritik an der wilhelminischen Gesellschaft und ihren Ideologien, wie sie ja auch der poetische Naturalismus vorgebracht hatte, in eine Sprache glühender Lebenslust gekleidet hat. Abseits von den Diskussionen um die «soziale Frage» lehrt Zarathustra – statt eines Wegs zum Wohlbefinden – die moralfreie Intensität des Lebens und Sterbens. Im lyrischen Enthusiasmus seiner Philosophie hat er der Sehnsucht nach starken Empfindungen, die individuell noch in jeder bürgerlichen Pubertät aufbrechen, doch dann allzu rasch und fade gesellschaftlich befriedet werden, ein Denkmal gesetzt.

Unter den rhetorischen Figuren Nietzsches, die ihn dem Jugendstil empfohlen haben, ist eine der wichtigsten die doppeldeutige Gebärde des Lebenswillens und der Hingabe ans Leben. Sie wird zum Grundmuster des Jugendstils, indem sie zugleich den abstrahierenden Kunst- und Stilwillen, in dem das Lebendige überdauern möchte, wie die Unterwerfung unter das Werden und Vergehen des vegetabilen Lebens enthält: die Geometrie des Ornaments und die lebendige Dynamik des Lebensrohstoffs, den es aufheben soll. George ist darin wohl der aufmerksamste Schüler Nietzsches gewesen, auf andere Weise Dehmel.

Dehmel

Im literarischen Leben des Fin de siècle genoß das poetische Werk Richard Dehmels (1863 bis 1920) höchste Verehrung. Emil Ludwig stellte die Prognose: «In fünfzig Jahren heißt es nur noch: Nietzsche philosophus, Dehmel poeta.» Diese Zusammenstellung ist mehr als bloß eine Addition von Prominenten. Für die Zeitgenossen hatte der Dichter die Philosophie Nietzsches angemessen in Verse gesetzt. – Tatsächlich wandte sich Dehmel in den neunziger Jahren unter dem Einfluß Nietzsches von seinen literarischen Anfängen ab, die in ihrer sozialen Thematik dem Naturalismus der Brüder Hart, Hartlebens und Holz' verbunden waren (*Erlösungen. Eine Seelenwanderung in Gedichten und Sprüchen*, 1891). Mit ähnlichen Argumenten wie der befreundete Strindberg, der dem Naturalismus ein «Ducken unter die Fußtritte des Gemeinen» vorgeworfen hatte, will Dehmels Poetik den Stoff der Natur nur als Material für lyrische Konfigurationen gelten lassen, in denen ein «Wesenhaftes» zum Erscheinen kommt. Holz trifft nun der Vorwurf von «Polizeisignalements-Charakteristik», die nur die toten Fakten abbilde, nicht aber den Zusammenhang ihres Werdens und Vergehens in seinem steten Rhythmus. («In der Natur ist Nichts: alles geschieht.») Der Natur fühlt Dehmel sich nach wie vor verpflichtet, doch will er sie «verklären» statt kopieren. Die Aufgabe der Kunst sieht er in einer Verkultung des Lebens, die den Verlust der religiösen Transparenz ausgleichen soll. Der Steigerung des profanen Lebens zum geweihten sind seine «Gebete» «an die Geliebte» und «im Flugschiff» gewidmet. Die Vergöttlichung des Daseins durch die Kunst geschieht für ihn durch eine Schärfung der Wahrnehmung und der Empfindung des Schönen. Diese bewähren sich bei der Auswahl erlesener Requisiten: «züngelnde Blüten» und «gletscherblaues Glas», «wolkendunkles Haargeflechte», «zitternde Narzissen» und «gepeitschte Sträucher an Sturzbächen» – Bilder, die aus ihrer Inspiration durch die Dekorationskunst H. Thomas und L. v. Hofmanns kein Geheimnis machen. Dehmel komponiert sie zu ornamental gegliederten Interieurs, wobei neben dem selektiven Vermögen das strukturierende, hier meist das polarisierende Sehen gleichrangig ist. In den Gedichtbänden *Aber die Liebe. Ein Ehemanns- und Menschenbuch* (1893) und *Weib und Welt* (1896), vor allem aber in dem «Roman in Romanzen» *Zwei Menschen* (1903) unterwirft sich eine der allegorischen verwandte antithetisch gerichtete Phantasie die Bilderwelt. Deren Grundspannung ist die zwischen den Geschlechtern. Für Dehmel kommt am sinnfälligsten an ihr jene «Sehnsucht ohne Ziel» zum Ausdruck, die er auch einmal «Zielsucht in einem schwangern Kreislauf» genannt hat. In der Bejahung dieser archaischen Konstellation, einer Rückbesinnung auf die einfachen Gefühle und Verrichtungen, wird Dehmel das Leben heilig, «auch ohne die soziale Republik». «Im kleinsten Kreis Unendliches erreichen» – mit dieser Parole schließt *Zwei*

Menschen. Das Paar in diesem Zyklus gereimter Prosa hat sein biographisches Urbild im Autor und seiner Frau. Die Kunst soll sich so nah wie möglich an den Stoff des Lebens halten. Der poetische Umgang mit diesem Stoff ist aber gänzlich reflexiv dergestalt, daß die Bilder und Szenen dieser 36 Romanzen einfachen Lebens jeweils am Schluß die Gebärde oder das Gefühl benennen, als wollte das lyrische Ich sich des poetisch Evozierten noch einmal ausdrücklich versichern und als müßte es stolz darauf sein, das noch einmal – oder wieder – empfunden zu haben: «Da glänzt ihre Stirn auf wie die Abendflur. / Zwei Menschen schweben über ihrer Natur»; oder: «Sie lehnt sich an ihn muttergroß. / Die Berge schwellen im Morgenduft. / Es ragt sein Haupt, es wogt ihr Schooß. / Zwei Menschen schaun wie Götter in die Luft.»
Geborgenheit, Todesbangen, Verlangen und Sehnsucht – sentimental werden die Gesten des Lebendigen in den Särgen solcher Begriffe ausgestellt, aus denen der Wille zur Natur sie poetisch ins Leben zwingen wollte. An den Versen der Freunde Detlev von Liliencron (*Der Haidegänger und andere Gedichte*, 1890) oder Gustav Falke (*Neue Fahrt,* 1897) ist das gleiche zu beobachten. – Produkt dieser Sentimentalität sind auch die vielen Kinderverse des Jugendstils, zu denen Dehmel wie, unter seinem Einfluß, Gustav Falke zahlreich beigetragen haben (Dehmels *Der Kindergarten*, 1906). Erwachsene suchen da im Kinderhimmel die einfachen heiteren Wahrnehmungen unschuldiger Lebensspontaneität – «tausend kleiner Nackedeys / spielen da im Gras, / tausend kleine Nackedeys / lachen sich da was» –, doch ohne den Erwachsenen-Schatten loszuwerden.

George

Die Ideen- und Empfindungswelt wie das Form- und Sprachbewußtsein der deutschen Literatur der Jahrhundertwende blieben beschränkt, wo der Horizont ihrer Autoren politisch-gesellschaftlich nicht weiter war als die Grenzen des wilhelminischen Deutschland und ihre ästhetische Bildung sich in der deutschen Tradition des 19. Jahrhunderts erschöpfte. In einer Hinsicht, der gesellschaftlichen, hatte Nietzsche, stellvertretend für die Folgegeneration, die Distanz der kritischen Intelligenz zu den herrschenden Ideologien formuliert: zu dem veräußerlichten Bildungsschmok, der bigotten Moral, der bürgerlichen Lebensangst und seelischen Verkümmerung. Unter einem anderen, dem ästhetischen Gesichtspunkt ist die weltliterarische Öffnung auf die Tradition des französischen Symbolismus von größter Bedeutung gewesen, die Stefan George (1868 bis 1933) in seinen Gedichtbänden vom *Algabal* (1892) bis zum *Jahr der Seele* (1897) vollzog. Mit deren ästhetischen Provokationen vom l'art pour l'art bis zum Satanismus erhält die antibourgeoise Wendung Nietzsches gegen das harmonisierende Zusammenschwindeln von Politik und Moral erst ihr angemessenes poetisches Pendant. Fast Wort für Wort ist

Georges Programm demjenigen von Baudelaires und Mallarmés Ästhetizismus entlehnt, doch die gesellschaftliche Opposition ist aktualisiert: gleichermaßen gegen die ästhetische Dekoration der abgelehnten Bürger-Gesellschaft wie gegen die naturalistische Instrumentalisierung des Ästhetischen zu ihrer Reformierung und insofern «alles staatliche und gesellschaftliche ausscheidend». So will die wesentlich durch ihn bestimmte Zeitschrift *Blätter für die Kunst* (ab 1892) «die GEISTIGE KUNST auf grund der neuen fühlweise und mache – eine kunst für die kunst – und steht deshalb im gegensatz zu jener verbrauchten und minderwertigen schule die einer falschen auffassung der wirklichkeit entsprang sie kann sich auch nicht beschäftigen mit weltverbesserungen und allbeglückungsträumen in denen man gegenwärtig bei uns den keim zu allem neuen sieht, die ja sehr schön sein mögen aber in ein andres gebiet gehören als das der dichtung». – Zu den Beiträgern der Zeitschrift, die für nur einen kleinen Kreis als Zirkular kursiert, gehören Hofmannsthal, Klages und Wolfskehl, Andrian, Dauthendey, Schmitz und andere. – Einem größeren Publikum hat George den weltliterarischen Ästhetizismus, die Gedichte von Baudelaire und Mallarmé, Rossetti, Swinburne und d'Annunzio durch Nachdichtungen bekanntgemacht.

Wie stark die Kunstauffassung der deutschen Erben dieser Tradition dem Jugendstil zuneigte, ist sogleich schon an der Faszination ablesbar, die hier Einband und Schriftbild erhalten. In einem Affekt gegen alles bloß Innerliche, nur Gedankliche drängt die Poetik des George-Kreises darauf, alles Wesentliche in die äußere Gestalt treten zu lassen. Die Kunst soll ins Leben treten, ohne Leben zu werden, jedenfalls kein Leben dieser Welt. Die Kleinschreibung zielt darauf, das Geschriebene mimetisch einer unverzögert dahinfließenden gesprochenen Sprache anzugleichen, während andererseits Typenform, Satzspiegel und der Buchschmuck Melchior Lechters geschlossene Gestalt und gerahmte auratische Räume suggerieren.

Daß das Naturhafte, Panische auf der Gegenseite der Formkraft nicht apriorisch ausgeschlossen war wie bei Mallarmé oder Huysmans, sondern als eine Versuchung und Drohung von Schwund und Auflösung in die Dichtung Eingang findet, unterscheidet den *Algabal*-Zyklus – im Gefolge Nietzsches – von den französischen Vorbildern und bereitet bereits hier schon die kämpferisch abwehrende Haltung vor, die Georges spätere Dichtung stark bestimmt. Natur ist für ihn – anders als für Dehmel, dessen volkstümliche Kunstlosigkeit er tief verachtete – nicht die des Alltags, sondern eine des Rausches und drohenden Wahnsinns, der Lethargie und unbeherrschten Leidenschaft. Ludwig II. ist der *Algabal* gewidmet, und romantisch ist auch die Ausgestaltung des «Unterreichs», das der androgyne Held des Zyklus, der jugendliche Kaiser und Sonnenverehrer nach spätrömischem Vorbild, als sein Reich der Schönheit und Heiligtum der «schwarzen Blume» im exotisch-prächtigen Stil Feuerbachs und dem düster-weihevollen Böcklins einrichtet. Das Sonnenlicht ist im künstlichen Glanz der Preziosen eingeschlossen, wie der glühende Fluß der Lava erstarren muß, damit das Bild seiner Bewegung erhalten bleibt. Im Ornament des Schriftbilds findet dieses Denkspiel seine abstrakteste Gestalt.

Rückbildung in Natur bedeutet für George in dieser Zeit die Erfindung kunstvoller Erinnerungszeichen an etwas Verlorenes – nature morte – und deren provozierende Einblendung ins wirkliche Leben. Die «Kosmiker» Schuler und Klages warnt er 1896 vor einer «künstlichen Rückzüchtung» dieses Lebens in chthonische Besinnungslosigkeit: «Eine bildungswelt (kultur) einmal erkannt lässt sich nicht wieder vergessen.»

Die Natur schlägt die Augen nur auf, wenn sie dazu angehalten wird – im doppelten Wortsinn von Erziehen und Stillstellen. Dem, der sie «erliest» – auswählt und wie ein Buch studiert –, zeigt sie ihr «gesicht». In diesem Sinn enthält der Gedichtkranz *Das Jahr der Seele* eine Physiognomie der Liebe, buchstabiert aus der Natur im Wechsel der Jahreszeiten. Die Bedingung, ihre zyklisch ewige Jugend wahrnehmen zu können, ist die Spätzeit. So muß am Eingang der Gedichtfolge ein herbstlich «totgesagter» Park stehen. Erst aus der Perspektive des Alters ist der Stil der Jugend als deren geistiges Antlitz erkennbar. *Das Jahr der Seele* ist mehr als eine lyrische Sequenz von Naturstimmungen. Es ist zugleich eine Dichtung über die Bedingung des Dichtens – nicht bloß Jugendstil, sondern die Darstellung der Erkenntnis, daß der Gewinn des Stils den Verlust der Jugend voraussetzt. Das biologische Geschehen der natürlichen Jahreszeiten ist für dieses bedeutendste der Gedichtwerke Georges nicht auswechselbar. Nur hier nämlich, im Umgang mit der Natur, konnte das zentrale Phantasma des Jugendstils zur Evidenz kommen, daß der Stil aus der Dynamik des Lebens selbst hervorgeht – hier als die erkennende Weisheit des herbstlichen Alterns –, wie es seinerseits erst das Leben zum ästhetischen Vorschein bringt. Nur unter dieser Voraussetzung wird das Leben durch die Formkraft des Stilwillens nicht vergewaltigt und erliegt diese andererseits auch nicht der bildungslos auflösenden Lebensdynamik. Diese Balance, in welche diejenige Nietzsches von Apollinischem und Dionysischem eingegangen ist, erneuert sich aufgrund des biologischen Kreises immerfort, darin unterschieden vom historischen Leben. Für das Gelingen des Gedichtbandes, der für die poetische Avantgarde (Hofmannsthal, Rilke) und die zeitgenössische Kunstphilosophie (Dessoir, Simmel, Lukács) eines der wichtigsten Muster wird, war deshalb die Abwendung von der Geschichte und die Einschränkung auf vegetabile Natur eine Voraussetzung. Was im geschichtlichen Leben «mortifiziert» wird – der Despotismus Algabals –, lebt nicht wieder auf. Georges spätere Rückprojektionen des Gesellschaftlichen in den biologischen Rhythmus (seit dem *Siebenten Ring*, 1907) – so auch in einem Gedicht auf den Ersten Weltkrieg (*Der Krieg*, 1917) – haben deshalb zu heftiger Kritik herausgefordert.

Musil

Bevor Mach und Husserl zu Robert Musils (1880 bis 1942) philosophischen Gewährsmännern wurden, haben die Schriften Nietzsches auf ihn den stärksten Einfluß gehabt, die der Achtzehnjährige nach dem Abschluß seiner Militärzeit zu studieren begann. So lesen sich die 1897/98 entstandenen *Paderewski-Phantasien* wie die Transformierung der Gegensatzspannung von «Apollinischem» und «Dionysischem» aus Nietzsches *Geburt der Tragödie* in lyrische Prosa: zwischen Kunstwillen und Seelensehnsucht. Anlaß der beiden Stücke, die die Erschütterung durch ein musikalisches Hörerlebnis wiedergeben und darin an einer beliebten literarischen Skizzenform der Zeit teilhaben, ist das Chopin-Spiel des Pianisten und Komponisten Paderewski, einer Berühmtheit der ästhetischen Kultur des Fin de siècle, den Burne-Jones als präraffaelitischen Engel dargestellt hatte. Die sprachliche Form der Musilschen Phantasien ist stark durch Schaukals Impressionskunst angeregt. – In den Tagebüchern dieser Zeit stehen die Blätter aus dem *Nachtbuch des monsieur le vivisecteur* (zwischen 1899 und 1904), Analysen von Traum-, Rausch- und Deliriums-Erfahrungen, deren «Rohstoff» zu Bildern stilisiert erscheint. Gegen die historistische «Blasphemie» der Vergangenheitsbeschwörung setzt «monsieur le vivisecteur» eine Künstlerfiktion in der Tradition von Bourget, Huysmans und Valéry – ein neues Sehen, das Formen und Farben von den Gegenständen ablöst und als «schön an sich» zu Skizzen ordnet. Eine Mücke im Bergkristall ist dann nicht mehr das beleidigende Naturwesen, sondern – im Stil der Wiener malerischen Sezession – «dunkle Fläche mit zarten angehängten Gebilden». – Aus Nietzsches *Fröhlicher Wissenschaft* (1882) notiert Musil: «(...) der Rhythmus drang in die Rede als eine Gewalt, die alle Atome des Satzes neu ordnet, die Worte wählen heißt und den Gedanken neu färbt und dunkler, fremder, ferner macht.» Zwar hält Musil den Rausch für die Bedingung der Kunst, aber an Wagner moniert er den «Niedergang der organisierenden Kraft». Dem künstlerischen Vermögen fällt die Aufgabe zu, in einer «chemischen» Operation die natürliche Welt zu dekomponieren und nach artistischen Gesichtspunkten zu wahrem Leben zusammenzufügen: «Das Ganze lebt überhaupt nicht mehr: es ist zusammengesetzt, gerechnet, künstlich, ein Artefakt.» Die Gestaltung von Jens Peter Jacobsens (1847 bis 1885) *Frau Marie Grubbe* (1876) – zu Jacobsens Bewunderern gehörte auch der junge Rilke – bezeichnet Musil als «Arabeske», «schon nicht mehr ein Mensch», «sondern das Bildliche an ihm».

Unter Nietzsches Patenschaft werden auch hier die Umrisse einer Poetik des Ornamentalen sichtbar, deren Voraussetzung die Entsubstantialisierung der traditionellen Beziehungen zwischen Subjekt und Objekt ist zugunsten labiler Relationen. Die alten Identitäten werden in die Logik des Traums und der Phantasmagorie aufgelöst, derzufolge Sympathie und Abstoßung zugleich bestehen können, Ungetrenntsein und Nichtvereinigtsein ineins, Bewegung und Stillstand, ohne sich auszuschließen. – Komplexe Spannungsverhältnisse solcher Art sind die Ursache der *Verwirrungen des Zöglings Törleß* (1906), ein Bildungsroman en miniature, der die Genese einer «ästhetisch-intellektuellen» Wahrnehmungsform zum Thema hat. Ihm ist ein Motto Maeterlincks vorangestellt – kein Autor des Jugendstils, der ihn nicht gelesen hätte –, das von der Kluft zwischen Sprache und Ding, Erkenntnis und Gegenstand, Wahrnehmung und Realität spricht: Die Wassertropfen an den Fingerspitzen gleichen eher Perlen als dem Meer, aus dem sie herstammen. Nie wird dergestalt die Sehnsucht nach dem Lebendigen befriedigt. Ob das Verlangen nicht stark genug ist oder ob die Dinge sich von sich aus dem menschlichen Zugriff entziehen, läßt Musil offen. Eben diese Offenheit ist die Bedeutung der Tantalus-Gebärde, die als eine Geste versteinerte Vorlust wie kaum eine zweite ihren Ort in der Mythologie des Jugendstils behauptet:

«Zwischen den Ereignissen und seinem Ich, ja zwischen seinen eigenen Gefühlen und irgendeinem innersten Ich, das nach ihrem Verständnis begehrte, blieb immer eine Scheidelinie, die wie ein Horizont vor seinem Verlangen zurückwich, je näher er ihr kam. Ja, je genauer er seine Empfindungen mit den Gedanken umfaßte, je bekannter sie ihm wurden, desto fremder und unverständlicher schienen sie ihm gleichzeitig zu werden, so daß es nicht einmal mehr schien, als ob sie vor ihm zurückwichen, sondern als ob er selbst sich von ihnen entfernen würde, und doch die Einbildung, sich ihnen zu nähern, nicht abschütteln könnte.»

Die Identität des Subjekts ist zerborsten. In keiner der dargestellten Situationen findet der Held Erfüllung, stets bleibt sein Bewußtsein draußen. In diesem Fluch des Tantalus allerdings gewinnt Törleß eine der verlorenen Identität vergleichbare Gewißheit. Es ist diejenige einer apriorischen Trennung des unerkennbar Lebendigen und des erkenntnisgierigen Subjekts. Sie ist nicht zu überwinden, aber vermöge der künstlerischen Intuition darstellbar als Arabeske, Gebärde und Bild.

Heinrich Mann

Die Überwindung des theoretischen durch den intuitiven Menschen ist das Credo des jungen Heinrich Mann (1871 bis 1950). Es ist selbst ein Produkt der Theorie, und so muß seine zunehmend an Flaubert und der erzählenden Literatur des poetischen Realismus geschulte Prosa sich gleichsam selbst ins Wort fallen, um in die Verzückung zu geraten, in der der Zerfall des Ich und die Erosion der Welt programmatisch kompensiert werden sollen. Immer wieder erstarrt daher der Fluß der Prosa in erlesenen Bildern, in denen Formen, Farben und Düfte «entkörpert» unweltlich zusammenklingen (*Das Wunderbare und andere Novellen*, 1897). Blasse Winden auf mattgrünem Olivenlaub, weiße Rosen und badende Leiber, spiegelnde Wasser, Tanz und Musik, die umklammernd wirkt wie ein Schlinggewächs, nackte Jünglinge mit aschblonden Haaren und blutroten Lippen – «sein Mund war vor Kühnheit fast törichth» – gelten, dem Zeitgeschmack entsprechend, als unwiderstehlich berückende Bilder des Lebensreichtums, die der Autor den Ärmlichkeiten des gehaßten Bürgerlebens entgegenstellt und an denen er Halt sucht gegen die Versuchungen des Nihilismus. «Von der Bürgerwelt kann man sich nur in der Literatur erholen», schreibt er 1900; «Bürger» heißen ihm aber alle, «die häßlich empfinden und ihre häßlichen Empfindungen obendrein lügenhaft ausdrücken.» So fühlt er sich Régniers «Cultur der Oberfläche» verbunden. Da gehen die Bilder «zwischen den Menschen einher, und so wirklich wie sie und gelten mehr», notiert er zur Zeit der Arbeit an dem Roman *Die Göttinnen oder die drei Romane der Herzogin von Assy* (1903). Flauberts *Salammbô*, (1863), d'Annunzios *Il Fuoco* (deutsch 1900), Bourget, Wedekind und Nietzsche sind dem Autor zur renaissancehaft-üppigen Ausstattung dieses heidnischen Rausches der Lebensfülle und Kunstbegeisterung willkommen. – Lesefrüchte und Bilderinnerungen, musikalische Assoziationen und philosophische Zitate sind für die Dekorationsästhetik um 1900 von größerer Bedeutung als zuvor und später. Sie stehen als ein umfangreiches Requisiten-Arsenal der Inszenierung von Rauschphantasien zur Verfügung, für die die Realutopien des zeitgenössischen Bürgerlebens: Nudistenbewegung und Lebensreformkultur, ein zu rasch verbrauchter Stoff waren; zu schweigen von den sozialen und politischen Utopien der Arbeiterklasse, die für die Ekstatiker von «Übermaß und Übermuth» (Heinrich Mann, 1894) sehr viel exotischer klangen als alles, was sie über das schöne Leben von der Spätantike bis zur Renaissance hören konnten.

Die Bürgerkritik Heinrich Manns in dieser lebensphilosophischen Phase, die bis etwa 1906 reicht, ist in erster Linie keine soziale oder politische, ja im wesentlichen nicht einmal moralische Kritik. Die Schwäche der Bürger erscheint hier vielmehr als eine Unfähigkeit zum Schönen. Nietzsches Kunstphilosophie der Tragödienschrift, nicht das spätere moralkritische Werk, ist auch hier der markanteste theoretische Hintergrund. – Violante von Assy, die Hauptfigur der Romantrilogie, durchmißt deren Sphären als symbolische Räume der Freiheit, der Kunst und des Eros – sie alle visionäre Traumprovinzen des schönen starken Lebens, das Heinrich Mann gegen die Philisterwelt und am Abgrund des Todes befestigen möchte. Nino, Verkörperung des panischen Eros und zugleich Todesbote, ist ihr letzter Geliebter:

«Er blies auf seinen Fingern, wie auf einer Flöte, den Gesang der Pinie nach. Auf einmal neigte er sich, im Spiel, zu seiner Gefährtin und hob ihren bleichen und besonnten Kopf vom Rasen, so als pflückte er eine Märchenblume, oder als zöge er eine Frucht, die lebte, aus der lockeren Erde. Sie sahen sich in die Augen. Um sie her funkelte der schleierlose Mittag.»

Bereits im Erscheinungsjahr der *Göttinnen* schreibt der Autor dann die Novelle *Pippo Spano*. In ihren Arrangements folgt sie ganz dem dekorativen Geschmack ornamentierter Oberflächen, zumal bei der Darstellung von Frauen, die, neben den Jünglingen, meist das Schönheitsideal des Stils verkörpern. («Sie hob ihren Arm zum Vorhang an der Tür, – und der Ärmel aus lauter Blumenkelchen fiel auseinander in viele blaue Blätter. Ihr Arm stand darin als Blütenstempel, schimmernd von Mond.») Aber der Jugendstil ist hier nur noch Geschmack, nicht mehr Philosophie des Lebens. Der Geliebte dieses Mädchens, Mario Malvolto, ist Dichter, ein «stählerner Daseinskämpfer» für die Ästhetisierung des Lebens, an dem er sich versündigt, weil er der Liebe nicht gewachsen ist, die ihm sein Rollenspiel durcheinanderbringt. So steht er am Ende als ein Bild des Jammers – «ein steckengebliebener Komödiant» – vor der Leiche der Geliebten. Dergestalt distanziert sich der Autor – in ähnlichem Sinne wie Hofmannsthal in seinen frühen Dramen – bereits hier schon vom Immoralismus des ästhetischen Lebens. Dem Jugendstil ist damit eine seiner tragenden Voraussetzungen entzogen, mögen seine Dekorationen auch noch eine Weile überleben. Den Impressionen des politischen und sozialen Lebens der Zeit – die Berliner Februarkrawalle von 1892 hatten Vormärz-Stimmung erzeugt – haben die Barrieren vor der ästhetischen Subwelt nicht widerstanden.

Thomas Mann

Von der «Blasebalgpoesie» der *Göttinnen* hat Thomas Mann (1875 bis 1955) sich in heftiger Abneigung distanziert. In den *Betrachtungen eines Unpolitischen* (1918) rechnet er mit der «Schönheits-Großmäuligkeit» nicht des Bruders nur, sondern des Fin de siècle insgesamt ab und stellt fest: «Es ist der Augenblick, bekennend festzustellen, daß ich mit dem unzweifelhaft auf Nietzsches ‹Lebensromantik› zurückgehenden Ästhetizismus, welcher zur Zeit meiner Anfänge in Blüte stand, niemals (...) das Geringste zu schaffen gehabt habe.» Dem «dionysischen Lebenskult jener Abenteurer auf den Pfaden ruchloser Schönheit» setzt er das Ethos der Arbeit und Pflichterfüllung und den Dienst am Geist entgegen. Das ist gewiß eine Antithese zum frühen Lebenskult des Bruders, und die Germanistik hat entdeckt, daß die Personengestaltung und Konfliktdarstellung im *Tod in Venedig* (1912) sich tatsächlich Punkt für Punkt als Gegensetzung zu den *Göttinnen* auffassen läßt. So ist die Wertung des vitalistischen Immoralismus zwar diametral, bleibt aber in der Polarisierung von

Leben und Formkraft auf die Grundspannung der Philosophie des Jugendstils bezogen. Die Visionen schönen Lebens, die der Bruder im Frühwerk aus Philisterhaß und theoretischer Überzeugung entworfen hatte, wiederholt der jüngere in wollüstig sehnsüchtiger Verneinung, wie denn auch die philosophischen Grundbücher dieser Zeit, vor allem die Werke Bourgets und Nietzsches, aufgeschlagen bleiben.
Für die Entkleidung der Sexualität aus ihrer wilhelminischen Verschalung hatte der Gymnasiast, durch Wedekinds *Frühlings Erwachen* (1891) angeregt, noch Sympathie gezeigt. Dehmel hatte ihn dann zur Mitarbeit am *Pan* eingeladen. Ein Jugendstilgemälde L. v. Hofmanns mit drei lichtbadenden Männerakten an einer Quelle hing zeitlebens in seinem Arbeitszimmer. *Wälsungenblut* (1905), die Novelle des Zwillingspaars Siegmund und Sieglinde, das – Wagner-Klänge im Ohr – vor einem Spiegel auf einem Eisbärenfell in narzißtisch-inzestuöser Liebe Rache an der Häßlichkeit bourgeoisen Lebens nimmt, zieht er zwar zeitweise zurück; aber 1921 läßt er einen Sonderdruck in begrenzter Auflage erscheinen mit einem Frontispiz von Th. Th. Heine, auf dem Flammen lechzen wie Schlingpflanzen. – Doch wie hier schon der Jugendstil von Interieurs und Liebeshandlung wiederum stilistisch: durch die Ironie der Erzählhaltung auf Distanz gebracht und überformt ist, so hat sich der Autor auch sonst im Frühwerk Nachgiebigkeit gegenüber der vegetabilischen Versuchung nur um den Preis der Demütigung, Bestrafung und des tödlichen Untergangs gestattet. Wo der Eros sich gegen die Sitte gebärdet oder die Bestimmung des Geistigen bedroht, muß er unerfüllt leiden, so daß seine Lüsternheit sich mit Schmerzlust und Todessehnsucht untrennbar mischt (*Der kleine Herr Friedemann*, 1898; *Der Kleiderschrank,* 1899 [Druck 1903]; *Tonio Kröger*, 1903; *Tristan*, 1903). – Wie bei Stefan George ist auch hier das Haltungs-Ethos biographisch durch die erotische Selbstzensur von Homosexualität stabilisiert worden. – «Pessimistisch und antihedonistisch» hat Thomas Mann später die Stimmung dieser Jahre genannt.

***Kabarett:* Scheerbart, Wolzogen, Bierbaum**

Die Autorengeneration um 1900 sehnt sich nach kollektivierenden Gedanken und Empfindungen, Gemeinschaftserlebnissen und religionsersetzenden Ekstasen, um einen Ausgleich zu finden für die Entfremdungserfahrungen des bürgerlichen Alltags, dessen Wirtschafts- und Lebensordnung sie auseinandertrieb. Im lebensphilosophischen Monismus und in den ästhetischen Mythologien sucht sie Befriedigung dieser Bedürfnisse. In der Wirklichkeit, selbst der engen des Autorenmilieus, setzen sich Isolation und Abgrenzung durch. Zwar scharen sich um die vielen Zeitschriften, die als Folge dieses Kollektivwunsches entstehen, jeweils kleine Kreise; doch sind diese gegeneinander verschlossen, wie auch die bedeutenderen Schriftsteller der Zeit Rilke, Hofmannsthal, George, Musil, die Brüder Mann kaum oder allenfalls konfliktträchtigen Umgang miteinander haben. Die sich im nachhinein als Autoren des Jugendstils für die Dauer zumindest eines Jahrzehnts zur Gruppe versammeln lassen, wohnen in ihrer Selbstdeutung auf verschiedenen Sternen. Das gilt erst recht, wenn traditionelle Unterscheidungen die Gräben noch vertiefen – wie die zwischen großer Dichtung und Kleinkunst.

Einer der wenigen, die diese und sonstige Abgrenzungen anarchisch ignorierten, war Paul Scheerbart (1863 bis 1915), Verfasser einer phantastischen kunstmetaphysischen Vision (*Das Paradies. Die Heimat der Kunst*, 1889), eines kosmischen Evolutionstraums (*Lesabéndio. Ein Asteroiden-Roman*, 1913) sowie von Kabarettexten (*Katerpoesie*, 1909). – Um 1900 nimmt das Kabarett beachtlichen Aufschwung. Ernst Ludwig von Wolzogen (1855 bis 1934) gründet 1900 in Berlin das «Überbrettl» nach dem Vorbild des Pariser «Chat Noir»; 1901 folgen die Münchener «Elf Scharfrichter». Otto Julius Bierbaum (1865 bis 1910) – zeitweise Mitherausgeber des *Pan* – prägt in der Einleitung einer entsprechenden Textsammlung (*Deutsche Chansons*, 1901) den Begriff «angewandte Lyrik», eine heitere Variante der idée fixe des Jugendstils, die Kunst ins Leben zu tragen durch dessen Ästhetisierung. Zu den Beiträgern gehören A. W. Heymel und F. Wedekind. – Die Stelle der großen Mythologie vertritt in der Kleinkunst die Einschmelzung der verschiedenen Themen und Motive in einen heiteren, an Rokoko und Biedermeier gebildeten Ton, wie Bierbaum ihn in seinen anderen Publikationen zum Teil in Anlehnung an die Tradition der Studentenliteratur gefunden hatte (in seinem populären Gedichtband *Irrgarten der Liebe*, 1901, oder in dem Roman *Stilpe*, 1897). Singspiele, lyrische Dialoge, Deklamationen, Schwänke und Humoresken sollten ein breiteres Publikum mit den ästhetischen und politischen Vorstellungen der Avantgarde bekanntmachen, die Grenzen zwischen ernster und heiterer Kunst und zugleich diejenige zwischen Künstlern und Massenpublikum verwischen.

In Zusammenarbeit mit Peter Behrens, der wie viele seiner Kollegen an der graphischen Rahmung des literarischen Jugendstils mitgearbeitet hat, entwirft Bierbaum publikumsfreundliche, kunstvoll gestaltete «ideale» Bücher, in denen das Bild der Zeit sich «in köstlichen Fassungen» spiegeln sollte. Die Gründung der Zeitschrift *Die Insel* mit A. W. Heymel und R. A. Schröder – der den englischen Jugendstil durch eine Übersetzung von Aubrey Beardsleys *Under the Hill* bekanntmachen half (1905) – kommt diesen Plänen am nächsten, vor allem im Hinblick auf die spätere Gründung des Verlags und der Insel-Bücherei. Band eins dieser ersten deutschen Reihe schöner Taschenbücher war Rilkes *Cornet*.

Die Auswirkungen des Jugendstils auf die Kleinkunst, die Buchgestaltung und das Verlagswesen verwirklichen im literarischen Feld Absichten, die in der bildenden Kunst im Kunstgewerbe Niederschlag fanden.

Claudio Magris
Prag

Hinternational

«Ich bin hinternational», heißt es in Johannes Urzidils (1896 bis 1970) *Prager Triptychon* (1960), in dem der Autor in der dritten Person von seiner Kindheit erzählt. «Hinter den Nationen – nicht über- oder unterhalb – ließ sich leben und durch die Gassen und die Durchhäuser streichen.» Diese und ähnliche Definitionen des hunderttürmigen ‹magischen› Prag stellen einen der reichsten Themenkataloge der modernen Literatur dar; der Zauber der Stadt als etwas, das nur angedeutet werden kann, ist der Zauber einer Sehnsucht nach ihren phantastischen Abbildern, die sich alle ähneln, weil alle einmalig und exzentrisch sind oder sich dafür halten. Was vom Prager Schriftsteller – keineswegs nur vom Prager Deutschen – beschrieben wird, ist ein von der Literatur geschaffenes Prag, das dazu neigt, konventionelle Landschaft zu werden. Daraus ist ein sehr reiches Arsenal entstanden, von dem bis heute Gebrauch gemacht worden ist. In seinem Erzählband *Pábitelé* (1964) schildert der tschechische Romancier Bohumil Hrabal (geb. 1914) ein Prag, wie es in den Erzählungen von Karl Čapek aus den zwanziger Jahren begegnet, welcher seinerseits auf geniale Art das von Jan Neruda unsterblich gemachte Prag des 19. Jahrhunderts zum Vorbild nimmt.

Die Prager Literatur ist ein Beispiel dafür, wie eine Literatur mit Besessenheit die eigene Tradition zum Thema macht. Es handelt sich um eine Anzahl immer wiederkehrender Motive, die schon oft untersucht worden sind: das Vielvölkermosaik Mitteleuropas, das dreifache Getto, das den Prager deutschen Juden innerhalb der deutschen Gemeinschaft, die in der tschechischen isoliert war, in eine Sackgasse sperrte; die Überschneidung von Sprachen, die künstliche Treibhausatmosphäre, in der die deutsche Kultur lebte, der gespenstische Alltag und der groteske Friedhofshumor, die Mystik des Objekts und der Aufstand der Dinge, der mit Krimskrams überladene Prunk, die spitzbübische Epik des Kneipengeschwätzes. Aber das brennende Problem ist das der Grenze: Da sich in einer

extremen Situation keine Lösung finden läßt, sucht man in den zerreißenden Widersprüchen eine Identität.
Wie jeder Mythos behält auch der literarische Prags eine wesentliche Identität jenseits der geschichtlichen Entwicklung bei. Beschreibungen der Stadt, die in den sechziger Jahren niedergeschrieben wurden, weisen keinen merklichen Unterschied von früheren auf. Die Perspektive bei Urzidil oder die in den Memoiren Max Brods ist genau die gleiche wie bei Alfred Kubin oder Gustav Meyrink, ja selbst Urzidil und Brod halten in späteren Jahren an den Aufzeichnungen ihrer Jugend fest. Ihrer aller Sehnsucht gilt nicht dem verlorenen Prag, sondern der Sehnsucht, mit der sich in den Jahren des goldenen Prag dessen Söhne der schwindenden Identität ihrer Welt zugewandt hatten. Der Prag-Mythos stellt vor allem eine Sehnsucht der Sehnsucht dar, und durch ihre Selbstmythisierung verleiht die Prager Literatur mit ihren schattigen Gärten und mit der vertrauten Geborgenheit ihrer Kaffeehäuser dem alten Europa des bürgerlichen Individualismus Ausdruck und Stimme. Die Krise Prags deckt sich nach der Meinung vieler Protagonisten seines kulturellen Lebens weitgehend mit der Krise des Abendlandes.
Es ist leicht festzustellen, daß der Prag-Mythos in regelmäßigen Abständen wieder auftaucht, und zwar wenn die Grenzsituation verzweifelter wird. So geschah es im ersten Jahrzehnt des Jahrhunderts, als die deutschsprachige Gemeinschaft die eigene Krise bewältigen mußte, sie aber dichterisch verklärte, anstatt sie sozial in Angriff zu nehmen. Auch nach 1918 wuchs dieser Mythos, obgleich viele Autoren Prag schon verlassen hatten. Ein weiterer Meilenstein stellt das Jahr 1938 dar, als der 1918 begonnene, aber nicht vollendete Zerstörungsprozeß zu Ende geführt wird. Die neue Blütezeit der Prager deutschen Literatur nach dem Zweiten Weltkrieg weist in den Werken der Sozialisten Kisch und Weiskopf eine Sehnsucht nach der Welt von gestern auf, der man in ihren früheren engagierten Schriften nicht begegnet. Überhaupt ist es jetzt die tschechische Literatur, die die Tradition des Prag-Mythos wieder aufgreift, so etwa bei Bohumil Hrabals *Inzerát na dum, ve kterém už nechci bydlet* (1965), in dem die Gestalt des Platzanweisers, der über die Gartenmauer hinweg das Zusammenklingen von Symphonieorchester und Bierkapelle unter der Leitung von Herrn Polata vernimmt, auf das große Motiv der übernationalen *koiné*, der Hinternationalität, hindeutet. Der Zusammenhang zwischen der Wiederentdeckung der Prager Tradition und dem ethisch-politischen Engagement tritt auch in den beiden von Eduard Goldstücker 1963 und 1965 in Liblice veranstalteten Konferenzen über Kafka und die Prager deutsche Literatur sehr deutlich zutage. [vgl. 301 u. 133] Aber auch nach 1968 stirbt der Mythos nicht ganz. Wird bei Ladislav Fuchs, Jiří Kolar und Ota Filip das Makabre und Phantastische mit der Seele Prags weiter identifiziert, so lebt in den liebenswürdigen und häuslichen Kriminalgeschichten Jiří Ma-

reks (geb. 1914), der die offizielle Parteilinie vertritt, das alte Prag wieder auf (*Panoptikum Starých Kriminàlnìch Přìbĕhu*, 1968). Das gleich ins Deutsche übersetzte Buch Mareks hat auch in der DDR beachtlichen Anklang gefunden (*Panoptikum alter Prager Kriminalfälle*). In der merkwürdigen habsburgisch-stalinistischen Synthese, die der Gendarme Mareks verkörpert, erkennt man leicht den konservativen und ironischen Humanismus der habsburgischen Tradition, also das Fortleben eines literarischen Topos, der von der Jahrhundertwende bis heute reicht.

Deutsche, Tschechen, Juden

Urzidil bezeichnet seine Kindheit als «hinternational»; dennoch schrieb ungefähr zu demselben Zeitpunkt Hugo Salus (1866 bis 1929), der Altvater der Prager deutschen Literatur, keineswegs von den nationalen Gegensätzen losgelöste Verse: «Heute gibt es nur Deutsche, / Wer nicht Deutsch wählt, / Verdient die Peitsche!» Hier kommt die Tradition des bürgerlichen Liberalismus zum Ausdruck, die für die deutsche Minderheit untrennbar mit dem Prinzip der Vorherrschaft über die Tschechen verbunden war. «Bis zum Jahre 1848 war der Zustand in Böhmen so, daß, wer studieren wollte, dies nur mit Hilfe der deutschen Sprache tun konnte», stellt Fritz Mauthner fest. Man war stolz auf die deutsche Universität, die älteste Deutschlands, so auch auf andere «wirklich deutsche Anstalten» wie das Kleinseitner Gymnasium, das vom Nachwuchs des deutschsprachigen Bürgertums besucht wurde und ihn zum nationalen Gedanken erzog. Aber auch das berühmte deutsche Theater, das seit 1788, dem Jahr der Aufführung von Mozarts *Don Giovanni* bestand, wurde dem erst 1885 gegründeten tschechischen Theater mit nationalem Stolz gegenübergestellt. Freilich, die Machtstellung der Deutschen war schon nach 1880 erschüttert. Zwar hatten sie noch die Hebel der Verwaltung und des Finanzapparats in der Hand, doch das tschechische Bürgertum war in einem ständigen Aufstieg. So bedeutete auch das Gesetz der Zweisprachigkeit (1897) einen eindeutigen Sieg der tschechischen Nationalität. «Wir konnten den tschechischen Massen keine deutschen Massen gegenüberstellen», das heißt, die deutsche Bevölkerungsgruppe, die in nur zwanzig Jahren (1880 bis 1900) von 12 auf 7,5 Prozent herabsank, bildete eine geschlossene Welt, deren Sprache jedes offene und fruchtbare Verhältnis zur Wirklichkeit fehlte. «Concordia», der konservativste und exklusivste Zirkel Prags (gegründet 1871), bietet ein eindrucksvolles Beispiel für das kulturelle Leben der Stadt – soweit sie deutsch sprach. Ihre offiziellen Päpste – Alfred Klaar, Heinrich Teweles, Hugo Salus, Paul Adler – fühlten sich mit der deutschen klassischen Kultur aufs engste verbunden und standen jeder Neuerung abwertend gegenüber. Die Provinzialisierung der Prager deutschen Literatur hängt mit dem Nationalitätenproblem zusammen. Aus der Insellage der Prager deutschen Gesellschaft

um die Jahrhundertwende erklärt sich der Erfolg eines Liliencron, der zu Beginn des neuen Jahrhunderts triumphal empfangen und von Rilke als der größte deutsche lebende Dichter gefeiert wurde.
Das öffentliche Leben der deutschen Minderheit spielte sich ausschließlich in geschlossenen Gesellschaften, in enggezogenen Kreisen, ab. Selbst die Gruppe «Jung Prag», die zusammen mit dem «Verein deutscher bildender Künstler in Böhmen» versuchte, einen neuen Mittelpunkt kultureller und gesellschaftlicher Begegnungen zu bilden, konnte die vielen Vorurteile nicht überwinden noch das Zusammenleben mit den Tschechen wirklich fördern. Das Vorwort Paul Leppins (1878 bis 1945) zur Zeitschrift *Wir. Deutsche Blätter der Künste* (1906) faßt all das zusammen, was diese Generation dem offiziellen Prag und seinen Institutionen gegenüber empfand. Wird die «provinzialmäßige Physiognomie» der Stadt von Leppin scharf angegriffen, so klingt in den Worten Oskar Wieners eher Resignation und endgültiger Abschied. Man findet in der neuen Stadt nicht mehr zu sich: «Was wir geliebt und was eine Heimat war all unserer Träumen, es muß dahin. Wir gehen wie Enterbte durch die neuen Straßenzüge und trauern.» Die Aufgabe einer grundlegenden Erneuerung fiel jetzt einer neuen Generation zu, deren Vertreter fast ausschließlich dem jüdischen Prag entstammten und um 1910 einen ziemlich festen, meistens in den Cafés und in den Privathäusern zusammentretenden Kreis bildeten. Die Assimilierung an die deutsche Minderheit, die bis dahin als natürlicher Prozeß betrachtet worden war, bedeutete für diese neue Generation nichts Selbstverständliches mehr und gab den Anstoß zu einer tiefgreifenden Identitätskrise, aus der später auch ein neues jüdisches Selbstbewußtsein entstand. Prag als «lebendiges Problem» und als «Vorwegnahme des Judenschicksals überhaupt», das sich in der stinkenden Verwesung der Stadt widerspiegele: So empfand es noch Jahre später Ernst Polak (1886 bis 1947), der bis 1918 eine maßgebende Rolle in den Kaffeehauszirkeln Prags gespielt hatte. [369; *S. 524*; vgl. 277] Für die jungen Schriftsteller, die Freunde Franz Kafkas (1883 bis 1924) waren, ging es darum, sowohl die Religiosität der noch in den Gettos lebenden Großväter als auch die Kategorien des bürgerlichen Gewinnstrebens der Väter abzulehnen. In den ersten Werken Max Brods (1884 bis 1968) begegnet diese Generation in dichterischer Umgestaltung: Es sind die gebildeten und verfeinerten Söhne des reichen Bürgertums, innerlich schwach und ohne Ideale, die zum Symbol des zusammenbrechenden Kaiserreichs werden. Ihrer Entfremdung bewußt, konnten die «Allerjüngsten von 1910» weder dem Chauvinismus ihrer Landsleute folgen noch das richtige Verständnis für die nationalen Bestrebungen der Tschechen haben. Doch meldete sich mit den *Herder-Blättern* (1911/12, hrsg. von W. Haas, N. Eisler und O. Pick) ein Interesse für die tschechischen Dichter, das ihr Schaffen als ästhetisches Phänomen ernst zu nehmen begann. Das Stre-

ben nach einer universalen Brüderlichkeit, das freilich noch nicht die Solidarität ist, die aus Werfels Einleitung zu den *Schlesischen Liedern* (1916) des Petr Bezruč (d. i. Vladimir Vašek, 1867 bis 1958) spricht, stellt zugleich eine Überwindung des Prager Provinzialismus dar. Die jungen Schriftsteller standen nunmehr mit den wichtigsten Kulturzentren und den bekanntesten Persönlichkeiten der deutschen Szene in Beziehung. Die Kaffeehäuser Prags, auf deren verbindendes Element und gesellschaftliche Repräsentation die Deutschen mehr noch als die Tschechen schon seit der Jahrhundertwende angewiesen waren [277; *S. 372*], blühten um 1910, vermittelten manchmal tschechische Autoren und standen aktuellen Problemen (Frauenemanzipation) sowie der expressionistischen Kunst der deutschen Großstädte offen. So wurde das Café Continental, vor allem aber das Café Arco durch Franz Werfels (1890 bis 1945) Gedicht *Weltfreund*, das dort während einer Lesung (1911) bekanntgegeben wurde, im ganzen deutschsprachigen Gebiet berühmt. Jedoch kehrte die Stadt in die gewohnte Isolation zurück, als Franz Werfel 1912 nach Leipzig ging, Willy Haas (1891 bis 1973) ihm ein Jahr später folgte und der Kreis im Laufe des Krieges, der viele Opfer forderte, sich aufzulösen begann.

«Warum haben Sie Prag verlassen?»

Im Prager Literaturleben wimmelt es von Aufbrüchen, wirklichen oder erträumten, mit Besessenheit gewünschten oder gefürchteten. Rilke verläßt Prag 1896, Werfel 1912, Urzidil 1939; Kafka verläßt es nie und beklagt in dem berühmten Brief an Oscar Pollak, daß die Krallen des Mütterchens weder ihm noch dem Freunde erlaubten, ihren Klauen zu entkommen. Mit dieser Unentrinnbarkeit ist die berühmte Behauptung verbunden, es sei für einen Prager unmöglich, nicht zu schreiben. Die Widersprüche Prags waren in einer einzigen Instanz lösbar oder angreifbar, in der Literatur. Die von Kafka erwähnten drei Gründe für die Unmöglichkeit zu schreiben finden den einzig möglichen Ausweg im Schreiben. [vgl. 292; *S. 179*] Denn das Schreiben kann die Elemente des Widerspruchs simultan darstellen und sie zum Sinn des Lebens machen. Die Bewegung der Prager deutschen Literatur ist eine Reise, die – wie Deleuze und Guattari bemerkt haben [292; *S. 179*] – eine kreisförmige Struktur annehmen kann, bis sich der durch den Fluchtpunkt der Anfangskrise geöffnete Kreis wieder schließt und in der Harmonie der ungelösten Schwingung zur Ruhe kommt. Aber es kann auch eine Richtung sein, die ins Unendliche nach vorn verläuft, ohne daß sich der Kreis schließt. Rilke, der Prag verläßt, Kafka, der in Prag bleibt, haben diesen zweiten, direkt revolutionären Weg gefunden; Leppin, der bleibt, und Werfel oder Urzidil, die weggehen, durchlaufen geistig den Kreis der Nabelschnur.
Die berühmte Umfrage «Warum haben Sie Prag verlassen?» wurde 1922

von der *Deutschen Zeitung Bohemia* und vom *Prager Tagblatt* veranstaltet und später (1966) von Kurt Krolop eingehend analysiert. Bei der Vielfalt der Antworten taucht als Konstante eine Beziehung der Prager deutschen Schriftsteller zu Prag auf, die als ein Ödipus-Verhältnis angesehen werden darf. Die Haß-Liebe, die mit Prag verbindet, setzt den Untergang der verhaßten, aber gleichzeitig ersehnten Vaterfigur voraus. Mit dem Tod des Vaters, dessen tyrannische Erscheinung in Kafkas *Brief an den Vater* (1919) das Bild der Erde verbirgt, verschwindet nicht nur eine tyrannische Autorität, sondern auch die eingehende Kraft, die die historische Identität des einzelnen ausmacht. Der Verlust des väterlichen Identitätsprinzips bewirkt aber ein völliges Sich-Zurückziehen auf die Dimension der Mutter, in den Bereich des Traumes und des Irrealen, in den dunklen Schoß des Mythos. Dies alles finden wir in den Antworten auf die Umfrage, die fast alle Oxymora sind: Einerseits möchte man weg von Prag, andererseits fühlt man sich zu ihr unwiderstehlich hingezogen. Ein solcher Zustand konnte nur zu zwei extrem verschiedenen Lösungen führen, entweder die Heimatlosigkeit zu einer einzigen Wahrheit erheben oder aber das dunkle Band der affektiven Illusion regressiv bestätigen. Kafka, der die «Nichtzugehörigkeit und Heimatlosigkeit» immer wieder spürt, hat aus Prag eines der größten Exilsymbole gemacht, das den Willen zur «Deterritorialisierung» [272; *S. 179*] vorwegnimmt.

Das «Geheimnis» von Prag, schreibt Werfel, versteht «der Heimatlose» (d. h. der Prager deutsche Schriftsteller), nicht die «gesunde Rasse», also die Tschechen, die im Kommen ist und dann herrschen wird, für welche Prag «Leben, Hauptstadt, Kultur, Kulmination» ist. Sicherlich beansprucht Werfel, der seit zehn Jahren im Exil lebt, 1922 mit diesen Worten unbewußt für die deutschen Schriftsteller das Monopol, die Stadt besser zu verstehen. Dabei kann man auch den Versuch beobachten, die Prager deutsche Kultur mit tschechischen Reserven zu bereichern, das heißt das Element zu gewinnen, das der deutschen Minderheit durchaus fehlte. Nur war das ein täuschender Versuch, weil er die tschechische Welt mit einer mythischen Welt des Volkes gleichsetzte und die tschechische Geschichte in ein legendäres Vermächtnis verwandelte. Trotz des sozialen Unbehagens, das dem tschechischen Proletariat gegenüber in einigen Versen des *Larenopfer* (1896) durchscheint, schwankt beim jungen Rainer Maria Rilke (1875 bis 1926) die tschechische Welt zwischen der gespenstisch-ruhmreichen Unwirklichkeit (das türmereiche Prag durch die Fensterscheiben oder im Nebel der Dämmerung) und der magisch-infantilen Irrealität (stille Gärten, schweigende Mädchen). *König Bohusch* in Rilkes *Zwei Prager Geschichten* (1899) ist ein klassisches Beispiel für die mythische Verzerrung eines politischen Motivs: Der tschechische Irredentismus löst sich im Dämonischen und Märchenhaften auf, der graue Turm von Sankt Veit ist ein Signal, das eine unentzifferbare Botschaft ausstrahlt, die soziale Spannung wird in zwei absurd entpolitisierten Hyperbeln verzerrt, dem wahnsinnigen Traum von Bohusch und dem mörderischen Trieb des Studenten Rezék. Von diesem schwachen, papiernen Prag, das Rilke so wenig gekannt hat, entfernt er sich bald und leicht wie sein Held Ewald Tragy im gleichnamigen Werk (1897). Auch Gustav Meyrink (d. i. Gustav Meyer, 1868 bis 1932) neigt dazu, besonders im *Golem* (1913/ 14) und in der *Walpurgisnacht* (1917) die tschechische Geschichte in einer leichenhaften Unbeweglichkeit erstarren zu lassen. Rosina und Polyxena sind Wiederholungen der Vergangenheit, Phantome eines anderen Reiches; im zweiten Roman wird der Aufstand des tschechischen Volkes als dunkle Entfesselung der niedrigsten Triebe bezeichnet. Meistens wird das slawische Element mythisiert, so etwa in Paul Leppins Roman *Severins Gang in die Finsternis* (1914). Das deutsche Gewissen bzw. sein schlechtes Herrschergewissen ist zu oft bereit, die slawische Welt in eine metahistorische zu verwandeln, deren klarste Symbole Eros, Gläubigkeit und die unterwürfige Weiblichkeit der Mutter, der Prostituierten oder der Magd sind. Das kehrt bei Max Brods (1884 bis 1968) Roman *Ein tschechisches Dienstmädchen* (1909) und, über die Prager Literatur hinaus, bei Hermann Brochs (1886 bis 1951) Ružena in den *Schlafwandlern* (1931/32) wieder. Und doch ist der Prager deutsche Schriftsteller meistens ein sehr guter Kenner der tschechischen Kultur, die er vielfach vermittelt, wie zum Beispiel P. Leppin, Max Brod, Willy Haas und der Kreis um die *Herder-Blätter* zeigen.

Was viele Autoren dazu treibt, sich das Hinterland des tschechischen Volkes anzueignen, ist ihr «Inseldasein». [177] Bei Oskar Wiener (1873 bis ?) geht es darum, eine nicht existierende österreichische Synthese in deutscher Form von den böhmischen und jüdischen Komponenten historisch zu belegen. Nur wird das deutsche Element zur Quintessenz der böhmischen Welt gemacht und als solches im Volkslied oder im Märchen und in der Sage aufgespürt (*Böhmische Sagen*, 1919). Im Gegensatz zu Max Brod, bei dem von «Pragern» die Rede ist, verwendet Wiener unterschiedslos Ausdrücke wie «Wir Deutschen in Böhmen», «Wir Österreicher», «Bei uns in Österreich», «Wir Deutschböhmen» etc. Von seiner übernationalen Begeisterung läßt er sich letzten Endes zu einem deutschen Imperialismus, sei er auch nur kultureller Art, verleiten.

«Wie Träumer, die bei der Berührung mit der Wirklichkeit zerbrechen und Opfer der bezaubernden Stadt werden», suchen die Prager Schriftsteller im Künstlichen Zuflucht. Von den *Verstiegenen Novellen* (1907) bis zum Roman *Im Prager Dunstkreis* (1919) und dem *Alt-Prager Guckkasten* (1922) treibt Wiener die literarische Fiktion bis aufs äußerste. Max Brod fordert zu Beginn seiner Tätigkeit den «Indifferentismus» als ästhetisierenden Dandy-Lebensstil, der völlig irreal ist und der sozialen Dimension verschlossen bleibt (*Schloß Nornepygge*, 1908; *Die Einsamen*, 1919). In diesem Zustand der Künstlichkeit, den die Prager deutsche Literatur durchlebt hat, ist in vitro ein Modell der Gegenwartsliteratur schlechthin enthalten. Denn in der Sprache der Prager österreichischen Literatur hat eine der härtesten Auseinandersetzungen der letzten Jahrzehnte, und zwar im Zeichen der Verfremdung, stattgefunden. Der Intellektuelle slawischen Ursprungs, der sich des Deutschen als des einzig möglichen kulturellen Mediums bedient, löst sich von seiner ethnischen und sozialen Herkunft. Dadurch wird das Deutsche die Form, in der sich die unbeschreibliche Schwingung der Seele ausdrückt, die sich weiterhin slawisch fühlt. Als Ort der Kultur und der Ordnung ist die Sprache im Banne dieser Verfremdung auch immer der Ort der Schuld und der Unordnung, weil jeder Aufstieg von der Schuld der ausgeübten Gewalt und des begangenen Verrats begleitet wird. Wenn dieses Schuldgefühl Klarheit annimmt, dann ist das durch die Entwurzelung erreichte Niveau nicht mehr oder bald nicht mehr das hohe Niveau der Sieger: Die kleine herrschende österreichisch-deutsche Klasse wird von den dunklen Besiegten übermannt. Dies gilt um so mehr für die jüdische Assimilation, die die Ostjuden von der Totalität des Gesetzes löste und sie in ein Niemandsland versetzte. Die Prager Juden schweben im Ungewissen wie der Hauptheld von Kafkas *Jäger Gracchus* (1917). Jede Art Identität ist fremd, kommt von außen, auch die jüdische, die Kafka so sehr besitzen möchte, von der er aber ausgeschlossen bleibt wie bei den Schauspielen des jiddischen Theaters. Die Einsamkeit, das Ausgeschlossensein aus der Gemeinschaft, ist die Schuld –, die «Schuld der Stadt», heißt es bei Brod.

Der Mangel an Ordnung überträgt sich auch auf die Dinge. Für die Prager Literatur ist die Mystik des Gegenstandes in seiner unentzifferbaren Gegenwart und in seiner Rebellion typisch. Von Meyrink bis Hrabal werden die Dinge immer als plump und bedrohlich dargestellt. Ohne Ordnung fallen sie über den Menschen her, lassen ihn straucheln, lösen das Alltägliche in einer grotesken Verwirrung auf. Es besteht jedoch ein grundsätzlicher Unterschied zwischen den Prager deutschen und den Prager tschechischen Schriftstellern. Für erstere ist die Rebellion der Dinge beängstigend. In Max Brods Werk lauert das Leben tückisch in den Luftschächten und in den dunklen Ecken; Prag ist auch der verhexte Zauber der Stadt Perle in Alfred Kubins (1877 bis 1959) *Anderer Seite* (1909), «wo alles wie vorher ist, aber alles woanders und daher nicht ist» [143; *S. 1118*]. Die «andere Seite» bedeutet die andere Seite der Wirklichkeit, die Kubin mit barock-hispanisch-habsburgischer, bürokratischer Sorgfalt sucht, ohne sie zu finden, weil ein solches Anderssein nur das Falsche ist. Alles verfällt zum Krimskrams oder zum Grotesken – am sinnfälligsten in Meyrinks *Golem*.

Für die tschechischen Schriftsteller, die auch die Neigung zum Makabren und zum Friedhofssurrealismus teilen, besitzen das Fragment und die Geschichte, die sich in der Kurzgeschichte aufsplittert, auch einen schuldtilgenden Wert. Bei ihnen befreit sich die Einzelheit von einer tyrannischen Ordnung und stellt die Befreiung des tschechischen, kleinbürgerlichen Kultursubstrats vom hohen Stil der herrschenden deutschen Kultur dar. Das Kneipengeschwätz bei Hašek würdigt die Geschichte zur Gasthausanekdote herab und höhlt die «Selbstgefälligkeit des Systems» aus. [147; *S. 300*] Seit den *Povídky malostranské (Kleinseitner Geschichten*, 1878) Jan Nerudas (1834 bis 1891) hatte sich eine zarte, lebensvolle Epik zur Verteidigung des kleinen Alltagslebens und des kleinen Mannes gegenüber der Macht und der Schlauheit des Verstandes entwickelt. Als großer Erbe dieser Tradition setzte Karel Čapek (1890 bis 1938) mit *Povídky z jedné kapsy* (1929) und *Povídky z druhé Kapsy* (1925) das humoristisch mundartliche Epos der täglichen Vertrautheit fort. Sie gipfelte dann in Hrabals Geschichten von Vororttanzfesten, verlassenen und leidenschaftlichen Mädchen, arbeitsscheuen Brigaden und häuslichen Idyllen. Eine solche humorvolle und solidarische Chorartigkeit kannte die Prager deutsche Literatur kaum. Dieser Epik des Alltags kommt etwa Meyrink in seiner Geschichte von Doktor Hulbert nahe sowie Urzidils zuversichtlich humorvolle und menschliche Beziehung zum Tod. Sonst ruht auf der Prager deutschen Literatur ein papierner Zauber, der vom Sionismus bis zum Expressionismus aus gewaltigen Problemen ein Kaffeehausphänomen oder ein Gartenidyll gemacht hat. Nicht ohne Ironie symbolisiert Werfel das Ende dieser Welt in der Schließung des alten kaiserlichen Bordells (*Das Trauerhaus*, 1927).

Resignation und neues Engagement

Das Jahr 1918 bedeutete für den größten Teil der Prager deutschen Schriftsteller, dramatischer als für andere, das Ende der Welt von gestern. Der Zusammenbruch des habsburgischen Kaiserreichs stellte sie plötzlich vor eine politisch-soziale Wirklichkeit, die nicht gerade günstig war. Das Gefühl der Unsicherheit, das vor dem Krieg herrschte, wird zur schmerzlichen Gewißheit des völligen Verlassenseins und der Unwiederbringlichkeit des Verlorenen. Ein so radikaler Bruch steigert die Größe der wahren Schriftsteller und läßt die weniger Begabten in lemurenhafter Erstarrung verharren. Paul Leppins Erscheinung steht als Sinnbild für das Leben auf einer sich auflösenden Insel. Die Ungewißheit und die Angst, die sein Werk zu Beginn des 20. Jahrhunderts ausgezeichnet hatte, treten zurück zugunsten einer unhistorischen Dimension, die den ganzen Kram der Prager Literatur wiederaufnimmt: das Libussa-Motiv, Rudolf II., die Welt der Alchimisten und der Zauberer. Das einzig mögliche Leben war nunmehr das der Epigonen. Oskar Wiener schreibt: «Die Aufgabe war schwer, die ich mir stellte: es hieß Ererbtes pietätvoll bewahren.» Alle seine 40 Werke sind eine einzige ideelle Anthologie des volkstümlichenmagischen-geisterhaften-deutschen-übernationalen Erbguts seiner Kultur – jedoch ohne geschichtliche Wertung. In der letzten Hoffnung, die Unordnung der Welt durch das künstliche Experimentieren zu zügeln, wird zu einer schwerfälligen und gewundenen Sprache barocken Ursprungs gegriffen; aber dem Theatrum mundi stehen nunmehr nur die kindischen Schnörkel der Verse Wieners gegenüber.

Der senile kulturelle Infantilismus hat die Aufgabe, die Angst zu betäuben. Leppin und Wiener erkennen zu spät, daß jede Humanitas das Bestehen einer konkreten Bindung an geschichtliche, soziale und kulturelle Kräfte voraussetzt. «Immer nur auf sich selbst angewiesen, von der slawischen Umgebung streng abgeschlossen» (Wiener), verlieren sie ihre Identität. Wiener fühlt sich als Österreicher, aber aus Böhmen stammend, als Deutscher, aber zu weit entfernt von seiner kraftspendenden Kultur, als Jude, aber nunmehr assimiliert, sicher nicht als Tscheche, aber als ein «Böhme», der nicht ohne die tschechische Welt leben kann, die er sich aber als Deutscher geistig aneignen möchte. Wiener verkörpert beispielhaft den Prager, den Mann der zu vielen Heimaten, der gerade deshalb ohne Heimat bleibt. Die Entdeckung, wirklich keine Heimat zu besitzen, erfolgte, als ihn die Gestapo zu seinem größten Erstaunen nach Theresienstadt transportierte, wo er sterben sollte.

Im ‹anderen Prag›, das heißt in einer Literatur, der es an der Sublimation der Angst durchaus fehlt, manifestiert sich das Vertrauen, daß eine neue Welt erreichbar und nahe sei. Franz Carl Weiskopfs (1900 bis 1955) *Slawenlied* (1929 bis 1931) ist der Roman der Hoffnung auf die Zukunft der Tschechoslowakei, der ersehnten Verschmelzung der verschiedenen Nationalitäten im Namen des sozialistischen Internationalismus.

Das Werk der sozialistischen Schriftsteller, die wie Weiskopf, Kisch, Fuchs und Fürnberg hauptsächlich zwischen den beiden Weltkriegen tätig waren, ist gesellschaftlichen und politischen Zielen untergeordnet. Information, Bildung und Propaganda quellen aus den Romanen Weiskopfs oder aus den *Reportages* Egon Erwin Kischs (1885 bis 1948) hervor. Die soziale Frage, die in der Prosa Kafkas durchaus vorhanden, jedoch nur ein Element seiner künstlerischen Welt ist, tritt jetzt als ausschließliches Thema in den Vordergrund. Wenn Louis Fürnberg von «unsere(r) Mutter Prag, (der) Dulderin» träumt, so ist seine Lyrik zwar von Rilkescher Sehnsucht erfüllt, zugleich aber dem Interesse für die Welt der Unterdrückten zugewandt.

Bernd Witte
Portrait Kafkas

Schon sehr früh hat Franz Kafka (1883 bis 1924) seine bürgerliche Existenz als unvereinbar erfahren mit dem, was er die Darstellung seines «inneren, traumhaften Lebens» nannte. Dennoch hat das soziale Milieu des wirtschaftlich gesicherten, aber durch sein Judentum und seine deutschen Kulturtraditionen eine Minderheit darstellenden Bürgertums, dem er entstammte, sein Werk ebensosehr geprägt wie das zugleich großartige und bedrückende Ambiente der Stadt Prag, in der er aufwuchs, studierte und bis zu seiner vorzeitigen Pensionierung zwei Jahre vor seinem Tode als Versicherungsjurist arbeitete.

Frühwerk

Bereits sein frühester überlieferter Text, die *Beschreibung eines Kampfes* (1904/05), gestaltet den Konflikt zwischen Innenwelt und Außenwelt und führt damit das Grundmuster Kafkaschen Erzählens vor. In der Fragment gebliebenen Geschichte berichtet ein Junggeselle, der durch die unbeschränkte Macht seiner Phantasie als Schriftsteller gekennzeichnet ist, von seinem Kampf mit einem Bekannten, dessen Denken und Handeln ganz in der Gesellschaft aufgeht. Die Aggressionen des Ich gegen den anderen, die in dem Versuch gipfeln, ihn als Opfer zu töten, sind ein Ausdruck der verzweifelten Anstrengungen des Subjekts, die beiden gegensätzlichen Welten zu vereinen. Daß dieses Vorhaben am Ende scheitert und die beiden – als ob nichts geschehen wäre – auseinandergehen, reflektiert das Scheitern des Erzählers Kafka, dem es nicht gelingt, im Schreiben die Identität wiederzufinden, in der die einander ausschließenden Lebensformen des Schriftstellers und des Alltagsmenschen aufgehoben werden könnten.

Nachdem Kafka auch die zweite Fassung der *Beschreibung eines Kampfes* abbrechen mußte, ohne zu einer befriedigenden Synthese gekommen zu sein, veröffentlichte er einzelne, aus dem Zusammenhang herausgelöste Abschnitte daraus als kleine Prosatexte in seinem ersten, im November

1912 vom Rowohlt Verlag in Leipzig gedruckten Buch *Betrachtung*. Zu diesem Zeitpunkt hatte er jedoch mit der Erzählung *Das Urteil* bereits die extreme Subjektivität seiner ersten Veröffentlichung überwunden und einen Text geschrieben, von dessen «Zweifellosigkeit» er selbst überzeugt war: «Diese Geschichte ‹Das Urteil› habe ich in der Nacht vom 22. bis 23. [September 1912] von zehn Uhr abends bis sechs Uhr früh in einem Zug geschrieben. (...) Mehrmals in dieser Nacht trug ich mein Gewicht auf dem Rücken. (...) Nur so kann geschrieben werden, nur in einem solchen Zusammenhang, mit solcher vollständigen Öffnung des Leibes und der Seele.» In dieser Tagebucheintragung spricht sich das Bewußtsein vom autobiographischen Bekenntnischarakter seiner neuen Erzählung aus. In ihrem Mittelpunkt steht der Konflikt zwischen dem jungen Kaufmann Georg Bendemann und seinem Vater, der sich daran entzündet, daß der Sohn einen Brief über seine bevorstehende Verlobung an einen in Rußland lebenden Freund geschrieben hat, und der mit dem freiwillig-unfreiwilligen Tod des Helden als Sühne für eine nicht näher bestimmbare Schuld endet. In dem Umschlagen von der scheinbar kindlichen Fürsorge für den gebrechlichen Alten zu dessen plötzlichem Wiedererstarken und dem abschließenden Todesurteil über den Sohn ist nur unschwer Kafkas ambivalentes, zwischen Bewunderung und Haß schwankendes Verhältnis zu seinem eigenen Vater wiederzuerkennen.

Diese Deutung der Erzählung wird bestätigt, wenn man sich den Lebensmoment vergegenwärtigt, in dem Kafka sie schreibt. Seit etwa einem Jahr hatte sich, auch unter dem Einfluß der Wiederentdeckung seines eigenen Judentums durch den Kontakt mit dem jiddischen Theater, der Konflikt zwischen ihm und seinem der Lebensweise und den literarischen Ambitionen des Sohnes fremd gegenüberstehenden Vater zugespitzt. Zwei Tage vor der Niederschrift schrieb er einen ersten werbenden Brief an Felice Bauer, seine künftige Verlobte, die er zuvor nur einmal kurz bei seinem Freund Max Brod gesehen hatte. In diesem autobiographischen Kontext erweisen sich die weiteren Personen der Handlung in *Das Urteil*, der Freund und die Verlobte, als reine Relationsfiguren, die, wie Kafka selber sagt, den «perspektivischen Wechsel der Beziehung zwischen Vater und Sohn» verkörpern. Vor allem stellen sie die einander polar entgegengesetzten Lebensmöglichkeiten Bendemanns dar, der ferne, einsame Freund das reine Ich des Schriftstellers, die Verlobte die naive Integration in die Gesellschaft. Die Entscheidung des jungen Kaufmanns für die zweite Alternative wird von ihm selbst als Verrat empfunden und vom Vater, der sich plötzlich mit dem Petersburger Freund «herrlich verbunden» hat, mit dem Todesurteil durch Ertrinken bestraft.

So gesehen fungiert Literatur zunächst und vor allem als Lebensentwurf. Kafka verurteilt in ihr die Bindung an Ehe und Geschäft, die er selbst zwei Tage zuvor mit seiner Werbung um Felice eingegangen zu sein schien. Die dialektische Beziehung von Leben und Schreiben gewinnt jedoch, wie Elias Canetti nachgewiesen hat, noch eine weitere Dimension: Der von seiner eigenen Familie in seinen produktiven Fähigkeiten eingeengte Dichter versucht, Felice als distanzierende Macht gegen das heimische Milieu zu benutzen, das ihm als die ursprüngliche Gefährdung seines Schreibens erscheint. [287] Durch seine hektischen Liebesbriefe an die ihm im Grunde völlig unbekannte Frau erschreibt er sich die Freiheit, aus der die ersten von ihm als vollgültig anerkannten Texte, neben *Das Urteil* noch *Der Heizer* und *Die Verwandlung*, alle Ende 1912 entstanden, hervorgehen.

Die drei Texte, die ihr Autor gelegentlich seinem Verleger Kurt Wolff unter dem Titel *Söhne* gesammelt herauszugeben empfahl – in Wirklichkeit erschienen sie dann zwischen 1913 und 1916 als Einzelausgaben in der Bücherei «Der jüngste Tag» –, handeln von jungen Männern, die sich ihrer Familie entfremdet haben und zu Außenseitern geworden sind. In *Das Urteil* und *Die Verwandlung* endet dieser Prozeß tragisch. Nur der Tod vermag den Helden die ersehnte Freiheit zu geben, im *Heizer* und dem zugehörigen Romanfragment *Der Verschollene* (*Amerika*) gewinnt Karl Roßmann in dem letzten ausgeführten Kapitel «Das Naturtheater von Oklahoma» das Versprechen eines vom ökonomischen Verwertungsdenken befreiten und spielerischer Selbstverwirklichung gewidmeten Lebens zurück, das ihm schon der erste Satz des Romans gegeben hatte.

Diese Utopie einer herrschaftsfreien und die Rechte des einzelnen respektierenden Gesellschaft, die im Frühwerk Kafkas ohne Gegenstück ist, wird nicht von ungefähr in der künstlichen Welt des Theaters angesiedelt. In ihr ist das Prinzip erzählerisch entfaltet, das in allen anderen Texten Kafkas in deren Erzählhaltung verborgen liegt. Friedrich Beißner hat als erster darauf hingewiesen, daß alle Geschichten Kafkas «einsinnig» erzählt werden, das heißt, daß dem Leser das Geschehen allein unter der Perspektive vermittelt wird, unter der die Helden es betrachten, wodurch ein objektivierender Standpunkt ausgeschlossen bleibt. [272 und 273] Es genügt jedoch nicht, diese formale Eigenart lediglich zur Erklärung der stringenten Fremdartigkeit heranzuziehen, mit der diese Texte den Leser schockieren. Vielmehr muß auch die in ihr enthaltene eigenste Erzählintention Kafkas entfaltet werden. Dadurch daß er die subjektive Sehweise des Helden zum alleinigen Organisationsprinzip seiner Erzählungen macht, werden alle seine Helden zu heimlichen Erzählern, die statt der Welt nur die Projektionen ihrer eigenen Phantasie wahrnehmen. Anders gesagt: Kafkas Texte lassen die Realität als wandelbar erfahren, als eine von den Auslegungen des jeweiligen Individuums bestimmte, in sich geschlossene Partialwelt. Georg Bendemanns Vater ist schwach und hilflos, solange er dem Sohn als solcher erscheint; er wird ebenso unvermittelt «ein Riese», ein «Schreckbild» in des Wortes eigentlicher Bedeutung, als dieser seine Angst auf ihn projiziert. Noch deutlicher wirkt dieses Prinzip in *Die Verwandlung* (entstanden 1912), weil ihm hier auch die physische Realität des Helden selbst unterworfen wird. Das Außenseitertum Gregor Samsas verwandelt diesen in einen von der Familie vernachlässigten, gehetzten und schließlich dem Tode ausgelieferten Riesenkäfer.

Indem Kafka so mit einer zuvor unbekannten Radikalität die eigene soziale Situation, die des Schriftstellers, zum Gegenstand seines Schreibens macht, läßt er die kopernikanische Wende des neuzeitlichen Bewußtseins, das Wissen um die nicht mehr reduzierbare Subjektivität aller Welterfahrung, literarische Gestalt werden. Dabei erweist sich die Welt des vereinzelten, isolierten Individuums als eine buchstäblich verrückte. Andererseits erscheint der Schreibende aber auch als exemplarisches Individuum, das sich seine ‹Wahrheit› selbst erarbeiten muß, damit aber in den Paradoxien seiner Existenz niemals zu Rande kommt, sondern sie nur wie Bendemann und Samsa im Tode findet.

Aus den Tagebüchern und Briefen Kafkas aus dieser Zeit geht hervor, wie bewußt er selbst sein Leben auf die Literatur hin ausgerichtet hat. Im Januar 1912 schreibt er von sich:

«In mir kann ganz gut eine Konzentration auf das Schreiben hin erkannt werden. Als es in meinem Organismus klar geworden war, daß das Schreiben die ergiebigste Richtung meines Wesens sei, drängte sich alles hin und ließ alle Fähigkeiten leer stehen, die sich auf die Freuden des Geschlechtes, des Essens, des Trinkens, des philosophischen Nachdenkens, der Musik zuallererst, richteten. Ich magerte nach allen diesen Richtungen ab. Das war notwendig, weil meine Kräfte in ihrer Gesamtheit so gering waren, daß sie nur gesammelt dem Zweck des Schreibens halbwegs dienen konnten. Ich habe diesen Zweck natürlich nicht selbständig und bewußt gefunden, er fand sich selbst (...).»

Aus dieser einmal gewählten Existenzform des Schriftstellers erklären sich Kafkas Idiosynkrasien, seine Lärmempfindlichkeit, seine Schlaflosigkeit, seine Aversionen gegen Büro und Familie, all das, was er als sein «Junggesellentum» bezeichnet. In einem außerordentlich charakteristischen Brief an Felice beschreibt er seine Situation als die eines einsamen Kellerbewohners, der nur isoliert von Welt und Menschen ganz allein bei seiner Kerze im Herzen der Nacht wirklich zu schreiben vermag. Die Einsamkeit des Schreibenden wird dabei für ihn zur Metapher für den Versuch, sich aus den natürlichen und gesellschaftlichen Zusammenhängen zu lösen, was er im Tagebuch außerordentlich treffend «das Herausspringen aus der Totschlägerreihe» nennt. Das Schreiben kann daher für ihn, auch darin gleicht er den Helden seiner Erzählungen, nur im Tod sein eigentliches Ziel erreichen; denn nur im Tod ist aller falsche Schein, alle falsche Machtausübung ausgelöscht: «Ich brauche zu meinem Schreiben Abgeschiedenheit, nicht ‹wie ein Einsiedler›, das wäre nicht genug, sondern wie ein Toter. Schreiben in diesem Sinne ist ein tieferer Schlaf, also

Tod, und so wie man einen Toten nicht aus seinem Grabe ziehen wird und kann, so auch mich nicht vom Schreibtisch in der Nacht», schreibt er im Juni 1913 an seine Verlobte.
Diese Sätze will Kafka wörtlich verstanden wissen. Zugleich stellen sie einen Teil seiner Strategie dar, die Bedrohung seiner Existenzform, die ihm nunmehr aus der Annäherung an Felice Bauer erwächst, abzuwehren. Die zunächst nur in der Fiktion bestehende und von ihm durch seine Briefe provozierte Liebe fordert ihr Recht. Das Leben beginnt den Schreibenden einzuholen, so daß Kafka sich genötigt sieht, den Plänen der Frau nachzugeben, die sich auf Eheschließung und gemeinsames Leben richten. Das aber bringt schlagartig Mitte des Jahres 1913 seine literarische Produktion zum Erliegen. Wieder erweist sich, wie ausschließlich seine Lebensweise auf das Schreiben ausgerichtet ist und wie sehr eine konkurrierende Zielsetzung ihn in diesem seinem «Kampf um die Selbsterhaltung» hindert. So sind die Ausflüchte, Niederträchtigkeiten und Lügen, die er anwendet, um aus dem gegebenen Heiratsversprechen wieder herauszukommen, denn auch nichts anderes als der Versuch, sich dem Druck der gesellschaftlichen Institutionen zu entziehen und seinen kreativen Freiraum wiederzugewinnen.

Der Prozeß

Erst als er Mitte 1914 vorübergehend die Beziehung zu Felice gelöst hat, ihr auch keine Briefe mehr schreibt, setzt seine literarische Produktion wieder ein. In der zweiten Hälfte des Jahres entstehen die Erzählung *In der Strafkolonie* und der Roman *Der Prozeß*, in denen das Erzählprinzip der früheren Texte dadurch radikalisiert erscheint, daß hier das Schreiben in unmittelbaren Zusammenhang mit dem Tod gebracht wird. Wie Kafka in der schon zitierten autobiographischen Äußerung die Magerkeit seines Körpers als Resultat seiner Schriftstellertätigkeit interpretiert, so wird dem Verurteilten in der Strafkolonie das von ihm übertretene Gebot buchstäblich auf den Körper geschrieben und er auf diese Weise zu Tode gebracht. Damit ist die zunächst auf das Subjekt und seine personalen Beziehungen beschränkte Existenzmetapher des Schreibens um ihre soziale Dimension erweitert, erscheint doch die Todesart des Schreibens zugleich als Bestrafung des Individuums durch die Gesellschaft. Diese paradoxe Spannung bestimmt in noch stärkerem Maße die Grundstruktur des Romanfragments *Der Prozeß*, das wie alle Romane und ein Großteil der übrigen Texte von Kafkas Nachlaßverwalter Max Brod posthum herausgegeben wurde und daher in seiner Textanordnung umstritten ist. [280; *S. 160ff*] Wieder ist der Gegenstand des Romans nicht eine objektivierbare gesellschaftliche oder psychologische Realität. Vielmehr stellt er die Bemühungen des Angeklagten Josef K. dar, durch immer neue Deutungen und Verstehenshandlungen das sich ihm entziehende Gericht dingfest zu machen und den Sinn des gegen ihn durchgeführten Verfahrens zu begreifen. Diese Unternehmungen sind jedoch stets nur subjektive Interpretationen und kommen daher auch nie an ihr Ziel, wie die in den Roman eingefügte und in ihm selbst wieder ausgelegte Legende *Vor dem Gesetz* andeutet. In ihr wird die Welt, jüdischen Traditionen folgend, als Schrift verstanden, in deren Sinn auch die vielfältigsten Deutungen nicht einzudringen vermögen.

Über der von den neueren Interpreten allgemein als Gegenstand des Romans angenommenen «Deutungsoffenheit» darf jedoch nicht die andere Seite von dessen paradoxer Konstruktion vergessen werden. Zwar wird die Realität der Ämter, Kanzleien und Gerichtshöfe im Roman als unfaßbar dargestellt; dennoch ist sie für den mit ihr Befaßten tödlich. Erst die nahtlose und durch unzählige realistische Details beglaubigte Zusammenfügung der subjektiven Auslegung K.s mit dem zum Tode führenden Funktionieren des Gerichts gibt dem Text seine schreckliche Folgerichtigkeit und verstörende Wirkung. Durch sie werden die gesellschaftlichen Zwänge und bürokratischen Systeme, die für die Freiheit des einzelnen tödlich sind, als aus den Zwangsvorstellungen der Individuen geboren entlarvt. Das Paradox, daß sie als falscher Schein sich erweisen, aber zugleich in ihrer mörderischen Effektivität bestätigt werden, überträgt die Polarität von Hinfälligkeit und Übermacht in den Vaterfiguren der ersten Erzählungen auf die gesellschaftliche Ebene und sichert so diesem zentralen Motiv Kafkaschen Schreibens seine Allgemeingültigkeit.

***Ein Landarzt* und andere Erzählungen**

Die Niederschrift von *Der Prozeß* war, darauf weisen zahlreiche Tagebucheintragungen hin, unmittelbar von den Vorgängen bei der Auflösung der Verlobung mit Felice Bauer angeregt worden. Nachdem Kafka diese Erfahrung literarisch bewältigt hatte, setzte seine literarische Produktion erneut für beinahe zwei Jahre aus. Erst als ihm seine Schwester Ottla Ende November 1916 in einem Häuschen in der Alchimistengasse eine «Arbeitswohnung» verschaffte und er damit die Möglichkeit erhielt, sich der ihn erstickenden Atmosphäre des Elternhauses zu entziehen, entstanden in rascher Folge die Erzählungen, die 1919 unter dem Titel *Ein Landarzt* im Druck erschienen sind. In vielen dieser Texte, so auch in der Titelgeschichte des Bandes, wird das Künstlertum, das bisher immanent die Handlungen seiner Helden bestimmte, unmittelbar reflektiert. Die Abhängigkeit des Landarztes von den Kräften des Unterbewußtseins, sein Verzicht auf Liebeserfüllung, die Heilserwartung, die ihm die anderen entgegenbringen, die Versuche, die schöne «Blutwunde» zu heilen, die zugleich Versuche der Selbstheilung sind, und schließlich deren Scheitern charakterisieren als Metaphern die Situation des Schreibenden in neuer Weise: «Nackt, dem Froste dieses unglückseligsten Zeitalters ausgesetzt, mit irdischem Wagen, unirdischen Pferden, treibe ich mich alter Mann umher.» Das «Betrogen! Betrogen!», das diesem grotesken Schlußbild hinterhergerufen wird, bezeichnet auf das genaueste die Ambivalenz und den Zweifel, mit dem Kafka in dieser Epoche den Möglichkeiten seines Schreibens gegenübersteht.

In anderen Texten aus dieser Zeit, die sich als Neuinterpretationen antiker Mythen geben, wird radikaler noch die gesamte literarische Tradition in Frage gestellt. Für Kafka nämlich schweigen die Sirenen, wenn sie denn je gesungen haben, und Bucephalus, das Streitroß Alexanders des Großen, führt seinen Herrn nicht mehr nach Osten, der Sonne entgegen, sondern versenkt sich als *Der neue Advokat* in die Gesetzbücher. Mit einer für Kafka erstaunlichen Direktheit heißt es in der den *Landarzt*band eröffnenden Geschichte, «daß Bucephalus bei der heutigen Gesellschaftsordnung in einer schwierigen Lage ist (...). Zu morden verstehen zwar manche; auch an der Geschicklichkeit, mit der Lanze über den Bankettisch hinweg den Freund zu treffen, fehlt es nicht; und vielen ist Macedonien zu eng, so daß sie Philipp, den Vater, verfluchen – aber niemand, niemand kann nach Indien führen (...) niemand zeigt die Richtung; viele halten Schwerter, aber nur, um mit ihnen zu fuchteln; und der Blick, der ihnen folgen will, verwirrt sich.» Die autobiographische Anspielung auf den Vaterkonflikt ist hier ebenso unüberhörbar wie der Hinweis auf die «Verwirrung» des Ersten Weltkriegs. Angesichts dieser heillosen Praxis bleibt nur das Studium der «alten Bücher». Doch auch das ist ohne Folgen, da niemand weiß, ob die Gesetze, die in ihnen gesucht werden, wirklich in Kraft sind. Das einzige, woran das Volk sich halten kann, sind daher, wie es in dem Text *Zur Frage der Gesetze* (1920) heißt, die traditionellen Auslegungen und die Anordnungen der Adelspartei. Diese Aussage ist von Walter Benjamin, einem der wenigen kongenialen Interpreten Kafkas, mit Bezug auf die jüdische Tradition von Halacha und Agada zum methodischen Schlüssel für das Verständnis von dessen Geschichten gemacht worden. [274; *Bd. 2, S. 409ff*] Nach ihm können sie als Auslegungsversuch einer Wahrheit, eines Gesetzes gelesen werden, das verlorengegangen ist, sich allenfalls als Mythisierung sozialer Herrschaftsstrukturen erweist. Benjamin diagnostiziert in diesem Tatbestand die «Erkrankung der Tradition», Kafka selbst radikaler deren völlige Gegenstandslosigkeit.

Brief an den Vater

Die letzten Kriegs- und ersten Nachkriegsjahre sind im «Wellengang» von Kafkas literarischer Produktion wiederum durch Schweigen gekennzeichnet. In diese Zeit fallen seine zweite Verlobung mit Felice Bauer und die endgültige Trennung von ihr. Unter dem Einfluß dieser Konfliktsituation bricht im August 1917 die Lungentuberkulose offen aus, die schließlich 1924 zu seinem Tode führen sollte. Er selbst hat die Krankheit als Rückzug aus dem Alltagsleben und endgültige Freisetzung für seinen Schriftstellerberuf interpretiert, als «eine Waffe, deren äußerste Notwendigkeit bleibt, solange ich am Leben bleibe». Der Ausbruch aus der allgemeinen Verkettung von Machtausübung und Unterwerfung, der ihm weder durch seine Heiratspläne noch durch seine literarischen Versuche geglückt war, gelingt so, wie er metaphorisch sagt, gleichsam hinter seinem Rücken durch die Verschwörung von «Gehirn und Lunge». Die damit endgültig gewonnene Daseinserleichterung ermöglicht ihm eine kritische Selbstreflexion, die sich in dem 1919 geschriebenen *Brief an den Vater* und den Aufzeichnungen und Aphorismen aus dem Jahre 1920 niedergeschlagen hat. Man hat den großen autobiographischen Brief, der durch die Weigerung des Vaters provoziert wurde, seiner Verlobung mit Julie Wohryzek zuzustimmen, bislang nur als Beleg für seine psychologischen Verstrickungen lesen wollen. In Wirklichkeit aber ist er das Dokument einer Selbstverständigung, der vom Autor sich selbst gegebene Beweis, daß es ihm gelungen ist, sein Schreiben endlich aus dem Machtbereich des Vaters zu entfernen.

Das Schloß

Diese neugewonnene Distanz macht die ironische Gelöstheit verständlich, die Kafkas letzte Geschichten auszeichnet, zugleich aber auch die Resignation, mit der er den zuvor so vehement vertretenen existentiellen Anspruch an das Schreiben zurücknimmt. Im Februar 1922 beginnt er mit der Niederschrift seines dritten Romans *Das Schloß*, in dem er ein letztes Mal die vergebliche Bemühung um die Wahrheit und ihre Verdrängung durch subjektive Auslegungen gestaltet. Der Landvermesser K., der mit einem durch nichts beglaubigten Auftrag ins Dorf gekommen ist, macht erst durch seine Wunschträume, durch seine unablässigen Bemühungen, im Schloß vorgelassen zu werden, dieses zu einem unerreichbar hohen Ziel, seine Beamtenschaft zu mythischen, allmächtig erscheinenden Personen. Die Fremdheit und Anziehungskraft des Schlosses sind also, wie eine der Personen des Romans bemerkt, nichts anderes als die Widerspiegelung der Verzweiflung und der Hoffnung K.s. Was das Schloß in Wirklichkeit ist, bleibt ihm und damit auch dem Leser, der einzig auf seine Beobachtungen angewiesen ist, verborgen.

In diesem Zusammenhang gewinnt der fragmentarische Charakter des Romans seine präzise Bedeutung. Der subjektiven Auslegung der unbekannten und unerreichbaren Realität sind virtuell keine Grenzen gesetzt. So müssen auch K.s Bemühungen um das Schloß endlos bleiben, was dem Roman, dessen Inhalt sie ausmachen, seine offene Form gibt. Dieses Strukturprinzip erklärt auch die Flut der Interpretationen, die über Kafkas Werk wie über kein anderes im 20. Jahrhundert hereingebrochen ist. In ihrer Vielzahl und Widersprüchlichkeit – die Handbücher von Peter U.

Beicken, Ludwig Dietz und Hartmut Binder dokumentieren sie zur Genüge – setzen sie nur die von Kafkas Personen angestellten endlosen Betrachtungen fort. [vgl. 271, 295, 320] So erweist sich die Verdoppelung des Erzählvorgangs, die Kafkas Helden zu heimlichen Erzählern macht und seine Texte in eine paradoxe Vieldeutigkeit entrückt, als die Bedingung der Möglichkeit ihrer unendlichen Interpretierbarkeit. Zugleich wird den Interpretationen durch sie der Status beliebiger, nur von den ideologischen Zielen der Interpreten geprägter Weiterungen des Erzählten beigelegt.

Im Schloßroman wird jedoch nicht nur der grundsätzlich offene Kampf K.s um das Schloß erzählt, sondern auch die Entwicklung seiner Beziehung zu dem Mädchen Frieda. Wie Walter H. Sokel hervorgehoben hat, sucht sie einen Haushalt mit ihm zu gründen und figuriert so als Gegenkraft, die ihn im alltäglichen Leben festhält. [365; *S. 391ff*] Schließlich muß aber auch sie scheitern, weil K., vor die Wahl gestellt, mit ihr das Glück des einfachen Lebens zu teilen oder in einsamer Anstrengung seine subjektive Sinngebung fortzusetzen, sich stets von neuem für den Kampf um Aufnahme ins Schloß entscheidet. Es ist bekannt, daß Kafka die Niederschrift seines letzten Romans in dem Augenblick begann, als seine Beziehung zu Milena Jesenská, seiner tschechischen Übersetzerin, in eine Krise geraten war. Das Schreiben der Schloßgeschichte bedeutet für ihn also dasselbe, was für seinen Namensvetter K. der Kampf um das Schloß bedeutet. Wie dieser will er durch die heroische Deutungsarbeit des Subjekts und unter Verzicht auf natürliche Bindungen die Erfüllung seines Lebens erreichen. Der Roman ist deshalb nicht nur ein Gleichnis für den Versuch des Menschen, durch Interpretation des Unbekannten den Sinn zu entwerfen, er ist zugleich für seinen Autor dieser Versuch selbst. Und so deutet auch das Abbrechen vor der Vollendung darauf hin, daß Kafka wie sein Held an der absoluten Subjektivität gescheitert ist.

In der zur Zeit des Schloßromans entstandenen Reflexion *Von den Gleichnissen* spricht Kafka seine totale Skepsis gegenüber der Literatur offen aus. Angesichts der Diskrepanz zwischen dem «täglichen Leben» und der Literatur läßt er den hypothetischen Lösungsvorschlag machen: «Würdet ihr den Gleichnissen folgen, dann wäret ihr selbst Gleichnisse geworden und damit schon der täglichen Mühe frei.» So handelt K., indem er Frieda aufgibt und sich ganz auf das Schloß konzentriert, und so handelt auch Kafka. In dem kleinen Prosatext aber wird diesem Vorschlag eine dialektische Antwort zuteil. «‹Ich wette, daß auch das ein Gleichnis ist.› – Der erste sagte ‹Du hast gewonnen.› – Der zweite sagte: ‹Aber leider nur im Gleichnis.› – Der erste sagte: ‹Nein, in Wirklichkeit; im Gleichnis hast du verloren.›» Also auch das «Gleichnis werden», die Transformation, durch die der Erzähler Kafka sich in die Romangestalt K. verwandelt, ist wieder solch ein «unfaßbares Gleichnis», das das intendierte «sagenhafte Drüben» nicht erreicht. Der Erzähler gewinnt zwar in der Wirklichkeit. Indem er einen Roman schreibt, wird er mit seinen realen Problemen fertig. Aber er verliert im Gleichnis, das ihm ja nun zur eigentlichen Wirklichkeit geworden ist: K. erreicht das Schloß nicht, Kafka kann den Roman nicht vollenden. Daher das Resümee: «Alle diese Gleichnisse wollen eigentlich nur sagen, daß das Unfaßbare unfaßbar ist (...).»

Die letzten Werke: zwischen Angst und Heiterkeit

Unter dem Eindruck seiner fortschreitenden Krankheit hat dieser Zweifel an den Erkenntnismöglichkeiten der Literatur Kafka zur völligen Infragestellung seiner Schriftstellerexistenz geführt. In einem langen Brief, den er am 5. Juli 1922 an Max Brod richtet, widerruft er die Hoffnungen, die er mit dem Schreiben verband, und bekennt seine «Reue»: «Ich habe mich durch das Schreiben nicht losgekauft. Mein Leben lang bin ich gestorben und nun werde ich wirklich sterben.» So wird ihm Schreiben jetzt zum «Teufelsdienst», weil es ihn als metaphorischer Tod am wirklichen Leben gehindert hat. Das bevorstehende Lebensende aber läßt die Metaphern verblassen und das nicht gelebte Leben als unwiederbringlichen Verlust erscheinen. Daher die «schreckliche Todesangst», von der er bedrängt wird und der er in diesem erschütternden Brief an den Freund Luft zu machen sucht.

Die letzten literarischen Äußerungen Kafkas allerdings schlagen einen versöhnlicheren Ton an. Die vier Texte, die unter dem Titel *Ein Hungerkünstler* noch von ihm selbst für den Druck vorbereitet wurden und 1924 wenige Monate nach seinem Tod erschienen, reflektieren, wie der Titel andeutet, noch einmal die Schriftstellerproblematik. Doch wie er in den letzten Monaten vor seinem Tod durch das Zusammenleben mit Dora Diamant in Berlin und die intensivere Beschäftigung mit dem Judentum sich selbst von seiner lebenslangen Obsession durch das Schreiben befreit hat, so betrachtet er nun auch das Künstlertum mit einer ironischen, fast lächelnden Distanz. In seinem spätesten Text, der im März 1924 geschriebenen Tierfabel *Josefine, die Sängerin oder Das Volk der Mäuse*, findet sich die Utopie einer Literatur, die mit der Befreiung des Subjekts und seiner Produktivität zugleich die gewaltlose Bildung einer Gemeinschaft ermöglicht. Enthebt doch das an sich belanglose Piepsen der Josefine ihr Volk wenigstens für Augenblicke dem mörderischen Kampf ums Überleben. Solche Kunst aber, das ist Kafkas hoffnungsvolles Schlußwort, würde auch den exemplarischen einzelnen, den Künstler, aus seiner Isolierung befreien. Josefine, so der letzte von ihm publizierte Satz, «wird fröhlich sich verlieren in der zahllosen Menge der Helden unseres Volkes, und bald, da wir keine Geschichte treiben, in gesteigerter Erlösung vergessen sein wie alle ihre Brüder».

Bernd Scheffer
Expressionistische Prosa

Es gibt keine Literatur nur um der Literatur willen; denn immer redet Literatur von etwas, was über sie selbst hinaus auf Wirklichkeit verweist. Literatur hat grundsätzlich die Tendenz, in außerliterarische Angelegenheiten einzugreifen. Die ‹expressionistische Prosa› bezieht sich indessen nur selten direkt, unmittelbar zum Beispiel auf die «Summen, die in Bordellen staken, in südamerikanischen Republiken putschten, Arbeiter in Kohlenwerken ertrinken ließen» (Carl Einstein, 1885 bis 1940: *Poschatzer*, 1913). Die Literatur zwischen 1910 und 1925 schreibt sich weg von der damals aktuellen Politik, von der vorherrschenden Gesellschaft und von den üblichen sozialen Problemen. Genau das aber ist ihr spezifischer Eingriff in Wirklichkeit, genau das ist die besondere sozialgeschichtliche Komponente dieser Literatur.

‹Expressionistische Prosa› ist vorerst kaum mehr als eine zweifelhafte Bezeichnung, weil die Frage, was typisch sei für die Prosa zwischen 1910 und 1925 – dieses Resultat sei vorweggenommen –, allererst wieder gestellt werden müßte. Zunächst zögernd, aber dann doch bereitwillig «haben sich die Expressionisten in der Literatur und in der Malerei zu einer Generation zusammengeschlossen, die (...) sehnsüchtig ihre literatur- und kunsthistorische Würdigung erwartet und für eine ehrenvolle Bürger-Anerkennung kandidiert» (*Dadaistisches Manifest*, 1918). Die expressionistische Prosa ist sperriger, für die Gesellschaft von damals weniger akzeptabel, als es diese Polemik suggeriert: Man kann den Autoren des ‹Expressionismus› nicht gut nachsagen, sie seien von vornherein auf Zustimmung aus gewesen. Auch die Dadaisten wurden hoffähig, als die Literaturgeschichtsschreibung daran ging, den Dadaismus zu erfassen. Trotz der heftigen Kritik am Expressionismus führt Dada, freilich in verschärfter Form und extremer Position, die vorher angelegten Prinzipien expressionistischer Literatursprache fort. Jede Konstituierung eines Expressionismus-Begriffs hätte allerdings mit erheblichen Widerständen zu rechnen. «Expressionismus ist wohl die merkwürdigste Geschichte menschlicher Verlogenheit» (Franz Jung, 1888 bis 1963: *Zweck und Mittel im Klassenkampf*, 1919). Auch als einfacher Sammelname wäre ‹Expressionismus› nicht weniger stabil als irgendwelche anderen literarhistorischen Einteilungen.

Literatur zwischen 1910 und 1925

Der Abschnitt zwischen 1910 und 1925 wurde hier einigermaßen willkürlich gewählt; nichts spräche dagegen, ihn früher zu beginnen oder ihn vor 1925 oder danach enden zu lassen. Unübersichtlich und kontrovers sind die Vorstellungen, die man mit den Autoren in der Zeit zwischen 1910 und 1925 verbindet. Robert Walser und Franz Kafka, Hugo von Hofmannsthal und Arthur Schnitzler, aber auch schon Bert Brecht und Karl Valentin, Robert Musil genauso wie Lena Christ und Ludwig Thoma. Hermann Hesse, Oskar Loerke, Rudolf Binding, Hans Carossa, Albert Paris von Gütersloh (d. i. Albert Conrad Kiehtreiber) legen Prosa vor, desgleichen Gerhart Hauptmann, Hermann Sudermann und Ernst Jünger, Thomas und Heinrich Mann, schließlich Arnold Zweig, Hanns Johst, Leonard Frank, Stefan Zweig, Rainer Maria Rilke usw. – Keiner der genannten Autoren wird zu den Expressionisten gerechnet; die Aufzählung sollte auch nur zeigen, wie einseitig, wie vernachlässigend man bleibt, wenn man aus der Zeit zwischen 1910 und 1925 lediglich die Expressionisten und Dadaisten herausgreift. Und doch scheint kaum ein Abschnitt der Literatur so sicher im Griff der Leser zu sein wie der Expressionismus: Aus kaum einem anderen Zeitraum von zehn, fünfzehn Jahren scheinen so viele Autoren und Texte bekannt zu sein, kaum eine Literatur scheint von der Forschung so gut aufgearbeitet und von den Verlagen so vollständig präsentiert. Gleichwohl könnte der Leser gerade hier auf ungeahnt widerständige, provokatorische Texte stoßen, er könnte entdecken, daß eben in dem, was bislang meist nicht wahrgenommen wurde, die Prosa zwischen 1910 und 1925 charakteristisch zu werden beginnt.

Verändertes Bewußtsein

Mit neuen literarischen Mitteln entfernen, trennen sich die Autoren von den für sie aussichtslosen Problemen und Problemlösungen der bürgerlichen Gesellschaft; sie schreiben sich weg von dem, was sich ihrer Erfahrung nach einem literarischen Eingriff ohnehin entzieht. «Das Leben. Was für ein großes Wort! Ich stelle mir das Leben als eine Kellnerin vor, die mich fragt, was ich zu den Würsteln dazu wolle, Senf, Krenn oder Gurken» (Albert Ehrenstein, 1886 bis 1950: *Tubutsch*, 1911). Die Autoren sind es offenbar leid, sich «Geduld und Gehorsam einzuprägen, zwei Eigenschaften, die wenig oder gar keinen Erfolg versprechen» (Robert Walser, 1878 bis 1956: *Jakob von Gunten*, 1908). Weder suggerieren sie als Alternative zur entfremdeten, technisierten Welt geduldig idyllische

Lebensformen und über allen Gipfeln dominante Naturschönheiten, noch tragen sie gehorsam zur Verbesserung der gegenwärtigen Ordnungen bei: «Über dieses Chaos von Dreck und Rätsel einen erlösenden Himmel stülpen!! Den Menschenmist ordnend durchduften!!! Ich danke (...)» (Walter Serner, d. i. Walter Seligmann, 1889 bis 1942?: *Letzte Lockerung*, 1920). Und doch kämpfen die Autoren nicht gegen jede Realität, sondern allenfalls gegen die vorherrschenden und damit verbindlichen Formen, sich literarisch auf Realität einzulassen. «Immer wieder versuchte er, die Dinge hinzunehmen, wie sie waren; er wollte nicht daran denken, wie sein Herz die Welt sich wünschte» (Alfred Lemm, 1889 bis 1918: *Weltflucht*, 1918). So wie die Dinge aber waren, so unangreifbar durch Literatur die Gesellschaft ihnen aber schien, so sinnlos mußte den Autoren der Versuch vorkommen, die Gesellschaft qua Literatur noch im konventionell-direkten Zugriff, etwa realistischer oder naturalistischer Prägung, erreichen zu wollen. Aus der Einschätzung heraus, daß Literatur mit den Tagesereignissen, mit dem, was sich als Realität vorzeigt, sowieso nicht mehr mithalten und konkurrieren kann, redet kaum noch ein Autor von der materiellen, kapitalistischen Welt, spricht fast niemand mehr vom sozialen Elend, von Hunger, Wohnungsnot und Arbeitslosigkeit. Das private und öffentliche Bewußtsein wird nun als Zentrum dessen, was die Außenwelt so stabil macht und sie fortlaufend rechtfertigt, teilweise drastischer Kritik ausgesetzt: «Der Mensch lebt nicht vom Brot allein, das schlug damals und schlägt noch heute jede Berechtigung sozialer Bewegungen aus dem Feld. Alle äußere Befreiung ist nur Sinnbild der inneren. Alle Befreiung ist eine rein seelische Angelegenheit des Menschen mit seinem Gott» (Max Brod, 1884 bis 1968: *Die neuen Christen*, 1918). Daran ist mindestens so viel richtig, daß eine moderne Literatur, die in ihrem Vollzug auch ständig ihre Verfahren und ihre Möglichkeiten reflektiert, in der Tat nur noch dort einigermaßen eingreift, wo sie den Weg über das gesellschaftliche Bewußtsein nimmt. Sie kehrt die materialistische Doktrin, das Sein bestimme das Bewußtsein, wieder um. «So ist also die große Umkehrung des Expressionismus: das Kunstwerk hat das Bewußtsein zur Voraussetzung und die Welt zur Folge; es ist also schöpferischer als es die impressionistische Kunst sein konnte. (...) Der Expressionismus stellt das Bewußtsein nicht über, aber immer in alles. Das ist seine einzige Forderung und seine einzige Methode» (Paul Hatvani: *Versuch über den Expressionismus*, 1917). Natürlich kann man dies als einen reaktionären Standpunkt, als ein letztes Gefecht um die Gedankenfreiheit etwa des Liberalismus ansehen, und die extreme Position von Georg Lukács in der Expressionismus-Debatte leitet sich auch von da her [vgl. 174]; aber damit erklärt man auch eine Literatur, die sich einer politischen Einsicht nicht fügt, pauschal für belanglos und findet ansonsten zwischen 1910 und 1925 nur noch harmlose Texte. Vielleicht, faßt man es pauschal zusammen, ist es aber gerade die rücksichtslose Kritik des Bewußtseins, der Vernunft, der Intelligenz, der Objektivität, der Kultur und Wissenschaft, die eine Rezeption – sie hat sich ja genau dieser Mittel zu bedienen – so wenig darauf aus sein ließ, irritierende Erfahrungen mit einer solchen Literatur zu machen. «Intelligenz ist verdächtig: Scharfsinn lancierter Reklamechefs. Der Asketenverein zum häßlichen Schenkel hat die Platonische Idee erfunden. ‹Das Ding an sich› ist heute ein Schuhputzmittel» (Hugo Ball, 1886 bis 1927: *Das Carousselpferd Johann*, 1916).

Lebensgefühl

Die Erfahrung eines sich verändernden Bewußtseins, «es geht nirgends etwas vor; es geschieht alles nur in meinem Gehirn» (Gottfried Benn, 1886 bis 1956: *Heinrich Mann. Ein Untergang* 1913), bringt die Literatur nunmehr dazu, Fragen zu stellen, Themen anzuschneiden, die für die gesellschaftlich praktizierte Vernunft entweder absurd oder längst erledigt sind: «Wer hatte mit dreißig Jahren mehr auf der Bank: Dempsey oder Hölderlin?» (Gottfried Benn: *Urgesicht*, 1929). Um provokatorische Texte oder deftige Pamphlete schreiben zu können, drangen die expressionistischen, dadaistischen Autoren (im Anschluß an die Zitate wird ein Teil der Namen genannt) auch mit ihrer Lebenspraxis in Bereiche vor, in die ihnen zumeist nicht einmal mehr die Phantasie ihrer Leser noch folgen konnte. Die Ausgangssituation ist dabei die folgende: «Färber machte die Entdeckung, daß es andere Ansichten vom Leben gab als die ihm gewohnten. Es war eine Wiederentdeckung; er fühlte sich auf einmal befreit von einem ungeahnten Gewicht und befähigt, alles hinter sich zu lassen» (Heinrich Mann, 1871 bis 1950: *Der Vater*, 1917). Nicht nur haben Ferdinand Hardekopf, Walter Rheiner, Georg Trakl und Gottfried Benn Haschisch geraucht, Morphium gespritzt oder Kokain geschnupft, sondern bei fast allen Autoren war eine Existenz am Rande der Gesellschaft, als Voraussetzung oder als Folge eines vorgetriebenen literarischen Sprechens, unvermeidlich. «Ich lege auf die ganze Entwicklungsgeschichte keinen Wert. Das Gehirn ist ein Irrweg. Ein Bluff für den Mittelstand» (Gottfried Benn: *Ithaka*, 1919). Selten war Literatur so konsequent in ihren Mitteln, selten haben Literaten so viel in Kauf genommen, etwa als sie in einer Gesellschaft, in der Armut und Inflation herrschten (nämlich in Kriegs- und Nachkriegsjahren), abenteuerlich Zeitschriften gründeten und von deren Verkauf leben wollten. «Legen Sie Ihr Geld in Dada an. *dada* ist die einzige Sparkasse, die in der Ewigkeit Zins zahlt» (*Dada* 1, 1917). Aber, natürlich, ohne eine materielle Basis, ohne die vorhandenen Schreib- und Publikationsmöglichkeiten, also ohne eine fortwährende Wieder-Annäherung an die bürgerliche Gesellschaft hätte sich kein Autor von eben dieser Gesellschaft wegschreiben können. Dieses erzwungene Arrangement – den literarischen Erfahrungen in der eigenen Lebenspraxis dann doch widersprechen zu müssen, letztlich doch nur «Bücher, hämmernd seine Welt» (Gottfried Benn: *Die Insel*, 1916) zu haben – trägt beim einzelnen Autor bei zu dessen Wut, Haß und Ekel. «Früher träumte ich vom Ruhm. Er wurde mir nicht zugestellt. Und was blieb, waren Sarkasmen gegen die Glücklicheren. Darin war ich seit jeher groß. Als ich nichts mehr in mir zu zerfressen hatte, zerfraß ich andere» (Albert Ehrenstein: *Tubutsch*). Indessen hat man es nicht mit blinder Wut und unreflektiertem Haß zu tun, sondern stets mit der präzisen Wahrnehmung, daß dabei Emotionen wieder nur literarisch vollzogen werden. «Das Wüten wäre also das Leben selber? (...) Dennoch: Sinnlosigkeit auf ihrem höchsten Punkt angelangt, ist Wut, Wut, Wut und noch lange kein Sinn (...)» (Walter Serner: *Letzte Lockerung*).

Emotion, Phantasie

Die Literatur transportiert ein verändertes Bewußtsein, sie ermöglicht die Befreiung der Emotionen und Phantasien, sie gestattet die Konstruktion anderer Wirklichkeiten, und sie kritisiert damit die vorherrschende Wirklichkeit. «(...) aber einmal muß es sich entscheiden, rief Rönne, umfassende Ideen, Perspektiven von Dimensionen treten mir nahe, auf, wir wollen die Welt erobern, Alexanderzüge mittels Wallungen» (Gottfried Benn). Die «Alexanderzüge mittels Wallungen», die Literatur jetzt nicht nur im Fall von Benn unternimmt, sind mehr als nur persönliche Wunschphantasien; vielmehr entsprechen sie allgemein bedeutenden Hinweisen, etwa der Art, daß Erkenntnis nur noch dann möglich ist, wenn «man sich gerade die Verschiedenheit der Perspektiven und der Affekt-Interpretationen für die Erkenntnis nutzbar zu machen weiß» (Nietzsche). «Die Mechanisierung und Materialisierung unserer Zeit ist so weit gediehen, daß eine völlige Vernichtung der Menschheit oder eine völlige Umkehr folgen muß» (Max Brod: *Die neuen Christen*). Jetzt erlaubt sich Literatur auch die Vorstellung von explosionsartigen Aufhebungen der Außenwelt. «Schaufenster schnellten auf den Damm, mit allen Vorräten zerbarst das Warenhaus, daß die Luft erfüllt wurde von glitzernden Geschenken, Kalendern, Pantoffeln, Attrappen, Heringen, Plüschmöbeln, kreuz und quer überwirbelt von abrasierten Laternen und Bäumen (...)» (Alfred Wolfenstein, 1883 bis 1945: *Über allen Zaubern*, 1918). Die Texte drücken jetzt eindeutig die Stellung aus, die sie beziehen, und sie brauchen kaum noch erklärt zu werden, abgesehen von der Erklärung, daß sie weder grausam und zynisch, noch unsinnig oder gar irrsinnig sind. [vgl. 357a, *S. 81ff*] «Er schlug die Köpfe der beiden Kinder gegeneinander. Eins, zwei, drei, eins, zwei, drei, zählte er, und bei drei krachten die beiden kleinen Schädel immer zusammen wie das reine Donnerwetter. Jetzt kam schon das Blut. Das berauschte ihn, machte ihn zu einem Gott. Er mußte singen. Ihm fiel ein Choral ein. Und er sang: Ein feste Burg ist unser Gott (...)» (Georg Heym, 1887 bis 1912: *Der Irre*, 1911). Zynismus, Blasphemie wären hierbei von der Literaturkritik als gleichsam neutrale Kennzeichen zu handhaben; denn als Einwand träfen Zynismus und Blasphemie nur ein ‹normales› Reden, nicht aber eine bewußt herbeigeführte artifizielle, literarische Provokation. Allenfalls kritisierbar wäre die Absicht der Autoren, mit solchen Texten auch schon die Moral positiv befördern zu wollen – indessen versuchten die Autoren mit solchen Hinweisen gegebenenfalls nur die Staatsanwälte zu beruhigen. [vgl. 168] «(...) sehet den Mutterkuchen wie er schreiet in den Schmetterlingsnetzen der Gymnasiasten» (Richard Huelsenbeck, 1892 bis 1974: *Phantastische Gebete*, 1917).

Interpretationsprobleme

Es ist bestimmt kein Nachteil der Prosa zwischen 1910 und 1925, wenn sich die herkömmliche Interpretation schwertut mit dieser Literatur. Im Gegenteil besteht der Vorteil dieser Literatur darin, daß Versuche, sie zu ‹übersetzen›, also zu sagen, was damit gemeint sei, endgültig aussichtslos werden. «Wir müssen einsehen, dass das Phantastischste die Logik ist» (Carl Einstein: *Bebuquin oder die Dilettanten des Wunders*, 1912). Insofern Literaturkritik und Literaturwissenschaft eher der anderen Seite, eher der alten Logik zuzurechnen sind, stellt sich das Problem, wie denn den Texten zu folgen sei in die poetische Emotion, in die poetische Phantastik, in den poetischen Nonsens oder gar in den nicht mehr nur simulierten Drogenrausch bzw. in die nicht nur herbeigespielten Vorhöfe des Wahnsinns. «Außerdem aber wäre es auch an sich dumm gewesen, seinem Irrsinne, welcher eine sieghafte Überwindung aller Wirklichkeiten, das heißt eine tiefe Lebensphilosophie war, irgendeine ärmliche und kleine Tatsache entgegenzuhalten (...)» (Ernst Hardt, d. i. Ernst Stöckhardt, 1876 bis 1947: *Die große Reise*, 1909). Provokatorische Texte erweisen sich eben auch im literaturkritischen oder literaturwissenschaftlichen Zusammenhang als sperrig: leicht demonstrieren sie diesen Zusammenhang, in dem sie zitiert werden, als einen Teil der Sprache und der ordnenden Verhaltensweisen, die sie ja gerade angreifen. Mit den gängigen Interpretationsansätzen und den nicht immanenten soziologischen oder psychologischen Verfahren der Literaturwissenschaft noch kaum vereinbar ist zum Beispiel das zwar durchaus verständliche, aber für die Erklärung nur selten nachvollziehbare poetische Sprechen Hans Arps; Kurt Schwitters (1887 bis 1948) hat es später teilweise übernommen. «ARP ist da. keiner versäume arp zu besichtigen. mit echoeiern überladen ist er von vorne einem stuhl von hinten einem felsengebirge und von seiten spanischen Wänden nicht unähnlich. sein aerodynamischer zylinder berührt die sohlen der stratosphäre. ich erwähne noch seine befiederten fahrstühle elektrischen schwänze wogenden böden unterseeglocken äthermaste wolkensäulen» (Hans Arp, 1887 bis 1966: *Weltwunder*, 1917). Die Texte sind von einer Verständlichkeit, die sich als solche nur schwer verständlich machen läßt. «Man muß das gänzlich Unbeschreibliche, das durchaus Unaussprechbare so unerträglich nah heranbrüllen, (...)» (Walter Serner: *Letzte Lockerung*). Nonsens-Texte, surrealistische, automatische Schreibweisen lassen den ‹normalen› Expressionismus weit hinter sich; sie werden letztlich doch nur im wiederholten Lesen greifbar; bei anderen Texten versagt ein landläufiger Metaphern- oder Groteskenbegriff. «Tief ist der Schlummer in dunklen Giften, erfüllt von Sternen und dem weißen Antlitz der Mutter, dem steinernen. Bitter ist der Tod, die Kost der Schuldbeladenen; in dem braunen Geäst des Stammes zerfielen grinsend die irdenen Gesichter» (Georg Trakl, 1887 bis 1914: *Traum und Umnachtung*, 1914).

Sexualität

Die literarische Entfernung von damaliger Sexualmoral, die Thematisierung der «entsetzlichen geschlechtlichen Not» (Alfred Lemm: *Weltflucht*) wäre der einzige Bereich poetischer Emotion, wo die Texte, insofern sie schief enttabuisieren oder peinlich kolossal werden, aktuell wenig hergeben. Serners Handlungsweisen im *Hochstapler-Brevier* etwa sind einigermaßen anstößig, desgleichen das, was Melchior Vischer seinem Simon von Kyrene, jenem Mann, der Christus half, das Kreuz nach Golgatha zu tragen, widerfahren läßt. «(...) nackt sprang sie ihn an, riß ihm die demütigen Kleider vom Leib und küßte seine starke Mannheit. Sie peitschte ihn auf, verwirbelte seine Sinne, benetzte ihn mit Brunst (...) wo ihr Körper schier barst vor Geilheit, wo ihr die Zitzen noch riefen: ‹Mehr›! wo aus ihrer Ampel Feuer wild noch zuckte» (Melchior Vischer, 1895 bis 1975: *Simon von Kyrene*, 1922). Der Held büßt denn auch die Ursache von dergleichen Männerphantasien durch einen gezielten Biß ein; zuvor hatte er «aus Gummibäumen schöne Gegenstände geschnitzt, die er gelegentlich den Frauen der Mitglieder der Friedenskonferenz zu Paris überreichen wollte». Der Literaturwissenschaft bleibt nachzutragen, daß es sich dabei schätzungsweise um das handelte, was die Franzosen taktvoll Godemiché nennen, und daß man es bei der Prosa zwischen 1910 und 1925 allen Ernstes mit ausgesprochener Männerliteratur zu tun hat: Männer schreiben ihre Phantasien. Else Lasker-Schüler (1869 bis 1945) nannte sich «Prinz von Theben».

Destruktion

Besonders die dadaistischen Texte verwerfen bisweilen die kritischen Möglichkeiten von Kultur und Wissenschaft, sie ziehen nicht selten jeglichen Versuch zur Veränderung von Politik und Gesellschaft ins Lächerliche. «Ich verkünde die dadaistische Welt! Ich verlache Wissenschaft und

Kultur, diese elenden Sicherungen einer zum Tode verurteilten Gesellschaft» (Raoul Hausmann, 1886 bis 1970: *Pamphlet gegen die Weimarsche Lebensauffassung*, 1919). Auch die nicht-dadaistische Prosa trägt unmittelbar wenig Konstruktives zur bestehenden Gesellschaft bei, sie hat durchaus ihre destruktiven Momente. Zwar nicht Serner selbst, aber seine literarischen Figuren fordern zur vollkommen rücksichtslosen Gewaltanwendung auf; Serner nimmt nur noch die Halb-Welt für voll. Bei Alfred Lichtenstein (1889 bis 1914) heißt es lakonisch: «Denn wir schlagen euch alle ein wenig tot, Lieblinge (...). Das wird aber ein fröhliches Leichenfest werden.» Andererseits sind Benns vorübergehende Kontakte zum Faschismus aufgrund dessen, was er vorher geschrieben hatte, sicher nicht ganz zufällig. «Und wenn sich eines Tages Ihr gesamtes Auditorium erhöbe und Ihnen ins Gesicht brüllte, es wolle lieber die finsterste Mystik hören als das sandige Geknarre Ihrer Intellektakrobatik, und Ihnen in den Hintern träte, daß Sie vom Katheder flögen, was würden Sie dann sagen? (...) Um es gleich zu sagen, Herr Professor, kommen Sie nur nicht mit dem Kausaltrieb. Es gibt ganze Völker, die liegen im Sand und pfeifen auf Bambusrohr» (Gottfried Benn: *Ithaka*). Entgegen anderen Auffassungen sollte aber den Poeten von damals nicht der Vorwurf gemacht werden, sie hätten auf ihre Weise dem Faschismus Vorschub geleistet. Mit der Forderung, Literatur habe Ansichten zu vertreten, Sätze zu schreiben, die auch außerhalb von Literatur ohne weiteres sagbar wären, ließe sich der Expressionismus rasch erledigen. Von den konstruktiven Momenten des Expressionismus wird noch die Rede sein. Hier geht es zunächst darum, daß alle Kritiker etwa Hausmanns *Pamphlet gegen die Weimarsche Lebensauffassung* als ein Beispiel gerade für die Literatur anerkennen, die den Faschisten am meisten «entartet» erschien; so gesehen ist die faschistische Verdammung des Expressionismus, sind die Bücherverbrennungen noch immer das beste Argument für diese Bücher.

Geschichte, Geschichten

Zunehmend mißtraut die neue Literatur der Geschichtsschreibung und dem Geschichten-Erzählen; denn die Erzeugnisse, die Konstrukte, die man Geschichte oder Geschichten nennt, entsprechen auch immer dem, was die vorherrschende Gesellschaft als Kontinuität, als spezifischen Zusammenhang braucht. «Die Möglichkeit, in der Geschichte ein Paradigma für die Gegenwart aufzustöbern, ist gering und einem habilitierenden Trockenbewohner vorbehalten» (Walter Serner: *Kunst und Gegenwart,* 1913). Jakob van Hoddis (d. i. Hans Davidsohn, 1887 bis 1942) zum Beispiel destruiert Geschichte und gleichzeitig auch jene Geschichte, die Literatur daraus gemacht hat: «Am fernen Ufer singen die Sirenen. Wohl weiß Odysseus Lüge ist es, was die Dichter von ihren blutgierigen Vogelkrallen berichten. Hold und lieblich wäre es, bei ihnen zu wohnen» (*Vom*

Mir und vom Mich, 1913). Bis hin zur Auflösung der Grammatik schreitet Literatur jetzt fort: Auch indem sie die gebräuchliche ‹Welt-Anschauung› von Subjekt-Prädikat-Objekt fallenläßt, erwägt sie andere Ansichten von Wirklichkeit. Geschichte und Geschichten sind, das wird nun ganz deutlich, keine fraglos objektiven Gegebenheiten mehr. «Es sollte einem Schriftsteller unmöglich gemacht sein, eine Handlungsweise, die sich um eine Person, zutiefst um eine Idee gliedert, als Geschichte aufzutragen» (Franz Jung, 1888 bis 1963: *Babek,* 1918). Literatur unterbricht jetzt die traditionelle Kontinuität, sie schreibt sich weg von den herkömmlichen Erzählformen, und an Stelle dessen tritt ein zumeist hypothetisches Erzählen – also keine gesicherte Aussage, sondern eine Erwägung; keine handelnden Helden, keine lebensechten Personen, sondern bloße Sprechinstanzen mit figürlichen Zügen wie Bebuquin, Tubutsch oder auch Tell. «Tell (tritt zwischen den Büschen hervor): Durch diese hohle Gasse, glaube ich, muß er kommen. Wenn ich es recht überlege, führt kein anderer Weg nach Küßnacht» (Robert Walser: *Tell in Prosa,* 1907). Im Umgang mit Zeit ist für diese Literatur das Ende aller Kalender angebrochen (Mynona, d. i. Salomo Friedlaender, 1871 bis 1946: *Der Sonnenmissionar,* 1921), sie zweifelt, «daß es Wochen, Monate, Jahre gibt, es sind immer wieder nur Tage, Tage, die ineinanderstürzen» (Albert Ehrenstein: *Tubutsch*), und Lebensgeschichten, sofern sie überhaupt noch auftauchen, werden demonstrativ zurückgelassen. Er «zerriß die Bilder seiner beiden Kinder, nahm eine Nagelschere, zog seinen edelsteinbesetzten Trauring ab, hing ihn über die Schere, hielt den Ring über die brennende Kerze. Die Steine verkohlten; (...)» (Alfred Döblin, 1878 bis 1957: *Die Segelfahrt,* 1911). Obwohl das Ich als Sprachform ganz deutlich der Ort ist, von dem diese Literatur ausgeht und zu dem sie hinführt, schreibt die Literatur zwischen 1910 und 1925 nichts, was unverzüglich autobiographisch gelesen werden könnte. «Ich kam dann und dann zur Welt, wurde dort und dort erzogen, ging ordentlich zur Schule, bin das und das und heiße soundso und denke nicht viel» (Robert Walser: *Basta,* 1917).

Themenwahl

Indem die neue Literatur die alten Kontinuitäten von Geschichte und von Geschichten jetzt auffällig durchbricht, entdeckt sie die materiellen Bestandteile der von ihr konstruierten Zusammenhänge; sie entdeckt die Spielbarkeit ihres Sprachmaterials und gewinnt damit neue Themen für das literarische Sprechen. «Ich kleidete mich in Sonnen, gürtete mir die Milchstraße um! Welche Kraft! Ich bin ein elektrisches Fluidum, durchsternt ätherisch. Frucht, Frucht auf allen meinen Himmelsbahnen. Schwingung, Sehnen, Erfüllen. Ich riesle von Licht, ich bin überall, immer, alles in allem (...)» (Mynona: *Beschreibung meiner Braut,* 1918/19). Schon vor 1910 ging Paul Scheerbart (1863 bis 1915) mit seinen Texten über die vorherrschende Wirklichkeit hinaus ins Kosmische; die Expressionisten, die Dadaisten haben das fortgeführt, sie fanden hier einen Weg, sich gerade der Möglichkeit zu versichern, die nur der Literatur eigen sind und sie allererst charakterisieren: Literatur konnte deutlicher als bislang erfinden und brauchte nicht mehr zu dokumentieren. In vergleichbarer Weise erreichen die Autoren dort neue Bewegungsräume des literarischen Sprechens, wo sie sich auf das zuvor literaturunwürdige Detail, auf das, was bislang noch kein Thema für Literatur war, beziehen. Dabei ist auch die Persiflage auf alles sozial Relevante vorbereitet: «Wenn man mich fragte, was ich gestern erlebt habe, meine Antwort wäre: ‹Gestern? Gestern ist mir ein Schuhschnürl gerissen.› Vor Jahren riß mir ein Schuhschnürl, fiel ein Knopf ab (...)» (Albert Ehrenstein: *Tubutsch*). Die Richtung, die wegführt von den gängigen politischen und gesellschaftlichen Themen, zeigen schon die Titel der Texte an: *Die Ermordung einer Butterblume* (1913; Alfred Döblin) oder *Von der Wollust über Brücken zu gehen* (1911; Mynona). Was Literatur jetzt sagt, wird frei von direkten realen Entsprechungen, die Interpretation wird zwar erschwert, aber das Verständnis geht keineswegs verloren; etwa Kurt Schwitters' *Forderungen zur Merzbühne* (1919) stellen mühelos klar, was nun im Theater zu passieren hat: «Man nehme Zahnarztbohrmaschine, Fleischhackmaschine, Ritzenkratzer von der Straßenbahn, Omnibusse und Automobile, Fahrräder, Tandems und deren Bereifung, auch Kriegsersatzreifen und deformiere sie. Man nehme Lichte und deformiere sie in brutalster Weise. Lokomotiven lasse man gegeneinanderfahren, Gardinen und Portieren lasse man Spinnwebfaden mit Fensterrahmen tanzen und zerbreche winselndes Glas. Dampfkessel bringe man zur Explosion zur Erzeugung von Eisenbahnqualm. Man nehme Unterröcke und andere ähnliche Sachen, Schuhe und falsche Haare, auch Schlittschuhe und werfe sie an die richtige Stelle, wohin sie gehören, und zwar immer zur richtigen Zeit. Man nehme meinetwegen auch Fußangeln, Selbstschüsse, Höllenmaschinen, den Blechfaden und den Trichter (...).» Literatur zwischen 1910 und 1925 leistet sich Themen, die sich teilweise beträchtlich von den dringenden Themen ihrer Gesellschaft unterscheiden; sie nimmt jetzt Realitätspartikel auf, die ansonsten noch kein Thema waren. «Odol sollte auf keinem modernen Waschtisch fehlen. Wer Odol nicht schätzt, schätzt sich selber nicht. Ohne Odol ist keine Zivilisation denkbar» (Robert Walser: *Na also*, 1917). Die kritische Fähigkeit solcher Texte und der späteren Montagetexte liegt darin, daß sie auch Triviales im poetischen Vorgang zitierfähig machen, daß sie affirmative Zusammenhänge unterbrechen, daß sie sich querstellen zu den literarischen Traditionen, zu den Hierarchien, die bestimmen, was in der Gesellschaft als Thema von Literatur zu gelten habe.

Selbstthematisierung und Selbstreflexion

Die Zweifel an der Zulänglichkeit des konventionellen Erzählens werden in den Erzählprozeß selbst einbezogen, und oft kann das literarische Sprechen überhaupt nur noch aufgrund solcher Reflexionen vorangebracht werden. «Aber wirklich, der Kolibri ist ein so allerliebst niedliches Tierchen, von der Natur so konfitürenmäßig entzückend ausersonnen, daß alle Literatur ihm einfach übel nachhinkt – nein, die Literatur ist kein Kolibri; sie ist weit, weit eher eine Verbalinjurie, an der ganzen Welt begangen» (Mynona: *Der Schutzmannshelm als Mausefalle,* 1912). Literatur demonstriert ihre eigenen Widersprüche; nicht selten richtet sie sich gegen sich selbst, gibt sie sich als Anti-Literatur. Albert Ehrenstein schreibt: «Verflucht seien die Schreiber und Leser. Verflucht sei das Wort! Im Anfang war die Tat!» Bis auf wenige Ausnahmen lassen sich in allen Prosatexten Belege dafür finden, daß das Sprechen sich auch selber bespricht; das Erzählen vom Erzählen beschreibt die Literarität des Erzählens in ihrem Vollzug. Erzählt wird zum Beispiel, daß eine Geschichte nicht erzählt wird: «Bugbear galt als Alkoholiker, obgleich er meist nüchtern war. Darum trank er immer, daß heißt so oft er konnte. Da er aber nicht oft konnte, weil er nicht genug Geld dazu hatte, trank er nur, wenn er vom Publikum freigehalten wurde. Aber das gelang ihm nie» (Kurt Schwitters: *Punch von Nobel,* 1925). Deutlich werden die Verschiebungen und Unterbrechungen der thematischen Entwicklungen, die sich in der herkömmlichen Literatur zumeist den Anschein geben, als müßten sie genau so erzählt werden, als seien sie zwangsläufig und unverrückbar, wohingegen hier darauf verwiesen ist, daß ein jeder Erzählweg grundsätzlich hypothetisch verläuft. Diese Prosa zeigt ihren hypothetischen Charakter und damit die primäre Fiktionalität von Texten vor: Fiktion ist hier nicht nur, was erzählt wird und wie es erzählt wird, sondern die eigentliche Fiktion ist, *daß* erzählt wird. «Die Erzählung setzt sich hinten wieder auf einen Stein und horcht ganz verblüfft. Unterdessen gewinnt der Verfasser Zeit, auszuruhen» (Robert Walser: *Simon,* 1904). Man kann behaupten, daß diese Literatur theoretischer geworden ist, insofern sie ihre eigenen Mittel und Bedingungen verstärkt reflektiert. Bei dieser Literatur ist die Reflexion des eigenen Sprachgebrauchs ein wesentlicher Teil ihres Handelns: Die Texte eröffnen dem Rezipienten die Möglichkeit, mit Literatur in der Sprache bestimmte Erfahrungen zu machen, die in dieser Form ansonsten nicht angeboten werden und die nur auf diesem Wege erreichbar scheinen. Die politische Wirksamkeit von Literatur ergibt sich gerade auch daraus, daß sie im Bereich der Sprache verändernd tätig wird, daß sie jene Kontinuität unterbrechen kann, mit der der allgemeine Sprachgebrauch an seinem ‹Abbild› von Wirklichkeit festhält und eben damit ihre Veränderung erschwert.

Destruktion und Konstruktion

Auf Fragen der Art, worin denn das Positive, das gesellschaftlich Aufbauende der Literatur zwischen 1910 und 1925 liege, wird man nur dann eine Antwort finden, wenn man bereit ist, der Literatur zuzugestehen, daß die Destruktion des Verbindlichen, des vermeintlich Gesicherten selbst schon Konstruktion, Positives darstellt. «Unser Hilfsmittel, kein vornehmes Händewaschen in Zurückgezogenheit; wir werden nicht scharfsinnig Begriffe spalten oder vor dem reinen Erkennen uns beugen – wir sehen nur Mittel hier, unser Spiel vom Bewußtwerden, ins Bewußtseintreten der Welt zu spielen, getrieben von unserem Instinkt: und wir wollen Freunde sein dessen, was die Geißel ist des beruhigten Menschen: wir leben vom Unsicheren, wir wollen nicht Wert und Sinn, die dem Bourgeois schmeicheln – wir wollen Unwert und Unsinn! Wir empören uns gegen die Verbindlichkeiten des Potsdam-Weimar, sie sind nicht für uns geschaffen. Wir wollen alles selbst schaffen – unsere neue Welt» (Raoul Hausmann: *Pamphlet gegen die Weimarsche Lebensauffassung*, 1919). Georg Lukács' Kritik am Expressionismus ist an sich überzeugend, jedoch nur unter der Voraussetzung, daß die Autoren grundsätzlich von ihren eigenen Instinkten absehen, die ‹wahre Wirklichkeit› zu erfassen, und auch noch zu Auswegen beizutragen hätten. Die expressionistische Prosa tut dies nicht; vielmehr wird sie genau dort schwach, wo sie sich als Botschaft oder als Ratschlag zu geben versucht. Als radikale Zustandsbeschreibung des Bewußtseins schafft sie ihre Konstruktionen und Korrekturen gerade dort, wo sie das Märchen, die Groteske, den schwarzen Humor und den Unsinn, den Nonsens favorisiert. Freud (in seinem Buch über den Witz) hält die Lust am Unsinn, die Befreiung vom Denk- und Realitätszwang für ein unbewußtes menschliches Bedürfnis. So gesehen ließe sich die expressionistische Literatur auch als eine radikale Zustandsbeschreibung des Unbewußten interpretieren. Während aber für Freud der Unsinn eine ziemlich individuelle Angelegenheit ist, wäre bei dieser Literatur eher die kollektive Komponente dieses Unbewußten zu betonen. «Zu wenig Leute haben den Mut, vollkommenen Blödsinn zu sagen. Häufig wiederholter Blödsinn wird integrierendes Moment unseres Denkens; bei einer gewissen Stufe der Intelligenz interessiert man sich für das Korrekte, Vernünftige gar nicht mehr» (Carl Einstein: *Bebuquin*). Das Märchen, die Groteske oder der Nonsens beschreiben Wirklichkeit; denn das, was sie verzerren, liegt unausgesprochen immer vor: Indem sie andere Ansichten erwägen, bieten sie rückwirkend die Möglichkeit, Wirklichkeit wieder neu, anders und genauer zu erfahren. Offenbar hat nur Literatur diese Möglichkeit, sie setzt auf sie und hält eine Abkehr davon für ein Versäumnis. «Er wandte sich ab von der Bude der verzerrenden Spiegel, die mehr zu Betrachtungen anregen als die Worte von fünfzehn Professoren. Er wandte sich ab vom Zirkus zur aufgehobenen Schwerkraft, wiewohl er lächelnd einsah, daß er damit die Lösung seines Lebens versäumte» (Carl Einstein, ebd.). Herkömmliche Gattungen werden zunehmend untauglich, Literatur wählt andere Verfahren und beschreibt diese Verfahren. «Nachfolgende Erklärung für jemanden, der nicht das geringste verstanden hat: es soll hier gezeigt werden, daß es auf den Inhalt nicht ankommt. (Das Thema, meine ich.) Sondern auf die Variationen. Auf das Tempo, die Rhythmik, die Farbigkeit dieser Variationen» (Franz Jung: *Uebungsstück*, entst. vor 1920). Die Unterscheidung zwischen poetischem und sekundärem Text wird also hinfällig, desgleichen die Trennung zwischen Lyrik und Prosa. Die geläufigen Bezeichnungen, die Forderungen danach, was ein Text, der sich zum Beispiel Roman oder Gedicht nennt, zu erfüllen habe, sind bei einigen Autoren nur mehr Widerstand ihres Schreibens. «Roman und so: Die Leute reden wie am Spieß oder neuerdings überhaupt nicht mehr. Noch ein wenig Schweiß und die Sache glückt: Belletristik! (Am Spieß befindet man sich gar oft. Ein Samuel-Fischer-Band aber ist ein zu langwieriges Mittel, die Luftlinie Syrakus-Butterbrot-Zentralheizung herzustellen.)» (Walter Serner: *Letzte Lockerung*).

Die verbreitete Annahme, in der Prosa sei der Expressionismus weniger signifikant, kann man auch umdrehen: Gerade wenn sich dann doch schwer feststellen läßt, was den Expressionismus signifikant macht, wäre die Prosa aufgrund ihrer Offenheit und größeren Variationsbreite repräsentativer für die Literatur zwischen 1910 und 1925 als Lyrik und Drama. Prosa ist entschiedener und weniger konventionell als das, was die Namen Lyrik und Drama immer noch verdient. Die Formzertrümmerungen von Lyrik sind oft nur vergleichsweise harmlose Verschiebungen der konventionellen Gedichtform. An der Prosa konnte zum anderen hier auch sichtbar werden, daß einige Autoren, zum Beispiel Robert Walser, ihrerseits Verfahrensweisen weit vorangetrieben haben, die man zunächst nur bei den Expressionisten und Dadaisten suchen würde; Robert Walsers Texte sind allenfalls weniger laut. «Schneeglöckchen lispeln allerlei. Sie erinnern an Schneewittchen, das in den Bergen, bei den Zwergen, freundliche Aufnahme fand. Sie erinnern an Rosen, darum, weil sie anders sind. Alles erinnert stets an sein Gegenteil. Nur hübsch ausharren. Das Gute kommt schon. Gutes ist uns immer näher, als wir glauben. Geduld bringt Rosen. Dieser alte, gute Spruch fiel mir ein, als ich letzthin Schneeglöckchen sah» (Robert Walser: *Schneeglöckchen*, 1919).

Ich-Konstruktion und Ich-Auflösung

Der Sinn, der Halt, den Politik und Gesellschaft, Religion, Kultur und Wissenschaft im 19. Jahrhundert noch geben konnten, beginnt zu Anfang des 20. Jahrhunderts fortschreitend abzubröckeln. Die Katastrophe des bürgerlichen Bewußtseins einerseits – «Ich stehe auf der Plattform des elektrischen Wagens und bin vollständig unsicher in Rücksicht meiner Stellung in dieser Welt, in dieser Stadt, in meiner Familie» (Franz Kafka, 1883 bis 1924: *Der Fahrgast,* 1913) – und schließlich das Scheitern deutscher Revolution andererseits veranlassen die Autoren, das verlorene Zentrum im eigenen Ich zu suchen. «Er wand sich in der leeren Stube: Ich will nicht eine Kopie, keine Beeinflussung, ich will mich, aus meiner Seele muß etwas ganz Eigenes kommen, und wenn es Löcher in eine private Luft sind» (Carl Einstein: *Bebuquin*). In der Tat verliert Literatur – auch darin hat Lukács zunächst recht – den direkten thematischen Bezug zum Allgemeinen; Literatur hört auf, Sozialgeschichtliches als gesellschaftliches Phänomen direkt zu demonstrieren. «Jetzt ist jede Macht- und Tatenfreude in der Ichpoetik begründet» (Jakob van Hoddis: *Vom Mir und vom Mich*). Indessen spricht wenig dagegen, Adornos dialektische Vermittlung, wonach eine rückhaltlose Subjektivität das Beste sei, was Lyrik als Allgemeines zu bieten habe [vgl. 220; *S. 73ff*], nicht auch versuchsweise auf die Prosa des Expressionismus anzuwenden. Die Erfahrung des eigenen Bewußtseins, die Entdeckung des Ichs war für die Literatur von damals – und damit ist sie wieder aktuell geworden – unausbleiblich: Es war eine zentrale Möglichkeit, zu handeln und einzugreifen in die Ich-Entfremdungen von Politik und Gesellschaft. Es geht um den gesellschaftlichen Ort eines allgemeinen Ich, und insofern sind Parallelen zu dem, was man heute nicht ganz falsch ‹Neue Innerlichkeit› nennt, eher selten. Die expressionistische Prosa erfährt nämlich gerade auch die Illusion vom «Sultan seiner Existenz» (Robert Musil, 1880 bis 1942: *Grigia,* 1923) von «Jeder sein eigener Papst» (Walter Serner, *Letzte Lockerung*). Die Poetik des Ich-Zerfalls, des multiplen Ichs und die Forderung ‹Man muß das Ich in der Literatur zerstören› bei den Futuristen und die Verdammung des ‹Ichprinzips im Schaffen› bei Kurt Schwitters oder Hugo Ball bilden den Gegenpol zur Ich-Konstruktion. Freilich ist auch dies noch Resultat des eigenen, individuellen Wegs, den die einzelnen Autoren gegangen sind. Die vielen expressionistischen und dadaistischen Gruppen belegen nicht das Gegenteil: Man befehdete sich zum Teil heftig, gebrauchte die anderen lediglich zur Verstärkung der eigenen Manier und war sich in der Hauptsache nur darin einig, daß alle Außenstehenden für eine beißende Polemik überhaupt nicht mehr zur Debatte standen. Wenn die Autoren etwa gegen Herwarth Walden (d. i. Georg Levin, 1878 bis? verschollen), den Herausgeber des *Sturm* einerseits, und gegen Franz Pfemfert (1879 bis 1954), den Herausgeber der *Aktion* andererseits, polemisierten, redeten sie von den anderen Herausgebern und Verlegern schon gar nicht mehr; vor allem aber hielt es sie nicht davon ab, zeitweise mit solchen Autoren gemeinsam hervorzutreten, die beim jeweils anderen publizierten.

Der Angriff gegen die bürgerliche Kultur stammt in dieser Zeit von den bürgerlichen, nicht von den proletarischen Autoren. «Durch ihre konservative Liebe für die alten, überlebten Ausdrucksformen und ihre ganz unverständliche Abneigung für die neue Kunst halten die Proletarier das am Leben, was sie nach ihrem Programm bekämpfen wollen: die bürgerliche Kultur» (*Manifest Proletkunst,* in *Merz* 2, Hannover 1923). Das wäre immerhin zu diskutieren, gerade weil die materialistische Kritik am Expressionismus fast so etwas wie eine Ehrenrettung der Autoren nötig gemacht hat. Daß die Autoren nicht nur literarisch etwas riskiert haben, könnte die Lebenspraxis der meisten von ihnen zeigen. Johannes Baader etwa war durchwegs radikal in allen seinen Unternehmungen; nur Dadaisten konnten behaupten, für ihn diene Dada lediglich dazu, seiner Frau Unterröcke zu kaufen. «Mein lieber Prinz. Ich bin heute Soldat in der Armee deines Großvaters, des Herrschers im Reiche der Gewalt geworden. Da ich Herr im Reiche des Geistes bin, kann ich mich nicht unter den Befehl eines geringeren Herrn stellen. Ich bitte Dich und gebe Dir den Auftrag, Deinem Großvater mitzuteilen: Ich befehle ihm, unmittelbar jede kriegerische Unternehmung zu unterlassen und Friedensverhandlungen unter meiner Leitung einzuleiten. Mit meinen besten Grüßen für Deinen Großvater und Dich, Johannes Baader» (Oberdada: Brief aus dem Jahr 1916). Mit dieser Ich-Überschätzung hatte Literatur einen politischen Teilerfolg: Johannes Baader kam vom Kriegsdienst frei.

Zusammenfassung

Es ist fraglich, ob ein Querschnitt durch die ‹expressionistische Prosa›, die sich ja wegschreibt von einem direkten Eingriff in Politik und Gesellschaft, die Sozialgeschichte dieser Literatur überhaupt darstellen kann – zumal wenn man von den Texten ausgeht, sie fortlaufend präsentiert und zunächst einmal beim Wort zu nehmen versucht. Wovon soll man ausgehen: von der Gesellschaft oder von der Literatur? Was vor allem paßt man an das andere an? Festzustehen scheint, daß gerade in der Literaturkritik, die sich unter anderem politisch versteht, die sozialgeschichtlichen Komponenten von Expressionismus und Dada zu kurz gekommen sind. Gleichwohl besteht das Problem schließlich eher darin, daß die gesamte Avantgarde von damals gesellschaftsfähig geworden ist, daß sie in die Sekundärliteratur verfrachtet und unter die Registratur von Ästhetik subsumiert wurde, daß es ihr, aufs Ganze gesehen, letztlich doch nicht recht gelingt, widerständig zu sein. In dieser Darstellung sollte deutlich werden, inwiefern bei aller historischen Distanz gute Gründe dafür sprechen, das damals Gesagte heute zu wiederholen; es sollte gezeigt werden, was sich lesend mit dieser Literatur anfangen ließe. Man hat es in der Tat mit einer Literaturrevolution [vgl. 194] zu tun: Das, was Literatur ist, verändert sich beträchtlich.

Zwischen 1910 und 1925 beginnt Literatur, endlich Konsequenzen aus der von vornherein verlorenen Konkurrenz mit den Tagesereignissen zu ziehen. Die Tatsache, daß Schwitters' *An Anna Blume* (1919) eine Zeitlang in vieler Munde war, bestätigt nicht die Regel, sondern die Ausnahme. Trotzdem hatte Literatur damals einen Stellenwert in der Öffentlichkeit, der kaum vorher und wohl auch nicht nachher wieder erreicht worden ist. Diese Literatur bezieht sich zwar auf eine vergangene Zeit; aber eine ausschließlich historisierende Betrachtung würde ihre Aktualität verkennen: Der jetzige Leser kann diese Literatur – das können die Zitate vielleicht gezeigt haben – nicht von sich trennen, ohne seine eigene Gegenwart zu illusionieren; weil diese Literatur unzureichend angenommen wurde, ist sie präsent und immer noch voraus. In vieler Hinsicht übertreibt diese Literatur, aber nur, um als Literatur überhaupt etwas zu betreiben, um überhaupt eingreifen zu können. Sozialgeschichtliche Betrachtung der ‹Prosa des Expressionismus› kann vorerst nicht heißen, das nachzutragen, was den Autoren vermeintlich selber nicht bewußt war. Bei aller Berechtigung wissenschaftlicher Analysen und soziologischer Relationierungen gibt es in der Poesie eine Genauigkeit, ein Mut, etwas zu sagen, was letztlich jeder Akkuratesse und Detailuntersuchung überlegen bleibt. Prägnante literarische Befunde sind schwer annehmbar, aber sie sind nicht falsch, allenfalls folgenlos. Vielleicht ist jedoch die Folgenlosigkeit von Literatur deren brisanteste sozialgeschichtliche Komponente.

Eckhard Philipp
Expressionistische Lyrik

Menschheitsdämmerung

1920 erschien im Rowohlt Verlag die von Kurt Pinthus (1886 bis 1975) unter dem Titel *Menschheitsdämmerung. Symphonie jüngster Dichtung* herausgegebene, bis heute bedeutendste Anthologie expressionistischer Lyrik. Sie vereinigte 278 Gedichte von 23 Autoren, von denen etliche dem heute durch den Zeitenabstand geschärften hermeneutischen Bewußtsein zum Opfer fallen würden. Indes: streicht man mißlungene Gedichte, die Pinthus in seinem Glauben an das nahende Kommen eines Menschentypus aufnahm, der sich seine Welt und Zukunft durch selbsttätige Los- und Erlösung aus dem Dunkel erschaffen und dergestalt früh verschüttetes Leben auch im Hinblick auf kommende Generationen wieder freisetzen würde, bleibt ein imponierendes und betrachtenswertes Panorama lyrischen Schaffens jener Zeit übrig. Zudem: In der Einleitung «Zuvor» (1919) und in «Nachklang» finden sich Gedanken, die – von einer ausladenden Syntax verdeckt – auch der neueren Forschung mehr als nur einen Impuls gegeben haben.

Pinthus stellt den dargebotenen Gedichten vier wie Schlagworte wirkende Sammeltitel voran. «Sturz und Schrei» heißt der erste und bezieht sich auf die negative Reaktion der Dichter auf ihre Umwelt, die sie zu ihrer Zeit vorfanden, sodann auf ihre transzendentale Obdachlosigkeit. Der zweite, «Erweckung des Herzens», weist auf den «Weg nach Innen», durch den sich viele Gedichte aus expressionistischer Zeit charakterisieren lassen, wohingegen der dritte Teil unter der Überschrift «Aufruf und Empörung» dichterische Appelle zur Veränderung, gelegentlich kaum verdeckte Aufrufe zur Revolution bündelt. Wie problematisch indes solche Einteilungsprinzipien bleiben – was auch für die neueste Anthologie von Silvio Viëtta gilt –, demonstriert der wie ein Appell wirkende Schluß, der unter die Obhut der Maxime «Liebe den Menschen» gestellt wird. Franz Werfel (1890 bis 1945) als religiös kompromißlerischer Dichter, dessen Gedichte seinerzeit ohne Zweifel am meisten goutiert wurden,

und der von daher auch einen Teil des Bewußtseins der damaligen Epoche zumindest auf künstlerischem Gebiet prägte, steuert das Gros der Strophen bei, obwohl man den Eindruck gewinnt, daß seine Appelle an das Einssein der Menschheit ästhetische Homogenisierungen sind. So jedenfalls müssen sie wirken, liest man Gedichte wie *Der Bettler* von Wilhelm Klemm (1881 bis 1968), das kaum versöhnlich klingt, ebensowenig wie die von Pinthus aufgenommenen zwei von insgesamt fünf Fassungen des Poems *Der Panamakanal* von Ivan Goll (d. i. Isaac Lang, 1891 bis 1950). Auch *Der tote Liebknecht* von Rudolf Leonhard (1889 bis 1953) wirkt in seiner prägnanten, nüchternen Sprachgebung eher anklagend und ist von daher weniger unter den Rahmentitel subsumierbar als Johannes R. Bechers (1891 bis 1958) sozio-religiöses Klagelied auf Rosa Luxemburg, deren politisches Woher und Wohin durch die poetische Gleichsetzung mit der Mutter Gottes in Vergessenheit gerät. Immerhin: Neben dem mit kosmischen Sphären verbundenen Theodor Däubler (1876 bis 1934), der sphinxhaften Else Lasker-Schüler (1869 bis 1945) gehört Becher zu den ‹Préférés› der Sammlung. Während ‹neues Menschentum› – um eines der Schlagwörter des Expressionismus zu gebrauchen – für Werfel Aufrichtung durch Gnade Gottes bei gleichzeitigem Schuldbekenntnis bedeutet, versteht Becher unter ‹Wiedergeburt› eher revolutionäres Aufbegehren bei gleichzeitiger sozialer Neuordnung; ähnlich auch Ludwig Rubiner, der in der *Menschheitsdämmerung* zur poetischen Minorität zählt.
Der schwache Punkt der Sammlung, den Pinthus wahrscheinlich selber bemerkt hat: die Gewichtung der Lyriker, die sich in der Anzahl der aufgenommenen Gedichte ausdrückt, entspricht nicht mehr – um keinen anspruchsvolleren Terminus zu verwenden – der heutigen ‹Wertschätzung› einzelner Beiträger. Auf der einen Seite liegt das an der veränderten kulturhistorischen und realhistorischen Einschätzung jener Zeit, auf der anderen am Fortschritt der Forschung, die, wenn es um die Konturierung der ‹Epoche› geht, nicht umhinkann, charakteristische und durchgehende Züge herauszuarbeiten, um zu einer wenn auch approximativen Aussage zu kommen, was ‹Expressionismus› gewesen sei. Daß bei diesem Bemühen wiederum Dichter in den Vordergrund treten, wie etwa Jakob van Hoddis, die substantiell nicht stets Exzellentes verbürgten, liegt in der Natur der Sache.
Auf der anderen Seite finden sich in Pinthus' Sammlung Dichtungen, die – wie die der Lasker-Schüler oder Georg Trakls – ziemlich ‹irrational› wirken mußten; Gebilde also, die Pinthus einfach fasziniert haben mochten, da er zum Beispiel Trakls konstruktive Prinzipien schlicht nicht kennen konnte. Liest man schließlich: «Alle Gedichte dieses Buches entquellen der Klage um die Menschheit, der Sehnsucht um die Menschheit.», wird verständlich, daß Benns *Morgue*-Gedichte oder andere aus seiner Feder nicht bestens abschneiden konnten.

Nach der Lektüre des Vorworts zur Neuauflage von 1959 versteht man, warum die Sammlung auch für die Forschung ein fruchtbarer Faktor wurde und immer noch Grundlage zahlreicher Untersuchungen ist. Bei den fast verlegen wirkenden Überlegungen über die Kriterien seiner damals getroffenen Auswahl übersieht Pinthus, daß Lyrik als die intimste und privateste aller Gattungen einem großen und einfach benennbarem Publikum nicht nachlaufen kann, weil das sicher breitere Individuierungsspektrum ihrer Leser im Kontakt mit dem Gedicht eine wie auch immer geartete narzißtische Selbstbegegnung erwartet, besonders in Zeiten der Not, Ratlosigkeit und Ohnmacht. Deshalb kennen diese Gedichte auch noch keinen geradlinig anzuvisierenden Adressaten, zumal sie das Leiden an der Zeit sowohl hinsichtlich der Motive als auch der Formen mannigfaltig gestalten. Von diesem Befund profitiert Pinthus' Sammlung: Sie ist ‹offen›, auch wenn sie Akzente setzt.

Van Hoddis und Lichtenstein

Ist es Zufall, daß das Gedicht *Weltende* von Jacob van Hoddis (d. i. Hans Davidsohn, 1887 bis 1942?), von vielen als das erste ‹expressionistische Gedicht› überhaupt bezeichnet, auch die Sammlung von Kurt Pinthus eröffnet? Hier der Text:

Dem Bürger fliegt vom spitzen Kopf der Hut,
In allen Lüften hallt es wie Geschrei,
Dachdecker stürzen ab und gehn entzwei.
Und an den Küsten – liest man – steigt die Flut.

Der Sturm ist da, die wilden Meere hupfen
An Land, um dicke Dämme zu zerdrücken.
Die meisten Menschen haben einen Schnupfen.
Die Eisenbahnen fallen von den Brücken.

Für die Wirkung dieses Gedichts auf die Zeitgenossen mögen ein paar Zeilen Johannes R. Bechers exemplarisch stehen:

«Meine poetische Kraft reicht nicht aus, um die Wirkung jenes Gedichts wiederherzustellen, von dem ich jetzt sprechen will. Auch die kühnste Phantasie meiner Leser würde ich überanstrengen bei dem Versuch, ihnen die Zauberhaftigkeit zu schildern, wie sie dieses Gedicht ‹Weltende› (...) für uns barg.»

Becher nennt auch den Grund:

«Diese zwei Strophen, o diese acht Zeilen schienen uns in andere Menschen verwandelt zu haben aus einer Welt stumpfer Bürgerlichkeit, die wir verachteten, und von der wir nicht wußten, wie wir sie verlassen sollten.»

Nimmt man den ‹frühen› Becher beim Wort, so sind dessen Kommentar zu van Hoddis und die Ablehnung ‹stumpfer Bürgerlichkeit› ein gemeinsames Moment, nur wird das Unbehagen an der Bourgeoisie fast fatalistisch hingenommen. Doch führt andererseits das Gedicht aus der empfundenen Enge hinaus. Nicht schon deshalb, weil es formal den Rahmen des Gewohnten sprengt. In den zwei deutlich voneinander abgegrenzten Strophen mit simplem Reimschema und einfachen Versen – fünfhebige Jamben – liegt das ‹Revolutionäre› deutlich auf semantischer Ebene: Die Abfolge der Zeilen ist nicht zwingend, sie ist – sieht man von ästhetischen Erwägungen ab – durchaus beliebig. Die Wortwahl läßt auf ein ‹dissoziiertes› lyrisches Subjekt (Viëtta) schließen, das zu Vokabeln greift, die in ihrer relativen Unverträglichkeit (= Inkompatibilität) untereinander nicht mehr ‹metaphorisch› erklärbar sind, da sie etwas ausdrücken, das für den Dichter nicht nur ‹uneigentlich› existiert, mithin mit konventionellen sprachlichen Fügungen nicht sagbar ist. Die Wortkombination «Dachdecker stürzen ab und gehn entzwei» trägt auf bestürzende Weise eine Spaltung in die Sicht des Menschen, der recht eigentlich noch existiert, indes nur von Gnaden einer Optik, die ihn bereits mittels der Prädikation ‹gehn entzwei›, die nur von Sachen aussagbar ist, verdinglicht hat.

Das von Becher empfundene ‹Anti-Bürgerliche› des Gedichts ist demnach einerseits durch semantische Inkompatibilität, andererseits durch die inkohärente Abfolge der Katastrophenbilder selbst bedingt. Das erwähnte ‹Hinausführen aus der dumpfen Bürgerlichkeit› beruht auf der Zerstörung gewohnter Vorstellungen, die indes insofern relativiert wird, als sich das scheinbar ‹prekäre Ich› belustigt neben den Geschehniszusammenhang stellt. Der ironische Einschlag vermag noch die Einheit des lyrischen Diskurses zu stiften. Genannt sei ein Gedicht Alfred Lichtensteins (1889 bis 1914), das ähnlich verfährt. Die Strophen 1 und 4 von *Sonntagnachmittag* lauten:

Auf fahlen Straßen lagern Häuserrudel
Um deren Buckel graue Sonne hellt.
Ein parfümierter halbverrückter kleiner Pudel
Wirft wüste Augen in die große Welt.

In Rummelplätzen, wo Athleten ringen,
Wird alles dunkler schon und ungenau.
Ein Leierkasten heult und Küchenmädchen singen.
Ein Mann zertrümmert seine morsche Frau.

Oskar Loerkes (1884 bis 1941) *Kleinstadtsonntag* und das Stadtgedicht *Unsere Göttin* klingen ähnlich. Stadtszenerie in der Lyrik des Expressionismus allenthalben, wobei vor allem Berlin den Mittelpunkt abgibt. Nicht nur, weil sich an der mittlerweile zur Weltstadt aufgestiegenen Metropole Lebensüberdruß, Ekel, Dissoziiertheit des lyrischen Subjekts aufzeigen ließen, weil sie Motivlieferant für die Stimmung eines Teils der damaligen Generation war, sondern auch aus dem sicher tieferen Grund, daß sie Sammelbecken alles dessen war, was bis dato durch Differenzierungen geschieden wurde. Wenn die Sonne nur noch Accessoire des Mülls ist, die Kette der Häuser mit dem Rachen eines Rudels gieriger Wölfe oder Hunde verglichen wird, singende Mädchen und der Tod einer morschen Frau in Beziehung gesetzt werden können, dann mag das zwar auch etwas mit der dissoziierten Beschaffenheit des lyrischen Ichs zu tun haben, die letzten Endes nicht überprüfbar ist; in den Vordergrund tritt indes der Reihungsstil als Variante einer substituierenden Operation, durch die an sich unterschiedene Dinge ihrer scheinbar ‹falschen Natur› entlarvt werden und von daher in ein zwei- und mehrdeutiges Licht geraten.

Heym

Während etliche der frühen Expressionisten chaotisch empfundene Zustände einfach registrieren, was ihrer Wirkung freilich nicht abträglich war, zwingt Georg Heym (1887 bis 1912) Dämonisches und Mythologisches in die neue Erfahrungswelt hinein. Was man ihm zuweilen angekreidet hat, die Monotonie seiner Sprachgebung, die fast kunstlosen Versfolgen in jambischem Metrum, die hie und da ein Sonett abgeben, die thematische Nähe zu van Hoddis, seine eben nicht geniedurchpulste Form, die man zuweilen als Stagnation seines dichterischen Anfangs gekennzeichnet hat, läßt sich als Reflex eines monoton verlaufenden Daseins deuten.

Wie van Hoddis war Heym Mitglied des Berliner Dichterclubs «Neopathetisches Cabaret», und ohne pathetisches Fernweh war ihm die Stadtlandschaft Berlins primärer Erfahrungshintergrund seiner dekorationslosen Poesie, aus der uns die Angst vor der Ziellosigkeit des Daseins, vor der Übermacht der vom Menschen selbst geschaffenen ‹Fortschrittswelt› entgegentritt, korrespondierend mit einem nietzscheanisch anmutenden Pessimismus, der sich gleichwohl die Möglichkeit zu einem neuen Beginn, zum Aufbruch, nicht verstellt.

Eines seiner bekanntesten Gedichte, *Der Gott der Stadt* (1910), lautet:

Auf einem Häuserblocke sitzt er breit.
Die Winde lagern schwarz um seine Stirn.
Er schaut voll Wut, wo fern in Einsamkeit
Die letzten Häuser in das Land verirrn.

Vom Abend glänzt der rote Bauch dem Baal,
Die großen Städte knien um ihn her.
Der Kirchenglocke ungeheure Zahl
Wogt auf zu ihm aus schwarzer Türme Meer.

Wie Korybanten-Tanz dröhnt die Musik
Der Millionen durch die Straßen laut.
Der Schlote Rauch, die Wolken der Fabrik
Ziehn auf zu ihm, wie Duft von Weihrauch blaut.

Das Wetter schwelt in seinen Augenbrauen.
Der dunkle Abend wird in Nacht betäubt.
Die Stürme flattern, die wie Geier schauen
Von seinem Haupthaar, das im Zorne sträubt.

Er streckt ins Dunkel seine Fleischerfaust.
Er schüttelt sie. Ein Meer von Feuer jagt
Durch eine Straße. Und der Glutqualm braust
Und frißt sie auf, bis spät der Morgen graut.

Rückgriffe auf Mythologeme finden sich oft bei Heym. Der Gott Baal ist eine ursprünglich heidnische, im alten Orient beheimatete Himmelsmacht, ist Straf- und Rachegott, der sich im Gedicht als dem Menschen überlegene Naturgewalt offenbart, als Blitz und Donner speiendes Ungeheuer, das in seiner ganzen majestätischen Größe über der Stadt thront. Der Ort ist nicht beliebig gewählt. Dem zu Beginn des ‹expressionistischen Jahrzehnts› positivistisch eingestellten und fortschrittsgläubigen Menschen demonstriert der Rachegott seine Ungeheuerlichkeit und sein Gottesgericht gerade da, wo sich die Schalt- und Zentralstellen des technischen Fortschritts herausgebildet haben: in der Großstadt.

Das Absurde des Gedichts besteht in der Reziprozität von Aufklärung und Vernichtung: Jener Ort, an dem der Mensch durch seine schöpferische Kraft das wissenschaftlich Erkannte sinnvoll umsetzen soll um eines Mehrwerts an Freiheit und Lebensqualität willen, jener Ort gerade erweist sich als Stätte seiner Ohnmacht und Niederlage. Und die Kräfte, die er sich zu Untertan glaubt gemacht zu haben, stellen sich dem vom Zauberlehrling zum Übermeister mutierten Menschen in Form einer alles vernichtenden und nicht berechenbaren Macht entgegen.

Von einem planen Reihungsstil oder einfach substituierendem Sprechen kann angesichts einer deutlich spürbaren einheitsstiftenden Perspektive keine Rede sein. Doch es gibt andere Gedichte Heyms, die diese reflektierte Zucht des lyrischen Sprechens angesichts der überwältigenden Wirklichkeit nicht mehr durchhalten, etwa *Nachtgesang*, das im Chaos des großstädtischen Dunkels die sich dem Dichter einstellenden Bilder als ‹beliebig› erscheinen lassen.

Von ‹Aufbruch› – sieht man vom besprochenen Gedicht und seinem ‹adhortativen› Charakter ab – ist bis dato bei Heym nicht viel zu spüren. Vorerst genügt ihm die leidenschaftlich negative Deskription der Großstadt, der er eine mythische Tiefe verleiht, in deren Dämmer substituierbare Silhouetten mit ihren nicht mehr als individuell zu bezeichnenden Erfahrungen und Ängsten agieren (vgl. auch *Dämonen der Städte*). Dennoch gehört Georg Heym zu jenen Expressionisten, die den Krieg als kommendes Ereignis, sei es als Prolongierung der ‹Welt-Ende-Problematik› oder als Ergebnis eines von langer Hand vorbereiteten ‹Endlösungsbewußtseins› dichterisch antizipierten.

Stadler

Die aktivistisch-vitalistische Komponente expressionistischer Lyrik zeigt sich deutlicher in der Dichtung Ernst Stadlers (1883 bis 1914), dessen lyrisches Frühwerk *Präludien* (1905) noch im Bann sowohl des deutschen als auch französischen Symbolismus steht. Seine Sammlung *Der Aufbruch* (1914) war die große Hoffnung des Kreises um die Zeitschrift *Die Aktion*, nicht so sehr deshalb, weil er in den Gedichten dieser Sammlung den Stab über alles Tradierte gebrochen hätte, sondern weil sich sein Dichten besonnener und bindungsfähiger gegenüber dem Neuen, das es gestaltet, erweist.

Das gilt auch für die Form. Aus der letztgenannten Sammlung stammt sein bekanntes Gedicht *Form ist Wollust*, das eigentümlich paradox anmutet: Auf der einen Seite werden Form als Riegel, Eingrenzung und Begrenzung des über sich hinauswollenden Ichs gesehen, auf der anderen dieses Verlangen in einer fast archaisch zu nennenden und von Angelus Silesius gepflegten Spruchform vorgetragen. Die erste Strophe schließt:

> Form will mich verschnüren und verengen,
> Doch ich will mein Sein in alle Weiten drängen –

Und weiter:

> Form ist Härte ohn' Erbarmen,
> Doch mich treibt es zu den Dumpfen, Armen
> Und in grenzenlosem Michverschenken
> Will mich Leben mit Erfüllung tränken.

‹Hinauswollen› wird gefaßt als Treiben zum Dumpfen, ist ekstatische Selbstentäußerung im Überschreiten der Grenzen, die jenseits des vorgefundenen Geformten liegen.

Der nietzscheanische Voluntarismus und Vitalismus, die formensprengende dionysische Trunkenheit werden zum Vehikel eines ‹grenzenlosen Wollens›, welches das geschichtlich bedingte Leiden an der Form hinter sich lassen will. Doch Stadler ‹erdet› den Höhenflug durch Selbsthingabe an die anderen, an die «Dumpfen, Armen, (...)», ein ethisch-religiöser Aspekt, der im gesamten Schaffen Stadlers eine Rolle spielt; aber auch ein ästhetischer, der mit ersterem zusammenhängt. Der Trieb zu den «Dumpfen, Armen» korrespondiert mit dem ‹Leiden an der Form› in dem für Stadler spezifisch expressionistischem Sinne: Die durch Abstreifen der Form gewonnene Weite, die sich in ‹grenzenlosem Verschenken› nunmehr dem Leben hingeben möchte, impliziert die Abkehr von einem noch in den *Präludien* spürbaren Kunstbegriff, wie ihn Stefan George und Hugo von Hofmannsthal gehegt hatten, in dem das Erlesene, Erkünstelte und Artifizielle präponderant vor dem Leben rangieren. Durch seine Abkehr von diesem Formenkult wird Stadler zu einer Übergangsfigur.

Trakl

Zu den sogenannten Frühexpressionisten Heym und Stadler zählt Georg Trakl (1887 bis 1914), der vielleicht bedeutendste Lyriker jener Zeit. Seine Dichtung setzt ebenfalls unter symbolistischen Vorzeichen ein. Er wurde nachhaltig von Rimbaud beeinflußt, und sei es nur durch die K. L. Ammer'sche Übersetzung; ebenso durch Hölderlin, dessen Spätwerk damals von Hellingrath herausgegeben wurde. Dennoch ist der Traklsche Ton unverkennbar. Das liegt zum einen daran, daß er tradierte lyrische Bezugsschemata meisterhaft abgewandelt hat, so daß sie letztlich wie ‹neu› wirken, zum andern an den seltsamen und faszinierenden Wortkombinationen, die sich aus einem insgesamt sehr schmalen Vokabular speisen, das uns aber in immer wieder neuen Wendungen und Beziehungen entgegentritt. Etwas Traumhaftes haftet seiner Reihungstechnik an, die er mit Heym, Benn und Alfred Lichtenstein teilt. Aus seinen Gedichten tritt uns das Gefühl der Endzeitlichkeit, Vereinsamung und der Unsicherheit sowohl der Gegenwart als auch Zukunft gegenüber entgegen. Die mannigfaltig gebrochene Dingwelt gewährt in ihrer Vieldeutigkeit keinen Halt mehr. Über solche treffende, doch stark vereinfachende Aussagen hinwegzukommen, hat sich in der Forschung als höchst komplexes Geschäft erwiesen. Ein Blick auf die Varianten verschiedener Gedichte bestätigt eine Erfahrung, die jeder Leser der Gedichte Trakls machen kann: Sie alle bringen etwas in Zusammenhänge, das man so zwar noch nicht gelesen hat, aber aus ähnlichen Bildfeldern anderer Gedichte kennt. Was sich in den Varianten als Korrekturprozeß abbildet, gilt für das Werk Trakls insgesamt: Auch die einzelnen Gedichte stehen untereinander in Zusammenhängen, insofern sie das einmal Gesagte an anderer Stelle anders akzentuieren, es widerrufen oder ins Negative transformieren.

Relativ leicht läßt sich das am auffälligen Gebrauch der Farbwörter belegen. Sie erhalten ihren semantischen Wert nicht von den ihnen unmittelbar zugewiesenen Kontextpartnern, zuweilen nicht einmal aus dem Ganzen des Gedichts. Ihr semantischer Wert läßt sich nur aus einer größeren Textmenge oder besser: aus dem Ganzen des Traklschen Werks bestimmen. Zu nennen ist die ‹Farbe› Weiß. In den Versen «Weiße Stimmen / Irren durch schaurige Vorhöfe» steht die Farbe in Zusammenhang mit einer verfehlten, aber doch intendierten Ankunft. Stimmen, die sich geltend machen, wollen vernommen werden. In *Siebengesang des Todes* heißt es: «Strahlender hob die Hände zu seinem Stern / Der weiße Fremdling». Nimmt man «Fremdling» als jemanden, der keine Heimat hat, dann bezeichnet auch hier Weiß etwas Defektes: einen Verlust, der aber, worauf der vorhergehende Vers hindeutet, das Positive, eine neue Möglichkeit, nicht ausschließt.

In ähnlicher Funktion wird die Farbe in *Der Abend* gebraucht:

So bläulich erstrahlt es
Gegen die Stadt hin,
Wo kalt und böse
Ein verwesend Geschlecht wohnt,
Der weißen Enkel
Dunkle Zukunft bereitet.

Auch hier wird durch die Vorstellung der Verwesung das Wort «weiß» negativ besetzt, indes durch «Enkel» und «Zukunft» mit positiven Konnotaten versehen.

Bedeutet schon das «Setzen der Dinge auf Farben» (Walther Killy) eine Unsicherheit in ihrer Wesensauffassung (sie werden, um nur ein Beispiel zu nennen, an anderen Stellen mit «blau» in Verbindung gebracht, eine Farbe, die auf «Göttliches» verweist), so verlagert sich das lyrische Sprechen Trakls in einem Großteil seiner Gedichte auf die paradigmatische Achse und bekommt damit den Charakter eines substituierenden Erprobens.

Als Beispiel die erste Fassung des Gedichts *Passion*, aus dem wir einige Verse zitieren. Es beginnt mit einer Frage:

Wenn silbern Orpheus die Laute rührt,
Beklagend ein Totes im Abendgarten –
Wer bist du Ruhendes unter hohen Bäumen?

Bei näherer Betrachtung geht es in sämtlichen Versen/Strophen um die Existenz oder das Sein des- oder derjenigen, nach dem/der oder denen der dritte Vers fragt: also um das «Wer». In immer anderen Wendungen und Bezeichnungen versucht Trakl, dieses ‹Wer› zu ‹treffen›, indem er sich gleichsam prüfend eine Anzahl von Seinsmöglichkeiten vorlegt, ohne indes zu einem Ergebnis zu kommen. Ein solches Verfahren kann man ‹identifizierend› nennen, weil alle Benennungen etwas in den Blick bringen, was den anderen fehlt. Auf Vers 26ff

Ein Leichnam suchest du unter grünenden Bäumen
Deine Braut,
Die silberne Rose
Schwebend über nächtlichem Hügel

beziehen sich auf die Substantive «Leichnam» und «Braut» innerhalb des 64 Verse umfassenden Gedichts unter anderem die ‹Substitute› oder, wenn man so will: ‹Identitätsaussagen›: «Totes», «du», «Ruhendes», «zwei Wölfe», «Verblichene», schließlich das Wort «wer», auf «Braut» die Benennungen «die Schwester», «dunkle Liebe», «Höllenblume», «Gemahl», «Verblichene» etc.

Zunächst wird deutlich, daß sich das Gedicht nicht mehr mit herkömmlichen Mitteln interpretieren läßt, weil das einzelne Wort im Satzverband von seinen Kontextpartnern her nicht mehr unmittelbar verdeutlicht wird. Eine Sinnfindung scheint nur noch möglich durch Rückgriffe auf Terme in absentia, auf Wörter, die – wie hier – im Gedicht selbst zu finden sind, in einer Vielzahl der Fälle aber auch außerhalb der Gedichte liegen. Die eingangs gestellte Frage kann Trakl nicht beantworten. Die Mannigfaltigkeit möglicher Antworten verhindert die Identitätsfindung, sie zeugt von einer als ‹Passion› erfahrenen Krise des Subjekts, das sich nicht mehr in der Lage sieht, an benennbaren Dingen ‹Halt› zu gewinnen.

Vielleicht versteht man durch das oben beschriebene Verfahren die Meinung Martin Heideggers, Trakls Sprache sei «unterwegs» zum Unsäglichen.

Im Prinzip ist solche Dichtung bereits ‹abstrakt›: Wir können Trakls in Sprache gebrachte Erfahrung nicht mehr syntaktisch-linear, also nicht unmittelbar, sondern nur noch über den Umweg eines Kunstgriffs nachvollziehen. Aus diesem Grund auch ist es schwer, sein Werk irgendeiner gängigen Spielart des Expressionismus zuzuschlagen: Um revolutionär zu wirken, klingt seine Sprache zu leise; doch drängt sie ebensowenig zu einer messianischen Verkünderpose.

Die ‹Wortkunst› des *Sturm*-Kreises

Innerhalb des Expressionismus gab es allerdings eine Gruppe, die meinte, den ‹eigentlichen› Expressionismus kreiert zu haben: der *Sturm*-Kreis um Herwarth Walden (d. i. Georg Levin, 1878 bis 1941), der die expressionistische Zeitschrift *Der Sturm* herausgab. Waldens Jünger, vor allem aber er selbst, haben sich wenig geniert und nun gleich gesagt, wie man's mit dem Dichten halten solle:

> «Das Material der Dichtung ist das Wort.» «Die Form der Dichtung ist der Rhythmus.» «Der Sprachton des Wortes ist Klang und Geräusch. Die ausgesprochenen Vokale sind Klang, die gesprochenen Konsonanten Geräusch. Die Macht des Sprachtons ist bedingt durch den Wortton. Jedes Wort hat einen bestimmten Wortton, der abhängig ist vom Klang der Vokale und dem Geräusch der Konsonanten. Die meisten Worte haben aus sich selbst einen Gefühlswert. Worte, die keinen Gefühlswert haben, erhalten ihn durch den Ton.» «Die Dichtung hatte vergessen, daß das Wort Material in ihrer Gestaltung ist und nur das hörbare Wort.»

Die Zitatcollage stammt aus programmatischen Texten Herwarth Waldens, Lothar Schreyers (1886 bis 1966) und Rudolf Blümners (1873 bis 1945) und ließe sich beliebig fortsetzen. Was auffällt, ist die Betonung des Wortwertes vor der Syntax, des Primats seines inneren Klanges (Kandinsky) und des durch ihn evozierten ‹Rhythmus› noch vor dem, was der Sprachwissenschaftler nüchtern ‹Bedeutung› nennt. Was bei anderen Dichtern des Expressionismus nur zufällig erwähnt wird oder sich als Resultat des Dichtens ergibt, wurde hier ausführlich zum Programm erhoben, nicht immer ohne Überschätzung dessen, was einem Wort eigentlich möglich sei.

Analog zum Wort ‹Tonkunst› spricht Walden von «Wortkunst», nicht mehr von ‹Dichtung›. Sie habe nichts mehr mit «Wiedergabe» zu schaffen, sondern sei «Gabe» im Sinne der Gestaltung innerer Gesichte. Mehr noch als Walden betont Lothar Schreyer die Offenbarung, das Erlebnis «intuitiver Erkenntnis», das innere Reich des «Gesichtes» als Voraussetzung des künstlerischen Schaffens, den «visionären Zwang», dem der Künstler unterliegen müsse, soll das Werk gelingen.

Die einzig bedeutsame poetische Exekutive dieser Gedanken ist der Dichter August Stramm (1874 bis 1915). Daß sich die Wortkunst-Theorie an ihm nur teilweise verifizieren läßt, liegt daran, daß er 1913 anläßlich eines Vortrags des Futuristen-Chefs Marinetti das *Technische Manifest der Futuristischen Literatur* zu Gehör bekam, das ihn nachhaltig beeinflußt haben muß. Marinetti forderte unter anderem Abschaffung der Syntax, den Gebrauch des Verbs allenfalls im Infinitiv sowie die Verwendung von Analogien. All das findet sich in der Dichtung Stramms, wiewohl sie nicht nur vor dem Hintergrund des Marinettismus erklärbar ist. So geht zum Beispiel die futuristische Technik-Adoration nicht in sein Werk ein. Für das Verständnis seiner Verse dürfte der Hinweis seiner Tochter wichtig sein, daß Stramms ‹Lieblingsbuch› Hans Vaihingers erkenntnistheoretische Schrift *Die Philosophie des ‹Als ob›* (1911) gewesen sei. Vaihinger – sich auf Friedrich Nietzsche berufend – bezeichnet einen Teil der jedermann zugänglichen Erfahrung als «fiktiv» und den Sinn des durch die empirische Erfahrung Gewonnenen als «perspektivisch», insofern das erkennenwollende Subjekt immer nur zu relativen Erkenntnissen gelange, es mithin keine andere Wahl habe, als sich in Fiktionen naturwissenschaftlicher oder gar ethischer Art einzurichten, die nur so tun, als ob sie Wirklichkeit abbilden oder gar erfassen würden. Ausgenommen von solch perspektivischen Verschiebungen bleiben nun aber der Begriff ‹Leben› und mit ihm die Kategorie ‹Liebe›. Das scheint die Konsequenz zu sein, die Stramm gezogen hat, unterstützt vielleicht durch Georg Simmel, dessen Vorlesungen über Schopenhauer und Nietzsche er vermutlich in seinen Berliner Studienjahren gehört hat. Ein Gedicht mit dem Titel *Schön* lautet:

Wissen Tören
Wahr und Trügen
Mord Gebären
Sterben Sein
Weinen Jubeln
Haß Vergehen
Stark und schwach
Unmöglich

Kann!
Dein Körper flammt
Die Welt erlischt!

Was Stramm «schön» nennt, ergibt sich aus der Abfolge semantischer Gegensatzpaare, die allesamt aus dem Wortschatz der Lebensphilosophie stammen. In jeweils zwei Zeilen werden zunächst «Erkenntnis», «Vergehen», sodann mit den Wörtern «Haß» und «Jubel» Extrempunkte eines dionysischen Weltgefühls genannt, das schließlich in den letzten zwei Zeilen zur Ruhe kommt und in der typisch vitalistischen Wendung «Dein Körper flammt» aufgefangen wird, wobei «erlöschen» und «Flamme» synthetisch zu verstehen sind, da in der Konkretisierung der Liebe, der Ich-Du-Beziehung, alles Welthafte momentan außer Kraft gesetzt wird.
Auch Gedichte aus dem Krieg hat der an der Front Gefallene geschrieben. Das bekannteste dürfte *Patrouille* sein. Doch Stramms Wertung der realhistorischen Fakten ist ambivalent.
Bei fast allen expressionistischen Lyrikern ist ein zeitkritischer Ton unüberhörbar, der im Kern wenigstens gesellschaftliche Mißverhältnisse entweder festhält oder sie zuweilen frontal kritisiert. Indes kann man nicht so tun, als sei die generelle Witterung eines ‹Weltendes› Resultat einer präzisen Zeitdiagnose. Die Analyse der ‹bürgerlichen Autonomie› und ihres Machtanspruchs, die, wie man nachgewiesen hat, schon im Naturalismus weit gediehen war, führt nicht nahtlos und monokausal zu einer dichterischen Praxis, die ihr Wohin schon genau kennt, auch nicht in der Lyrik des Expressionismus. Nichtsdestotrotz erwächst ein gut Teil dieser Dichtung aus einem geschärften Sensorium für die Selbstgefälligkeit und Sterilität des wilhelminischen Bürgertums (Viëtta).

Benn

Wie August Stramm hat Gottfried Benn (1886 bis 1956) vermutlich als junger Theologiestudent (etwa 1904 in Marburg) Hans Vaihingers dem Neukantianismus verpflichtetes Buch *Die Philosophie des ‹Als ob›* studiert. Die dort dargestellte radikale Desillusionierung menschlicher Erkenntnisse und Werte hat Benn derart erschüttert, daß man geradezu von einer «Kant-Krise» (Wodtke) gesprochen hat. Benns frühe *Morgue*-Gedichte (1912) sind nicht nur Zivilisationskritik mittels der Synekdoche, wie man gemeint hat, mittels brutalisierter Bilder, sondern frühe Beispiele – so *Kleine Aster* oder *Schöne Jugend* – einer Verschiebung der Ich-Problematik vom Psychologischen ins Physiologische; sie sind bereits eine wenn auch kleine ‹Feier› des Intellektualistisch-Geistigen über die mißratene Schöpfung Mensch, als dessen Krönung im Volksbewußtsein das ‹schöne Mädchen› an erster Stelle rangiert haben mochte. Von der im Schilf liegenden schönen Toten heißt es in *Schöne Jugend*:

(...)
Schließlich in einer Laube unter dem Zwerchfell
fand man ein Nest von jungen Ratten.
Ein kleines Schwesterchen lag tot.
Die andern lebten von Leber und Niere,
tranken das kalte Blut und hatten
hier eine schöne Jugend verlebt.
Und schön und schnell kaum auch ihr Tod:
Man warf sie allesamt ins Wasser.
Ach, wie die kleinen Schnauzen quietschten!

Im Zerfall wird der Mensch dem Animalischen angenähert, oder anders: dessen positive Eigenschaften wie Lachen und Vergnügtsein werden nunmehr dem Eklig-Tierischen zugebilligt; die bereits Tote, das junge Mädchen, ist Nährboden vergnügter – zwar dem Tod entgegensehender – Heiterkeit der Ratten, die im Untergang vergnügt quietschen, ein gleichsam ‹siegreicher› Untergang der nagenden Zunft.
Vielleicht macht das Gedicht *Der junge Hebbel* (1913) einiges deutlicher:

Ihr schnitzt und bildet: den gelenken Meißel
in einer feinen weichen Hand.
Ich schlage mit der Stirn am Marmorblock
die Form heraus,
meine Hände schaffen ums Brot.

Ich bin mir noch sehr fern.
Aber ich will Ich werden!
Ich trage einen tief im Blut,
der schreit nach seinen selbsterschaffenen
Götterhimmeln und Menschenerden.

Meine Mutter ist eine so arme Frau,
daß ihr lachen würdet, wenn ihr sie sähet,
wir wohnen in einer engen Bucht,
ausgebaut an des Dorfes Ende.
Meine Jugend ist mir wie ein Schorf:
eine Wunde darunter,
da sickert täglich Blut hervor.
Davon bin ich so entstellt.

Schlaf brauche ich keinen.
Essen nur soviel, daß ich nicht verrecke!
Unerbittlich ist der Kampf,
und die Welt starrt von Schwertspitzen.
Jede hungert nach meinem Herzen.
Jede muß ich, Waffenloser,
in meinem Blut zerschmelzen.

Die Art des Bennschen Kunstproduzierens («Ich schlage mit der Stirn am Marmorblock / die Form heraus») zeigt die für ihn typische Verbindung von Destruktion, Selbstzerstörung bei gleichzeitigem Willen zur Konstruktion, zum Schöpferischen, die aus der Selbstkasteiung und Selbstzerfleischung zu erwachsen scheinen.

Die zweite Strophe verrät etwas von der Substanz seines Kunstwollens. Er stellt sein physisches dem werdenden ‹eigentlichen› Ich gegenüber, um von dieser Distanz aus die Suche nach seiner Identität aufzunehmen. Benn wird dabei fündig. Das Bild von der formschaffenden Stirn wird in der Blutmetapher wieder aufgenommen. Die Regression auf das ‹Unangreifbarste›, auf das lebenspendende elementare Blut hat stattgefunden und wird latent substantiiert durch die Hereinnahme des Prometheischen: Das Blut birgt «Götterhimmel und Menschenerden», die er schaffen und formen will.

Auf dieser Ebene ist Benn nicht mehr der Paria, als der er sich zeitweise fühlte und gab, eingedenk wohl seiner Herkunft aus einem armen Pfarrhause im konservativen Ostpreußen, eingedenk seiner Heimat, an die er sich gleichwohl dennoch immer wieder erinnern wird. Nein, im Gedicht ist Benn nicht mehr der Deklassierte, Ausgestoßene, sondern der zwar Stigmatisierte, aber eben deshalb ‹Ausgezeichnete›, zu Höherem Berufene. Der Gehalt der dritten Strophe wird also relativiert: Erniedrigung wird durch Kunst sublimiert.

Von der Dichtung eines van Hoddis, Lichtensteins oder Heyms, um drei Beispiele zu nennen, deren Dingnähe zuweilen beklemmend spürbar ist, spannt sich bis zur Lyrik Benns ein weiter Bogen. Die Tilgung der Außenwelt macht Benn offen und fähig für die Erschaffung einer ‹Ausdruckswelt›, wie es später heißt, der man nicht zu Unrecht nachgesagt hat, sie sei artifiziell und abstrakt. Daß sie nichtsdestoweniger fasziniert, sei nicht bestritten.

Manfred Durzak
Expressionistisches Drama

Soweit der Expressionismus von zeitgeschichtlicher Aktualität gewesen ist, verdankte er diese Aktualität dem Theater: «(...) hat doch der Expressionismus (...) nur von der Bühne herunter gestört, belustigt oder begeistert. Wer las schon ‹Sturm›, ‹Aktion›, ‹Lyrikbücher› usw., wer ging schon in Ateliers und Ausstellungen? Aber das expressionistische Theater hat viele begeistert.» Diese Äußerung Gustav von Wangenheims – in der Expressionismusdebatte der Exilzeitschrift *Das Wort* [vgl. 174] – ist zutreffend. Einzuschränken ist sie nur unter dem Aspekt, daß die Wirkung des expressionistischen Dramas nur einen Ausschnitt des damaligen Theaterlebens betraf. Es setzte sich auf der Bühne in enger zeitgeschichtlicher Nachbarschaft mit dem Illusionstheater Max Reinhardts durch, der beispielsweise einen Dramatiker wie Hugo von Hofmannsthal protegierte. Es hatte sich gegenüber dem vom Theaterbetrieb nach wie vor favorisierten Gerhart Hauptmann zu behaupten, dessen naturalistisches Drama trotz aller formalen Häutungen ungebrochen blieb. Das expressionistische Theater war sicherlich das Theater der Avantgarde, der jungen Schauspieler und neuen Regisseure. Aber retrospektiv ist es noch von einer andern Einschränkung belastet, vor allem dann, wenn man seinen ästhetischen Pegelstand an seiner sozialgeschichtlichen Informationsdichte mißt. Brechts Resümee: «Die Erinnerung an den Expressionismus ist für viele eine Erinnerung an freiheitliche Stimmungen. Ich selbst war auch damals gegen das ‹sich ausdrücken› als Beruf (...). Es wurde bald darauf klar, daß sie sich nur von der Grammatik befreit hatten, nicht vom Kapitalismus», ist zugleich ein indirektes Verdikt über ein quantitativ sehr umfassendes Segment des expressionistischen Dramas. Es läßt sich als opernhaftes Verkündigungsdrama bezeichnen, das im appellativen Pathos der Mittelpunktsfigur jeweils bestimmte Erfahrungsabschnitte als Stationen einer Seelenwandlung darstellt, an deren Ende zumeist die Verkündigung des neuen Menschen, die Anrufung einer abstrakten Utopie, steht.

Die zeitgeschichtliche Gegenwart zu Anfang dieses Jahrhunderts, die mit Industrialisierung, Verstädterung, sozialem Elend, Warenkonsum, ökonomischer Labilität, Pseudoverwissenschaftlichung des Denkens und jähem Katastrophenabsturz im Ersten Weltkrieg alle Krisensymptome einer umfassend funktionalisierten, den Menschen verdinglichenden Wirklichkeit trägt, wird aus einer subjektiven Heilssehnsucht heraus in ein messianisches Eden katapultiert. Diese Dramen reichen von Reinhard Johannes Sorges *Der Bettler* (1912), Paul Kornfelds *Die Verführung* (1913), Georg Kaisers *Die Bürger von Calais* (1914), Paul Zechs *Empor* (1916) bis hin zu Alfred Brusts *Der ewige Mensch* (1919).

Die allegorische Erkenntnisreise des weisen Menschen Cordatus in Brusts Drama wird deutlich von der biblischen Folie einer Imitatio Christi bestimmt und klingt in der (für viele Dramen dieses Genres) bezeichnenden Prophetie aus: «Und ich seh die Menschen auf den Fluren wie die Bäume und die Blumen leben: lächeln, atmen, lieben und bewegungslos schauern oder auch in den erschütternden Welt- und Schicksalswinden eine ergreifende Erhabenheit in das helle All rauschen.» Ein naturgeschichtliches Eden wird als Ausweg gewiesen, das in seiner kaum verdeckten Tendenz ebenso regressiv ist, wie in der Sprache zum leeren Pathos verkommt.

So interessant solche Dramen als Dokumente der damaligen subjektiven Bewußtseinslage sein mögen, sowenig transzendieren sie ihren historischen Ort. Die – vom übermächtigen Strindberg-Vorbild in *Nach Damaskus* (1898 bis 1904) inspirierte – Stationentechnik dieser Dramen hebt die Einheit der traditionellen Dramenfabel zugunsten der Erfahrungseinheit der Mittelpunktsfigur auf. Die traditionelle Dramenfabel wird aus einem mimetischen Modell der Wirklichkeitsverdichtung in eine Revue von Wirklichkeitsausschnitten verwandelt. Ihre dramatische Kontinuität ist lediglich die psychologische der Mittelpunktsfigur. Der Autor verdünnt die stofflichen Entwürfe dieser Dramen zu Anlässen der Seelenerhebung und verliert damit die Wirklichkeit aus dem Blick.

Es wäre jedoch irrig, die Dominanz der Stationentechnik im expressionistischen Drama generell mit einer Entleerung der Inhalte und mit subjektiver Verzerrung gleichzusetzen. Die Hinwendung zur Stationentechnik ist dialektisch zu sehen. Insoweit sie die Ablösung des handlungsgeschlossenen Dramas durch eine offene Form dokumentiert, kommen in ihr episierende Tendenzen zum Ausdruck, die einen geschichtlichen Umbruchprozeß reflektieren: Das relativ überschaubare Sozietätsmodell einer feudalistischen oder auch frühbürgerlichen Gesellschaft weicht im Zeitalter der spätbürgerlichen Industriegesellschaft komplexen, sich überlagernden und zum Teil gegenläufigen Gesellschaftsstrukturen, die sich in einer traditionell geschlossenen Dramenfabel nicht mehr abbilden lassen und durch episierende Zusätze – die Theaterinnovationen Erwin Piscators sind der konsequenteste Ausdruck dieses Sachverhaltes –, durch Brüche und Lücken signalisiert werden.

So ist es für die Komplexität des expressionistischen Dramas entscheidend, daß neben der janusköpfigen Struktur der Stationentechnik auch noch die geschlossene Dramaturgie des ‹well-made play› (etwa in den Komödien Sternheims) vertreten ist oder Traditionen des Volksstückes (etwa in den ‹realistischen› Dramen Barlachs) aufgenommen werden, die auf die zeitgeschichtliche Nähe des naturalistischen Dramas aufmerksam machen. Doch nicht um die ästhetische Ehrenrettung des expressionistischen Dramas im Aufweis seiner formalen Vielfalt und Differenziertheit geht es hier. Vielmehr wird von einer sozialgeschichtlichen Verankerung dieser Dramen her gefragt, inwieweit sie unbewußte Transportmittel damaliger herrschender Ideologien der Autoren waren oder künstlerische Reflektoren zeitgeschichtlicher Krisenlagen, die sie auf einen ästhetischen Begriff gebracht haben, der auch retrospektiv noch gilt.

Diese Alternative ist bereits in den dreißiger Jahren in aller Ausgiebigkeit in der Expressionismusdebatte der Zeitschrift *Das Wort* diskutiert worden. Die damaligen Optionen, irrationale Ritualspiele freischwebender Individuen, die den Faschismus vorbereiten halfen (Georg Lukács) oder antizipatorische, wenn auch vielfach unartikulierte Durchbrüche in Richtung auf einen neuen Realismus (Ernst Bloch) sind von Brecht in seinen Tagebuch-Äußerungen zu dieser Debatte gewichtig beantwortet worden: «Für mich ist der Expressionismus nicht nur eine ‹peinliche Affäre›, nicht nur eine Entgleisung (...). Da gab es viel zu lernen für Realisten, die ja auf Lernen aus sind und den Dingen die praktische Seite abzugewinnen suchen. Bei Kaiser, bei Sternheim, bei Toller, bei Goering gab es Ausbeute für den Realisten.»

Um diese «Ausbeute» geht es im folgenden. Wo zeigen sich diese Durchbrüche zu einem ‹realistischen› Drama im Sinne einer im ästhetischen Material aufgewiesenen Wirklichkeitsdiagnose, die die geschichtlichen Krisensymptome und Krisenerfahrungen der damaligen Zeitsituation nicht blind reproduziert, sondern als thematische Fragestellungen gestaltet? Das soll hier verkürzt an drei Problemschichten aufgewiesen werden, deren sozialgeschichtliche Signifikanz entweder verdeckt sichtbar wird oder bereits offen zutage liegt.

Es geht einmal um eine Krisenerfahrung, die den Bestand des ‹juste milieu›, der funktionierenden und sich nach Sachzwängen und Tabus arrangierenden bürgerlichen Gesellschaft, in Frage stellt, und zwar am Beispiel der Kernzelle dieser Gesellschaft, der patriarchalischen Familie. Stücke wie Walter Hasenclevers *Der Sohn* (1914), Arnolt Bronnens *Vatermord* (1920), Hanns Johsts *Der junge Mensch* (1916) oder Ernst Barlachs *Die echten Sedemunds* (1920) sind gemeint, die man in der Regel motivgeschichtlich in der Rubrik Generationskonflikt bzw. Vatermord inventarisiert.

Es handelt sich zum andern um die Reflexion der Triebkraft jener Sachverhalte, die als Sachzwänge eine rationale Pseudolegitimation erhalten. Gemeint ist die ökonomische Antriebskraft, die eine auf Gewinnanhäufung und Konsumsteigerung ausgerichtete bürgerliche Gesellschaft charakterisiert, die Menschen in ihrem Dienst funktionalisiert und ihre Beziehungen untereinander zersetzt. In diesem Sinne spielt der Fetisch Geld eine entscheidende Rolle in Dramen wie Georg Kaisers *Von morgens bis mitternachts* (1916) oder Carl Sternheims *Die Kassette* (1911).

In einem dritten Ansatz soll schließlich die Verarbeitung jener Krisen im expressionistischen Drama thematisiert werden, die als Krisen auch dem zeitgeschichtlichen Bewußtsein gegenwärtig waren: der Kollaps der auf zivilisatorischen Fortschritt und nationale Größe programmierten Geschichte im Krieg – am Beispiel von Reinhard Goerings *Seeschlacht* (1917) –, die Infragestellung der bürgerlichen Gesellschaft durch eine politische Revolution – am Beispiel von Ernst Tollers *Masse Mensch* (1920) –, die Zerstörung der Lebensgrundlagen durch eine bewußtlos rotierende technologische Progression – am Beispiel von Georg Kaisers *Gas*-Stükken (1918/20).

Tyrannei der Familie

Im Schlußakt von Walter Hasenclevers (1890 bis 1940) *Der Sohn* verkündet der Freund, der die Rebellion des Sohns geleitet hat und ihn zu weiterer Aktion drängen möchte, über das Programm ihres Aufstands:

«Die Tyrannei der Familie zerstören, dies mittelalterliche Blutgeschwür; diesen Hexensabbath und die Folterkammer mit Schwefel! Aufheben die Gesetze – wiederherstellen die Freiheit, der Menschen höchstes Gut! (...) Dann bedenke, daß der Kampf gegen den Vater das gleiche ist, was vor hundert Jahren die Rache an den Fürsten war. Heute sind *wir* im Recht! Damals haben gekrönte Häupter ihre Untertanen geschunden und geknechtet, ihr Geld gestohlen, ihren Geist in Kerker gesperrt. Heute singen wir die Marseillaise. (...) Sie pochen auf die Privilegien des Staates und der Natur. Fort mit ihnen beiden!»

Handelt es sich hier lediglich um überdimensionierte Projektionen biographischer Malaise-Erfahrungen unter autoritären Vätern, wie sie sich mit Leichtigkeit im zeitgeschichtlichen Umfeld bei Georg Heym, Johannes R. Becher, Franz Kafka und vielen andern erkennen lassen? Ist die Parallelisierung von Familie und Staat, von Vater und Staatssouverän nicht eine abstrakte Gleichsetzung, deren politische Implikation damit oberflächlich wird? Das scheint nicht der Fall, wenn man das Erkenntnismodell zugrunde legt, das Erich Fromm 1936 in den von Max Horkheimer herausgegebenen *Studien über Autorität und Familie* entwickelt hat. Ausgehend von Freuds Persönlichkeitsmodell und der Trias Es, Ich und

Über-Ich als seelische Grundstruktur hat Fromm seinerzeit zu klären versucht, wieso in der Gesellschaft herrschende Gewalt, die rational häufig anfechtbar ist, real dennoch auf so viel Autoritätsgläubigkeit stößt und damit erst politisch wirkungsvoll zu sein vermag. Die vom Kind instinktiv akzeptierte Autorität des Vaters als Moral- und Machtinstanz, die zum Über-Ich verinnerlicht wird, überträgt sich in einem ständigen Austausch von Projektion und neuer Verinnerlichung später auch auf jene Autoritätsträger, auf die der einzelne in anderen Sozialisationsgruppierungen (Schule, Kirche, Militär, Parteien etc.) stößt. Autoritätsorientiertes Unterordnungsverhalten wird sozusagen im frühkindlichen Erfahrungsstadium in der Familie eingeübt: «Damit ergibt sich, daß die Autorität des Familienvaters nicht zufällig ist, sondern ihre Begründung in der Autoritätsstruktur der Gesamtgesellschaft findet.» [78; *S. 188*]

Deshalb ist die im Drama des Expressionismus zu einem Zentralthema erhobene Rebellion gegen den Vater, der versuchte oder ausgeführte Vatermord, mehr als ein in biographische Umstände eingelagerter Affekt: Es ist ein Aufstand gegen Konditionierungszwänge gesellschaftlicher Machtstrukturen von der Wurzel her. In dem Sinne läßt sich die verdeckte politische Radikalität solcher Dramen deuten, die selbst bis zu einem Autor wie Ernst Barlach (1891 bis 1958) reicht, dessen Rebell, Gerhard Sedemund, in den *Echten Sedemunds* über die Motive seines Vater-Hasses und des utopischen Neubeginns, nach dem er und seine Freunde, die sogenannten «Adamisten» suchen, ausführt: «Adam grub, heißt es in der Bibel, das will heißen, er grübelte nicht länger. Adam hatte auch keinen Papa, weißt Du, keinen überkommenen moralischen Komment, sondern konnte seinem frischen Ursinn vertrauen (...).»

Der unter der Obhut eines Hauslehrers und einer Gouvernante für sein Abitur präparierte *Sohn* in Hasenclevers Stück erlebt die väterliche Strenge, die ihn zu einem honorigen Mitglied der bürgerlichen Gesellschaft abrichten will, als Inbegriff von gesellschaftlichem Zwang und Unfreiheit. Seine Rebellion gegen den Vater, der ihn zu seinem bürgerlichen ‹Glück› prügelt, transzendiert freilich nie den familiären Aktionsbereich. Er versagt willentlich im Abitur und fordert seinen Vater damit heraus. Er versucht (mit Hilfe des Freundes), aus der väterlichen Erziehungszwangsjacke auszubrechen, und wird von der Polizei eingefangen und dem Vater gefesselt vorgeführt. Er mißachtet die vom Vater aufgestellten moralischen Tabus, indem ihm die gewünschte erotische Initiation ausgerechnet von der (durchaus willigen) Gouvernante zuteil wird. Da, wo er aus dem Reaktionsschema seines Handelns zumindest verbal ausbricht und das Bild der ersehnten neuen Wirklichkeit entwirft, handelt es sich um keine politische Utopie, sondern um eine von geheimen bürgerlichen Sehnsüchten gespeiste Bohème-Vorstellung, eine Halbwelt mondänen Anstrichs: «Ich bin in Logen, ich werde soupieren / mit Schauspielerin und

Champagnerwein; / bei einer Fürstin in London sein, / und die Brillantnadel wird mich zieren / (...) Ich werde leben! O Gold! O Applaus!»
Das sind pubertäre Glücksvorstellungen, die ganz analog den Kassierer in Georg Kaisers (1878 bis 1945) *Von morgens bis mitternachts* zum Ausbruch aus dem ihn verdinglichenden System der Bank bewegen. Der Anblick der italienischen Dame, die eine auf den ersten Blick anrüchige Zahlungsanweisung an seinem Schalter einlösen will, ist für ihn die Personifikation dieser mondänen Bohème-Welt, die er sich dann mit den unterschlagenen 60000 Mark im Verlauf des Stückes zu erobern versucht: «Das ist die große Aufmachung. Italien, das wirkt verblüffend – märchenhaft. Riviera – Mentone – Bordighera – Nizza – Monte Carlo!»
Auch in Arnolt Bronnens (1895 bis 1959) *Vatermord* wird die vitalistische Begrenztheit dieser Infragestellung der Gesellschaft nicht eigentlich erweitert. Er radikalisiert nur die Effekte. Wo der (in der offiziösen Gesellschaftsnormierung) eher gutbürgerliche Vater in Hasenclevers Stück dem Sohn mit der Peitsche die griechische Grammatik einbläuen will, versucht der kleinbürgerliche despotische Vater Bronnens, der kleine Schreibbeamte Ignaz Fessel, den Sohn mit dem Stuhlbein zum Lernen anzutreiben. Wo Hasenclever den akuten Mord am Vater in der entscheidenden Konfrontation dadurch vermeidet, daß der Vater beim Anblick der auf ihn gerichteten Pistole vom Schlag getroffen wird, ersticht Bronnens Sohn das despotische Vater-Monstrum. Wo bei Hasenclever die Gouvernante die pubertären Sehnsüchte des Sohns erfüllt, bietet sich bei Bronnen die Mutter dem Sohn an.
Wenn Hanns Johst (1890 bis 1978) seinen ähnlich gebeutelten Protagonisten in *Der junge Mensch* von der Friedhofsmauer in ein neues Leben springen läßt – «Jetzt ein Schwung!! (...) Ein Sprung!! Soll!!!! Jetzt bin ich der Junge Mensch gewesen!» –, so deutet nicht nur der verschwenderische Gebrauch von Ausrufezeichen auf die deklamatorische Leere dieser Geste hin. Ähnlich hohl ist die Vorstellung des anderen Lebens als mondäne Welt bei Hasenclever. Ähnlich deklamatorisch abstrakt bleibt auch der Schritt ins neue Leben bei dem Walter Fessel in Bronnens Drama: «Niemand vor mir, niemand neben mir, niemand / über mir, der Vater tot, / Himmel, ich spring dir auf, ich flieg, / (...) Ich, / Ich blühe –»
Und auch der die sozialen Komponenten viel realistischer und differenzierter darstellende Barlach läßt zwar den Sohn Gerhard Sedemund am Grab der Mutter das Vater-Sohn-Verhältnis auflösen – «Es soll von heute an heißen: der eine Sedemund und der andere, nichts von Vater und Sohn.» –, zeichnet aber dann als Verwirklichungsform des neuen Lebens nur den resignativen Schritt in eine Randwirklichkeit: die Nervenheilanstalt, auch wenn diese Randwirklichkeit im Stück als Refugium noch intakter Wirklichkeit fungieren soll.
Die Auseinandersetzung mit den Autoritätszwängen der bürgerlichen

Gesellschaft bleibt im wesentlichen auf vitalistische Protestgesten und -taten beschränkt. Das politische Potential dieses Protests wird deklamatorisch überdeckt und nur in Ansätzen bewußtgemacht.

Sklaverei des Geldes

Es ist bereits bei Hasenclever darauf hingewiesen worden, daß die Utopie des neuen Lebens nur einen quantitativen Unterschied dokumentiert: Sie meint absolute Konsumerfüllung, ein hedonistisches Lustprinzip, das bewegt und gespeist wird von dem im Geld fetischisierten Tauschwert der Warenproduktion. In dem Sinne hat Georg Lukács 1923 in *Geschichte und Klassenbewußtsein* argumentiert, daß «der Warenverkehr die herrschende Form des Stoffwechsels einer Gesellschaft ist (...).» Er hat das sich in der Geldanhäufung und im Geldumschlag dokumentierende rechnende Denken, das Gegenstände wie Menschen in funktionale Beziehungen einlagert und ihnen damit ihre eigentliche Bedeutung nimmt, als Wurzel des Verdinglichungssyndroms diagnostiziert: «(...) in diesem Fall kann in der Struktur des Warenverhältnisses das Urbild aller Gegenständlichkeitsformen und aller ihnen entsprechenden Formen der Subjektivität in der bürgerlichen Gesellschaft aufgefunden werden.»

Unter diesem Aspekt wirkt es als Koinzidenz, daß Georg Kaisers Stück *Von morgens bis mitternachts* nicht nur eines der auf der Bühne erfolgreichsten Dramen des Expressionismus gewesen ist, sondern zugleich herausragt durch die sozialgeschichtlichen Einsichten, die es bis zu einem gewissen Grad vermittelt. Der Kassierer, der durch eine körperliche Geste (die zufällige Berührung der Hand der florentinischen Dame in der Bank) aus seiner verdinglichten Lebensroutine aufwacht und mit einer erheblichen Geldunterschlagung in das andere Leben auszubrechen versucht, war vorher in seinem Verhalten nur als eine Funktion des Geldes gegenwärtig: als Geld registrierendes und aushändigendes Instrument. Die Einsicht, die Kaiser zugleich vermittelt, besteht darin, daß der Kassierer die Verdinglichungsmechanismen bereits so verinnerlicht hat, daß er auch das neue Leben, das er erringen will, nur als durch Geld zu gewinnende Ware, als eine quantitative Anhäufung von Dingen und Genußerfahrungen zu sehen vermag: «Wo ist Ware, die man mit dem vollen Einsatz kauft?! Mit sechzigtausend – und den ganzen Käufer mit Haut und Knochen?! (schreiend) Ihr müßt mir doch liefern – ihr müßt doch Wert und Gegenwert in Einklang bringen!!!»

Die Verkümmerung seines Ichs, die Schrumpfung seiner kreativen Phantasie, zeigt sich darin, daß auch nach seinem Ausbruch sein Bewußtsein wie eine buchhalterische Kalkulation funktioniert. Wert existiert für ihn nur als Funktion des Geldes, die Wirklichkeit ist ein großes Warenhaus. Selbstverwirklichung ist für ihn entwertet zu einer hektischen Jagd nach Attraktionen. Die einzelnen Durchgangsstationen, die Kaiser als Erfahrungsweg des Kassierers hervorhebt, zeigen ihn also auch nach seinem Ausbruch im verinnerlichten Vorstellungssystem der Bank weiterhin befangen. Diese negative Geschlossenheit wird noch dadurch gesteigert, daß auch die Bekenntnis-Tiraden der Heilsarmee-Mitglieder gegen Ende des Stücks in dem Augenblick vergessen sind, als der Kassierer sich zu ihrem religiösen Ethos bekehrt glaubt und sein restliches Geld als unnütz unter die Menge streut: Man stürzt sich darauf und hat alle religiöse Erweckung vergessen. Und auch das Heilsarmeemädchen, das ihm auf seinen verschiedenen Stationen folgt und in dem er den Partner einer neuen Liebesbeziehung erahnen möchte, erweist sich am Ende als bloßer Polizeispitzel, dem es um die Belohnung für die Ergreifung des betrügerischen Kassierers geht.

Diese Entwertung der menschlichen Beziehungen zu Attributen des Geldes hat Carl Sternheim (1878 bis 1942) in seiner Komödie *Die Kassette* noch radikalisiert, indem er die Zersetzungskraft des Geldes unmittelbar im Umkreis familiärer Privatheit aufzeigt. Wenn in Kaisers Stück die Summe von 60000 Mark, die zu Anfang bei dem Kassierer in der Bank eingezahlt und dann von ihm unterschlagen wird, der eigentliche Akteur des Stücks ist, so gilt das erst recht für die Geldkassette, die die Tante Elsbeth kurz vor der Rückkehr des hochzeitsreisenden Oberlehrers Krull ins Haus bringen läßt, die Krull durchs Schlüsselloch im Zimmer der Tante erblickt, welche ihm die Tante, nicht ohne ihn vorher über die zu erwartende Erbsumme informiert zu haben, zur Verwahrung übergibt und die Krull ruhelos, aus Angst vor Verlust, im Hause herumträgt. Zuletzt bringt er sie im Ehebett unter – anstelle seiner Frau, die ihm längst entfremdet ist, da die Tante die Kassette bewußt als Waffe gegen Krulls Frau, die gehaßte Fanny, eingesetzt hat. Die komödiantische Bravour, mit der hier als Wirkung der Kassette alle menschlichen Beziehungen deformiert werden, verdeckt nicht die Wirkung der Erkenntnissonde, die Sternheim ansetzt: Das anonyme Aktienpaket in der Kassette führt zum Abbau aller menschlichen Bindungen, da die Erbschaft – am Ende läßt die Tante ironischerweise ihr Testament ändern und vermacht alles, ohne Wissen Krulls, der Kirche – zum einzig entscheidenden Kalkül wird und Krulls Denken mehr und mehr veräußerlicht. Sternheim präsentiert das als Parabel eines Bewußtseinsverfalls, deren politische Dimension darin hervortritt, daß wirtschaftliche Mechanismen einer bestimmten Gesellschaft bloßgelegt werden, für die Privateigentum, seine Erhaltung und Vermehrung quasi unaufhebbare Naturgegebenheiten darstellen. Sternheim zeigt, wie wirtschaftliche Fakten (hier die potentielle Erbschaft von 140000 Mark) aus sich heraus eine Ideologie erzeugen, die das Bewußtsein des einzelnen vergiftet und ihn am Ende (wie den objektiv getäuschten Krull) zur Karikatur seiner selbst werden läßt.

In *1913* (1915) hat Sternheim dieses Thema nochmals auf neuer Ebene aufgegriffen und zugespitzt. Der alt und inzwischen einsichtig gewordene ehemalige Parvenü Christian Maske, der von seiner ehrgeizigen und machthungrigen Tochter Sofie durch ein riskantes Waffengeschäft von der Spitze des Konzerns verdrängt werden soll, formuliert gegen seine von der Mechanik des Geldes besessene Tochter die Kritik an diesem sich selbst beschleunigenden bewußtlosen Kreislauf, der den Menschen längst aus den Augen verloren hat: «Weil der massenweise Verschleiß aller Lebensutensilien ihn erzogen hat, auf das einzelne nicht mehr zu achten, und er Gefühle, Urteile und sich selbst hinwirft und verbraucht wie das übrige und ihnen keine Qualität mehr geben kann.«

Freilich hält Sofie ihrem Vater entgegen, daß das Herausstehlen aus der Verantwortung an diesem Punkt des Weges nicht mehr gilt: »Unsere Generation hat den Industriestaat von euch übernommen und lehnt für seine Basis alle Verantwortlichkeit weit von sich ab. Jedes Rezept habt ihr uns und das Hauptbestandteil aller Rezepte übermacht: Skrupellosigkeit. Wir gründen wie ihr, weit vorsichtiger und geschäftskundiger sogar, ohne freilich irgendwie sehen zu können, wohin das alles geht.«

Die Katastropheneinsicht, die in *1913* konkret den Ausbruch des Ersten Weltkriegs meint, der geschlossene Kreislauf der Negativität in der *Kassette* und in *Von morgens bis mitternachts* lassen diese expressionistischen Dramen im Rückblick gewichtiger werden als die messianischen Erlösungshoffnungen der abstrakten Verkündigungsspiele, deren Ende so häufig von den Spruchbändern vom neuen Menschen durchwirkt ist.

Aufhebung der bürgerlichen Ordnung

Wohin diese sich selbst legitimierende hektische Bewegung letztlich führte, nämlich in den Zusammenbruch des Ersten Weltkrieges, haben einige expressionistische Dramen, etwa Ernst Tollers (1893 bis 1939) *Die Wandlung* (1919) oder Fritz von Unruhs (1885 bis 1970) *Ein Geschlecht* (1918), mit allen desillusionierenden Konsequenzen aufgezeigt. Am weitesten geht Reinhard Goering (1887 bis 1936) mit seiner noch vor dem Ende des großen Krieges entstandenen *Seeschlacht*, die im kompakten Fabelmodell der an den klassischen drei Einheiten festhaltenden Tragödie eine Parabel von der Entmenschlichung des einzelnen zur Tötungsmaschine in der Mechanik des Kriegs zeichnet. Bereits im Handlungsgrundriß des Stücks wird das unmenschliche Gesetz dieser Wirklichkeit wie in einem Modell komprimiert: Der Panzerturm des Schiffes, in den die sieben Matrosen in Erwartung der Schlacht am Skagerrak gezwängt sind, ist als Hinweis auf die totale Determiniertheit des einzelnen eine Chiffre für die Wirklichkeit, die den Menschen zum Instrument einer überpersönlichen Maschinerie versachlicht hat. Im Gespräch der Matrosen, die jeweils eine bestimmte ideologische Position wahrnehmen, heißt es bezeichnender-

weise: «Puppen sind wir doch alle (...).» Oder: «Wir sind Schweine, die auf den Metzger warten. Wir sind Kälber, die abgestochen werden.»
Im Zentrum steht der fünfte Matrose, der den anderen, die sich entweder mit ideologischen Lügen über ihre Situation hinwegtäuschen oder in Verzweiflung und Fatalismus versinken, deshalb überlegen scheint, weil für ihn das Leben als Verwirklichung der erfüllten Kommunikation zwischen Mensch und Mensch einen diesseitigen Wert darstellt, dem auch der Tod nichts anhaben kann. Diese (an die Überzeugung Stefan Georges und seines Kreises) anklingende Feier des Augenblicks, der «war und sein kann zwischen Mensch und Mensch», weicht jedoch beim Beginn und im Verlauf der immer blutiger werdenden Schlacht einem vitalistischen Rausch des fünften Matrosen, der ihn zur Tötungsmaschine werden läßt und von seiner Vorstellung einer humanen Erfülltheit des einzelnen im Diesseits nichts mehr zurückläßt.
Was Brecht in *Mann ist Mann* (1926) didaktisch dargestellt hat, die Verwandlung des Packers Galy Gay in eine «Kriegsmaschine» – «Hier wird heute abend ein Mensch wie ein Auto ummontiert / Ohne daß er irgend etwas dabei verliert» –, wird auch von Goering, vor allem am Beispiel dieses fünften Matrosen, dargestellt, der sich am Ende selbst nur noch als Hohlform eines Ichs sieht, in die – je nach der Situation, in die man hineingestellt wird – jeder beliebige Inhalt gefüllt werden kann: «Ich habe gut geschossen, wie? Ich hätte auch gut gemeutert! Wie? Aber Schießen lag uns wohl näher? Wie? Muß uns wohl näher gelegen haben?»
Das ist über das Eingeständnis der eigenen Manipulierbarkeit hinaus zugleich eine Bankrotterklärung jener idealistischen deutschen Geistesverfassung, die in den Ersten Weltkrieg wie in einen gottgewollten heiligen Krieg zog und am Ende nicht nur auf die Trümmer der Wirklichkeit, sondern auch auf die Trümmer ihrer geistigen Welt blickte.
Dieser Exitus der bürgerlichen Welt in einer Katastrophe wird von Ernst Toller in seinem wohl wichtigsten Drama *Masse Mensch* auf einer anderen Ebene gleichfalls dargestellt. Nicht die Konvulsionen der entfesselten Kriegszerstörung ergeben hier das Handlungsmodell ab, sondern die in der Novemberrevolution 1918 aufgebrochenen Antinomien des politischen Handelns, für das Toller sich im Rahmen der kurzlebigen Bayerischen Räterepublik in hoher Machtfunktion unmittelbar engagiert hatte.
Der in der Konfrontation von Sonja L., die ihre bürgerliche Existenz, Heim, Ehemann, Familie, hinter sich läßt und sich an der Seite der Arbeiter aktiv für die Revolution einsetzt, mit dem Namenlosen, dem Machttaktiker der revolutionären Bewegung, personalisierte Konflikt, der im Mittelpunkt des Dramas steht, erhellt die in der Realität nicht zu umgehende Aporie zwischen Mensch und Masse, zwischen individueller Moral und vitalistischer Massenbewegung, die ihre Revolution als Verbesserung der Lebenssituation des einzelnen verstanden wissen will. Die Mechanik

der Gewaltentfesselung, die in Goerings Drama die letzten Züge der Menschlichkeit aus den in sie Verstrickten eliminiert, gilt auch für die Revolutionäre, die ihren Weg zum Heil der Menschen nur über die Leichen von einzelnen Menschen fortsetzen können. Die sich im Namen der individuellen Moral dagegen zur Wehr setzende Sonja L., die nach der Niederschlagung des Aufstands dennoch als Rädelsführerin und eigentlich Schuldige von der bürgerlichen Gesellschaft angeklagt wird, weigert sich, die Fluchtmöglichkeit, die der Namenlose arrangiert hat, zu nutzen und nimmt die verhängte Strafe als Buße auf sich, da die Physik der politischen Machtkämpfe untrennbar mit der moralischen Schuld der darin Verwickelten verbunden ist: «Ihr mordet für die Menschheit / Wie sie Verblendete für ihren Staat gemordet. / Und einige glauben gar (...) / keine Unterscheidung: / Die einen morden für ein Land, / Die andern für die Länder alle (...) / Wer für den Staat gemordet, / Nennt ihr Henker. / Wer für die Menschheit mordet, / Den bekränzt ihr, nennt ihn gütig (...) / Ja, sprecht von guter, heiliger Gewalt.»

Die Verdinglichung des einzelnen zum Tötungsinstrument findet nicht nur im Krieg, nicht nur in den Verteidigungsexzessen der Mächtigen statt, sondern auch im Aktionismus der zum Umsturz aufrufenden und sich für eine bessere, menschlichere Zukunft engagierenden Revolutionäre. Was Toller hier in all seinen dialektischen Verschränkungen analysiert, ist die Einsicht, die auch am Ende von Max Frischs *Graf Öderland* (1951) steht: «Wer, um frei zu sein, die Macht stürzt, übernimmt das Gegenteil der Freiheit, die Macht.»

Die von den meisten andern expressionistischen Dramatikern zumeist am Ende ihrer Stücke arienhaft angesungene Revolution wird von Toller in ihrer inneren Widersprüchlichkeit analysiert und verliert damit ihre Bedeutung als Zukunftsnarkotikum. Sie ist unter den vielen Herrschaftsideologien, die den einzelnen funktional im Sinne ihrer Zweckbestimmungen einsetzen, nur eine weitere.

Der Angriff auf das bürgerliche Ordnungssystem läßt sich noch auf einer dritten Ebene im expressionistischen Drama aufzeigen, die gleichfalls von sozialgeschichtlicher Aktualität ist und noch für die Gegenwart gilt. Schon Sternheim läßt seinen altgewordenen Christian Maske in *1913* den grundsätzlichen Zweifel an einer Gesellschaft artikulieren, deren Fortschrittsprinzip in einem immer rascheren und qualitativ immer schlechteren Warenumschlag erscheint, der Pseudobedürfnisse erweckt und erfüllt und selbst den Krieg nur als produktionsförderndes und gesteigerte Gewinne versprechendes Ereignis einplant. Kaiser hat diese verabsolutierte ökonomische Sachlogik, die sich im Namen des technisch-industriellen Fortschritts zu legitimieren versucht, in seinen Stücken *Gas* und *Gas II* analysiert. Nimmt man noch das früher entstandene, aber vom Personal und vom Handlungsmodell her mit den beiden *Gas*-Stücken verbundene

Drama *Die Koralle* (1917) hinzu, so stellt Kaiser, in der Generationsfolge von Milliardär, Milliardärsohn und Milliardärarbeiter jeweils personalisiert, zentrale Probleme der industriell-technologischen Entwicklung dar.

Der Gründungsvater der Familiendynastie ist noch in der Dschungelphase des Frühkapitalismus großgeworden, hat, wenn auch mit schlechtem Gewissen, ein großes Vermögen gehortet, das seinen Kindern ein privilegiertes Leben erlauben soll. Der Sohn – und hier nimmt Kaiser das Thema der Rebellion gegen den Vater auf – sagt sich von dem Vater als «Parasiten» der Gesellschaft los, vertauscht das Oberdeck des Luxusdampfers mit dem Kohlendeck und solidarisiert sich als Heizer mit den geschundenen Arbeitern.

In *Gas* hat der Milliardärsohn das väterliche Industrieimperium übernommen. Er hat allerdings durch ein sozial gerechtes Modell der Gewinnbeteiligung die Arbeiter zu Miteignern des Unternehmens zu machen versucht. Freilich muß er erleben, wie die hektische Gas-Produktion durch eine unvorhergesehene Explosion das rationale Kontrollsystem der Planung aus den Angeln hebt. Trotz der exakten Berechnungen seines leitenden Ingenieurs ereignet sich eine Katastrophe: «Es kommt, was nicht kommen kann – und dennoch kommt!» Die Aporie des technischen Fortschritts, die diese Formel ausdrückt, hat im Zeitalter der gegen alle wissenschaftlichen Prognosen eingetretenen Beinah-Katastrophe in den Atommeilern von Harrisburg eine neue Aktualität angenommen. Der Glaube an die Kontrollierbarkeit der technologischen Entwicklung ist erschüttert. Es ist das Damaskus-Erlebnis des Milliardärsohns, der trotz aller von ihm eingeführten Verbesserungen einsieht, daß er die Qualität des industriellen Kreislaufs im Grunde nicht verändert hat. Die Verdinglichung der Menschen in der Hektik des Produktionsprozesses ist nach wie vor vorhanden: «Graut euch nicht? Vor der Verstümmelung, die ihr an euch selbst anrichtet?»

Freilich, seine Absage an alle Technik und die vorgeschlagene Verwandlung des Industrieareals in eine Landkommune scheitern nicht nur an der Abstraktheit dieser Utopievorstellung, sondern auch am Widerstand der Arbeiter. Ein Generalstreik lähmt den ganzen industriellen Sektor. Der Machtkampf zwischen Milliardärsohn und Staatsfunktionären nimmt eine überraschende, gleichfalls nicht zu kalkulierende Wendung: Die Arbeiter weisen die Heilsbotschaft des Milliardärsohns zurück und wollen unter Führung des Ingenieurs weiter produzieren.

Gas II zeigt den Verdinglichungsprozeß der Arbeiter auf einer neuen Stufe. Aus den Arbeitern sind anonyme «Blaufiguren» und «Gelbfiguren» geworden. Der Protest des Milliardärarbeiters bleibt gleichfalls wirkungslos. Die Auseinandersetzung zwischen den jeweiligen Machtgruppierungen um die Kontrolle des Industriesektors beeinflußt im Grunde dessen Eigendynamik nicht. Durch die Erfindung des Giftgases hat sich die potentielle Gefahr des Gases als Energiequelle jedoch bis zu einem Punkt verschärft, an dem der Umschlag in die Vernichtung aller stattfinden könnte. Der Milliardärarbeiter, der in einem Akt des heroischen Opfers die Giftgaskugel über sich zerbricht, versucht, die Logik der Technokraten, personalisiert im Großingenieur, zu entlarven. Sein Opfertod als aufrüttelnde Tat verlagert das utopische Ziel aus der sozialgeschichtlichen Realität in den inneren Bereich einer moralischen Erneuerung, die beim einzelnen einsetzen soll.

Die Aporien der technologischen Gegenwartsentwicklung sind auch für Kaiser letztlich nicht aufzulösen. Er nimmt seine Utopie als politisches Programm schrittweise zurück und verlagert sie ganz in den Innenbereich der moralischen Entscheidung des einzelnen. Das steht der Antwort, die Toller in *Masse Mensch* gibt, nicht fern, auch wenn die dialektische Dichte von Tollers dramatischer Beweisführung in den plakativen Bildern und Gegenbildern Kaisers nicht annähernd erreicht wird.

Über die Antworten Tollers und Kaisers sind auch die nachgeborenen deutschen Dramatiker, sei es nun Brechts *Leben des Galilei* (1943), Heinar Kipphardts *In der Sache J. Robert Oppenheimer* (1964) oder Dürrenmatts *Die Physiker* (1962), nicht hinausgelangt. Das Damoklesschwert, das über der technologischen Entwicklung hängt, ist höchstens noch unberechenbarer geworden.

Andras Sandor

Epoche in der Literaturgeschichtsschreibung

Epoche und Begriffe

Die Epoche ‹Jahrhundertwende›, wie sie hier verstanden wird, umfaßt sowohl den Naturalismus als auch noch den Expressionismus und Dada. Solche Auffassung, die nahelegt, daß der Naturalismus nicht zum vorangehenden Realismus gehört, sondern einen Literaturprozeß in Gang gesetzt hat, der im Dada sein Ende erreichte, ist in der Literaturgeschichtsschreibung weit verbreitet. Am bekanntesten sind die Alternativen, die Epoche mit 1890/95 zu beginnen und/oder mit 1910/14 zu enden. Bei dem später gesetzten Anfang wird zumeist der Naturalismus, bei dem früher gesetzten Ende wird immer der Expressionismus (und Dada) ausgeklammert.

Symbolismus, Neuromantik und Impressionismus werden in der Literaturgeschichtsschreibung zumeist als ‹Gegenströmungen› gegen den Naturalismus verstanden; Jugendstil, ein erst vor kurzem auf die Literatur bezogener Begriff, gehört ebenfalls zu ihnen. Heimatkunst und Neuklassizismus richteten sich hingegen auch gegen diese für Dekadenzerscheinungen gehaltenen Gegenströmungen. Der Begriff Ästhetizismus (schon bei Hart 1896) gilt oft als zusammenfassender Begriff für die ‹Gegenströmungen›. Die Charakterisierung der Epoche Jahrhundertwende hängt weitgehend von dem ab, was sie enthalten soll; was zum 19., was zum 20. Jahrhundert gerechnet wird; und welche Stellung der Literaturhistoriker gegenüber der für das 20. Jahrhundert charakteristischen Literatur, der Moderne, einnimmt.

Der Begriff ‹die Moderne› wurde von dem naturalistischen Programmatiker Eugen Wolff (1863 bis 1929) 1888 geprägt. Er verwies mit ihm auf eine Literatur, die – im Gegensatz zur ‹Antike› – sich im Wandel, in einer ständigen Überwindung des Vergehenden weiß. Auch andere naturalistische Programmatiker verwendeten das Wort (vgl. Wunberg 1973). Lange Zeit glaubte man aber, daß Bahr 1891 das Wort eingeführt habe, als er – unter französischem Einfluß – die Überwindung des Naturalismus von

einer neuen Romantik oder vom Symbolismus erwartete. Damit ergab sich die Wahl, die Moderne vom Naturalismus oder von einem auf ihn folgenden Ästhetizismus her zu begreifen und zu datieren.
Nach dem Auftreten des Expressionismus verdrängte diese Revolution im Bewußtsein der Literaturhistoriker die naturalistische, und man begann nach 1918, den Anfang der Moderne im Expressionismus zu sehen. Die naturalistische Auffassung von der Moderne war im Grunde genommen zuversichtlicher und verband sich mit dem Gedanken eines kontinuierlichen Fortschritts. Die expressionistische koppelte sich hingegen mit der Vorstellung einer allgemeinen Krise: Die Überwindung des Alten wurde zur Selbstüberwindung. Für Julius Hart (1859 bis 1930) 1896 war die Kunst einer jeden Periode «vollendet» und keine «vollkommen» [123; *S. 1008*]; nach dem Auftreten des Expressionismus galt jedoch für Literaturhistoriker mit einem Krisenbewußtsein die Unzulänglichkeit des Gegenwärtigen, die sie aber nicht zum Vergangenen zurücktrieb.
Dieser Wandel hatte Folgen. Die Programmatiker des Naturalismus hielten sich für ‹Realisten› und bekannten sich zum ‹Realismus›; sie knüpften aber bei dem Jungen Deutschland an und wurden in der Literaturgeschichtsschreibung zumeist ‹Jüngstdeutsche› genannt. Sie nahmen dabei den Konflikt nicht wahr, daß die programmatischen Realisten der fünfziger und sechziger Jahre das Junge Deutschland mehr (J. Schmidt) oder weniger (Prutz) angegriffen und verworfen hatten. Sie standen der sozialistischen Bewegung nahe und glaubten, an einer Literaturrevolution teilzunehmen. Diese Revolution des Realismus, des Wirklichen, bedeutete für sie Bekenntnis zu einer dynamischen Wirklichkeit, der Wolffschen «Moderne».
Mit dem Wandel im Begriff der Moderne verschwand dieser naturalistisch-jungdeutsche Begriff des Realismus. Das Wort wurde in der Weimarer Republik überwiegend, wenn auch mit wichtigen Ausnahmen, im Sinne des ‹poetischen Realismus› der fünfziger und sechziger Jahre oder als Neue Sachlichkeit, allerdings nicht im Sinne der jungdeutschen Auflehnung, verstanden. Realismus wurde damit ein Begriff, der, konservativ, oft auch gegen die Moderne, die angeblichen Einseitigkeiten und Übertreibungen der Ismen gerichtet war. Um solche und ähnliche Entwicklungen und Veränderungen klarer hervorheben zu können, wird hier die literaturgeschichtliche Darstellung der Epoche Jahrhundertwende in drei Phasen geteilt: 1880 bis 1918, 1918 bis 1945 und 1945 bis 1979.

1880 bis 1918

Der Naturalismus wurde in der Literaturgeschichtsschreibung von Anfang an so dargestellt, wie seine Programmatiker, die Brüder Hart (d. i. Julius und Heinrich, 1855 bis 1906) 1882/84, Karl Bleibtreu (1859 bis 1928) 1887, Wolff 1888 und Michael Georg Conrad (1846 bis 1927) 1891 ihn gemeint hatten: als Bruch mit der Vergangenheit. Unmittelbar richtete sich die Revolte gegen den Akademismus, der nur unter den Erzkonservativen Sympathisanten fand. Sie wurde auch von solchen begrüßt wie Linden/Salzer 1898, Vogt/Koch 1897, Gottschall (1823 bis 1909) 1902, die das Produktive am Naturalismus ablehnten und die Moderne von sich zu weisen meinten.

Die positivste Einstellung hatte J. Hart (1896), der feststellte: «(...) der objektive Naturalismus hat zunächst auf der ganzen Linie gesiegt und neben ihm wuchs der reine Ästhetizismus zu grosser Kraft heran» [123; *S. 1001*]. Den Naturalismus rechnete Hart zu dem 1830 angesetzten Realismus und meinte, er sei nicht einheitlich: «Allgemein ist nur das lebendige Ringen nach einer Neugestaltung und Neuentwicklung der Kunst.» [123; *S. 1007*]

Am anderen Extrem – über diejenigen hinaus, die im Naturalismus ein notwendiges Übel sahen – wurde, wie bei König 1898, die naturalistische «Afterkunst» schroff abgelehnt. [132; *S. 549*] Zu ähnlicher Stellungnahme gelangte der Marxist Franz Mehring (1876 bis 1919). 1893 verband er noch das Lob, daß der Naturalismus «den Mut und die Wahrheitsliebe hat, das Vorgehende zu schildern», mit der Kritik, daß «in der Misere nicht nur das Elend von heute», sondern «auch das Entstehende (...), wie es werden muß und täglich schon wird», geschildert werden solle. [140; *S. 132f*] Doch 1898/99 sah er dann im Naturalismus nur noch eine «Literatur der Absteigenden» und setzte ihn der Romantik gleich: «Die bürgerlichen Naturalisten sind sozialistisch gesinnt, wie die feudalen Romantiker bürgerlich gesinnt waren.» Der Naturalismus könne «das Wesen der Dinge» nicht begreifen. [140; *S. 195*] Mehring war jetzt überzeugt, daß die Bürgerklasse «keine große Kunst *mehr* schaffen» könne, «die aufsteigende Arbeiterklasse *noch* keine». [140; *S. 225*] Die Neuromantik charakterisierte er 1908 als «die Flucht in ein Traumland» und nannte sie eine «legitime Tochter» des Naturalismus, den er für «ein sklavisches Abschreiben der zufälligen Wirklichkeit» hielt. [140; *S. 229*] Die Emanzipation von der Neuromantik könne nicht durch den anhebenden Neuklassizismus, sondern nur durch die Abschaffung des Kapitalismus herbeigeführt werden.

Samuel Lublinski (1868 bis 1910), der gegen die Moderne «im eigenen Lager» opponieren wollte [406; *S. X*], hätte noch 1904 Mehring beigestimmt. 1909 brach er aber auch mit dem Marxismus, nicht nur mit dem Naturalismus und der Neuromantik, und suchte jetzt, wie Paul Ernst (1866 bis 1933), dem George-Kreis verwandt, in der Epoche «der gähnenden Barbarei» einen Neuklassizismus und über ihn hinaus «eine Kultur, eine geistige Gesamtheit». [406; *S. 3*]

Bartels (1901) neigte mehr zum Naturalismus und Volk. Im Akademismus «jener schauerlichen Gründer- und Schwindelzeit» sah er «Dekadence», und er lobte die naturalistische Revolte. [111; *S. 140 u. 145*] Doch meinte er: «Die großen Hoffnungen (...) haben sich überhaupt nicht erfüllt.» [111; *S. 276*] Die Neuromantik erschien ihm als «Spätdekadence». Bartels sah im Realismus zwischen 1840 und 1860 ein «silbernes Zeitalter» [111; *S. 11*], wartete auf das goldene und hoffte, es auf dem Wege einer volkhaften Kunst und eines völkischen Bewußtseins herbeiführen zu können. Er vertrat bereits 1902, voll ausgeprägt 1919 – da er schon den Expressionismus als jüdische Großstadtkunst verwerfen konnte [112; *S. 652*] – einen rassistisch-nationalistischen Standpunkt, an dem in den vielen Auflagen seiner Bücher zwischen 1933 und 1945 nichts Wesentliches geändert zu werden brauchte.

Die neu erschienenen Literaturgeschichten verhielten sich positiv (z. B. Biese 1911) oder neutral (z. B. Kummer 1909). Viele Autoren wie Thomas 1900, Hanstein 1900, Hölzke 1905 oder Urban 1908 interessierten sich für die Literatur der vergangenen zwei Jahrzehnte, ohne sich zu einer eindeutigen Stellungnahme herausgefordert zu fühlen. Hansteins Auffassung, alles sei offen, wurde von vielen Autoren geteilt und bedeutete eher eine neue Position im Sinne der Wolffschen Moderne als eine Banalität.

Eindeutiger war R. M. Meyer 1912, der die von den Brüdern Hart eröffnete «neue Kunstperiode» die realistische nannte und in Thomas Mann den «bedeutendste(n) Meister des realistischen Romans» sah. [141; *S. 493 u. 537*] Auch Soergel (1911; 3. Aufl. 1916) meinte, ohne den Naturalismus hätte es keine *Buddenbrooks* (1901) geben können [212; *S. 683*] und hielt Flauberts *Madame Bovary* (1856) für «das erste große reine und wohl unerreichte Kunstwerk des neuen Realismus» [212; *S. 13*]. Wurde der Zusammenhang zwischen Naturalismus und Sozialismus schon von Anfang an immer wieder betont, zog doch erst Soergel die Folgerung: «(...) solange als der soziale Gedanke noch kritisches Gefühl ist, wird die Dichtung die naturalistischen Elemente nicht entbehren können.» [212; *S. 217*] Mehr als Meyer betonte er die Diskontinuitäten und die spannungsvolle Dynamik der Literaturproduktion, wie er auch die «Gegenströmungen» und die «Nebenströmungen» eingehender zu behandeln wußte.

Charakteristisch für diese erste Phase der Literaturgeschichtsschreibung ist die Tatsache, daß die ‹Neuromantik› in ihr vorwiegend als Gegenströmung verstanden wurde und keine wirklich positive Aufnahme fand. Der Begriff «Impressionismus», wie er bei Hermann Bahr (1863 bis 1934) 1904, dann eingehender bei Hamann (1907) erschien, wurde eher als eine selbständige und allgemeine Tendenz begriffen. Dieser Impressionismus verschlang bei Hamann die Neuromantik, den Symbolismus und sogar den Naturalismus des Holzschen Kunstprogramms; doch Hamann war mit dem Impressionismus nicht zufrieden und wartete auf seine Überwindung. Als literaturgeschichtlicher Begriff wurde der Impressionismus erst nach der eingetretenen Überwindung wichtig, als eine Gegenüberstellung Impressionismus–Expressionismus ermöglicht wurde. Dies geschah nach 1918; Bahr sprach 1916 noch hauptsächlich im Kontext der bildenden Künste.

1918 bis 1945

Den Gegensatz zwischen Impressionismus und Expressionismus formulierte Walzel 1928 am prägnantesten als den zwischen der Kunst des Treffens und der Kunst des Wertens. [149; *S. 643*] Stammler (1924) meinte ähnliches, als er sagte, der Expressionismus suche «geistige Ziele», die Kunst sei Ausdruck, nicht Darstellung. [151; *S. 97f*] Den Impressionismus nannte er «die herrschende Darstellungsart», die als Erbe des Naturalismus noch an die Materie gebunden sei. [151; *S. 35f*] In Fontanes *Effi Briest* (1894/95) sah er «das Prototyp des impressionistischen Romans». [151; *S. 38*]
Soergel meinte 1925, Naturalismus, Impressionismus oder Neuromantik (1880 bis 1910) seien einerlei gewesen, überall «Freude am Bild der Welt»; im Expressionismus (1900 bis 1920) hingegen sei «der Drang zum *Sinn* der Welt» zum Durchbruch gekommen. [213; *S. V*] «Diese künstlerische Revolution» [213; *S. 1*] hat bei ihm, wie bei anderen, die naturalistische verdrängt, denn wo der Naturalismus unter den Impressionismus subsumiert wurde, wurde er zum Ästhetischen stilisiert. Dem Expressionismus stand Soergel kritisch gegenüber, er fand aber «Edelsteine» im «Schutt» und fühlte «Achtung und Ehre vor jedem Opfer auf dem Schlachtfelde um den Sinn des Geschehens». [213; *S. 827*]
Ähnlich sah W. Brecht im Expressionismus «eine ethische Bewegung», «die letzte Absage der edleren Jugend an den Materialismus». Er meinte, der Mangel eines einheitlichen Stils sei unvermeidlich, da es noch kein einheitliches Weltbild gäbe. «Wir» hätten aber schon begonnen, «den alten Begriff der Materie selbst aufzulösen und ein Kräftespiel in ihr zu erblicken» [114; *S. 443f*]. Merkwürdig ist hier wie bei so vielen anderen nicht nur die Angst vor der «Materie» und dem «Materialismus», der überall als mechanischer vorgestellt wurde, sondern auch die Doppeldeutigkeit dieser Angst. «Materie» bedeutete einerseits das sinnlos gewordene Kreatürliche, andererseits verwies sie offensichtlich auf das Proletariat, das sich – im Umgang mit der physischen Materie – ‹blind› bewege, mit dem sich nicht reden ließe. Die Hoffnung auf eine Auflösung der Materie galt daher einerseits der Quantumtheorie, andererseits der sozialdemokratischen Gewerkschaftsbewegung, die auf je eigene Weise die Auflösung der ‹dunklen Macht› versprachen.
Der Gegensatz Expressionismus–Impressionismus war kunsttypologisch bzw. psychologisch gemeint. Eine andere Möglichkeit bestand darin, den Expressionismus in ein geistesgeschichtliches Schema einzufügen. Naumann (1923) arbeitete einen Gegensatz zwischen Realismus und Roman-

tik bzw. Rationalismus und Irrationalismus aus. Den Expressionismus rechnete er dem Irrationalismus (daher der Romantik und der Neuromantik) zu und zog diesen Pol eindeutig vor, auch wenn er auf eine Synthese hoffte, die er bei Werfel und Goering bereits entstehen sah. Das nationalistisch Antibürgerliche an dieser Hoffnung war schon 1923 ersichtlich; zehn Jahre später (1933), «nach dem Frühlingssturm», begrüßte er dann den Bruch mit dem «Zeitalter des bürgerlichen Liberalismus» und meinte, die Erlösung in der «völkischen Bindung» gefunden zu haben. [145; *S. 1f*]

Anders verfuhr Marholz 1926, der eher eine zu dieser Zeit bürgerlich-liberale Position vertrat. In seinem geistesgeschichtlichen Schema stellte er der «Romantik» die «Aufklärung» entgegen und vertrat die Ansicht, «die dritte Geistesmacht des 19. Jahrhunderts», der aristokratische «Klassizismus und Neuhumanismus» habe die beiden Gegensätze zu einem einzigen Weltbild fügen wollen. [139; *S. 7 u. 12*] Diesem Klassizismus ordnete er den Realismus zu. Im Naturalismus, den auch er mit dem Marxismus in Beziehung brachte, sah er nicht etwa die Auflösung des Realismus, sondern eher umgekehrt «eine Revolution der Nerven und Sinne, da eine metaphysische Revolution unter dem Druck des pessimistischen Zeitgeistes nicht zu erwarten war» [139; *S. 39*]. Dieses sei erst im Expressionismus möglich geworden. Impliziert war bei ihm, daß der Klassizismus, damit der Realismus, sein Ziel nicht wirklich erreicht hatte. Thomas Mann rechnete er zum «Naturalismus».

In der Einschätzung des Realismus und der Moderne vertrat Marholz eine Zwischenposition zwischen Naumann und von der Leyen (1922), der im Namen des Realismus den Naturalismus zusammen mit dem Expressionismus als «Entartungen» verwarf. [136; *S. 268*] Besorgt fragte er, ob die deutsche Dichtung Schuld daran trage, daß sie «das Reich und sich selbst dem Nichts zutrieb» [136; *S. 8*]. Auch von der Leyen hoffte auf die Erlösung; doch er meinte: «Die Zeit des dritten Reiches ist uns noch fern.» [136; *S. 27*] Die Anspielung galt nicht Hitler, sondern George, den er für einen «großen Wegbreiter» hielt. [136; *S. 209*] Doch dieser George wurde von dem Symbolismus und der Neuromantik sorgfältig getrennt und etwa im Sinne des Neuklassizismus interpretiert.

Oehlke (1921), Borinski (1921), Vogt-Koch (1927) lehnten den Expressionismus ähnlich schroff ab. Bartels – seit 1924 offiziell Nationalsozialist – war 1919 (7. Aufl.) und 1943 (19. Aufl.) fast toleranter. Versuche, den Expressionismus in der Literaturgeschichtsschreibung mit dem nationalsozialistischen Staat zu verbinden wie bei Naumann (1933) oder Duwe (1936), waren vorübergehend; der Expressionismus wurde bald für «entartete Kunst» erklärt. Dies bedeutete unter anderem den Sieg konservativer bürgerlicher Ansichten. Auch Linden (1937) und Fechter (1938) lehnten die Moderne im Namen der volkhaften Dichtung und des Neuklassi-

zismus ab, die sie mit dem «poetischen Realismus» des 19. Jahrhunderts in Einklang zu bringen suchten.
Diese Verbindung fehlte bei dem Marxisten Lukács (1934). Dem Anschein nach vertrat er eine der von der Leyenschen ähnliche Position; auch er verwarf den ganzen Prozeß vom Naturalismus bis zum Expressionismus im Namen des Realismus. Doch Lukács' Begriff des «kritischen Realismus» unterschied sich von allen anderen Begriffen von Realismus. Lukács – der zu einem gewissen Grad an der Mehringschen Analyse festhielt – trennte den alten Realismus, dem er Thomas Mann zurechnete, von dem neuen, dem Naturalismus – dem er zum Beispiel im Gegensatz auch zu von der Leyen Flauberts *Madame Bovary* zuordnete – und den er verwarf. Er war nicht bereit, das schlechte Neue dem alten Guten vorzuziehen, wie Bertolt Brecht es tat und wie das auch viele bürgerliche Literaturhistoriker getan haben; nur sah er das alte Gute anders als die anderen: Es begriff in sich auch die jungdeutsche Kritik und Auflehnung.
Die bürgerlich radikalste Auffassung bestand in der Verknüpfung des Expressionismus mit dem im Sinne der jungdeutschen Revolte verstandenen Naturalismus. Dies bedeutete eine Rückwendung der Marholzschen These vom Naturalismus als verunglückter Revolution wie auch der Variante bei Walzel (1928), der Naturalismus sei ein verunglückter Überwindungsversuch der bürgerlichen Kunst gewesen. Bei Walzel (den an Marx die Betonung des Ökonomischen, der Materialismus störte und der eher Lassalle bevorzugte) hieß das, die proletarische Revolution habe nicht die Kraft, die bürgerliche Kunst (und Gesellschaft) zu überwinden.
Es blieb die Möglichkeit der Selbstüberwindung der bürgerlichen Kunst. Stammler (1924) sah im Expressionismus den Stillstand der allgemeinen gesellschaftlichen Krise. Cysarz (1928) faßte die Lage radikaler auf: Er sah «die universale Revolution, das universale Chaos Jungdeutschland» im Naturalismus wiederkehren [116; *S. 303*] – er hielt sie gegen «die windstille Mulde des poetischen Realismus» [116; *S. 232*] – und hob am Expressionismus «seine Kunst Kunst in Frage zu stellen und dadurch neu zu gebären» hervor. [116; *S. 380*] Dies war eine paradigmatische Formulierung.
Die Verknüpfung etwa der Wolffschen Moderne mit einem Krisenbewußtsein fand schon bei Simmel 1918 (1914) statt. Er meinte, die moderne Kunst und Kultur seien grundsätzlich negativ. Diese These griff unter anderem von Sydow (1921) auf, sie kehrte auch bei Ortega y Gasset (1925) als notwendig-heilsame Kur der «Enthumanisierung» wieder. Auch Bahr (1916) bekannte sich zur Einseitigkeit des Expressionismus in diesem Sinn: «Die bürgerliche Gesellschaft hat aus uns Wilde gemacht. Andere Barbaren als die Rodbertus einst fürchtete drohen ihr: wir selber alle, um die Zukunft der Menschheit vor ihr zu retten, müssen Barbaren sein.» [159; *S. 128*]
Lukács argumentierte auch gegen diese Theorie der Selbstüberwindung

und sah in der selbstgewählten Barbarei bürgerliche Dekadenz, die Ideologie des Faschismus. Er wurde im eigenen marxistischen Lager während der sogenannten Expressionismusdebatte (vgl. Schmitt, 1973) theoretisch am fundiertesten von Bloch (1938) kritisiert. Bloch wies die Verknüpfung des Expressionismus (und der Moderne) mit dem Faschismus und der Dekadenz zurück. Er verwarf Lukács' theoretische Grundlagen und meinte, im Expressionismus würde die Wirklichkeit «zerfällt», nicht widerspiegelt; der Verfall sei – dialektisch betrachtet – auch Neuentstehen. Dies war Blochs marxistische Variante der Selbstüberwindung der bürgerlichen Kunst, wie sie von bürgerlicher Seite her am radikalsten von Cysarz vertreten wurde.

1945 bis 1980

In der Literaturgeschichtsschreibung bedeutet 1945 eine wirkliche und wichtige Zäsur. Neu war die positive Einstellung zum Ästhetizismus, der in den ersten zehn bis fünfzehn Jahren mit dem Hauptvertreter Hugo von Hofmannsthal (1874 bis 1929) (nicht George) auch den Leerraum füllen konnte, der durch das Zurücktreten des Interesses an Expressionismus und Dada entstanden war. Erst jetzt sah man im Ästhetizismus als geschichtlichem Phänomen wie auch als allgemeiner Tendenz den Höhepunkt der Kunst und des Krisenbewußtseins.

Sogar das Wort Ästhetizismus, das schon 1896 bei Hart eingeführt worden war, wurde erst jetzt häufig verwendet. Er hat seit den fünfziger Jahren die Begriffe Neuromantik und Neuklassizismus als aktive Termini verdrängt. Der Begriff Jugendstil, der besonders seit den sechziger Jahren unter dem Einfluß der Neuentdeckung der bildnerischen Jugendstilbewegung einige Anhänger findet (vgl. Hermand, 1965; Jost, 1969; Kohlschmidt, 1970; Hermand, 1971), sei noch nicht «eingebürgert» (Kohlschmidt, 1976). Rasch versuchte 1967, den Begriff Vitalismus für die Strömungen der Jahrhundertwende (1890 bis 1914) einzuführen; Lehnert übernahm diese Vorstellung 1978 für seinen erweiterten Begriff vom Jugendstil. Der Ästhetizismus ist jedoch neben dem Naturalismus und dem Expressionismus der am meisten verwendete Begriff geworden.

Die Konzentration auf den Ästhetizismus war im zertrümmerten und geteilten Deutschland und zur Zeit des Kalten Krieges verständlich. Eine explizite und verhältnismäßig freie Gesellschaftskritik wurde in der Bundesrepublik erst nach dem Einsetzen des politischen Tauwetters nach Stalins Tod (1953) und seit dem ‹Wirtschaftswunder› (etwa seit 1955) möglich. Stabilität und Sicherheit waren vonnöten, um zu den radikaleren Schreibweisen des Expressionismus, Dada und Naturalismus Zugang zu finden.

Die Ablehnung dieser Schreibweisen in der DDR als bürgerliche Kurzsichtigkeit, Ausweglosigkeit und Dekadenz förderte diesen Vorgang. Sie trug offensichtlich dazu bei, daß die bürgerliche Gesellschaft die moderne Literatur (und Kunst) als die eigene anerkannte und institutionell zu unterstützen begann. In der DDR wurde ein gewisser Begriff von Realismus, der Lukácssche mimetische, und der Schdanowsche sozialistische Realismus vertreten. Auch die Literatur der Jahrhundertwende wurde an diesen Begriffen gemessen und in progressive und dekadente Werke bzw. Autoren eingeteilt. Der Angriff galt neben dem naturalistischen Empirismus dem ‹Formalismus›, also den ästhetizistischen und avantgardistischen Tendenzen.

Neu war nach 1945 auch die Einstellung zur Moderne. Das Wort, schon fast vergessen, kam immer mehr in Gebrauch und wurde auf die dem 20. Jahrhundert eigentümliche Literatur angewendet. Man begann jetzt, von einer Tradition der Moderne zu reden, die von eigenen Klassikern getragen wurde.

Seit der Aussonderung des Expressionismus als Periodenbegriff in den späten fünfziger Jahren wurde die Epoche Jahrhundertwende entweder dreigeteilt in Naturalismus, Ästhetizismus, Expressionismus und Dada oder zweigeteilt bzw. aufgehoben durch die Abtrennung der Literatur des 19. von der Literatur des 20. Jahrhunderts, der modernen. Diese zweite Möglichkeit wurde und wird nicht nur gewählt, um die Moderne als eine komplexe und dennoch einheitliche Bewegung herausstellen zu können. Sie hilft auch aus der Verlegenheit, daß man die meisten berühmten Autoren der Epoche – wie Wedekind, die Brüder Mann, Rilke, Musil, Kafka, Hesse – keiner der genannten Bewegungen eindeutig zuordnen kann. Es ist freilich möglich, auf beiden Wegen zu gehen und einerseits die Moderne herauszuarbeiten, andererseits, und daneben, die Bewegungen als begrenzte Zeiterscheinungen wie auch als über ihre eigene Grenze hinausweisende Tendenzen zu besprechen.

Die Mehrzahl der Literaturhistoriker in der Bundesrepublik und auch in der DDR wählt das Jahr 1910 als Anfang der modernen Literatur. Manche setzen den Anfang um 1900, Hauser (1953, 1974) stand hingegen fast allein mit seiner Meinung, die Moderne habe erst nach dem Ersten Weltkrieg begonnen, als das Bürgertum sich der eigenen Krise bewußt wurde. Die Mehrzahl würde also Kaufmann (1966) zustimmen und sagen, daß «die Phase vom Ausgang des Naturalismus bis etwa 1910 die Vorgeschichte der modernen Literatur, das zweite Jahrzehnt unseres Jahrhunderts der Beginn ihrer eigentlichen und bis heute unabgeschlossenen Geschichte» sei. [131; *S. 17*] Solches Anfangssetzen – von Kaufmann, wie zu sehen sein wird, eher übernommen als erfunden – kann aber in zwei unterschiedlichen Kontexten, dem weltliterarischen und dem deutschen, unternommen werden und hat daher zu Unklarheiten geführt. Es entspricht nämlich einerseits Virginia Woolfs berühmter Feststellung: «On or about December 1910 human nature changed» [381; *S. 321*], und fällt andererseits mit dem – seit den späten fünfziger Jahren etablierten – Anfangsjahr der expressionistischen Bewegung zusammen.

In der Einschätzung des Expressionismus gab es dementsprechend zwei Haupttendenzen. Einige versuchten, ihn der Moderne anzugleichen. Sehr anregend, wenn auch etwas verwirrend wirkte dabei die Aktivität einiger noch lebender Autoren. Benns Ruhm und Einfluß erreichte zum Beispiel seinen Höhepunkt zur Zeit seines Todes (1956) und in den darauffolgenden Jahren. Aber auch Arps Veröffentlichungen (1953, 1955, 1957) führten zu seiner Wiederentdeckung; «ein Klassiker der Moderne» sagte von ihm Usinger 1956. [215; *S. 350*]

Die erste Haupttendenz geht auf die neue Selbstbesinnung der Moderne zurück, wie sie etwa bei Holthusen (1951) zu finden ist: «Aber das eigentlich Heutige und Gegenwärtige beginnt doch erst in den Jahren kurz vor dem Ersten Weltkrieg (...), 1910 also.» [399; *S. 10*] Auch Jens vermied 1957 das Wort Expressionismus und erwähnte, wie Holthusen, die Namen Hofmannsthal, Benn, Rilke, Kafka und auch die Namen fremdsprachiger Autoren im Nebeneinander. [129; *S. 7–16, 203–225*] Dies war nicht zuletzt Strategie. Auch von bürgerlicher Seite wurde der Expressionismus als ideologische Vorbereitung des Faschismus beurteilt (van Bruggen 1946). Diese der Lukácsschen ähnliche Anklage wurde zwar zurückgewiesen (Martini, 1948; Schneider, 1953), betont wurde aber zugleich, daß der Expressionismus um 1924 notwendig gescheitert sei (Martini, 1948; Kohlschmidt, 1954), was auch als eine indirekte Verteidigung gegen den Faschismusverdacht dienen konnte. Der Expressionismus wurde ein «Zwischenspiel» genannt (Fricke, 1949; ähnlich bei Bettex, 1946); Schwerte meinte (1952), auf ihn sei nach 1924 ein «desillusionierter Realismus» gefolgt.

Die Verknüpfung von Namen wie Benn mit der modernen und noch gegenwärtigen Literatur richtete sich gegen solche Aussagen und führte zu einer Neubestimmung des Expressionismus. Martini schrieb 1954 (wohl gegen Fricke und in Abweichung von seinem eigenen Standpunkt von 1948): «Es geht im Expressionismus nicht um ein Zwischenspiel, sondern eine epochale Wendung innerhalb der Kunst.» [197; *S. 108*] Die gleiche Entwicklung habe sich in den «gesamten europäischen und außereuropäischen Literaturen» vollzogen, «der deutsche Expressionismus (bedeute) eine historisch frühe, aber sehr einflußreiche und noch gegenwärtig sich auswirkende Phase innerhalb dieses universalen Geschehens». [197; *S. 133*] Lohner meinte (1956) mit eher umgekehrten Akzenten, daß der Expressionismus für die deutsche Literatur den «Eintritt in die Moderne» bedeute. [246; *S. 57*]

Die zweite Haupttendenz diente der Absicht, den Expressionismus als die Bewegung einer begrenzten und schon abgeschlossenen Periode zu erfassen. Es ging dabei um seine Eingliederung in die Moderne, um die

Herausstellung seines besonderen Ortes in ihr. Es erschienen zunächst kleinere Aufsätze (etwa Schneider, 1953, 1954, 1955; Uhlig, 1953/54, 1955/56; Hohoff, 1954 usw.), die erste textkritische Ausgabe eines zum Expressionismus gerechneten Autors, nämlich Ernst Stadlers (Schneider; 1954), ein erster Aufsatzband (Friedmann/Mann 1956), zerstreute Aufsätze in Büchern über die Literatur des 20. Jahrhunderts (z. B. Friedmann/Mann, 1954) und viele Arbeiten über Trakl.

Als wichtiger Wendepunkt muß Gottfried Benns (1886 bis 1956) expressionistische Lyrik-Anthologie von 1955 hervorgehoben werden. Benn sprach in der Einleitung vom «expressionistischen Jahrzehnt» (dies wurde zum Titel). Und er deutete auch an, daß die Frage nach dem Scheitern oder dem Siegen sinnlos sei. [248; *S. 20*] Sokel, der in seinem Buch – wohlgemerkt in Amerika – 1959 die erste Gesamtdarstellung nach 1945 veröffentlichte, führte die gleiche Zeitabgrenzung an. Ähnlich verfuhr in seinen wichtigen Arbeiten Raabe (1962, 1964, 1965), der sich ausdrücklich auf Benn bezog. Emrich erweiterte die Periode und faßte sie zwischen den Jahren 1910 bis 1925. Diese beiden Varianten haben sich befestigt (etwa bei Rothe, 1969, bzw. Knapp, 1979). Doch die erste Haupttendenz, die Auflösung des Expressionismus in der Moderne, wodurch der Begriff problematisch wurde, dominierte bis zum Ende der fünfziger Jahre und ist noch heute zu spüren. Brinkmanns Zweifel in seinem Forschungsbericht (1958 bzw. 1961), ob «der Expressionismus überhaupt eine Epoche in der Literaturgeschichte zu nennen sei» [164; *S. 1f*], war weder seltsam noch selten. Brinkmann konnte sich von ihm noch in seinem zwanzig Jahre späteren Forschungsbericht (1980) nicht ganz freimachen.

Die Moderne bzw. die moderne Literatur wurde nach 1945 und bis in die frühen sechziger Jahre, etwa mit Benn und Adorno, um zwei einflußreiche, voneinander abweichende, aber in dieser Frage einander dennoch ähnliche Autoren zu nennen, ästhetizistisch und nicht im Sinne der radikalen Avantgarde begriffen. Sogar die relevanten Avantgardetendenzen im Expressionismus wurden jetzt ästhetizistisch aufgefaßt. Benn sah sein eigenes Schaffen im Kontext seiner späteren und späten Periode, und die Kritiker und Literaturhistoriker folgten ihm zumeist ohne Protest. Für Adorno war etwa Becketts absurdes Theater reine Avantgarde. [267; *S. 167*] Die Alternative, die Moderne ästhetizistisch oder avantgardistisch zu konzipieren, führt übrigens zur Frage, wo und wann der Anfang der Moderne zu setzen sei, ob etwa der politisch engagierte Naturalismus zu ihr gehöre.

Der ästhetizistische Ansatz radikalisierte sich etwa bei Jens (1958), als er sich auf «jene Revolution von 1910» und (verwirrend) zugleich auf «die expressionistische Avantgarde vor 1910» bezog. [128; *S. 16*] Von einer Revolution sprach auch Emrich 1960 (wie nach ihm Pörtner, 1961), und auch er verknüpfte diese «Literaturrevolution» bzw. ihren Sinn mit der

Gegenwart. Als Holthusen hingegen (1964) vom «Avantgardismus während der Jahre 1910 und 1925» sprach, versuchte er – im Einklang mit H. M. Enzensberger (1962) –, «die Aporien des Avantgardismus» hervorzuheben [398; *S. 47*], um sich und die Gegenwart im allgemeinen von ihm zu befreien.

Der radikalisiert ästhetizistische Ansatz blieb dennoch ästhetizistisch. Emrich griff (mit Friedrich, 1956) auf Baudelaire zurück und sah die Literaturrevolution als eine «Kunstrevolution ... in dem größeren Strom der modernen Kunst» [171; *S. 188*]. Seine Auffassung – weniger radikal als die von Cysarz (1928) –, die Kunst sei «nicht Spiegel, sondern Gegner der Zeit» [171; *S. 188*], muß mit seinem Urteil zusammen gelesen werden, daß man sogar im Dada die Intention auf die «Selbstverwirklichung des Menschen» [171; *S. 186*] finden könne. Darin besteht wohl der Unterschied zu Adorno, der die Kunst als ästhetische Opposition auffaßte und in der «Entkunstung der Kunst» [383; *S. 32*] das Wesen der radikalen Moderne sah.

Aus dem Adorno-Kreis kommend, zählte Szondi (1956) das naturalistische Drama zu den «Rettungsversuchen» des alten Dramas, das expressionistische hingegen zu den «Lösungsversuchen» des modernen. Gegen diese auch ästhetizistisch begriffene Moderne richtete sich Hermand (1968) unter Verweis auf Soergel (1911, nicht 1925) und hielt den Naturalismus, damit das unmittelbar Gesellschaftskritische – zugleich das eher Populäre als Hermetische – für wichtig. Dies geschah bereits in den politisch aktiven späten sechziger Jahren, als das Interesse für den Naturalismus – auch wegen des dokumentarischen Theaters (seit Hochhuths *Der Stellvertreter* 1963, Adenauers Rücktrittsjahr) – wieder wach wurde. Es ist wohl charakteristisch, daß Münchow (1970, in der DDR) – während Mattenklott (1970) vom historischen Ästhetizismus noch als von einer «ästhetischen Opposition» schrieb – in einer Anthologie naturalistischer Werke, und unter mehrfachem Verweis auf Brecht, den Naturalismus schon als bürgerliche Opposition würdigte und an ihm das politisch Engagierte und Aktivistische hervorhob. [200; *S. 703, 711*]

Kreuzer vertrat 1971 eine der Hermandschen ähnliche Position; nur übernahm er von Schwerte (1967) die These, für die Moderne sei der Antagonismus zwischen Naturalismus und Symbolismus charakteristisch. Im allgemeinen behielt man aber die bekannte diachronische Periodisierung und Unterscheidung bei. Mahals Studie von 1975 bleibt ihr mit dem Paradoxon treu, der Naturalismus bedeute einen markanten Wendepunkt, indem in ihm noch ein letztesmal ein konsequentes Weltbild und ein überzeitliches Kunstgesetz aktiv gewesen sei. [195; *S. 21*]

Die Wandlung in der literaturgeschichtlichen Erfassung der Epoche Jahrhundertwende, die in den späten siebziger Jahren einsetzte, ist zum Teil auf einen Wandel des Realismusbegriffs zurückzuführen. Dies gilt – wie das etwa an Münchow zu sehen ist – auch für die DDR. Der Kafka-Kongreß von 1960 in Prag, dann die Veröffentlichung des Brechtschen Nachlasses 1966 ermöglichten die Anerkennung der nicht-mimetischen Schreibweise und die Ausarbeitung eines nicht-mimetischen Realismusbegriffs, der etwa bei Jakobson 1921 (jetzt 1969) schon vorhanden war. Ein solcher Realismusbegriff, eher der Brechtsche als der Blochsche, setzte sich in der Theorie und mit Bezug auf die moderne Literatur gegenüber dem Lukácsschen mimetischen allmählich durch (vgl. etwa Baumgart, 1968; Weimann, 1972). [155; *S. 122*] Doch der nicht-mimetische Realismusbegriff vermochte bisher nicht, die Literaturgeschichtsschreibung in der Bundesrepublik und in der DDR wirklich eingehend zu beeinflussen (vgl. dazu Rosenberg, 1977).

Die Veränderung hatte auch andere Ursachen. Den Unterschied zwischen dem ästhetizistischen Standpunkt, der auf der Eigengesetzlichkeit der Kunst, auf ihrer Autonomie besteht, und der radikalen Avantgarde, die irgendeine Aufhebung der Trennung zwischen Kunst und Leben anstrebt, konnte man erst in den sechziger und siebziger Jahren klar sehen. Denn erst unter dem Einfluß neuer avantgardistischen Tendenzen und ihrer nachhinkenden Rezeption wie auch im Kontext der politischen Radikalisierung in der Bundesrepublik ergab sich der wichtige Umschwung, mit dem sich eine eher avantgardistische Auffassung der Moderne verbreiten konnte. Dieser Wandel führte unter anderem auch zur Entdekkung Benjamins, genauer zur Erkenntnis des Unterschieds zwischen den Ansichten Adornos und Benjamins, der zum Beispiel Baudelaires Schaffen «nicht mehr im Banne des *L'art pour l'art*, als Rückzug der Poesie auf sich selbst, sondern als Zeugnis einer geschichtlichen Erfahrung» zu sehen suchte (Jauss 1970 [1965]). [401; *S. 58*]

Seit den späten siebziger Jahren, im Anschluß an die Arbeiten von Gallas (1971), Tomberg (1973), Bürger (1974) und an die Diskussion über Bürgers Theorie der Avantgarde (vor allem in Lüdke, 1976), wurde der Unterschied zwischen Ästhetizismus und Avantgarde herausgearbeitet. Es ist üblich geworden, von den «historischen Avantgardebewegungen» zu reden und über ihr Scheitern zu diskutieren, ebenso wie es vor zwanzig Jahren üblich war, über das Scheitern des Expressionismus zu schreiben. In diesen Diskussionen figuriert aber der Naturalismus zumeist überhaupt nicht oder nur am Rande. Eine Gesamtdarstellung der drei wichtigsten Bewegungen der Jahrhundertwende in ihrem komplexen und konfliktreichen Verhältnis zueinander scheint immer noch schwierig zu sein. Das gleiche gilt für die Bestimmung der Moderne. Der seit einigen Jahren aufgetauchte, aber nicht definierte Begriff der Post-Moderne hat bisher nicht zur Klärung der Lage beitragen können.

Bibliographie

Die nachstehende Bibliographie ist eine Zusammenfassung der wissenschaftlichen Literatur, auf die sich die Autoren in ihren Artikeln beziehen bzw. auf die sie hinweisen. Sie erhebt keinen Anspruch, einen Überblick über die gesamte wissenschaftliche Literatur zu bieten. Nicht geschlossen werden sollte aus der Bibliographie, daß alle aufgeführten Titel zur weiterführenden Lektüre empfohlen werden.

Zitate im Text werden durch die in Klammern gesetzten Ziffern nachgewiesen. Hierbei bezieht sich die erste Ziffer auf die Titelnummer der Bibliographie, während die zweite, *kursiv* gesetzte Ziffer die Seite im zitierten Titel angibt.

1. Zur allgemeinen Geschichte (insbesondere politische, Sozial- und Kulturgeschichte)

1 Bamberger, Ludwig: Die Nachfolge Bismarcks. 5. Aufl. Berlin 1889.

2 Bauer, Otto: Die Nationalitätenfrage und die Sozialdemokratie. (Sonderausgabe aus dem II. Bande der Marx-Studien, «Blätter zur Theorie und Politik des wissenschaftlichen Sozialismus») Wien 1907.

3 Bebel, August: Die Frau in der Vergangenheit, Gegenwart und Zukunft. Zürich 1884 (späterer Titel, ab 9. Aufl. 1891: Die Frau und der Sozialismus).

4 Bergmann, Klaus: Agrarromantik und Großstadtfeindschaft. Meisenheim am Glan 1970. (Marburger Abhandlungen zur politischen Wissenschaft. Bd. 20).

5 Der Berliner Antisemitismusstreit. Hrsg. von Walther Boehlich. 2. Aufl. Frankfurt (Main) 1965.

6 Bernstein, Eduard: Die Voraussetzungen des Sozialismus und die Aufgaben der Sozialdemokratie. Stuttgart 1899.

7 Bloch, Ernst: Erbschaft dieser Zeit. Frankfurt (Main) 1973.

8 Bloch, Ernst: Das Prinzip Hoffnung. In 3 Bden. Frankfurt (Main) 1967.

9 Borchardt, Knut: Die industrielle Revolution in Deutschland. Mit e. Einf. von Carlo M. Cipolla. München 1972.

10 Brentano, Lujo: Mein Leben im Kampf um die soziale Entwicklung Deutschlands. Jena 1931.

11 Chamberlain, Houston Stewart: Die Grundlagen des neunzehnten Jahrhunderts. München 1899.

12 Cullity, John P.: The growth of governmental employment in Germany, 1882 bis 1950. In: Zeitschrift für die gesamte Staatswissenschaft. Tübingen 123 (1967) H. 2. S. 201–217.
13 Dahrendorf, Ralf: Gesellschaft und Demokratie in Deutschland. München 1965.
14 Deutsche Sozialgeschichte. Dokumente und Skizzen. Bd. 2: 1870 bis 1914. Hrsg. von Gerhard A. Ritter; Jürgen Kocka. 2., durchges. Aufl. München 1977.
15 Dokumentation der Jugendbewegung. Hrsg. im Auftrag des Gemeinschaftswerkes Dokumentation der Jugendbewegung und in Verbindung mit der Wissenschaftlichen Kommission für die Geschichte der Jugendbewegung von Werner Kindt. Bd. 1: Grundschriften der deutschen Jugendbewegung. Mit e. Einf. von Theodor Wilhelm. Düsseldorf, Köln 1963.
16 Driesch, Hans Adolf Eduard: Analytische Theorie der organischen Entwicklung. Mit acht Textfiguren. Leipzig 1894.
17 Engelsing, Rolf: Zur Sozialgeschichte deutscher Mittel- und Unterschichten. 2., erweit. Aufl. Göttingen 1978. (Kritische Studien zur Geschichtswissenschaft. Bd. 4).
18 Ernst, Paul: Frauenfrage und soziale Frage. In: Freie Bühne für modernes Leben. Hrsg. von Otto Brahm. Berlin 1 (1890) Heft 15. S. 423–426.
19 Eyck, Erich: Das persönliche Regiment Wilhelms II. Politische Geschichte des deutschen Kaiserreiches von 1890–1914. Erlenbach-Zürich 1948.
20 Flora, Peter: Indikatoren der Modernisierung. Ein historisches Datenhandbuch. Opladen 1975. (Studien zur Sozialwissenschaft. Bd. 27).
21 Flora, Peter: Modernisierungsforschung. Zur empirischen Analyse der gesellschaftlichen Entwicklung. Opladen 1974. (Studien zur Sozialwissenschaft. Bd. 20).
22 Gay, Peter: Weimar culture. The outsider as insider. New York 1968.
23 Gierke, Otto Friedrich von: Das deutsche Genossenschaftsrecht. Bd. 3: Die Staats- und Korporationslehre des Altertums und des Mittelalters und ihre Aufnahme in Deutschland. Berlin 1881.
24 Gumbrecht, Hans Ulrich: Modern, Modernität, Moderne. In: Geschichtliche Grundbegriffe. Historisches Lexikon zur politisch-sozialen Sprache in Deutschland. Hrsg. von Otto Brunner u. a. Bd. 4. Stuttgart 1978.
25 Hall, Alex: The Kaiser, The Wilhelmine State and Lèse-majesté. In: German Life and Letters. A quarterly review. Oxford New ser. 27 (1973/74). S. 101–115.
26 Handbuch der deutschen Wirtschafts- und Sozialgeschichte. Bd. 2: Das 19. und 20. Jahrhundert. Hrsg. von Hermann Aubin; Wolfgang Zorn. Stuttgart 1976.
27 Hilferding, Rudolf: Das Finanzkapital. Eine Studie über die jüngste Entwicklung des Kapitalismus. Wien 1910.
28 Hoffmann, Walther Gustav: Das Wachstum der deutschen Wirtschaft seit Mitte des 19. Jahrhunderts. Unter Mitarb. von Franz Grumbach; Helmut Hesse. Mit 26 Schaubildern und 325 Tab. Berlin, Heidelberg, New York 1965.
29 Hughes, Henry Stuart: Consciousness and society. The reorientation of European social thought, 1890–1930. New York 1958.
30 Iggers, Georg G.: Deutsche Geschichtswissenschaft. Eine Kritik der traditionellen Geschichtsauffassungen von Herder bis zur Gegenwart. (Aus d. Engl.

übertr. von Christian M. Barth.) Vom Autor durchges. u. erw. Aufl. München 1971.

31 Joel, Karl: Neue Weltkultur. Leipzig 1915.

32 Johnston, William M.: Österreichische Kultur- und Geistesgeschichte. Gesellschaft und Ideen im Donauraum 1848 bis 1938. (Aus d. Amerik. übertr. von Otto Grohma.) Wien 1974. (Forschungen zur Geschichte des Donauraumes. Bd. 1).

33 Kaelble, Hartmut: Soziale Mobilität in Deutschland 1900–1960. In: Probleme der Modernisierung in Deutschland. Sozialhistorische Studien zum 19. und 20. Jahrhundert. Hrsg. von Hartmut Kaelble u. a. Opladen 1978. (Schriften des Zentralinstituts für Sozialwissenschaftliche Forschung der Freien Universität Berlin. Bd. 27).

34 Kaelble, Hartmut: Sozialer Aufstieg in Deutschland 1850–1914. In: Vierteljahrsschrift für Sozial- und Wirtschaftsgeschichte. Wiesbaden. 60 (1973) H. 1. S. 41–71.

35 Kautsky, Karl: Das Erfurter Programm in seinem grundsätzlichen Theil. Stuttgart 1891.

36 Kautsky, Karl: Die soziale Revolution. Berlin 1903.

37 Kehr, Eckart: Der Primat der Innenpolitik. Gesammelte Aufsätze zur preussisch-deutschen Sozialgeschichte im 19. und 20. Jahrhundert. Hrsg. u. eingel. von Hans-Ulrich Wehler. Mit e. Vorw. von Hans Herzfeld. 2., durchges. Aufl. Berlin 1970.

38 Key, Ellen Karolina Sofia: Das Jahrhundert des Kindes. Studien. (Autorisierte Übertrag. v. Francis Maro.) Berlin 1902.

39 Kirstein, Paul V.: Hat das Weib eine moralische Existenzberechtigung? In: Die Gesellschaft. Monatsschrift für Literatur und Kunst. Leipzig 9 (1893) S. 1034–1042.

40 Kocka, Jürgen; Siegrist, Hannes: Die hundert größten deutschen Industrieunternehmen im späten 19. und frühen 20. Jahrhundert. In: Recht und Entwicklung der Großunternehmen im 19. und frühen 20. Jahrhundert. Wirtschafts-, sozial- und rechtshistorische Untersuchungen zur Industrialisierung in Deutschland, Frankreich, England und den USA. (Law and the formation of the big enterprises in the 19. and early 20. centuries.) Hrsg. von Norbert Horn; Jürgen Kocka. Göttingen 1979. (Kritische Studien zur Geschichtswissenschaft. Bd. 40).

41 Lamprecht, Karl Gotthard: Deutsche Geschichte. 12 Bde. Berlin 1891–1909.

42 Landauer, Gustav: Aufruf zum Sozialismus. Berlin 1911.

43 Langbehn, Julius: Rembrandt als Erzieher. Von einem Deutschen. 4.–28. Aufl. Berlin 1890.

44 Lenin, Wladimir Iljitsch: Sämtliche Werke. Ins Deutsche übertr. nach der 2., erg. u. rev. russ. Ausgabe. Bd. 13: Materialismus und Empiriokritizismus. Kritische Bemerkungen über eine reaktionäre Philosophie. (Übertr. unt. d. Red. v. Noah Borowski und Helene Grabenko.) Berlin 1927.

45 Lienhard, Fritz: Was uns not tut. Ein Wort zur Verständigung. In: Deutsche Monatsschrift für das gesamte Leben der Gegenwart. Berlin 2 (1903), H. 7. S. 100–102.

46 Mann, Golo: Deutsche Geschichte des neunzehnten und zwanzigsten Jahrhunderts. Frankfurt (Main) 1959.

47 Massing, Paul W.: Rehearsal for destruction. A study of political antisemitism in imperial Germany. New York 1949.
48 Meinecke, Friedrich: Weltbürgertum und Nationalstaat. Studien zur Genesis des deutschen Nationalstaates. München 1908.
49 Milatz, Alfred: Die linksliberalen Parteien und Gruppen in den Reichstagswahlen 1871–1912. In: Archiv für Sozialgeschichte. Hannover 12 (1972) S. 273–292.
50 Mitzmann, Arthur: The iron cage. An historical interpretation of Max Weber. New York 1970.
51 Moeller van den Bruck, Arthur: Der preußische Stil. München 1916.
52 Orsagh, Thomas J.: Löhne in Deutschland. 1871–1913. Neuere Literatur und weitere Ergebnisse. In: Zeitschrift für die gesamte Staatswissenschaft. Tübingen 125 (1969) H. 3. S. 476–483.
53 Paulsen, Friedrich: Geschichte des gelehrten Unterrichts auf den deutschen Schulen und Universitäten vom Ausgang des Mittelalters bis zur Gegenwart. Mit Rücksicht auf den klassischen Unterricht. 3., erw. Aufl. hrsg. und in einem Anhang fortgesetzt von Rudolf Lehmann. 2 Bde. Leipzig 1919–1921.
54 Plessner, Helmuth: Die verspätete Nation. Über die politische Verführbarkeit des bürgerlichen Geistes (2., erw. Aufl. von «Das Schicksal deutschen Geistes im Ausgang seiner bürgerlichen Epoche»). Stuttgart 1959.
55 Pohl, Hans: Die Konzentration in der deutschen Wirtschaft vom ausgehenden 19. Jahrhundert bis 1945. In: Die Konzentration in der deutschen Wirtschaft seit dem 19. Jahrhundert. Referate und Diskussionsbeiträge d. 2. öffentl. Vortragsveranst. d. Ges. für Unternehmensgesch. e. V. am 28. Juni 1977 in Köln. Im Auftrag d. Ges. für Unternehmensgeschichte hrsg. von Hans Pohl; Wilhelm Treue. Wiesbaden 1978. (Zeitschrift für Unternehmensgeschichte. Beih. 11).
56 Puhle, Hans-Jürgen: Agrarische Interessenpolitik und preußischer Konservatismus im Wilhelminischen Reich (1893–1914). Ein Beitrag zur Analyse des Nationalismus in Deutschland am Beispiel des Bundes der Landwirte und der Deutsch-Konservativen Partei. Hannover 1967.
57 Rathenau, Walther: Von kommenden Dingen. Berlin 1917.
58 Rauh, Manfred: Die Parlamentarisierung des Deutschen Reiches. Hrsg. von der Kommission für Geschichte des Parlamentarismus u. d. politischen Parteien. Düsseldorf 1977. (Beiträge zur Geschichte des Parlamentarismus und der politischen Parteien. Bd. 60).
59 Reden des Kaisers. Ansprachen, Predigten und Trinksprüche Wilhelms II. Hrsg. von Ernst Johann. München 1966.
60 Das Reich der Erfüllung. Flugschriften zur Begründung einer neuen Weltanschauung. Hrsg. von Heinrich Hart; Julius Hart. Bd. 2: Die neue Gemeinschaft, ein Orden vom wahren Leben. Vorträge und Ansprachen, gehalten bei den Weihefesten, den Versammlungen und Liebesmahlen der neuen Gemeinschaft. Von Heinrich Hart; Julius Hart; Gustav Landauer; Friedrich Holländer. Leipzig 1901.
61 Rohrbach, Paul: Der deutsche Gedanke in der Welt. Düsseldorf, Leipzig 1912.
62 Romein, Jan Marius: The watershed of two eras. Europe in 1900. (Transl. by Arnold J. Pomerans.) Middletown 1978.

63 Rosenberg, Hans: Grosse Depression und Bismarckzeit. Wirtschaftsablauf, Gesellschaft und Politik in Mitteleuropa. Berlin 1967. (Veröffentlichungen der Historischen Kommission zu Berlin beim Friedrich-Meinecke-Institut der Freien Universität Berlin. Bd. 24. Publikationen zur Geschichte der Industrialisierung. Bd. 2).

64 Schäfer, Hermann: Die Industriearbeiter. In: Sozialgeschichtliche Probleme in der Zeit der Hochindustrialisierung (1870–1914). Hrsg. von Hans Pohl. Paderborn, München, Wien 1979. (Quellen und Forschungen aus dem Gebiet der Geschichte. N. F. 1.)

65 Scheler, Max Ferdinand: Die Ursachen des Deutschenhasses. Eine nationalpädagogische Erörterung. Leipzig 1917.

66 Schieder, Theodor: Das Deutsche Kaiserreich von 1871 als Nationalstaat. Köln, Opladen 1961. (Wissenschaftliche Abhandlungen der Arbeitsgemeinschaft für Forschung des Landes Nordrhein-Westfalen. Bd. 20).

67 Schmoller, Gustav: Was verstehen wir unter dem Mittelstand? Hat er im 19. Jahrhundert zu- oder abgenommen? In: Die Verhandlungen des 8. evangelisch-sozialen Kongresses, abgehalten zu Leipzig am 10. und 11. VI. 1897. Nach d. stenographischen Protokollen. Göttingen 1897.

68 Schorske, Carl E.: Fin-de-Siècle Vienna. Politics and Culture. New York 1980.

69 Schremmer, Eckart: Wie groß war der «technische Fortschritt» während der Industriellen Revolution in Deutschland 1850–1913. In: Vierteljahrsschrift für Sozial- und Wirtschaftsgeschichte. Wiesbaden 60 (1973) H. 4. S. 433–458.

70 Schulz, Günther: Die industriellen Angestellten. In: Sozialgeschichtliche Probleme in der Zeit der Hochindustrialisierung (1870–1914). Hrsg. von Hans Pohl. Paderborn, München, Wien 1979. (Quellen und Forschungen aus dem Gebiet der Geschichte. N. F. 1).

71 Simmel, Georg: Der Konflikt in der modernen Kultur. Ein Vortrag. München, Leipzig 1918.

72 Simmel, Georg: Philosophie des Geldes. Leipzig 1900.

73 Society and politics in Wilhelmine Germany. Ed. by Richard J. Evans. London 1978.

74 Sombart, Werner: Händler und Helden. Patriotische Besinnungen. München, Leipzig 1915.

75 Sombart, Werner: Der moderne Kapitalismus. 3 Bde. Leipzig 1902–1927.

76 Sozialgeschichtliches Arbeitsbuch. Bd. 2: Materialien zur Statistik des Kaiserreichs 1870–1914. Von Gerd Hohorst; Jürgen Kocka; Gerhard A. Ritter. 2., durchges. Aufl. München 1978.

77 Tönnies, Ferdinand: Gemeinschaft und Gesellschaft. Abhandlungen des Communismus und des Sozialismus als empirische Culturformen. Leipzig 1887.

78 Weber-Kellermann, Ingeborg: Die deutsche Familie. Versuch einer Sozialgeschichte. Frankfurt (Main) 1974.

79 Wehler, Hans-Ulrich: Das Deutsche Kaiserreich. 1871–1918. Göttingen 1973.

80 Wehler, Hans-Ulrich: Das Deutsche Kaiserreich 1871–1918. 2., durchges. u. bibliogr. erg. Aufl. Göttingen 1975. (Deutsche Geschichte. Bd. 9).

81 Das Wilhelminische Bildungsbürgertum. Zur Sozialgeschichte seiner Ideen.

Hrsg. von Klaus Vondung. Göttingen 1976.
82 Das Wilhelminische Zeitalter. Hrsg. von Hans Joachim Schoeps. Stuttgart 1967. (Zeitgeist im Wandel. Bd. 1).
83 Willenborg, Gertrud: Adel und Autorität. In: Trivialliteratur. Aufsätze. Hrsg. von Gerhard Schmidt-Henkel; Horst Enders u. a. Berlin 1964. S. 192–216.
84 Witt, Peter-Christian: Finanzpolitik und sozialer Wandel. In: Sozialgeschichte – heute. Festschrift für Hans Rosenberg zum 70. Geburtstag. Hrsg. von Hans-Ulrich Wehler. Göttingen 1974. (Kritische Studien zur Geschichtswissenschaft. 11).
85 Wundt, Wilhelm Max: Elemente der Völkerpsychologie. Grundlinien einer psychologischen Entwicklungsgeschichte der Menschheit. Leipzig 1912.
86 Wundt, Wilhelm Max: Grundriß der Psychologie. 7. verb. Aufl. Leipzig 1905.
87 Zechlin, Egmont: Die Reichsgründung. Frankfurt (Main), Berlin, Wien 1967. (Deutsche Geschichte. Ereignisse und Probleme. Hrsg. von Walther Hubatsch. Bd. 3,2).
88 Ziegler, Theobald: Die geistigen und sozialen Strömungen Deutschlands im 19. und 20. Jahrhundert bis zum Beginn des Weltkrieges. 7. Aufl. Berlin 1921.

2. Zur Öffentlichkeit, Publizistik und zum Buchmarkt

89 Braulich, Heinrich: Die Volksbühne. Theater und Politik in der deutschen Volksbühnenbewegung. Berlin 1976.
90 Engelsing, Rolf: Analphabetentum und Lektüre. Zur Sozialgeschichte des Lesens in Deutschland zwischen feudaler und industrieller Gesellschaft. Stuttgart 1973.
91 Fülberth, Georg: Proletarische Partei und bürgerliche Literatur. Auseinandersetzungen in der deutschen Sozialdemokratie der 2. Internationale über Möglichkeiten und Grenzen einer sozialistischen Literaturpolitik. Neuwied, Berlin 1972. (collection alternative. Bd. 4).
92 Habermas, Jürgen: Strukturwandel der Öffentlichkeit. Untersuchungen zu einer Kategorie der bürgerlichen Gesellschaft. Ungekürzte Sonderausgabe. 6. Aufl. Neuwied, Berlin 1974.
93 Hart, Heinrich; Hart, Julius: Das «Deutsche Theater» des Herrn L'Arronge. In: Kritische Waffengänge. Leipzig (1882) Heft 4. S. 1–69.
94 Hart, Heinrich; Hart, Julius: Wozu, Wogegen, Wofür? In: Kritische Waffengänge. Leipzig (1882) Heft 1. S. 1–8.
95 Jährig-Ostertag, Susanne: Zur Geschichte der Theaterverlage in Deutschland bis zum Ende des Dritten Reiches. In: Archiv für die Geschichte des Buchwesens. Frankfurt (Main) 16 (1976) S. 143–290.
96 Das Jahr der Bühne. Hrsg. von Siegfried Jacobsohn. Bd. 8. Berlin 1919.
97 Kerr, Alfred: Brief an die Herausgeber. In: Pan, Halbmonatsschrift, Berlin 1 (1910–1911) S. 8.
98 Kindermann, Heinz: Theatergeschichte Europas. Bd. 8: Naturalismus und Expressionismus. T. 1. Deutschland, Österreich, Schweiz. Salzburg 1968.
99 Kreuzer, Helmut: Die Bohème. Analyse und Dokumentation der intellektu-

ellen Subkultur vom 19. Jahrhundert bis zur Gegenwart. Beiträge zu ihrer Beschreibung. Stuttgart 1968.
100 Literatur und Theater im Wilhelminischen Zeitalter. Hrsg. von Hans-Peter Beyerdörfer; Carl Otto Conrady. Tübingen 1978.
101 Neutjens, Clemens: Die Funktionsänderung der Dichterkreise in Deutschland im zwanzigsten Jahrhundert. In: Dichtung, Sprache, Gesellschaft. Akten des IV. Internationalen Germanisten-Kongresses 1970 in Princeton. Hrsg. von Victor Lange; Hans-Gert Roloff. Frankfurt (Main) 1971. (Jahrbuch für internationale Germanistik. Beih. 1).
102 Pörtner, Paul: Experiment Theater. Chronik und Dokument. Zürich 1960.
103 Positionen der literarischen Intelligenz zwischen bürgerlicher Reaktion und Imperialismus. Hrsg. von Gert Mattenklott; Klaus Rüdiger Scherpe. Kronberg (Ts.) 1973. (Literatur im historischen Prozeß. Bd. 2).
104 Pross, Harry: Literatur und Politik. Geschichte und Programme der politisch-literarischen Zeitschriften im deutschen Sprachgebiet seit 1870. Olten, Freiburg 1963.
105 Rüden, Peter von: Sozialdemokratisches Arbeitertheater (1848–1914). Ein Beitrag zur Geschichte des politischen Theaters. Frankfurt (Main) 1973.
106 Schlenther, Paul: Theater im 19. Jahrhundert. Ausgewählte theatergeschichtliche Aufsätze, hrsg. von Hans Knudsen. Berlin 1930.
107 Wittmann, Reinhard: Der Buchmarkt in Deutschland 1848–1880. In: Börsenblatt für den deutschen Buchhandel. Frankfurter Ausgabe. Frankfurt (Main). 33 (1977) Beilage: Aus dem Antiquariat A 53/64.
108 Wuttke, Heinrich: Die deutschen Zeitschriften und die Entstehung der öffentlichen Meinung. Ein Beitrag zur Geschichte des Zeitungswesens. 2., bis auf die Gegenwart fortgeführte Aufl. Leipzig 1875.

3. Zur Literaturgeschichte (allgemein)

109 Alberti, Conrad: Die Frau und der Realismus. In: Die Gesellschaft. Monatsschrift für Litteratur und Kunst. Leipzig 6 (1890) S. 1022–1030.
110 Auerbach, Erich: Mimesis. Dargestellte Wirklichkeit in der abendländischen Literatur. 5. Aufl. Bern, München 1971.
111 Bartels, Adolf: Die deutsche Dichtung der Gegenwart. Die Alten und die Jungen. 4., verb. Aufl. Leipzig 1901.
112 Bartels, Adolf: Geschichte der deutschen Literatur. 7. u. 8. Aufl. Hamburg 1919.
113 Brahm, Otto: Kritiken und Essays. Ausgew., eingel. u. erl. von Fritz Martini. Zürich, Stuttgart 1964.
114 Brecht, Walther: Wege und Umwege in der deutschen Literatur seit hundert Jahren. Öffentlicher Vortrag aus den «Gemeinverständlichen Vorträgen der Universität München». In: Deutsche Vierteljahrsschrift für Literaturwissenschaft und Geistesgeschichte. Halle (Saale) 7 (1929), H. 3, S. 423–445.
115 Brod, Max: Der Prager Kreis. Stuttgart, Berlin, Köln 1966.
116 Cysarz, Herbert: Von Schiller zu Nietzsche. Hauptfragen der Dichtungs- und Bildungsgeschichte des jüngsten Jahrhunderts. Halle 1928.

117 Darge, Elisabeth: Lebensbejahung in der deutschen Dichtung um 1900. Breslau 1934. (Deutschkundliche Arbeiten, Reihe A. 1).
118 Deutsche Arbeiterdichtung 1910–1933. Hrsg. von Günter Heintz. Stuttgart 1974.
119 Deutsche Arbeiterliteratur von den Anfängen bis 1914. Hrsg. von Bernd Witte. Stuttgart 1977.
120 Dieck, Leonore: Die literaturgeschichtliche Stellung der Heimatkunst. Diss. München. Winnenden bei Stuttgart 1938.
121 Emmerich, Wolfgang: Zur Kritik der Volkstumsideologie. Frankfurt (Main) 1971.
122 Ernst, Paul: Die neueste literarische Richtung in Deutschland. In: Die Neue Zeit. Revue des geistigen und öffentlichen Lebens. Stuttgart 9, I (1890 bis 1891), H. 16, S. 509–519.
123 Hart, Julius: Geschichte der Weltliteratur und des Theaters aller Zeiten und Völker. Gegen 1000 Abb. im Text und Tafeln in Schwarz- und Farbdruck. Bd. 2. Berlin 1896.
124 Hartung, Günter: Über die deutsche faschistische Literatur. In: Weimarer Beiträge. Zeitschrift für Literaturwissenschaft. Jg. 14 (1968) S. 474–542 und S. 677–707; Sonderheft 2 (1968) S. 121–159.
125 Hauser, Arnold: Sozialgeschichte der Kunst und Literatur. (Ungek. Sonderausgabe i. e. Bd.) München 1967.
126 Houben, Heinrich Hubert: Verbotene Literatur von der klassischen Zeit bis zur Gegenwart. Ein kritisch-historisches Lexikon über verbotene Bücher, Zeitschriften und Theaterstücke, Schriftsteller und Verleger. Bd. 1. 2., verbess. Aufl. Dessau 1925.
127 Industrie und deutsche Literatur 1830–1914. Eine Anthologie. Hrsg. von Keith Bullivant und Hugh Ridley. München 1976.
128 Jens, Walter: Moderne Literatur, moderne Wirklichkeit. (Vortrag, gehalten am 2. Mai 1958 vor der Goethe-Gesellschaft Hannover.) Pfullingen 1958.
129 Jens, Walter: Statt einer Literaturgeschichte. 6., erw. Aufl. Pfullingen 1970.
130 Just, Klaus Günther: Von der Gründerzeit bis zur Gegenwart. Geschichte der deutschen Literatur seit 1871. Bern, München 1973. (Handbuch der deutschen Literaturgeschichte. Abt. 1, Darstellungen, Bd. 4).
131 Kaufmann, Hans: Krisen und Wandlungen der deutschen Literatur von Wedekind bis Feuchtwanger. Fünfzehn Vorlesungen. 3. Aufl. Berlin (Ost) 1976.
132 König, Robert: Deutsche Literaturgeschichte. Mit 202 Bildnissen und erläuternden Abbildungen im Text und 37 zum Theil farbigen Beilagen außerhalb des Textes. 8., durchgesehene Aufl. Bielefeld, Leipzig 1880.
133 Weltfreunde. Konferenz über die Prager Deutsche Literatur. Hrsg. von Eduard Goldstücker. Berlin und Neuwied 1967.
134 Koppen, Erwin: Weltliteratur zwischen Vulgäridealismus und Repräsentation. Der Nobelpreis für Literatur in der Belle Époque. In: Teilnahme und Spiegelung. Festschrift für Horst Rüdiger. Hrsg. von Beda Allemann; Erwin Koppen. Berlin, New York 1975.
135 Lexikon sozialistischer deutscher Literatur. Von den Anfängen bis 1945. Monographisch-biographische Darstellungen. (Neudruck von Halle/Saale 1963) S'Gravenhage; Gießen 1973.
136 Leyen, Friedrich von der: Deutsche Dichtung in neuer Zeit. Jena 1922.

137 Ludwig, Martin H.: Arbeiterliteratur in Deutschland. Stuttgart 1976.
138 Lukács, Georg: Die Zerstörung der Vernunft. 3 Bde. Darmstadt 1973 bis 1974.
139 Mahrholz, Werner: Deutsche Dichtung der Gegenwart. Probleme, Ergebnisse, Gestalten. Mit 4 Portraits. Berlin 1926.
140 Mehring, Franz: Gesammelte Schriften. Hrsg. von Thomas Höhle; Hans Koch; u. a. Bd. 11: Aufsätze zur deutschen Literatur von Hebbel bis Schweichel. Berlin (Ost) 1961.
141 Meyer, Richard Moritz: Die deutsche Literatur des neunzehnten Jahrhunderts. Volksausgabe. Berlin 1912.
142 Mittner, Ladislao: La letteratura tedesca del Novecento. Con tre saggi su Goethe. Torino 1975.
143 Mittner, Ladislao: Storia della letteratura tedesca. Dal realismo alla sperimentazione (1820–1970). Torino 1971.
144 Modernism 1890–1930. Ed. by Malcolm Bradbury; James McFarlane. Harmondsworth, New York 1976.
145 Naumann, Hans: Die deutsche Dichtung der Gegenwart 1885–1933. 6., neubearb. Aufl. Stuttgart 1933.
146 Proletarische Lebensläufe. Autobiographische Dokumente zur Entstehung der 2. Kultur in Deutschland. Hrsg. von Wolfgang Emmerich. Bd. 1: Anfänge bis 1914. Reinbek bei Hamburg 1974.
147 Ripellino, Angelo Maria: Praga magica. Torino 1973.
148 Rülcker, Christoph: Ideologie der Arbeiterdichtung 1914–1933. Eine wissenssoziologische Untersuchung. Stuttgart 1970.
149 Scherer, Wilhelm; Walzel, Oskar: Geschichte der deutschen Literatur, mit einer Bibliographie von Josef Körner. 4. Aufl. Darin Anhang: Walzel, Oskar: Die deutsche Literatur von Goethes Tod bis zur Gegenwart. Leipzig, Berlin 1928.
150 Schwerte, Hans: Der Weg ins zwanzigste Jahrhundert. In: Annalen der deutschen Literatur. Geschichte der deutschen Literatur von den Anfängen bis zur Gegenwart. Eine Gemeinschaftsarbeit zahlreicher Fachgelehrter. Hrsg. von Heinz Otto Burger. Stuttgart 1952. S. 719–840.
151 Stammler, Wolfgang: Deutsche Literatur vom Naturalismus bis zur Gegenwart. (Mit 32 Bildnissen.) Breslau 1924.
152 Stieg, Gerald; Witte, Bernd: Abriß einer Geschichte der deutschen Arbeiterliteratur. Stuttgart 1973.
153 Texte der proletarisch-revolutionären Literatur Deutschlands 1919–1933. Hrsg. von Günter Heintz. Stuttgart 1974.
154 Trommler, Frank: Sozialistische Literatur in Deutschland. Ein historischer Überblick. Stuttgart 1976.
155 Weimann, Robert: Literaturgeschichte und Mythologie. Methodologische und historische Studien. 2. Aufl. Berlin (Ost), Weimar 1972.
156 Welt-Literatur der Gegenwart. Band Deutschland. Hrsg. von Ludwig Marcuse. 2 Tle. Leipzig, Wien, Bern 1924.
157 Wuthenow, Ralph-Rainer: Muse, Maske, Meduse. Europäischer Ästhetizismus. Frankfurt (Main) 1978.

4. Zur Literaturgeschichte (Epochenproblematik)

158 Bänsch, Dieter: Naturalismus und Frauenbewegung. In: Naturalismus. Bürgerliche Dichtung und soziales Engagement. Hrsg. von Helmut Scheuer. Stuttgart, Berlin, Köln 1974. (Sprache und Literatur. 91) S. 122–149.

159 Bahr, Hermann: Expressionismus. Mit 19 Taf. in Kupferdr. München 1916.

160 Bahr, Hermann: Die Überwindung des Naturalismus. Dresden 1891. («Zur Kritik der Moderne» 2. Reihe).

161 Baumgarth, Christa: Geschichte des Futurismus. Reinbek bei Hamburg 1966.

162 Bogdal, Klaus-Michael: Schaurige Bilder. Der Arbeiter im Blick des Bürgers am Beispiel des Naturalismus. Frankfurt (Main) 1978.

163 Brauneck, Manfred: Literatur und Öffentlichkeit im ausgehenden 19. Jahrhundert. Studien zur Rezeption des naturalistischen Theaters in Deutschland. Stuttgart 1974.

164 Brinkmann, Richard: Expressionismus. Forschungs-Probleme. 1952–1960. Stuttgart 1961.

165 Brinkmann, Richard: Expressionismus. Internationale Forschung zu einem internationalen Phänomen. Stuttgart 1980. (Deutsche Vierteljahrsschrift für Literaturwissenschaft. Sonderband).

166 Cowen, Roy C.: Der Naturalismus. Kommentar zu einer Epoche. München 1973.

167 Dada. Eine literarische Dokumentation. Hrsg. von Richard Huelsenbeck. Reinbek bei Hamburg 1964.

168 Dada Berlin. Texte, Manifeste, Aktionen. In Zusammenarbeit mit Hanne Bergius hrsg. von Karl Riha. Stuttgart 1977.

169 Deutsche Literatur der Jahrhundertwende. Hrsg. von Viktor Žmegač. Frankfurt (Main) 1981. (Neue Wissenschaftliche Bibliothek. 113).

170 Döhl, Reinhard: Dadaismus. In: Expressionismus als Literatur. Gesammelte Studien. Hrsg. von Wolfgang Rothe. Bern, München 1969.

171 Emrich, Wilhelm: Literaturrevolution 1910–1925. (1960) In: Begriffsbestimmung des literarischen Expressionismus. Hrsg. von Hans Gerd Rötzer. Darmstadt 1976. (Wege der Forschung. Bd. 380).

172 Expressionism as an international literary phenomenon. 21 essays and a bibliography. Ed. by Ulrich Weisstein. Paris 1973.

173 Expressionismus als Literatur. Gesammelte Studien. Hrsg. von Wolfgang Rothe. Bern, München 1969.

174 Die Expressionismusdebatte. Materialien zu einer marxistischen Realismus-Konzeption. Hrsg. von Hans-Jürgen Schmitt. Frankfurt (Main) 1973.

175 Fin de siècle. Zu Literatur und Kunst der Jahrhundertwende. Hrsg. von Roger Bauer u. a. Frankfurt (Main) 1977. (Studien zur Philosophie und Literatur des neunzehnten Jahrhunderts. Bd. 35).

176 Fischer, Jens Malte: Fin de siècle. Kommentar zu einer Epoche. München 1978.

177 Goldstücker, Eduard: Über die Prager deutsche Literatur am Anfang des 20. Jahrhunderts. Dortmund 1965. (Dortmunder Vorträge. Reihe A. Heft 70).

178 Hadermann, Paul: Expressionist literature and painting. In: Expressionism as an international literary phenomenon. 21 essays and a bibliography. Ed. by Ulrich Weisstein. Paris 1973.

179 Hajek, Edelgard: Literarischer Jugendstil. Vergleichende Studien zur Dichtung und Malerei um 1900. Düsseldorf 1971. (Literatur in der Gesellschaft. Bd. 6).
180 Hamann, Richard; Hermand, Jost: Deutsche Kunst und Kultur von der Gründerzeit bis zum Expressionismus. 5 Bde. Berlin (Ost) 1959–1977.
181 Hamann, Richard; Hermand, Jost: Epochen deutscher Kultur von 1870 bis zur Gegenwart. Bd. 1: Gründerzeit, Bd. 2: Naturalismus, Bd. 3: Impressionismus. München 1971–1972.
182 Hermand, Jost: Jugendstil. Ein Forschungsbericht 1881 bis 1964. Mit 10 Abb. Stuttgart 1965. (Referate aus der Deutschen Vierteljahrsschrift für Literaturwissenschaft und Geistesgeschichte, erweiterter Sonderdruck aus 38 [1964])
183 Hermand, Jost: Der Schein des schönen Lebens. Studien zur Jahrhundertwende. Frankfurt (Main) 1972.
184 Hinterhäuser, Hans: Fin de siècle. Gestalten und Mythen. München 1977.
185 Hollander, Walter von: Expressionismus des Schauspielers. In: Die Neue Rundschau, Berlin 28, I (1917), S. 575–576.
186 Jost, Dominik: Literarischer Jugendstil. Stuttgart 1969.
187 Jugendstil. Hrsg. von Jost Hermand. Darmstadt 1971. (Wege der Forschung. Bd. 110.)
188 Kemper, Hans-Georg: Vom Expressionismus zum Dadaismus. Eine Einführung in die dadaistische Literatur. Kronberg (Ts.) 1974.
189 Ketelsen, Uwe-Karsten: Völkisch-nationale und nationalistische Literatur in Deutschland 1890–1945. Stuttgart 1976.
190 Koppen, Erwin: Dekadenter Wagnerismus. Studien zur europäischen Literatur des Fin de siècle. Berlin, New York 1973. (Komparatistische Studien. Bd. 2.)
191 Literarische Manifeste der Jahrhundertwende 1890–1910. Hrsg. von Erich Ruprecht und Dieter Bänsch. Stuttgart 1970. (Epochen der deutschen Literatur. Materialienbände).
192 Literarische Manifeste des Naturalismus 1880–1892. Hrsg. von Erich Ruprecht. Stuttgart 1962.
193 Die literarische Moderne. Dokumente zum Selbstverständnis der Literatur um die Jahrhundertwende. Ausgew. u. mit e. Nachw. hrsg. von Gotthard Wunberg. Frankfurt (Main) 1971.
194 Literaturrevolution 1910–1925. Dokumente, Manifeste, Programme. Hrsg. von Paul Pörtner. Bd. 1: Zur Ästhetik und Poetik, Bd. 2: Zur Begriffsbestimmung der Ismen. Darmstadt 1960/61. (Mainzer Reihe 13).
195 Mahal, Günter: Naturalismus. München 1975. (Deutsche Literatur im 20. Jahrhundert. Bd. 1).
196 Martens, Gunter: Vitalismus und Expressionismus. Ein Beitrag zur Genese und Deutung expressionistischer Stilstrukturen und Motive. Stuttgart, Berlin, Köln 1971. (Studien zur Poetik und Geschichte der Literatur. Bd. 22).
197 Martini, Fritz: Expressionismus. In: Deutsche Literatur im zwanzigsten Jahrhundert. Gestalten und Strukturen. 23 Darstellungen. Hrsg. von Hermann Friedmann; Otto Mann. Heidelberg 1954.
198 Middleton, J. C.: The rice of primitivism and its relevance to the poetry of Expressionism and Dada. In: The discontinuous tradition. Studies in Ger-

man literature in honour of Ernest Ludwig Stahl. Ed. by P. F. Ganz. Oxford 1971.

199 Münchow, Ursula: Deutscher Naturalismus. Berlin (Ost) 1968.

200 Münchow, Ursula: Nachwort. In: Naturalismus 1892–1899. Dramen, Lyrik, Prosa. Hrsg. von Ursula Münchow. Weimar, Berlin (Ost) 1970.

201 Naturalismus. Bürgerliche Dichtung und soziales Engagement. Hrsg. von Helmut Scheuer. Stuttgart, Berlin, Köln 1974. (Sprache und Literatur. 91).

202 Pascal, Roy: From naturalism to expressionism. German literature and society 1880–1918. London 1973.

203 Perkins, Geoffrey: Contemporary theory of expressionism. Bern, Frankfurt (Main) 1974. (British and Irish studies in German language and literature. 1).

204 Philipp, Eckhard: Dadaismus. Einführung in den literarischen Dadaismus und die Wortkunst des «Sturm»-Kreises. München 1980.

205 Rasch, Wolfdietrich: Zur deutschen Literatur seit der Jahrhundertwende. Gesammelte Aufsätze. Stuttgart 1967.

206 Rehm, Walther: Der Dichter und die neue Einsamkeit. Aufsätze zur Literatur um 1900. Hrsg. von Reinhardt Habel. Göttingen 1969.

207 Rosenhaupt, Hans Wilhelm: Der deutsche Dichter um die Jahrhundertwende und seine Abgelöstheit von der Gesellschaft. Bern, Leipzig 1939. (Sprache und Dichtung. 66).

208 Scherer, Herbert: Bürgerlich-oppositionelle Literaten und sozialdemokratische Arbeiterbewegung nach 1890. Stuttgart 1974.

209 Schneider, Karl Ludwig: Zerbrochene Formen. Wort und Bild im Expressionismus. Hamburg 1967.

210 Schwerte, Hans: Deutsche Literatur im Wilhelminischen Zeitalter. In: Das Wilhelminische Zeitalter. Hrsg. Hans Joachim Schoeps. Stuttgart 1967. (Zeitgeist im Wandel. Bd. 1).

211 Simon, Hans-Ulrich: Sezessionismus. Kunstgewerbe in literarischer und bildender Kunst. Stuttgart 1976.

212 Soergel, Albert: Dichtung und Dichter der Zeit. Eine Schilderung der deutschen Literatur der letzten Jahrzehnte. Leipzig 1911.

213 Soergel, Albert: Dichtung und Dichter der Zeit. Eine Schilderung der deutschen Literatur der letzten Jahrzehnte. Neue Folge. Im Banne des Expressionismus. Leipzig 1925.

214 Sokel, Walter Herbert: Der literarische Expressionismus. Der Expressionismus in der deutschen Literatur des zwanzigsten Jahrhunderts. München 1960.

215 Usinger, Fritz: Der Dadaismus. In: Expressionismus. Gestalten einer literarischen Bewegung. Hrsg. von Hermann Friedmann; Otto Mann. Heidelberg 1956.

216 Vietta, Silvio; Kemper, Hans-Georg: Expressionismus. München 1975. (Deutsche Literatur im 20. Jahrhundert. Bd. 3).

217 Walden, Herwarth: Expressionismus. Die Kunstwende. Berlin 1918.

218 Worbs, Michael: Wissenschaft und Literatur im Fin de siècle. In: Sprache im technischen Zeitalter. Berlin 18 (1978) H. 68, S. 302–316.

219 Wyneken, Gustav Adolph: Was ist «Jugendkultur»? Öffentlicher Vortrag, gehalten am 30. Oktober 1913 in der Pädagogischen Abteilung der Münchener freien Studentenschaft. Mit einem Nachwort über den «Anfang». München 1914.

5. Zu den Gattungen

220 Adorno, Theodor Wiesengrund: Rede über Lyrik und Gesellschaft. In: Noten zur Literatur. Bd. 1. Frankfurt (Main) 1958, S. 73–104.
221 Arnold, Robert Franz: Das moderne Drama. Straßburg 1908.
222 Brinkmann, Richard: «Abstrakte» Lyrik im Expressionismus und die Möglichkeit symbolischer Aussage. In: Der Deutsche Expressionismus. Formen und Gestalten. Hrsg. von Hans Steffen. Göttingen 1965, S. 88–114.
223 Carter, Huntly: The new spirit in drama and art. London 1912.
224 Conrad, Michael Georg: Kritik: Romane und Novellen. In: Die Gesellschaft. Monatsschrift für Litteratur, Kunst und Sozialpolitik. Hrsg. von Michael Georg Conrad. Leipzig 8 (1892) 2. Quartal. S. 642–644.
225 Diebold, Bernhard: Anarchie im Drama. Frankfurt (Main), Berlin 1921.
226 Dramen des deutschen Naturalismus. Von Gerhart Hauptmann bis Karl Schönherr. 2 Bde. Hrsg. von Roy C. Cowen. München 1981.
227 Fischli, Bruno: Die Deutschen-Dämmerung. Zur Genealogie des völkisch-faschistischen Dramas und Theaters (1897–1933). Bonn 1976. (Literatur und Wirklichkeit. Bd. 16).
228 Geschichte der «Menschheitsdämmerung». Interpretationen expressionistischer Lyrik, mit einer Einleitung von Kurt Pinthus. Hrsg. von Horst Denkler. München 1971.
229 Gregor, Joseph: Richard Strauss, der Meister der Oper. Mit Briefen des Komponisten und 30 Bildern. München 1939.
230 Haida, Peter: Komödie um 1900. Wandlungen des Gattungsschemas von Hauptmann bis Sternheim. München 1973. (Kritische Information. 7).
231 Heimatstück, Heimatfilm, Volksstück. In: Diskurs. Zeitschrift für Theater, Film und Fernsehen. Köln 3 (1973) H. 3/4.
232 Hein, Jürgen: Dorfgeschichte. Stuttgart 1976.
233 Hiller, Kurt: Ein besserer Mitteleuropäer. In: Die Aktion, Berlin 1 (1911) Sp. 172.
234 Hiller, Kurt: Geist werde Herr. Kundgebungen eines Aktivisten vor, in und nach dem Kriege. Berlin 1920. (Tribüne der Kunst und Zeit. Eine Schriftensammlung. 16/17).
235 Hintze, Joachim: Das Raumproblem im modernen deutschen Drama und Theater. Marburg 1969. (Marburger Beiträge zur Germanistik. Bd. 24).
236 Hoefert, Sigfried: Das Drama des Naturalismus. 3., durchges. u. erg. Aufl. Stuttgart 1979.
237 Hughes, Henry Stuart: Oswald Spengler. A critical estimate. New York 1952.
238 Iskra, Wolfgang: Die Darstellung des Sichtbaren in der dichterischen Prosa um 1900. Münster 1967. (Münstersche Beiträge zur deutschen Literaturwissenschaft. Bd. 2).
239 Jenny, Erika: Die Heimatkunstbewegung. Ein Beitrag zur neueren deutschen Literaturgeschichte. Diss. Phil. Basel 1934.
240 Kerr, Alfred: Die Welt im Drama. Bd. 1. Berlin 1917.
241 Klein, Elisabeth: Jugendstil in der deutschen Lyrik. Diss. Köln. Düsseldorf 1958.
242 Klotz, Volker: Abenteuer-Romane: Sue, Dumas, Ferry, Retcliffe, May, Verne. München 1979.

243 Klotz, Volker: Durch die Wüste und so weiter. In: Trivialliteratur. Aufsätze. Hrsg. von Gerhard Schmidt-Henkel; Horst Enders u. a. Berlin 1964. S. 33–51.
244 Klotz, Volker: Jugendstil in der Lyrik. In: Klotz, Volker: Kurze Kommentare zu Stücken und Gedichten. Darmstadt 1962.
245 Krieg, Walter: «Unser Weg ging hinauf». Hedwig Courths-Mahler und ihre Töchter als literarisches Phänomen. Ein Beitrag zur Theorie über den Erfolgsroman und zur Geschichte und Bibliographie des modernen Volkslesestoffes. Wien 1954.
246 Lohner, Edgar: Die Lyrik des Expressionismus. In: Expressionismus. Gestalten einer literarischen Bewegung. Hrsg. von Hermann Friedmann; Otto Mann. Heidelberg 1956.
247 Lyrik des Expressionismus. Hrsg. und eingel. von Silvio Vietta. München 1976.
248 Lyrik des expressionistischen Jahrzehnts. Von den Wegbereitern bis zum Dada. Eingel. von Gottfried Benn. Wiesbaden 1955.
249 Lyrik des Jugendstils. Eine Anthologie. Hrsg. von Jost Hermand. Stuttgart 1964.
250 Martens, Wolfgang: Lyrik kommerziell. Das Kartell lyrischer Autoren 1902 bis 1933. München 1975.
251 McInnes, Edward: German social drama 1840–1900. From Hebbel to Hauptmann. Stuttgart 1976. (Stuttgarter Arbeiten zur Germanistik. Nr. 26).
252 Müller-Seidel, Walter: Literatur und Ideologie. Zur Situation des Romans um 1900. In: Dichtung, Sprache, Gesellschaft. Akten des IV. Internationalen Germanisten-Kongresses 1970 in Princeton. Hrsg. von Victor Lange; Hans Gert Roloff. Frankfurt 1971. (Jahrbuch für internationale Germanistik. Beih. 1).
253 Newton, Robert P.: Form in the Menschheitsdämmerung. A study of prosodic elements and style in German expressionist poetry. The Hague 1971. (De proprietatibus litterarum. Series practica. Nr. 7).
254 Osborne, John: The naturalist drama in Germany. Manchester 1971.
255 Rossbacher, Karlheinz: Heimatkunstbewegung und Heimatroman. Zu einer Literatursoziologie der Jahrhundertwende. Stuttgart 1975. (Literaturwissenschaft, Gesellschaftswissenschaft. 13).
256 Schulz, Gerhard: Zur Theorie des Dramas im deutschen Naturalismus. In: Deutsche Dramentheorien. Beiträge zu einer historischen Poetik des Dramas in Deutschland. Hrsg. u. eingel. von Reinhold Grimm. Bd. 2. Frankfurt (Main) 1973. S. 394–428.
257 Sichelschmidt, Gustav: Liebe, Mord und Abenteuer. Eine Geschichte der deutschen Unterhaltungsliteratur. (Mit 59 Abb.) Berlin 1969.
258 Stierle, Karlheinz: Die Identität des Gedichts. Hölderlin als Paradigma. In: Identität. Hrsg. von Odo Marquard und Karlheinz Stierle. München 1979. (Poetik und Hermeneutik 8) S. 505–552.
259 Strecker, Gabriele: Frauenträume Frauentränen. Über den deutschen Frauenroman. Weilheim/Oberbayern 1969.
260 Szondi, Peter: Das lyrische Drama des Fin de siècle. Hrsg. von Henriette Beese. Frankfurt (Main) 1975. (Studienausgabe der Vorlesungen. Bd. 4).
261 Szondi, Peter: Theorie des modernen Dramas. Frankfurt (Main) 1956.

262 Thomke, Hellmut: Hymnische Dichtung im Expressionismus. Bern, München 1972.
263 Wiese, Benno von: Die deutsche Novelle von Goethe bis Kafka. Interpretationen. Düsseldorf 1956. S. 268–283.
264 Zimmermann, Peter: Der Bauernroman. Antifeudalismus, Konservatismus, Faschismus. Stuttgart 1975.

6. Zu einzelnen Autoren

265 Adorno, Theodor Wiesengrund: Aufzeichnungen zu Kafka. In: Adorno, Theodor Wiesengrund: Prismen. Kulturkritik und Gesellschaft. Berlin, Frankfurt (Main) 1955.
266 Adorno, Theodor Wiesengrund: George und Hofmannsthal. Zum Briefwechsel. In: Prismen. Kulturkritik und Gesellschaft. Frankfurt (Main) 1955. S. 232–283.
267 Adorno, Theodor Wiesengrund: Versuch, das Endspiel zu verstehen. Frankfurt (Main) 1973.
268 Alexander, Neville E.: Studien zum Stilwandel im dramatischen Werk Gerhart Hauptmanns. Stuttgart 1964. (Germanistische Abhandlungen. 3).
269 Attwood, Kenneth: Fontane und das Preußentum. Berlin 1970.
270 Baioni, Giuliano: Kafka. Romanzo e parabola. Milano 1962.
271 Beicken, Peter U.: Franz Kafka. Eine kritische Einführung in die Forschung. Frankfurt (Main) 1974.
272 Beißner, Friedrich: Der Erzähler Franz Kafka. Ein Vortrag. Stuttgart 1952.
273 Beißner, Friedrich: Kafka, der Dichter. Ein Vortrag. Stuttgart 1958.
274 Benjamin, Walter: Franz Kafka. In: Benjamin, Walter: Gesammelte Schriften. Unter Mitwirkung von Theodor W. Adorno und Gershom Scholem hrsg. von Rolf Tiedemann und Hermann Schweppenhäuser. Bd. 2,2. Frankfurt (Main) 1977.
275 Benjamin, Walter: Karl Kraus. In: Benjamin, Walter: Gesammelte Schriften. Unter Mitwirkung von Theodor Wiesengrund Adorno und Gershom Scholem hrsg. von Rolf Tiedemann und Hermann Schweppenhäuser. Bd. 2,1. Frankfurt (Main) 1977.
276 Benjamin, Walter: Rückblick auf Stefan George. In: Benjamin, Walter: Gesammelte Schriften. Hrsg. von Hella Tiedemann-Bartels, Frankfurt (Main) 1972, Bd. 3, S. 392–399.
277 Binder, Hartmut: Ernst Polak – Literat ohne Werk. Zu den Kaffeehauszirkeln in Prag und Wien. In: Jahrbuch der Deutschen Schillergesellschaft. Stuttgart 23 (1979) S. 366–415.
278 Binder, Hartmut: Kafka in neuer Sicht. Mimik, Gestik und Personengefüge als Darstellungsformen der Autobiographie. Stuttgart 1976.
279 Binder, Hartmut: Kafka-Kommentar. Zu sämtlichen Erzählungen. München 1975.
280 Binder, Hartmut: Kafka-Kommentar zu den Romanen, Rezensionen, Aphorismen und zum Brief an den Vater. München 1976.
281 Brandes, Georg: Émile Zola. In: Deutsche Rundschau. Hrsg. von Julius Rodenberg. Berlin 54 (1888). S. 27–44.

282 Brinkmann, Richard: Theodor Fontane. Über die Verbindlichkeit des Unverbindlichen. 2. Aufl. Tübingen 1977. (Untersuchungen zur deutschen Literaturgeschichte. Bd. 19).

283 Broch, Hermann: Hofmannsthal und seine Zeit. In: Broch, Hermann: Gesammelte Werke. Bd. 6.: Dichten und Erkennen. Essays Bd. 1. Hrsg. u. eingel. von Hannah Arendt. Zürich 1955.

284 Brod, Max: Franz Kafka. Eine Biographie. (Ungekürzte Ausgabe) Frankfurt (Main), Hamburg 1963.

285 Burns, Rob: The Quest for Modernity. The Place of Arno Holz in Modern German Literature. Frankfurt (Main) 1981.

286 Calasso, Roberto: Una muraglia cinese. In: Kraus, Karl: Detti e contraddetti. A cura di Roberto Calasso. Milano 1972.

287 Canetti, Elias: Der andere Prozeß. Kafkas Briefe an Felice. München 1969.

288 Conradi, Hermann: Unser Credo. Einleitung. Zu: Moderne Dichter-Charaktere. Hrsg. von Wilhelm Arent. Mit Einleitungen von Hermann Conradi und Karl Henckell. Berlin 1885.

289 Cowen, Roy C.: Hauptmann-Kommentar. Das dramatische Werk. München 1979.

290 Cowen, Roy C.: Hauptmann-Kommentar. Zum nicht-dramatischen Werk. München 1981.

291 David, Claude: Stefan George und der Jugendstil. In: Formkräfte der deutschen Dichtung vom Barock bis zur Gegenwart. Vorträge im Deutschen Haus, Paris, 1961–1962. Hrsg. von Hans Steffen. Göttingen 1963.

292 Deleuze, Gilles; Guattari, Félix: Kafka. Pour une littérature mineure. Paris 1975.

293 Deleuze, Gilles; Guattari, Félix: Kafka. Für eine kleine Literatur. (Aus d. Franz. übers. von Burkhart Kroeber.) Frankfurt (Main) 1976.

294 Demetz, Peter: Formen des Realismus. Theodor Fontane. Kritische Untersuchungen. München 1964.

295 Dietz, Ludwig: Franz Kafka. Stuttgart 1975.

296 Dittberner, Hugo: Heinrich Mann. Eine kritische Einführung in die Forschung. Frankfurt (Main) 1974.

297 Döhl, Reinhard: Das literarische Werk Hans Arps 1903–1930. Zur poetischen Vorstellungswelt des Dadaismus. Stuttgart 1967. (Germanistische Abhandlungen. 18).

298 Emrich, Wilhelm: Franz Kafka. Frankfurt (Main) 1958.

299 Eykman, Christoph: Die Funktion des Häßlichen in der Lyrik Georg Heyms, Georg Trakls und Gottfried Benns. Zur Krise der Wirklichkeitserfahrung im deutschen Expressionismus. 2., erw. Aufl. Bonn 1969. (Bonner Arbeiten zur deutschen Literatur. Bd. 11).

300 Fiebach, Joachim: Von Craig bis Brecht. Studien zu Künstlertheorien in der 1. Hälfte des 20. Jahrhunderts. Berlin 1975.

301 entfällt

302 Franz Kafka aus Prager Sicht. Red.: Eduard Goldstücker u. a.

303 Fritz, Horst: Literarischer Jugendstil und Expressionismus. Zur Kunsttheorie, Dichtung und Wirkung Richard Dehmels. Stuttgart 1969. (Germanistische Abhandlungen. 29).

304 Garland, Henry: The Berlin novels of Theodor Fontane. Oxford 1981.

305 Gelsi, Mara: Peter Altenberg e la sacralità del quotidiano. In: Nuova Corrente 79–80 (1979). Austria: La fine e dopo, S 267–278.
306 Gerhart Hauptmann. Hrsg. von Hans Joachim Schrimpf. Darmstadt 1976. (Wege der Forschung. Bd. 107).
307 Glaser, Horst Albert: Theodor Fontane: Effi Briest (1894). Im Hinblick auf Emma Bovary u. a. In: Romane und Erzählungen des bürgerlichen Realismus. Neue Interpretationen. Hrsg. von Horst Denkler. Stuttgart 1980. S. 362–377.
308 Hart, Heinrich; Hart, Julius: Friedrich Spielhagen und der deutsche Roman der Gegenwart. In: Kritische Waffengänge. Leipzig (1884) Heft 6. S. 3–74.
309 Hart, Heinrich; Hart, Julius: Für und gegen Zola. In: Kritische Waffengänge. Leipzig (1882) Heft 2. S. 44–55.
310 Herzog, Bert: Der Gott des Jugendstils in Rilkes «Stundenbuch». In: Schweizer Monatsschrift für Geistesleben und Kultur. Basel 60 (1960/61). S. 1237–1241.
311 Heuberger, Helmut: Die Agrarfrage bei Roseggers «Jakob der Letzte» und «Erdsegen», Frenssens «Jörn Uhl» und Polenz' «Büttnerbauer». Diss. masch. Wien 1949.
312 Hillmann, Heinz: Franz Kafka. Dichtungstheorie und Dichtungsgestalt. 2., erw. Aufl. Bonn 1973. (Bonner Arbeiten zur deutschen Literatur. Bd. 9).
313 Hoefert, Sigfrid: Gerhart Hauptmann. Stuttgart 1974.
314 Holz, Arno: Zola als Theoretiker. In: Freie Bühne für modernes Leben. Hrsg. von Otto Brahm. Berlin 1 (1890) Heft 4. S. 101–104.
315 Hoppe, Manfred: Literatentum, Magie und Mystik im Frühwerk Hugo von Hofmannsthals. Berlin 1968. (Quellen und Forschungen zur Sprach- und Kulturgeschichte der germanischen Völker. N.F. 28. ‹152›).
316 Hugo von Hofmannsthal. Die Gestalt des Dichters im Spiegel seiner Freunde. Hrsg. von Helmut Albert Fiechtner. Wien 1949.
317 Janouch, Gustav: Franz Kafka und seine Welt. (Eine Bildbiographie). Wien, Stuttgart, Zürich 1965.
318 Jahrbuch der Karl-May-Gesellschaft. Hrsg. von Claus Roxin u. a. Hamburg 1970–1981.
319 Janz, Rolf-Peter; Laermann, Klaus: Arthur Schnitzler. Zur Diagnose des Wiener Bürgertums im Fin de siècle. Stuttgart 1977.
320 Kafka-Handbuch in zwei Bänden. Unter Mitarbeit zahlreicher Fachwissenschaftler hrsg. von Hartmut Binder. Bd. 1: Der Mensch und seine Zeit. Bd. 2: Das Werk und seine Wirkung. Stuttgart 1979.
321 Kaufmann, Walter Arnold: Nietzsche. Philosopher, psychologist, antichrist. New York 1956.
322 Kobs, Jörgen: Kafka. Untersuchungen zu Bewußtsein und Sprache seiner Gestalten. Hrsg. von Ursula Brech. Bad Homburg 1970.
323 Kohlschmidt, Werner: Die Lyrik Ernst Stadlers. In: Der deutsche Expressionismus. Formen und Gestalten. Hrsg. von Hans Steffen. Göttingen 1965. S. 25–43.
324 Koopmann, Helmut: Die Entwicklung des intellektualen Romans bei Thomas Mann. Untersuchungen zur Struktur von Buddenbrooks, Königliche Hoheit und Der Zauberberg. 2., verb. u. erw. Aufl. Bonn 1971. (Bonner Arbeiten zur deutschen Literatur. Bd. 5).

325 Korn, Karl: Hilligenlei. Der Erfolg eines Buches. In: Die Neue Zeit. Wochenschrift der Deutschen Sozialdemokratie. Stuttgart 24, I (1905/06), H. 18, S. 572–583.

326 Kosler, Hans Christian: Karl Kraus und die Wiener Moderne. In: Karl Kraus. Hrsg. von Heinz Ludwig Arnold. Text und Kritik. Sonderband. München 1975.

327 Kurz, Gerhard: Traum-Schrecken. Kafkas literarische Existenzanalyse. Stuttgart 1979.

328 Lauster, Martina: Die Objektivität des Innenraums. Studien zur Lyrik Georges, Hofmannthals und Rilkes. Diss. Marburg 1980.

329 Liesenhoff, Carin: Fontane und das literarische Leben seiner Zeit. Eine literatursoziologische Studie. Bonn 1976. (Abhandlungen zur Kunst-, Musik- und Literaturwissenschaft, Bd. 228).

330 Lukács, Georg: Der alte Fontane. In: Lukács, Georg: Deutsche Realisten des 19. Jahrhunderts. Berlin 1973.

331 Lukács, Georg: R. Beer-Hofmann. In: Lukács, Georg: Die Seele und die Formen. Essays. Berlin 1911.

332 Magris, Claudio: Musil e la scritura dei segni. In: Strumenti critici. Rivista quadrimestrale di cultura e critica letteraria. Torino 8 (1974) S. 273–305.

333 Mann, Thomas: Der alte Fontane. In: Mann, Thomas: Adel des Geistes. Sechzehn Versuche zum Problem der Humanität. Stockholm 1945.

334 Magris, Claudio: Der Zeichen Rost. Hofmannsthal und «Ein Brief». In: Sprachkunst. Beiträge zur Literaturwissenschaft. Wien 6 (1975) S. 53–74.

335 Martini, Fritz: Else Lasker-Schüler. Dichtung und Glaube. In: Der deutsche Expressionismus. Formen und Gestalten. Hrsg. von Hans Steffen. Göttingen 1965. S. 5–24.

336 Mattenklott, Gert: Bilderdienst. Ästhetische Opposition bei Beardsley und George. München 1970.

337 Melchinger, Christa: Illusion und Wirklichkeit im dramatischen Werk Arthur Schnitzlers. Heidelberg 1968. (Beiträge zur neueren Literaturgeschichte. Folge 3. Bd. 7).

338 Minder, Robert: Über eine Randfigur bei Fontane. In: Minder, Robert: Dichter in der Gesellschaft. Erfahrungen mit deutscher und französischer Literatur. Frankfurt (Main) 1966.

339 Müller-Seidel, Walter: Theodor Fontane. Soziale Romankunst in Deutschland. Stuttgart 1975.

340 Mulot, Sibylle: Der junge Musil. Seine Beziehung zur Literatur und Kunst der Jahrhundertwende. Stuttgart 1977. (Stuttgarter Arbeiten zur Germanistik. Bd. 40).

341 Muschg, Walter: Von Trakl zu Brecht. Dichter des Expressionismus. München 1961.

342 Oel-Willenborg, Gertrud: Von deutschen Helden. Eine Inhaltsanalyse der Karl-May Romane. Weinheim, Basel 1973. (Internationale Untersuchungen zur Kinder- und Jugendliteratur. Bd. 7).

343 Philipp, Eckhard: Die Funktion des Wortes in den Gedichten Georg Trakls. Linguistische Aspekte ihrer Interpretationen. Tübingen 1971. (Studien zur deutschen Literatur. Bd. 26).

344 Philippi, Klaus-Peter: Reflexion und Wirklichkeit. Untersuchungen zu Kaf-

kas Roman ‹Das Schloß›. Tübingen 1966. (Studien zur deutschen Literatur. Bd. 5).

345 Pickerodt, Gerhard: Hofmannsthals Dramen. Kritik ihres historischen Gehalts. Stuttgart 1968. (Studien zur allgemeinen und vergleichenden Literaturwissenschaft. Bd. 3).

346 Politzer, Heinz: Diagnose und Dichtung. Zum Werk A. Schnitzlers. In: Politzer, Heinz: Das Schweigen der Sirenen. Studien zur deutschen und österreichischen Literatur. Stuttgart 1968.

347 Politzer, Heinz: Franz Kafka, der Künstler. (Überarb. u. erw. Fassung der amerikan. Ausg.) Frankfurt (Main) 1965.

348 Reininger, Anton: Die Erlösung des Bürgers. Eine ideologiekritische Studie zum Werk Heimito von Doderers. Bonn 1975. (Bonner Arbeiten zur deutschen Literatur. Bd. 30).

349 Requadt, Paul: Jugendstil im Frühwerk Thomas Manns. In: Deutsche Vierteljahrsschrift für Literaturwissenschaft und Geistesgeschichte. Stuttgart 40 (1966) S. 206–216.

350 Reuter, Hans-Heinrich: Fontane. 2 Bde. München 1968.

351 Rey, William: Die Drohung der Zeit in Hofmannsthals Frühwerk. In: Euphorion. Zeitschrift für Literaturgeschichte. Folge 3. Heidelberg 48 (1954) S. 280–310.

352 Richard Wagner, Werk und Wirkung. Hrsg. von Carl Dahlhaus. Regensburg 1971. (Studien zur Musikgeschichte des 19. Jahrhunderts. Bd. 26).

353 Rychner, Max: Fontanes Unwiederbringlich. In: Rychner, Max: Aufsätze zur Literatur. Zürich 1966.

354 Rölleke, Heinz: Die Stadt bei Stadler, Heym und Trakl. Berlin 1966. (Philologische Studien und Quellen. H. 34).

355 Root, Winthrop Hegemann: German criticism of Zola, 1875–1893, with special reference to the Rougon-Macquart cycle and the roman expérimental. New York 1931.

356 Rothe, Friedrich: Frank Wedekinds Dramen. Jugendstil und Lebensphilosophie. Stuttgart 1968. (Germanistische Abhandlungen. Bd. 23).

357 Rychner, Max: Theodor Fontane. Der Stechlin. In: Interpretationen. Bd. 3: Deutsche Romane von Grimmelshausen bis Musil. Hrg. von Jost Schillemeit. Frankfurt (Main) 1966.

357a Scheffer, Bernd: Anfänge experimenteller Literatur. Das literarische Werk von Kurt Schwitters. Bonn 1978.

358 Schmiedt, Helmut: Karl May. Studien zu Leben, Werk und Wirkung eines Erfolgschriftstellers. Meisenheim 1979.

359 Schorske, Carl E.: Schnitzler und Hofmannsthal. Politik und Psyche im Wien des Fin de siècle. In: Wort und Wahrheit. Freiburg i. Br. 17 (1962), S. 367–381.

360 Schröder, Jürgen: Gottfried Benn. Poesie und Sozialisation. Stuttgart, Berlin, Köln 1978. (Sprache und Literatur. Bd. 103).

361 Schulte-Sasse, Jochen: Karl Mays Amerika-Exotik und deutsche Wirklichkeit. Zur sozialpsychologischen Funktion von Trivialliteratur im wilhelminischen Deutschland. In: Literatur für viele 2. Studien zur Trivialliteratur und Massenkommunikation im 19. und 20. Jahrhundert. Hrsg. von Helmut Kreuzer. Göttingen 1976. S. 123–145. (Zeitschrift für Literaturwissenschaft und

Linguistik. LiLi. Beih. 2).
362 Schwerte, Hans: Ganghofers Gesundung. Ein Versuch über sendungsbewußte Trivialliteratur. In: Studien zur Trivialliteratur. Hrsg. von Heinz Otto Burger. Frankfurt (Main) 1968. S. 154–208. (Studien zur Philosophie und Literatur des neunzehnten Jahrhunderts. Bd. 1).
363 Seeba, Hinrich C.: Kritik des ästhetischen Menschen. Hermeneutik und Moral in Hofmannsthals «Der Tor und der Tod». Bad Homburg, Berlin, Zürich 1970.
364 Sichelschmidt, Gustav: Hedwig Courths-Mahler. Deutschlands erfolgreichste Autorin. Eine literatursoziologische Studie. Bonn 1967. (Bonner Beiträge zur Bibliotheks- und Bücherkunde. Bd. 16).
365 Sokel, Walter H.: Franz Kafka. Tragik und Ironie. Zur Struktur seiner Kunst. München 1964.
366 Stankovich, Dushan: Otto Julius Bierbaum – eine Werkmonographie. Frankfurt (Main) 1971. (Australisch-Neuseeländische Studien zur deutschen Literatur und Sprache. 1).
367 Stölzl, Christoph: Kafkas böses Böhmen. Zur Sozialgeschichte eines Prager Juden. München 1975.
368 Der Sturm. Ein Erinnerungsbuch an Herwarth Walden und die Künstler aus dem Sturmkreis. Hrsg. von Nell Walden und Lothar Schreier. Baden-Baden 1954.
369 Sulzer, Dieter: Der Nachlaß von Ernst Polak im Deutschen Literaturarchiv. Bericht, Verzeichnis und Edition von Briefen Polaks, Werfels und Brochs. In: Jahrbuch der Deutschen Schillergesellschaft. Stuttgart 23 (1979) S. 514–548.
370 Swales, Martin: Arthur Schnitzler. A critical study. Oxford 1971.
371 Tarot, Rolf: Hugo von Hofmannsthal. Daseinsformen und dichterische Struktur. Tübingen 1970.
372 Theodor Fontane. Hrsg. von Richard Brinkmann in Zusammenarbeit mit Waltraud Wiethölter. München 1973. (Dichter über ihre Dichtungen. Bd. 12).
373 Theodor Fontane. Hrsg. von Wolfgang Preisendanz. Darmstadt 1973. (Wege der Forschung. Bd. 381).
374 Wagenbach, Klaus: Franz Kafka. Eine Biographie seiner Jugend. 1883 bis 1912. (Mit 13 Abb. im Text u. 24 Taf.) Bern 1958.
375 Walser, Martin: Beschreibung einer Form. Versuch über Franz Kafka. 3. Aufl. München 1968.
376 Werner, Renate: ‹Cultur der Oberfläche›. Zur Rezeption der Artisten-Metaphysik im frühen Werk Heinrich und Thomas Manns. In: Nietzsche und die deutsche Literatur. Forschungsergebnisse. Hrsg. von Bruno Hillebrand. Tübingen 1978.
377 Werner, Renate: Skeptizismus, Ästhetizismus, Aktivismus. Der frühe Heinrich Mann. Düsseldorf 1972. (Literatur in der Gesellschaft. Bd. 11).
378 Wodtke, Friedrich Wilhelm: Gottfried Benn. 2., überarb. u. erg. Aufl. Stuttgart 1970.
379 Wollschläger, Hans: Karl May in Selbstzeugnissen und Bilddokumenten. Reinbek bei Hamburg 1965.
380 Wollschläger, Hans: Karl May. Grundriß eines gebrochenen Lebens. Zürich 1976.
381 Woolf, Virginia: Collected Essays. Vol. 1. London 1960.

382 Wunberg, Gotthard: Der frühe Hofmannsthal. Schizophrenie als dichterische Struktur. Mit einer umfassenden Bibliographie zur Sekundärliteratur. Stuttgart, Berlin, Köln 1965. (Sprache und Literatur. 25).

382a Wuthenow, Ralph-Rainer (Hrsg.): Stefan George in seiner Zeit. Stuttgart 1980.

382b Wuthenow, Ralph-Rainer (Hrsg.): Stefan George und die Nachwelt. Stuttgart 1981.

7. Zur Philosophie, Ästhetik und Literaturtheorie

383 Adorno, Theodor Wiesengrund: Gesammelte Schriften. Bd. 7: Ästhetische Theorie. Hrsg. von Gretel Adorno; Rolf Tiedemann. Frankfurt (Main) 1970.

384 Avenarius, Richard Heinrich Ludwig: Kritik der reinen Erfahrung. 2 Bde. Leipzig 1888–1890.

385 Behrendt, Walter Curt: Der Sieg des neuen Baustils. Stuttgart 1927.

386 Bölsche, Wilhelm: Hinter der Weltstadt. Friedrichshagener Gedanken zur ästhetischen Kultur. Leipzig 1901.

387 Bölsche, Wilhelm: Die naturwissenschaftlichen Grundlagen der Poesie. Prolegomena einer realistischen Ästhetik. Mit zeitgenössischen Rezensionen und einer Bibliographie der Schriften Wilhelm Bölsches neu hrsg. von Johannes J. Braakenburg. Tübingen 1976. (Deutsche Texte. 40).

388 Cacciari, Massimo: Krisis. Saggio sulla crisi del pensiero negativo da Nietzsche a Wittgenstein. Milano 1976. (I fatti e le idee. 332).

389 Cassirer, Ernst: Das Erkenntnisproblem in der Philosophie und Wissenschaft der neueren Zeit. Bd. 4: Von Hegels Tod bis zur Gegenwart. Stuttgart 1957.

390 Cassirer, Ernst: Substanzbegriff und Funktionsbegriff. Untersuchungen über die Grundfragen der Erkenntniskritik. Berlin 1910.

391 Conradi, Hermann: Das sexuelle Moment in der Literatur. In: Die Gesellschaft (1885) S. 751–752.

392 Dilthey, Wilhelm: Das Wesen der Philosophie. Berlin 1907.

393 Freud, Sigmund: Die Traumdeutung. Leipzig, Wien 1900.

394 Glaser, Horst Albert: Der doppelköpfige Sexus. In: Wollüstige Phantasie. Sexualästhetik der Literatur. Hrsg. von Horst Albert Glaser. München 1974.

395 Gropius, Walter: Idee und Aufbau des staatlichen Bauhauses Weimar. München 1923.

396 Haeckel, Ernst Heinrich Philip August: Die Welträthsel. Gemeinverständliche Studien über monistische Philosophie. 9. Aufl. Bonn 1899.

397 Hartmann, Eduard von: Philosophie des Unbewußten. Berlin 1869 (3., beträchtlich vermehrte Aufl. Berlin 1871).

398 Holthusen, Hans Egon: Avantgardismus und die Zukunft der modernen Kunst. Essay. München 1964.

399 Holthusen, Hans Egon: Der unbehauste Mensch. Motive und Probleme der modernen Literatur. München 1951.

400 Humboldt, Wilhelm von: Über die Verschiedenheit des menschlichen Sprachbaues und ihren Einfluss auf die geistige Entwicklung des Menschengeschlechts. 2. Nachdr. d. Ausg. 1836. Mit Nachw. d. Verlegers. Bonn, Hannover, München 1968.

401 Jauß, Hans Robert: Literaturgeschichte als Provokation. Frankfurt (Main) 1970.

402 Jung, Carl Gustav: Das Unbewußte im normalen und kranken Seelenleben. 3., verm. u. verbess. Aufl. der Psychologie der unbewußten Prozesse. Ein Überblick über die moderne Theorie und Methode der analytischen Psychologie. Zürich 1926.

403 Kesting, Marianne: Entdeckung und Destruktion. Zur Strukturumwandlung der Künste. München 1970.

404 Lagarde, Paul Anton de: Deutsche Schriften. 2 Bde. Göttingen 1878–1881.

405 Landauer, Gustav: Skepsis und Mystik. Versuche im Anschluß an Mauthners Sprachkritik. Berlin 1903.

406 Lublinski, Samuel: Der Ausgang der Moderne. Ein Buch der Opposition. Mit einer Bibliographie von Johannes J. Braakenburg. Neu hrsg. von Gotthard Wunberg. (Nachdr. der Ausg. 1909) Tübingen 1976. (Deutsche Texte. 41).

407 Marcuse, Herbert: Über den affirmativen Charakter der Kultur. In: Marcuse, Herbert: Kultur und Gesellschaft I. Frankfurt (Main) 1965.

408 Mauthner, Fritz: Beiträge zu einer Kritik der Sprache. (Reprograf. Nachdr. d. 3., verm. Aufl. Leipzig 1923) Hildesheim.
Bd. 1: Zur Sprache und zur Psychologie. 1969.
Bd. 2: Zur Sprachwissenschaft. 1967.
Bd. 3: Zur Grammatik und Logik. 1967.

409 Mumford, Lewis: The story of Utopias. With an introduction by Hendrik Willem Van Loon. New York 1922.

410 Philosophie als Sprachkritik im 19. Jahrhundert. Textauswahl 1. Hrsg. von Hermann-Josef Cloeren. Textauswahl 2. Hrsg. von Siegfried J. Schmidt. Stuttgart, Bad Cannstatt 1971.

411 Die Philosophie im Beginn des 20. Jahrhunderts. Festschrift für Kuno Fischer. Hrsg. von Wilhelm Windelband. 2., verb. u. erw. Aufl. Heidelberg 1907.

412 Reichenbach, Hans: The rise of scientific philosophy. Berkeley 1951.

413 Rickert, Heinrich: Die Grenzen der naturwissenschaftlichen Begriffsbildung. Eine logische Einleitung in die historischen Wissenschaften. Tübingen, Leipzig 1902.

414 Saussure, Ferdinand de: Grundfragen der allgemeinen Sprachwissenschaft (Cours de linguistique générale, dt.). Übers. von Herman Lommel. Hrsg. von Charles Bally; Albert Sechehaye. 2. Aufl. Mit neuem Reg. und einem Nachwort von Peter von Polenz. Berlin 1967.

415 Scheffler, Karl: Vom Wesen des Grotesken. In: Die Neue Rundschau. Berlin 17, II (1906), S. 771–789.

416 Scheler, Max Ferdinand: Zur Phänomenologie und Theorie der Sympathiegefühle und von Liebe und Hass. Mit einem Anhang: Über den Grund zur Annahme der Existenz des fremden Ich. Halle 1913 (2. verm. u. durchges. Aufl. unter dem Titel: Wesen und Formen der Sympathie. Bonn 1923).

417 Schmidt, Günter: Die literarische Rezeption des Darwinismus. Das Problem der Vererbung bei Émile Zola und im Drama des deutschen Naturalismus. Berlin 1974. (Sitzungsberichte der Sächsischen Akademie der Wissenschaften zu Leipzig, Philologisch-Historische Klasse. Bd. 117, Heft 4).

418 Schulte-Sasse, Jochen: Literarische Struktur und historisch-sozialer Kontext. Zum Beispiel Lessings «Emilia Galotti». Paderborn 1975.
419 Spengler, Oswald: Der Untergang des Abendlandes. Umrisse einer Morphologie der Weltgeschichte. 2 Bde. München 1919–1922.
420 Steiner, Rudolf: Sprechen und Sprache. Vorträge ausgew. u. hrsg. von Christoph Lindenberg. Stuttgart 1980. (Themen aus dem Gesamtwerk. Bd. 2).
421 Ueding, Gert: Glanzvolles Elend. Versuch über Kitsch und Kolportage. Frankfurt (Main) 1973.
422 Waldmann, Günter: Kommunikationsästhetik. 1: Die Ideologie der Erzählform. Mit einer Modellanalyse von NS-Literatur. München 1976.
423 Worringer, Wilhelm: Abstraktion und Einfühlung. Ein Beitrag zur Stilpsychologie. München 1908.
424 Worringer, Wilhelm: Fragen und Gegenfragen. Schriften zum Kunstproblem. München 1956.

(zusammengestellt von Josef König)

Zeittafeln

	Daten deutscher Literatur und Philosophie	Allgemeine kulturgeschichtliche Daten
	(Die Daten beziehen sich auf die erste Aufführung oder Publikation. Nur in Ausnahmefällen ist davon abgewichen worden.)	
1880	E. Du Bois-Reymond: *Die sieben Welträtsel* K. Duden: *Orthographisches Wörterbuch der deutschen Sprache* Th. Fontane: *L'Adultera* Th. Fontane: *Grete Minde* (Zs.-druck 1879) M. Greif: *Prinz Eugen* M. Kretzer: *Die beiden Genossen* C. F. Meyer: *Der Heilige* (Zs.-druck 1879) W. Raabe: *Alte Nester* Th. Storm: *Eekenhof*	G. Flaubert: *Bouvard und Pécuchet* (posthum 1880/81, entst. seit 1874ff) L. Wallace: *Ben Hur* É. Zola: *Der Experimentalroman* É. Zola: *Nana* P. Cézanne: «Herbstblumen» A. Rodin: «Der Denker» P. Tschaikovskij: «Capriccio italien» Kölner Dom vollendet
1881	Th. Fontane: *Ellernklipp* G. Keller: *Das Sinngedicht* F. Nietzsche: *Morgenröte* Th. Storm: *Der Herr Etatsrath. Die Söhne des Senators.* Novellen R. Wagner: *Kunst und Religion* É. von Wildenbruch: *Die Karolinger*	É. de Goncourt: *Juliette Faustin* H. Ibsen: *Gespenster* (UA 1882) H. James: *Bildnis einer Dame* A. Strindberg: *Meister Olof* A. Böcklin: «Die Toteninsel» H. von Marées: «Parisurteil» A. Bruckner: «7. Symphonie E-Dur» (UA 1884) Erste elektrische Eisenbahn in Berlin L. Pasteur: Tollwut-Schutzimpfung Maler R. Salis gründet erstes Kabarett «Chat noir» in Paris

		L. von Ranke: *Weltgeschichte* (16 Bde. bis 1888)
1882	H. und J. Hart: *Kritische Waffengänge* Th. Fontane: *Schach von Wuthenow* M. Kretzer: *Die Buchhalterin* C. F. Meyer: *Gustav Adolfs Page* F. Nietzsche: *Die fröhliche Wissenschaft* F. Spielhagen: *Beiträge zur Theorie und Technik des Romans* Th. Storm: *Hans und Heinz Kirch*	H. Ibsen: *Ein Volksfeind* N. Leskov: *Der Linkshänder* A. Ch. Swinburne: *Tristram von Lyonesse* V. van Gogh: «Strandansicht» R. Wagner: «Parsifal» R. Koch entdeckt Tuberkelbazillus J. Dewey: *Die metaphysischen Annahmen des Materialismus*
1883	A. Bebel: *Die Frau und der Sozialismus* W. Busch: *Balduin Bählamm* M. von Ebner-Eschenbach: *Dorf- und Schloßgeschichten* C. F. Meyer: *Die Leiden eines Knaben* F. Nietzsche: *Also sprach Zarathustra* (4 Tle. bis 1885) Th. Fontane: *Graf Petöfy* Zeitschriften: *Berliner Lokalanzeiger* (gegründet von A. Scherl); *Die Nation*	G. de Maupassant: *Ein Leben* A. Rimbaud: *Das trunkene Schiff* R. L. Stevenson: *Die Schatzinsel* V. van Gogh: «Auf dem Acker» M. Liebermann: «Münchner Biergarten» Gesetzliche Einführung der Krankenversicherungspflicht in Deutschland
1884	W. Arent, H. Conradi, K. Henckell: *Moderne Dichtercharaktere* W. Busch: *Maler Klecksel* F. Engels: *Der Ursprung der Familie, des Privateigentums und des Staates* C. F. Meyer: *Die Hochzeit des Mönchs* W. Raabe: *Pfisters Mühle* F. und P. Schönthan: *Der Raub der Sabinerinnen* Th. Storm: *Die Chronik von Grieshuus*	J.-K. Huysmans: *Gegen den Strich* H. Ibsen: *Die Wildente* A. Strindberg: *Heiraten* M. Twain: *Die Abenteuer des Huckleberry Finn* V. van Gogh: «Spinnerin» G. Mahler: «Lieder eines fahrenden Gesellen» O. Hertwig, W. Roux, E. Straßburger, Th. Boveri: Chromosomen sind Träger der Vererbung Entdeckung der Erreger von Wundstarrkrampf (durch Nicolaier), Diphtherie (d. Löffler), Cholera (d. Koch), Typhus (d. Gaffky)
1885	L. Anzengruber: *Der Sternsteinhof* Th. Fontane: *Christian Friedrich Scherenberg und das literarische*	G. de Maupassant: *Bel Ami* E. Zola: *Germinal* H. von Marées: «Das goldene Zeitalter»

	Berlin von 1840 bis 1860 A. Holz: *Das Buch der Zeit* M. Kautsky: *Die Alten und die Neuen* C. F. Meyer: *Die Richterin* Th. Storm: *John Riew'. Ein Fest auf Haderslevhuus.* Novellen Zeitschrift: *Die Gesellschaft* (M. G. Conrad)	A. Bruckner: «Tedeum» J. Strauß (Sohn): «Der Zigeunerbaron» Deutsche Goethe-Gesellschaft gegründet R. Goodley operiert erstmals Gehirntumor
1886	K. Bleibtreu: *Die Revolution der Literatur* H. Conradi: *Brutalitäten* Th. Fontane: *Cécile* G. Keller: *Martin Salander* F. Nietzsche: *Jenseits von Gut und Böse* W. Wundt: *Ethik* (3 Bde.) S. Fischer gründet eigenen Verlag in Berlin	H. Ibsen: *Rosmersholm* (UA 1887) A. Rimbaud: *Erleuchtungen* R. L. Stevenson: *Der seltsame Fall des Dr. Jekyll und Mr. Hyde* A. Strindberg: *Der Sohn der Magd* A. Tolstoj: *Die Macht der Finsternis* C. Saint-Saëns: «Symphonie c-Moll mit Orgel» In New Orleans entsteht improvisierender «Jazz» R. von Krafft-Ebing: *Psychopathia sexualis*
1887	W. Bölsche: *Die naturwissenschaftlichen Grundlagen der Poesie* M. G. Conrad: *Was die Isar rauscht* M. von Ebner-Eschenbach: *Das Gemeindekind* Th. Fontane: *Irrungen, Wirrungen* Goethes «Urfaust» entdeckt C. F. Meyer: *Die Versuchung des Pescara* F. Nietzsche: *Zur Genealogie der Moral* H. Sudermann: *Frau Sorge* E. Wolff: *Thesen zur literarischen Moderne*	É. und J. H. de Goncourt: *Tagebuch. Erinnerungen aus dem literarischen Leben* (bis 1896) G. de Maupassant: *Mont-Oriol* A. Strindberg: *Der Vater* É. Zola: *Die Erde* P. Gauguin: «Landschaft auf Martinique» M. Klinger: «Parisurteil» C. Debussy: «Der Frühling» G. Verdi: «Othello»
1888	R. Avenarius: *Kritik der reinen Erfahrung* (2 Bde. bis 1890) G. Hauptmann: *Bahnwärter Thiel* M. Kretzer: *Meister Timpe* F. M. Müller: *Das Denken im Lichte der Sprache*	E. Bellamy: *Im Jahre 2000. Ein Rückblick auf das Jahr 1887* H. Ibsen: *Die Frau vom Meere* (UA 1889) A. Strindberg: *Fräulein Julie* (UA 1889) A. Strindberg: *Die Beichte eines*

	F. Nietzsche: *Der Fall Wagner* W. Raabe: *Das Odfeld* Th. Storm: *Der Schimmelreiter* E. von Wildenbruch: *Die Quitzows*	*Toren* V. van Gogh: «Sonnenblumen» A. Rodin: «Die Bürger von Calais» E. Grieg: «Peer-Gynt-Suite Nr. 1»
1889	H. Conradi: *Adam Mensch* G. Hauptmann: *Vor Sonnenaufgang* A. Holz; J. Schlaf: *Papa Hamlet* F. Nietzsche: *Götzendämmerung* F. Nietzsche: *Ecce Homo* (Dr. 1908) H. Sudermann: *Die Ehre* B. von Suttner: *Die Waffen nieder*	G. d'Annunzio: *Lust* G. Carducci: *Barbarische Oden* III (I 1877; II 1882) A. Strindberg: *Gläubiger* E. Munch: «Mädchen am Brückengeländer» R. Strauss: «Don Juan» P. Tschaikovskij: «Dornröschen» Bau des Pariser Eiffelturms beendet (seit 1885) «Freie Bühne» von M. Harden, Gebr. Hart und Th. Wolff gegründet; eröffnet mit Ibsens *Gespenstern* und Hauptmanns *Vor Sonnenaufgang* H. Bergson: *Zeit und Freiheit*
1890	H. Bahr: *Zur Kritik der Moderne* St. George: *Hymnen* Th. Fontane: *Stine* Th. Fontane: *Quitt* M. Halbe: *Freie Liebe* G. Hauptmann: *Das Friedensfest* A. Holz; J. Schlaf: *Die Familie Selicke* J. Langbehn: *Rembrandt als Erzieher* D. v. Liliencron: *Der Haidegänger u. a. Gedichte* Zeitschriften: *Das 20. Jahrhundert*; *Freie Bühne für modernes Leben* (O. Brahm)	K. Hamsun: *Hunger* H. Ibsen: *Hedda Gabler* (UA 1891) M. Maeterlinck: *Die Blinden* A. Strindberg: *Am offenen Meer* P. Cézanne: «Landschaft bei Aix» H. Thoma: «Taunuslandschaft» P. Mascagni: «Cavalleria rusticana» «Freie Volksbühne» in Berlin gegründet; beginnt mit Ibsens *Stützen der Gesellschaft* Ende des Sozialistengesetzes (seit 1878) R. Koch erzeugt Tuberkulin
1891	R. Dehmel: *Erlösungen* Th. Fontane: *Unwiederbringlich* St. George (Übers.): *Die Blumen des Bösen* (Ch. Baudelaire) G. Hauptmann: *Einsame Menschen* H. von Hofmannsthal: *Gestern* (UA 1928) A. Holz: *Die Kunst, ihr Wesen und ihre Gesetze* (2 Bde. bis 1892) C. F. Meyer: *Angela Borgia*	Th. Hardy: *Tess von d'Urbervilles* J.-K. Huysmans: *Tief unten* O. Wilde: *Das Bildnis des Dorian Gray* É. Degas: «Zwei Tänzerinnen im blauen Rock» P. Tschaikovskij: «Nußknackersuite» Erstes Sechstagerennen (New York) Reichsgesetz regelt Sonntagsruhe

	F. Ratzel: *Politische Geographie* F. Wedekind: *Frühlings Erwachen* (UA 1906)	
1892	Th. Fontane: *Frau Jenny Treibel* St. George: *Algabal* E. Haeckel: *Der Monismus* G. Hauptmann: *Die Weber* (UA 1893) H. von Hofmannsthal: *Der Tod des Tizian* A. Holz: *Der geschundene Pegasus* K. May: *Durch die Wüste* J. Schlaf: *Meister Oelze* (UA 1901) Zeitschrift: *Die Zukunft* (M. Harden)	A. C. Doyle: *Die Abenteuer des Sherlock Holmes* K. Hamsun: *Mysterien* H. Ibsen: *Baumeister Solness* (UA 1893) M. Maeterlinck: *Pelleas und Melisande* (UA 1893; Oper von C. Debussy 1902) I. Svevo: *Ein Leben* H. Toulouse-Lautrec: «Im Moulin Rouge» «Münchner Sezession» gegründet (Uhde, Stuck u. a.) G. Verdi: «Falstaff» E. Dubois findet Reste des Affenmenschen (Pithecanthropus) auf Java
1893	H. Bahr: *Dora* R. Dehmel: *Aber die Liebe* M. Dauthendey: *Ultra-Violett* M. Halbe: *Jugend* O. E. Hartleben: *Hanna Jagert* G. Hauptmann: *Der Biberpelz* G. Hauptmann: *Hanneles Himmelfahrt* H. von Hofmannsthal: *Der Tor und der Tod* F. Mehring: *Die Lessing-Legende* A. Schnitzler: *Anatol* (UA 1910) H. Sudermann: *Heimat*	V. Sardou; E. Moreau: *Madame Ungeniert* A. Ch. C. de Toqueville: *Erinnerungen* O. Wilde: *Salome* (UA 1896) E. Munch: «Der Schrei» E. Humperdinck: «Hänsel und Gretel» G. Puccini: «Manon Lescaut» P. Tschaikovskij: «6. Symphonie» («Pathétique»)
1894	L. Andreas-Salomé: *Friedrich Nietzsche in seinen Werken* Th. Fontane: *Effi Briest* (1894/95) L. Ganghofer: *Die Martinsklause* K. May: *Der Schatz im Silbersee* R. Steiner: *Die Philosophie der Freiheit*	H. Ibsen: *Klein Eyolf* (UA 1895) R. Kipling: *Das Dschungelbuch* M. Maeterlinck: *Der Tod des Tintagiles. Im Innern* (UA 1895) M. Prévost: *Die Halb-Jungfrauen* A. Beardsley: «Zeichnungen zu O. Wildes ‹Salome›» F. Stuck: Der Krieg» C. Debussy: «Der Nachmittag eines Fauns» L. Lumière erfindet Kinematographen
1895	L. von Andrian: *Der Garten der Erkenntnis* Th. Fontane: *Die Poggenpuhls*	L. Tolstoj: *Herr und Knecht* H. G. Wells: *Die Zeitmaschine* O. Wilde: *Bunbury oder Ernst*

	(1895/96) L. Ganghofer: *Schloß Hubertus* St. George: *Die Bücher der Hirten- und Preisgedichte, der Sagen und Sänge und der hängenden Gärten* F. Nietzsche: *Nietzsche contra Wagner.* (Privatdruck 1889) W. Raabe: *Die Akten des Vogelsang* G. Reuter: *Von guter Familie* A. Schnitzler: *Liebelei* F. Wedekind: *Erdgeist* (UA 1898) Zeitschrift: *Pan*	*muß man sein* K. Kollwitz: «Weberaufstand» G. Mahler: «2. Symphonie c-Moll» Röntgen entdeckt die nach ihm benannten Strahlen Erste Filmvorführung in Berlin durch Gebr. Skladonowsky S. Freud; J. Breuer: *Studien über Hysterie*
1896	P. Altenberg: *Wie ich es sehe* H. Böhlau: *Der Rangierbahnhof* R. Dehmel: *Weib und Welt* G. Hauptmann: *Florian Geyer* A. Holz: *Sozialaristokraten* A. Mombert: *Der Glühende* R. M. Rilke: *Larenopfer* Zeitschriften: *Jugend*; *Die freie Volksbühne*; *Simplicissimus*	A. Beardsley: *Unter dem Hügel* A. Čechov: *Die Möwe* H. Ibsen: *John Gabriel Borkman* A. Jarry: *König Ubu* H. Sinkiewicz: *Quo Vadis* G. Puccini: «Die Bohème» R. Strauss: «Also sprach Zarathustra» H. Bergson: *Materie und Gedächtnis* H. Rickert: *Die Grenzen der naturwissenschaftlichen Begriffsbildung* (bis 1902)
1897	O. J. Bierbaum: *Stilpe* Th. Fontane: *Der Stechlin* St. George: *Das Jahr der Seele* M. Halbe: *Mutter Erde* K. Laßwitz: *Auf zwei Planeten* H. Mann: *Das Wunderbare u. a. Novellen* E. Preczang: *Töchter der Arbeit* F. M. Müller: *Beiträge zur vergleichenden Mythologie*	A. Čechov: *Onkel Wanja* R. Dirks: *Die Katzenjammer Kids* (1. Comic-Strip) A. Strindberg: *Inferno* C. Pissarro: «Boulevard Montmartre im Frühling» A. Sisley: «Canal du Loing» «Dt. Caritasverband» gegründet Ross entdeckt Malariaübertragung durch Anopheles-Mücke
1898	A. Bartels: *Die Dithmarscher* O. von Bismarck: *Gedanken und Erinnerungen* (posthum) G. Hauptmann: *Fuhrmann Henschel* A. Holz: *Phantasus* Th. Mann: *Der kleine Herr Friedemann* Zeitschriften: *Ver Sacrum*; *Der Türmer*; *Berliner Illustrierte Zeitung*	G. B. Shaw: *Frau Warrens Gewerbe* (UA 1902) A. Strindberg: *Nach Damaskus* (I u. II; III 1904; UA I 1900; II, III 1916) L. Tolstoj: *Auferstehung* É. Zola: *Ich klage an* M. Liebermann: «Badende Knaben» A. Toscanini wird Dirigent an der Mailänder Scala (nach 1921 Di-

		rektor) Entdeckung des Radiums und Poloniums durch M. u. P. Curie W. Bölsche: *Das Liebesleben in der Natur* (3 Bde bis 1903)
1899	H. Böhlau: *Halbtier!* M. Eyth: *Hinter Pflug und Schraubstock* L. Ganghofer: *Das Schweigen im Walde* St. George: *Der Teppich des Lebens und die Lieder von Traum und Tod* E. Haeckel: *Die Welträtsel* R. Musil: *Blätter aus dem Nachtbuche des monsieur le vivisecteur* (um 1899) A. Schnitzler: *Der grüne Kakadu* F. Wedekind: *Der Kammersänger* Zeitschriften: *Die Fackel* (K. Kraus); *Die Woche*	G. d'Annunzio: *Die Gioconda* J. Conrad: *Das Herz der Finsternis* H. Ibsen: *Wenn wir Toten erwachen* A. Strindberg: *Gustav Vasa* C. Monet: «Kathedrale zu Rouen» R. Strauss: «Ein Heldenleben» L. Thoma Schriftleiter des *Simplicissimus*
1900	R. Beer-Hofmann: *Der Tod Georgs* O. E. Hartleben: *Rosenmontag* G. Hauptmann: *Michael Kramer* E. Mach: *Analyse der Empfindungen und das Verhältnis des Physischen zum Psychischen* H. Mann: *Im Schlaraffenland* A. Schnitzler: *Reigen* (Privatdruck) G. Simmel: *Philosophie des Geldes* F. Wedekind: *Der Marquis von Keith*	G. d'Annunzio: *Feuer* J. Conrad: *Lord Jim* Th. Dreiser: *Schwester Carrie* E. Degas: «Der Violinist» G. Puccini: «Tosca» Seit 1. 1. 1900 Bürgerliches Gesetzbuch (BGB) in Kraft Erste Rolltreppe (Pariser Weltausstellung) H. Bergson: *Das Lachen* S. Freud: *Traumdeutung* E. Key: *Das Jahrhundert des Kindes*
1901	P. Altenberg: *Was der Tag mir zuträgt* O. J. Bierbaum: *Irrgarten der Liebe* G. Frenssen: *Jörn Uhl* Th. Mann: *Buddenbrooks* F. Mauthner: *Beiträge zu einer Kritik der Sprache* W. Ostwald: *Vorlesungen über Naturphilosophie* A. Schnitzler: *Leutnant Gustl* C. Viebig: *Das tägliche Brot*	A. Čechov: *Drei Schwestern* A. Gide: *Der König Kandaules* R. Kipling: *Kim* A. Strindberg: *Totentanz* (UA 1905) F. Hodler: «Der Frühling» M. Ravel: «Wasserspiele» «Mercedes»-Wagen der Daimler-Werke konstruiert; Kabarett «Überbrettl» von E. von Wolzogen in Berlin; «Elf Scharfrichter» in München (u. a. mit F. Wedekind)

		M. Weber: *Die protestantische Ethik und der Geist des Kapitalismus*
1902	M. Eyth: *Der Kampf um die Cheopspyramide* H. von Hofmannsthal: *Ein Brief* («Brief des Lord Chandos») A. Holz: *Die Blechschmiede* R. M. Rilke: *Das Buch der Bilder* P. Rosegger: *Als ich noch der Waldbauernbub war* L. von Strauß und Torney: *Balladen und Lieder* L. Thoma: *Die Lokalbahn* (UA 1912) F. Wedekind: *Die Büchse der Pandora* (UA 1904)	G. d'Annunzio: *Francesca da Rimini* A. Gide: *Der Immoralist* M. Gor'kij: *Nachtasyl* P. Gauguin: «Aus Tahiti» M. Lechter: «Weihe am mystischen Quell» A. Righi: Drahtlose Telegraphie Gesetz zum Urheberrecht an Werken der Literatur und Tonkunst (von 1901) tritt in Kraft G. Le Bon: *Psychologie der Erziehung* B. Croce: *Philosophie des Geistes* (4 Tle. bis 1913)
1903	F. Blei: *Prinz Hippolyt* R. Dehmel: *Zwei Menschen* G. Hauptmann: *Rose Bernd* H. von Hofmannsthal: *Elektra* H. von Hofmannsthal: *Das kleine Welttheater* H. Mann: *Die Göttinnen oder Die drei Romane der Herzogin von Assy* Th. Mann: *Tonio Kröger* F. Nietzsche: *Über Wahrheit und Lüge im außermoralischen Sinne* (posthum, entst. 1878) P. Rosegger: *Weltgift* Zeitschriften: *Die Heimat*; *Hochland*	H. James: *Die Gesandten* J. London: *Der Ruf der Wildnis* A. Strindberg: *Königin Christine* A. Kubin: Erste Mappe «Phantastischer Zeichnungen» Schiller-Nationalmuseum in Marbach Verbot der Kinderarbeit in Deutschland H. Spencer: *Ein System synthetischer Philosophie* (10 Bde. seit 1862) O. Weininger: *Geschlecht und Charakter* L. Woltmann: *Politische Anthropologie*
1904	A. Bartels: *Heimatkunst* W. Busch: *Zu guter Letzt* E. Förster-Nietzsche: *Das Leben Friedrich Nietzsches* (2 Bde. seit 1895) H. Hesse: *Peter Camenzind* A. Holz: *Dafnis* A. Holz: *Traumulus* R. Walser: *Simon* F. Wedekind: *Hidalla oder Sein und Haben* Zeitschriften: *Charon*; *Süddeutsche Monatshefte*	A. Čechov: *Der Kirschgarten* J. London: *Der Seewolf* H. Rousseau: «Die Hochzeit» G. Mahler: «5. Symphonie cis-Moll» G. Puccini: «Madame Butterfly» I. Duncan gründet Schule für Tanz in Berlin «Vereinsverband akademisch gebildeter Lehrer in Deutschland» gegründet (später: «Deutscher Philologenverband»)
1905	K. E. Franzos: *Der Pojaz*	Ch. Péguy: *Unser Vaterland*

	G. Frenssen: *Hilligenlei* R. Herzog: *Die Wiskottens* E. Mach: *Erkenntnis und Irrtum* H. Mann: *Professor Unrat* H. Mann: *Flöten und Dolche* (darin: *Pippo Spano*) Ch. Morgenstern: *Galgenlieder* R. M. Rilke: *Das Stundenbuch* E. Stadler: *Präludien* Zeitschriften: *Die Schaubühne* (ab 1918: *Die Weltbühne*; S. Jacobsohn)	A. Strindberg: *Historische Miniaturen* P. Picasso: «Die Gauklerfamilie mit dem Affen» (rosa Periode) Expressionistische Künstlergruppe «Die Brücke» in Dresden gegründet (bis 1913) R. Strauss: «Salome» M. Reinhardt übernimmt das «Deutsche Theater», Berlin A. Einstein: *Spezielle Relativitätstheorie* W. Dilthey: *Das Erlebnis und die Dichtung*
1906	Th. Fontane: *Mathilde Möhring* (posthum) G. Hauptmann: *Und Pippa tanzt* H. Hesse: *Unterm Rad* H. von Hofmannsthal: *Das Bergwerk zu Falun* R. Musil: *Die Verwirrungen des Zöglings Törleß* R. M. Rilke: *Die Weise von Liebe und Tod des Cornets Christoph Rilke* R. Walser: *Geschwister Tanner*	P. Claudel: *Mittagswende* J. Galsworthy: *Der Mann von Besitz* (1. Buch der *Forsythe-Saga)* U. Sinclair: *Der Sumpf* P. Picasso: «Les Démoiselles d' Avignon» Erdbeben und Großfeuer vernichten San Francisco A. von Wassermann: Serumdiagnose der Syphilis M. Weber: *Kritische Studien auf dem Gebiet der kulturwissenschaftlichen Logik*
1907	St. George: *Der siebente Ring* O. Kokoschka: *Mörder, Hoffnung der Frauen* H. Mann: *Zwischen den Rassen* K. May: *Ardistan und Dschinnistan* (2 Bde. bis 1909) A. Miegel: *Balladen und Lieder* R. Walser: *Der Gehülfe* R. Walser: *Tell in Prosa* F. Wedekind: *Musik* E. Zahn: *Lukas Hochstrassers Haus* Zeitschrift: *März*	J. Conrad: *Der Geheimagent* M. Gor'kij: *Die Mutter* A. Strindberg: *Gespenstersonate* H. Matisse: «Toilette» (eröffnet 1905 Schule des «Fauvismus») M. van der Rohe: Haus Riehl, Neubabelsberg F. Busoni: *Entwurf einer neuen Ästhetik der Tonkunst* Deutscher Bund für Mutterschutz Erstes Montessori-Kinderhaus eröffnet
1908	R. Eucken: *Der Sinn und Wert des Lebens* E. von Keyserling: *Dumala* K. Kraus: *Sittlichkeit und Kriminalität* F. Lienhard: Wege nach Weimar (seit 1905) H. Mann: *Die Bösen*	Th. Hardy: *Die Dynastien* M. Proust: *Gegen Sainte-Beuve* (entst. bis 1920, Dr. 1954) G. B. Shaw: *Heiraten* O. Kokoschka: «Trancespieler» H. Matisse prägt für ein Bild G. Braques den Begriff «Kubismus» B. Bartók: 1. Streichquartett,

	F. Nietzsche: *Ecce Homo* (posthum, entst. 1888) K. Schönherr: *Erde* L. Thoma: *Moral* R. Walser: *Jakob von Gunten* W. Worringer: *Abstraktion und Einfühlung* Zeitschrift: *Hyperion*	«Zwei Porträts» E. G. Craig: *The Mask* (engl. Theaterzeitschrift, bis 1929) G. E. Hale entdeckt Magnetfelder der Sonnenflecken S. Freud: *Charakter und Analerotik* G. Simmel: *Soziologie. Untersuchungen über Formen der Vergesellschaftung* G. Sorel: *Über die Gewalt*
1909	F. Blei: *Helgabal* M. Brod: *Ein tschechisches Dienstmädchen* H. Driesch: *Philosophie des Organischen* F. Kafka: *Beschreibung eines Kampfes* A. Kubin: *Die andere Seite* E. Lasker-Schüler: *Die Wupper* (UA 1919) H. Mann: *Die kleine Stadt* Th. Mann: *Königliche Hoheit* A. Schnitzler: *Komtesse Mizzi* Zeitschrift: *Die Tat*	E. Pound: *Personae. Gedichte* G. Stein: *Drei Leben* E. F. T. Marinetti: *Futuristisches Manifest* E. Nolde: «Abendmahl» P. Picasso: «Harlequin» R. Strauss: «Elektra» (Oper nach Text von Hofmannsthal) P. Ehrlich und S. Hata: Salvarsan als Syphilisheilmittel Rockefeller-Stiftung für wissenschaftl. Forschung gegründet
1910	A. Bebel: *Aus meinem Leben* E. Cassirer: *Substanzbegriff und Funktionsbegriff* G. Hauptmann: *Der Narr in Christo Emanuel Quint* G. Heym: *Tagebücher* H. Löns: *Der Wehrwolf* K. May: *Winnetous Erben* R. M. Rilke: *Die Aufzeichnungen des Malte Laurids Brigge* Zeitschriften: *Der Brenner*; *Der Sturm* (H. Walden) Literaturnobelpreis an P. Heyse	G. Flaubert: *November* (posthum, entst. 1840/42) R. Delaunay: «Eiffelturm» F. Hodler: «Der Holzfäller» A. Berg: «Quartett op. 3» I. Strawinsky: «Der Feuervogel» Erster Dieselmotor für Kraftwagen Internationales Pariser Abkommen zur Bekämpfung unzüchtiger Bilder und Schriften R. Hilferding: *Das Finanzkapital*
1911	A. Ehrenstein: *Tubutsch* Goethes «Urmeister» gefunden G. Hauptmann: *Die Ratten* G. Heym: *Der ewige Tag* H. von Hofmannsthal: *Der Rosenkavalier* H. von Hofmannsthal: *Jedermann* G. Lukács: *Die Seele und die Formen*	J. Conrad: *Mit den Augen des Westens* M. Chagall: «Ich und das Dorf» W. Kandinsky: «Komposition» Künstlergruppe «Der blaue Reiter» in München gegründet (Zs. «Der blaue Reiter» ab 1913) B. Bartók: «Herzog Blaubarts Burg» G. Mahler: «Das Lied von der

	Mynona (S. Friedländer): *Von der Wollust über Brücken zu gehen* C. Sternheim: *Die Hose* C. Sternheim: *Die Kassette* F. Werfel: *Der Weltfreund* H. Vaihinger: *Die Philosophie des ‹Als Ob›* Zeitschriften: *Die Aktion* (F. Pfemfert) *Kain*	Erde» R. Strauss: «Der Rosenkavalier» É. Jacques-Dalcroze gründet bei Dresden «Schule Hellerau» (rhythm. Gymnastik) R. Amundsen erreicht als erster den Südpol (5 Wochen vor R. F. Scott) Reichsversicherungsordnung
1912	G. Benn: *Morgue* C. Einstein: *Bebuquin oder die Dilettanten des Wunders* H. von Hofmannsthal: *Ariadne auf Naxos* E. Mach: *Für eine positive Erfahrungswissenschaft* A. Schnitzler: *Professor Bernhardi* R. J. Sorge: *Der Bettler* Zeitschriften: *Quadriga* (später: *Nyland*); *Der lose Vogel* Literaturnobelpreis an G. Hauptmann	P. Claudel: *Mariä Verkündigung* Th. Dreiser: *Trilogie der Begierde* (bis 1927) M. Duchamp: «Akt, eine Treppe herabsteigend» A. Schönberg: «Fünf Orchesterstücke» Untergang der Titanic Nicht rostender Kruppstahl R. Steiner gründet «Anthroposophische Gesellschaft»
1913	A. Döblin: *Die Ermordung einer Butterblume und andere Erzählungen* C. Einstein: *Poschatzer* J. van Hoddis: *Von Mir und vom Mich* E. Husserl: *Ideen zu einer reinen Phänomenologie und phänomenologischen Philosophie* F. Kafka: *Der Heizer* (*Amerika*-Fragment) F. Kafka: *Das Urteil* P. Scheerbart: *Lesabéndio. Ein Asteroïdenroman* C. Sternheim: *Bürger Schippel* Zeitschriften: *Das neue Pathos; Die weißen Blätter*	G. Apollinaire: *Alkohol* D. H. Lawrence: *Söhne und Liebhaber* M. Proust: *Auf der Suche nach der verlorenen Zeit* (7 Tle. bis 1927) G. B. Shaw: *Pygmalion* K. Malewitsch: «Weißes Quadrat auf weißem Grund» «Armory Show» in New York I. Strawinsky: «Frühlingsopfer» (UA-Skandal in Paris) S. Freud: *Totem und Tabu* «Internationale Zeitschrift für Psychoanalyse»
1914	W. Hasenclever: *Der Sohn* G. Kaiser: *Die Bürger von Calais* Th. Mann: *Tonio Kröger* E. Stadler: *Der Aufbruch* C. Sternheim: *Der Snob* G. Trakl: *Sebastian im Traum* Zeitschriften: *Der Orkan; Das*	J. Joyce: *Dubliner* F. Marc: «Turm der blauen Pferde» Eröffnung des Panamakanals J. W. Goethe-Universität in Frankfurt (Main) M. Hirschfeld: *Die Homosexuali-*

	Forum	*tät des Mannes und des Weibes* J. B. Watson: *Verhalten* (empirist. Tierpsychologie)
1915	G. Benn: *Gehirne* P. Ernst: *Preußengeist* F. Kafka: *Die Verwandlung* M. Scheler: *Abhandlungen und Aufsätze* C. Sternheim: *1913* (UA 1919) A. Stramm: *Du. Liebesgedichte* Zeitschriften: *Sirius; Wieland*	G. d'Annunzio: *Notturno* W. Majakovskij: *Wolke in Hosen* M. Duchamp: «Ready mades» H. Wölfflin: *Kunstgeschichtliche Grundbegriffe* M. de Falla: «Liebeszauber» New-Orleans-Jazz und «Dixieland» D. W. Griffith: «Die Geburt einer Nation» (Film)
1916	H. Ball: *Das Carousselpferd Johann* M. Brod: *Tycho Brahes Weg zu Gott* M. Buber: *Vom Geist des Judentums* G. Kaiser: *Von morgens bis mitternachts* R. Schickele: *Hans im Schnakenloch* Zeitschrift: *Cabaret Voltaire* (H. Ball)	G. Apollinaire: *Der gemordete Dichter* J. Joyce: *Ein Porträt des Künstlers als junger Mann* C. Sandburg: *Chicago Gedichte* E. Heckel: «Irrer Soldat» Beginn des Dadaismus (Zürich, Genf) K. Diehl: *Theoretische Nationalökonomie*
1917	H. Arp: *Weltwunder* St. George: *Der Krieg* R. Goering: *Die Seeschlacht* (UA 1918) Y. Goll: *Requiem. Für die Gefallenen von Europa* Th. von Harbou: *Das indische Grabmal* R. Huch: *Der Fall Deruga* G. Kaiser: *Die Koralle* R. Walser: *Der Spaziergang* Zeitschrift: *Dada*	G. Apollinaire: *Die Brüste des Tiresias* C. D. Carrà und G. de Chirico begründen «pittura metafisica» G. Grosz: «Das Gesicht der herrschenden Klasse» Salzburger Musikfestspiele gegründet (M. Reinhardt, H. von Hofmannstahl u. R. Strauss) Transsibirische Eisenbahn S. Freud: *Vorlesungen zur Einführung in die Psychoanalyse*
1918	F. Jung: *Babek* K. Kraus: *Die letzten Tage der Menschheit* (1918/1919) H. Mann: *Der Untertan* (Zs.-Dr. 1914) Th. Mann: *Betrachtungen eines Unpolitischen* O. Spengler: *Der Untergang des Abendlandes* E. Stucken: *Die weißen Götter* A. Schnitzler: *Casanovas Heim-*	G. Apollinaire: *Kalligramme* T. Tzara: *Manifest des Dadaismus* W. Lehmbruck: «Der Denker» F. Léger: «Maschinenräume» Ch. Chaplin: «Ein Hundeleben» (Film) Gesetzl. Acht-Stunden-Arbeitstag in Deutschland A. Adler: *Praxis und Theorie der Individualpsychologie*

fahrt	H. St. Chamberlain: *Rasse und Nation*

(zusammengestellt von Rita Becker)

Über die Verfasser

Dr. Helmut Arntzen, Professor für Neuere deutsche Literatur und Vergleichende Literaturwissenschaft an der Universität Münster

Dr. Russell Bermann, Professor für deutsche Sprache und Literatur an der Stanford University in Stanford, California (USA)

Dr. Keith Bullivant, Professor für deutsche Sprache und Literatur an der University of Warwick, Coventry (England)

Dr. Manfred Durzak, Professor für Neuere deutsche Literatur an der Universität Oldenburg

Dr. Alfred Estermann, Leiter der Forschungsstelle 19. Jahrhundert der Stadt- und Universitätsbibliothek Frankfurt/Main

Dr. Horst Albert Glaser, Professor für Allgemeine und vergleichende Literaturwissenschaft an der Universität Essen/Gesamthochschule

Dr. Martin Ludwig, Verwaltungsangestellter, Wennigsen

Dr. Claudio Magris, Professor für deutsche Sprache und Literatur an der Universität Triest (Italien)

Dr. Gert Mattenklott, Professor für Neuere deutsche Literatur und Allgemeine Literaturwissenschaft an der Universität Marburg

Dr. Henry Pachter (†), City College New York und Rutgers University Newark (USA)

Dr. Eckhard Philipp, Professor für deutsche Sprache, Literatur und Didaktik an der PH Karlsruhe

Dr. Manfred Rauh, Lehrbeauftragter am Institut für Neuere Geschichte der Universität München

Dr. Anton Reininger, Professor für deutsche Sprache und Literatur an der Universität Turin (Italien)

Dr. Andras Sandor, Professor für deutsche Sprache und Literaur an der Howard University in Washington, D. C. (USA)

Dr. Bernd Scheffer, wissenschaftlicher Assistent an der Fakultät für Linguistik udn Literaturwissenschaft der Universität Bielefeld

Dr. Jost Schillemeit, Professor für Deutsche Literaturwissenschaft an der TU Braunschweig

Dr. Frank Trommler, Professor für deutsche Sprache und Literatur an der University of Pennsylvania in Philadelphia, Pennsylvania (USA)

Dr. Günter Waldmann, Professor für deutsche Sprache und Literatur an der PH Reutlingen

Dr. Bernd Witte, Professor für Neuere deutsche Literaturwissenschaft an der RWTH Aachen

Dr. Ralph-Rainer Wuthenow, Professor für Neuere deutsche und vergleichende Literaturwissenschaft an der Universität Frankfurt/Main

Dr. Peter Zimmermann, wissenschaftlicher Assistent für Germanistik und Allgemeine Literaturwissenschaft an der Universität Wuppertal/Gesamthochschule

Personenregister

(zusammengestellt von Heidi Kreutzer)

Werkregister

(Zusammengestellt von Heidi Kreutzer)

Deutsche Literatur
Eine Sozialgeschichte

Von den Anfängen bis zur Gegenwart in 10 Bänden
Herausgegeben von Horst Albert Glaser

handbuch rororo

1	Anfänge – Höfische Dichtung (6250)	6	**Vormärz:** Biedermeier – Junges Deutschland – Demokraten (6255)
2	Spätmittelalter – Reformation – Humanismus (6251)	7	**Vom Nachmärz zur Gründerzeit:** Realismus (6256)
3	Barock – Frühaufklärung (6252)	8	**Jahrhundertwende:** Naturalismus – Impressionismus – Expressionismus (6257)
4	**Zwischen Absolutismus und Aufklärung:** Rationalismus – Empfindsamkeit – Sturm und Drang (6253)	9	In Vorbereitung: Neue Sachlichkeit – Faschismus – Innere Emigration (6258)
5	**Zwischen Revolution und Restauration:** Klassik – Romantik (6254)	10	In Vorbereitung: Gegenwart (6259)

1023/5

Weltliteratur im 20. Jahrhundert

Herausgegeben von Manfred Brauneck
rororo handbuch in 5 Bänden

Die **«Weltliteratur im 20. Jahrhundert»** dokumentiert in vier Lexikonbänden die wichtigsten Autoren mit ihren Werken seit der Jahrhundertwende und repräsentiert die Hauptströmungen der modernen Literatur in einem umfangreichen Essayband.
Eine stärkere Berücksichtigung finden dabei jene Literaturen, die aus eurozentrischer Sicht häufig vernachlässigt worden sind – etwa die Literaturen Südamerikas, Afrikas, Chinas, der slavischen und nordischen Sprachräume. Im deutschsprachigen Bereich werden neben den bereits arrivierten «schöngeistigen» Schriftstellern auch die wichtigsten Essayisten, die Autoren der populären Unterhaltungsliteratur (zum Beispiel des Kriminalromans), der Arbeiter- und Frauenliteratur vorgestellt. Ein Schwerpunkt liegt in der Repräsentanz der Gegenwartsliteratur.
Insofern ist dieses von einem internationalen Team namhafter Literaturwissenschaftler erarbeitete, von dem Literaturprofessor Manfred Brauneck (Universität Hamburg) herausgegebene Werk eine unverzichtbare Hilfe für alle, die sich informieren und orientieren wollen über die Weltliteratur im 20. Jahrhundert.

Band 1-4 **Autorenlexikon:** Über 2500 Einzeldarstellungen der wichtigsten Autoren der Weltliteratur mit ihren Werken und deutschen Ausgaben
6265-68

Band 5 **Essays:** 37 Essays über literarische Gattungen und die Entwicklungen der Literatur einzelner Sprachräume
Daten: Die wichtigsten Ereignisse der Weltliteratur, Politik, Technik und Wissenschaft auf Zeittafeln
Bibliographien: Die wichtigsten Nachschlagewerke und Einzeldarstellungen zur weiteren Information über Entwicklungen und Tendenzen der Weltliteratur im 20. Jahrhundert
6269

Band 1-5 in Kassette 6283

handbuch rororo

2024/1

2025/1